Thomas Kruchem **Staatsfeind Scientology?**

Thomas Kruchem

Staatsfeind Scientology?

Koehler & Amelang

Verlag und Autor weisen ausdrücklich darauf hin, daß die in den einzelnen Interviews geäußerten Meinungen und Schilderungen ausschließlich die der Interviewten sind und sich Verlag und Autor im einzelnen nicht mit diesen identifizieren.

Gestaltung und Satz:
Typostudio SchumacherGebler Dresden
Gesetzt aus der Concorde und der Franklin Gothic
Schutzumschlag:
Kaselow-Design, München
Druck und Bindung:
J. Ebner, Graphische Betriebe, Ulm
ISBN 3-7338-0227-6

Die Deutsche Bibliothek – CIP-Einheitsaufnahme
Staatsfeind Scientology? / Thomas Kruchem. – München :
Koehler und Amelang, 1999
ISBN 3-7338-0227-6

Inhalt

Einleitung

Die kursive Schrift in Einleitung und Interviews verweist auf das Glossar, das auch den nicht kursiv gesetzten Begriff »Scientology« erläutert.

Der Fall Konrad A. ...

Im Sommer 1974 zieht der damals 20 Jahre alte Bauernsohn Konrad A. aus einem niederbayerischen Dorf nach München und wird dort Scientologe. Nur die Buchhalter der Scientology-Organisation wissen, wie viele Stunden *Auditing* der als Busfahrer arbeitende A. in den folgenden Jahren kauft und wie viele Kurse er belegt. Fest steht, daß er nie den ersehnten Zustand *Clear* erreicht. Fest steht auch, daß 1990 zwei Scientologinnen den bereits hochverschuldeten Bauernsohn massiv unter Druck setzen, nun endlich den entscheidenden Schritt auf der *Brücke zur völligen Freiheit* zu tun. Die beiden Frauen drängen A., weitere hohe Kredite für noch mehr *Auditing* aufzunehmen. Dabei schrecken sie auch vor mehrfacher betrügerischer Manipulation von Kreditunterlagen nicht zurück. Ein mittels sogenannter *Wissensberichte* von den Frauen informierter *Ethik*-»officer« der Scientology-Organisation unternimmt, soweit bekannt ist, nichts. Nur wegen Verjährung führt das Vorgehen der beiden Frauen, die, so Scientology, auf eigene Faust handelten, später nicht zu strafrechtlichen Konsequenzen. Am 11. August 1997 stirbt Konrad A., körperlich und seelisch völlig zerrüttet, an einer Infektion. Er hinterläßt Schulden in sechsstelliger Höhe. Da bei A. zufällig die Kopie eines *Wissensberichts* seiner Peinigerinnen gefunden wird, erfährt die Öffentlichkeit von seinem Schicksal.

... und der Fall Otto D. ...

Am Dienstag, dem 2. April 1998, erfährt der Berliner Polizeidirektor Otto D., daß er, laut einem »Behördenzeugnis« des Verfassungsschutzes, Mitglied der Scientology-Organisation sei. Noch am selben Tag wird D. von seinem Dienst im Lagezentrum suspendiert und muß eine Hausdurchsuchung hinnehmen – aufgrund des anonymen Vorwurfs der Nötigung. Proteste nützen nichts: Der Verfassungsschutz ist nicht verpflichtet, seine Quellen offenzulegen. Bei einflußreichen Kollegen und Parteifreunden stößt Otto D. auf eine Mauer eisigen Schweigens. Für manche Medien avanciert er zum personifizierten Einstieg

Scientologys in die Machtübernahme. Berlins Verfassungsschutz zahlt einem Scientologen 5000 Mark, damit er Belege für D.s Mitgliedschaft in der Organisation beschafft. Schließlich die Wende: Als einzige Grundlage des »Behördenzeugnisses« erweist sich die Aussage eines zum Verfassungsschutz-V-Mann recycelten, vielfach vorbestraften Stasi-IMs. Der durch soziale Ächtung und Verzweiflung zermürbte Polizeidirektor Otto D. ist rehabilitiert.

... werfen Fragen auf

Beide Fälle stehen im Zusammenhang mit der hierzulande umstrittensten sogenannten *Sekte*, mit Scientology. Im Falle Konrad A. geht es um von Scientology ausgehende Gefahren, im Falle Otto D. um den Umgang von Staat und Gesellschaft mit dem Thema Scientology. Diese Fälle werfen jene Fragen auf, denen sich dieses Buch vor allem widmet:

Inwieweit stellt Scientology eine Bedrohung dar – für die finanzielle, physische und psychische Integrität einzelner Menschen und für unsere politische wie wirtschaftliche Ordnung?

Wie wirksam und mit welchen Nebenwirkungen begegnen Staat und Gesellschaft in Deutschland dem Phänomen Scientology?

Inwiefern also tritt Scientology als Feind von Staat und Gesellschaft auf? Und inwieweit werden die Organisation und ihre Mitglieder als Staatsfeind behandelt?

Bedrohung Scientology

Es gibt weltweit Tausende, teils sehr kleine, religiöse Gemeinschaften und sogenannte »Psychogruppen« – von den Mormonen über vielerlei fernöstliche Gemeinschaften bis zu anthroposophischen Gründungen –, durch die und in denen Menschen in der Regel keinen erkennbaren Schaden nehmen. Es gibt aber auch die Katastrophen: die Massenselbstmorde von »Sonnentemplern«, die brennende Sektierer-Festung in Waco/Texas 1993, die Giftgasanschläge der »Aum Shinrikyo« in Japan; es gibt das Leid von Eltern, deren Kinder in einer Gemeinschaft von Fanatikern verschwinden. Bei Scientology sind es weniger spektakuläre Einzelereignisse als das Erscheinungsbild der Organisation, das bei vielen Menschen Befremden, Verunsicherung und Sorge weckt:

1. Die Organisation befaßt sich insbesondere mit der praktischen Lebensbewältigung: Ihre »religiösen« Praktiken erinnern den Außenstehenden weit eher an Psychotherapie als an eine Religion.

2. Die Aktivitäten der Organisation sind stark kommerzialisiert – von der Straßenwerbung neuer Mitglieder per Psychotest über den Vertrieb

von Kursen, *E-Metern* und Büchern bis hin zum Verkauf des *Auditing* zu teils sehr hoch erscheinenden Preisen. Eine Unterorganisation kümmert sich um die Verankerung Scientologys in der Wirtschaft.

3. Scientology unterhält, gesteuert durch eine strikte *Ethik* und straffe Hierarchie, ein ausgefeiltes System der internen Disziplinierung von Mitarbeitern. Diese werden, bei sehr geringem Lohn, in hohem Maße beansprucht; bei Regelverstößen droht Mitgliedern der *SeaOrg*, als Alternative zur Kündigung, ein Aufenthalt in sogenannten *RPF*-Einrichtungen, die Kritiker als Straflager bezeichnen.

4. Scientology geht aggressiv gegen Gegner vor. So empfiehlt der Gründer der Organisation, L. Ron Hubbard, in seinen *policy letters* die lautstarke Ausforschung von Gegnern, bei denen stets »Geheimnisse und versteckte Verbrechen« zu finden seien. In der Praxis führt die Organisation häufig Prozesse und setzt auch Privatdetektive ein.

5. Hubbard äußert sich in seinen *policy letters* sehr ambivalent und immer wieder abfällig zur Demokratie. So schreibt er in einem *policy letter*: »Ich sehe nicht, daß populäre Maßnahmen, Selbstverleugnung und Demokratie dem Menschen irgend etwas gebracht haben, außer ihn weiter in den Schlamm zu stoßen.« Solche Äußerungen dokumentieren – wie auch Hubbards Aussagen über eine »Demokratie von *Clears*« und sein Ziel des »*clear* planet« – für zahlreiche Kritiker den scientologischen Anspruch auf eine totalitäre Weltherrschaft.

Scientology fordert unsere Gesellschaft in ihren Grundwerten und Überzeugungen und in ihrem Verständnis von Religion heraus. Die Organisation zieht manche Menschen an und weckt bei vielen Ängste – vor dem Hintergrund einer postmodernen Welt, die in ihrer Funktionalität, der Globalisierung von Wirtschaft und Kultur und der Anonymisierung sozialer Beziehungen zunehmend unwirtlicher erscheint; einer Welt, in der überdies traditionelle Sinngebungsinstanzen wie die großen Kirchen immer weniger Orientierung zu bieten scheinen. Der einzelne fürchtet, er selbst oder nahe Angehörige könnten in die Hände skrupelloser Seelenfänger geraten, manipuliert und ruiniert werden – bis hin zur Entleerung oder gar Zerstörung der Persönlichkeit.

Staat und Gesellschaft treffen Schutzmaßnahmen

Zahlreiche gesellschaftliche Gruppen und Medien haben in den letzten Jahren gefordert, den Bürger vor Gefahren zu schützen, die von Sekten und insbesondere von Scientology ausgehen. Der Staat habe im Rahmen seiner Fürsorgepflicht aufzuklären, mißbräuchliches Auftreten als Religionsgemeinschaft zu unterbinden und Gesetzeslücken zu schließen.

Bis heute ist ungeklärt, ob Scientology als Religions- beziehungsweise Weltanschauungsgemeinschaft unter dem Schutz des Artikels 4 Grundgesetz steht und wie folglich zentrale Aktivitäten der Organisation rechtlich zu bewerten sind. Um jedoch dem Schutzbedürfnis in der Bevölkerung zu entsprechen, haben Staat und Gesellschaft in Deutschland zahlreiche Maßnahmen ergriffen: Schutzerklärungen werden in Behörden, Betrieben, Verbänden, Sportvereinen und privaten Schulen eingesetzt. Scientologen sind von privater Arbeitsvermittlung ausgeschlossen. Bund, Länder und Kommunen, Wirtschafts-, Kultur- und Sportverbände warnen vor der Organisation, deren Schriften mancherorts auf behördliche Veranlassung aus Buchhandlungen und Bibliotheksausleihen entfernt wurden. Schleswig-Holstein änderte sein Datenschutzgesetz, um personenbezogene Daten von Sektenmitgliedern und -sympathisanten auch an Privatpersonen weitergeben zu können. Mehrfach wurden Scientology-Organisationen die Vereinsrechte aberkannt. Der Bundesrat beziehungsweise die *Enquete-Kommission »Sogenannte Sekten und Psychogruppen«* fordern unter anderem eine strenge Regelung der *Lebensbewältigungshilfe*, Änderungen des Heilpraktiker-, Vereins- und Kindschaftsrechts sowie die Einführung einer strafrechtlichen Verantwortlichkeit für Personenvereinigungen. Den politisch hohen Stellenwert des Problems dokumentiert auch, daß die »Bundesakademie für Sicherheitspolitik« »die allgemeine Sektenproblematik unter besonderer Berücksichtigung von Scientology« im März 1998 zum Thema eines Seminars machte. Vor hohen Militärs und Beamten sowie Sicherheitsexperten der Wirtschaft hielt der Präsident des Bundesamtes für Verfassungsschutz, Peter Frisch, einen zu Wachsamkeit mahnenden Vortrag.

Das Vorgehen gegen Scientology hat bislang – arbeits-, vereins-, gewerbe- und verwaltungsrechtlich – zu einander teilweise widersprechenden Gerichtsurteilen geführt. Eine verfassungsgerichtliche Entscheidung über den Anspruch Scientologys, als Religion zu gelten, ist nicht absehbar. Zivilrechtlich muß die Organisation, auf Wunsch, Zuwendungen zurückzahlen, die nicht durch »religiöse« Praktiken verbraucht sind. Strafrechtlich schließlich kam es in den letzten Jahren – auch wegen des Vorwurfs der Bildung einer kriminellen Vereinigung – zu mehreren Ermittlungsverfahren gegen Scientologen. Verurteilt wurden einzelne Angehörige der Organisation wegen Steuerhinterziehung, Beleidigung und Verstoßes gegen das Heilpraktikergesetz. Als Schwachstellen bei der Verfolgung von Scientology-Aktivitäten sehen manche Kritiker zum einen Gesetzeslücken; zum anderen glauben sie, daß mögliche Straftaten nicht zur Anzeige gebracht werden, weil Betroffene den Konflikt mit der Organisation fürchten.

Seit 1997 beobachtet der Verfassungsschutz Scientology. Erste Berichte auf Länderebene und ein im November 1998 veröffentlichter Bericht des Bundesverfassungsschutzes stufen die Lehre als verfassungsfeindlich ein, bewerten die faktische Bedrohung von Staat und Wirtschaft allerdings als derzeit eher gering.

Mögliche Nebenwirkungen von Schutzmaßnahmen

Tatsächlich haben die genannten Maßnahmen zu einer Isolierung der Scientology-Organisation und ihrer Mitglieder geführt. Andererseits, sagen skeptische Beobachter, haben manche Vorgehensweisen weitere, möglicherweise nicht beabsichtigte, aber schwerwiegende Folgen:

Erstens dehne der Verfassungsschutz durch die Beobachtung Scientologys sein Tätigkeitsfeld auf den sensiblen Bereich des Weltanschaulichen aus. Dadurch und durch Schutzerklärungen, in denen man sich schriftlich von etwas distanzieren muß, was man gar nicht gelesen haben soll, könnten den Bürger entmündigende Strukturen entstehen.

Zweitens verbreiteten einige Maßnahmen, im Zusammenwirken mit dem Medienecho, eine weit über Scientology hinausreichende Angst und Verunsicherung in der Bevölkerung. 80 Prozent der Bundesbürger verlangen ein Verbot aller *Sekten*. Und der unbelegte Vorwurf, Scientologe zu sein oder Scientology nahezustehen, hat sich – klagen deutsche Politiker wie Bayerns Innenminister Beckstein – vor allem in der Wirtschaft zu einem wirksamen Kampfmittel entwickelt.

Drittens schließlich seien diverse staatliche Schutzmaßnahmen gegen Scientology rechtlich nicht abgeklärt. Dies habe dazu beigetragen, daß Deutschland wegen seines Vorgehens gegen Scientology mehrfach von internationalen Gremien und den USA kritisiert wurde.

In der Tat klagen Wissenschaftler und Politiker aller Couleur, man wisse zu wenig über die Organisation, die von ihr ausgehenden Gefahren und, entsprechend, über die zu Gebote stehenden rechtlichen Möglichkeiten. In Deutschland werde über Scientology kaum geforscht. Über die Ideologie der Organisation, ihre sozialen wie wirtschaftlichen Strukturen, über ihre politischen Aktivitäten, ihre psychisch wirksamen Praktiken und über strafrechtliche Aspekte sei nur bruchstückhaftes Wissen vorhanden. Auch die *Enquete-Kommission* des Bundestags sieht in Scientology, wissenschaftlich, »terra incognita«. Darüber hinaus wird kritisiert, daß in der Diskussion über Scientology Emotionen, Angst und Aggressionen eine unangemessen starke Rolle spielen.

Ein bedrückender Sachstand, sagen viele Experten. Denn nur auf der Basis gesicherten Wissens ist – gerade gegenüber potentiell sehr gefährlichen Phänomenen – wirksames rechtsstaatliches und in seinen Folgen für die Freiheit des einzelnen abgewogenes Handeln möglich.

Was leistet dieses Buch?

Die eingangs formulierten Fragen zu Scientology und zum Umgang mit Scientology eröffnen den Blick auf ein überaus komplexes Problemfeld. Zur Beantwortung der Fragen bedarf es zunächst einer Bestandsaufnahme wichtiger Aspekte. Diesem Anliegen dient, ohne Anspruch auf Vollständigkeit, das vorliegende Buch. Und: Es soll dem Leser, im Gegensatz zu manchen anderen Werken auf dem Markt, die Bildung einer eigene Meinung erleichtern.

Als sinnvollster Weg erschien, wichtige, die Scientology-Diskussion prägende Positionen einander gegenüberzustellen – in insgesamt 32 Interviews. In einem separaten Teil des Buchs werden Tatsachen, auf die sich die Gespräche, oft kontrovers, beziehen, dokumentiert.

Zu den Interviewpartnern zählen etliche der kompetentesten und profiliertesten Scientology-Kenner Deutschlands und der USA: Experten der Religions- und Rechtswissenschaft, Psychologie, Politikwissenschaft und Theologie erläutern den Stand der Forschung. Interviews mit Politikern, Anwälten, Richtern und hohen Beamten erhellen die Perspektiven juristischer und politischer Instanzen. Drei Gespräche dokumentieren Erfahrungen ehemaliger Mitglieder der Scientology-Organisation, die sich heute in der Aufklärung engagieren. Um möglichst authentische Einblicke in Lehre, Denken und Organisation von Scientology zu gewinnen, erschien es folgerichtig, auch mit überzeugten beziehungsweise einflußreichen Scientologen zu sprechen – mit dem »Geheimdienstchef«, dem in der Lehre versierten Manager und dem umstrittenen Industriellen ebenso wie mit dem Künstler, dem *Sea-Org*-Mitglied und der auf dem Dorf lebenden Lehrerin. Diese Gespräche tragen auch dem rechtsstaatlichen Grundsatz des »Audiatur et altera pars« (»Auch die andere Seite ist anzuhören«) Rechnung.

Die Interviews wurden, soweit möglich, um thematische Schwerpunkte gruppiert. Der Autor hat versucht, nüchtern und distanziert zu fragen und jede(n) Interviewpartner(in) eine Position in Ruhe darstellen zu lassen – bevor er, wo Aussagen unzureichend begründet oder in ihren Konsequenzen interessant erschienen, kritisch nachfragte, die Zuspitzung apodiktischer Behauptungen provozierte oder abwartend Darlegungen schlüssig, ausweichend oder widersprüchlich enden ließ.

Interviews mit Wissenschaftlern, die Sachverhalte klären sollten, sind anders aufgebaut als Befragungen von Verantwortungsträgern, Gespräche mit Betroffenen anders als solche, die um weltanschauliche Themen kreisen. Natürlich wird im Ergebnis nicht jede Frage beantwortet; nicht alles wird belegt; mancher Widerspruch bleibt stehen.

Hilfreich für das Verständnis der Interviews sind die Dokumente: interne Scientology-Unterlagen, amtliche Vermerke staatlicher wie privater Institutionen, Gerichtsurteile und internationale Stellungnahmen. Kürzungen der Dokumente waren nicht zu vermeiden. Der Autor glaubt, daß trotzdem das Ziel erreicht wurde, eine Dokumentation zu erstellen, die Interviewaussagen vertieft und erläutert sowie die Position gesellschaftlicher Institutionen und Gruppen beleuchtet.

Das Buch bemüht sich auch im Glossar, der gelegentlich sehr lauten »Sprachlosigkeit« in der Scientology-Diskussion zu begegnen. Die Erläuterungen wichtiger, im Text kursivierter Begriffe helfen, scientologische Sondersprache und in der Diskussion verwandtes Spezialvokabular zu verstehen; sie informieren über Inhalte der Lehre, die Geschichte der Organisation und zentrale Aspekte der Scientology-Debatte.

Die Interviews fragen nach Scientology ...

Es werden, mit Blick auf die Scientology-Organisation, unter anderem folgende Problemkreise thematisiert:

1. Als was ist die Scientology-Lehre zu qualifizieren – als Religion oder Weltanschauung, als totalitäre Ideologie oder als dünne Tünche über rein wirtschaftlichen Interessen? Womit begründet Scientology den Anspruch, eine »funktionierende religiöse Technologie« zu haben? Was spricht andererseits dafür, daß es sich um bloße Scharlatanerie handelt, gerichtet auf Geld- und Machterwerb?

2. Inwiefern spiegeln inhumane Passagen in Hubbards Texten ein politisches und verfassungsfeindliches Programm? Was unterscheidet problematische Hubbard-Zitate von problematischen Bibelstellen? Welche Rolle spielt der historische Kontext der Textentstehung, welche die Lehre im Verhältnis zum tatsächlichen Verhalten ihrer Anhänger?

3. Wie sieht der Scientology-Alltag aus? Inwieweit wird der einzelne auf die Organisation fixiert, entfremdet sich von der Außenwelt, gibt eigenes Denken auf? Wie unterscheiden sich gruppeninterne Abläufe von denen in anderen Gemeinschaften? – Kritiker verweisen auf psychische Schäden im Zusammenhang mit dem *Auditing*. Inwieweit werden hier Menschen mittels suggestiver Fragetechnik süchtig gemacht, auf Scientology eingeschworen und psychisch zugrunde gerichtet?

Warum betonen andererseits auch langjährige Scientologen Erfolge bei der Lebensbewältigung durch das *Auditing*?

4. Gegenstand der Kritik sind auch die hierarchischen und dogmatischen Strukturen der Scientology-Organisation. Gilt Gehorsam gegenüber Befehlen oder ideologischen Richtlinien? Inwieweit haben Mitarbeiter zu gehorchen, inwieweit einfache Mitglieder? Wie sind »Bußpraktiken« in den *RPF*-Einrichtungen zu bewerten?

5. Äußerst kritische Anmerkungen machen etliche Interviewpartner zum scientologischen Finanzsystem. Scientology beansprucht, mit »Spenden« für individuelle Leistungen die »Kirche« zu finanzieren. Kritiker betonen demgegenüber, Scientology beute Mitglieder finanziell aus und nutze das Copyright an Hubbards Werken und Begriffen als Geldmaschine und Waffe gegen Kritiker. Welche Funktion hat der Scientology-Wirtschaftsarm *WISE*?

6. Der Deutsche Konrad A. ist als Scientologe zugrunde gegangen. Die amerikanische Scientologin Lisa McPherson kam auf dubiose Weise in einem Scientology-Hotel zu Tode. Kennzeichnen solche Fälle der Zerstörung menschlichen Lebens, sofern keine Straftatbestände greifen, Gesetzeslücken? Ist Scientology als kriminogene, also Verbrechen hervorbringende Vereinigung anzusehen?

7. Was schließlich tut Scientology politisch? Gibt es, neben antidemokratischen Hubbard-Zitaten, Konzepte der politischen Machtübernahme und -gestaltung, politisch aktive Unterorganisationen und eine politische Indoktrination der Mitglieder?

... und nach unserem Umgang mit Scientology

Staatliche und gesellschaftliche Schutzmaßnahmen gegen Scientology haben das Vordringen der Organisation in Deutschland gebremst. Dessenungeachtet sind sie – mit Blick auf Angemessenheit, offene rechtliche Fragen und mögliche Nebenwirkungen – zu hinterfragen:

1. Trotz des Leids, das Menschen als Scientologen und Angehörige von Scientologen erfahren, und angesichts der Forderung, der Organisation einen Riegel vorzuschieben, kommt unsere Gesellschaft um grundlegende Gewichtungen nicht herum: Stellen, zum Beispiel, finanzielle und psychische Risiken beim *Auditing* oder das Leid von Eltern, deren erwachsenes Kind Scientologe wird, Bedrohungen dar, vor denen der Bürger gesetzlich zu schützen ist? Oder handelt es sich um Gefahren, die beim Umgang mit Transzendentem zwangsläufig auftreten; um Gefahren, denen der einzelne sich und seine Familie – etwa beim Autofahren, Alkoholkonsum, Rauchen, Sport und Glücksspiel –

im Rahmen seiner Selbstverantwortung aussetzt? In welchem Maße wollen wir diese Selbstverantwortung durch staatlichen Schutz ersetzen und Betroffenen notfalls auch gegen ihren Willen helfen?

2. Damit Schutzmaßnahmen rechtsstaatlich ihren Zweck erfüllen, ist in Deutschland zu klären, ob es sich bei Scientology um eine Religions- oder Weltanschauungsgemeinschaft handelt. Denn dies hat Auswirkungen unter anderem darauf, wie der Staat aufklären darf und ob die Auflösung von Scientology-Vereinen oder gar ein Verbot zulässig ist. – Warum gibt es hierzu bis heute keine wegweisenden Antworten der Verwaltungs- und Verfassungsgerichte?

3. Die Rechtsstaatlichkeit von Schutzmaßnahmen gegen Scientology hängt auch davon ab, inwieweit Straftaten und politisch extremistische Aktivitäten gerichtlich festgestellt sind. Außerdem ist zwischen konkurrierenden Grundrechten (Artikel 4, Glaubensfreiheit, gegenüber Artikel 1, Menschenwürde, Artikel 2, körperliche Unversehrtheit, und Artikel 6, Erziehungsrecht der Eltern) abzuwägen. Sind, vor diesem Hintergrund, die bei Einstellungsgesprächen verbreiteten Schutzerklärungen zulässig? Worauf gründen, rechtlich, das Verbot privater Arbeitsvermittlung für Scientologen, staatliche Aufklärungs- und Warnarbeit, die Beobachtung durch den Verfassungsschutz?

4. Uneinigkeit herrscht bei Experten über die tatsächliche Reichweite getroffener und geplanter Schutzmaßnahmen. Welche Auswirkungen hat ein vom Bundesrat bereits verabschiedetes Gesetz zur *Lebensbewältigungshilfe* – auf den alternativen Psycho-Markt, auf »street work« karitativer Organisationen, auf die Ausgaben der Krankenkassen? Die *Enquete-Kommission* fordert, daß jeder, der beruflich seelisches Leid lindert, ohne Seelsorger der Amtskirchen oder staatlich anerkannter Psychotherapeut zu sein, eine Heilpraktikerlizenz erwerben soll. Berührt diese Forderung die Religionsfreiheit?

5. Manche Wissenschaftler und betroffene Gruppierungen behaupten, es gebe in Deutschland eine von kirchlichen Kreisen betriebene, auf eine *Etikettierung* hinauslaufende Kampagne gegen neue religiöse Bewegungen – mit Scientology als »Dosenöffner«. Warum hat die *Enquete-Kommission* den auch in UN-Gremien erhobenen Vorwurf, Deutschland diskriminiere religiöse Minderheiten, nicht geprüft?

6. Staatliche Maßnahmen gegen und Medienberichte über Scientology haben – in, voraussehbar, nicht immer kontrollierbarer Form – ein Echo in der Gesellschaft. Viele Arbeitgeber, Banken, private Schulen und Kindergärten, Geschäftskunden, Anzeigenabteilungen von Zeitungen, Nachbarn und Freunde brechen unverzüglich den Kontakt zu

»enttarnten« Scientologen ab. Bisweilen kommt es zu gewalttätigen Übergriffen; Denunziation und Erpressung mit dem unbewiesenen Vorwurf, Scientologe zu sein, gedeihen. Wie ist dies zu bewerten?

Grundsätzliche Fragen

Staat und Gesellschaft in Deutschland haben viel unternommen, unsere demokratische Grundordnung, die auf einem Kanon abendländisch-christlicher Werte beruht, gegen Scientology zu verteidigen – gegen eine Organisation, die mit dem offen ausgesprochenen Anspruch auftritt, ihre Werte für alle verbindlich zu machen. Grundsätzlich zu fragen bleibt: Inwieweit bedarf es zur Verteidigung der Grundordnung juristischer Maßnahmen? Inwieweit kann es sich, andererseits, unsere Gesellschaft leisten, eine völlig offene Werte-Diskussion zu führen – unter expliziter Einbeziehung derer, die Grundwerte in Frage stellen? Wo also zerstört eine offene Gesellschaft ihre eigenen Voraussetzungen, indem sie sich auf Diskussionen einläßt? Wo zerstört sie diese Voraussetzungen, indem sie Diskussionen abblockt?

Dank

Dieses Buch beruht auf der Arbeit vieler. Ich danke meinen Interviewpartnern, die viel Mühe investiert, mir zahlreiche Dokumente überlassen und mein Bewußtsein für problematische Aspekte des Themas geschärft haben. Dieser Dank gilt auch jenen Gesprächspartnern, deren Beiträge entfallen mußten, weil das Buch sonst vollends den vorgesehenen Rahmen gesprengt hätte. Julia Hoffmann, meine Lektorin, hat mir, auch in ihrer Freizeit, als inhaltlich wie formal stets hinterfragende Instanz geholfen. Dies tat auch mein Verleger, Dr. Michael Siebler, der sich mit diesem Buch ins Zentrum einer heißen Diskussion wagt. Für ihre sachkundige und engagierte Hilfe danke ich den anderen Mitarbeiterinnen und Mitarbeitern des Verlags. Eine gute Freundin, die nicht genannt werden möchte, hat an langen Wochenenden zahllose Seiten Interviews geschrieben. Dank dafür und für viele hilfreiche Gespräche zum Thema. Mein Dank geht nicht zuletzt an all die Freunde und Kollegen, die dem Buch – ermutigend, warnend und kritisch beitragend – auf den Weg geholfen haben.

Ich widme dieses Buch in Liebe meiner Frau Cäcilia sowie unseren Kindern Marian, Elisabeth, Raphael und Johannes.

Mauer, im Januar 1999
Thomas Kruchem

Lisa McPherson – Tod einer Scientologin

Ein massives Risiko negativer PR

Gespräch mit Kennan George Dandar, Anwalt der Familie McPherson

Kennan George Dandar erwarb 1976 einen »Bachelor of Science« an der Pennsylvania State University; 1979 schloß er sein Studium der Rechtswissenschaften an der Temple University School of Law ab. Heute führt er eine eigene Anwaltspraxis in Tampa/Florida und ist zugelassen an sämtlichen Staats- und Bundesgerichten in Florida sowie am »Eleventh Circuit Court of Appeals«. Dandar vertritt im Todesfall Lisa McPherson die Familie der Verstorbenen in einem Zivilverfahren gegen die »Church of Scientology«.

TK: Am 5. Dezember 1995, Herr Dandar, starb in Clearwater/Florida die 36jährige Scientologin Lisa McPherson – nach 17 schlimmen Tagen im »Fort Harrison«-Hotel der Scientology-Organisation. Wie kam es, aus Ihrer Sicht, zu diesem Todesfall?

Dandar: Lisa war innerlich schon im Mai 1995 auf Distanz zu Scientology gegangen. Bekannten hatte sie gesagt, sie wolle raus da und auch ihren Job bei einem Scientology-Verlag in Clearwater kündigen. Am 18. November 1995 dann hatte Scientology Lisa in Gewahrsam genommen. Ich gehe davon aus, daß sie am Nachmittag dieses 18. November aus dem »Fort Harrison« floh, bevor sie kurz darauf mit ihrem Jeep einen geringfügigen Auffahrunfall verursachte. Eine Krankenwagenbesatzung, die wegen eines anderen Unfalls vor Ort war, untersuchte Lisa und stellte keine Verletzungen fest. Minuten später jedoch sah die Besatzung Lisa McPherson splitternackt am Krankenwagen vorbeilaufen. Die Beifahrerin stieg aus, zog Lisa in den Krankenwagen und redete etwa eine halbe Stunde mit ihr. – Wichtig ist in diesem Zusammenhang, daß die Krankenwagenbesatzung die junge Frau als üppige Erscheinung mit einem Gewicht von rund 70 Kilo beschrieb. Doch dazu später. – Lisa McPherson sagte: »Macht euch keine Sorgen. Ich bin nicht verrückt. Ich suche nur Aufmerksamkeit. Ich brauche Hilfe, ich muß mit jemandem reden.« Während des Gesprächs – so dokumentiert es die Aussage der Krankenwagenbesatzung – verfiel Lisa regelmäßig, wenn sie auf Scientology kam, in eine geradezu roboterhafte Sprechweise, und sobald sie von ihrem Job sprach, überkam sie eine auffällige Unruhe.

TK: Wäre nicht eine psychiatrische Untersuchung fällig gewesen?

Dandar: Ja, man überredete Lisa, mit ins lokale Krankenhaus zu kommen, wo sie von einer Psychiatrieassistentin, die sich per Telefon mit einem Psychiater beriet, untersucht wurde. Beide kamen zu dem Schluß, der Zustand der Patientin sei nicht so ernst, daß man sie gegen ihren Willen festhalten könne. Leider nun hatte Lisa McPherson als Telefonnummer von Angehörigen die Nummer eines Scientologen genannt. Kurze Zeit später standen im Krankenhaus an die zwölf Scientologen auf der Matte. Als Lisa dann sagte: »Ich will mit meinen scientologischen Freunden gehen«, hatte man keine Alternative, als sie gehen zu lassen.

TK: Warum ging sie mit Leuten, denen sie, wie Sie sagen, gerade entkommen war?

Dandar: Ich glaube, es war wie bei einer mißhandelten Ehefrau. Sie hofft, daß es besser wird. – Die Scientologen jedenfalls brachten Lisa in ein abgelegenes Zimmer des »Fort Harrison«-Hotels, stellten zwei Leute für ihre Betreuung ab und eine Wache vor die Tür. Woher ich das weiß? Es steht in den Aufzeichnungen, die die Scientologen auch über solche Dinge führen und zu deren Herausgabe wir sie gerichtlich zwangen. Diese Aufzeichnungen zeigen, daß Lisa McPherson gegen ihren Willen festgehalten wurde: Die Scientologen geben zu, daß sie mit den Fäusten gegen die Wände schlug; sie kämpfte mit ihnen, spuckte sie an, weigerte sich zu essen und zu trinken – weil sie raus wollte. Die uns vorliegenden Aufzeichnungen der Scientologen über Lisa McPhersons Gefangenschaft im »Fort Harrison«-Hotel reichen bis zum 2. Dezember 1995. Die Aufzeichnungen über die letzten drei Tage ihres Lebens fehlen. Scientology sagt, man könne sie nicht finden. Tatsächlich, glauben wir, wollen sie vertuschen, daß Lisa während dieser Tage im Koma lag, verursacht durch schwere Dehydration.

TK: Ein wichtiges Dokument in diesem Zusammenhang ist der umstrittene Autopsie-Bericht.

Dandar: Genau. Die Autopsie nahm, unter Aufsicht von Dr. Joan Wood, Dr. Robert Davis vor.

TK: Warum wurde der Autopsiebericht von Dr. Davis nicht unterschrieben – was dann ja ein Grund war für die Anfechtung des Berichts durch Scientology?

Dandar: Dr. Davis verweigerte die Unterschrift, weil ihm die Scientologen nicht mitteilten, was mit Lisa McPherson zum Zeitpunkt ihres Todes vor sich gegangen war, und er deshalb die Todesursache nicht eindeutig feststellen konnte. Bei seiner späteren Zeugenaussage war er dann dadurch verunsichert, daß er seine handschriftlichen Aufzeichnungen nicht mehr hatte, die nach dem Abtippen des Autopsieberichts routinemäßig vernichtet worden waren. Dr. Davis hat einfach wahnsinnige Angst vor Scientology. Und trotzdem sagte er ja auch in seiner Vernehmung, er habe Anzeichen von Dehydration an Lisa McPherson festgestellt, wenngleich er sich da nicht weiter festlegen wollte. Er wollte nur raus aus diesem Fall.

TK: Todesursache ist laut Autopsiebericht eine Lungenembolie?

Dandar: Ja, und zwar verursacht durch schwere Dehydration und lang andauernde Bettruhe. Lisa lag, verursacht durch Dehydration, tagelang regungslos im Koma. Hinzu kommt, daß die Scientologen die im Koma liegende Lisa McPherson nicht ins nächstgelegene Krankenhaus brachten, sondern in ein 45 Minuten entferntes, wo ein scientologischer Arzt mit dem *Erkenntnisgrad OT VIII* arbeitete. Heute behaupten sie, Lisa habe gesagt, sie wolle zu diesem Arzt. Der Haken ist, daß sie das gar nicht mehr sagen konnte. Denn die im Rahmen ihrer Autopsie vorgenommenen Laboruntersuchungen ergeben ganz eindeutig, daß Lisa am Morgen ihres Todestages wegen schwerster Dehydration bereits mehrere Tage im tiefen Koma gelegen haben muß.

TK: Sie meinen, die scientologischen Betreuer Lisa McPhersons setzten deren Leben aufs Spiel, bloß um sie von einem scientologischen Arzt behandelt zu wissen?

Dandar: Diese Leute haben nur L. Ron Hubbards Anweisungen befolgt. Und die lauten: Erlaube niemandem, in der Öffentlichkeit ein schlechtes Licht auf Scientology zu werfen. Tue alles, um ihn zu stoppen. – Angewandt auf unseren Fall heißt das: Lisa McPherson verkörperte ein massives Risiko negativer PR für Scientology. Sie war – infolge Dehydration, Nahrungs- und Schlafmangel, mangelnder Pflege sowie erlittener Verletzungen – in einem extrem schlechten Zustand, was im örtlichen Krankenhaus von Clearwater für erhebliches Aufsehen gesorgt hätte. Hätten die Scientologen Lisa dagegen noch vor ihrem Tod unter die Obhut des scientologischen Arztes gebracht, wäre es, nach den Gesetzen Floridas, gar nicht zu einer behördlichen Untersuchung ihres Todes und folglich auch nicht zur Autopsie gekommen. Übrigens haben die Scientologen, die nach außen hin Psychodrogen lauthals verdammen, Lisa McPherson eben solche Drogen verabreicht. Sie bekam das Sedativum Chloralhydrat. In seinem Buch »Science of Survival« erläutert L. Ron Hubbard jedem guten Scientologen, wie man mit Hilfe dieses Medikaments *Gehirnwäsche* betreibt.

TK: Hatten die Scientologen nach Ihrer Kenntnis ein Konzept, mit der psychisch offenbar gestörten Lisa McPherson umzugehen?

Dandar: Sie wurde zur *potentiellen Störungsquelle Typ 3* erklärt. Das ist ganz unten auf der *Tonskala*. So jemand leidet, so die Scientologen, unter einer akuten Psychose. Und sie verordnen ihm den »introspection rundown«. Der besteht im wesentlichen darin, die betreffende Person gegenüber allen von außen kommenden Reizen zu isolieren. Man darf nicht mit dieser Person sprechen, man überläßt sie im Grunde sich selbst.

TK: Glauben Sie, daß Lisa McPhersons psychische Probleme auf Scientology zurückzuführen sind?

Dandar: Es ist schon interessant, daß sie gerade zwei Monate vor ihrer Gefangenschaft zum *Clear* erklärt worden war, zu einer Art Übermensch. Und wenig später mußte sie in die Isolation. Das allein zeigt doch, daß die scientologischen Lehren nichts sind als Quacksalberei und eine große Lüge. Und das Tragische an Lisas Tod ist: Er wäre zu verhindern gewesen. Nur weil Hubbard sagte: Laßt niemanden den Namen Scientologys beschmutzen, ist sie gestorben – 20 Minuten nach Verlassen des Hotels, sagen die Scientologen. Die Oberschwester in der Notaufnahme des Krankenhauses beschrieb Lisas Gesicht als aschfahl und grau, ihre Haare als verfilzt. Und so jemand kam aus dem »Fort Harrison«, dem sogenannten Mekka der spirituellen Lehre. Der scientologische Arzt maß dann nicht einmal ihre Temperatur und bestimmte auch nicht die Blutgase, so daß der genaue Todeszeitpunkt nicht mehr festgestellt werden konnte. Gerade 12 bis 15 Minuten befaßte man sich mit Lisas Leiche; erst am nächsten Morgen konnte die Autopsie stattfinden.

TK: Scientology führt Gutachten mehrerer bekannter Experten ins Feld, nach denen Lisa McPhersons Lungenembolie nicht durch Dehydration verursacht wurde, sondern viel eher durch eine bei dem Autounfall erlittene Knieverletzung.

Dandar: Bekannt sind diese Experten, ja. Ob berühmt oder berüchtigt – das sei dahingestellt. Auf jeden Fall werden sie gern von Anwälten engagiert, die ihre Version der Dinge, und sei sie noch so absurd, mit wissenschaftlicher Reputation untermauern wollen. Außerdem: Diese Experten sagen fast alle das Gleiche. Sie sprechen stereotyp von Lisas »plötzlichem« und »unvorhersehbarem« Tod, als ob es ihnen jemand diktiert hätte. Und sie ignorieren die Ergebnisse der Autopsie.

TK: Im November 1998 hat die Staatsanwaltschaft Anklage gegen die »Church of Scientology« erhoben.

Dandar: Ja, der Staatsanwalt beschuldigt die *Flag Service Organization* in Clearwater der Verbrechen der falschen Behandlung eines hilflosen

Erwachsenen und der Ausübung der Heilkunde ohne Lizenz. Da es sich um Beschuldigungen gegen eine juristische Person handelt, ist zwar nur eine Geldstrafe möglich; die Polizei sagt allerdings in einer Stellungnahme, es könne durchaus zu weiteren Anklagen wegen krimineller Handlungen kommen. In der Zivilklage, die ich namens der Familie McPherson erhoben habe, stehen uns jetzt nach der Anklageerhebung auch die letzten Beweisstücke, insbesondere Autopsiefotos und weitere medizinische Belege, zur Verfügung.

TK: Um welche Klagepunkte geht es in Ihrer Zivilklage?

Dandar: Um ein Tötungsdelikt, Betrug und Freiheitsberaubung (nimmt Anruf entgegen).

TK: Ihre Frau? Ist sie sauer, daß ich Sie am heiligen Sonntag interviewe?

Dandar: Nein. Meine Sicherheitsfirma. Sie sind besorgt, seit um Neujahr herum zweimal bei mir eingebrochen wurde. Das ist früher nie passiert. Und mehrmals die Woche kriege ich jetzt merkwürdige Anrufe – angeblich von der Telefonfirma, die meine Leitung prüft. Aber die Telefonfirma weiß von nichts. Leute folgen mir, und meine Klienten kriegen Anrufe von Privatdetektiven, die ihnen allerhand häßliche Sachen über mich erzählen. Manche kommen dann und fragen: »Ken, haben Sie Ärger? Haben Sie irgendwelche Probleme?« Das ist mir peinlich; aber ich bin nun mal Feind Nummer 1 für Scientology, ihr Alptraum. Und Hubbard sagt ja, jeder, der Scientology angreift, habe Verbrechen auf dem Gewissen. Man brauche nur hinzugehen und sie aufzudecken. Bedauerlicherweise habe ich bislang ein recht langweiliges Leben geführt und habe keine Leichen im Keller.

TK: Wie kommen Sie mit dieser Beeinträchtigung Ihres Privatlebens zurecht?

Dandar: Es belastet mich und meine Familie – insbesondere, wenn die Detektive Klienten und Freunde über mein Privatleben ausfragen.

TK: Ist das legal?

Dandar: Es mag legal sein, aber es ist moralisch verwerflich – weil meine Familie nichts mit der Schuld von Scientology am Tod von Lisa McPherson zu tun hat.

TK: Welcher Art Tötungsdelikt bezichtigen Sie und Ihre Mandanten Scientology?

Dandar: Ich muß da auf einen Vergleich zurückgreifen. Es ist, als ob Lisa McPherson an einem Seil von einer Brücke herunterhängt – während die Scientologen oben stehen und beobachten, wie das Seil allmählich zerfasert und schließlich reißt, so daß Lisa McPherson ins Wasser fällt und ertrinkt. Als was würden Sie in Deutschland das bewerten?

TK: Möglicherweise als Mord.
Dandar: Dann wissen Sie, was ich meine.
TK: Wie, Herr Dandar, kamen Sie an den Fall Lisa McPherson?
Dandar: Ich bekam einen Anruf von der Schwester ihrer Mutter Fannie, flog nach Dallas und sprach dort sechs Stunden lang mit Fannie McPherson, die im Endstadium eines Krebsleidens künstlich Sauerstoff zugeführt bekam. »Erstreiten Sie Gerechtigkeit für meine Tochter«, sagte sie, »und erzählen Sie der Welt, was man ihr angetan hat – damit so etwas nie wieder geschieht.« Als die Mutter kurz darauf starb, übernahm deren Schwester Dell die Vertretung von Lisas Interessen.
TK: Wie regelten Sie das Finanzielle?
Dandar: Die Familie hatte absolut kein Geld. Deshalb einigten wir uns darauf, daß ich auf Erfolgsbasis arbeite. Das heißt, ich bekomme ein Honorar nur dann, wenn ich gewinne, und zahle zunächst alle Kosten selbst. Ich sah darin kein Problem, weil ich dachte, bei Scientology handele es sich um eine kleine *Sekte* in Clearwater, die möglicherweise nicht gern zahlen, aber doch vor Mitgefühl wegen des tragischen Tods eines Mitglieds überfließen und alles tun würde, die Familie zu trösten. Nicht so die »Church of Scientology«. Die taten genau das Gegenteil. Die kritisierten die tote Lisa McPherson, machten sie nieder und griffen die Familie an. So verfuhr die »Church of Scientology« mit einer Frau, die immerhin den Großteil ihrer zeitweise erheblichen Einkünfte für Scientology gespendet, die dann wegen für Scientology gemachter Schulden Bankrott angemeldet hatte, eine Zeitlang Mitglied der *SeaOrg* gewesen war und schließlich zwei Abtreibungen auf sich genommen hatte. Sie wissen ja: Hubbard wollte nicht, daß Scientology-Mitarbeiter von Kindern abgelenkt werden.
TK: Der Fall versprach also sehr bald, recht teuer zu werden für Sie?
Dandar: Ja, in der Tat. Und jetzt kommen Sie wahrscheinlich auf Bob Minton?
TK: Genau. Der Bostoner Unternehmer, der – so Presseberichte – durch den Handel mit Dritte-Welt-Titeln reich wurde und sich mit Mitte 40 zur Ruhe setzte. Vor kurzem begann er dann, Scientology-Kritiker zu finanzieren.
Dandar: Bob Minton ist ein Engel. – Kurz nachdem ich den Fall übernommen hatte, rief mich ein Scientology-Anwalt aus Los Angeles an und sagte in sehr freundlichem Ton: »Wissen Sie eigentlich, Ken, was dieser Fall Sie kosten wird? Wollen Sie es wirklich mit uns aufnehmen?« Ich sagte nur: »Ich habe es mit General Motors, Ford und Toyota aufgenommen. Warum soll ich da vor Ihnen Angst haben?« und

legte auf. Was ich nicht wußte, war: General Motors, Ford und Toyota schauen auch bei Rechtsstreitigkeiten auf die Kosten. Scientology dagegen liebt es, Geld in Prozesse zu investieren. – Wie nun kam ich an Herrn Minton? Angeblich sah er mich zum ersten Mal, als ich im März 1997 den Teilnehmern einer Mahnwache für Lisa namens der Familie dankte. Ich nahm Minton damals gar nicht wahr, bekam aber im Sommer 1997 eine Anfrage von Scientology, wieviel Geld ein gewisser Robert Minton mir für meine Klage in Sachen Lisa McPherson zur Verfügung gestellt habe. Ich ins Internet, meine Ex-Scientologen und Scientology-Kritiker gefragt: »Wer ist Bob Minton? Und warum glaubt Scientology, daß er mir Geld gegeben hat?« Wenig später rief mich Minton tatsächlich an und sagte, er habe mir kein Geld geschickt. Aber da Scientology so beunruhigt darüber sei, werde er mir nun wirklich 100 000 Dollar überweisen. Ich dachte erst, das sei ein Scherz oder der Mann ein Scientologe, antwortete dann aber: »Okay, ich frage die Anwaltskammer, ob es berufsethisch vertretbar ist, einen Prozeß durch eine dritte Partei finanzieren zu lassen.« Die Kammer sagte, kein Problem, solange ich nicht den Financier meine Arbeit kontrollieren lasse oder meine anwaltliche Schweigepflicht verletze. Bob Minton wollte dann nicht einmal Abrechnungen über die Verwendung des Geldes. »Machen Sie damit, was Sie wollen«, sagte er, »Sie brauchen mir auch nichts zurückzuzahlen. Nur wenn Sie für die Familie eine wirklich große Summe erstreiten und dann nach Abzug Ihrer Kosten und Gebühren etwas übrig ist, können Sie mir das Geld erstatten.«

TK: Das ist schon merkwürdig.

Dandar: Aber Bob Minton ist kein merkwürdiger Mensch. Er ist ein bescheidener Mann und pflegt mit seiner Frau und zwei reizenden Töchtern einen bescheidenen Lebensstil. Sie wohnen in einem ganz normalen »townhouse« in Boston. Bob Minton hatte nie etwas mit Scientology zu tun, bis er hörte, daß diese Organisation Kritiker aus dem Internet wirft. »Das ist nicht fair«, sagte Minton da, »das tritt das Recht auf Meinungsäußerung mit Füßen.« Und er begann, gerichtliche Schritte gegen Scientologys Zensur des Internets zu finanzieren – und bald auch Scientology-Kritiker wie Larry Wollersheim.

TK: Angeblich hat Minton dafür bis heute etwa anderthalb Millionen Dollar aufgewandt.

Dandar: Ja – vor allem für Aussteiger wie Robert und Stacey Young, die mich in Sachfragen beraten. Frau Young unterhielt in Seattle ein Heim für ausgesetzte Katzen. Scientology veranstaltete dort Mahnwachen, bezeichnete Stacey Young als psychisch instabil und schickte ihr mehrmals die Fürsorge auf den Hals. Als dann schließlich der Hauswirt den Youngs kündigte, kaufte Bob Minton für 250 000 Dollar ein Haus auf einer kleinen Insel in der Bucht von Seattle und vermietete es an die Youngs. Scientologen allerdings drangen auch auf die Insel vor, steckten Flugblätter in Briefkästen und hinter Windschutzscheiben, nannten Minton und die Youngs Fanatiker, nannten sie Feinde religiöser Freiheit – bis schließlich Bewohner der Insel die Scientologen verjagten.

TK: Kam es auch zur persönlichen Konfrontation zwischen Minton und Scientology?

Dandar: Natürlich. Als er jüngst mit seiner Familie in der Karibik Urlaub machte, soeben an einer Insel angelegt hatte und in sein Auto steigen wollte, sah er hinter der Windschutzscheibe seines und aller anderen Autos am Strand Flugblätter, die Bob Minton attackierten. Können Sie das glauben? – Minton ist halt ein weiterer Alptraum für Scientology, und auch er hat keine Leichen im Keller, dafür aber sehr viel Geld, um Scientology auf den Wecker zu gehen. Bei denen ist ja die Paranoia mittlerweile so groß, daß sie, nach Aussage eines ihrer Anwälte, glauben, Mintons Geld für Scientology-Kritiker komme von der deutschen Regierung.

TK: Sehen Sie den Fall Lisa McPherson als typisch an für die Scientology-Organisation?

Dandar: Ja. Die Scientologen haben zur Bestrafung ihrer Mitarbeiter die *Rehabilitation Project Force, RPF.* Es gibt etliche *RPF*-Lager in den USA. – John Travolta und Tom Cruise fliegen regelmäßig nach Clearwater ein und machen im »Fort Harrison«, umhegt und gepflegt, ihr *Auditing.* Ich frage mich, ob die wissen, was sonst noch zur selben Zeit im selben Haus passiert.

TK: Wenn, wie Sie sagen, viele Scientologen gegen ihren Willen gefangengehalten werden, muß es in einem Rechtsstaat wie den USA Gerichtsverfahren geben.

Dandar: Gibt es auch. Larry Wollersheim verklagte Scientology und gewann. Mehrere andere Prozesse endeten mit Vergleichen. Und wir hoffen, daß wir bald weitere Fälle aufdecken.

TK: Auf welche Summe haben Sie Scientology wegen des Todes von Lisa McPherson verklagt?

Dandar: Wir dürfen hier in Florida keine festen Summen verlangen. Darüber entscheidet die Jury. Auf jeden Fall geht es um Millionen, wahrscheinlich um Dutzende Millionen Dollar.

Soll man sie nackt auf die Straße laufen lassen?

Gespräch mit Laura L. Vaughan, Anwältin, und Brian J. Anderson, Sprecher der »Church of Scientology«

Laura L. Vaughan, geboren 1965 in Nelsonville/Ohio, erwarb an der Florida State University in Tallahassee 1987 einen »Bachelor of Arts« in Musik und in Kommunikation sowie 1989 einen Doktor in Rechtswissenschaften. Seit 1990 arbeitet sie als Anwältin, spezialisiert auf Wirtschafts- und Strafrecht.
Frau Vaughan ist Partnerin bei einer großen Anwaltsfirma in Tampa/Florida und engagiert sich in mehreren Standesorganisationen. Sie vertritt im Fall Lisa McPherson die »Church of Scientology«, ist jedoch selbst keine Scientologin.
Brian J. Anderson, geboren 1948 in Grantsburg/Ohio, erwarb an der University of Wisconsin in River Falls einen »Bachelor's Degree« in Natur- und Erziehungswissenschaften. Er arbeitete in der Kernforschung, bevor er eine Stelle als High-School-Lehrer in Abbotsford/Wisconsin annahm. Seit 1972 ist Anderson Vollzeit-Mitarbeiter der »Church of Scientology«. Er war von 1987 bis 1993 Vizepräsident der »Church of Scientology International« und ist derzeit in Clearwater/Florida Vizepräsident für »Public Affairs« der »Church of Scientology«.

TK: Woran, Frau Vaughan, starb Ihrer Meinung nach Lisa McPherson?
Vaughan: Lisa McPherson starb an einer Lungenembolie, verursacht durch eine Thrombose hinter ihrem linken Knie – einen Blutpfropfen, der laut Autopsiebericht nicht sichtbar war, der schließlich zum Herz wanderte und die Lungenarterie blockierte. Es gab keine Schwellung, keine Rötung, nichts. Eine Lungenembolie führt sehr oft zu einem Tod, der wie aus den Nichts zu kommen scheint. Menschen sterben daran im Krankenhaus, unter der Obhut von Ärzten, sie sterben zu Hause oder im Büro, meist völlig unerwartet.
TK: Wie kam es zur Thrombose in Lisa McPhersons Bein?
Vaughan: Verschiedene Ursachen sind möglich, zum Beispiel ein Bluterguß, den sie 17 Tage vor ihrem Tod bei einem Autounfall erlitt und vielleicht gar nicht bemerkte. Thrombosen entstehen oft aus kleinsten Verletzungen. Jemand springt von einer Leiter, kommt hart auf und zwei Wochen später stirbt er an einer Lungenembolie. Es vergehen üblicherweise zwei Wochen von der Verletzung bis zum Tod. – Vielleicht ist Lisa auch sonst irgendwo angestoßen. Sie litt ja unter einer schweren Psychose und fügte sich etliche Verletzungen selbst zu.
TK: Lisa zog sich nach ihrem Autounfall nackt aus. Sie habe auf sich aufmerksam machen, Hilfe suchen wollen, sagte sie. Warum?

Vaughan: Das wissen wir nicht. Wenn Sie aber die Aussage der Krankenwagenbesatzung genau lesen, dann sagte Lisa niemals, daß sie Angst vor irgend jemandem habe oder vor jemandem weglaufe.
TK: Der Anwalt der Familie, Ken Dandar, sagt, im Krankenhaus seien an die zwölf Scientologen aufgetaucht, um Lisa abzuholen.
Vaughan: Es waren keine zwölf Scientologen. Allerdings weiß ich, daß Scientologen aus ihrer Religion heraus extrem starke Vorbehalte gegen die traditionelle Psychiatrie haben. Und sie nehmen es sehr ernst, wenn einer von ihnen in Gefahr ist, gegen seinen Willen in eine psychiatrische Anstalt eingeliefert zu werden. Andere Religionen haben Vorbehalte gegen Bluttransfusionen oder ärztliche Behandlung überhaupt. Denken Sie an die »Christian Scientists« oder die »Zeugen Jehovas«. Nichtsdestoweniger: Lisa McPherson wurde psychiatrisch untersucht, zeigte dabei keinerlei negative Einstellung gegenüber ihrer Kirche und entschied sich ausdrücklich dafür, mit ihren scientologischen Freunden zu gehen.
TK: Wie, Herr Anderson, konnte eine gerade zum *Clear* erklärte Frau durchdrehen?
Anderson: Jeder Mensch hat seine eigene Geschichte. Was mit Lisa geschah, sagt nicht, daß alles, was sie bei Scientology tat, nutzlos war. Im Gegenteil: Sie hatte oft betont, wie sehr Scientology ihr Leben verbessert habe. Allerdings hatte sie zweifellos noch sehr ernste Probleme.
TK: Der Anwalt der Familie behauptet, Lisa habe zwischen dem Autounfall und ihrem Tod 20 Kilo an Gewicht verloren.
Vaughan: Die Angabe der Krankenwagenfahrerin, Lisa habe rund 70 Kilo gewogen, ist eine Schätzung. Es gibt auch Aussagen, die ihr Gewicht zehn Kilo niedriger schätzen. Zweifellos jedoch verlor Lisa während jener 17 Tage im »Fort Harrison« deutlich an Gewicht.
TK: Mußte Scientology zur Herausgabe der Aufzeichnungen über diesen Aufenthalt gerichtlich gezwungen werden? Und warum fehlen Aufzeichnungen über die letzten dreieinhalb Tage?
Vaughan: Erstens: Die Aufzeichnungen waren längst, und zwar freiwillig, der Staatsanwaltschaft übergeben worden, als Ken Dandar sie im Rahmen seiner Zivilklage verlangte. Zweitens: Ja, es fehlen einige Aufzeichnungen – über die letzten Tage und auch Zeiträume zuvor. Sie sind in den zwei Jahren zwischen den Vorgängen und der ersten behördlichen Bitte, die Notizen zu übergeben, schlicht verlorengegangen. Die Informationen aber liegen vor. Jede einzelne Betreuerin Lisa McPhersons hat vor dem Staatsanwalt ausgesagt und ist bereit, auch gegenüber Ken Dandar auszusagen – wenn er es denn will.

TK: Wurde Lisa gegen ihren Willen im »Fort Harrison« festgehalten?
Vaughan: Wer so etwas behauptet, hat komplett mißverstanden, was dort geschah. Lisa McPherson legte ein extrem psychotisches Verhalten an den Tag. Sie gebrauchte obszöne Ausdrücke, riß sich die Kleider vom Leib, sprach mit Leuten, die gar nicht da waren, und war gewalttätig – gegen sich und andere. Wie die Betreuerinnen das alles aushielten und sich mit großer Fürsorge um Lisa kümmerten, kann ich bis heute kaum verstehen. Und jetzt macht Ken Dandar diesen Frauen den Vorwurf, sie hätten Lisa gefangengehalten. Hätten sie sie vielleicht nackt auf die Straße laufen lassen sollen? Dann hätte doch Dandar die Frauen erst recht verklagt.
TK: Stimmt es, daß die Leiche Lisa McPhersons Insektenbisse aufwies und daß die Scientologen kein Insektenspray benutzen?
Vaughan: Erstens sprühen die Scientologen gegen Insekten, sonst hätte ihnen das Gesundheitsamt längst das Hotel geschlossen. Zweitens behauptet zwar Joan Wood, die Vorgesetzte des Arztes, der die Autopsie vornahm, bestimmte rote Flecken an der Leiche rührten von Insektenbissen; mehrere von uns befragte Experten schließen dies jedoch kategorisch aus.
TK: Ihr Kollege Dandar behauptet, Lisa McPherson sei von den Scientologen mit dem Sedativum Chloralhydrat behandelt worden – einem Mittel, das laut L. Ron Hubbard die hypnotische Beeinflussung von Menschen erleichtert.
Vaughan: Chloralhydrat ist ein sehr mildes Beruhigungsmittel, daß ein zugelassener Arzt Lisa McPherson verschrieben hatte. Die Scientologen gaben es ihr, damit sie aß, trank, ausreichend schlief und vielleicht im Laufe der Zeit zu sich finden würde – anstatt harten Psychodrogen und Elektroschocks in der Psychiatrie ausgesetzt zu sein. Mit Sicherheit wollte niemand Lisa hypnotisieren.
TK: Lisa war von Scientology als *potentielle Störungsquelle Typ 3* eingestuft worden – als schwer psychotisch also. Sagt Hubbard, daß man einen solchen Menschen isolieren und, wenn er nicht von selbst zu sich findet, notfalls sterben lassen soll?
Anderson: Nie hat Hubbard gesagt, daß man Menschen sterben lassen soll. Ich finde es unerhört, ihm so etwas zu unterstellen. Und wenn wir von Isolation sprechen, meinen wir damit ganz einfach, daß wir den psychotischen Menschen von Einflüssen, die ihn aufregen könnten, abschirmen. Er soll in einer friedlichen Umgebung zu sich selbst finden. Dandar dagegen hat im Fernsehen behauptet, die Betreuer dürften kein Wort mit der psychotischen Person sprechen, würden sie einschließen

und völlig sich selbst überlassen. Solche Unterstellungen beleidigen insbesondere die Frauen, die 17 Tage lang mit Lisa McPherson zusammen waren, sich schlagen und anspucken ließen und immer wieder versuchten, Lisa zu füttern. Und als die dann beschloß, nicht mehr die Toilette zu benutzen, reinigten die Betreuerinnen sie ein ums andere Mal und zogen ihr immer wieder frische Kleider an.

TK: Warum, Frau Vaughan, wurde Lisa McPherson, als sie körperlich krank wurde und schließlich im Koma lag, nicht ins nächstgelegene Krankenhaus in Clearwater, sondern in ein 45 Minuten entferntes Krankenhaus gebracht?

Vaughan: Lisa lag nicht im Koma. Das meinte nur die Chefin der Autopsiebehörde Joan Wood, und verkündete dies unverzüglich in der Fernsehshow »Inside Edition«. Tatsächlich beruhen die Aussagen Joan Woods allein auf einer Laboruntersuchung der Kammerflüssigkeit in Lisa McPhersons Augen – einer Untersuchung, von der der obduzierende Arzt, Dr. Robert Davis, annimmt, sie sei mit Fehlern behaftet gewesen. Joan Wood ignorierte das und zog im Fernsehen die Schlußfolgerung, Lisa müsse 24 bis 48 Stunden im Koma gelegen haben. Eine solche Schlußfolgerung halten weltweit renommierte Experten selbst in dem Fall, daß der Labortest in Ordnung war, für unseriös. – Nun zur Frage, warum man Lisa McPherson in ein weiter entferntes Krankenhaus brachte. Lisa machte den Eindruck, daß sie an einer Infektion litt – was ja später durch einen positiven Staphylokokkentest bestätigt wurde. Möglicherweise hatte sich der Thrombus entzündet. Daß ein solcher Thrombus überhaupt existierte, konnte zum damaligen Zeitpunkt allerdings niemand wissen. Und niemand konnte wissen, daß Lisa in akuter Lebensgefahr schwebte. Deshalb brachte man sie zu einem befreundeten Arzt, auch wenn der etwas weiter entfernt praktizierte.

TK: Der Autopsiebericht und der Anwalt der Familie sagen, die Thrombose sei durch Flüssigkeitsmangel, Dehydration, verursacht – und durch ausgedehnte Bettruhe.

Vaughan: Nicht der obduzierende Arzt, Dr. Davis, hat diese Schlußfolgerung gezogen, sondern ausschließlich seine Chefin Dr. Wood. Unsere Experten kommen, wie erwähnt, zu dem Schluß, daß die Thrombose nicht durch Flüssigkeitsmangel, sondern durch eine Verletzung verursacht wurde. Dehydration und Bettruhe könnten höchstens zur Lungenembolie beigetragen haben.

TK: Wie lange lag Lisa McPherson während ihres Aufenthaltes im »Fort Harrison« ununterbrochen im Bett?

Vaughan: Während der letzten zwei Tage vor ihrem Tod war sie weniger aktiv als zuvor. Zwei Wochen lang jedoch war sie in ihrem Zimmer umhergetanzt, -gekrochen und -gesprungen.
TK: Warum ließ der behandelnde Arzt die Polizei nicht zur Leiche und begründete dies mit Meningitis-Verdacht?
Vaughan: Nach Lisa McPhersons plötzlichem Tod rätselten die behandelnden Ärzte über die Todesursache. Aus gewissen roten Flecken auf Lisas Haut schlossen sie dann auf eine Infektion, möglicherweise Meningitis. Es gibt Formen der Meningitis, an denen man sehr plötzlich stirbt. Zwei Tage lang standen dann auch sämtliche Mitarbeiter des »Fort Harrison«, die mit Lisa Kontakt gehabt hatten, unter Quarantäne.
TK: Nach über zweijährigen Ermittlungen hat Staatsanwalt Bernie McCabe im November 1998 Anklage gegen die »Church of Scientology« erhoben, wegen falscher Behandlung beziehungsweise Vernachlässigung einer hilflosen Person und wegen unerlaubter Ausübung der Heilkunde, beides Verbrechen. Es ist dies das erste Mal, daß die »Church of Scientology« in den USA wegen krimineller Handlungen angeklagt wurde. Was bedeutet das für Scientology?
Anderson: Der Staat Florida hat weder die Kirche noch eine Einzelperson wegen Lisas Tod angeklagt. Und es hat auch keine Beschuldigungen gegeben, daß jemand versuchte, Lisa etwas zuleide zu tun. Andererseits gab es enormen politischen Druck, zu für die Kirche negativen Ermittlungsergebnissen zu kommen, mit dem ungewöhnlichen Ergebnis, daß nicht ein einzelner, sondern eine juristische Person wegen Vernachlässigung angeklagt wurde. Wäre dieser Vorfall bei einer anderen Kirche passiert, hätten die Medien vor zwei Jahren aufgehört, darüber zu berichten. Nichtsdestoweniger: Unsere Kirche expandiert international weiter, und das Interesse der Öffentlichkeit an Scientology ist sehr hoch.
TK: Der Anwalt der Familie McPherson, Ken Dandar, sagt, daß in sein Büro eingebrochen wurde und daß ihm Privatdetektive nachstellen.
Vaughan: Wenn Herr Dandar Opfer irgendeiner kriminellen Handlung wurde, möge er das bitte anzeigen, und die Polizei wird den Fall hoffentlich aufklären. Ich halte es für unverschämt von ihm, auch nur anzudeuten, Vertreter meiner Mandantschaft könnten in sein Büro eingebrochen sein. Mir hat er nie etwas darüber erzählt. Meinen Sie nicht, Dandar sollte sich, wenn er glaubt, meine Mandantschaft breche bei ihm ein, zunächst einmal an mich wenden, mir alles erzählen und sagen: »Laura, ich glaube, wir haben ein Problem mit Ihrem Klienten.«

Nicht ein Wort hat er gesagt, sondern macht statt dessen Stimmung in der Presse – ein für einen Anwalt höchst unseriöses Gebaren. Wußten Sie übrigens, daß der Multimillionär Bob Minton Dandars Klage gegen Scientology finanziert?

TK: Ken Dandar macht daraus kein Geheimnis.

Vaughan: Oh, er und Bob Minton haben daraus ein Geheimnis gemacht, bis wir es herausfanden und sie zwangen, es zuzugeben. Wir veranlaßten den Richter, Dandar diesbezüglich zu befragen. Bob Minton veranstaltete dann flugs eine Pressekonferenz, auf der er verkündete, daß er Anti-Scientology-Aktivitäten finanziere.

TK: Kann ein Fall wie dieser einen Anwalt bankrott machen? Dandar behauptet, ein Scientology-Anwalt aus Los Angeles habe ihm das in Aussicht gestellt.

Vaughan: Zunächst einmal ist festzustellen, daß Ken Dandar diesen Rechtsstreit angestrengt hat und nicht die Scientology-Kirche. Davon abgesehen: Hier geht es darum, zu klären, ob der Tod eines Menschen rechtswidrig herbeigeführt wurde – ein Fall von, wirtschaftlich gesehen, sehr überschaubaren Dimensionen. Teuer sind vor allem Fälle, wo ganze Gruppen Betroffener gegen eine große Firma klagen, oder Fälle, in denen es um Produkthaftung geht. Auch Prozesse um ärztliche Kunstfehler können teuer sein. Um all das aber geht es hier nicht, sondern um einen relativ unkomplizierten Fall, wie ihn größere Anwaltsfirmen zu Hunderten pro Jahr erledigen. Davon abgesehen hat, wie die Unterlagen zeigen, meine Mandantschaft absolut nichts getan, die Kosten dieses Verfahrens in die Höhe zu treiben.

TK: Wieviel könnte der Fall Lisa McPherson Ken Dandar kosten?

Vaughan: Wahrscheinlich einige zigtausend Dollar. Daran geht kein Anwalt bankrott.

TK: In den USA enden fast alle Zivilverfahren mit einem Vergleich. Hat Ihre Mandantschaft die Absicht, sich im Falle Lisa McPherson zu vergleichen?

Vaughan: Darüber haben wir noch nicht diskutiert. Allerdings spricht Ken Dandar bis heute von einem 86-Millionen-Dollar-Fall – womit er keine große Bereitschaft signalisiert, sich zu vergleichen.

TK: In Deutschland erweckt, wer sich vergleicht, den Eindruck, er habe doch ein wenig Dreck am Stecken.

Vaughan: Das ist hier in den USA ganz anders. Hier vergleicht man sich in 90 Prozent aller Zivilverfahren, weil es das pure Glücksspiel ist, sich einer Jury auszuliefern. Da sitzen sechs Leute, von denen man nicht weiß, woher sie kommen, was sie wissen, denken oder fühlen und wodurch sie zu beeinflussen sind. Solche Juroren sehen einen Fall und die relevanten Gesetze aus ganz anderer Perspektive als ein analytisch denkender Richter.

TK: Eine Delegation der *Enquete-Kommission »Sogenannte Sekten und Psychogruppen«* des Deutschen Bundestags besuchte Anfang 1998 die USA und traf, um sich über den Fall Lisa McPherson zu informieren, den Anwalt der Familie McPherson, Ken Dandar. Wurden auch Sie, Laura, oder wurde Ihre Mandantschaft um ein Gespräch gebeten?

Vaughan: Nein, ich habe bis eben nicht gewußt, daß es eine solche *Enquete-Kommission* überhaupt gibt. Ich finde es aber schon bezeichnend, daß Gesandte eines ausländischen Parlaments, die sich über den Fall Lisa McPherson informieren wollen, ausschließlich mit dem Mann sprechen, der ein starkes finanzielles Interesse daran hat, Scientology möglichst schlecht aussehen zu lassen. Der Fall Lisa McPherson, so scheint mir, ist zu einer Art Hoffnungsträger der Scientology-Gegner avanciert. Man versucht, anhand dieses Falls, Scientology als eine Organisation darzustellen, die ihre eigenen Mitglieder ermordet. Ich persönlich bin kein Mitglied der »Church of Scientology«. Aber ich würde mich freuen, wenn mehr Leute an den Fakten interessiert wären als daran, Lisa und ihren Tod dafür zu mißbrauchen, ihre Religion und ihre Kirche in den Schmutz zu ziehen. Ich frage mich: Wenn die »Church of Scientology« tatsächlich routinemäßig ihre Mitglieder gefangenhält und umbringt, warum benutzt man dann einzig und allein eine Frau, die an einer Lungenembolie starb, dafür, diese Kirche anzugreifen?

Scientologen in Deutschland

Es ist für mich einfach meine Kirche

Gespräch mit der Reiterhofbesitzerin Gloria Schlüter

Gloria Schlüter, geboren 1955 in Rösrath, absolvierte eine Ausbildung zur Reiseverkehrskauffrau. Sie betreibt heute einen Reiterhof in der Lüneburger Heide. Frau Schlüter ist verwitwet und hat zwei Kinder.

TK: Wie, Frau Schlüter, kommt die Besitzerin eines Reiterhofs zu Scientology?

Schlüter: Ich war lange Zeit immer wieder krank, hatte Rheuma und konnte auch mit Kindern nicht gut umgehen. Ich war, kurz, ziemlich fertig mit den Nerven. Und da hat meine Schwester eines Tages zu mir gesagt: »Komm, wir gehen in die Kirche.« Ich zögerte erst, weil ich mit Religion eigentlich nichts anfangen konnte. Aber meine Schwester – sie war damals schon zwei Jahre Scientologin – sagte: »Es ist ganz anders als eure Dorfkirche.« Da ging ich dann halt hin und unterhielt mich mit jemandem, über meine Probleme, über Unterdrückung. Mit dem Wort Unterdrückung konnte ich bis dahin gar nichts anfangen; aber nach zwei Stunden hatte ich schon ein bißchen herausgefunden, was so eine kleine, schleichende Unterdrückung im Leben ist und wie man darunter leiden kann. Ich sah Dinge, die man mir angetan und solche, die ich selbst getan hatte, plötzlich in einem ganz anderen Licht und war völlig von den Socken. Sehr schnell wußte ich dann auch, wo ich zu Hause aufzuräumen hatte und worauf ich achten muß. Ich habe dann einige Wochen später – das war Ende 1989 – einen Kurs angefangen.

TK: Suchten Sie auch mehr Erfolg im beruflichen Leben?

Schlüter: Nein, damals überhaupt nicht. Ich war einfach unglücklich. Und jeder sagte: »Gloria, du mußt dein Leben ändern.« Aber kein Mensch sagte mir, wie – bis ich zur Scientology-Kirche kam. Mit Hilfe der Kurse dort konnte ich selbst herausfinden, was ich bis dahin falsch gemacht hatte.

TK: Welche Schwierigkeiten hatten Sie denn vor allem?

Schlüter: Zum Beispiel habe ich regelmäßig viele Kinder um mich herum, die mir dauernd ins Wort fallen. Das eine Kind mag das Essen nicht, das zweite hat Probleme mit dem Pferd, das dritte hat wieder etwas anderes auszusetzen. Ich fühlte mich davon völlig überfordert. Und dann war da noch meine Mutter, die immer, wenn sie zu Besuch

kam, meckerte: »Wie sieht es denn bei dir aus.« Allein mit dem Kommunikationskurs habe ich diese Dinge weitgehend in den Griff gekriegt.
TK: Was heißt das konkret?
Schlüter: Ich kann jetzt ertragen, daß die Kinder auf mich einstürmen. Denn ich kann das kontrollieren; ich kann die einzelnen Kommunikationslinien einzeln beantworten, alles der Reihe nach. Der Lärm macht mir nichts mehr aus. Und auch die Kinder sind viel lieber mit mir zusammen, weil ich ein glücklicherer Mensch bin und nicht mehr herumbrülle. Deshalb hat auch mein Hof unheimlich expandiert. Und wenn früher jemand meckerte, habe ich eher beschwichtigt. Heute wehre ich mich, wenn ich mich im Recht fühle. Kriegte ich früher zum Beispiel von einer Behörde Auflagen, die andere nicht erfüllen mußten, dann habe ich mich tierisch geärgert, habe überlegt, ob ich einen Anwalt nehme, habe das dann verschoben, irgendwann kam eine Mahnung, und schließlich kamen die von der Behörde ins Haus geschneit. Heute gehe ich einfach aufs Amt und hake nach. Ich habe die Fäden in der Hand.
TK: Kurse und *Auditing* bei Scientology kosten einiges Geld. Konnten und können Sie sich das leisten?
Schlüter: Man macht das ja langsam. Ich habe am Anfang kleine Kurse gemacht, und als dann später das *Auditing* ein bißchen teurer wurde, habe ich immer eine Möglichkeit gefunden. Dann habe ich auch mal Geld bei der Bank aufgenommen, das ich aber leicht zurückzahlen konnte. Daß man bei Scientology unter Druck steht, sich hoch zu verschulden, ist Blödsinn. Denn es liegt ja an mir, ob ich etwas will oder nicht. Davon abgesehen gibt es für das Vorwärtskommen bei Scientology verschiedene Wege. Man kann zum Beispiel das *Auditing* mit Familienmitgliedern machen – so wie ich mit meiner Schwester. Dafür habe ich überhaupt nichts bezahlt, bis auf einen kleinen Obolus für den *Fallüberwacher*.
TK: Wieviel haben Sie seit 1989 in Scientology investiert?
Schlüter: 80 000 Mark.
TK: Auf welcher *Erkenntnisstufe* befinden Sie sich?
Schlüter: Das möchte ich nicht sagen, weil das meine Privatangelegenheit ist.
TK: Welche Erfahrungen haben Sie mit dem von Kritikern teilweise belächelten *E-Meter* gemacht?
Schlüter: Ich habe das *E-Meter* ausprobiert – zuerst mit dem Kneiftest. Dann habe ich die Dosen in die Hand genommen und an schmerzliche Momente in meinem Leben gedacht. Und jedes Mal schlug die Nadel

aus. Kurz, ich habe gemerkt, daß das *E-Meter* funktioniert. Und wenn es das nicht täte, würde ich es nicht mehr benutzen. Mir kann auch kein Mensch einen Staubsauger verkaufen, der nicht funktioniert – und keinen Kurs und kein *Auditing*, wenn ich nicht sehe, daß es mir hilft.

TK: Eine sehr große Rolle bei Scientology spielt die *Ethik*. Hat Ihnen scientologische *Ethik* etwas für Ihren Alltag gebracht?

Schlüter: Auf jeden Fall. Wenn früher zum Beispiel einer meiner Angestellten seinem Job, die Tore zuzumachen, nicht nachkam, habe ich immer gedacht: Okay, ich habe auch schon mal ein Tor offengelassen. Manchmal jedoch war dann der Schaden nicht wieder gutzumachen: Pferde liefen weg – vor ein Auto, das Auto war kaputt, der Fahrer verletzt. So etwas ging schon ans Eingemachte. Inzwischen weiß ich: Wenn einer seinen Job vernachlässigt, hat er einfach die *Ethik* nicht drin. Ist heute der Elektrozaun nicht an, sind die Kinder unbeaufsichtigt bei den Pferden oder reitet jemand ohne Kappe, dann rede ich mit dem verantwortlichen Mitarbeiter erst einmal. Bessert er sich dann nicht, greife ich zu härteren Maßnahmen. Und meine Kinder müssen mithelfen, um sich ihr Taschengeld zu verdienen. Es geht nicht an, daß sie dauernd alles umsonst bekommen. Dieses Prinzip des Austausches hat auch etwas mit *Ethik* zu tun.

TK: Wie hat sich Ihr Verhältnis zu Ihren Kindern verändert?

Schlüter: Mit meinem Sohn – er ist jetzt 14 – kam ich früher überhaupt nicht zurecht. Ich habe ihn dann öfter verhauen, wahrscheinlich, weil ich selbst viel Schläge bekommen habe und nur das weitergeben konnte, was ich gekriegt hatte. Aber hinterher habe ich mich jedesmal schwarz geärgert. Ich habe dann einen Kurs in Kinder-*Dianetik* gemacht, der mir sehr geholfen hat. Und heute habe ich ein prima Verhältnis zu meinem Sohn. Er zeigt mir die Liebesbriefe seiner Freundinnen; mit Problemen kommt er zuerst zu mir; und er lügt nicht, was mich besonders glücklich macht. Ich habe meine Mutter auf Teufel komm raus angelogen, wenn ich etwas erreichen wollte, weil es unmöglich war, mit ihr vernünftig zu reden.

TK: Sind Ihre Kinder scientologisch aktiv?

Schlüter: Sie schauen einiges bei mir ab. Meine Tochter, die früher sehr schüchtern war, geht jetzt, wenn sie ein Problem in der Schule hat, zum Lehrer. Und beide wissen beim Umgang mit anderen Kindern, daß zu einem Streit zwei gehören und sie zumindest teilweise auch schuld sind. Darauf gucken sie, entschuldigen sich schneller als früher und versuchen, Konflikte sachlich zu klären. Wenn sie etwas getan haben, das nicht in Ordnung war, bringen sie es wieder in Ordnung. Und vor allem sind sie sehr hellhörig, was Drogen angeht. Gerade heute morgen, hat mir mein Sohn vorhin erzählt, ist an seiner Schule wieder ein Dealer aufgetaucht.

TK: Machen die Kinder Kurse bei Scientology?

Schlüter: Beide haben den Kinderkurs »Lernen, wie man lernt« mitgemacht, der die Studiertechnologie L. Ron Hubbards vermittelt – insbesondere, daß man, um Zusammenhänge zu verstehen, die zugrundeliegenden Begriffe verstehen muß. Damit hat besonders meine elfjährige Tochter Probleme. Und die Lehrer in der Schule sind teilweise überhaupt nicht bereit, Worte zu definieren. »Ich kann dir da jetzt nicht helfen«, sagen sie und kanzeln die Kinder ab. Inzwischen schreibt meine Tochter Worte, die sie nicht versteht, auf, und wir klären sie zu Hause. Anschließend versteht sie die Texte, kann ihre Hausaufgaben machen und fühlt sich viel besser.

TK: Wie haben Ihre Freunde und Bekannten reagiert, als sie mitbekamen, daß Sie bei Scientology sind?

Schlüter: Einer Freundin habe ich gleich am Anfang begeistert erzählt: »Du, ich habe etwas ganz Tolles gefunden, das mir wahnsinnig hilft.« Da sagte sie gleich »Scientology« und erzählte mir eine ganze Litanei, wie schrecklich die sind. Ich, völlig geschockt, bin in die Kirche rein und habe denen gesagt: »Jetzt hört mal. Man hat mir das und das über euch erzählt; und ich will wissen, ob das wahr ist.« Sie haben mir dann Schriften gegeben, in denen ich alles selbst nachlesen konnte, was L. Ron Hubbard meint; und ich stellte schließlich fest, daß meine Freundin von vorne bis hinten Unsinn erzählt hatte. Aber auch die nächste Freundin sprang mir gleich ins Gesicht. Sie erzählte zwar, daß ihr eine scientologische Bekannte bei Knieproblemen geholfen hatte, aber von Scientology hielt sie nichts und zog wie verrückt darüber her. – Ich konnte überhaupt nicht verstehen, warum die Leute nicht mal bereit sind, sich das anzugucken und erst dann zu urteilen. Und natürlich habe ich später nicht mehr so oft erwähnt, daß ich Scientologin bin. Ich habe mich ein bißchen zurückgezogen. Als dann wegen meiner Zugehörigkeit zu Scientology einige Freundschaften zerbrachen, dachte ich nur: Diese Freundschaften können nicht besonders gut gewesen sein.

TK: Zu welcher Reaktion kam es in Ihrem beruflichen Umfeld?

Schlüter: Auf meinem Reiterhof habe ich auch Gastpferde untergestellt. Und wir geben uns alle erdenkliche Mühe, die Pferde ordentlich zu versorgen – was nicht einfach ist, weil ja jeder Pferdebesitzer eine andere Meinung hat, wie seine Pferde gefüttert und behandelt werden sollten. Eines Tages kam nun einer dieser Besitzer – er hatte drei Pferde bei mir im Stall – zu mir und sagte, er könne seine Pferde nicht mehr bei mir lassen. Als ich ihn fragte, warum, sagte er, ja, seine Pferde seien komisch, sie kämen ihm »gehirngewaschen« vor und er wolle sie auf der Stelle rausnehmen. Das hat mich furchtbar getroffen, zumal dieser Kunde vorher immer sehr zufrieden gewesen war.

TK: Sind Ihre Kinder in der Schule auf Ihre Mitgliedschaft bei Scientology angesprochen worden?

Schlüter: In unserem Ort hat eines Tages irgendein *Sektenbeauftragter* eine Veranstaltung gemacht zu Scientology. Und einige Tage danach wurde meine Tochter – sie war damals acht – von größeren Jungen angerempelt und vom Fahrrad gezerrt: »Du Sektenschwein«, sagten die, »hau bloß ab hier.« Bald durften auch andere Mädchen nicht mehr mit ihr spielen. Die sagten dann immer: »Meine Mutter will nicht, daß ich zu euch auf den Hof komme.« Der evangelische Pastor allerdings sagte mir ganz direkt, er wolle nicht, daß sein Sohn mit meinem spiele, weil wir Scientologen seien. Ich habe meinen Sohn dann, als es mir zu bunt wurde, auf die deutsche Scientologen-Schule in Dänemark geschickt. Dort ist auch der Unterricht viel besser als hier.

TK: Warum?

Schlüter: Die Kinder lernen zugleich gemeinsam und jedes für sich in dem Tempo, das ihm entspricht. Der Lehrer macht viel weniger als hier Frontalunterricht, er ist eher Moderator, und die Kinder lernen nach Arbeitsblättern. Jedes Kind wird individuell betreut; es wendet sich dem nächsten Stoff erst dann zu, wenn es den aktuellen verstanden hat.

TK: Funktioniert das in einer Klasse? Kommt man da vorwärts?

Schlüter: Ja, und zwar viel schneller als an anderen Schulen, weil jedes Kind nur auf dem aufbaut, was es wirklich verstanden hat. Die Kinder wissen mehr, die Abschlüsse sind besser, und die Schnelleren müssen nicht auf Nachzügler warten, sondern können sich dem nächsten Thema zuwenden. Sie müssen sich diese Schule mal angucken. Ab dem nächsten Schuljahr geht auch meine Tochter dorthin. Sie will das unbedingt.

TK: Welche Erfahrungen hat Ihr Sohn an dieser Schule in Dänemark gemacht?

Schlüter: Sehr gute. Nur, er hatte furchtbares Heimweh und ist vor anderthalb Jahren wieder zurückgekommen. Das war dann ein Alptraum. Ich habe damals den Lehrer gebeten, eine Zeitlang auf meinen Sohn Rücksicht zu nehmen, weil er ja die Methoden der Scientology-Schule gewöhnt war. Aber der Lehrer hat offenbar gleich rot gesehen. Davon wollte er überhaupt nichts wissen. Und einen Tag später hat – nach Aussage meines Sohns – ein anderer Lehrer ihn aufstehen lassen und gefragt: »Ist deine Mutter Scientologin?« Er sagte: »Ja.« Und dann – so erzählte mir mein Sohn – habe dieser Lehrer vor der versammelten Klasse gesagt, die Scientologen seien alle kriminell, und viele würden von der Polizei gesucht. Man solle von diesen Leuten bloß die Finger lassen. Mein Sohn kam weinend nach Hause, sagte, er wolle nicht mehr in diese Schule zurückgehen, und ich bin gleich mit einem Bekannten zum Schuldirektor. Es gab dann noch ein Riesen-Tohuwabohu. Der Lehrer hat sich irgend etwas zurecht geschustert: Er habe meinen Sohn nur wegen schlechten Verhaltens getadelt – was überhaupt nicht wahr war. Alle Mitschüler können – da bin ich sicher – bezeugen, daß es ausschließlich um Scientology gegangen war. Ich habe schließlich noch an die oberste Schulbehörde geschrieben. Aber auch da haben sie anscheinend rot gesehen, als sie Scientology hörten, und haben dem Lehrer geglaubt. In der Folge wurde mein Sohn mehrmals von anderen Schülern angepöbelt: »Ist deine Mutter kriminell?«, »Du blödes Sektenschwein« und so weiter.

TK: Wie konnte Ihr Reiterhof expandieren, wenn es allgemein bekannt ist, daß Sie Scientologin sind und man so, wie Sie es geschildert haben, darauf reagiert?

Schlüter: Na ja, wenn einer aus den Nachbarorten sagt, er gehe zu uns reiten, dann heißt es gleich: »Ach, zum Sektenhof gehst du.« Und die Bevölkerung unseres Dorfes Bienenbüttel meidet uns natürlich. Die meisten Kinder, die bei uns reiten, kommen aus Familien in Nachbarorten, die nicht ganz so extrem denken; oder die Familien sind zugezogen und wissen einfach nichts über meine Religion, von der ich natürlich nicht jedem Kind erzähle. Trotzdem gibt es auch mit Leuten von weiter weg Probleme. Da war zum Beispiel eine Lehrerin. Die war drei, vier Mal mit ihrer Klasse gekommen. Irgendwann, vor drei Jahren, saßen wir dann bei einem Glas Wein zusammen, und ich erwähnte beiläufig, daß ich Scientologin sei. Die Lehrerin wurde ganz blaß und sagte, jetzt habe sie ein Riesenproblem, denn es sei ihr streng verboten, mit Scientologen Kontakt zu haben als Lehrerin. Ich habe dann nie wieder etwas von dieser Frau gehört.

TK: Hatten Sie auch mal persönlich mit engagierten Scientology-Gegnern zu tun?

Schlüter: Da war mal ein blöder Überfall einiger junger Männer, die offenbar von der »Jungen Union« waren. Die erschienen plötzlich auf meinem Hof und verteilten Flugblätter an meine Ferienkinder: »Scientologen raus aus Niedersachsen« stand da drauf und »Wir schützen unsere Demokratie«. Als ich die vier jungen Männer dann fragte: »Was machen Sie auf meinem Hof?«, fragten sie: »Sind Sie Scientologin?« Ich sagte »Ja« und wies die Männer darauf hin, daß das, was sie taten, ungesetzlich sei. Nach einem kurzen Wortgefecht sagten die dann: »Sie Sektenschwein, man müßte normalerweise Ihren Hof in die Luft jagen.« Ich habe sie dann verjagt und, weil sie mir ihre Namen nicht gaben, ihre Autonummer aufgeschrieben. Anschließend bin ich – es war ein Samstag nachmittag – zur Polizei nach Uelzen. Als ich den Polizisten dort sagte, die von der »Jungen Union« hätten mich bedroht, meinten die nur, es sei – soweit ersichtlich – nichts Strafbares passiert und ich solle doch aus Scientology austreten. Dann hätte ich künftig keine Probleme mehr. Da bin ich dann echt auf die Barrikaden und sagte: »Was geben Sie denn für Sprüche von sich?« – Die Männer hatten übrigens noch mein Firmenschild fotografiert und an die Zeitung geschickt. Tage später rief mich dann ein Reporter an, dem ich aber sehr deutlich sagte: »Wenn Sie das veröffentlichen, gibt es mächtig Ärger.« Er hat das Bild dann auch nicht veröffentlicht, aber einen sehr negativen Artikel geschrieben. Zum Glück konnten daraus Ortsfremde nicht erkennen, daß es sich um meinen Hof handelte.

TK: Was halten Sie von den Vorwürfen der Scientology-Kritiker, zum Beispiel von dem Vorwurf, Hubbard habe für den Umgang mit Gegnern und *unterdrückerischen Personen* recht brutale Anweisungen gegeben?

Schlüter: Von solchen Zitaten habe ich des öfteren gehört. Aber ich kann Ihnen auch viele Dinge aus der Bibel holen. Da wird Ihnen ganz anders, wenn Sie das lesen. Außerdem: Die Zitate Hubbards werden von seinen Gegnern meist aus dem Zusammenhang gerissen. So sagte er einmal, man solle Fremdabsichten aus seiner Umgebung entfernen – was Frau Caberta immer wieder gern zitiert. Kaum jemand aber hat eine Idee, was Hubbard mit dieser Formulierung tatsächlich meint. Ein Beispiel: Wenn ich einen Jugendlichen bitte, der Reitlehrerin beim Nachgurten zu helfen, und der geht statt dessen ins Dorf und kauft sich ein Eis, dann steht dahinter eine Fremdabsicht. Und es ist doch ganz klar, daß ich diesen Jugendlichen beim ersten Mal ermahne, ihn beim zweiten Mal sehr nachdrücklich auf seine Pflichten hinweise und ihm beim dritten Mal sage: »Ich glaube, dies ist der falsche Platz für dich. Du fühlst dich hier nicht wohl.« So, damit habe ich eine Fremdabsicht aus meiner Umgebung entfernt. Dies ist natürlich auch der Fall, wenn die Person sich ändert und das tut, was ich ihr sage. – Die scientologische *Ethik* bietet übrigens sehr schöne Formeln, wie man schrittweise Einvernehmen wiederherstellen kann, indem man ganz einfach davon ausgeht, daß zu einem Streit zwei gehören. Schaut dann jeder ein wenig auf seine Verantwortung, wird sich der Streit bald auflösen.

TK: Verfolgt Scientology politische Absichten?

Schlüter: Davon weiß ich nichts. Ich bin weder politisch engagiert noch habe ich je im entferntesten daran gedacht, daß Scientology etwas mit Politik zu tun haben könnte. Es ist für mich einfach meine Kirche.

TK: Finden Sie es richtig, daß die Scientology-Leitung die Situation der deutschen Scientologen mit der der Juden in den 30er Jahren vergleicht?

Schlüter: Ich denke, man muß einfach sagen: »Wehret den Anfängen.« Die Juden sind auch nicht von heute auf morgen umgebracht worden. Deren Kinder sind anfangs auch nur aus den Kindergärten entfernt worden, und man hat nur gehetzt. Meine Mutter hat mir so viel darüber erzählt, daß ich die Parallelen sehen kann.

TK: Aber was wäre einem Juden passiert, wenn er sich so gewehrt hätte, wie Sie sich heute wehren?

Schlüter: Ich weiß nicht. Ich glaube, wenn die Juden früh genug angefangen hätten, sich wirklich zu wehren, dann hätten sie eine Chance gehabt. Dadurch aber, daß sie sich zurückgezogen und nie ihre Rechte verteidigt haben, haben sie den Nazis das Handwerk erleichtert. Es ist ja so: Stereotypen und Haß werden langsam aufgebaut. Vor ein paar Jahren war es noch nicht so schlimm, wenn man über Scientology sprach. Heute aber reagieren die Jugendlichen zwischen 18 und 25 so heftig, daß einem nichts mehr einfällt. Und das wird geschürt: Pausenlos werden diese jungen Menschen über die Medien und die Vorträge von *Sektenbeauftragten* geimpft. Da ist doch ganz klar, daß die das dann glauben. Und sie werden auch dahingehend geimpft, daß sie sich nicht selbst informieren. Nur sehr wenige wollen ja auch mal aus dem Mund eines Scientologen hören, was da wirklich los ist. Und jemand wie ich kriegt natürlich keinen Leserbrief in die Zeitung.

TK: Wie, Frau Schlüter, sieht heute Ihr privater Freundeskreis aus?

Schlüter: Ich habe schon mehr scientologische Freunde als andere, obwohl ich es nicht darauf anlege. Aber auch die nettesten Nachbarn haben sich zurückgezogen. Ich habe dann einige mal angesprochen: »Ihr zieht euch zurück. Und ich weiß, daß es wegen Scientology ist. Wollt ihr nicht wissen, worum es sich da dreht?« Aber die Leute glauben einfach den Medien mehr. Dort wird ja erzählt, man solle erst gar nicht mit Scientologen sprechen, dann sei man schon beeinflußt. Die Leute haben einfach Angst – Angst, in etwas hineingezogen zu werden, das sie hinterher nicht mehr kontrollieren können.

Meine Kunden wurden in Angst versetzt

Gespräch mit dem Maler und Illustrator Carl-W. Röhrig

Carl-W. Röhrig, geboren 1953 in München, arbeitete nach dem Besuch der dortigen »Akademie für das graphische Gewerbe« als wissenschaftlicher Zeichner. 1978 machte er sich als Illustrator selbständig und ist seitdem unter anderem für große Pharmakonzerne tätig. Seit Anfang der 80er Jahre gestaltet er Titelbilder für Zeitschriften wie »Stern«, »Geo« und »Spiegel«. Röhrig ist Träger zahlreicher Preise, darunter des »Award of Extraordinary Artistic Performances« der »National Geographic Society«, deren Ehrenmitglied er ist. Der Künstler ist seit 1977 Scientologe und besitzt den höchsten Erkenntnisgrad, OT VIII. Seit 1992 sind Ausstellungen der Werke Röhrigs wegen seiner Zugehörigkeit zu Scientology äußerst umstritten. Der Künstler und seine Frau Sabine haben drei Kinder.

TK: Sie haben, Herr Röhrig, in den letzten zwanzig Jahren gleich zwei Karrieren gemacht. Sie avancierten zu einem bekannten Künstler und erreichten parallel den höchsten derzeit erreichbaren *Erkenntnisgrad* bei Scientology, *OT VIII*.
Röhrig: Stimmt. Vor über zwanzig Jahren, 1977, hatte ein enger Freund, ein Taxifahrer in München, einen Kommunikationskurs mitgemacht bei Scientology. Und seine neu gewonnene Fähigkeit, mit anderen ins Gespräch zu kommen, weckte mein Interesse.
TK: Hatten Sie Probleme, mit anderen zurechtzukommen?
Röhrig: Ja. Ich war damals zwar schon Maler, was ich immer werden wollte. Aber ich war ein Einzelgänger, verschwiegen, wenig bereit zur Kommunikation. Ich wußte, daß ich da einiges nachzuholen hatte, und interessierte mich darüber hinaus rein philosophisch für Scientology.
TK: Haben Sie beim *Auditing* das Gefühl, Probleme zu lösen, oder lösen Sie genau definierbare Probleme?
Röhrig: Es sind genau definierbare Probleme. Scientology ist überhaupt sehr praktisch ausgerichtet. Sie studieren das, was Sie für sich selbst gebrauchen können. Ich zum Beispiel kann heute Reden vor Hunderten von Leuten halten, weil ich mit der Hilfe von *Auditing* und Ausbildung bestimmte Barrieren überwunden habe. Dafür war freilich auch die Beschäftigung mit meiner Vergangenheit erforderlich.
TK: Können Sie konkrete Probleme, die Sie gelöst haben, nennen?
Röhrig: Ja, zum Beispiel war es früher für mich ein großes Problem,

durch Türen zu gehen. Wenn das nach dem *Auditing* nicht mehr so ist, merkt man, daß es funktioniert. Es gibt Hemmungen und Kommunikationsprobleme, es gibt Situationen, aus denen man sich allein nicht befreien kann. Man fühlt eine Art Unterdrückung, weiß aber nicht, wie man da rauskommen soll – sehr, sehr persönliche Dinge, die sich mit *Auditing* beheben lassen.

TK: Lernt man da auch Ordnung zu halten? Bei Ihnen liegt ja jeder Bleistift an seinem Platz, recht ungewöhnlich für ein Künstler-Atelier, das ich mir immer ein wenig chaotisch vorstelle.

Röhrig: Bei Scientology lernt man auch, sein Leben und seine Arbeit zu organisieren. Man geht da zwei Wege: Zum einen läßt man sich *auditieren* und erfährt so immer mehr über sich selbst; zum anderen, und das ist wichtig für eine gleichgewichtige persönliche Entwicklung, wird man ausgebildet, die ganze Technologie samt philosophischem Hintergrund selbst anzuwenden, zum Beispiel als *Auditor*. Deshalb gibt es auch bei Scientology gar nichts, was einem auf Dauer verschlossen oder ein Geheimnis bliebe. Jeder kann alles lernen.

TK: Hat das *Auditing* Ihre Entwicklung als Künstler beeinflußt?

Röhrig: Alles, was ich erlebe, hat seinen Einfluß. Und natürlich spiegelt sich die Beschäftigung mit Scientology in einigen meiner Bilder. Ich erfahre da immer wieder große Inspiration.

TK: Wie haben Sie die hohen Gebühren aufgebracht?

Röhrig: Interessanterweise mußte ich mir darüber nie Gedanken machen. Anfangs, da war ich ein langhaariger Bursche, der sich zur »Rockszene« zählte, hatte ich wenig Geld und mußte auch wenig bezahlen. Später, als ich mit meiner Arbeit als Illustrator und Maler sehr erfolgreich wurde, war es für mich relativ einfach, die Spendenbeiträge für Scientology zu finanzieren. Und meine Motivation wie meine Fähigkeiten stiegen proportional zu meiner Inanspruchnahme von Kursen und geistigen Beiständen, dem *Auditing*.

TK: Was sind für Sie als Operierenden Thetan des VIII. Grades die politischen Ziele von Scientology?

Röhrig: Darüber habe ich mir nie Gedanken gemacht. Scientology, wie ich es in den letzten 20 Jahren kennengelernt habe, hat mit Politik wenig Berührungspunkte. Natürlich, wenn Sie sich für den Menschen interessieren, interessieren Sie sich auch für die Gesellschaft. Aber welcher Scientologe in welcher politischen Partei ist, ist für mich völlig uninteressant. Das muß jeder mit sich selbst ausmachen. In unseren Schriften steht nur, daß jeder Scientologe sich an die Gesetze seines Landes halten soll.

TK: Auch in einer Diktatur?
Röhrig: Da muß man den Begriff »Gesetz« etwas weiter verstehen. Ein Scientologe wird stets die Menschenrechte respektieren; und er ist aufgefordert, gegen alles zu kämpfen, was Menschen vernichtet oder der Allgemeinheit zum Nachteil gereicht.
TK: Manche Äußerungen Hubbards lassen eine sozialdarwinistische Haltung anklingen. In einer künftigen Gesellschaft hätten nur Scientologen Rechte; die *OTs*, so kann man das interpretieren, würden dann den Rest der Menschheit beherrschen.
Röhrig: Das sind doch von unseren Gegnern an den Haaren herbeigezogene Interpretationen. Ich habe derlei nie erlebt, wiewohl es natürlich bei Scientology eine Art Leistungsprinzip gibt: Der Fleißige hat mehr Chancen als der, der faul herumsitzt. Keinesfalls jedoch habe ich als *OT VIII* wesentlich mehr Rechte als ein *Preclear*. Wer so was behauptet, redet Unsinn.
TK: In der Scientology kritisierenden Literatur und auch im jüngsten Verfassungsschutzbericht des Landes Nordrhein-Westfalen wird von einem in der Scientology-Lehre angeblich sehr prominenten Unhold erzählt, der vor 75 Millionen Jahren die Erde verwüstet habe. Der Glaube an diese Gestalt werde auf der Stufe *OT III* vermittelt. Anklänge an diese – Außenstehende an Science Fiction erinnernde – Geschichte identifizieren Kritiker auch in Hubbards Buch »A History of Man«. Was wissen Sie darüber?
Röhrig: Was soll ich da kommentieren? Interessant finde ich daran lediglich die gegenwärtig auftretende Psychose, an Scientology unbedingt etwas »Geheimes« herausfinden zu müssen. Und je mehr – sogar mit geheimdienstlichen Methoden – gesucht und nichts gefunden wird, desto größer werden die Anstrengungen, etwas zu finden. Das ist psychotisch, weil Scientology an sich keine Geheimnisse hat. In L. Ron Hubbards Schriften können Sie praktisch alles, was er erkannt und zusammengestellt hat, nachlesen. Die Frage ist allerdings, ob man das, was man liest, auch erkennt. Deswegen gibt es ein stufenweises Vorgehen in der Scientology-Ausbildung. Die Materialien der *OT-Stufen* sind vertraulich; und Bedingung, diese zu studieren, ist, alle vorangehenden Kurse absolviert zu haben. Es gibt einfach Dinge in unserer Vergangenheit, die enormes Chaos ausgelöst haben; und manche Person, die mit dieser Vergangenheit unvorbereitet in Berührung kommt, könnte in Verwirrung geraten. Und wem, frage ich Sie, nützt das?
TK: Wie hat Ihre Familie, wie haben Ihre Freunde auf Ihre Mitgliedschaft bei Scientology reagiert?

Röhrig: Mein vor zwei Jahren verstorbener Vater sagte mal: »Carl, du bist Scientologe, und ich kann damit überhaupt nichts anfangen. Aber ich habe erkannt, daß du dein Leben in den Griff bekommen hast. Deshalb respektiere ich das.« Meine Mutter frotzelte nur, hat aber nie versucht, mich von irgend etwas abzubringen. Und auch als Künstler hatte ich bis Anfang der 90er Jahre kaum Probleme. Erst, als ich sehr bekannt geworden war und mit vielen bekannten Leuten zusammenkam, ging, es war 1992, plötzlich eine Rufmordkampagne gegen mich los, die ich im Deutschland von heute nicht für möglich gehalten hätte.
TK: Was geschah?
Röhrig: Von unzähligen Presseveröffentlichungen abgesehen, wurden vor allem meine Kunden kontaktiert und darüber informiert, daß ich Scientologe sei. Und man bitte sie, doch künftig von Geschäften mit mir Abstand zu nehmen, da ansonsten auch sie in den Verdacht gerieten, Mitglieder von Scientology zu sein. Kurz, meine Kunden wurden in regelrechte Angst versetzt.
TK: Auch prominente Kunden?
Röhrig: Natürlich. Ich hatte zum Beispiel eine herzliche Beziehung zu Thomas Gottschalk. Er hat zwei Porträts, eins von sich und eins von seiner Frau, von mir anfertigen lassen und zeigte sich in Briefen sehr glücklich über meine Arbeit. Kurze Zeit später fragte dann die »Bild-Zeitung« in einer riesigen Schlagzeile, ob Gottschalk Scientologe sei, obwohl man dort genau wußte, daß er es nicht war. Thomas Gottschalk sah sich nun, angesichts der Millionenverluste, die ihm drohten, genötigt, mir zu schreiben, daß er nicht mehr mit mir befreundet sei, und brach den Kontakt dann auch ab.
TK: Hängen Ihre Bilder noch bei ihm?
Röhrig: Ja. Er hat sie hängen lassen. Das hat er mir noch gesagt.
TK: Welche Möglichkeiten haben Sie heute auszustellen?
Röhrig: Persönliche und private Kontakte funktionieren noch ganz gut. Andere Bereiche sind völlig tot. Galerien sagen ab, und wenn man hintenherum nachfragt, stellt man fest, daß sie wahnsinnige Angst haben, mit einem Scientologen zusammenzuarbeiten. Hier in Ahrensburg, vor den Toren Hamburgs, hatte ich kürzlich eine Ausstellung in einem Hotel. Die Presse schrieb halbe Seiten an begeisterten Besprechungen – bis ihnen zugetragen wurde: »Er ist ein Scientologe«. Der örtliche Pfarrer polemisierte herum; die Politiker hängten sich dran; der Hotelier sah sich genötigt, die Ausstellung abzubrechen. Und die Kulturredaktion der »Bild-Zeitung« beschloß, nicht mehr über mich zu berichten. Einziger Grund: Ich bin Scientologe.

TK: Wie hat sich Ihre wirtschaftliche Situation verändert?
Röhrig: Ich habe durch die Kampagne gegen mich etwa die Hälfte meines jährlichen Umsatzes verloren. Das sagen unsere sehr genau geführten *Statistiken*. Es ist ja, Sie werden es nicht glauben, teilweise so, daß Mitarbeiter von ihren Firmen angehalten werden, auch privat keinen Kontakt mit mir zu pflegen; ansonsten müsse man sich von ihnen trennen. Aber ich habe noch Glück. Ich kenne etliche Scientologen – die wurden wirtschaftlich vernichtet. Ein Zahntechniker mußte seinen Beruf aufgeben; und mehrere Immobilienmakler wurden im Haifischbecken der Immobilienbranche regelrecht zerrissen – mit Hilfe der Stadt Hamburg, die seit 1991 versucht, einzelne Scientologen kaputtzumachen. Das können Sie in Zeitungsartikeln genau nachverfolgen.
TK: Sie haben eben die Rolle von *Statistiken* in Ihrem Unternehmen betont. Wenden Sie die *WISE*-Technologie an?
Röhrig: Natürlich wende ich die an. Ich habe einige Scientology-Administrationskurse studiert, und L. Ron Hubbards Ausführungen über vernünftige Unternehmensführung und Organisation sind eine ausgezeichnete Hilfe für mich.
TK: Haben Sie Mitarbeiter, die nicht Scientologen sind?
Röhrig: Hatte ich mal, bis 1992, als der Druck auf mich und meine Mitstreiter so stark wurde, daß jene, die nicht Scientologen waren, mich baten, gehen zu dürfen. So habe ich also zur Zeit Mitarbeiter um mich versammelt, die allesamt wasserdichte Scientologen sind und, wenn nötig, eine Menge aushalten können.
TK: Sind auch die meisten Ihrer Sammler Scientologen?
Röhrig: Nein. 90 Prozent meiner Sammler sind Nicht-Scientologen. Diese Leute kennen mich; sie wissen, daß da viele Lügen und viel Polemik transportiert werden, daß einfach keine objektive Berichterstattung stattfindet. Und deshalb geben diese Leute auch nichts auf die Medienhetze, mit Ausnahme vielleicht derer, die sehr abhängig sind von den Medien. Die ziehen sich dann doch lieber zurück.
TK: Aus Angst?
Röhrig: Natürlich. Die Leute wollen nicht in den Sog der Kampagne gegen Scientology geraten. Deshalb ziehen sie sich zurück, nicht aus persönlicher Überzeugung. Das ist ja auch die Strategie hinter der Kampagne: Die Leute sollen Angst haben, ein Scientology-Buch auch nur in die Hand zu nehmen und mal reinzugucken: Was ist das überhaupt?
TK: Wer sind aus Ihrer Sicht die Kampagnenführer?
Röhrig: Leider Gottes die Kirchen mit ihren *Sektenbeauftragten* und bestimmte Politiker; und die Presse fährt drauf ab: Ein böses Gerücht über

Scientology ist eine gute Nachricht. Der Leser oder Zuschauer mag halt das gewisse Kribbeln. Unterm Strich erzeugt man dann solche Angst, daß die Leute nicht einmal mehr eine Broschüre anlangen, weil sie glauben, sie würden beeinflußt.

TK: Scientology vergleicht die Situation der deutschen Scientologen mit der der deutschen Juden von 1933. Was halten Sie davon?

Röhrig: Qualitativ kann man das sicher nicht vergleichen. Vergleichen kann man jedoch Zeitungsartikel aus den 30er mit Artikeln aus den 90er Jahren. Die sind einander so frappierend ähnlich, daß bei jedem halbwegs gebildeten Menschen die Alarmglocken schrillen müssen. Ich glaube zwar, daß wir gelernt haben, die Vernichtung von Millionen Menschen nie wieder zuzulassen; andererseits sind die geistigen Ursachen, die so etwas geschehen ließen, noch nicht wirklich *gehandhabt*. Es ist nach wie vor möglich bei uns, eine Minderheit über Jahre und Jahrzehnte so zu verteufeln, daß sich schließlich in der Bevölkerung eine Meinung festsetzt, die mit der Wirklichkeit gar nichts zu tun hat.

TK: Wie sollte die Gesellschaft mit Scientology umgehen?

Röhrig: Gerade die evangelischen Pfarrer, die am meisten auf uns einprügeln, sollten mit Scientology zusammenarbeiten. Wir stehen doch in unserer Gesellschaft vor ungeheuren Problemen in den nächsten Jahrzehnten und verzeichnen gleichzeitig einen massiven Verlust an Moral. Wie werden Menschen ohne Ideale mit den Problemen umgehen? Das ist doch eine Frage, die diese Gesellschaft bewegen sollte, und nicht der idiotische Kleinkrieg gegen Scientology, den die Kirchen in den letzten Jahren in die Politik getragen haben, nach dem Motto: »Ihr habt das ›C‹ in Eurem Parteinamen; jetzt tut mal was!«

TK: Von welchen Idealen sprechen Sie, und wo berühren sich scientologische Ideale mit denen der Kirchen?

Röhrig: Nehmen Sie zum Beispiel die »Zehn Gebote« des Christentums und vergleichen Sie sie mit den Punkten in L. Ron Hubbards Buch »Der Weg zum Glücklichsein«. Die moralischen Grundlagen decken sich im wesentlichen. Ich bin überzeugt, daß die christlichen Kirchen und Scientology großartig zusammenarbeiten könnten.

TK: Wie halten Scientologen den öffentlichen Druck aus?

Röhrig: Nur mit Mühe. Und manch einer gerät in existentielle Angst, sein *Überleben* nicht mehr sichern zu können, verstehen Sie? Und dann sagt er draußen in der Gesellschaft: »Nein, ich bin kein Scientologe, nein, nein.« Er verleugnet sich in schlimmster Weise.

TK: Kennen Sie Ihren Kollegen Gottfried Helnwein?

Röhrig: Ja, freilich.

TK: Ist er nun Scientologe oder nicht?

Röhrig: Nach seinen Aussagen im Fernsehen nicht. Aber ich kenne ihn auch privat; und von daher glaube ich einfach, daß er Scientologe ist. Aber es kann natürlich sein, daß er jetzt nichts mehr macht, weil er beruflich und gesellschaftlich überleben will. Dieser Mann ist ja in beispielloser Weise verfolgt worden. Man hat seine Ausstellungen niedergemacht, hat gefälschte Briefe an seine Kunden geschickt und so weiter.

TK: Warum steht Helnwein noch weit mehr in der öffentlichen Kritik als Sie?

Röhrig: Einerseits ist er ein sehr großer Künstler; andererseits hat er viele Dinge behauptet, die Journalisten später widerlegten. Da zieht man natürlich Kritik auf sich. Ich habe mich 1992 gefragt: Was nützen mir Geschäfte und Aufträge, wenn ich meinen Glauben und meine besten Freunde, Scientologen, verrate? Und ich habe beschlossen: lieber ein ruinierter Geldbeutel als ein ruiniertes Selbstwertgefühl. Deshalb nehme ich heute ganz bewußt in Kauf, daß sich mir viele Türen, zum Beispiel zu Ausstellungen, nicht mehr öffnen. Gottfried geht offenbar einen anderen Weg. Ich halte ihn für einen klugen Menschen, aber er hat in der Tat alle verwirrt, Journalisten und Scientologen.

TK: Es gibt auch andere Scientologen, die es mit der Wahrheit nicht so genau nehmen. Ich habe erfahren, daß bestimmte deutsche Unternehmensberater *WISE*-Technologie, aus lauter Angst vor der Öffentlichkeit, unter falschem Namen verkauft haben.

Röhrig: Das wundert mich nicht. Scientologen machen wie alle Menschen Fehler. Und es gibt Mitarbeiter von Scientology-Kirchen in Deutschland, die machen hin und wieder Mist, was unsere Gegner begierig aufgreifen und zu Riesenpolemiken in den Zeitungen verarbeiten. Wir sind halt eine sehr, sehr junge Religion, in die junge Leute ohne Ausbildung, aber voller Idealismus reinkommen und sagen: »Wir wollen helfen.« Und dann machen sie erst einmal Fehler, manchmal viele Fehler. Aber glauben Sie mir: Unsere Kirche stellt diese Leute intern zur Rede. Die müssen dann in harten Studierprogrammen erarbeiten, warum sie Fehler gemacht haben und wie sie diese künftig vermeiden. Ein ganz wichtiger Leitsatz jedes Scientologen lautet ja: »Wenn du Prügel beziehst, schau erst mal bei dir selbst nach, warum du diese Prügel beziehst. Übernimm Verantwortung für das, was du tust oder unterläßt.«

2,5 Millionen Mark Aufwandsentschädigung von der Treuhand

Gespräch mit dem Unternehmer Gerhard Haag

Gerhard Haag, geboren 1953 in Ebhausen/Nagold, absolvierte nach der Mittleren Reife eine landwirtschaftliche Lehre. 1971 erwarb er die Fachhochschulreife. Sein Studium an der Fachhochschule für Landbau in Nürtingen und der Fachhochschule für Technik in Stuttgart schloß er 1977 als Diplom-Ingenieur ab. Haag arbeitete für eine Stuttgarter Firma als Bauleiter auf Großbaustellen im In- und Ausland, bevor er sich 1982 mit einem Ingenieurbüro für Stahlbau selbständig machte. 1988 kaufte er 50 Prozent der Esslinger Großschlosserei Roleff, 1989 die Hälfte des Krupp-Werks in Altbach/Neckar, das er nach seinem Ausstieg bei Roleff allein weiterführte. 1992 stieß Haags Absicht, weitere Betriebe in Ostdeutschland zu kaufen – als seine Mitgliedschaft bei WISE und Scientology bekannt wurde – auf erbitterten Widerstand. Nach der Aufkündigung des Kontokorrentkredits durch seine Bank verkaufte Haag sein Unternehmen in Altbach und übersiedelte Anfang 1993 nach Albanien, Ende 1993 in die USA. Zahlreiche staatsanwaltschaftliche Ermittlungsverfahren wegen Betrugs, Steuerhinterziehung u. ä. führten zu mehreren Haftbefehlen gegen Haag, die bis Ende 1995 aufgehoben wurden. Die Ermittlungs- und Strafverfahren gegen ihn sind, nach Zahlung einer erstinstanzlich akzeptierten Geldstrafe von 10 000 Mark, abgeschlossen. Haag baut sich derzeit in den USA eine neue berufliche Existenz auf.

TK: Wie, Herr Haag, sind Sie eigentlich Unternehmer geworden?
Haag: Ich habe als Stahlbauingenieur sehr früh ein eigenes Ingenieurbüro aufgezogen, mit dem ich zum Beispiel an interessanten Kraftwerksprojekten mitarbeitete. 1988 hat mir dann Eckhardt Roleff, Besitzer einer Esslinger Großschlosserei mit 150 Beschäftigten, 50 Prozent seiner Firma angeboten. Kurz darauf kauften wir beide ein Werk der Firma Krupp im württembergischen Altbach, das wir »Stahlbautechnik Neckar« nannten. Weil damals die Firma Daimler-Benz, mit der unser Esslinger Betrieb 80 Prozent seines Geschäfts machte, Herrn Roleff unter Druck setzte, er solle sich vom Scientologen Haag trennen, übernahm ich Altbach allein, und Roleff behielt Esslingen. Mit meiner neuen Firma habe ich dann sämtliche Stahlbau- und Fassadenarbeiten der Fluggaststeige am neuen Flughafen München erledigt, habe mehrere Kraftwerke im Großraum Stuttgart gebaut, Stahlbrücken und etliche Industriehallen, zum Beispiel das neue VW-Werk in Mosel bei Zwickau.

TK: Anfang der 90er Jahre versuchten Sie dann, nach Ostdeutschland zu expandieren.

Haag: Im Stahl- und Walzwerk von Riesa bei Dresden lagen gewaltige Produktionsstätten brach, und Tausende Mitarbeiter standen auf der Straße. Ich wollte das Ding wiederbeleben und sah damals in diesem Werk eine sinnvolle Ergänzung zu meinem Betrieb in Altbach. Im Mai 1992 schloß ich dann einen notariellen Kaufvertrag mit der Treuhand. Die Hälfte des Kaufpreises bezahlte ich sofort.

TK: Woher hatten Sie das Geld?

Haag: Ich hatte Krupp Altbach mit einer Jahresbilanz von 20 Millionen Mark minus übernommen, habe im ersten Jahr 500 000 Mark plus gemacht und im zweiten 2,5 Millionen. Riesa kostete 2,4 Millionen. Für die nötigen Investitionen hatte ich Kreditzusagen der Dresdner und der Deutschen Bank über insgesamt 40 Millionen Mark. Übrigens hatte der Krupp-Aufsichtsrat damals, weil er mit der Entwicklung in Altbach sehr zufrieden war, beschlossen, mir auch noch das Krupp-Werk in Berlin zu verkaufen.

TK: Ihre Unternehmerkarriere schien also unter einem guten Stern zu stehen. Dann aber gerieten Sie im Zusammenhang mit Ihren scientologischen Aktivitäten in Schwierigkeiten. Warum sind Sie überhaupt Scientologe geworden?

Haag: Während meines Studiums in den 70er Jahren hatte ich auch viele Philosophie-Vorlesungen besucht. Nie aber fand ich eine Antwort auf die Frage: Woher kommen wir als Menschen und wohin gehen wir, wenn unser Körper stirbt? Diese Frage beschäftigte mich immer wieder, wenn ich im Auto zwischen Berlin, Hamburg und Stuttgart hin- und herfuhr. Eines Tages – ich hatte gerade die Hälfte der Schlosserei Roleff gekauft und wußte vor lauter Arbeit kaum, wo mir der Kopf stand – kam nun ein Unternehmensberater zu mir und bot mir einen einwöchigen Managementkurs an. Ich sagte: »Okay, aber bezahlt wird erst, wenn ich sehe, daß das Ding funktioniert.« Damit war er einverstanden. Und schon am zweiten Tag dieses Kurses merkte ich: Mein Gott, das ist etwas, das alle meine Fragen beantworten könnte.

TK: Worum drehte sich der Kurs?

Haag: Es ging um die Technologie L. Ron Hubbards, die persönlichen Fähigkeiten zu steigern.

TK: Als Unternehmer?

Haag: Das ist wurstegal. Wenn Sie sich persönlich verbessern, dann verbessern Sie sich in Ihrer Ehe, in Ihrer Firma, in allen Bereichen Ihres Lebens.

TK: War der Kurs teuer?

Haag: Der hat mich 4 000 Mark gekostet, 5 Tage, täglich 10 bis 13 Stunden, Einzelbetreuung. Wenn Sie das in Stunden umrechnen, ist es jedenfalls billiger als jeder Rechtsanwalt, Psychologe oder Arzt. Heute kann ich sagen, daß ich ohne diese Technologie die Riesenbelastungen, die ich mir aufgeladen hatte, nie gemeistert hätte. Sie müssen sich vorstellen: Ich hatte 200 Leute um mich herum, einen Betrieb, der gerade 20 Millionen minus gemacht hatte, und wußte wirklich nicht, ob ich das Ding über die Runden bekomme oder nicht.

TK: Sie sind dann Scientologe geworden und *WISE*-Mitglied.

Haag: Genau. Und auch einige meiner Mitarbeiter, fünf oder sechs von 200, entschlossen sich, Kurse zu besuchen – aber nicht in einer Scientology-Organisation, sondern bei einer von *WISE* lizenzierten Firma.

TK: Ist Scientology eine Kirche für Sie?

Haag: Für mich spielt das im Prinzip keine Rolle. Natürlich, Scientology hat etwas mit mir als geistigem Wesen zu tun. Und meine Überzeugung, daß ich ein solches Wesen bin und nicht ein Klumpen Fleisch oder Materie – wie es Psychiater irrigerweise verbreiten –, hat per definitionem sehr wohl etwas entscheidend Religiöses an sich, wofür als Institution eine Kirche zuständig ist. Selbstverständlich ist also Scientology eine Kirche. Die Diskussion in Deutschland darüber finde ich übrigens überflüssig wie einen Kropf. Was zählt im Leben eines jeden Menschen, ist doch, ob etwas funktioniert und Resultate bringt. Meine Erfolge als Unternehmer habe ich als Individuum bewirkt; und weder das noch meine Firma haben etwas zu tun mit der Kirche.

TK: Inwiefern funktioniert Scientology für Sie?

Haag: Die korrekte Anwendung der L.-Ron-Hubbard-Technologie führt immer und ohne Ausnahme zu einer Erhöhung der Effizienz. Ob wir über die Management-Technologie sprechen, die im Betrieb Anwendung findet, oder über die in allen Lebensbereichen anwendbare spirituelle Technologie, die man bei der Kirche studiert – die Technologie funktioniert wie ein Schweizer Uhrwerk und verbessert das Gebiet, wo sie angewandt wird.

TK: Sie haben diese Technologie dann in Ihrer Firma angewandt und, so sagen Ihre Kritiker, unter Ihren Mitarbeitern propagiert.

Haag: Eine Gegenfrage: Wenn Sie ein Buch lesen und das äußerst gut finden, würden Sie es dann nicht auch Ihren Freunden empfehlen? – Nichts anderes habe ich gemacht.

TK: Gab es in Ihrem Betrieb Kurse, die L. Ron Hubbards Technologie vermittelten?

Haag: Wir haben an zwei Nachmittagen Organisationsrichtlinien vermittelt. Sie lachen sich kaputt, wenn ich Ihnen erzähle, worum es da ging: Wir haben das »Drei-Körbe-System« für innerbetriebliche Postverteilung erörtert und innerbetriebliche Kommunikationslinien anhand unseres Organigramms diskutiert – Handwerkszeug, das in jeden anständigen Betrieb gehört.

TK: Haben Sie Druck auf Ihre Mitarbeiter ausgeübt, an Scientology-Kursen teilzunehmen?

Haag: Nein. Das habe ich natürlich nicht getan. Sie können jeden einzelnen fragen. Das würde auch total meiner Weltauffassung widersprechen.

TK: Haben Sie, über die zulässigen Personalakten hinaus, *Ethik*-Akten über Mitarbeiter angelegt?

Haag: Leider hatte ich eine Mitarbeiterin, die ohne mein Wissen *Ethik*-Akten über die Scientologen im Betrieb führte – auch über mich selbst. In dem Moment, als ich davon erfuhr, habe ich alle Akten sofort und restlos vernichtet.

TK: Hatte das Frankfurter *WISE*-»Charter Committee« Einfluß auf die Unternehmensführung Ihrer »Stahlbautechnik Neckar GmbH«?

Haag: Denselben wie Ihr Kraftfahrzeughändler auf Sie.

TK: Wann begannen Ihre Probleme?

Haag: Als ich Ende 1989 in das damalige Krupp-Werk einzog, schrieb das katholische Gemeindeblatt in Altbach am Neckar: »Die Sekte übernimmt Krupp. Jetzt geht's mit Krupp bergab.« Dann war eine Zeitlang Ruhe – bis wir eine eigene betriebliche Tarifrichtlinie im Unternehmen einführten. Die wurde mit dem Betriebsrat diskutiert und dann im Rahmen einer Betriebsvereinbarung eingeführt.

TK: Was für eine Tarifrichtlinie?

Haag: Bezahlung nach Leistung. Wer faul war, sollte fortan nicht mehr bezahlt kriegen als einer, der fleißig war. Und da haben sich natürlich einige Gewerkschafter mächtig auf den Schlips getreten gefühlt. Die hatten ja bis dahin die fleißigen Mitarbeiter unterdrückt bis zum Geht-nicht-mehr. Und der früheren Geschäftsführung hatte der Betriebsrat diktiert, was sie zu tun hatte. Dann aber standen im März 1990 Neuwahlen zum Betriebsrat an. Und kein einziger Gewerkschafter wurde wiedergewählt. Wenig später kam es zur ersten hetzerischen Veröffentlichung in der Zeitschrift der IG Metall, gegen die dann gleich mein Anwalt vorging. Und die IG Metall mußte eine Richtigstellung bringen. Aber Sie wissen ja: klein gedruckt in einer Ecke, während der Artikel selbst dicke Schlagzeilen hatte und über mehrere Seiten ging. Die Gewerkschaft hörte dann nicht mehr auf, Stimmung gegen mich zu machen. Und heute verstehe ich auch, warum: Hätte ich weitergemacht, hätte ich Berlin und Riesa durchgezogen, dann gäbe es heute keine IG Metall mehr in Deutschland. So einfach ist das.

TK: Welche innerbetrieblichen Folgen hatte die Betriebsvereinbarung über neue Bezahlungsrichtlinien bei der »Stahlbautechnik Neckar«?

Haag: Die Produktion verdoppelte sich jährlich – mit der gleichen Anzahl von Mitarbeitern. Ich hatte Mitarbeiter, die hatten vorher vielleicht 3 000 Mark, und jetzt, mit dem motivierenden Bezahlungssystem, verdienten sie 6 000 und 9 000 Mark pro Monat.

TK: Aber wie viele Stunden haben sie dafür gearbeitet?

Haag: Natürlich haben viele Überstunden gemacht. Aber dazu haben sie sich selbst entschieden. Ich habe niemals jemanden gezwungen, Überstunden zu machen.

TK: Wie entwickelten sich Ihre Übernahmeprojekte in Berlin und Riesa?

Haag: Bei Krupp im Aufsichtsrat sitzen ja auch Gewerkschafter. Und als die hörten, der Haag will »Berlin« kaufen, entwickelten sie – zusammen mit dem Berliner Pfarrer Thomas Gandow – rege Aktivitäten. Generalstabsmäßig wurde mit der evangelischen Kirche in Berlin am 22. Juni 1992 eine Pressekonferenz organisiert, wo man über die »kriminellen Machenschaften des Herrn Haag« berichtete. Da fing dann auch der Presserummel an. Und das Thema Scientology wurde fortan benutzt, um meine wirtschaftliche Entfaltung in Deutschland zu bremsen. Der Betriebsrat bei Krupp Berlin verhinderte, daß das Werk, wie vom Aufsichtsrat bereits beschlossen, an mich verkauft wurde. Die befürchteten, daß sie dann nach Leistung bezahlt würden – und nicht mehr nach Anwesenheit und Krankheit. Ich habe die dann eingeladen, sich die »Stahlbautechnik Neckar« anzuschauen. Aber keiner ist gekommen.

TK: Und was wurde aus Ihrer Übernahme des Stahl- und Walzwerks Riesa?

Haag: Tja. Der Vertrag war also unterschrieben. Dann aber kam dieser Presserummel. Der Berliner Bundestagsabgeordnete Konrad Weiss von Bündnis 90/Die Grünen machte eine kleine Anfrage, und die Bundesregierung wollte plötzlich deutsches Eigentum und deutsche Arbeiter keinem Scientologen mehr anvertrauen. Ich bekam dann einen Brief von der Treuhand Berlin, daß man aufgrund der Presseveröffentlichungen und allerlei Ermittlungsverfahren gegen mich vom Vertrag zurücktrete.

TK: Ermittlungsverfahren?

Haag: Ja, jede Menge. Schon am 16. April 1991 hatte es bei mir eine Großrazzia gegeben. Irgend jemand hatte wohl gestreut, ich beschäftige illegal polnische Arbeiter, und ein richterlicher Durchsuchungsbefehl setzte dann eine gewaltige Maschinerie in Gang.
TK: Welcher Art?
Haag: Allein in meinem Altbacher Werk marschierten 125 Polizisten ein, bewaffnet mit MPs, 20 Polizeihunde, ein Riesen-Funkantennenwagen mit einer 30 Meter hohen Antenne. Zwei Polizei-Rennboote düsten den Neckarkanal rauf und runter, zwei Hubschrauber überwachten das Spiel aus der Luft. Ach ja, und eine Psychologin lungerte in meinem Büro herum, mehrere Stunden lang.
TK: Zu welchem Zwecke?
Haag: Fragen Sie mich was Besseres. Ich weiß nicht, für was man so eine Frau brauchen kann. Vielleicht war sie als Eingreifreserve gedacht – für den Fall, daß ich durchdrehen würde.
TK: Und sind Sie durchgedreht?
Haag: Nee. Ich dachte nur, da seien ein paar andere durchgeknallt. Und nach fünf Stunden fragte mich die Psychologin ganz verwundert: »Warum sind Sie denn so ruhig, Herr Haag?« Die wühlten sich also durch meine Akten und hausten wie die Vandalen, obwohl ich denen ständig sagte: »Ich zeige euch gern, was in welchem Ordner ist. Ihr braucht auch keine Türen aufbrechen, Fenster einschlagen und Dächer aufreißen. In diesem Hause gibt es Schlüssel.«
TK: Was war das Ergebnis dieser Razzia?
Haag: Die Polizei nahm einen ganzen Lastwagen Beweismaterial mit und verhaftete an die 50 Leute, die sie am nächsten Tag wieder freiließ. Das waren übrigens keine Angestellten von mir, sondern Beschäftigte eines Subunternehmers, mit dem ich einen Werkvertrag hatte.
TK: Waren das Illegale?
Haag: Drei oder vier, glaube ich, hatten keine ordentlichen Papiere. Aber gegen mich gab es kein Verfahren im Zusammenhang mit dieser Razzia. Und trotzdem so ein Aufwand! Am gleichen Tag tobten die ja auch noch auf sechs Großbaustellen von mir herum, in meinem Privathaus, im Privathaus meines Partners Roleff und in dessen Betrieb. Da waren an diesem einen Tag sechs-, siebenhundert Polizeikräfte eingespannt – mit jeder Menge Autos, Tieren, Hubschraubern und was weiß ich. Es war wirklich wie im Krieg, und ich habe ungefähr sechs solcher Tage erlebt. Einmal, das war 1992, haben sie mir sogar die Matratzen aufgeschlitzt. Und einige schöne alte Pistolen, die nicht funktionierten, aber wunderschöne Holzgriffe hatten, haben sie auch mitgenommen.

TK: Wann haben Sie die zurückbekommen?

Haag: Nie, bis heute nicht. Und auch für die Schäden, die die Polizei angerichtet hat, habe ich keinen roten Heller gesehen. Aber ich lege auf solche materiellen Dinge keinen so großen Wert.

TK: Bei all diesen Polizeiaktivitäten muß es dann ja doch Verfahren gegen Sie gegeben haben.

Haag: Natürlich, die rollten dann an. Ab Frühjahr 1993 kam es Schlag auf Schlag. An die 20 Verfahren mit insgesamt 40 Vorwürfen, vor allem wegen Betrugs. Und ab Mitte 1993 wurden dann etliche Haftbefehle gegen mich ausgestellt.

TK: Worum ging es da?

Haag: Wußte ich damals nicht, weil mich die Behörden einfach nicht informierten. Ich hatte mich in der Zwischenzeit nach Florida begeben, aber jede Zeitung in Deutschland wußte, wer mein Anwalt war. Nur die Kripo und die Staatsanwaltschaft wußten das angeblich nicht. Im September 1994 – eine Woche, bevor die mich in Miami besuchten – bekam ich die Anschuldigungen schließlich rübergefaxt.

TK: Der Staatsanwalt kam zu Ihnen nach Florida?

Haag: Ja, zusammen mit einem Kripo-Mann. Wir trafen uns beim deutschen Generalkonsul in Miami. Und als ich mich bei dem recht herzlich bedankte, daß ich nun zum ersten Mal die Möglichkeit hätte, mich mit den Anschuldigungen auseinanderzusetzen, da hat der Generalkonsul den Staatsanwalt angeguckt und den Kripo-Mann und hat gefragt: »Ist das wahr, was der Herr Haag da sagt?« Und die sagten: »Ja, das stimmt. Er wohnt halt so weit weg.« Da war der deutsche Generalkonsul äußerst entrüstet, daß so etwas passieren kann.

TK: Wie verlief denn Ihre Vernehmung durch deutsche Rechtspflegeorgane in Miami?

Haag: Na ja. Ein Punkt war, ich hätte noch nach dem Verkauf meiner Firma weiter die Kreditkarte der Firma benutzt und größere Geldbeträge abgehoben. »So?« habe ich den Herrn Staatsanwalt gefragt. »Was war denn die Kreditkarten-Nummer?« Zeigt der mir die Nummer, sage ich: »Rufen wir doch mal die Kreditkartenzentrale in Frankfurt an.« Und binnen Sekunden sagte eine etwas erstaunte Dame in Frankfurt, es handele sich doch um meine Privatkarte. Ich hatte vor lauter Trubel nur vergessen, die Abrechnung dieser Karte von der Firma an meine neue Adresse umzudirigieren. Genau das, Herr Kruchem, hätte der Staatsanwalt mit einem Anruf von Stuttgart nach Frankfurt klären können – ganz ähnlich die anderen 40 Punkte. Statt dessen aber fliegen die auf Kosten des Steuerzahlers nach Miami.

TK: Zurück zu Ihrem im Sommer 1992 erfolgten Kauf des Stahl- und Walzwerks Riesa, den die Treuhand nun plötzlich rückgängig machen wollte. Sie hatten aber bereits einen rechtsgültigen Kaufvertrag in der Hand?

Haag: Ja, ich wollte gerade in Riesa einziehen und anfangen zu arbeiten, als dieser Brief von der Treuhand kam. Der Aufsichtsrat, in dem damals IG-Metall-Chef Franz Steinkühler und Bundeswirtschaftsminister Günter Rexrodt saßen, hatte beschlossen, vom Vertrag zurückzutreten. Kurz, der Aufsichtsrat der Treuhand brach den Vertrag. Dadurch lösten sich die Kreditzusagen der beiden Großbanken an mich über 40 Millionen Mark in Luft auf, aufgrund des Presserummels zogen mehrere meiner Kunden ihre Aufträge zurück, und als dann auch noch die Ermittlungsverfahren anrollten, kündigte mir meine Hausbank den Kontokorrentkredit. Da stand ich also ganz schnell vor dem Ende. Habe ich mir gesagt: Wenn ich jetzt die Treuhand verklage, muß ich noch mehr Geld investieren, und es dauert Jahre. Bin ich an die herangetreten und habe gesagt: »Wir können jetzt einen großen Zirkus machen – oder einen Vergleich.« Daraufhin hat mir die Treuhand den Kaufpreis zurückgezahlt plus über 2,5 Millionen Mark sogenannte Aufwandsentschädigung. Von heute aus gesehen hätte ich natürlich ein Gerichtsverfahren durchziehen sollen. Da hätte ich dann einen Schadenersatz von vielleicht zehn oder mehr Millionen durchsetzen können. Aber ich stand halt unter zu vielen Zwängen damals.

TK: Die dazu führten, daß Sie auch Ihre Firma »Stahlbautechnik Neckar GmbH« verkaufen mußten.

Haag: Ja, wenn Ihnen von heute auf morgen 20 Millionen Mark Kontokorrentkredit wegbrechen, müssen Sie ganz schnell eine Lösung finden. Und da habe ich halt am 12. Oktober 1992 den Betrieb verkauft.

TK: Was ist aus dem Betrieb geworden?

Haag: Er wurde in den Konkurs geritten. Er arbeitete – soweit ich weiß – keine neuen Großaufträge mehr ab, wickelte nur noch bestehende ab, entließ immer mehr Arbeitnehmer und machte Schulden. Und die neuen führenden Leute dort verbrachten in Zusammenarbeit mit der Staatsanwaltschaft viel Zeit damit, mir »ans Bein zu pinkeln«. Den fünf oder sechs Scientologen im Betrieb wurde natürlich schon in der Woche nach Abschluß des Kaufvertrags gekündigt.

TK: Ging das so einfach?

Haag: Natürlich nicht. Die Leute haben auch alle geklagt, und jeder einzelne erhielt Schadenersatz. Auch diese Unsummen für gefeuerte Scientologen flossen natürlich in die Bilanz der Firma ein.

TK: Es gab Gerüchte, daß der neue Eigentümer des Betriebs Ihr Strohmann gewesen sei.
Haag: Eine weitere unsagbare Verdrehung der Tatsachen. Wie kann jemand mein Strohmann sein, der vom ersten Tag an den Betrieb so herunterwirtschaftet, daß er schließlich Konkurs anmelden muß?
TK: Welche Pläne hatten Sie – nach dem Verkauf der »Stahlbautechnik Neckar«?
Haag: Das fragte ich mich damals auch. Ich hatte nach Abzug aller Kosten 2,5 Millionen Mark in der Tasche und wollte die zunächst einmal anlegen. Aber keine von sechs verschiedenen Banken im Stuttgarter Großraum wollte von einem Scientologen Geld überhaupt annehmen. Bin ich also nach Luxemburg gefahren, habe ein Konto eröffnet und mein Geld darauf getan. Als ich dann zurückfuhr nach Stuttgart, überkam es mich plötzlich ganz heiß, und ich dachte: Wenn du kein Konto haben kannst in Deutschland, wie willst du dann überhaupt Geschäfte machen? In diesem Moment fiel mein Entschluß auszuwandern. Und so bin ich dann im März 1993 nach Albanien gegangen.
TK: Ein originelles Ziel für einen Auswanderer.
Haag: Nun ja. Ich hatte mich dort unten im November 1992 umgeschaut. Damals war nach 50 Jahren Kommunismus gerade eine neue, sozusagen demokratische Regierung eingesetzt worden, und ich sah eine Riesenmöglichkeit, am Aufbau eines Landes mitzuwirken.
TK: Ging es um das Projekt »*Clear* Albania«, wie von etlichen Scientology-Kritikern behauptet?
Haag: Ach was. Ich investierte in infrastrukturelle Maßnahmen – Hotelrenovierung, Straßenbau, Hafenbau – und hatte da natürlich sehr viel mit der Regierung zu tun.
TK: Waren solche Investitionen nicht sehr riskant?
Haag: Um das zu klären, hatte ich die Anwälte Dr. Scheele und Dr. Warnke eingeschaltet. Und die erarbeiteten mir eine sehr gründliche Studie über Investitionsrisiken in Albanien. Ich bin also nicht wie »Hans im Glück« dorthin gegangen, sondern habe nach genau recherchierten Vorgaben investiert.
TK: Und nicht missioniert?
Haag: Wäre schön gewesen. Nein, ich habe natürlich mit *WISE*-Leuten, die dort schon saßen, Kontakt aufgenommen und aus meiner Religionszugehörigkeit, wie sonst auch, nie einen Hehl gemacht. Wenn mich einer über Scientology befragt, würde ich den Teufel tun, dem nichts darüber zu erzählen. Sie müssen sich das praktisch vorstellen: Über meine *WISE*-Zugehörigkeit erfuhr zum Beispiel der albanische

Wirtschaftsminister, daß ich Scientologe und Unternehmer bin. Er hatte bei einem Italienbesuch über Scientology erfahren, war begeistert darüber, rief mich umgehend im Büro an und fragte, warum ich ihm noch nicht einen Satz Bücher der L.-Ron-Hubbard-Management-Technologie gebracht hätte, was ich natürlich sofort nachholte. Oder, bei einem Treffen mit dem Ministerpräsidenten des Landes überreichte ich, auf ausdrücklichen Wunsch hin, die L.-Ron-Hubbard-Bibliothek. So ergab es sich, daß ich in Albanien – das können Sie von mir aus ruhig als Missionarstätigkeit werten – Tausende Bücher an Bibliotheken und Interessierte verteilte und Interviews gab, bis Teile der deutschen Bundesregierung das mit riesigem Aufwand zu verhindern suchten.

TK: Wie gingen Sie denn mit den Haftbefehlen um, die deutsche Behörden 1993 gegen Sie erlassen hatten?

Haag: Ich wußte davon zunächst gar nichts und bin seelenruhig nach Deutschland in Urlaub gefahren – bis mir eines Tages ein Offizieller sagte: »Haag, ich habe gehört, da gibt es Haftbefehle für dich.« »Wie bitte?« Ich gleich meinen Anwalt angerufen, der recherchierte nach und sagte: »Das stimmt.«

TK: Ihr Anwalt war damals noch der Herr Dr. Scheele.

Haag: Noch. Denn wenig später,. im Oktober 1993, lief eine ARD-Sendung über meine angeblichen »Umtriebe« in Albanien, in der auch Dr. Scheele und Dr. Warnke ihr Fett abbekamen. Der Herr Dr. Scheele hat dann sein Mandat fallenlassen wie eine heiße Kartoffel, was ich persönlich ihm bis heute sehr übelnehme. Ich finde das berufsethisch miserabel – wenngleich auch er, wie ich zugestehen muß, Durchsuchungen hatte und mir in einem persönlichen Brief schilderte, welchen Repressalien er, seine Kanzlei und seine Familie ausgesetzt seien, wenn er sich nicht von mir distanziere.

TK: Warum sind Sie nicht in Albanien geblieben?

Haag: Irgendwann Ende 1993 besuchte mich um 11 Uhr nachts ein stellvertretender albanische Minister in meinem Haus und sagte: »Paß mal auf, Haag. Deine Freunde in Deutschland haben viel Geld hingelegt, damit wir dich ausliefern. Wir können dieses Geld nicht ablehnen. Aber du hast eine Woche.« In dieser Woche habe ich meine Klamotten zusammengepackt, habe alles im Athener Hafen Piräus eingeschifft und bin nach Amerika gegangen. Das war damals für mich der einzige Ort, wo ich mich einigermaßen sicher fühlen konnte vor dem deutschen Zugriff. Wäre ich nicht dorthin gegangen, wäre ich im Knast gesessen – ohne Zugriff auf Zeugen und Dokumente, ohne echte Chance, meine Verteidigung aufzubauen.

TK: Wie sind die Verfahren gegen Sie ausgegangen?

Haag: Bis Juli 1995 wurden alle Haftbefehle aufgehoben, sämtliche Verfahren wurden entweder eingestellt, oder ich wurde vor Gericht freigesprochen. Nein, in einem Verfahren habe ich 10 000 Mark bezahlt, weil mich sonst diese Sache noch ein, zwei Jahre plus 100 000 Mark an Anwalts- und Expertengebühren gekostet hätte. Da war übrigens dieser fürchterliche Staatsanwalt Blessing beteiligt, der mich dann im August 1995 doch noch verhaften ließ.

TK: Sie sagten doch gerade, die Haftbefehle gegen Sie seien aufgehoben worden?

Haag: Ja, aber folgendes geschah: Ich hatte in einer älteren Steuererklärung rund 120 000 Mark für Scientology-Managementkurse als abzugsfähig erklärt und auch noch eine 20seitige Begründung dazu geschrieben. Dieses Dokument nun war angeblich, obwohl mein Anwalt eidesstattlich versichert hatte, es abgegeben zu haben, nicht beim Finanzamt angekommen. Und die versuchten natürlich gleich, mir daraus den Strick »Steuerhinterziehung« zu drehen. Allerdings war diese Sache, als ich zu einem Gerichtstermin in anderer Sache nach Deutschland einreiste, zwischen meinem Anwalt und dem zuständigen Staatsanwalt längst abgefeiert und wurde später auch eingestellt. Nur, als dieser Blessing erfuhr, daß ich in Deutschland war, zog er urplötzlich die Sache an sich, ließ mich in meinem Wohnort bei Stuttgart, wo ich noch gemeldet war, zwangsweise abmelden, ging zum Haftrichter und sagte, beim Haag bestehe Fluchtgefahr. Und der Haftrichter unterschrieb einen Haftbefehl. Ich damals also rein in diese Gerichtsverhandlung, Freispruch, raus aus der Verhandlung, Handschellen. Mein Anwalt war außer sich über die Methoden des Herrn Blessing, ich aber saß drei Stunden in Stammheim, die einzigen Stunden meines Lebens in einer Gefängniszelle. Dann hatte mich mein Anwalt wieder rausgeboxt.

TK: Sie sind heute, Herr Haag, dabei, sich in den USA eine neue unternehmerische Existenz aufzubauen. Wie bewerten Sie, im Rückblick, Ihre Erfahrungen im Deutschland der 90er Jahre?

Haag: Ich wurde, um das klar zu sagen, zunächst nicht attackiert, weil ich Scientologe war. Das haben die Gewerkschaften nur als Aufhänger benutzt, um den Unternehmer Haag, dessen Methoden sie fürchteten, kaltzustellen. Allerdings habe ich vor diesem Hintergrund meine Erfahrungen mit den deutschen Behörden gemacht. Denen, so scheint mir, geht es gar nicht ums Recht, sondern nur darum, irgend etwas gegen diese verdammten Scientologen ins Feld zu führen. Und den Journalisten geht es um die Schlagzeilen. Von Dutzenden Journalisten, die über mich schrieben, hat – außer einer ZDF-Frau, deren Beitrag dann nicht gesendet wurde – keiner sich die Mühe gemacht, auch mal mich zu befragen. Da frage ich mich doch: Was sind das für Politiker, Funktionäre und Kirchenfürsten, die wissentlich zulassen, daß dies in unserem Land passiert? Wie überhaupt kann ein Land sich positiv entwickeln, in dem die eigene Verfassung tagein, tagaus von der Regierung mißachtet wird? Der deutsche Bürger verdient eine ehrliche, saubere und erfolgreiche Regierung. – Ich hatte dann noch so ein Schlüsselerlebnis: Im Oktober 1997 half ich, die Demonstration für religiöse Freiheit in Berlin zu organisieren – wo wir übrigens, was den ordentlichen Ablauf anging, gut mit der Polizei zusammenarbeiteten und anhand der Busse die Zahl der Demonstranten auf etwa 11 800 hochgerechnet hatten. Auf Höhe der Siegessäule nun, von wo aus der Marsch Richtung Brandenburger Tor ging, standen einige Polizisten, die mit einem elektronischen Gerät Demonstranten zählten und die Zahlen in ihr Funkgerät sprachen. 2 750, 2 800 ... zählte da einer, neben dem ich stand, als plötzlich ein scharfes Kommando aus seinem Funkgerät ertönte: »2 500 sind es. Schluß damit. Verstanden?« Und der Polizist schaltete sein Zählgerät ab. Mehrere meiner Bekannten haben diese Szene mitbekommen. Am nächsten Tag brachten ganze zwei Berliner Zeitungen die Meldung, 2 500 Scientologen hätten demonstriert. Über die Pressekonferenz dagegen, auf der ein Sektenpfarrer Gandow meine Absicht, eine Fabrik zu sanieren, in den Schmutz gezogen hatte, waren Hunderte Berichte erschienen. Hier stinkt doch was gewaltig!

Jedes Kind kann nach seinen Möglichkeiten voranschreiten

Gespräch mit Sabine Petra Röhrig, Lehrerin an einer von Scientologen gegründeten Schule

Sabine Petra Röhrig, geboren 1950 in Bad Homburg, wuchs in Hamburg auf. Nach der Mittleren Reife besuchte sie eine fremdsprachliche Handelsschule und absolvierte eine Ausbildung zur Erzieherin. Frau Röhrig war als staatlich anerkannte Erzieherin für die Freie und Hansestadt Hamburg tätig. Seit 1992 arbeitet sie an einer von Scientologen betriebenen deutschen Schule in Süddänemark als Lehrerin. Frau Röhrig, seit 1978 Scientologin, hat eine Zeitlang in Hamburger Einrichtungen der Organisation gearbeitet. Mit ihrem Mann, dem Künstler Carl-W. Röhrig, hat sie drei Kinder.

TK: Frau Röhrig, wie kam es dazu, daß deutsche Scientologen hier in Dänemark eine Schule gründeten?

Röhrig: Scientologische Eltern hatten schon sehr lange versucht, in Deutschland eine Schule zu gründen, wo nach den pädagogischen Prinzipien L. Ron Hubbards unterrichtet wird. Doch es wurden uns so viele Hindernisse in den Weg gelegt, daß wir schließlich keine Chance mehr sahen, ein solches Vorhaben zu realisieren.

TK: Was für Hindernisse?

Röhrig: Unzählige, kaum erfüllbare Auflagen und jede Menge Hetzkampagnen. Sobald auch nur die Vermutung existierte, daß wir ein Gebäude gekauft haben könnten, um eine Schule zu gründen, wurde sofort eine Bürgerinitiative aus dem Boden gestampft, und die örtliche Kirche lief Amok. Unter solchen Bedingungen möchte man seine Kinder natürlich nicht zur Schule gehen lassen.

TK: War es für Sie so wichtig, Ihre Kinder nach den Prinzipien Hubbards unterrichten zu lassen, daß Sie deswegen aus Deutschland nach Dänemark ausgewandert sind?

Röhrig: Gar nicht unbedingt. Aber mein Mann und ich hatten die wohlbegründete Sorge, daß unsere Kinder in der Schule, die sie zuvor besuchten, diskriminiert werden könnten.

TK: Was haben Ihre Kinder da erlebt?

Röhrig: Zum Glück noch gar nichts. Wir hatten die beiden ältesten Kinder eine gewisse Zeit lang in Hamburg auf die Albert-Schweitzer-Schule geschickt, weil deren pädagogisches Konzept unseren Idealen noch am nächsten kam. Als unser Ältester dann in der dritten Klasse war, 1991, nahm mich bei einem Ausflug mit den Eltern eine Mutter am

Arm und sagte hinter vorgehaltener Hand: »Sagen Sie mal, Frau Röhrig, halten Sie es für möglich, daß die Frau N. Scientologin ist? Ich habe da etwas munkeln gehört.« Nun handelte es sich bei Frau N. um eine gute Bekannte von mir, die ihren Sohn in derselben Klasse hatte, und ich antwortete: »Ja, ich bin sogar ganz sicher, daß das so ist.« »Was?« meinte die Frau da, »wir müssen unbedingt handeln.« Bis ich ihr ins Wort fiel und sagte: »Ich bin übrigens auch seit 1978 bei Scientology.« – »Ahaa, na, dann noch einen schönen Nachmittag.« – Das war die Schlüsselszene für mich, und ich dachte: Jetzt geht's los. Es würde Elterntreffen geben unter Ausschluß der Familien N. und Röhrig, man würde Maßnahmen beschließen. Die Folgen waren mir klar: Andere Kinder würden meine Kinder nicht mehr besuchen dürfen, meine Kinder würden in etlichen Haushalten nicht mehr gelitten sein. Ich kannte das aus anderen Fällen und wußte sofort: Meine Kinder sollten so nicht leben müssen. Ich entschloß mich dann, mit den Kindern ins Ausland zu gehen.

TK: Und Ihr Mann?

Röhrig: Der trug die Entscheidung mit, lebt allerdings nach wie vor in Hamburg, weil sein Atelier einfach die Kommunikationslinien einer großen Stadt braucht. Wir führen jetzt so eine Art Wochenendehe.

TK: Warum haben Sie und die anderen Eltern die Schule nach dem Scheitern Ihrer Pläne in Deutschland ausgerechnet in Dänemark gegründet?

Röhrig: Es gab in Dänemark schon seit geraumer Zeit zwei Schulen, die mit der Studiertechnologie Hubbards arbeiteten – in Kopenhagen. Dänische Scientologen sagten dann speziell uns Hamburger Eltern: »Gründet doch eine Schule direkt hinter der Grenze. Das ist immer noch besser, als eure Kinder nach England zu schicken«, wo es ja auch eine entsprechende Schule gibt. Schließlich kaufte ein Scientologe dieses Gebäude hier, wir mieteten es, und 1992 kamen zunächst 14 Kinder und 3 Erwachsene hierher.

TK: Sie haben dann diesen Bauernhof aus- und umgebaut.

Röhrig: Ja, vor allem die Väter. Wir hatten ja kein Geld, großartig Handwerker kommen zu lassen. Aus dem Stall haben wir Klassenräume gemacht; wir haben den Kindern Zimmer ausgebaut und so weiter. Zeitweise hatten wir über 60 Kinder hier.

TK: Die jungen Kinder wohnen hier zu zweit pro Zimmer im Internat, die älteren mit ihren Betreuern außerhalb. Welchen Einschränkungen sind die Kinder ausgesetzt, was den Kontakt mit der Außenwelt angeht?

Röhrig: Eigentlich keinen. Wir achten sehr darauf, daß sportlich interessierte Kinder in Sportvereine der Umgebung gehen und daß die Kinder überhaupt möglichst viele Kontakte nach außen haben. Davon abgesehen haben die Schüler in solch einer Schule viel mehr Freiheiten als Schüler in der Stadt. Sie können ausreiten, Radtouren machen, im Bach angeln – Dinge, die andere Kinder oft nur im Urlaub tun. Als Einschränkung empfindet ein Kind hier nur die Tatsache, daß es die Woche über von seinen Eltern getrennt ist – was besonders für kleinere Kinder schon hart ist. Wir versuchen, das bestmöglich aufzufangen, indem wir die Kleinen in familiären Gruppen, auch in der Freizeit, intensiv betreuen. Es ist immer eine Betreuerin da, an die sich die Kleinen wenden können und die sich mütterlich um sie kümmert.
TK: Wie finanziert sich die Schule?
Röhrig: Mühsam. Die einzige Einnahmequelle sind die Schul- und Internatsgebühren und gelegentliche Spenden wohlwollender Individuen.
TK: Was, Frau Röhrig, sind eigentlich die Kernelemente der Hubbardschen Studiertechnologie?
Röhrig: Es geht darum, einem Kind beizubringen, wie man lernt. Denn das kann es nicht automatisch. Es gibt gewisse Lernbarrieren – Dinge, die einen daran hindern, etwas wirklich zu lernen, oder einen vorzeitig mit dem Lernen aufhören lassen; Dinge, die dieses »Null Bock«-Gefühl auslösen, das Kinder leicht nach ein paar Jahren Schule haben. Jedes Kind geht zunächst begeistert in die Schule, es ist voller Wissensdrang und interessiert an allem. Einige Jahre später heißt es dann: »Blöde Schule«. Es muß etwas passiert sein, das dem Kind diese ursprüngliche Begeisterung genommen hat.
TK: Das Kind empfindet die Schule vielleicht als langweilig?
Röhrig: Das ist eine Möglichkeit. Aber im Grunde genommen hat das Kind bestimmte Dinge nicht verstanden und schleppt die daraus resultierende Belastung mit sich herum. Wir zum Beispiel lassen ein Kind, wenn es, sagen wir, in der 6. Klasse von einer anderen Schule hierher kommt, erst einmal die Abschlußprüfung der 5. Klasse machen. Stellen wir dann Lücken etwa in Deutsch fest, heißt es: Abschlußtest 4. Klasse; und wir stoßen auf das zugrundeliegende Problem: Vom Grammatikstoff der 4. Klasse ist nichts hängengeblieben, totaler Blackout. Wie beim Aufnehmen von Laufmaschen müssen wir dann, in einem speziellen Programm, manchmal auch unter Einbeziehung von 2.-Klasse-Stoff, die Defizite aufarbeiten. Nur dann kann das Kind das, was jetzt neu hinzukommt, auch wirklich lernen. Denn der Stoff baut ja aufein-

ander auf. – Hubbards Studiertechnologie bringt den Schüler dazu, nicht mehr über etwas hinwegzugehen, was er nicht wirklich verstanden hat. Er lernt, typische Anzeichen für Verständnisprobleme zu erkennen und dann schnell zu handeln. Das Klären nicht verstandener Worte ist dabei das Wichtigste.

TK: Was sind weitere Kernelemente der Studiertechnologie?

Röhrig: Man muß den sogenannten Gradienten einhalten, also nicht den nächsten Schritt tun, bevor etwas vollständig verstanden wurde. In der Mathematik zum Beispiel hat es keinen Zweck, schriftliche Division zu machen, bevor das Einmaleins wirklich sitzt. Das Kind wird dann die Lust am Lernen verlieren. Sehr wichtig ist schließlich das Gleichgewicht zwischen Bedeutung und Masse. Es ist sinnlos, Dinge zu lernen, die nichts mit der Wirklichkeit zu tun haben, in der man lebt. So etwas führt zu erheblichem – oft sogar körperlichem – Unwohlsein. Wenn Sie zum Beispiel einem Kind einen Motor erklären, ohne daß es je einen Motor gesehen hat, wird es sehr schnell abschalten, weil einfach die Masse fehlt.

TK: Wie setzen Sie die genannten Prinzipien an dieser Schule um? Ein Lehrer muß ja mit der Klasse einen bestimmten Stoff durchziehen, jeder Schüler hat andere Lücken und ein anderes Lerntempo.

Röhrig: Bis zur 4. Klasse, bis also ein Kind selbständig fließend liest und einen ausreichend großen Wortschatz hat, braucht der Lehrer manchmal eine zusätzliche Hilfskraft, um jedem einzelnen gerecht zu werden. Ab der 5. Klasse arbeiten die Kinder dann sehr selbständig. Und diejenigen, die von anderen Schulen kommen, erhalten ein maßgeschneidertes Programm für das, was fehlt, um wieder Spaß am Lernen zu bekommen. Und der stellt sich auch regelmäßig ein. Grundsätzlich arbeiten wir in den höheren Klassen mit sogenannten »check sheets«, die den Stoff in bestimmte Schritte aufteilen. Jedes Kind erarbeitet sich, oft zusammen mit einem Lernpartner, das aufgegebene Thema. Es holt das richtige Buch, liest, schreibt darüber, geht vielleicht irgendwohin und schaut sich Dinge an oder besorgt in der Bücherei zusätzliches Material. In Fächern wie Mathematik wird überdies natürlich viel geübt. Aber auch das machen wir spielerisch – in Form zum Beispiel kleiner Wettbewerbe, bei denen es etwas zu gewinnen gibt. Einen gewissen Teil des Unterrichts macht der Lehrer auch mit der ganzen Klasse – zum Beispiel den Ethikunterricht.

TK: Unterrichten Sie da auch die *Ethik* L. Ron Hubbards?

Röhrig: Auch. Aber da geht es um weit mehr. Die Kinder berichten über Probleme in ihrem Leben, über Dinge, die sie in den Nachrichten gehört haben. Da greifen viele Fächer ineinander – Politik und Religion zum Beispiel.

TK: Erläutern Sie in diesem Zusammenhang auch die Auseinandersetzung um Scientology?

Röhrig: Darüber brauchen wir den Kindern nichts erzählen. Das sind alles Kinder deutscher Scientologen; sie wissen, warum sie hier sind.

TK: Finden an dieser Schule Scientology-Unterweisungen statt?

Röhrig: Sie werden es nicht glauben, aber diese Schule unterrichtet kein Scientology. Wir würden jederzeit auch nicht-scientologische Kinder aufnehmen, wie es an vergleichbaren Schulen in anderen Ländern auch geschieht.

TK: Es gibt kein *Auditing* hier?

Röhrig: Nein, nein. Das ist den Kirchen vorbehalten. An einer katholischen Schule wird ja auch nicht gebeichtet.

TK: Und Scientology-Kurse – halten Sie die auch nicht ab?

Röhrig: Nur so weit sie sich auf die Studiertechnologie beziehen. Den Kurs »Der grundlegende Studierleitfaden« zum Beispiel machen Kinder ab der 5. Klasse. Aber da werden keinerlei religiöse oder philosophische Inhalte vermittelt.

TK: Mit welchen Büchern arbeiten Sie im Unterricht?

Röhrig: Mit Büchern aus anerkannten deutschen Schulbuchverlagen und Zusatzliteratur, Bildbänden zu unterschiedlichen Themen, Bedeutungswörterbüchern und Lexika aller Art.

TK: Wie stellen Sie eigentlich sicher, daß ein Kind mit Ihren »check sheets« ordentlich lernt?

Röhrig: Diese »check sheets« sind Listen, auf denen genau steht, was ein Kind tun muß, um sich einen bestimmten Stoff selbständig zu erarbeiten. Bei den im »check sheet« vorgesehenen Tests prüfen dann der Studierpartner oder der Lehrer, ob das Kind den Stoff verstanden und nicht überall nur Häkchen gemacht hat. Aber das kommt auch gar nicht vor. Wenn die Kinder einmal anfangen, mit »check sheets« selbständig zu arbeiten, sind sie bereits an einem Punkt, wo sie sich niemals mehr selbst in die Tasche lügen würden. Diese Kinder schreiben nicht ab. Und der Banknachbar ist auch nicht der Konkurrent, sondern, im Gegenteil, jemand, dem ich helfe, wenn er zurückfällt. Es ist einfach eine Gruppenaktivität hier. Das ist nicht nur »ich, ich, ich«.

TK: Welchen Grund sollten die Kinder hier haben, sich anders zu verhalten als Kinder an einer normalen deutschen Schule?

Röhrig: Kann ich nicht sagen. Es mag an der Erziehung der Kinder zu Hause liegen, daß sie so freundlich zueinander sind. Sie verhalten sich tatsächlich zueinander wie Geschwister. Die Großen kümmern sich um die Kleinen und übernehmen auch Verantwortung. Wenn sie sehen, daß ein Kleiner mit einem Messer oder mit Feuer spielt, dann sagen sie nicht »guck mal, geil, der Kleine macht Scheiß«, sondern sie informieren den Lehrer – aus echtem Verantwortungsbewußtsein heraus, was nicht ausschließt, daß sie auch übermütig und frech sind.

TK: Welche formale Qualifikation braucht ein Lehrer an dieser Schule?

Röhrig: Um sich für unsere Schule als Lehrer zu qualifizieren, braucht jemand eine gute Allgemeinbildung und Wissen in dem Fach, das er unterrichtet. Ein junger Ingenieur war zum Beispiel jahrelang unser beliebter Mathelehrer. Eine formale Lehrerausbildung ist an einer dänischen Freischule nicht gefordert – wenngleich durchaus auch ausgebildete Lehrer bei uns arbeiten. Interessierte Eltern können jederzeit eine solche Schule gründen – mit der einzigen Auflage, daß diese Schule inhaltlich einen Unterricht bietet, der dem an dänischen Volksschulen entspricht. Und man geht offenbar davon aus, daß Eltern, die engagiert genug sind, eine eigene Schule zu gründen, ihren Kindern auch ordentliche Lehrer zur Verfügung stellen. Es gibt hier auch keine Schulpflicht wie in Deutschland, sondern nur eine Unterrichtspflicht. Man kann sein Kind zu Hause unterrichten. In gewissen Abständen prüft dann allerdings die Unterrichtsbehörde, ob das Kind einen seinem Alter entsprechenden Ausbildungsstand erreicht hat. Und am Ende absolviert natürlich jedes Kind die staatliche Abschlußprüfung.

TK: Sind alle Lehrer bei Ihnen Scientologen?

Röhrig: Im Augenblick ja. Es ist aber nicht Voraussetzung. Wir hatten zum Beispiel längere Zeit eine Dänischlehrerin, die nicht Mitglied der Scientology-Kirche war.

TK: Wonach entscheiden die Lehrer, ob ein Kind versetzt wird?

Röhrig: Die übliche Versetzung am Schuljahresende gibt es bei uns nicht. Jedes Kind wird dann versetzt, wenn es auch im letzten Fach den Stoff seiner Klasse erarbeitet hat. Von da an lernt es in der nächsthöheren Klasse mit. Wir haben zum Beispiel ein 10jähriges Kind, das heute bereits in der 6. Klasse mitarbeitet. Dieses System hat große Vorteile. Jedes Kind kann nach seinen Möglichkeiten voranschreiten und muß nicht dauernd auf andere warten. Andererseits lassen wir zwar kleinere Kinder in höhere Klassen aufsteigen, setzen aber nicht zum Beispiel einen 14jährigen in die 5. Klasse, weil das diesen Jungen völlig demotivieren würde. Dieser Schüler bekommt zwar die »check sheets« der Lernstufe, die er erreicht hat, aber er bleibt im Klassenverband seiner Altersgenossen; und seine Kameraden dort sind aufgerufen, ihn besonders zu fördern, indem sie ihm Stoff erklären und die »check sheets« mit ihm ausprüfen. Führt das nicht zum Erfolg, weil ein Kind mit zu großem Lernrückstand zu uns gekommen ist, dann machen wir Einzelunterricht in einer sogenannten Qualifikationsabteilung.

TK: Gibt es an dieser Schule Noten?

Röhrig: Ja, im Abschlußzeugnis werden die Leistungen nach dänischem System mit den Noten Null bis Dreizehn beurteilt. Im Schulalltag allerdings arbeiten wir nicht mit Zensuren. Es gibt viele Zwischenprüfungen und Tests, die sicherstellen sollen, daß der Lernstoff wirklich sitzt. Am Ende des Schuljahres gibt es dann für alle Kinder ein Zeugnis, das die Eltern in Berichtsform ausführlich über den Leistungsstand ihrer Kinder in den einzelnen Fächern unterrichtet.

TK: Was machen Schüler, die nach dem Abschluß dieser Schule noch das Abitur erwerben wollen?

Röhrig: Die Schüler können mit ihrem dänischen Abschlußzeugnis zu genau den gleichen Bedingungen auf ein Gymnasium in Deutschland überwechseln wie Jugendliche, die in Deutschland die Mittlere Reife gemacht haben. Alternativ können unsere Schüler in Dänemark das Abitur machen. Für Kinder der Angestellten unserer Schule und anderer Familien, die aus Deutschland hierher geflohen sind, wäre zum Beispiel das Deutsche Gymnasium in Apenrade eine Möglichkeit.

TK: Welche Probleme in der örtlichen Gesellschaft und mit den Behörden hatte und hat diese Schule zu bewältigen?

Röhrig: Zunächst gab es gar keine Probleme. Die Nachbarn waren nett und zuvorkommend, wir waren akzeptiert. Ende 1993 dann wurde ein Journalist darauf aufmerksam, daß es Scientologen waren, die hier eine Schule gegründet hatten. Und in einer dänischen Regionalzeitung erschien ein Artikel mit dem reißerischen Titel »Scientology greift nach Nord-Schleswig«. Danach ging es Schlag auf Schlag: Die nordelbische Kirche wurde aktiv und instruierte auf einer speziell einberufenen Versammlung die Pastoren der umliegenden deutschen Gemeinden, also die der deutschen Minderheit hier. In den schillerndsten Farben wurde ihnen geschildert, was sich da in ihrer Mitte breitmache, wie gefährlich das sei und daß sie doch, um Gottes willen, aufpassen sollten. Kurz, die Hexenjagd schwappte aus Deutschland ungebremst herüber, und auch bekannte deutsche Scientologen-Jäger tauchten hier auf oder wurden zumindest bezüglich dieser Schule aktiv.

TK: Wer zum Beispiel?

Röhrig: Hans-Peter Bartels vom Kieler Innenministerium und Frau Caberta. Ich habe im Fernsehen gesehen, wie Frau Caberta den Dänen einen Vortrag darüber hielt, ob sie denn ruhig zusehen wollten, wie wir hier den Staat im Staate aufbauen. Und der Herr Bartels war sogar persönlich hier.

TK: Wie haben sich lokale Politiker verhalten?

Röhrig: Die Bürgermeisterin der Kommune, zu der dieses Dorf gehört, ist, aus welchen Gründen auch immer, sehr stark gegen Scientology eingestellt. Und es kam dann zu unverhohlenen Versuchen, uns loszuwerden. Erst hieß es: »Die schmeißen wir einfach wieder raus« – bis man merkte, daß das so einfach nicht ging. Dann versuchte man, uns irgend etwas Ungesetzliches zu unterstellen; und schließlich brandmarkte man, durch ständige Wiederholung, unsere Schule als eine Einrichtung, die Kinder nicht so ausbilde, wie es die dänische Unterrichtspflicht erfordere, sondern sie einfach nur indoktriniere. Im Herbst 1995 kriegten wir dann einen Schrieb vom Unterrichtsministerium, man könne nicht davon ausgehen, daß an dieser Schule die Unterrichtspflicht erfüllt werde. Und die staatliche Anerkennung, die wir zunächst erhalten hatten, wurde uns abgesprochen. Obendrein hatte die Bürgermeisterin dem Bartels die Namen der Kinder gegeben, die hier zur Schule gehen. Und der wiegelte dann in Deutschland die Schulbehörden auf. Man möge doch bitte etwas unternehmen, weil hier Kinder der deutschen Schulpflicht entzogen und auch nach dänischem Recht nicht vorschriftsmäßig unterrichtet würden. Es folgte Druck aus Deutschland auf die Eltern, sie möchten ihre Kinder hier rausnehmen und nach Deutschland bringen oder sie hier irgendwo einschulen, wo sie einen manierlichen Unterricht bekommen.

TK: Wie haben Sie und die Eltern darauf reagiert?

Röhrig: Wir haben die Kinder zum Teil auf umliegende Schulen geschickt. Und einige sind sehr tapfer monatelang in dänische Volksschulen gegangen – nur um den behördlichen Forderungen nachzukommen. Dann aber haben wir einen anerkannten Experten, der früher im Unterrichtsministerium arbeitete und lange Jahre Schulleiter an einer dänischen Schule war, um ein Gutachten über unsere Schule gebeten. Und der Mann kam zu dem Schluß, daß das, was wir machen, ganz klar den Anforderungen entspricht, die in Dänemark an Schulen gestellt werden. Aufgrund dieses Gutachtens ließ dann das Unterrichtsministerium unsere Schule überaus gründlich durch ein offizielles pädagogisch-psychologisches Beratungszentrum testen; und da alle Tests erwartungsgemäß positiv verliefen, bekamen wir schließlich, mit Schreiben vom 7. Mai 1998, unsere Anerkennung zurück.

Experten mit Insiderwissen

Um Scientology zu zerstören, muß man Menschen da herausarbeiten

Gespräch mit der Ausstiegsberaterin Jeannette Schweitzer

Jeannette Schweitzer, geboren 1952, erhielt eine Ausbildung als Bilanzbuchhalterin und Bankkauffrau. Sie arbeitete später im Stahlbauunternehmen eines Scientologen als kaufmännische Leiterin. Heute ist sie freiberuflich als Dozentin in der kaufmännischen Ausbildung tätig. Frau Schweitzer war von 1989 bis 1992 Mitglied der Scientology-Organisation. Seit 1993 ist sie Vorsitzende des »Vereins für die Interessen terrorisierter Mitmenschen (Vitem) e.V.«, seit 1994 Ausstiegsberaterin, hauptsächlich für Scientologen. Frau Schweitzer pflegt eine intensive Vortrags-, Beratungs- und Schulungstätigkeit bei Unternehmen, Verbänden und Organisationen.

TK: Wann, Frau Schweitzer, und unter welchen Umständen gerieten Sie mit der Scientology-Organisation in Kontakt?

Schweitzer: 1989 wurde ich – ohne zu wissen, auf was für eine Organisation ich mich da einließ – auf ein sogenanntes Management-Seminar eingeladen. Dort hielt man mich zu einem Kommunikationskurs an, bei dem ich Dinge erlebte, die mich, ehrlich gesagt, faszinierten. Auch die Menschen wirkten sehr nett. Bei manchen Dingen, die ich dann erlebte, wurde ich zwar stutzig, andererseits aber funktionierte einiges. Ich geriet so in eine Art Maschinerie, die mich recht schnell dazu verleitete, einen nächsten Kurs zu besuchen; und ich merkte eigentlich gar nicht, wie ich allmählich zur Scientologin wurde. Das ist so ein schleichender Prozeß – ich nenne es »schleichende Entmündigung« –, was da geschieht. Und wer nicht aufgeklärt ist, fällt sehr schnell auf die psychische Manipulation, die die Scientology-Organisation betreibt, herein. Ich erlebte dann – in Kurzform – von Psychomanipulation über Psychoterror bis hin zur Wirtschaftskriminalität all das, was die Scientology-Organisation und die ihr angeschlossenen Unternehmen kennzeichnet. Und es war die Wirtschaftskriminalität in einem scientologisch geführten Unternehmen, bei dem ich beschäftigt war, die mir schließlich, Gott sei Dank, die Augen öffnete. Mein Ausstieg war dann sehr, sehr schwierig. Denn weil ich sehr viel wußte, wollte Scientology auf jeden Fall vermeiden, daß hier Öffentlichkeitsarbeit geschah; und man versuchte, mich mit sehr üblen Mitteln fertigzumachen, was teilweise auch gelang. Ich war 1992 zeitweise dem Suizid nahe, habe aber dann den Ausstieg noch recht gut geschafft.

TK: Das, was man Ihnen bei Scientology persönlich angetan hat, stellen Sie nicht in den Vordergrund Ihrer öffentlichen Äußerungen. Sie wollen über Manipulationsmechanismen aufklären und wirken entsprechend in die Organisation hinein. Wie haben Sie diese Arbeit begonnen?
Schweitzer: 1992 schrieb ich, als ich einigermaßen gesundet war, eine staatliche Sektenberatungsstelle in Baden-Württemberg an. Ich wollte zu diesem Zeitpunkt einfach das, was ich erlebt und bereits aufgearbeitet hatte, weitergeben. So geriet ich Zug um Zug in die Öffentlichkeit, obwohl ich mich anfangs dagegen gewehrt habe. Ich ging zum Beispiel zur Treuhand nach Berlin und konnte dort verhindern, daß Scientologen sich im Osten groß einkauften. Das wurde in den Medien natürlich ausgebreitet; und weil mich Scientology dann sehr massiv bedrohte, mußte ich letztlich auch den Schutz der Öffentlichkeit suchen. 1993 schließlich faßte ich – als ich merkte, daß es keine rechte Unterstützung gab für Menschen, die aus dieser Organisation herausfinden wollten – den Entschluß, eine eigene Initiative, einen Verein zu gründen, der in Scientology gefangenen Menschen aus der Organisation heraushilft. Darüber hinaus wollte ich aufklären über die Problematik derartiger Organisationen. Am Beispiel Scientology tue ich das nun seit sechs Jahren, kläre auf, schule auf sachliche Weise Multiplikatoren aus allen gesellschaftlichen Feldern, mache aber hauptsächlich Ausstiegsberatung. Und durch die Ausstiegsberatung haben wir heute ständig ein sehr aktuelles Wissen darüber, was in dieser Organisation geschieht. Ich trage also nicht mehr meine subjektive Betrachtung nach vorne, sondern das Wissen von vielen hundert Aussteigern, die leider Gottes nicht so in die Öffentlichkeit gehen wie ich.
TK: Was ist für Sie, Frau Schweitzer, aus Ihrer persönlichen Erfahrung und Ihrer Beratungsarbeit heraus, eigentlich *Auditing*?
Schweitzer: *Auditing* ist das Mittel, mit dem Leute von der Scientology-Organisation gefangen und süchtig gemacht werden. Und es ist eigentlich nicht mehr und nicht weniger als eine repetitive Gesprächstechnik: Man wird immer und immer wieder, nach genau vorgeschriebenen Listen, befragt. Und diese Befragungen werden von absoluten Laien durchgeführt, von Menschen also, die weder eine psychologische noch eine psychotherapeutische Ausbildung besitzen. Durch diese repetitive Gesprächstechnik wird der *Auditierte* in eine Art hypnotischen Zustand versetzt; er öffnet sich dadurch für Suggestionen und wird so letztlich zum Scientologen gemacht – der nach und nach auch an die völlig absurden Dinge zu glauben beginnt, die Scientology nachher in den geheimen Materialien propagiert.

TK: Wird man da in einen dauerhaft hypnotischen Zustand versetzt?
Schweitzer: Nein, nicht in Dauerhypnose, aber die Sucht nach weiterem *Auditing* wird ständig gefördert. Man bucht ein sogenanntes Packet von 12½ Stunden, wobei die Stunde anfänglich noch 300 Mark kostet, später bis zu 1500 Mark; und wenn dieses »Packet« abgeschlossen ist, entsteht sofort die Sucht nach weiterem *Auditing*. Das heißt, der Scientologe hat ständig das Gefühl, er muß auf dieser sogenannten *Brücke zur völligen Freiheit* weiterkommen und folglich, wann immer möglich, *Auditing* machen. Und er tut alles, um an *Auditing* zu kommen. Er wird sogar kriminell hie und da, um Geld zu beschaffen für *Auditing*; und das ist auch das Bindemittel, mit dem diese Organisation Menschen an sich bindet.
TK: Man verinnerlicht demnach also den Willen der Organisation als den eigenen?
Schweitzer: Das ist der Sinn der Sache. Man wird hier in gewissermaßen hypnotische Zustände versetzt, und dann öffnet man sich halt für alles. In diesem Zustand wird einem zum Beispiel auch die scientologische Sprache eingeprägt, die den Menschen zusätzlich bindet. Die scientologische Redefinition von Wörtern – zum Beispiel, was den Begriff *Ethik* betrifft –, alles wird einem eingeprägt. Und man absolviert natürlich begleitende Kurse, die als Voraussetzung für weiteres *Auditing* gelten. Man tut eben fast mechanisch alles, was die Organisation von einem fordert, und denkt nach und nach absolut scientologisch.
TK: Wie holt denn die Scientology-Organisation nach Ihren Erfahrungen die hohen Gebühren aus den Leuten heraus?
Schweitzer: Die Organisation hat dafür spezielle Leute, die ich in meiner Broschüre als »abgedrillte Geldpresser« beschreibe. Diese Leute müssen nach Geld suchen bei den Leuten. So, jetzt hat einer kein Geld. Er hat sein Konto überzogen. Dann finden die, bei jungen Leuten, irgendwo noch ein im voraus auszahlbares Erbe oder eine Versicherung, die man kündigen kann; sie finden bei älteren Leuten – auch diese Fälle haben wir – Rentenversicherungen, die vorab gekündigt werden können. Diese »Geldpresser« gehen sogar mit zur Bank und machen dort manchmal Darlehen bis zu 100 000 Mark klar, ohne jegliche Sicherheiten. Das läuft alles über bestimmte Psycho- oder Manipulationstechniken, auf die eigentlich jeder hereinfällt, der sie nicht kennt – auch ein Banker. Das sind übrigens keine speziell scientologischen Manipulationstechniken, sondern welche, die Ron Hubbard woanders abgeschaut hat.
TK: Als ein Mittel, Menschen an die Scientology-Organisation zu bin-

den, gilt auch die Reduzierung privater Außenkontakte. Was geschieht da nach Ihren Erfahrungen?

Schweitzer: Durch die Übernahme scientologischen Denkens entfernt man sich sowieso recht schnell von Andersdenkenden, von »denen da draußen«. Hinzu kommt offener Druck: Ich mache in der Organisation zum Beispiel *Auditing*, habe aber irgendwann kein Geld oder keine Zeit mehr, neues zu buchen. Da kommt dann der sogenannte *Ethik*-Offizier, den jede Organisation hat, und fragt, warum ich nicht weitermache. Und im Gespräch sagt er schließlich, das könne nur daran liegen, daß ich von irgendeiner *unterdrückerischen Person* beeinflußt werde, als die sich in der Regel der Ehemann, die Ehefrau oder sonst eine nahestehende Person herausstellt. Ich kriege dann den ganz klaren Auftrag von diesem *Ethik*-Offizier: »*Handhabe* die Person, die dich kritisiert; bringe sie dazu, dich nicht mehr zu kritisieren, oder trenne dich von ihr.« Und es wird tatsächlich, wenn dieses *Handhaben* nicht funktioniert, ein schriftlicher Trennungsbefehl ausgeschrieben. Die Folge ist – weil ja in einer normalen Familie keiner will, daß man von Scientology abhängig wird –, daß nach und nach alle Verbindungen des Scientologen zu ehemals nahestehenden Personen abbrechen – es sei denn, die werden selbst Scientologen.

TK: Welche Funktion hat die sogenannte *Ethik* bei Scientology?

Schweitzer: *Ethik* ist die Grundlage der Scientology. Darauf baut alles auf. Aber das, was man dort unter *Ethik* versteht, hat nichts mit unserer Vorstellung von Ethik zu tun, also mit Normen und Werten. Nein, es bedeutet ganz klar: Alles, was nicht scientologisch ist, ist aus der Umwelt zu entfernen. In der Praxis vollzieht sich das als schleichender Prozeß: daß ich allmählich nur noch das, was scientologisch niedergeschrieben ist, in den Tausenden *policy letters* etwa, als richtig ansehe. Das bedeutet *Ethik*. Und *Ethik* bedeutet auch, daß ich mit ständig steigenden *Statistiken* arbeiten und immer etwas produzieren muß. Daß ich vielleicht krank bin, daß ich vielleicht schwach bin oder Urlaub brauche, wird nicht akzeptiert, sondern ich muß leisten, leisten, leisten. Habe ich trotzdem fallende *Statistiken*, werde ich in sogenannte Strafzustände versetzt und in diesem System bestraft. Das alles bedeutet *Ethik* bei Scientology.

TK: Welche Auswirkung hat auf Scientology-Aussteiger der jahrelange Gebrauch der sehr speziellen Scientology-Sprache? Sprache kann man ja nicht ablegen wie einen alten Mantel.

Schweitzer: Da gibt es leider zu wenige wissenschaftliche Untersuchungen. Wir können aus der Praxis nur folgendes feststellen: Wir haben Aussteiger, die können kein Wort mehr richtig sprechen, die sprechen nur scientologisch. Solche Leute, die die scientologische Sprache total verinnerlicht haben, versteht kein normaler Mensch mehr; ein Psychiater würde sie wahrscheinlich für krank erklären; und diese Menschen haben nach ihrem Ausstieg sehr, sehr große Probleme mit der Außenwelt. Wir haben aber auch Aussteiger, die lange in Scientology waren und trotzdem eine ganz normale, also unsere Sprache sprechen. Wodurch die Unterschiede begründet sind, wissen wir noch nicht.

TK: Sie haben während Ihrer Zeit als Scientologin in einem *WISE*-Unternehmen gearbeitet. Welche Funktion hat nach Ihrer Kenntnis *WISE* im Gesamtkontext Scientology?

Schweitzer: *WISE* ist dazu da, in jedem Unternehmen der Welt die L.-Ron-Hubbard-Technologie, also sein totalitäres Gedankengut, zur Anwendung zu bringen. Genauso wird es auch in den *WISE*-Unterlagen dargestellt.

TK: Stehen dahinter politische Ziele?

Schweitzer: Ganz sicher stehen dahinter politische Ziele. Denn Scientology will, wie es explizit niedergeschrieben ist, die Weltherrschaft. Und um an diese Herrschaft zu kommen, muß die Organisation zum einen Führungskräfte der Wirtschaft für sich gewinnen; zum anderen braucht sie Leute, die wichtig sind in Regierungen, in der Politik. Da gibt es ja das vielfache »Andocken« von hochrangigen Politikern – wofür als Tarnorganisationen zum Beispiel die »Friedensbewegung Europa« und die »Kommission für Verstöße der Psychiatrie gegen Menschenrechte« zuständig sind, Unterorganisationen des scientologischen Geheimdienstes *OSA*, deren Mitarbeiter darin geschult sind, Politiker zu bearbeiten. Wir können nun nicht behaupten, daß die betroffenen Politiker Scientologen sind; aber wir wissen, daß auch in Deutschland Politiker »angedockt« werden, daß versucht wird, an sie ranzukommen, damit sie helfen, die Ziele der Scientology durchzubringen.

TK: Es gibt viele Berichte über das Vorgehen von Scientology gegen Kritiker. Was wissen Sie darüber?

Schweitzer: Kritiker, die sehr spektakulär gegen Scientology vorgehen, werden natürlich härter angegangen als welche, die versuchen, auf der sachlichen Ebene zu bleiben. Ich erkläre das mal an meinem Beispiel: Als ich vor sechs Jahren in die Öffentlichkeit ging und noch sehr emotional war über mein eigenes Erleben, da wurden meine Reifen mehrmals zerschnitten, und ich bekam sogar Morddrohungen, alles natürlich anonym. Nachher, als ich von dieser rein subjektiven Betrachtung weggekommen war und – über die vielen, vielen Aussteiger – auf einer ganz anderen Ebene aufklärte, ging das in mehr subtile Drohungen hinein, die aber auch sehr an die Nerven gehen. Da handelt es sich um sogenannten Psychoterror, bei dem man auch sehr, sehr viel Kraft braucht, um ihn zu überstehen. – Was wir heute bei Aussteigern, die sehr viel wissen, erleben, ist folgendes: Da kommen *OSA*-Leute, bisweilen sogar aus Amerika, und stellen sich mit ihrem Auto Tag und Nacht vor die Tür dieser Aussteiger. Die klingeln, wollen rein, machen also wirklich reinsten sogenannten Psychoterror. Auch dies ist nichts rein Scientologisches; wir kennen es längst unter dem Begriff der »operativen Psychologie« aus der Stasi-Zeit.

TK: Ist so etwas legal bei uns?

Schweitzer: Wenn es Hausfriedensbruch ist, rufen wir sofort die Polizei und erstatten auch Anzeige. Ansonsten, wenn die im Auto vor der Türe stehen, können Sie nichts machen. Das geht halt nur an die Nerven. Die schicken auch nicht nur *OSA*-Leute, die schicken auch ranghöchste *Auditoren* der *Flag Service Organization*, die sich zu den Aussteigern Zutritt verschaffen und sie wieder in die alte Abhängigkeit zurückführen wollen. Auf gar keinen Fall aber sollen diese Aussteiger reden. Es handelt sich da ja teilweise um höchste Führungskräfte und höchst ausgebildete Scientologen des Grades *OT VIII*, die wir aus der Organisation herausgearbeitet haben und über deren gesammeltes Wissen wir verfügen.

TK: Und wenn der Druck keinen Erfolg hat?

Schweitzer: Dann werden diese Aussteiger nachträglich, obwohl sie gar keine Mitglieder der Organisation mehr sind und das folglich den Scientology-Richtlinien widerspricht, zu *unterdrückerischen Personen* erklärt, mit denen man ja letztlich alles machen kann. Wir haben gerade jetzt sechs solcher Erklärungen bekommen – über Aussteiger, die zwar uns Informationen gegeben haben, aber selbst nicht an die Öffentlichkeit gegangen sind.

TK: Welche Ziele verfolgen Sie und der von Ihnen geleitete Verein »Vitem e.V.«?

Schweitzer: Wir wollen am Beispiel Scientology vor totalitären Organisationen mit menschenverachtendem Gedankengut warnen – vor Organisationen, die wir destruktive *Kulte* nennen. Daneben ist es, um eine Organisation wie Scientology zu zerstören, sehr wichtig, Menschen da herauszuarbeiten. Genau damit haben wir die Organisation in Deutschland inzwischen so gut wie zerstört.

TK: Mit wem arbeiten Sie bei »Vitem« zusammen?

Schweitzer: Die Ausstiegsberatung mache ich zusammen mit einem Sozialwissenschaftler mit psychosozialer Ausbildung. Wir arbeiten sehr, sehr eng zusammen; und er hat mir auch geholfen, diese Arbeit ein wenig auf eine wissenschaftliche Grundlage zu stellen. Ich bin lediglich die Beraterin mit Insiderwissen, die mit den Aussteigern mitfühlen, mitdenken und die scientologische Sprache sprechen kann. Ich öffne den Aussteiger, das ist eigentlich mein Part. Die psychosoziale Arbeit überlasse ich ganz meinem Partner.

TK: Wie kommen Sie an Menschen in Scientology heran?

Schweitzer: Als ich vor sechs Jahren anfing, wurden wir eigentlich immer von Eltern, Geschwistern oder Ehepartnern gerufen und haben uns nach einem Konzept, das wir wissenschaftlich aufgebaut haben, ganz, ganz langsam an diese Leute herangearbeitet. Mittlerweile aber hat sich das zu einem Schneeballsystem entwickelt, das heißt, der Aussteiger, der uns erfahren hat, spricht mit seinem Freund, der eventuell noch drin ist, und sagt: »Paß auf, ich habe doch das und das erlebt, bin dann aus Scientology raus, und die von ›Vitem‹ haben mich dabei unterstützt.« Und so kommt es, daß seit etwa 1996 viele Scientologen von sich aus bei uns anrufen und sagen: »Ich will da raus. Könnt ihr mir Unterstützung geben?«

TK: Welche Methoden wenden Sie an, wenn Sie über die Familie an jemanden heranwollen?

Schweitzer: Das ist nicht so einfach. Wir machen da vorher eine komplette Anamnese, eine Familien-Anamnese; und dann kennen wir die Person schon, bevor wir mit ihr in Kontakt getreten sind, sehr, sehr genau. Meist erklärt der Betreffende sich dann freiwillig zu einem Gespräch bereit; denn er ist ja in der Regel davon überzeugt, daß er uns *handhaben* kann. Entsprechen wir dann aber nicht dem erwarteten Feindbild, sondern erweisen uns als das genaue Gegenteil dessen, ist dieser Mensch in der Regel schockiert. Es findet eine emotionale Zerrüttung bei ihm statt, die ihn sehr, sehr kritisch gegenüber Scientology werden läßt. Und manchmal haben wir es in zwei, drei Stunden geschafft, einen Menschen davon zu überzeugen, daß er sagt: »Das will ich nun wirklich nicht mehr; da steige ich aus.« Bisweilen dauert es auch zwei, drei Wochen oder sogar ein paar Monate – wobei wir niemanden bedrängen, sondern ihn seiner Eigenverantwortung übergeben. Und natürlich verbinden wir ihn, was sehr wichtig ist, gleich mit anderen Aussteigern, die er oft von der Scientology-Organisation her schon kennt. Irgendwann, und meist recht schnell, kommt dann der Entschluß: »Ich habe alles abgeprüft. Ich steige aus.«

TK: Wie erklären Sie sich, daß es Scientologen gibt, die auch, nachdem sie über viele Jahre Hunderttausende dort investiert haben, erfolgreiche und offenbar zufriedene Geschäftsleute sind?
Schweitzer: Zunächst muß ich festhalten, daß die meisten Scientologen finanziell einfach kaputt sind. Aber es gibt natürlich auch Millionäre, die dann erst recht propagieren, daß das System, daß diese sogenannte *Ethik* funktioniert und sie tatsächlich in der Lage sind, sehr, sehr viel Geld durch dieses System zu verdienen. Und wenn sie eine Million im Jahr verdienen, macht es denen auch nichts aus, Hunderttausend oder noch mehr pro Jahr zu geben.
TK: Es gibt also nach Ihrer Kenntnis einige wenige, die auch langfristig vom System Scientology profitieren?
Schweitzer: Ganz sicher. Wir haben zum Beispiel – über viele, viele Aussteigerinformationen – ausgemacht, daß von diesen meist sehr hoch ausgebildeten Scientologen etliche kriminell sind. Die können das System benutzen, um kriminelle Geschäfte, zum Beispiel Kapitalanlagebetrug, zu machen. Solche Leute nutzen das System hundertprozentig, um sich und die Organisation letztendlich zu bereichern; denn dieser Organisation geht es letztlich nur um Geld, Geld, Geld.
TK: Wie, Frau Schweitzer, finanzieren Sie Ihre Aufklärungs- und Beratungsarbeit?
Schweitzer: Die Ausstiegsberatung machen wir komplett kostenlos. Wir finanzieren uns hauptsächlich über Seminar- und Vortragsarbeit. Und da bin ich halt seit sechs Jahren, Gott sei Dank, recht gut angefragt, so daß wir aus den Honoraren die Ausstiegsberatung vollkommen finanzieren können.
TK: Der Vater, der an Sie – mit der Bitte, den scientologischen Sohn zu kontaktieren – herantritt, braucht also keine finanziellen Belastungen zu fürchten?
Schweitzer: Nein, überhaupt nicht. Aber natürlich führen mein Partner und ich nicht jedes Beratungsgespräch selbst. Wenn jemand zum Beispiel aus Bayern oder Norddeutschland anruft – da haben wir eine ganze Reihe Leute –, vermitteln wir auch mal einen Gesprächspartner, einen anderen Aussteiger, mit dem wir uns natürlich zuvor intensiv über die jeweilige Situation unterhalten haben.
TK: Sie beziehen also Aussteiger, die Ihre Arbeit als positiv erfahren haben, aktiv mit ein in Ihre Beratung?
Schweitzer: Ganz aktiv. Sicher, es gibt darunter Menschen, die wollen das nicht unbedingt. Aber die meisten wollen es. Und die haben auch sogenannte Selbsthilfe-Gruppen und einmal im Jahr ein großes Aus-

steiger-Treffen; dort verbinden sich die untereinander, die sich noch nicht kennen. Also, die sind alle aktiv.

TK: Wie würden Sie die bisherigen Erfolge Ihrer Aufklärungs- und Beratungsarbeit beschreiben?

Schweitzer: Wir haben mittlerweile über 300 Leute aus Scientology herausgearbeitet, wobei auch die Ranghöchsten dabei sind. Ich weiß, daß es in Deutschland momentan nicht mehr sehr viele hoch ausgebildete Scientologen gibt. Ich möchte fast behaupten, daß alle *OT-VII*-Leute in Deutschland mittlerweile ausgestiegen sind. Und eigentlich – habe ich mir in letzter Zeit gesagt – könnte ich mit der Arbeit aufhören. Sie hat mir viel Freude gemacht, andererseits jedoch sehr, sehr viel Kraft gekostet; und ich persönlich habe viel vernachlässigt, zum Beispiel meine Familie. Aber ich merke, daß sich immer noch sehr, sehr viele Leute melden, daß diese Arbeit noch gebraucht wird und auch das Thema noch gefragt ist; und deshalb werde ich das wahrscheinlich noch eine Zeitlang weitermachen.

TK: Welche Gefahr geht Ihrer Meinung nach heute von Scientology in Deutschland aus?

Schweitzer: Momentan liegt Scientology in Deutschland total am Boden. Sie haben jetzt sogar eine Organisation auflösen müssen, weil wir Leute da herausgearbeitet haben.

TK: Welche?

Schweitzer: Die Scientology-Mission in Mannheim. Und in Frankfurt mußten sie, ich glaube 1996, ihr großes Gebäude verlassen und in ein kleineres ziehen. Auch in Hamburg wird es wohl, aufgrund von Zahlungsschwierigkeiten, nicht mehr lange gutgehen. Die offenen Organisationen liegen also am Boden. Was noch läuft, sind diese sogenannten FSM-Stationen. Das sind scientologische Außendienstmitarbeiter, die *Field Staff Members*, die Leute im freien Feld anheuern, sie *auditieren* und dann mehr oder weniger direkt nach *Flag*, also in die Hauptorganisation, schicken.

TK: Ist die Scientology-Zentrale nach Ihrem Eindruck dabei, die Schlacht um Deutschland vorläufig aufzugeben?

Schweitzer: Nein, das glaube ich nicht. Vor kurzem hat sich ja John Travolta noch einmal sehr stark ins Zeug gelegt. Und die Amerikaner protestieren unvermindert gegen angebliche Verfolgung von Scientologen hier in Deutschland, die es aber überhaupt nicht gibt. Also, ich denke schon, daß Scientology von Amerika aus weiter versuchen wird, Druck auf Deutschland auszuüben – insbesondere über hochrangige Scientologen und PR-Leute wie John Travolta, Tom Cruise, Chick Corea und viele andere. Das Ziel von Scientology in Deutschland bleibt, als Religionsgemeinschaft anerkannt zu werden. Und ich bin fest davon überzeugt, daß, wenn die Aufklärung aufhört, wenn die Beobachtung durch den Verfassungsschutz aufhört und auch Politiker aufhören, darüber zu reden, daß dann Scientology sofort wieder eine sehr große Gefahr auch für Deutschland darstellt.

TK: Was halten Sie an weiteren staatlichen Maßnahmen gegen die Organisation für notwendig? Im Gespräch ist ja insbesondere ein Gesetzentwurf zur Regelung der *Lebensbewältigungshilfe*, den der Bundesrat 1997 verabschiedet hat.

Schweitzer: Dieser Gesetzesvorschlag war mal ganz gut. Aber da gibt es ja eine Riesenlobby dagegen - nicht nur Scientologen, sondern sämtliche Anbieter von Psychoseminaren und der ganze esoterische Bereich. Außerdem kann man das Gesetz, wie es jetzt noch vorliegt, getrost vergessen. Das ist sinn- und nutzlos. Denn auch wenn das Rechtskraft erlangen sollte, kann man ja weiterhin schnell seinen Heilpraktiker machen und dann weiter Scharlatanerie betreiben. Bei Scientology zum Beispiel haben wir schon die Entwicklung, daß sogenannte *Auditoren* eine Heilpraktikerausbildung machen. Die Heilpraktikerschulen haben enormen Zulauf.

TK: Welches Hauptdefizit sehen Sie in dem Gesetzentwurf?

Schweitzer: Im ursprünglichen Entwurf war eine Beweisumkehr verankert, die konkret bedeutete: Wenn bei mir im Verlaufe eines *Auditing* zum Beispiel psychischer Schaden entsteht, dann muß nicht ich beweisen, daß der *Auditor* mich geschädigt hat, sondern der *Auditor* muß beweisen, daß nicht er es war, der mich geschädigt hat. Diese Bestimmung aber ist gestrichen worden.

TK: Sie jedoch halten sie für notwendig?

Schweitzer: Für sehr notwendig. Denn wenn so etwas gilt, wird man sich hüten, *Auditing* anzubieten - weil man, was dann auf einen zukommt, gar nicht bezahlen kann. Diese Beweisumkehr wäre wirklich notwendig und wäre auch das Wichtigste in diesem Gesetz gewesen, ist aber, wie gesagt, rausgestrichen worden. Das ganze Gesetz ist so total verwässert worden.

TK: Welche weiteren Schutzmaßnahmen befürworten Sie?

Schweitzer: Die wichtigste Möglichkeit, um zum Beispiel Scientology zu schädigen, ist tatsächliche Aufklärung, aber seriöse Aufklärung. Spektakuläre Aufklärung hat zwar das Wort »Scientology« in aller Munde gebracht, aber sonst nichts. Wirkliche Hilfe kann nur seriöse Arbeit leisten, die sich auf bereits vorhandene Institutionen stützt. Daß dagegen plötzlich irgendwelche staatliche Institutionen, wie in Bayern das Landesjugendamt, sogenannte Scientology-Opfer betreuen wollen, ist absoluter Blödsinn. Kein Aussteiger geht dorthin, wo ein Scientology-Opfer beraten wird. Er will ja kein Opfer, sondern ein Erkennender sein. Und das ist er in der Regel auch. Er hat erkannt, daß er bei Scientology belogen und betrogen wurde. Er fühlt sich aber nicht als Opfer; und ich darf ihn als solches auch nicht bezeichnen. Sprich, bestehende Strukturen sollten unterstützt werden, damit diesen Leuten geholfen werden kann auszusteigen.

TK: Stellen wie zum Beispiel die »Arbeitsgruppe Scientology« von Frau Caberta in Hamburg?

Schweitzer: Das ist keine Ausstiegsberatung. Das ist eine Informationsstelle.

TK: Frau Caberta sagt, sie mache auch Ausstiegsberatung.

Schweitzer: Also, das sehe ich nicht. Für Ausstiegsberatung brauche ich eine psychosoziale Ausbildung; und ich brauche einen Insider, der die Sprache dieser Leute spricht. Dann kann ich Leute rausholen. Etwas ganz anderes ist es, Menschen vielleicht mit irgend etwas zu locken und ihnen dann die Informationen abzunehmen, mit denen man arbeitet. Wenn jemand das Ausstiegsberatung nennt, ist das seine Sache. Wirkliche Ausstiegsberatung heißt, Menschen tatsächlich aus der Organisation herauszuhelfen und nicht in erster Linie Informationen zu fassen; die fließen nachher sowieso, weil die Leute, wenn sie einem einmal vertrauen, einen ungeheuren Redebedarf haben. Nein, ich muß den Leuten helfen. Ich muß mit ihnen zum Beispiel auf Ämter gehen: aufs Finanzamt, das dann vielleicht eine Steuerschuld stundet oder ganz erläßt; aufs Arbeitsamt und auch aufs Sozialamt. Diese echte psychosoziale Betreuung ist ganz wichtig.

TK: Ihre Organisation »Vitem e.V.« macht diese Arbeit?

Schweitzer: Ja. Ich zum Beispiel fahre dafür in ganz Deutschland herum.

TK: Inwieweit sind für Sie Scientology und vergleichbare Gruppierungen wissenschaftlich erforscht?

Schweitzer: Da muß auf jeden Fall mehr stattfinden. Das Problem ist nur: Wie will ich erarbeiten, was zum Beispiel *Auditing* ist? Da muß ich mit vielen, vielen Aussteigern reden – mit Leuten, die das erlebt haben und jetzt von außen betrachten können. Und an diese Leute komme ich nur heran, wenn ich mit bestehenden, kompetenten Stellen und Strukturen zusammenarbeite. Nur dann kann ich wissenschaftlich erarbeiten: Was ist *Auditing*? Was geschieht da mit Menschen? Warum spricht der eine Scientologe nur die scientologische Sprache, der andere aber ein ganz normales Deutsch? Warum fällt der eine mehr auf die Manipulation herein und der andere vielleicht nicht so sehr? Und was kann man dagegen tun, daß so viele Leute auf sogenannte *Sekten* und *Kulte* hereinfallen?

TK: Welche Gruppen außer Scientology beziehen Sie da mit ein?

Schweitzer: Viele nicht so groß organisierte Psychoseminar-Anbieter, die aber ähnlich wie Scientology arbeiten und Menschen schädigen, wo aber nicht so ganz diese autoritäre Struktur dahintersteht. Auch in zum Beispiel dem Bereich des christlichen und islamischen Fundamentalismus sehe ich Elemente, die Menschen sehr verändern und zu Dingen verleiten können, die sie normalerweise nicht tun würden.

TK: Die Scientologen, Frau Schweitzer, sagen, daß sie in Deutschland diskriminiert und aus dem wirtschaftlichen, sozialen und politischen Leben ausgegrenzt werden – durch staatliche Maßnahmen und durch zum Beispiel sogenannte Schutzerklärungen in Unternehmen, Verbänden, Behörden und privaten Schulen.

Schweitzer: Also, wissen Sie, das vergleiche ich immer mit der italienischen Mafia. Da gibt es, soweit ich weiß, auch Erklärungen, die man unterschreiben muß. Und ich möchte weder etwas mit einem Mafioso zu tun haben noch will ich mit einem Scientologen, der so abgedrillt ist, daß er alles scientologisieren, also in seine Organisation hineinbringen will, zusammenarbeiten. Aber ich mache – und das ist mir ganz wichtig – einen Unterschied zwischen dem Scientologen und dem Menschen. Wenn wir heute in ein Unternehmen gerufen werden, weil dort ein Scientologe ist, sagen wir nicht: »Schmeißt den raus!« Das wäre der größte Quatsch. Nein, wir gehen hin und arbeiten den Menschen aus der Scientology-Organisation heraus, erhalten ihm den Arbeitsplatz und dem Unternehmen die eventuell sehr, sehr wertvolle Arbeitskraft. Das ist die Methode, wie man damit umgehen kann. Da wird kein Mensch diskriminiert; und das funktioniert auch wunderbar. Denn das Unternehmen will ja nur den Scientologen, der seine Ideologie ganz schlimm im Kopf hat und auch umsetzen möchte, loswerden; es hat aber nichts gegen den Menschen. – Davon abgesehen möchte ich, was die Diskriminierungsvorwürfe seitens der Scientology-Organisation angeht, auf etwas verweisen, was ich als »paradoxes System« bezeichne. Scientology ist ein absolut paradoxes System. Diese Organisation wirft zum Beispiel uns, den Deutschen, vor, wir würden Scientologen verfolgen; und scientologische Kinder würden aus deutschen Schulen geworfen. Sie brauchen derlei immer nur umgekehrt, paradox, zu lesen: Wir haben, ein Beispiel, Eltern mit Kindern aus Scientology herausgearbeitet. Und sobald die mit unserer Hilfe austreten wollten, flogen die Kinder von der scientologischen Schule – mit der Begründung, man wolle mit denen nichts mehr zu tun haben. Und auch viele, viele andere Dinge, die Scientology der Gesellschaft vorwirft, brauchen Sie immer nur paradox zu lesen. Dann erkennen Sie Scientology – als eine Organisation, die genau das tut, was sie anderen vorwirft.

Durch Aufgabe meiner Sprache meine Persönlichkeit verloren

Gespräch mit dem Autor Alfred Zeisel

Alfred Zeisel, geboren 1949 in Wien, studierte Drehbuch an der Filmhochschule Wien. Er arbeitete zunächst als Kamera- und Schnittassistent; seit den späten 70er Jahren verfaßt er Drehbücher vorwiegend für Komödien. Zeisel war von 1980 bis 1993 Mitglied bei Scientology; fünf Jahre arbeitete er als Angestellter in der Münchner Organisation und erwarb in dieser Zeit unter anderem eine formal hohe Qualifikation als Auditor. Nach seinem Ausstieg begann Zeisel, der auch einen Roman und Bücher über Meditation veröffentlichte, zum Thema Scientology zu publizieren.

TK: Wann und wie sind Sie zum ersten Mal mit Scientology in Berührung gekommen, Herr Zeisel?

Zeisel: Es war Mitte der 70er Jahre in Wien. Beim Spazierengehen quatschte mich eine junge Frau an und wollte mich in die nächste Mission schleppen. Aber die war so schlecht drauf, daß ich dachte, das ist mit Sicherheit nichts für mich. Ich vergaß das dann, bis ich 1980 in München an einem Drehbuch schrieb. In der Nähe meiner Wohnung sah ich damals des öfteren zwei »body routers«, die Leute ansprachen, um sie zu diesem Persönlichkeitstest zu überreden. Die Forschheit der beiden imponierte mir. Ich redete sie deshalb von mir aus an und ging mit ihnen in die Org, wo ich gleich den Persönlichkeitstest machte.

TK: Was kam dabei heraus?

Zeisel: Der Auswerter sagte, ich habe keine Persönlichkeit, mein Tun sei eingeschränkt und auch meine Fähigkeit, etwas haben zu können. Während des Tests hatte ich übrigens aus einem Raum nebenan lautes Lachen gehört. Ich fragte, was da los sei, und erfuhr, daß da Leute einen Kommunikationskurs machten. Der Kurs kostete nur zehn Mark; die blätterte ich sofort hin und machte den Kurs, der etwa fünf Tage dauerte. Eine sehr positive Erfahrung: Erfolgserlebnisse, sehr angenehme Leute, an den Wänden lauter positive Sprüche Hubbards: »Bleib deinen Zielen treu«, »Das Ziel Scientologys ist eine Zivilisation ohne Wahnsinn, Verbrechen und Krieg« und so weiter.

TK: Und dann begannen Sie auch mit dem *Auditing*?

Zeisel: Ja. Aber ich muß vorausschicken, daß ich damals schon etwa 10 Jahre Yoga und Meditation gemacht hatte und dabei auf Bilder gestoßen war, von denen ich glaubte, daß sie mein Leben negativ beeinflußten. Mit *Auditing* könne man sie auslöschen, wurde mir versprochen. Ich erfuhr dann, daß das *Auditing* sehr teuer ist, daß man das aber auch umsonst kriegen kann, wenn man Mitarbeiter wird. Ich wurde also Mitarbeiter und war sicher, in der für mich total richtigen Organisation zu sein, wo es lustig zugeht, wo alle bestrebt sind, eigene Ziele zu verwirklichen und unangenehme Bilder auszuräumen. Und zusätzlich hatte man mir versprochen, daß ich Management-Techniken lernen könne – was mir auch sehr wichtig war.

TK: Warum?

Zeisel: Ich wollte damals Filmregisseur werden, und da braucht man viel Management-Know-how, um große Teams kontrollieren zu können.

TK: Wie entwickelte sich Ihr Leben als Scientology-Mitarbeiter?

Zeisel: Nicht so gut. Nach der Unterschrift war keiner mehr besonders freundlich zu mir; und ich war plötzlich in einer Organisation, wo ich anfangs die miesesten Jobs machen mußte – *policy letters* und Bulletins von Hubbard einsortieren zum Beispiel – und das neun Stunden lang täglich. Die übrigen drei Stunden mußte ich Hubbards Richtlinien studieren. Später habe ich dann *Auditings* organisiert.

TK: Und was brachte Ihnen das Management-Training?

Zeisel: Da war nichts, was ich im »richtigen« Leben brauchen konnte. Trotzdem, trotz vieler nicht erfüllter Hoffnungen, glaubte ich unbeirrt daran, daß die Lösung für meine Probleme das *Auditing* war. Ich wollte so *clear* werden wie die anderen. Und die *Clears*, die ich damals erlebte, waren wirklich sehr klar. Die hatten keine Ängste und keine Wutanfälle; die waren immer irgendwie sachlich und nüchtern.

TK: Und wie erlebten Sie das *Auditing*?

Zeisel: Als sehr positiv. Der Nachteil war nur, daß das positive Erlebnis nie lange anhielt – so daß ich immer irgendwie süchtig war nach dem nächsten *Auditing*-High. Als Scientology-Angestellter allerdings konnte ich mich nicht beliebig oft *auditieren* lassen. Da wird man quasi erpreßt: Wer gut arbeitet, bekommt *Auditing*, wer nichts leistet, muß warten. So sah ich mich gezwungen, möglichst viel in der Org zu arbeiten, um möglichst viel *Auditing* zu bekommen. Und ich habe es irgendwie auch bis zum *Clear* geschafft.

TK: Wie war die Erfahrung, *clear* zu sein?

Zeisel: Absolute Scheiße. Da war nichts von dem, was ich mir unter *clear* vorgestellt hatte oder was im Buch »Dianetik – Der Leitfaden für den menschlichen Verstand« versprochen wird, sondern ich war nachher total paranoid und depressiv.

TK: Obwohl Sie *clear* waren?

Zeisel: Ja. Das war 1983 – zwei Jahre, nachdem ich Mitarbeiter geworden war. Dann wurde ich auch *Auditor* – nach einem dreimonatigen intensiven Studium, täglich von 9 bis 22 oder 23 Uhr, mit vielen Drills und Übungen. Ich *auditierte* zahlende Leute, die frisch in die Organisation kamen.
TK: Sie haben das *Auditing* also als *Auditierter* und als *Auditor* erlebt. Haben Sie das als brauchbare Technik der Selbstfindung erfahren?
Zeisel: Es ist eine teilweise sehr interessante therapeutische Technik. Theoretisch könnte man sich wirklich damit befreien, wenn man nicht zusätzlich auch Hubbards Meinungen über das Leben oder die Führung von Organisationen übernehmen müßte. Und ich habe bei vielen meiner *Preclears* gemerkt, daß es denen Spaß machte – was natürlich voraussetzte, daß die Verbindung zu mir als *Auditor* gut war. Nur bei mir persönlich hat das *Auditing* nicht funktioniert. Oder – das hat es schon; aber am nächsten Tag war das High wieder weg.
TK: Was meinen Sie mit »High«? Die Auflösung unangenehmer innerer Bilder, die Lösung von Problemen?
Zeisel: Man muß unterscheiden zwischen Problemen, die außerhalb von einem sind, und welchen, die auf einen übergehen; das sind dann Sorgen. Ja, einige meiner Probleme wurden *gehandhabt*, die waren kurzfristig weg; aber nach ein, zwei Tagen war der alte Käse wieder da.
TK: Die Probleme waren also nur verdrängt.
Zeisel: Ja, zum Teil verdrängt. Schauen Sie, ein allgemeines Problem mit Frauen zum Beispiel kann man nicht lösen, indem man nur das Problem mit einer Frau aufspürt. Da bleiben dann ja andere, zum Beispiel das mit der Mutter, ungelöst. Also, bei mir wurde nie die tatsächliche Wurzel getroffen.
TK: Und erzielten die, die Sie *auditierten*, dauerhafte Erfolge?
Zeisel: Sichtbar ja. Aber ich muß ergänzen, daß Scientologen nicht mit anderen über schlechtes *Auditing* sprechen dürfen. Und deshalb konnte ich nie ganz sicher sein, ob jemand, der offiziell *clear* war, nicht tatsächlich in der gleichen Misere steckte wie ich.
TK: Wie haben sich denn die Leute, die Sie *auditiert* haben, weiter entwickelt?
Zeisel: Viele haben sich so viel Geld geborgt, daß sie inzwischen *OT III* oder *OT V* sind.
TK: Haben die das Gefühl, daß sich ihre Investitionen rentiert haben?
Zeisel: Ich würde sagen, das *Auditing* hat ihnen neue Wege und Sichtweisen eröffnet, und insofern hat es sich für sie schon rentiert. Aber das hätten sie mit anderen Techniken auch haben können.

TK: Was für Techniken meinen Sie?

Zeisel: Meditationstechniken, autogenes Training und so weiter.

TK: Was taugt eigentlich das *E-Meter* nach Ihren Erfahrungen?

Zeisel: Man kann damit schon ganz gut bestimmte innere Bilder aufspüren und auslaufen.

TK: Was heißt »auslaufen«?

Zeisel: Man kann sie so ansehen, daß sie – zumindest theoretisch – keinen Einfluß mehr auf einen haben.

TK: Viele Scientologen sagen, sie erinnern sich im *Auditing* an vergangene Leben.

Zeisel: Daß man sich daran erinnern kann, glaube auch ich. Nur, bei Scientology habe ich die Erfahrung gemacht, daß viele Leute sich an ganz ähnliche Erlebnisse zu erinnern glaubten wie Hubbard. Die dachten dann, sie seien vor ein paar Millionen Jahren in Raumschiffen herumgeflogen, hätten Planeten vernichtet und so weiter. Ich persönlich habe ein paar kennengelernt, die haben mich völlig überrascht.

TK: An was haben denn Sie persönlich sich erinnert?

Zeisel: Kann ich jetzt im Detail nicht sagen. Wäre auch, würde ich sagen, zu intim.

TK: Aber Sie haben sich auch an frühere Leben erinnert?

Zeisel: Ab und zu ja. Aber in diesem Zusammenhang muß ich nochmals daran erinnern, daß ich vorher schon Yoga gemacht und stark von der Kenntnis asiatischer Reinkarnationstheorien profitiert hatte.

TK: Sie glauben an eine Reinkarnation des Menschen?

Zeisel: Ja, ganz sicher.

TK: Ist der Mensch also für Sie, wie für Hubbard, ein unsterbliches geistiges Wesen, das sich immer neue Körper zulegt?

Zeisel: Ja, davon bin auch ich überzeugt. Wir alle sind unsterblich. Wir sind die Seele. Und auch die katholische Kirche geht ja von der Unsterblichkeit der Seele aus. Nur ist die bei denen mit der Erbsünde beladen und muß sich deswegen von Christus erlösen lassen.

TK: Würden Sie heute Leuten, die das *Auditing* ausprobieren wollen, davon abraten?

Zeisel: Nein, nicht unbedingt. In der sogenannten Freien Zone wird ja diese Technik außerhalb Scientologys angewandt – allerdings völlig freiwillig, für wenig Geld; und niemand wird mit strengem Reglement und *Ethik*-Know-how indoktriniert. Das, finde ich, ist Scientology, wie es sein sollte. Mich persönlich allerdings interessiert das nicht mehr.

TK: Wie, Herr Zeisel, entwickelten sich, als Sie Scientologe waren, Ihre Kontakte zur Außenwelt?

Zeisel: Je länger ich bei Scientology war, desto schwieriger wurde meine Beziehung zur Außenwelt. Ich hatte zum Beispiel regelrecht Angst vor den Behörden, wo – nach Ansicht fast aller Scientologen – die Unterdrücker sitzen. Folglich suchte ich nur mehr die Gesellschaft von Scientologen. Ganz schlimm war für mich, als zwei meiner Freundinnen zu Aussteigern gingen, um dort billigeres *Auditing* zu erhalten. Da ich sie nicht *handhaben* konnte, mußte ich die Verbindung zu ihnen abbrechen.
TK: Wie hat die Mitgliedschaft bei Scientology Ihr Verhältnis zur Sprache verändert?
Zeisel: Anfangs war ich überrascht, viele mir bekannte Begriffe plötzlich in einer anderen Bedeutung zu hören. Kritik zum Beispiel bedeutet etwas sehr Schlechtes; in Scientology ist nämlich Kritik verpönt. Selbst Begriffe wie Denken und Sex meinen bei Hubbard etwas Schlechtes. Außerdem sprachen die Leute unablässig in scientologischen Kunstbegriffen, wie zum Beispiel *Overts*, Vergehen, oder *OTs*, *Operierende Thetans*, das sind Scientologen, denen übersinnliche Fähigkeiten nachgesagt werden, die ich allerdings bei niemandem beobachten konnte. Scientology hat so viele umdefinierte oder neu geschaffene Begriffe, daß es dafür zwei umfangreiche Wörterbücher gibt. – Mit der Zeit merkte ich dann, daß ich durch die Aufgabe meiner eigenen Sprache auch meine Persönlichkeit verloren hatte. Ich war in Scientology quasi seelisch enteignet worden. Und ich brauchte nach meinem Ausstieg noch Jahre, um nicht mehr in diese Falle zu treten, die mich gedanklich immer wieder mit Scientology verband.
TK: Warum blieben Sie bis 1993 dabei – obwohl Sie solche traumatischen Erfahrungen durchmachen mußten und obwohl Ihnen das *Auditing* auf Dauer nicht viel brachte?
Zeisel: Man wird halt, wenn man 14 Stunden täglich mit Scientologen zusammen ist, permanent indoktriniert. Und es ist auch psychologisch so: Hat man einmal von jemandem etwas Gutes erfahren, neigt man dazu, auch andere Ideen von dem zu übernehmen – und zwar ungeprüft.
TK: Hatte das für Sie etwas Religiöses?
Zeisel: Nein, absolut nicht. In meiner ganzen Laufbahn bei Scientology habe ich nie, nie, nie etwas Religiöses erfahren. Es ging immer nur um Statistiken, »Kohle« und Expansion.
TK: Welche positiven Erlebnisse hatten Sie denn ab Mitte der 80er Jahre noch in der Organisation?
Zeisel: Die Sammlung von positiven *Auditing*-Erfahrungen. Die waren zwar immer rasch verflogen; aber allein das Wissen, daß es so etwas

gibt, fesselte mich daran. Es war eine Mischung aus Sucht, Indoktriniertsein und Selbstindoktrination. Ich dachte: Du mußt *OT* machen, dann sind deine Probleme wirklich weg.

TK: Blieben Sie die ganze Zeit Mitarbeiter?

Zeisel: Nein. 1986 schied ich als Mitarbeiter aus und versuchte, mich beruflich zu etablieren – mit Hilfe der Management-Techniken. Ich schrieb auch neue Drehbücher; aber nichts funktionierte. 1990 trieb ich dann irgendwie Geld, 21 000 Mark, auf für die *OT*-Vorbereitungen – das sind vorbereitende *Auditing*-Schritte, die vor den *OT-Stufen* gemacht werden müssen – und fuhr nach Saint Hill. Dort aber bekam ich das mieseste *Auditing*, das man sich vorstellen kann. Zu Hause wurde ich dann richtig verrückt. Drei Tage wußte ich nicht, wer und wo ich war. Es war eine richtige Psychose. Dieses Erlebnis allerdings war ein Schlüsselerlebnis für mich. Jetzt funktionierte die Selbstindoktrination nicht mehr, und ich begann zu überlegen, wie ich aussteigen konnte.

TK: Bis zum Ausstieg dauerte es dann aber noch eine Weile.

Zeisel: Ich brauchte in der Tat fast drei Jahre, bis ich den Mut aufbrachte, in der Org anzurufen und zu sagen: »Kinder, ich steige aus.« Danach versuchte man halt, mich zu *handhaben*, akzeptierte zwar, daß ich ausgestiegen war, rief mich aber ein halbes Jahr lang jeden Tag an: »Was, du bist ausgestiegen? Ohne Scientology und *OT-Stufen* verreckst du« und so weiter. Nach einem halben Jahr aber war Ruhe. Und dann erst spürte ich wirklich, wie schwierig der Ausstieg aus Scientology ist. Denn jedesmal, wenn ich ein Problem hatte, versuchte ich, es mit Scientology-Gedanken zu *handhaben*. Und immer wieder mußte ich innerlich zu Scientology schauen, zur *Brücke*, die zur Erlösung führt. Schließlich halfen mir dann bestimmte Meditationstechniken, damit zurechtzukommen; und heute bin ich eigentlich ziemlich stabil. Ich bin kein Scientologe mehr.

TK: War Ihnen nach der Kündigung Ihres Mitarbeitervertrags eine nachträgliche Rechnung für *Auditing* und Kurse gestellt worden?

Zeisel: Natürlich. Sie haben mir eine »freeloader bill« gestellt; über, glaube ich, 20 000 Mark.

TK: Mußten Sie jetzt alle Leistungen, die Sie als Mitarbeiter in Anspruch genommen hatten, voll bezahlen?

Zeisel: Nein. Die Zahlungen richten sich danach, wie lange man für die Organisation gearbeitet hat. Hat man einen 5-Jahres-Vertrag unterschrieben, zahlt man, wenn man im ersten Jahr aussteigt, 100 Prozent. Danach sinkt die Summe Jahr für Jahr um 20 Prozent vom offiziellen Preis. Ich persönlich stieg im fünften Jahr aus und sollte 20 Prozent zahlen. Ich rechnete allerdings nach und stellte fest, daß ich vier Jahre lang ohne Urlaub und fast ohne freie Tage – keine freien Samstage oder Sonntage – durchgehend in der Organisation gearbeitet hatte. Die »freeloader bill« wurde damit hinfällig. Dennoch spendete ich 2000 Mark, weil ich Schuldgefühle hatte, die Organisation »verlassen« zu haben.

TK: Wann wird die Rechnung gestellt?

Zeisel: Wenn man neues *Auditing* oder neue Kurse machen will. Bevor man das kann, muß man die Rechnung bezahlen.

TK: Versucht Scientology auch, diese Beträge einzuklagen?

Zeisel: Nein, das bleibt alles intern.

TK: Sie sind, Herr Zeisel, nach Ihrem Ausstieg an die Öffentlichkeit gegangen. In welcher Form vermitteln Sie heute Ihre Erfahrungen bei Scientology?

Zeisel: 1996 schrieb ich ein Buch über meine Erfahrungen und Erkenntnisse; und das Buch schickte ich auch ins bayerische Innenministerium, wo es als sehr interessant und realistisch empfunden wurde. Später kam ich dann mit Firmen und Organisationen in Kontakt, wo ich gelegentlich Vorträge halte und mein zweites Buch über Scientology – »Scientology in der Wirtschaft« – verkaufe.

TK: Die Scientologen sind darüber sicher nicht erfreut. Was unternehmen die Ihnen gegenüber?

Zeisel: Nichts Offenes. Aber ich hatte und habe schon komische Erlebnisse. Eine Zeitlang zum Beispiel bekam ich seltsame Anrufe, bei denen einer unverständliches Zeug ins Telefon sprach oder einfach nur schwieg – was einen Aussteiger schon verwirren und paranoid machen kann. Oder zweimal habe ich beobachtet, wie sich jemand an meiner Tür zu schaffen machte und dann weglief. Im Internet schließlich sind mir mehrmals Paßwort und Zugangstelefonnummer abhanden gekommen. Ich kann nicht mit Sicherheit sagen, daß all das mit den Scientologen zusammenhängt. Aber es ist schon auffallend.

TK: Es gibt Leute, zum Beispiel einige Juristen und Religionswissenschaftler, die Aussteiger aus Organisationen wie Scientology für nur begrenzt glaubwürdig halten, weil sie möglicherweise genauso fanatisch gegen die Organisation eifern, wie sie vorher in ihr engagiert waren.

Zeisel: Ich finde, diese Leute haben – in Grenzen – schon recht. Und zwar betrifft das zumeist Aussteiger, die nur ein, zwei Jahre oder noch kürzer dabei waren. Aussteiger, die lange dabei waren, wie Lawrence Wollersheim, Vaughn Young oder ich, haben dagegen längst erkannt, daß es keinen Sinn hat, die Opferrolle zu dramatisieren. Ich will sachlich aufklären und weitergeben, was ich erlebt und erkannt habe.

TK: Wollersheim findet recht dramatische Worte für seine Erfahrungen und bringt Hubbard in Zusammenhang zum Beispiel mit dem Satanismus.

Zeisel: Da hat er auch recht. Aber so argumentiere ich nicht. Für mich war Hubbard einfach ein totaler Egomane, der davon überzeugt war, daß das, was er erfand oder entdeckte, das einzig Richtige für den Menschen sei. Daß er dabei noch Hintergedanken hatte, nämlich die Gründung eines Scientology-Staats und sogar die Weltherrschaft, geht nicht aus den veröffentlichten Schriften hervor, sondern das erfährt man erst, wenn man mit anderen Aussteigern oder Leuten, die mit ihm zusammengearbeitet haben, spricht.

TK: Sie gehen davon aus, daß Hubbard auch politische Ziele verfolgte?

Zeisel: Ich bin davon fest überzeugt. Rhodesien sollte zeitweise ein Scientology-Staat werden, später Griechenland; und dann schuf er ja mit der *SeaOrg* eine Truppe, die total paramilitärisch ist und wortgetreu jede seiner Anweisungen befolgt.

TK: Was haben Sie während Ihrer Zeit bei Scientology über die Programme der *Rehabilitation Project Force, RPF*, mitbekommen? Scientology sagt ja, *RPF*-Programme dienten ausschließlich der Rehabilitation von *SeaOrg*-Mitgliedern, die ihren Job nicht ordentlich machen.

Zeisel: Ich habe zweimal Leute getroffen, die gerade so ein Programm absolvierten. Das erste Mal, 1981, war ich in Kopenhagen, in der Zentrale der europäischen Organisationen. In einem Bürogebäude machte ich damals meinen ersten Kurs im Ausland, worauf ich mächtig stolz war. In einer Pause aber sah ich im Hof des Scientology-Gebäudes drei, vier Leute, die in grauen, ausgewaschenen Trainingsanzügen und mit gesenktem Blick eigenartig schnell herumliefen. Und wenn man sie ansprach, sagten sie nichts als »Aye, Sir«. Andere Kursteilnehmer sagten mir, das wären Leute, die viele, viele *Overts* begangen hätten und deswegen hier ein Rehabilitationsprogramm absolvierten. Sechs, sieben Stunden täglich würden sie schwere Arbeit verrichten und den Rest des Tages ihre Sünden aufschreiben – wochenlang. Ich empfand damals Mitleid; aber irgendwie war die Sehnsucht, zu Scientology zu gehören, doch so stark, daß ich das überstand. Beim zweiten Mal – das war 1985 und ebenfalls in Kopenhagen – machte ich gerade einen »Sec Checker«-Kurs, wo man lernt, bei Sicherheitsüberprüfungen mit Hilfe des *E-Meters* alles aus einer Person herauszubekommen. Im Rahmen dieses Kurses *auditierte* ich einen, der im *RPF*-Programm war, weil er dieses *OT-III*-Szenario des Pfarrers Haack gelesen hatte. Sie wissen schon, die Geschichte von vor 75 Millionen Jahren.

TK: Hatte das den Mann so verwirrt, daß er der Rehabilitation bedurfte?

Zeisel: Nein, er war im *RPF*-Programm, weil er das Verbot, solche Schriften zu lesen, mißachtet hatte. Jedenfalls *auditierte* ich ihn im Küchenbereich, weil keine *Auditing*-Räume zur Verfügung standen. Und irgendwann, es war etwa zwei Uhr nachmittags, sah ich plötzlich, wie sich im Hintergrund mehrere *RPF*-Leute um einen Bottich mit Essensresten scharten und wie sie wortlos und wahnsinnig schnell die Reste herunterschlangen. Ich hörte nur das Klappern der Löffel.

TK: Glauben Sie heute, daß Scientology Menschen zu Robotern im Dienste der Organisation umfunktioniert?

Zeisel: Ja, zu Mensch-Maschinen. Und am schnellsten werden natürlich Mitarbeiter und *SeaOrg*-Mitglieder zu Robotern. Aber auch die anderen haben sich, wenn sie mal *OTs* sind und *Auditoren*-Kurse mitgemacht haben, so viel von Hubbards Indoktrination einverleibt, daß sie zu Robotern degenerieren. Ein Scientologe, der ein Problem hat, setzt sich ja nicht hin und denkt selbst nach; nein, er fragt: »Was würde Ron an meiner Stelle tun?«

TK: Ungetrübt von Zweifeln an Rons Integrität?

Zeisel: Die sind schon da, denke ich. Vielleicht Zweifel, ob Hubbard nicht doch ein Egomane war; Zweifel, wo das viele Geld hinfließt. Solche und ähnliche Zweifel hat wohl jeder Scientologe. Ich weiß das, denn ich habe genug *auditiert*. Aber die Zweifel werden verdrängt oder wegrationalisiert – weil ja nicht sein kann, was nicht sein darf.

TK: Wird, nach Ihren Erfahrungen, unbedingt zur »Mensch-Maschine«, wer sich Scientology anschließt – auch wenn er es, aus eigener Sicht, kritisch-wachen Blicks tut?

Zeisel: Man kann so wachsam sein, wie man will; man fällt doch automatisch in diese Falle rein – weil eben alles total positiv beginnt, mit positiven Versprechungen, mit positiven Zitaten Hubbards und mit positiven Erlebnissen, die immer intensiver werden, während parallel dazu Hubbards fremde Ideen über das Leben oder die Führung von Organisationen akzeptiert werden, die überhaupt nicht mehr vernünftig sind. Und sobald man *clear* ist, ist man praktisch verseucht mit fremden Ideen und hat überhaupt keine eigenen Gedanken mehr.

So intensive Trance, daß ich fast verrückt wurde

Gespräch mit FACTNet-Direktor Lawrence Wollersheim

Lawrence Wollersheim, geboren 1948 in Milwaukee/Wisconsin, besuchte das College an der University of Wisconsin. Er arbeitete für verschiedene Firmen im kaufmännischen Bereich und ist heute in der Software-Entwicklung tätig. Wollersheim war zwischen 1969 und 1979 Mitglied der Scientology-Organisation. Nach seinem Ausstieg führte er einen aufsehenerregenden Zivilprozeß gegen die Organisation, in dem ihm 2,5 Millionen Dollar Schadenersatz unter anderem wegen emotionaler Schädigung zugesprochen wurde. Wollersheim ist heute in Boulder/Colorado Direktor der Organisation »FACTNet«, die über das Internet vor »destruktiven Kulten« warnt.

TK: Lawrence, wie kamen Sie in Kontakt mit Scientology?

Wollersheim: Es war 1969 oder 1970 in San Francisco. Ich war ein unerfahrener Bursche aus einer kleinen Stadt im Mittelwesten. Auf der Straße sprach mich ein Mädchen an – so, als wolle es mit mir schlafen oder etwas Ähnliches. Das Mädchen führte mich schnurstracks in eine Scientology-Niederlassung, verließ dann den Raum, und jemand anderes kam rein – mit den Worten »Willkommen zu Ihrem Persönlichkeitstest«. Ich war also von Anfang an irregeführt worden.

TK: Was war das Ergebnis des Tests?

Wollersheim: Dieser Test soll Angst auslösen und einen überzeugen, daß einem Schlimmes passiert, wenn man nicht mit Scientology anfängt; und so fing ich also an.

TK: Was machten Sie zuerst?

Wollersheim: Den Kommunikationskurs, der so angelegt ist, daß er einen in einen Zustand hypnotischer Trance versetzt, wo man beeinflußbarer und kontrollierbarer ist. Auch ich geriet in diesen hypnotischen Trancezustand, so daß man mich in weitere Scientology-Aktivitäten hineinmanipulieren konnte.

TK: Wie haben Sie ihr erstes *Auditing* erlebt?

Wollersheim: Ich empfand eine Art Euphorie, es war irgendwie angenehm. Kennen Sie das, wenn Sie plötzlich Erleichterung verspüren, weil Sie sich mit jemandem verstehen und sich vielleicht von einer Last befreit fühlen?

TK: Ja, ein wenig.

Wollersheim: Am Anfang helfen einem diese Techniken in durchaus angenehmer Weise, ein wenig besser zu kommunizieren, Schuldgefühle und Streß abzubauen; kurz, sich einfach besser zu fühlen.

TK: Ab wann wurde es unangenehm für Sie?

Wollersheim: Ab der ersten geheimen Stufe.

TK: Was heißt das, »erste geheime Stufe«?

Wollersheim: Das sind die Teile von Scientology, die man erst sehen darf, wenn man eine Sicherheitsüberprüfung durchlaufen hat – wie beim Geheimdienst einer Regierung.

TK: Geschah das bei Ihnen, bevor Sie *clear* wurden?

Wollersheim: Ja, zwei Stufen darunter, auf einer Stufe, die »power« heißt.

TK: Was war unangenehm daran?

Wollersheim: Ich geriet in eine so intensive Trance, daß ich fast verrückt wurde.

TK: Hatten Sie das Gefühl, daß man Sie in eine bestimmte Richtung lenkte – ein Gefühl, daß Sie heute vielleicht als Konditionierung oder *Gehirnwäsche* bezeichnen würden?

Wollersheim: Absolut. Der *Auditor* lenkt einen mit einer genau festgelegten Fragetechnik in diesen Trancezustand. Es ist wie am Fließband; jeder Schritt ist genau festgelegt; und sie wissen genau, was sie tun, wenn sie einen in diesen Zustand tiefer Trance versetzen.

TK: In einer Ihrer Zeugenaussagen schreiben Sie, daß Sie infolge des *Auditings* unter Depressionen litten.

Wollersheim: Genau. In einem Moment fühlt man sich unbesiegbar und euphorisch, im nächsten Moment am Boden zerstört und depressiv.

TK: Erzählte man Ihnen auf dieser ersten geheimen Stufe schon einige von den an Science Fiction erinnernden Dingen, über die Sie in Ihren Zeugenaussagen berichten?

Wollersheim: Noch nicht auf der Stufe, sondern auf der nächsten, und danach wird es immer verrückter.

TK: Aber der *Auditor* sagt einem doch nichts? Der stellt einem doch angeblich nur Fragen?

Wollersheim: Man macht da viel Solo-*Auditing*. Und manchmal, in den sogenannten Reparatursitzungen, stellt der *Auditor* Fragen über die geheimen Dinge, alle möglichen doofen Fragen.

TK: Warum haben Sie diese Dinge geglaubt?

Wollersheim: Wenn Ihre Leser mal gesehen haben, wie ein Hypnotiseur Leute aus seinem Publikum zu höchst ungewöhnlichen Handlungen veranlaßt, dann werden sie verstehen, warum Leute bei Scientology dieses Zeug glauben und sich entsprechend verhalten.

TK: Sie stehen da ständig unter Hypnose?

Wollersheim: Man befindet sich ständig in Trance. Man bekommt so viel von diesen Prozessen, und sie lassen einen so hart arbeiten, daß man weder genug schläft noch genug ißt. Und ständig machen sie Übungen mit einem, die diese Trance weiter verstärken, so daß man fast ununterbrochen unter Hypnose steht.

TK: Aber Sie mußten doch Geld verdienen, um die hohen Preise für Kurse und *Auditing* bezahlen zu können.

Wollersheim: Man hat da zwei Möglichkeiten: Man kann Geld von außerhalb besorgen oder in der Organisation arbeiten. Ich tat beides. Ich arbeitete für Scientology; und manchmal ging ich Geld besorgen – wobei ich unter anderem meine Eltern belog und mir in betrügerischer Weise 20 000 Dollar lieh. Man fühlt sich einfach so getrieben, dieses Geld zu besorgen und es ihnen zu geben. Sie haben einen so unter Kontrolle, daß man beinahe alles tut, um an Geld zu kommen.

TK: Das klingt nach Sucht.

Wollersheim: Es ist eine Sucht. Scientology macht einen psychisch süchtig. Und die Droge heißt Scientology.

TK: Was haben Sie als das Besondere an *OT III* erfahren?

Wollersheim: Das ist die Stufe, wo Hubbard einem angeblich das Geheimnis der Erde anvertraut. Er erzählt, die Erde sei ein Gefangenenplanet in einem großen galaktischen Krieg. Man glaubt diese Dinge mit aller Hingabe. Und es ist so absurd, daß viele Leute auf dieser Stufe durchdrehen und Selbstmord begehen. Wir verfügen über Unterlagen, nach denen, glaube ich, neun Leute von Brücken oder aus Gebäuden in den Tod sprangen – zu einer Zeit, als sie diese Art *Auditing* machten. Ich persönlich habe regelmäßig Leute psychotisch werden sehen, als ich Scientology-Mitarbeiter war. Die Leute drehten total ab und mußten festgebunden werden.

TK: Sie schreiben, daß Sie zeitweise zum *Auditing* gezwungen wurden.

Wollersheim: Die haben diese *Rehabilitation Project Force, RPF,* für Mitarbeiter, die nicht spuren. Das ist wie ein KZ. Und in diesem KZ zwingen sie einen, dem *Auditing*-Programm zu folgen, das sie einem verordnen. Als ich das Lager, in dem ich war – es war ein Schiff – verlassen wollte, haben sie mich mit körperlicher Gewalt zurückgehalten.

TK: Wie lange waren Sie auf diesem *RPF*-Schiff?

Wollersheim: Zwei, drei Monate.

TK: Die Scientologen sagen, man gehe dort freiwillig hin.

Wollersheim: Sagen sie. Aber das ist nicht wahr. Sie sagen: »Wenn du nicht dorthin gehst, feuern wir dich, und du wirst nie dein *Auditing* erfolgreich abschließen können.« Sie benutzen alle möglichen psychologischen Drohungen.

TK: Mußten Sie sich von Freunden und Angehörigen außerhalb Scientologys lossagen?

Wollersheim: Wenn zu einem Scientologen ein Mitglied seiner Familie kommt und über Scientology sagt: »Ich habe gehört, das ist großer Mist«, dann erklärt Scientology diese Person zur *unterdrückerischen Person*; und man muß sich von ihr trennen, wenn man selbst bei Scientology bleiben will. Auch mich haben sie gezwungen, mich von meiner Familie loszusagen.

TK: Wie reagierten Ihre Eltern darauf, daß Sie zu Scientology gingen?

Wollersheim: Sie waren äußerst entsetzt und sehr besorgt; aber ich löste mich vollständig von ihnen. Der einzige Kontakt, den ich noch hatte, wurde von Scientology überwacht. Ja, meine Eltern litten über viele Jahre. Sie glaubten, sie hätten mich vollständig verloren.

TK: Schließlich beschlossen Sie, Scientology zu verlassen. Wie kam es dazu?

Wollersheim: Ich litt auf den geheimen Stufen so sehr, daß mein Haar ausfiel und ich sehr krank wurde. Ich hatte damals jedoch eine Freundin, die noch neu war bei Scientology. Die sah mich eines Tages an und sagte: »Wir müssen hier raus. Du stirbst.« Wortwörtlich sagte sie das. Ich sah halt so miserabel aus und hatte immer wieder psychotische Anwandlungen. Und die Freundin sagte: »Ich bleibe bei dir, wenn du gehst. Aber du mußt gehen, sonst stirbst du.« Und weil jetzt zumindest eine Person bei mir blieb, ging ich mit ihr.

TK: Wie reagierte Scientology?

Wollersheim: Sie schickten mir einen ihrer Geheimdienstmänner. Und das letzte, was ich – als Mitglied von Scientology – hörte, war: »Wage es nicht, einem Priester oder Arzt oder sonst jemandem zu erzählen, was bei Scientology geschehen ist.«

TK: Sie sind dann doch an die Öffentlichkeit gegangen. Warum?

Wollersheim: Weil ich erlebt hatte, wie sie Angst benutzen, um Leute zum Schweigen zu bringen. Und ich wollte nicht, daß sie das, was sie mir angetan hatten, auch anderen antaten. Irgendwann hatte ich mir eine Pistole an die Schläfe gehalten. Und ich hatte in meinem Elend nur zwei Möglichkeiten gesehen: Entweder ich decke auf, was Scientology wirklich tut, oder ich erschieße mich. – Ja, ich hätte mich beinahe umgebracht, um diese Leute zu schützen.

TK: Scientology sagt, *Auditing*-Informationen würden vertraulich behandelt. Haben Sie etwas anderes erlebt?

Wollersheim: Sie benutzten diese Informationen nicht nur, um mich zu kontrollieren und zu erpressen, sondern auch vor Gericht. Sie breiteten Material aus meinen *Auditing*-Unterlagen vor Gericht aus, um mich zu erniedrigen und bloßzustellen.
TK: Was erlebten Sie nach Ihrem Ausstieg?
Wollersheim: Sie riefen die – in der Mehrheit Scientology zugehörigen – Kunden meines Geschäfts an, wo ich unter anderem Kunst verkaufte. Und die Kunden hörten auf, ihre Rechnungen zu bezahlen. Mein Geschäft ging pleite.
TK: Hatten Sie Angestellte damals?
Wollersheim: Ja, und die meisten kündigten, als sie hörten, daß ich Krach hatte mit der Scientology-Kirche. Etwa 15 Leute innerhalb von zwei Wochen.
TK: Erlebten Sie Druck auch auf anderen Ebenen?
Wollersheim: Sie verteilen Material über einen und sie bedrohen einen ständig. Jemand sagte zum Beispiel, in einem Supermarkt, zu meiner Schwester, ich würde die Auszahlung des Geldes, zu dessen Zahlung an mich Scientology verurteilt worden war, nie erleben. Sie haben meine Eltern belästigt und deponierten eine Bombenattrappe an ihrer Haustür, so daß ein Spezialkommando kommen mußte. Und ich bekomme natürlich telefonische Todesdrohungen. Einmal kam sogar das FBI und sagte mir, Leute hätten angekündigt, mich umzubringen. Das geht so seit 17 Jahren.
TK: Sie unternahmen schließlich gerichtliche Schritte, die zur bislang spektakulärsten Verurteilung Scientologys führten.
Wollersheim: Ja, ich ging eines Tages ins Gerichtsgebäude von Los Angeles, um herauszufinden, ob schon jemand Scientology verklagt hatte. Denn ich wußte, was mir geschehen war, war falsch. Nein, es war nicht nur falsch, es war teuflisch. Und als ich die Gerichtsdokumente las, sah ich, daß sie all das auch schon anderen Leuten angetan hatten. Ich fand dann einen Anwalt, der schon einen Fall gewonnen hatte, erzählte ihm, was ich alles erlebt hatte und daß es so nicht weitergehen dürfe; daß sie nicht weiterhin das Leben von Familien zerstören und einem das Geld aus der Tasche ziehen dürften – und all das unter dem Deckmantel der Religion. Der Anwalt übernahm den Fall; und ich ging zu einem Therapeuten, langsam bekam ich meine Psyche und mein Leben wieder in den Griff, und dann gewann ich auch den Prozeß. Ich bekam 30 Millionen Dollar zugesprochen, was im Berufungsverfahren auf 2,5 Millionen Dollar reduziert wurde. Aber wir haben inzwischen Hinweise darauf gefunden, daß Scientology möglicherweise 500 Millionen Dollar

Vermögen zu wenig angegeben und so das Gericht betrogen hat. Deshalb werden wir sehr bald das zuständige Gericht um die Wiederinkraftsetzung des erstinstanzlichen Urteils bitten.

TK: Haben Sie denn die 2,5 Millionen Dollar inzwischen bekommen?

Wollersheim: Nein, die Scientologen weigern sich zu zahlen. Sie glauben, daß sie über dem Gesetz stehen.

TK: Kann man da nicht den Gerichtsvollzieher schicken?

Wollersheim: Wir kämpfen seit 17 Jahren. Aber Scientology hat Millionen investiert, um mich daran zu hindern, mein Geld zu bekommen. Sie haben einfach Angst, daß, wenn ich mein Geld bekomme, Hunderttausende von ihnen Mißhandelte aufstehen und sagen: »Auch wir wollen unser Geld.« Das könnte Scientology die Existenz kosten. Es ist wie bei bestimmten Zigarettenfirmen hier in den USA: Die lassen auch niemanden gewinnen, weil dann Hunderttausende andere klagen.

TK: Wo liegen für Sie die geistigen Ursprünge der Scientology-Organisation?

Wollersheim: Ich habe herausgefunden, daß L. Ron Hubbard mehreren geheimen Gesellschaften nachgeeifert hat, insbesondere einer satanistischen Sekte hier in Amerika und einigen Vorläuferorganisationen der deutschen Nazis – zum Beispiel der »Thule-Gesellschaft«. Hubbard entlehnte von diesen Gruppen seine Ideologie und schuf Scientology im Grunde aus den teuflischsten Organisationen, die zu seiner Zeit existierten.

TK: Glauben Ihrer Meinung nach David Miscavige und der Rest der Scientology-Führung an die Lehre von der *Brücke zur Freiheit*?

Wollersheim: Ich glaube, die Leute an der Spitze wissen genau, was sie tun. Sie wissen, daß Hubbard ein Satanist war; und sie wissen, daß es nur um Macht und Geld geht. Die Leute der unteren Management-Stufen allerdings glauben den ganzen »bullshit«. Den Glauben solcher Leute hat Hubbard ja immer benutzt, um sie unter Kontrolle zu bekommen.

TK: Will Scientology die Weltherrschaft?

Wollersheim: Absolut, die volle Macht, das »Vierte Reich«.

TK: Um das zu erreichen, braucht man viel Geld.

Wollersheim: Ja, und sie nehmen die Leute aus bis aufs Hemd. Sie bringen Sie dazu, ihr Haus und alles Eigentum zu verkaufen, sich zu verschulden und sonst was zu tun, damit Scientology mehr Geld bekommt.

TK: Was machen Sie persönlich heute, Lawrence?

Wollersheim: Ich leite eine Non-profit-Organisation mit dem Namen »FACTNet«, die über die weltweit umfangreichste Internet-Bibliothek über Kulte und psychische Kontrolle verfügt, zu erreichen über »www.factnet.org«. Von dieser Arbeit abgesehen wehre ich Klagen der Scientology-Organisation ab. Teil von deren *Fair-game*-Verfahren ist ja, ständig neue Klagen auf den Weg zu bringen. Schließlich arbeite ich auch noch in der Entwicklungsabteilung einer Software-Firma.

TK: Wie finden Sie, nach den schwierigen Erfahrungen, die Sie hinter sich haben, die psychische Kraft für all Ihre beruflichen Aktivitäten und den Kampf gegen Scientology?

Wollersheim: Die enge Beziehung zu meiner Familie und meinen Freunden hilft mir eine Menge. Und ich weiß heute, daß wir alle gemeinsam gegen das Böse kämpfen müssen, das von Scientology ausgeht. Wir müssen in diesem Leben gut, ehrlich, mutig und gerecht sein. Ich habe einfach, aus meinem eigenen Leben und aus der Geschichte, gelernt, daß wir uns dem nach – auch politischer – Macht dürstenden Bösen, das uns allen nur Leid und Schmerz zufügt, rechtzeitig entgegenstellen müssen.

Positionen
der deutschen Politik

Das System Scientology auf die Anklagebank

Gespräch mit Ursula Caberta y Diaz, Leiterin der »Arbeitsgruppe Scientology« der Hamburger Innenbehörde

Ursula Caberta y Diaz, geboren 1950 in Hamburg, studierte Volkswirtschaft und war anschließend in unterschiedlichen Bereichen, unter anderem in Spanien, tätig. Von 1986 bis 1992 gehörte sie der Hamburgischen Bürgerschaft an und war dort zunächst ausländerpolitische, dann rechtspolitische Sprecherin der SPD-Fraktion. Seit Oktober 1992 leitet Frau Caberta die »Arbeitsgruppe Scientology« bei der Behörde für Inneres der Hansestadt Hamburg. Sie war von 1996 bis 1998 Mitglied der Enquete-Kommission »Sogenannte Sekten und Psychogruppen« des Bundestags. Frau Caberta ist Mutter einer Tochter.

TK: Sie haben, Frau Caberta, früh davor gewarnt, in der Diskussion über Scientology den Begriff der Religion zu verwenden. Warum?
Caberta: Schon, als ich 1988/89 anfing, mit Betroffenen zu reden, und erste Literatur Hubbards las, merkte ich, daß es dort um alles mögliche geht, nur nicht um Religion. In der Folge fand ich dann bestätigt, daß es sich bei dem Anspruch der Scientologen, Religion zu sein, nur um eine Argumentationslinie handelt, die höchst unreligiösen Zwecken dient.
TK: Welchen Zwecken?
Caberta: Es gibt eine Anweisung Hubbards mit dem Titel »Abwehr von Regierungsangriffen«. Da steht sinngemäß: »Nennt euch Kirche, nennt euch Religion, um eine öffentliche Diskussion zu verhindern.« Und tatsächlich beschäftigte sich die öffentliche Auseinandersetzung ja lange mit der Frage: »Ist vielleicht doch was Religiöses dran?« – In Wirklichkeit stellt sich diese Frage nicht, sondern man muß schauen, was die eigentlichen Ziele der Organisation sind. Mir hat es, ehrlich gesagt, zu lange gedauert, bis das geschah.
TK: Die Scientologen verweisen auf etliche Gutachten von Religionswissenschaftlern, die in Scientology eine Religion sehen.
Caberta: Da sollte man aber gucken, auf welcher Grundlage die Gutachten zu ihren Ergebnissen kommen. Wenn da jemand nur mit Papieren arbeitet, die Scientology ihm vorlegt, kann er vielleicht zu dem Schluß kommen, das sei eine Religion. Aber ich glaube nicht, daß Scientology den Gutachtern zum Beispiel die eben erwähnte Anweisung Hubbards vorgelegt hat, wie man Angriffe von Regierungen abwehrt.

TK: Was tut die »Arbeitsgruppe Scientology« der Hamburger Innenbehörde?
Caberta: Unsere erste Aufgabe ist es, das Problem Scientology zu analysieren sowie Aufklärungs- und Öffentlichkeitsarbeit zu betreiben. Darüber hinaus beraten und betreuen wir Betroffene: Familienangehörige, Leute, die aussteigen wollen oder ausgestiegen sind, Firmen, die Probleme mit der Organisation haben oder solche vermeiden wollen. Schließlich schulen wir Mitarbeiter des öffentlichen Dienstes – »wie erkenne ich bestimmte Dinge?« – und prüfen, ob Gesetzeslücken da sind, wo wir gegebenenfalls initiativ werden.
TK: Sie beschäftigen sich intensiv auch mit den wirtschaftlichen Aktivitäten der Scientology-Organisation – mit dem *World Institute of Scientology Enterprises, WISE*, insbesondere. Was tut ein Unternehmer nach Ihrer Kenntnis, wenn er *WISE*-Mitglied wird?
Caberta: Zunächst muß man festhalten, daß *WISE* natürlich ein fester Bestandteil des Gesamtsystems Scientology ist, wie das *Office of Special Affairs* oder *ABLE*. Alle diese Unterorganisationen sind kontinental, national und regional durchorganisiert, und die Fäden laufen in Los Angeles zusammen. Der Unternehmer, der *WISE* beitritt, wird also ins Gesamtsystem eingegliedert.
TK: Es gibt da ja verschiedene Formen der Mitgliedschaft. Wie sieht die recht häufig auftretende Unternehmensmitgliedschaft aus?
Caberta: Die sieht so aus, daß der Mensch formal die Erlaubnis erhält, tatsächlich aber sich verpflichtet, seine Mitarbeiter und Mitarbeiterinnen nach der Technologie L. Ron Hubbards zu schulen. Das heißt, in der Regel sind sehr bald in einem *WISE*-Unternehmen nur noch Scientology-Mitglieder tätig. Der Unternehmer zahlt Lizenzgebühren, die sich danach richten, wieviel er von der Technologie Hubbards in Anspruch nimmt beziehungsweise wieviel er mit dem Verkauf von Kursen umsetzt. In der Regel wird dann auch die ganze Firma umstrukturiert. Das Organisationsschema, das jede Scientology-Einheit hat, wird übernommen, meist entsteht auch eine die Mitarbeiter kontrollierende *Ethik*-Abteilung neben der Personalabteilung. Kurz, eine *WISE*-Firmenmitgliedschaft unterscheidet sich darin, wie gearbeitet wird und wie Mitarbeiter behandelt werden, in nichts von dem, was in einer sogenannten Kirche von Scientology stattfindet. Nicht zuletzt verpflichten sich *WISE*-Unternehmer vertraglich, bei Rechtsstreitigkeiten untereinander keine ordentlichen Gerichte anzurufen, sondern das über die sogenannten *WISE*-»Charter Committees« zu regeln. Und nicht-scientologische Firmen, die mit solchen Unternehmen Geschäfte machen,

machen häufig schlimme Erfahrungen: Geraten sie mit einer scientologischen Firma in juristische Auseinandersetzungen, haben sie plötzlich nicht nur diese Firma, sondern eine ganze Reihe von *WISE*-Unternehmen gegen sich. Das geht so weit, wie wir von Aussteigern wissen, daß dann die nicht-scientologische Firma schlicht und ergreifend ihre Rechnungen nicht mehr bezahlt bekommt. Die Aktivitäten der *WISE*-Unternehmen zählen natürlich zu den Haupteinnahmequellen der Scientology-Organisation.

TK: Was zahlt denn ein *WISE*-Firmenmitglied Ihrer Kenntnis nach an Beiträgen und Gebühren?

Caberta: Die Lizenzgebühren können sich auf bis zu 18 Prozent des Bruttoumsatzes belaufen – je nachdem, wie viele Leistungen das Mitglied in Anspruch nimmt. Das sind schon ein paar Mark fünfzig, die hier bezahlt werden. Und da kommen wir zu einem nächsten Punkt: Schon 1993 hat die Justizministerkonferenz festgestellt, daß gerade im wirtschaftlichen Bereich bei Scientology eine besondere Gefahr der Kriminalisierung besteht. In dem Moment nämlich, wo der Laden nicht mehr so richtig läuft, muß sich das *WISE*-Mitglied entscheiden: Zahle ich Bankkredite zurück, Steuern und Sozialabgaben für die Mitarbeiter – wenngleich die bei den meisten *WISE*-Unternehmen Scheinselbständige sind – oder komme ich der mir im Nacken sitzenden Verpflichtung nach, *WISE* Lizenzgebühren zu zahlen? Ein Scientologe wird sich dann regelmäßig entscheiden, die Lizenzgebühren zu zahlen. Das heißt, es besteht in *WISE*-Unternehmen eine drastisch erhöhte Gefahr der Steuerhinterziehung, des Kreditbetrugs, der Konkursverschleppung und so weiter.

TK: Kann ein *WISE*-Unternehmer seine Mitgliedschaft kurzfristig kündigen?

Caberta: Raus kann er eigentlich – wie bei Scientology überhaupt – gar nicht mehr, außer er durchschneidet alle Bande. Aber ein Scientologe steht ja, wenn etwas schiefläuft, stets unter dem Druck, bei sich selbst die Schuld zu suchen: Er hat die Anweisungen Hubbards nicht richtig befolgt und muß dann eben noch ein paar Kurse machen, während ein anderer sein Unternehmen führt. Und wenn so ein Mensch dann wiederkommt, kann es sein, daß sein Unternehmen nicht mehr ihm gehört. Chancen, seine Firma über ein Verfahren beim *WISE*-»Charter Committee« zurückzubekommen, hat dieser erfolglose Unternehmer dann auch nicht. Denn in der inner-scientologischen Justiz hat, gemäß den Schriften Hubbards, immer der sogenannte »upstat« recht, der hohe *Statistiken* produzierende, sprich erfolgreiche Mensch.

TK: Was kann es, aus Ihrer Sicht, für ein nicht-scientologisches Unternehmen bedeuten, ein *WISE*-Mitglied als Mitarbeiter in einer Schlüsselposition zu haben?

Caberta: Das *WISE*-Einzelmitglied hat angeblich viele Rechte, vor allem aber die Verpflichtung, *WISE* Eintritt in das Unternehmen zu verschaffen. Ein Personalchef etwa, der *WISE*-Mitglied ist, holt dann vielleicht die »Akademie für Management und Kommunikation«, eine der Firmen im sogenannten *WISE*-Führungsrat, ins Haus, läßt die Mitarbeiter nach Hubbard schulen und macht sie so zu Scientologen. Es bildet sich dann im Unternehmen eine zunächst kleine scientologische Einheit, die nicht primär im Interesse des Unternehmens, sondern primär im Interesse Scientologys arbeitet. Das kann für ein Unternehmen schwerwiegende Folgen haben – bis hin zum Verrat von Betriebsgeheimnissen.

TK: Was bedeutet es, wenn ein einfacher Scientologe Mitarbeiter wird?

Caberta: Das kommt darauf an, wie interessant er und seine Position für die Organisation sind. Da muß man sehr genau differenzieren. Im Rahmen unserer Firmenberatungen sagen wir deshalb immer, daß man bei scientologischen Entscheidungsträgern schon darauf achten sollte, daß sie nicht ihre Position ausnutzen, um den Einfluß der Organisation im Unternehmen zu verankern. Andererseits kann man nicht einfach wild entlassen, sondern es gibt eine Fürsorgepflicht insbesondere gegenüber Mitarbeitern, die nicht an Entscheidungsprozessen beteiligt sind. Man kann jemanden nur entlassen, wenn er aufgrund seiner Scientology-Mitgliedschaft den Betriebsfrieden stört.

TK: In Dänemark, Frau Caberta, ist kürzlich eine deutsche Scientologen-Schule staatlich anerkannt worden. Was meinen Sie dazu?

Caberta: Ich finde das unglaublich. Die Scientologen haben ja versucht, auch in Deutschland Schulen zu etablieren. Nur sind hier die Privatschulgesetze sehr streng, so daß sie nach Dänemark ausgewichen sind, wo es ein sehr liberales Schulgesetz gibt. Es gibt nicht einmal eine Schulpflicht, sondern nur eine Unterrichtspflicht. Dennoch: Ich weiß zwar nicht, welche Unterlagen dem dänischen Bildungsministerium vorlagen. Aber das, was da als sogenannte Studiertechnologie des Herrn Hubbard läuft, hat nichts mit dem zu tun, was wirkliche Schulen – ich denke auch in Dänemark – vermitteln. Ich kann diese dänische Entscheidung nicht verstehen.

TK: Ist Ihre Arbeitsgruppe da aktiv geworden?

Caberta: Wir haben nur einer Initiative, in der auch dänische Aussteiger Öffentlichkeitsarbeit betrieben haben, zur Verfügung gestanden.

TK: Hatten Sie direkte Kontakte zur dänischen Regierung?

Caberta: Nein. Wir erdreisten uns nicht, dänischen Behörden in ihre Arbeit hineinzureden.

TK: Um deutsche Firmen und Verwaltungen vor Scientology zu schützen, haben Sie hier in Hamburg sogenannte *Schutzerklärungen* entwickelt.

Caberta: Ja. Es fing damit an, daß bei Beratungen immer mehr Firmen von Negativerfahrungen berichteten. Sie hatten zum Beispiel mit einem *WISE*-Unternehmensberater oder einer scientologischen Software-Firma zu tun gehabt. Davor wollten sie sich nun schützen. Wir haben dann diese Erklärung ausgearbeitet und empfehlen, sie in Verträge aufzunehmen – mit gutem Erfolg, wie wir aus Rückmeldungen wissen.

TK: Diese *Schutzerklärungen* kommen in Arbeitsverträgen und bei der Auftragsvergabe zum Einsatz?

Caberta: Genau. Nur soll man damit natürlich nicht pauschal arbeiten. Andererseits hat ein Unternehmen eine Fürsorgepflicht seinen Mitarbeitern gegenüber und muß, wenn es einen Scientologen einstellt, berücksichtigen, welche Auswirkungen das auf die anderen Mitarbeiter haben kann. Bei der Auftragsvergabe sollte man in entscheidenden Bereichen wie Software, Fortbildung, Unternehmensberatung und Werbung – in Bereichen also, wo es um Schlüsselinformationen und Einfluß auf Menschen geht – solche *Schutzerklärungen* auf jeden Fall verwenden. Das macht auch die Freie und Hansestadt Hamburg so; und es gibt einen Ministerkonferenz-Beschluß, sie bundesweit im Weiter- und Fortbildungsbereich einzusetzen. Hier ist es auch besonders wichtig. Denn die Verbreitung der Ideologie des Herrn Hubbard läuft ja über Menschen, die dann zu Scientologen werden. Hier muß der Staat seine Schutzfunktion gegenüber dem Bürger, aber auch gegenüber der Verwaltung, wahrnehmen.

TK: Was halten Sie davon, daß private Schulen und private Kindergärten solche *Schutzerklärungen* einsetzen, weil Eltern befürchten, ihre Kinder könnten von *dianetisch* geschulten Scientologen-Kindern beeinflußt werden?

Caberta: Ich halte das für absoluten Blödsinn. Ich bin froh über jedes Kind scientologischer Eltern, das in einen christlichen Kindergarten oder eine Waldorfschule geht. Dann besteht zumindest die Chance, daß Außenkontakte bleiben, daß die Kinder eine andere Erfahrung als die scientologische machen und so vielleicht, wenn sie größer werden, aussteigen. Wir haben jetzt hier in Hamburg die ersten 17- und 18jährigen Aussteiger, die lieber ihr Abitur machen wollen, als von den Eltern in die *SeaOrg* gebracht zu werden. Das finde ich wichtig. Und diesbezüglich muß eine ganz andere Diskussion stattfinden, die ist mir häufig viel zu panikhaft.

TK: Die Bundesanstalt für Arbeit, die scientologische Unternehmen mit einem »S« kennzeichnet, stößt mit ihrem Erlaß, Scientologen die private Arbeitsvermittlung zu untersagen, auf den Widerstand von Gerichten. Halten Sie diesen Erlaß für richtig?

Caberta: Ich habe mich über diesen Erlaß sehr gefreut. Denn es gibt ja *WISE*-Firmen, die Arbeitsvermittlung betreiben; und das ist ein Bereich, wo man sehr schnell in Unternehmen hinein- und an Menschen herankommt. Daß die juristische Auseinandersetzung über den Erlaß schwierig werden würde, war mir klar. Die Argumentationslinie – und da sind wir wieder bei diesem Punkt – die teilweise immer noch verfangende Argumentationslinie solcher Scientologen ist ja: »Das ist meine Religion. Und die hat nichts mit meiner beruflichen Zuverlässigkeit zu tun.« Das aber stimmt in der Regel nicht. Die Kennzeichnung halte ich allerdings in dieser Form für problematisch und weiß auch nicht, nach welchen Kriterien Mitgliedschaften festgestellt werden.

TK: Die von Ihnen skizzierte Argumentationslinie der Scientologen hat das Landessozialgericht Rheinland-Pfalz mehrfach akzeptiert.

Caberta: Ich denke, wir sind da noch nicht am Ende der Diskussion. Ich kann nur sagen, der Erlaß war der richtige Schritt seinerzeit.

TK: Was würden Sie einer Galerie raten, die nicht weiß, ob sie Werke eines scientologischen Künstlers ausstellen soll?

Caberta: Ich weiß von Aussteigern, die im PR-Bereich bei Scientology gearbeitet haben, daß die Künstler und »celebrities« dafür da sind, gutes Wetter für Scientology zu machen und bei jeder Gelegenheit zu erzählen, daß ihre künstlerischen Fähigkeiten durch die Technologie des Herrn Hubbard geweckt wurden. Daß solche Werbung für Scientology nicht, per Subvention von Veranstaltungen, staatlich unterstützt werden darf, dürfte – denken Sie an die Diskussion um Chick Corea – mittlerweile klar sein. Es gibt kein Menschenrecht auf Subvention durch den Staat.

TK: Und was raten Sie Galerien?

Caberta: Da halte ich mich raus. Die müssen wissen, ob sie den Künstler und sein Werk gut finden. Sie müssen aber auch wissen: Die Gefahr ist immer da, daß so ein Künstler so eine Ausstellung zur Propagandashow für Scientology umfunktioniert. Wenn allerdings vertraglich festgelegt wird, daß er das nicht tut, sollte einer Ausstellung eigentlich nichts im Wege stehen.

TK: Wie schätzen Sie das öffentliche Klima, Wissen und Haltung der Bevölkerung zu Scientology ein? Ich habe die Erfahrung gemacht, daß die bloße Erwähnung des Wortes »Scientology« schon Angst auslöst.
Caberta: Das sollte nicht sein und ist, glaube ich, auch nicht durchgängig so. Im Gegenteil: Wir haben mit unserer Aufklärung eine Menge erreicht. Vor ein paar Jahren noch hat manch einer gesagt: »Ich probiere das mal aus« oder »ich lasse mich bequatschen«. Heute denkt man in Verbindung mit Scientology erst einmal: »Vorsicht!«, was die Rekrutierung neuer Mitglieder schwerer macht. Das, finde ich, ist ein Erfolg. Und zur Versachlichung der Diskussion hat, glaube ich, auch die *Enquete-Kommission »Sogenannte Sekten und Psychogruppen«* beigetragen. Ja, und obwohl die Medien manchmal hysterisch und undifferenziert über angebliche Taten von Scientologen berichten, hat sich, finde ich, die Auseinandersetzung über Scientology versachlicht. Noch Anfang der 90er Jahre war es doch für Journalisten praktisch unmöglich, über das Thema zu schreiben. Und die Organisation versuchte, Aufklärungs- und Diskussionsveranstaltungen mit allen Mitteln zu verhindern. Das ist vorbei. Ich diskutiere heute an Fachhochschulen ganz ungehindert mit Lernenden über Scientology, Journalisten können relativ frei berichten, die Diskussion um Scientology ist eine unter anderen geworden. Die kommen auch mit ihren juristischen Attacken gar nicht mehr nach. In diesem Zusammenhang muß ich ein ganz dickes Dankeschön an die Aussteigerszene loswerden. Ohne deren Erfahrungsberichte und Unterlagen wäre diese aufklärerische Arbeit gar nicht möglich gewesen.
TK: Hier in Hamburg hatten Sie, Frau Caberta, Anfang der 90er Jahre Anzeige gegen die Scientology-Organisation erstattet – wegen Bildung einer kriminellen Vereinigung im Sinne des Paragraphen 129a Strafgesetzbuch. Die Staatsanwaltschaft stellte das Ermittlungsverfahren 1994 ein.
Caberta: Ja, die Begründung war allerdings nicht so, als wäre nichts los bei Scientology. Aber ich denke schon, etwas mehr Elan bei den Ermittlungen hätte nicht geschadet. Denn die Scientology-Organisation als ganzes negiert den Rechtsstaat. Die Gerichte sind aus deren Sicht hauptsächlich dafür da, Kritiker mundtot zu machen; Straftaten gehören dazu, weil man alles tun soll, was der Expansion dient, sich allerdings nicht erwischen lassen darf. Das alles schreibt Herr Hubbard. Und die Ermittlungen hier in Hamburg hätten anders laufen können – wobei man berücksichtigen muß, daß wir leider ein Problem im Strafgesetzbuch haben. Dieses Gesetzbuch kennt nur den Straftatbestand

der Bildung einer kriminellen Vereinigung, aber nicht den der organisierten Kriminalität.

TK: Was ist da der Unterschied?

Caberta: Bei der kriminellen Vereinigung sitzt einer an der Spitze und fordert zu Straftaten auf. Bei der organisierten Kriminalität dagegen muß keiner kommandieren, sondern die Straftaten ergeben sich, wie bei Scientology, aus der Mitgliedschaft in einer bestimmten Organisation. Nach wie vor aber ist die Mitgliedschaft bei Scientology kein Ermittlungsansatz. Die Ermittler wissen gar nicht, wie sehr das einen Beschuldigten auch entlasten kann. Eine Mitgliedschaft bei *WISE* zum Beispiel – wo die Gefahr von wirtschaftskriminellen Geschichten am größten ist – kann eine Entlastung für den Beschuldigten sein, weil er ja nicht zu seinen Gunsten zum Beispiel Steuern hinterzogen hat, sondern zugunsten der Organisation, in die er eingebunden ist. Wir sollten also das System Scientology auf die Anklagebank setzen und nicht die einzelnen, die irgendwann wegen ihrer Mitgliedschaft zu Tätern werden können. Leider gehen die Staatsanwaltschaften bis heute nicht so vor.

TK: Sie sagten, bei *WISE* seien wirtschaftskriminelle Geschichten am ehesten denkbar. Haben Sie da Belege?

Caberta: Ja, bei *WISE*-Mitgliedern gibt es die ersten Verurteilungen wegen Steuerhinterziehung.

TK: Einen weiteren Ansatzpunkt, Scientology einzudämmen, sehen Sie im Heilpraktikergesetz.

Caberta: Genau. Das Heilpraktikergesetz geht davon aus, daß alles das Heilkunde ist – zu deren Betreiben man ja eine Heilpraktikererlaubnis braucht –, was Leiden lindern soll. Das *Auditing* des Herrn Hubbard gehört da eindeutig dazu. Allerdings ist die diesbezügliche Auseinandersetzung schwierig, weil wir da eine widersprüchliche höchstrichterliche Rechtsprechung haben. Der Bundesgerichtshof als höchstes Strafgericht sagt, daß schon Ausübung der Heilkunde ist, wenn ich jemandem den Eindruck vermittle, er würde von seinem Leiden geheilt oder die Leiden würden gemindert. Das Bundesverwaltungsgericht dagegen sagt: »Das reicht nicht. Das, was da passiert, muß tatsächlich auf Heilung ausgerichtet sein.«

TK: Scientology sagt, man betreibe keine Heilkunde.

Caberta: Um die Konsequenzen daraus zu umgehen. Wenn man sich aber Hubbards Schriften, angefangen mit dem *Dianetik*-Buch, anschaut, geht er eindeutig von psychosomatischen Leiden, also von Krankheit, aus. Er meint ja, Nicht-Scientologen seien geistig krank. Insofern halte ich es schon für ziemlich abenteuerlich zu sagen, das *Auditing* falle nicht unter das Heilpraktikergesetz.

TK: Nur gerät man da natürlich, weil man ja keine spezielle »Lex Scientology« schaffen kann, in ein weites Feld, in den Geltungsbereich auch des Artikels 4 Grundgesetz. Praktisch alle Religionen streben ja Heil oder Heilung für den Menschen an.

Caberta: Aber Scientology ist keine Religion. Und das Problem betrifft ja nicht nur das scientologische *Auditing*, sondern diese ganze wilde Wunderheilerszene. Kurz, wir brauchen eine klare Definition im Heilpraktikergesetz, was Heilkunde im Sinne dieses Gesetzes ist. Wenn es da eine widersprüchliche höchstrichterliche Rechtsprechung gibt, muß eben der Gesetzgeber entscheiden, was es denn sein soll. Und die *Enquete-Kommission* hat ja die Empfehlung ausgesprochen, sich der Eindruckstheorie des Bundesgerichtshofs anzuschließen.

TK: Was dann auch die Verbreitung etwa von Yoga und Meditation betreffen könnte.

Caberta: Ja. Kann angehen. Aber da, wo die Möglichkeit besteht, daß Menschen Schaden erleiden, muß der Gesetzgeber – nachdem die Gerichte das ja schon ausgefochten haben – die nötigen Schutzmaßnahmen ergreifen.

TK: Folglich müßten also scientologische *Auditoren* eine Lizenz als Heilpraktiker beantragen?

Caberta: Wäre schön, wenn sie das täten. Dann könnten wir nämlich mal den Hubbardschen Gesundheitsbegriff auf den Prüfstand stellen.

TK: Auf dem Schlachtfeld des Gewerbe- und Vereinsrechts hat Hamburg erreicht, daß der hiesige Scientology-Verein für einen großen Teil seiner Aktivitäten ein Gewerbe anmelden muß.

Caberta: Ja, in einem Rechtsstreit, der bis zum Bundesverwaltungsgericht ging. Und die Scientologen haben auch ein Gewerbe angemeldet – wenngleich unter Protest, was dem Finanzamt aber egal ist. Für andere Bundesländer wird es jetzt natürlich ein bißchen leichter aufgrund der höchstrichterlichen Rechtsprechung.

TK: In einem gewissen Kontrast zu dieser Rechtsprechung steht ein Urteil des Bundesverwaltungsgerichts vom 6. November 1997. Darin steht, daß ein Verein keinen Wirtschaftsbetrieb unterhält, soweit er seinen Mitgliedern Leistungen anbietet, die unabhängig von der Vereinsmitgliedschaft nicht von anderen Anbietern erbracht werden können.

Caberta: Die Wurzel dieses – scientologische Rechtspositionen keineswegs bestätigenden – Urteils liegt in einem nicht besonders glücklichen Bescheid des Regierungspräsidiums Stuttgart, einem dortigen Scientology-Verein die Rechtsfähigkeit abzusprechen. Wir in Hamburg sind den Weg gegangen, zunächst einmal festzustellen: »Ihr seid kein Verein mit ideellen Zielen, sondern ein Gewerbebetrieb.« Der nächste Schritt ist nun der Entzug der Rechtsfähigkeit – wofür ja eine Begründung ist, daß der Verein nicht ideell tätig ist, sondern gewerblich. Stuttgart hat gleich den Entzug der Rechtsfähigkeit betrieben und dabei – das ist die Crux – nicht geprüft, ob das eine Religion ist. Dann kam es zur Verhandlung beim Verwaltungsgerichtshof Mannheim, zu der ich extra hinfuhr, um zu sehen, wie Herr Blümel in dieser Frage argumentiert; und der VGH begründete seine Aufhebung des Stuttgarter Bescheids damit, daß der Staat schon prüfen müsse, ob da etwas Religiöses sei. Anschließend sind die Baden-Württemberger zum Bundesverwaltungsgericht gegangen, was ich nicht gemacht hätte. Ich hätte mir einfach den nächsten Verein vorgeknöpft und einen anderen Bescheid erteilt. Aber gut, Baden-Württemberg. Das Bundesverwaltungsgericht hat dann nicht, wie Scientology erhoffte, Mannheim bestätigt, sondern die Sache zur Tatbestandsklärung zurückverwiesen: »Schulaufgaben nicht richtig gemacht, bitte noch einmal.«

TK: Aber das Bundesverwaltungsgericht hat der Zurückverweisung ja die genannten inhaltlichen Maßgaben mit auf den Weg gegeben.

Caberta: Es begibt sich da in diesen Weltanschauungs- und Religionsbereich hinein – wobei mich schon verblüfft, daß es dem Gericht gar nicht so sehr darauf ankommt, ob das eine Religion ist. Dessenungeachtet: Scientology hat dieses Verfahren verloren, das Bundesverwaltungsgericht hat die Aufhebung des Bescheids durch den VGH nicht bestätigt, sondern zurückverwiesen.

TK: Kurz darauf hat das Regierungspräsidium Stuttgart seine Rechtsmittel gegen den VGH-Beschluß zurückgezogen. Wollten die nicht noch einmal eingehen und fahren jetzt Ihre Strategie?

Caberta: Wäre ja prima. Dann wären sie auf dem richtigen Weg.

TK: Hamburg, Frau Caberta, war auch federführend bei der Erarbeitung eines Gesetzentwurfes zur Regelung der *Lebensbewältigungshilfe*, den der Bundesrat im Dezember 1997 verabschiedet hat.

Caberta: Insbesondere Herr Dr. Keltsch vom bayerischen Innenministerium hatte schon Anfang der 90er Jahre kritisiert, daß es bei uns einen völlig unübersichtlichen und ungeregelten Psychomarkt gibt, wo sich alles mögliche tummelt. Wir haben das dann aufgegriffen, ich habe es dem Senat vorgetragen, und der beauftragte uns, einen Gesetzentwurf zu fertigen, der diesen gewerblichen Lebenshilfemarkt im Sinne des Verbraucherschutzes regelt. Den medizinischen Bereich, um den sich unter anderem das Heilpraktikergesetz kümmert, haben wir ausdrücklich ausgeklammert. Das Gesetz soll die Anbieter zwingen, schriftlich in einer Vertragsurkunde offenzulegen, welche Methoden mit welcher Zielsetzung sie anwenden, wieviel das kostet, ob Folgeveranstaltungen nötig sind, um das vorgegebene Ziel zu erreichen, und so weiter. Der Kunde soll einfach wissen, mit wem er es zu tun hat. Und weil Gruppierungen wie Scientology das sehr gern verschleiern, ist es dringend erforderlich, es per Gesetz zu regeln.

TK: Der Gesetzentwurf geht von einer sehr hohen Schutzbedürftigkeit des Beziehers von *Lebensbewältigungshilfe* aus. Er schreibt zum Beispiel stark zu Lasten des Anbieters gehende Rücktritts- und Kündigungsfristen fest und bejaht eine hohe Schutzbedürftigkeit sogar für Firmen und Verwaltungen, die Leistungen der *Lebensbewältigungshilfe* erwerben. Wie stehen Sie, vor diesem Hintergrund, zu dem Vorwurf, daß dieser Gesetzentwurf tatsächlich den alternativen Lebenshilfemarkt austrocknen soll – im Interesse möglicherweise der Amtskirchen und der etablierten Psychotherapie, die ja von dem Gesetz ausdrücklich nicht betroffen sein sollen?

Caberta: Ich halte diesen Vorwurf für Unsinn. Gerade die katholische Kirche hatte im Beratungsverfahren kritisch Stellung genommen. Und ich sage: Wenn die Kirchen Angebote machen, die unter dieses Gesetz fallen, gilt es auch für sie. Allerdings bin ich bisher davon ausgegangen, daß dies nicht so ist.

TK: Der Bericht der *Enquete-Kommission* fordert – mit Blick wohl auch auf Scientology – den Straftatbestand des Wuchers, im Sinne einer umfassenden Auslegung, klarer zu definieren und überdies die Staatsanwaltschaften anzuhalten, bei Hinweisen auf diesen Tatbestand nicht erst Anzeigen abzuwarten, sondern von sich aus Ermittlungen aufzunehmen.

Caberta: Natürlich, denn so etwas zeigt ja kaum einer an. Gerade ehemalige Mitglieder von Scientology sind doch nach dem Ausstieg mit viel zu vielen Dingen beschäftigt, als daß sie nun auch noch eine Anzeige wegen Wuchers erstatten. Ich habe in Diskussionen mit Staatsanwälten deutlich gesagt: »Ich mute dem ehemaligen Mitglied ungern auch noch so etwas zu. Denn irgendwann kriegt Scientology Akteneinsicht, erfährt, wer der Anzeigeerstatter war, und dann gehen die Repressalien, die vielleicht zu dem Zeitpunkt gerade nachgelassen haben, wieder los.« Wenn statt dessen das ehemalige Scientology-Mitglied nur als Zeuge in einem von der Staatsanwaltschaft eingeleiteten Ermittlungsverfahren wegen Wuchers benannt wird, ist das eine leichter zu ertragende Geschichte. Aber bisher ist keine Staatsanwaltschaft in Deutschland auf diesen Vorschlag eingegangen.

TK: Ist es in Deutschland schon einmal zu Verurteilungen wegen Wuchers im Zusammenhang mit Scientology gekommen?

Caberta: Nach unserem Wissen nicht.

TK: Ihre Arbeitsgruppe, Frau Caberta, betreut auch Scientology-Aussteiger. Etliche Religionswissenschaftler und Psychologen sagen nun, daß es, wegen der relativ kurzen durchschnittlichen Aufenthaltsdauer bei Scientology und sogenannten *Sekten*, Tausende Aussteiger gebe, die anschließend kein großes Problem mit dieser Phase ihres Lebens haben. Und Ex-Scientologen, die mit Vorwürfen gegen Scientology an die Öffentlichkeit gehen, seien oft sogenannte Apostaten – die genau so fanatisch, wie sie früher Scientologen waren, jetzt Anti-Scientologen seien. Entsprechend sei die Glaubwürdigkeit dieser Aussteiger zu bewerten.

Caberta: Das ist eine unglaubliche Verleumdung dieser Menschen. Es gibt doch sehr, sehr viele ehemalige Mitglieder von Scientology, die nicht an die Öffentlichkeit gehen, uns aber mit ihrem Wissen zur Verfügung stehen. Jeder hat seine eigene Geschichte, in der Organisation und nach dem Ausstieg. Und die wenigen, die sich bereit erklären, über ihre Erfahrungen in der Öffentlichkeit zu berichten, sehen sich dann solchen Diffamierungen ausgesetzt. Das geht ja bis dahin, daß denen unterstellt wird, sie seien gar nicht richtig ausgestiegen, weil sie sich eben nicht polemisch äußern, sondern sagen: »Ich hatte durchaus auch positive Erfahrungen«, was nur logisch ist. Denn sonst wären sie doch nicht so lange dabei geblieben. Ich muß Ihnen auch sagen, daß diejenigen, die – auch in der *Enquete-Kommission* – solche Unterstellungen verbreiten, oft gar keinen Kontakt zu Ex-Scientologen haben oder zumindest bei weitem nicht so intensiven und engen Kontakt wie wir, die wir diese Menschen über lange Zeit begleiten. Also, wenn ich so etwas höre von solchen Religionswissenschaftlern, dann empfinde ich das als Unverschämtheit, Diffamierung und Verleumdung dieser Menschen.

TK: Ihr besonderes Verhältnis zu den Grünen in Sachen Scientology wurde bundesweit bekannt anläßlich eines Disputs in der *Enquete-Kommission*, bei dem es um die Beziehung von Bundestagsvizepräsidentin Antje Vollmer zum Künstler Gottfried Helnwein ging. Wie bewerten Sie die Rolle der Grünen und speziell Frau Vollmers in der Auseinandersetzung mit Scientology?

Caberta: Ich als linke Sozialdemokratin, die jahrelang für »rot-grün« als politische Alternative eintrat, war und bin entsetzt darüber, wie naiv man bei den Grünen dem Gedankengut des Herrn Hubbard gegenübersteht. Gerade von den Grünen, die ja sonst immer, jedenfalls vorgeblich, auf der Seite der Opfer totalitärer Gruppierungen stehen, hätte ich eigentlich Unterstützung erwartet.

TK: Woran entzündet sich Ihre Kritik speziell an Frau Vollmer?

Caberta: Vor allem an ihrem Auftreten in einer Sendung von Alfred Biolek – just zu der Zeit, als in den USA die Hetzkampagne der Scientology-Organisation lief, in der diese den unsäglichen Vergleich zur Judenverfolgung unter den Nazis propagierte. In der Sendung hatte sich Gottfried Helnwein hingesetzt und gesagt, er habe nur mal ein paar Kurse gemacht bei Scientology und müsse jetzt, weil er diskriminiert werde, in die USA auswandern. Da erscheint Frau Vollmer und erzählt sinngemäß: »Ist das nicht schrecklich, daß jetzt schon wieder Künstler in die USA fliehen müssen?« In derselben Sendung. Ich dachte, ich höre nicht richtig. Also, damit hat sich Antje Vollmer – unbewußt, unterstelle ich mal – zur Propagandistin dieser Scientology-Aktivitäten in den USA gemacht. Und besonders erschreckend finde ich, daß es ja nicht nur Frau Vollmer war, sondern die Vizepräsidentin des Deutschen Bundestags. Schon der Respekt vor diesem Amt hätte doch geboten, daß man, bevor man so etwas von sich gibt, sich vielleicht ein bißchen schlau macht.

TK: Sehen Sie bei Frau Vollmer persönliche Beziehungen zu Scientology?

Caberta: Sie ist befreundet mit Gottfried Helnwein. Und es ist keine Hysterie, sondern beruht auf langjähriger Erfahrung mit dem System Scientology und den sich in diesem System bewegenden Menschen, daß man vor diesem Hintergrund ganz bestimmte Dinge nicht ausschließen kann. Und ich denke, das sollte man doch in diesem Staat noch sagen dürfen – ohne daß ein Herr Fischer dann gleich meinen Rausschmiß aus der *Enquete-Kommission* fordert.

Wir werden uns davor schützen, unterwandert zu werden

Gespräch mit dem bayerischen Innenminister Günther Beckstein

Dr. Günther Beckstein, geboren 1943 in Hersbruck, studierte Rechtswissenschaften in Erlangen und München. Ab 1971 arbeitete er als Rechtsanwalt; 1975 promovierte er über das Thema »Der Gewissenstäter im Straf- und Strafprozeßrecht«. Dr. Beckstein hat zahlreiche Ämter in der CSU bekleidet, derzeit ist er Mitglied des Parteivorstands. 1974 wurde er in den Bayerischen Landtag gewählt; er war stellvertretender Vorsitzender der CSU-Landtagsfraktion und von 1978 bis 1988 Vorsitzender des Sicherheitsausschusses des Landtags. 1988 wurde Dr. Beckstein zum Staatssekretär im Bayerischen Staatsministerium des Innern ernannt, 1993 zum Staatsminister. Seit 1996 ist er Mitglied der Synode der Evangelisch-Lutherischen Kirche in Bayern. Er ist verheiratet und hat drei Kinder.

TK: Nach Meinung der bayerischen Staatsregierung, Herr Minister, gefährdet sogenannte Kinder-*Dianetik* die Entwicklung von Kindern. Wie werten Sie, daß jetzt die dänischen Behörden eine erste deutsche Scientologen-Schule auf dänischem Boden formell anerkannt haben?
Beckstein: Ich halte diese Anerkennung für höchst unerwünscht, weil mit den scientologischen Methoden, die schon für Erwachsene gefährlich sind, ganz besonders Kinder mit ihrer begrenzten Kritikfähigkeit in eine unerfreuliche Entwicklung hineingepreßt, ja dressiert werden. Aber es paßt ins Bild, weil ja Dänemark auch gegenüber den sogenannten *Rehabilitationslagern* Scientologys sehr großzügig ist – zu Lasten der Scientology-Opfer.
TK: Sollte Deutschland da politisch etwas tun?
Beckstein: Bei uns herrscht von der Union über die SPD bis hin zu den Grünen Übereinstimmung darin, daß Scientology Menschen gefährdet. Vor diesem Hintergrund sollten wir mit dem befreundeten Nachbarstaat Dänemark ernsthafte Gespräche führen – mit dem Ziel, daß wir zu einer einheitlichen Beurteilung kommen.
TK: Viele Religionswissenschaftler sehen in Scientology eine Religion, Weltanschauungsbeauftragte Ihrer, der protestantischen Kirche, nennen Scientology eine Weltanschauung.
Beckstein: Scientology nimmt für sich die Begriffe »Kirche«, »Weltanschauung« und »Religion« in Anspruch, um sich die Vorrechte von

Glaubens- und Gewissensfreiheit zu sichern. Daß im Zusammenhang damit semantische und inhaltliche Probleme auftauchen, überrascht mich nicht. Ich persönlich bin überzeugt, daß Scientology keine Religions- oder Glaubensgemeinschaft ist, sondern ein straff geführter Wirtschaftskonzern, der Hilfesuchenden vorspiegelt, ihnen zu helfen, ihnen in Wirklichkeit aber Geld aus der Tasche zieht, der Leute in brutalster Weise ausnimmt und versucht, diese Menschen in die Gewalt der Organisation zu bekommen. Darüber hinaus strebt Scientology politische Macht an. Das heißt, die Frage, ob Scientology eine *Sekte* oder Weltanschauung ist, ändert nichts daran, daß es sich um eine verfassungsfeindliche Organisation handelt. Scientology hat kein Weltbild, wie es das Grundgesetz zugrunde legt. Dort gelten zum Beispiel die Prinzipien der individuellen Selbstbestimmung und der Menschenwürde. Und es gelten die Organisationsprinzipien von Demokratie und Rechtsstaat, wo jeder die gleichen staatsbürgerlichen Rechte hat und Gewaltenteilung herrscht. All diese Prinzipien werden von Scientology negiert.

TK: Welche verfassungsfeindlichen Ziele sehen Sie?

Beckstein: Diese Ziele gehen eindeutig aus den Schriften Hubbards hervor. Die Scientology-Organisation will Menschen in ihre Macht bekommen, um Macht in Gesellschaft und Staat auszuüben. Nur Scientologen, insbesondere die höherer Stufen, haben Rechte. Wer nicht Scientologe ist oder gar vor Scientology warnt, ist ein Feind, den es zu bekämpfen gilt. Dies ist das Gegenteil von Demokratie. Auch daß ein eigener Geheimdienst vorgehalten wird, alles nach scientologischen Prinzipien organisiert werden soll und Scientology die Weltherrschaft anstrebt, widerspricht eindeutig demokratischen Prinzipien.

TK: Religionswissenschaftler finden in den heiligen Schriften der Christen ebenfalls eine Fülle verfassungsfeindlicher Stellen.

Beckstein: Natürlich lassen sich einzelne Zitate finden, die nicht der Demokratie entsprechen. Das ist bei einer Schrift wie der Bibel, die in den jüngeren Teilen knapp zweitausend Jahre alt ist, nicht verwunderlich. Entscheidend jedoch ist, daß die Bibel und damit das Christentum ein Menschenbild geschaffen haben, das auf gegenseitiger Achtung und Toleranz aufbaut. Ohne das Christentum wäre die Aufklärung geschichtlich kaum möglich gewesen. Und nicht von ungefähr ist der Grundwertekatalog des Grundgesetzes praktisch identisch mit den Grundvorstellungen des Christentums. Hier tritt der freie Mensch in Toleranz anderen Menschen gegenüber. Und auch wer Verbrechen begeht, hat noch Grundrechte – weil er eben, obwohl mit Schuld beladen, Ebenbild Gottes mit den damit verbundenen Rechten ist. Nein, das ist wahrhaftig nicht dieser menschenverachtende Totalitarismus von Scientology. Und ich halte die Gleichsetzung von Christentum und Scientology für eine jener ganz üblen Verdrehungen, die bei Scientology als Kampfmittel nicht ungewöhnlich sind.

TK: Begründen, über die Schriften Hubbards hinaus, konkrete Handlungen der Scientology-Organisation auf deutschem Boden ihre Verfassungsfeindlichkeit?

Beckstein: Nach unseren Beobachtungen durch den Verfassungsschutz können wir ganz eindeutig feststellen, daß die Prinzipien Hubbards die strikt befolgte Verfahrensanleitung von Scientology sind: Kritiker werden mit aller Massivität bekämpft – bis an die Grenze von Straftaten. Wir haben sogar mehrere Fälle, wo tatsächlich Straftaten begangen wurden, um gegen Kritiker vorzugehen. Scientology unterläuft auch die Rechtsstaatsgarantie des Grundgesetzes. Mitgliedern wurde verboten, Anzeige zu erstatten oder zur Durchsetzung ihres Rechts die Gerichte anzurufen. Hinzu kommen die strikte Unterordnung unter die amerikanische Zentrale und die Hierarchie, nach der diejenigen auf niedrigen Stufen der Erkenntnis nichts zu sagen haben. All dies macht deutlich, daß Scientology auch in Deutschland, auch in Bayern, nach den verfassungsfeindlichen Prinzipien Hubbards vorgeht.

TK: Bei den in Deutschland festgestellten Straftatbeständen handelt es sich, wie auch der bayerische Verfassungsschutzbericht aufzeigt, ausschließlich um Bagatellen, zum Beispiel Beleidigungen. In Übereinstimmung mit der deutschen Justizministerkonferenz bezeichnen Sie denn auch Scientology nicht als »kriminelle«, sondern als »kriminogene« Organisation. Was heißt kriminogen?

Beckstein: Kriminogen ist eine Organisation, die staatliche Gesetze als nicht unbedingt verbindlich erachtet. Bei Scientology ist oberstes Gesetz, die Organisation auszudehnen. Wenn dabei Straftaten begangen werden, wird das durchaus in Kauf genommen, manchmal sogar systematisch herbeigeführt. In Deutschland ist die Gewaltbereitschaft Scientologys gegenüber Kritikern deutlich zurückgegangen, aber nicht, weil man die Gesetze achtet, sondern weil man sieht, daß man sofort in eine brutale öffentliche Diskussion gerät, wenn man Straftaten begeht. Kriminogen finde ich auch, daß man Leuten systematisch Geld abnimmt und dabei in Kauf nimmt, daß deren Angehörige schwer in Mitleidenschaft gezogen werden. Und es werden ja auch Firmen in den Ruin getrieben, um Geld für die Scientology-Organisation zu erwirtschaften. Das alles rechtfertigt für mich den Schluß: Dies ist eine Organisation, die hart am Rande der organisierten Kriminalität angesiedelt ist.

TK: Glauben Sie, gerichtsfeste Beweise für verfassungsfeindliche Bestrebungen der Scientology-Organisation zu haben?
Beckstein: Wir warten immer noch darauf, daß Scientology uns einmal wegen der Beobachtung verklagt. Dann können wir unsere gerichtsfesten Beweise auf den Tisch legen. Ich kann Ihnen nur versichern: Selbst bei kritischster Überprüfung der Beweise, die der Verfassungsschutz in Bayern und anderen Bundesländern gefunden hat, ist überhaupt nicht zu bezweifeln, daß Scientology verfassungsfeindlich ist.
TK: Sind alle diese Beweise im jüngsten bayerischen Verfassungsschutzbericht aufgeführt?
Beckstein: In Teilen. Wir beobachten Scientology noch nicht sehr lange, außerdem wollen wir unsere Arbeit nicht gefährden. Deshalb ist es wohl selbstverständlich, daß wir noch nicht alles in die Öffentlichkeit bringen. Aber auch, was bislang veröffentlicht wurde, reicht deutlich aus, die Beobachtung durch den Verfassungsschutz als rechtmäßig auszuweisen.
TK: Warum lehnt es der hessische Verfassungsschutz ab, Scientology weiter zu beobachten, und meint, dabei komme nichts heraus?
Beckstein: Zunächst ist das nicht richtig. Hessen stellt die Beobachtung nicht in Frage, sondern hat mitgeteilt, daß über eine Durchdringung des Staates keine weiterführenden Erkenntnisse angefallen sind. Im übrigen hat Hessen eine rot-grüne Koalition. Und die Grünen hatten schon immer ein gebrochenes Verhältnis zum Verfassungsschutz.
TK: Aber die SPD ist doch sehr aktiv gegenüber Scientology.
Beckstein: Ja. Nur hat in der Koalition auch der Partner mitzuentscheiden. Und es überrascht mich nicht, daß ausgerechnet solche Sozialdemokraten, die einen grünen Koalitionspartner haben, besondere Schwierigkeiten haben, die von Scientology ausgehenden Gefahren zu erkennen. Hessen hat überdies sehr spät und zögerlich mit der Beobachtung angefangen. Und man kann derlei nicht wie einen Lichtschalter anknipsen und sagen: »Jetzt beobachte ich, und morgen habe ich Ergebnisse.« Nein, unter fachlichen Aspekten ist es wirklich nicht nachvollziehbar, daß man zu einem Zeitpunkt, wo man nach sehr kurzer Beobachtung noch keine Ergebnisse haben kann, schon Zweifel an dem Sinn der Beobachtung hat. Aus bayerischer Sicht kann ich nur feststellen: Es wäre grundfalsch, Scientology als Organisation darzustellen, die nur irgendwelche kindischen und abstrusen Ideen verfolgt. Das Gefährliche an dieser Organisation ist doch, daß sie, wenn auch die Lehre pseudowissenschaftlich ist, durch Gehirnwäsche, durch Dressurmethoden, durch Methoden der Psychologie und Psychoanalyse Menschen

verändern und über deren eigenen Willen hinaus beeinflussen will, ja sogar versucht, den Menschen zu einer Maschine umzuorganisieren. Und das halte ich für sehr gefährlich.

TK: Sie halten es für möglich, daß Menschen von Scientology quasi zu Robotern umfunktioniert werden?

Beckstein: Ganz eindeutig. Es erschüttert mich, wie Leute, die von Angehörigen und Freunden für ganz vernünftig gehalten wurden, plötzlich von Scientology umgepolt wurden. Und wenn man mit Scientologen redet, ist es ja so, als ob Sie mit einer Wand diskutieren – eine Folge der eingeübten Verhaltensmuster und der Immunisierungsstrategien. Da prallt Kritik, die von außen kommt, völlig ab.

TK: Haben Sie da persönliche Erfahrungen?

Beckstein: Ja. Wenn ich mit Angehörigen spreche, die von völliger Veränderung berichten und davon, daß Menschen bisherige Werte und Beziehungen zur Familie und zu Freunden plötzlich für sekundär halten, dann bin ich schon sehr besorgt. Sicher, wir sind ein freies Land, wo jeder sich orientieren darf, wohin er will. Nur, aus meiner Sicht ist es unbedingt eine Aufgabe des Staates, dafür zu sorgen, daß sich Menschen nicht ungewarnt in ein solches System begeben und man dann plötzlich feststellt, daß sie umgepolt, dressiert und einer *Gehirnwäsche* unterzogen worden sind. Und ich halte die deutsche und insbesondere die bayerische Politik auch für eine entscheidende Ursache dafür, daß Scientology im Moment Marktanteile verloren hat. Die Leute sind sensibilisiert. Und sie überlegen es sich sehr sorgfältig, ob sie sich von diesem System einfangen lassen. Genau deswegen geht übrigens Scientology gegen Deutschland so massiv vor.

TK: Scientologen müssen sich vor einem Eintritt in den öffentlichen Dienst Bayerns einer Befragung unterziehen, die – wenn der Betreffende tatsächlich von Scientology überzeugt ist – dazu führt, daß er nicht eingestellt wird.

Beckstein: Das ist nicht richtig. Wir fragen natürlich – ich sage das, um einen falschen Eindruck zu vermeiden – generell nach der Betätigung in verfassungsfeindlichen, extremistischen Organisationen. Davon abgesehen: Ja, es ist selbstverständlich, daß ein Staat sich davor schützt, von der Scientology-Organisation mit ihren verfassungsfeindlichen politischen Ambitionen unterwandert zu werden. Dabei müssen wir jeden Einzelfall prüfen. Entscheidend ist, ob ein Scientologe seine dienstliche Funktion für das System mißbraucht. Völlig unerträglich wäre es zum Beispiel aus meiner Sicht, wenn ein Lehrer an einer Grundschule als überzeugter Scientologe Kinder in den Einflußbereich von Scientology bringen würde. Andererseits werden wir zum Beispiel eine junge Frau, die nur mal einen *Dianetik*-Kurs besucht hat und nicht in die Scientology-Organisation eingegliedert ist, selbstverständlich einstellen. Ob jemand Opfer oder Täter ist, muß die Einstellungsbehörde in einem sorgfältigen Gespräch feststellen.

TK: Was würden Sie tun, wenn Sie einen scientologischen Lehrer entdeckten, der bereits Lebenszeit-Beamter ist?

Beckstein: Da würde zunächst die Dienstaufsicht dafür sorgen, daß keine Gefährdungen entstehen. Verhält sich der Beamte wider Erwarten dienstpflichtgemäß und läßt nichts Scientologisches in seinen Unterricht einfließen, wäre es rechtlich sicher nicht möglich, ihn aus dem Dienst zu entfernen. Käme er allerdings seinem scientologischen Auftrag nach und wir könnten ihm Dienstpflichtverletzungen nachweisen, dann wäre er sehr schnell aus dem Dienst entfernt. Wir haben übrigens eine Lehrerin, die Scientologin ist, eine Kunsterzieherin. Die hält sich an die Vorschriften und hat deshalb auch keinerlei Schwierigkeiten.

TK: In den USA, wo Scientology seit fast einem halben Jahrhundert existiert, hat man mit Scientologen im öffentlichen Dienst kein Problem. Richter in Kalifornien oder Oklahoma überweisen sogar jugendliche Straftäter an das *Criminon*-Programm von Scientology.

Beckstein: So kann man das nicht sehen. Gerade in den USA scheint es mir im Zusammenhang mit Scientology durchaus Probleme zu geben. Sie kennen die Vorwürfe, daß Scientology massiven Druck auf die Steuerbehörden ausgeübt und so schließlich Vergünstigungen bekommen hat. Die versuchte Unterwanderung der »US Coast Guard« durch Scientology ist ein weiteres Beispiel. Es gibt ernsthafte Scientology-Kritiker, die sagen, in bestimmten Bereichen der USA regiere bereits Scientology, weil hier der Einfluß der Scientology-Organisation schon zu groß ist. Ich kann das als bayerischer Innenminister nicht überprüfen. Aber ich muß sehen, daß ernsthafte Leute sagen, in den USA seien Warnsignale bereits in einem solchen Maße mißachtet worden, daß es dort Gefährdungen gibt, die wir jedenfalls nicht haben wollen. Wir werden uns davor schützen, unterwandert zu werden. Wir werden uns davor schützen, daß zum Beispiel der Verfassungsschutz seine Computer-Anlagen von Scientology-Firmen warten läßt oder das Landeskriminalamt sich seine Personalberatung von einer Scientology-Firma holt. Und die *Schutzerklärungen*, die wir von Firmen verlangen, mit denen wir in sensiblen Bereichen zusammenarbeiten, diese Erklärungen sollen Bayern davor bewahren, unfreiwillig ebenfalls in den Scientology-Konzern eingegliedert zu werden.

TK: Das Bundesarbeitsministerium ist mit seiner Anweisung, Scientologen aus der privaten Arbeitsvermittlung auszuschließen, mehrmals vom Landessozialgericht Rheinland-Pfalz zurückgepfiffen worden.
Beckstein: Es ist in der Tat schwierig, sensible Bereiche, wo Scientologen ausgeschlossen werden müssen, von nicht zu schützenden abzugrenzen. Bei uns in Bayern zum Beispiel hatte eine Einheit der Bereitschaftspolizei die Verträge mit einem scientologischen Papierlieferanten gekündigt, weil man mit dem nichts mehr zu tun haben und ihn auch kein Geld mehr an der Polizei verdienen lassen wollte. Diese Entscheidung wurde aufgehoben. Ich meine, die werden ja ins Papier keine geheimen Sender einbauen. – Wo nun die private Arbeitsvermittlung anzusiedeln ist, sei dahingestellt. Ich verhehle nicht, daß ich persönlich die Haltung des Arbeitsministeriums, soweit ich darüber informiert bin, für richtig halte. Ich muß doch als Arbeitsuchender wissen, ob ein möglicher Arbeitgeber ein scientologisch geführtes Unternehmen ist. Außerdem sind viele Arbeitslose in einer psychisch labilen Situation und werden jeden Strohhalm ergreifen. Daß da dann die Gefahr besteht, ins Scientology-System eingegliedert zu werden, ohne es selbst zu merken, scheint mir offensichtlich.
TK: Was halten Sie von jener Veröffentlichung der Jungen Union, die nicht nur Scientology, sondern alle sogenannten *Sekten* als zu eliminierende (In)Sekten darstellt, was von jenem Artikel im für Lehrer bestimmten Organ »Schulreport« des bayerischen Kultusministeriums, Ausgabe 1/96, wo als Erkennungsmerkmale von Scientologen unter anderem »Fettleibigkeit« und »veränderter Bartwuchs« genannt werden?
Beckstein: In der Regel habe ich die Leute, die sich mit Scientology kritisch beschäftigen, als sehr vernünftig erlebt. Ich will allerdings nicht ausschließen, daß da und dort jemand über das Ziel hinausschießt. Mehr Sorgen bereitet mir, daß im Bereich des Wettbewerbs bestimmte Leute ihre Konkurrenten als Scientologen verdächtigen, um ihnen so Nachteile zu bereiten. Da gibt es leider mehrere Beispiele.
TK: Wie, Herr Minister, würden Sie reagieren, wenn eins Ihrer Kinder Scientologe würde?
Beckstein: Ich wäre äußerst traurig, weil dieser junge Mensch sich nicht zu einer selbstverantwortlichen Persönlichkeit weiterentwickeln könnte, sondern als Rädchen in eine große Maschine eingegliedert würde. Zum Glück aber haben meine Kinder – sie sind 22, 20 und 18 – mit Scientology nichts am Hut, woran ich sehe, daß es uns offenbar gelungen ist, sie zu lebensfrohen, selbstbewußten und kritikfähigen Menschen zu erziehen.

Eine Fratze des modernen Kapitalismus

Gespräch mit der Grünen-Politikerin Angelika Köster-Loßack

Dr. Angelika Köster-Loßack, geboren 1947 in Emmerich, studierte in Heidelberg Indologie, Soziologie, Ethnologie sowie Sozial- und Wirtschaftsgeschichte. 1972 promovierte sie über die »Genese des interethnischen Konflikts in Israel«. Ab 1974 arbeitete sie als Lehrbeauftragte unter anderem an der Universität Heidelberg. Seit 1994 sitzt Frau Dr. Köster-Loßack für die Grünen im Deutschen Bundestag. Dort wurde sie unter anderem Mitglied der Enquete-Kommission »Sogenannte Sekten und Psychogruppen«. Frau Dr. Köster-Loßack ist verheiratet und hat ein Kind.

TK: Anfang 1998, haben Sie, Frau Dr. Köster-Loßack, mit der *Enquete-Kommission »Sogenannte Sekten und Psychogruppen«* des Bundestags die USA besucht. Was kam dabei heraus?
Köster-Loßack: Wir konnten über die Arbeit der Kommission aufklären und von anderer Seite verbreitete Desinformation richtigstellen. Und was Scientology angeht, haben wir am eigenen Leib erlebt, was passiert, wenn die Organisation einen auf dem Kieker hat. Da waren nicht nur Demonstrationen und Sprechchöre, sondern wir wurden bis ins Hotel hinein von Scientology-Fotografen verfolgt, die uns dokumentieren wollten. Am meisten beeindruckt haben mich in den USA unsere langen Gespräche mit Anwälten, die Scientology-Opfer, Aussteiger und deren Familien vertreten – Anwälte, die die kriminellen Aktivitäten der Organisation über Jahrzehnte zurückverfolgt und mir ganz neue Einblicke in die Gefährlichkeit von Scientology vermittelt haben.
TK: In Veröffentlichungen beschreiben Sie, wie in der Welt von heute Ideen, Religionen und Institutionen an Verbindlichkeit verlieren. Es gebe mehr Freiheitsräume für den einzelnen, aber auch mehr Isolation – Raum für neue Religionen, Weltanschauungen und *Psychogruppen*, die neue Perspektiven eröffnen können oder nur Geld kosten. Was kann Politik in diesem Kontext leisten?
Köster-Loßack: Artikel 4 unseres Grundgesetzes fordert die Freiheit des religiösen Bekenntnisses und der Weltanschauung; hier hat sich der Staat nicht einzumischen. Er hat lediglich die Aufgabe, Rahmenbedingungen dafür zu schaffen, daß Menschen in Sinnkrisen, mit Orientierungsproblemen oder psychosomatischen Krankheiten sich selbst helfen können. Ein gewisser Ausgleich zwischen Arm und Reich ist nötig, eine bessere Verteilung der Arbeit, ein dem Menschen mit sol-

chen Problemen tatsächlich helfendes Gesundheitswesen. Das ist es dann auch. – Es geht nicht an, daß sich der Staat in die Gestaltung religiöser oder weltanschaulicher Orientierung einmischt, es sei denn, andere Grundrechte werden tangiert. Es kann zum Beispiel nicht sein, daß in unserem Land die Normen der Scharia umgesetzt werden – auch nicht, wenn eine substantielle Minderheit das fordert.

TK: Was war die Aufgabe der *Enquete-Kommission »Sogenannte Sekten und Psychogruppen«*, in der Sie als Obfrau der Grünen saßen?

Köster-Loßack: Die Kommission geht zurück auf Petitionen von Eltern- und Betroffeneninitiativen, die sich durch Scientology und andere Gruppen beeinträchtigt sehen. Laut Beschluß des Bundestags hatte die Kommission zu untersuchen, inwieweit solche Gruppen die Autonomie und Stabilität von Menschen gefährden können und wie Konflikte zwischen Betroffenen und diesen Gruppen lösbar sind.

TK: Wie beurteilen Sie die Zusammensetzung der Kommission?

Köster-Loßack: In der Kommission saßen neben Kollegen aus den Fraktionen Sachverständige – unter ihnen, leider, viele Vertreter religiöser Interessengruppen. Ich als Obfrau von Bündnis 90/Die Grünen habe bewußt als Sachverständigen keinen Weltanschauungs- oder *Sektenbeauftragten* der Kirchen bestellt; diese Leute sind, qua Position, in unzulässigem Maße voreingenommen. Ich habe nichts gegen Vertreter der Kirchen in der *Enquete-Kommission*; sie aber, die doch seit Jahrzehnten auf einer Seite der Front kämpfen, als »neutrale Sachverständige« zu bezeichnen, das geht zu weit.

TK: Die Kommission hat offiziell, mit Blick auf Artikel 4 Grundgesetz, über »Konfliktfelder« und nicht über einzelne Gruppen verhandelt.

Köster-Loßack: Ja, letzteres wäre in der Tat nicht verfassungsgemäß gewesen. Und auch vom Gesetzgeber sind ja nur Konfliktfelder erfaßbar. Wie kann man in einer pluralistischen Gesellschaft den einzelnen im gesetzlich schwer zu regelnden religiös-weltanschaulichen Bereich vor Schaden bewahren? Das zu klären, war unser Auftrag.

TK: Es gab von betroffenen Gruppen, aber auch aus dem Ausland, Vorwürfe, in Deutschland werde religiös diskriminiert. Wurde auch das in der Kommission thematisiert?

Köster-Loßack: Ich habe das thematisiert, zumal bei unseren Anhörungen schnell deutlich wurde, daß sich etliche Freikirchen als »sogenannte *Sekten* und *Psychogruppen*« diskriminiert fühlen. Unter anderem deshalb habe ich angeregt, alle Gruppen nach möglicher Diskriminierung zu befragen und nach dem Wandel in der öffentlichen Stimmung ihnen gegenüber seit Einsetzung der *Enquete-Kommission*.

Es gab in der Kommission erbitterten Widerstand gegen diese Befragung; aber unterstützt von der Vorsitzenden Frau Schätzle, CDU, die auch der Meinung war, daß man den Gruppen Gehör schenken muß, haben wir die Befragung, deren Ergebnisse Eingang in den Schlußbericht gefunden haben, schließlich durchgesetzt.

TK: In welcher Atmosphäre verhandelte die Kommission?

Köster-Loßack: Es war ziemlich anstrengend für mich, weil teils sehr, sehr heftig argumentiert wurde. Da ist, im Vergleich, die grüne Fraktion ein »Club der Harmonie«. Und weil ich in vieler Hinsicht auch noch eine Minderheitsposition vertrat, war es wirklich schwer für mich, angesichts massiver Polemik nüchterne Sachlichkeit zu wahren.

TK: Wie verliefen die Fronten?

Köster-Loßack: Zwischen den SPD-Mitgliedern der Kommission und ihren Sachverständigen einerseits sowie uns Grünen andererseits. Sobald wir nur nachfragten oder differenzierten, wurde uns das schon als Parteinahme für die gerade im Visier der SPD befindliche Gruppe ausgelegt. Mit der CDU dagegen gab es, obwohl wir oft unterschiedlicher Meinung waren, faire Diskussionen. Und ohne die moderate und vermittelnde Art der Vorsitzenden Ortrud Schätzle wäre es wohl nicht zu einem, unter dem Strich, doch noch guten Arbeitsklima gekommen.

TK: Worauf führen Sie diese kritische Position der SPD gegenüber sogenannten *Sekten* zurück?

Köster-Loßack: Ich will das nicht auf die ganze SPD-Fraktion ausdehnen. Aber in der SPD hat halt Renate Rennebach das Thema besetzt, eine Synodale der evangelischen Kirche in Berlin, die sich mit dieser Position offenbar sehr identifiziert. Hinzu kommt dann noch Ursula Caberta, die sich ja für die Scientology-Expertin in Deutschland hält.

TK: Womit wir beim nächsten Thema wären. Scientology beansprucht, als Religion angesehen zu werden.

Köster-Loßack: Scientology versucht meines Erachtens, ökonomische und politische Ziele unter einem religiösen oder weltanschaulichen Mäntelchen zu verbergen.

TK: Wie belegen Sie das?

Köster-Loßack: Scientology versucht in der Hauptsache, dem Kunden eine sozialdarwinistische Ideologie zu vermitteln, die ihn instand setzt, in der Gesellschaft Erfolg zu haben. Das paßt gut in die postindustrielle Entwicklung, wo Erfolg sich daran bemißt, daß man möglichst viele Leute in seinen Einflußbereich zieht und Macht über sie ausübt. Darüber hinaus beinhaltet die Scientology-Ideologie eine hierarchische Weltsicht, die Menschen nur akzeptiert, wenn sie bestimmten Kriterien genügen, das heißt zum Beispiel ein gewisses Stadium des *Clear* erreicht haben. *Clear* bezeichnet dabei keine religiöse Qualität, sondern eine Qualität der Skrupellosigkeit, Menschen dem eigenen Machtstreben zu unterwerfen. Was dann noch als Überbau dazukommt, ist eine krude Mischung von Science Fiction und Märchenelementen, die nichts mit religiös verankerter Weltsicht zu tun hat.

TK: Nun beansprucht ja Scientology, den Menschen, unter anderem durch *Auditing*, auf moralisch höhere Stufen zu bringen, so daß sein Streben nicht nur seinem eigenen *Überleben*, sondern dem der Gruppe, der ganzen Menschheit, der Umwelt, des Universums und möglicherweise sogar des höchsten Wesens dient. Und diese Verbesserung des einzelnen habe, sagt Scientology, mit Sozialdarwinismus nichts zu tun.

Köster-Loßack: Das ist der schöne Schein nach außen. Was sich intern abspielt und im Umgang mit Kritikern – im steten Versuch, sie nicht nur mundtot zu machen, sondern, vor allem in den USA, durch millionenteure Prozesse auch zu ruinieren – das ist etwas anderes.

TK: Angeblich wehren sich die Scientologen nur gegen ihre Feinde, weil sie sonst, sagt Hubbard, untergehen.

Köster-Loßack: Das ist Paranoia. Und auch, was Scientology sonst so tut in den USA, zeigt, daß solche Behauptungen schöner Schein sind. Da ist zum Beispiel der von merkwürdigen Umständen begleitete Tod Lisa McPhersons in einem Scientology-Hotel. Der Prozeß beginnt demnächst und wird, nach Aussagen der Anwälte, aber auch vieler Beobachter, zu einer Wende in der Wahrnehmung von Scientology führen.

TK: Wie beurteilen Sie, daß zahlreiche Religionswissenschaftler Scientology den Status einer Religion zuerkennen?

Köster-Loßack: Ich habe all die Gutachten dazu nicht gelesen. Aber es lassen sich bestimmte Schlußfolgerungen auch ableiten aus dem, was uns Beobachter der Situation, zum Beispiel Anwälte und Politiker, mitteilen. Und in den USA hat man sich ja zur Genüge mit den Schriften Hubbards auseinandergesetzt – und auch mit dem, was im Vorfeld der Steuerbefreiung Scientologys durch den »Internal Revenue Service«, IRS, geschah. Da gab es ja ein langjähriges – nein, »Lobbying« kann man das nicht mehr nennen – es gab langjährigen Druck auf bestimmte Mitarbeiter des IRS. Deshalb gibt es auch jetzt auf allen Ebenen in den USA Bemühungen, die Steuerbefreiung Scientologys politisch zurückzuholen.

TK: In der *Enquete-Kommission* wurde, im Zusammenhang mit Scientology, auch der Begriff sogenannter *Psychotechniken* diskutiert. Ist, wer bei Scientology an einem Kurs teilnimmt oder sich dem *Auditing* unterzieht, nach Ihrer Meinung in Gefahr, *Gehirnwäsche* zu erfahren oder sonstwie persönlichen Schaden zu erleiden?

Köster-Loßack: Der Art und Weise, wie, zum Teil auch in der *Enquete-Kommission*, über *Gehirnwäsche* und *Psychotechniken* geredet wird, kann ich mich nicht anschließen. Ich habe mich in der Anhörung mit Fachwissenschaftlern davon überzeugen lassen, daß Techniken, die unmittelbar auf den psychischen Apparat einwirken sollen, bei Gegenwehr des Klienten nicht wirken. Das gilt auch für die Hypnose, die in dem Fall aber ohnehin keine Rolle spielt. Überhaupt werden die angeblichen Wunderwirkungen sogenannter *Psychotechniken* in der modernen Sozialpsychologie und Psychiatrie nicht mehr anerkannt. Bei Prozessen wie zum Beispiel dem *Auditing* handelt es sich immer um eine Interaktion, bei der es ein wehrloses Gegenüber, in das der andere seine »messages« hineinsendet, nicht gibt. Es gibt immer zwei Beteiligte. Das heißt, wenn jemand zum Beispiel, angelockt durch Erfolgsversprechen, in die Scientology-Organisation hineingerät, dann kann er dort durchaus verschiedene Stufen durchlaufen, ohne daß seine innere Balance tangiert ist. Irgendwann fällt er dann die Entscheidung, ob er sich mit der Organisation identifiziert oder nicht – wobei durchaus Kosten-Nutzen-Erwägungen eine Rolle spielen können: Erhalte ich Macht über Menschen, einen höheren beruflichen Status, ein höheres Einkommen? Derlei kann der einzelne ohne weiteres in innerer Distanz zur Ideologie der Organisation erwägen. Wir haben ja auch genügend Aussteiger in der *Enquete-Kommission* erlebt, die keineswegs den Eindruck machten, psychisch völlig derangierte Individuen zu sein.

TK: Wenn das so ist – würden Sie demjenigen, der sich eine Meinung bilden will, empfehlen: »Geh hin und schau dir den Laden an«?

Köster-Loßack: Nein, davon würde ich abraten.

TK: Warum?

Köster-Loßack: Weil ich es prinzipiell für ethisch verwerflich halte, sich Techniken zur Kontrolle anderer anzueignen.

TK: Scientology sagt: Kontrolle über sich selbst.

Köster-Loßack: Schöner Schein, wie gesagt.

TK: Scientologische Unternehmer wenden gern die *WISE*-Technologie Hubbards an; scientologische Manager tragen sie möglicherweise in weitere Unternehmen hinein. Wird unsere Wirtschaft von Scientology unterwandert?

Köster-Loßack: Diese *WISE*-Techniken ignorieren die Sozialpflichtigkeit des Unternehmers. Aber das haben sie mit vielen anderen Management-Techniken, die in den USA und auch bei uns immer häufiger gelehrt werden, gemeinsam: Man konzentriert sich auf den Profit, ohne auf das – auch psychische – Überleben des Mitarbeiters Rücksicht zu nehmen. Zum Glück ist in Deutschland noch nicht das Umfeld dafür gegeben, daß solche Techniken ernsthaft Erfolg haben können.

TK: Sehen Sie ein besonderes Problem im Zusammenhang mit der *WISE*-Technologie?

Köster-Loßack: Ich betrachte es eher als ein allgemeines Problem unserer Wirtschaftsordnung und sehe vor diesem Hintergrund in Scientology, was Ideologie und technische Umsetzung angeht, eine Fratze des modernen Kapitalismus. Im Rahmen einer extremen Hierarchie wird der Mehrheit der Menschen das Recht abgesprochen, autonome Entscheidungen zu fällen.

TK: Besteht Gefahr, daß Scientology unser Staatswesen destabilisiert?

Köster-Loßack: Ich sehe die Gefahr in Deutschland nicht – weil die meisten unserer gesellschaftlichen Entscheidungsträger immer noch die soziale Verpflichtung des Eigentums betonen, wenngleich die zunehmend ausgehöhlt wird. Was mich in den USA erstaunt hat, ist die Akzeptanz der sozialdarwinistischen Ideologie Scientology bei einigen Politikern. Ein Beispiel: Kritik am, in mancher Hinsicht extremen, Umgang mit Scientology in Deutschland ist sicher berechtigt. Wie sich jedoch einige US-Politiker für die Ziele Scientologys instrumentalisieren lassen, hat mit berechtigter Kritik nur noch wenig zu tun.

TK: Halten Sie es für gerechtfertigt, daß der deutsche Verfassungsschutz Scientology beobachtet?

Köster-Loßack: Nein. Dadurch werden nur Märtyrer geschaffen und die interne Radikalisierung der Organisation beschleunigt. Wenn Straftaten begangen werden, müssen Polizei und Staatsanwaltschaft aktiv werden. Und bei der weltanschaulichen Auseinandersetzung ist der Verfassungsschutz völlig fehl am Platz.

TK: Ist der *Enquete-Kommission* bekannt, ob Scientologen überdurchschnittlich häufig Gesetzesverstöße begehen?

Köster-Loßack: Es gibt nicht genügend Forschung darüber. Im Moment kann man nicht sagen, daß es bei Scientologen mehr Verstöße zum Beispiel wirtschaftskrimineller Art gibt als in anderen gesellschaftlichen Bereichen. Das Problem ist auch, daß sich legale und illegale Transaktionen auf nationalen und internationalen Finanzmärkten heute kaum mehr voneinander abgrenzen lassen. Das ginge wohl nur im Rahmen einer großangelegten internationalen Untersuchung.

TK: Nehmen Mitglieder Scientologys und anderer sogenannter *Sekten* und *Psychogruppen* überdurchschnittlich häufig psychisch Schaden?

Köster-Loßack: Das ist wissenschaftlich ein absolut unbeackertes Feld, was auch die Bundesregierung in ihrer Antwort auf unsere große Anfrage zum Recht der sogenannten *Lebensbewältigungshilfe* zugeben mußte. Es gibt nur Erfahrungsberichte von Aussteigern.

TK: Und Medienberichte …

Köster-Loßack: … die in der Regel katastrophal sind. Da wird nicht aufgeklärt oder differenziert, sondern es werden Ängste in der Bevölkerung geschürt und der Sensationsmache Vorschub geleistet. Hinzu kommen Profilierungswünsche verschiedenster Aktivisten und Aktivistinnen in diesem Feld. Insgesamt halte ich die Berichterstattung, von wenigen Ausnahmen wie der »Süddeutschen Zeitung« abgesehen, für unverantwortlich, was dieses Thema angeht. Da nehme ich weder den »Spiegel« noch den »Stern« aus. Journalistinnen und Journalisten sollten wissen, wie sie mit einem Thema umzugehen haben, das ein gewaltiges, noch längst nicht ausgereiztes, Konfliktpotential birgt.

TK: Warum gibt es in Deutschland kaum Forschung zu den eben genannten Themen, warum kaum Forschung zu Scientology überhaupt?

Köster-Loßack: Weil dieses Feld aufgeladen ist durch gesellschaftliche Interessenkonflikte; und auch Wissenschaftlerinnen und Wissenschaftler können sich in einem solchen Klima nicht frei bewegen.

TK: Sie könnten doch Interessen offenlegen, aus denen sich grundlegende Fragestellungen ableiten – frei nach Karl Popper …

Köster-Loßack: Ja, ja: »Die offene Gesellschaft und ihre Feinde«. – Ich meine auch, daß ein Wissenschaftler offenlegen muß, warum er sich mit einem Thema beschäftigt. Wer sich allerdings im Deutschland von heute mit Scientology beschäftigt, gerät sofort in einen Strudel politischer, gesellschaftlicher und rechtlicher Auseinandersetzungen. Die Scientology-Organisation würde es auch gar nicht zulassen, daß sie erforscht wird. Ich glaube nicht, daß ein Forscherteam in eines der sogenannten *Rehabilitationslager* eingelassen würde.

TK: Wie beurteilen Sie die Maßnahmen der deutschen Exekutive gegen Scientology: Warnungen, Ausschluß vom Zugang zum öffentlichen Dienst, von öffentlichen Aufträgen und so weiter?

Köster-Loßack: Das können wir Grünen nicht mittragen. Wir haben deshalb auch kritische Anfragen an die Bundesregierung gerichtet, zum Beispiel wegen der arbeitsamtlichen Kennzeichnung Scientology nahestehender Unternehmen mit einem »S«. Und über die grundsätzliche Ablehnung solchen staatlichen Handelns hinaus haben wir Sorge, daß völlig Unbeteiligte da mit hereingerissen werden. Wir glauben, daß der Staat bezüglich Scientology ausschließlich auf zwei Ebenen handeln sollte: Erstens sollte er aufklären – dies jedoch nicht im Sinne staatlicher Broschüren, sondern im Sinne breiter gesellschaftlicher Auseinandersetzung und Forschung: an Schulen, im öffentlichen Raum, an Universitäten. Zweitens sollte, wo Straftaten bekannt werden, konsequente Strafverfolgung stattfinden. Und damit hat sich's.

TK: Staatliche Maßnahmen strahlen aus. So nehmen die meisten deutschen Parteien keine Scientologen mehr auf.

Köster-Loßack: Wir haben da keinen Unvereinbarkeitsbeschluß, gegenüber keiner Gruppe. Ich glaube aber, daß eine Partei das Recht hat, sich mit jedem Eintrittswilligen individuell auseinanderzusetzen und dann zu entscheiden, ob sie ihn aufnimmt. So etwas in den Statuten zu verankern, geht mir allerdings zu weit.

TK: Wie beurteilen Sie die *Sektenfilter* in Firmen und Berufsverbänden?

Köster-Loßack: Davon, Jobbewerber auszugrenzen, die irgendwann nach den Methoden Hubbards geschult wurden, halte ich gar nichts. Es geht auch nicht an, daß einzelne aufgrund ihrer Mitgliedschaft in bestimmten Organisationen aus Berufsverbänden, und damit bisweilen automatisch von ihrer beruflichen Tätigkeit, ausgeschlossen werden. Das hatten wir schon mal bei den Berufsverboten gegen sogenannte Kommunisten. Davon abgesehen haben uns Aussteiger in den USA dringend empfohlen, diejenigen, die Scientology mal auf den Leim gegangen sind, zu reintegrieren und mit ihnen den Diskurs zu pflegen.

TK: Mit Blick auf Scientology fordern die Mehrheit der *Enquete-Kommission* und der Bundesrat eine strikte gesetzliche Regelung der *Lebensbewältigungshilfe*. Dies diene dem Verbraucherschutz.

Köster-Loßack: Ich glaube nicht, daß man dadurch Leute daran hindern kann, Geld rauszuschmeißen für das, was sie für richtig halten. Der Bürger darf in Spielbanken gehen; er darf sein Jahreseinkommen in teuren Boutiquen verbraten; also da ist, glaube ich, staatliche Regelung nicht so angesagt.

TK: Welche Nebenfolgen hätte eine solche gesetzliche Regelung?

Köster-Loßack: Sie würde den »Psychomarkt« wahrscheinlich austrocknen, weil viele kleine Anbieterinnen und Anbieter mit den dann möglicherweise auf sie zukommenden massiven Erschwernissen ihrer Berufsausübung nicht mehr umgehen können. Viele Existenzen würden vernichtet und das Angebot – im Sinne der großen Kirchen und der etablierten Psychotherapie, die vom Gesetz ausgenommen sind – normiert. Ich sehe hier eine diskriminierende Beschneidung von Gewerbe- und Berufsfreiheit – aus weltanschaulichen Gründen.

TK: Wer sind die treibenden Kräfte hinter dieser Gesetzesinitiative?

Köster-Loßack: In erster Linie wurde der Gesetzentwurf von Bayern und Hamburg vorangetrieben. In CDU/CSU und SPD gibt es Kräfte, die dieses Gesetz möglichst schnell wollen. Allerdings gibt es auch dort gewichtige Stimmen, die diese Initiative für höchst problematisch halten. Die unionsgeführte Bundesregierung hat eine äußerst negative Stellungnahme zur Gesetzesinitiative des Bundesrates abgegeben; das war sozusagen eine Beerdigung erster Klasse.

TK: Schafft ein solches Gesetz wirksamen Verbraucherschutz?

Köster-Loßack: Nein. Weil erstens damit kirchlichen und staatlichen Anbietern ein nicht nachvollziehbares Privileg eingeräumt würde. Sie könnten die gleichen, vermeintlich gefährlichen Kurse anbieten, ohne unter die Regelung des Gesetzes zu fallen. Zweitens würde durch dieses Gesetz die Tätigkeit privater Anbieter oder religiöser Minderheiten auf dem Lebenshilfemarkt unzulässig erschwert. Und drittens halte ich es unter dem Gesichtspunkt des Verbraucherschutzes für sinnvoller und wirksamer, wenn die Anbieter in diesem Bereich über Standesorganisationen selbsttätig Qualitätsstandards und Ethikkonventionen entwickeln.

TK: In einem Sondervotum haben Herr Professor Seiwert und Sie sich auch gegen die anderen im Abschlußbericht der *Enquete-Kommission* formulierten Handlungsempfehlungen ausgesprochen. Warum? Würde deren Verwirklichung die Religions- und Weltanschauungsfreiheit oder andere Freiheiten des Bürgers unvertretbar begrenzen?

Köster-Loßack: Die Fülle der von der Kommissionsmehrheit empfohlenen gesetzgeberischen Maßnahmen im Zusammenhang mit religiösen Minderheiten erweckt den Eindruck, es handle sich um einen hochgefährlichen Bereich. Diese Bewertung ist durch die von der Kommission in Auftrag gegebenen wissenschaftlichen Gutachten nicht abgedeckt. Wir konnten deshalb den allermeisten Handlungsempfehlungen nicht zustimmen. Unsere eigenen Vorschläge beziehen sich unter anderem auf Maßnahmen der Konfliktreduzierung durch Vermittlungsstellen, die Förderung der weltanschaulichen und religiösen Toleranz und auf die Unterstützung wissenschaftlicher Forschung.

TK: Wie beurteilen Sie die herbe Kritik, die Deutschland aus den USA und von internationalen Organisationen erfährt, wegen angeblicher Diskriminierung und Verletzung der Religionsfreiheit?

Köster-Loßack: Bei unseren Gesprächen im State Department und mit Kollegen aus dem Abgeordnetenhaus haben wir, von Ausnahmen abgesehen, einen Abgrund der Desinformation vorgefunden, eine erschreckende Identifikation mit von Scientology gestreuten Vorwürfen.

Mir ist unverständlich, warum Scientology nicht schon durch den Vergleich mit der Verfolgung der Juden in den 30er Jahren als völlig unglaubwürdig ins Abseits geraten ist. Insbesondere bei der Diskussion mit Mitarbeitern der amerikanischen *Helsinki-Kommission* erschreckte mich, wie viele unwahre Behauptungen uns als gesicherte Tatsachen präsentiert wurden – worüber wir dann erst einmal aufklären mußten. Das sage ich, die ich der Behandlung religiöser Minderheiten in Deutschland durchaus kritisch gegenüberstehe.
TK: Inwiefern?
Köster-Loßack: Ich bin im Kern für die Trennung von Kirche und Staat, also zum Beispiel dafür, daß der Religionsunterricht der etablierten Kirchen außerhalb des normalen Schulbetriebs stattfindet – so wie der islamische Religionsunterricht an privaten Koranschulen. An öffentlichen Schulen sollten wir, der pluralistischen Form unserer Gesellschaft entsprechend, vergleichende Religionswissenschaft betreiben, oder Weltanschauungskunde. Aber derlei ist natürlich Zukunftsmusik.
TK: Sehen Sie im, sagen wir, bayerischen Religionsunterricht, wo stark vor *Sekten* gewarnt wird, Elemente religiöser Diskriminierung?
Köster-Loßack: Ja. Zum einen sind alle Schüler islamischen, jüdischen, hinduistischen oder buddhistischen Glaubens damit konfrontiert, daß es nur einen christlichen Religionsunterricht gibt. Zum anderen sind alle, denen das Etikett *Sekte* aufgeklebt wird, potentiell Opfer von Diskriminierung. Denn die Voraussetzungen dafür, Vorurteile, werden im Religionsunterricht geschaffen.
TK: Gibt es eine Verbindung zwischen deutscher Angst vor dem Fremden und Angst vor fremder Weltanschauung oder Religion?
Köster-Loßack: Natürlich. Und ich habe immer wieder als Hauptaufgabe der *Enquete-Kommission* betont, solchen Tendenzen entgegenzuarbeiten und ihnen nicht noch in die Hand zu spielen. Wir müssen ganz einfach sehen, daß mit zunehmender Erwerbslosigkeit und weiter wachsenden Zukunftsängsten auch die Gefahr gesellschaftlicher Konflikte wächst. In den USA kämpft in solchen Situationen jeder gegen jeden; bei uns etabliert sich eine bestimmte Weltsicht, der sich alle unterzuordnen haben – sofern sie nicht ausgeschieden werden wollen.

Der Staat hat eine Schutzpflicht

Gespräch mit der SPD-Bundestagsabgeordneten Renate Rennebach

Renate Rennebach, geboren 1947 in Berlin, absolvierte nach dem Besuch der Realschule eine Friseurausbildung. Sie arbeitete als Sachbearbeiterin bei der Ikon AG Berlin und war dort von 1982 bis 1990 Betriebsratsvorsitzende. 1990 wurde Frau Rennebach in den Bundestag gewählt, wo sie unter anderem Mitglied im Ausschuß für Arbeit und Sozialordnung wurde. Sie initiierte, als sektenpolitische Sprecherin der SPD-Fraktion, die vom Bundestag 1996 eingesetzte Enquete-Kommission »Sogenannte Sekten und Psychogruppen«, der sie als Obfrau für ihre Fraktion angehörte. Frau Rennebach ist Berliner Landesvorsitzende und Bundesvorstandsmitglied der »Arbeitsgemeinschaft für Arbeitnehmerfragen« (AfA) in der SPD. Sie hat zahlreiche ehrenamtliche Aufgaben übernommen, unter anderem in der IG Metall, als Mitglied der Kreissynode der evangelischen Kirche Zehlendorf sowie als Arbeits- und Sozialrichterin.

TK: In der Vergangenheit haben Sie, Frau Rennebach, gefordert, die Scientology-Organisation zu verbieten. Was für eine Organisation ist das für Sie?

Rennebach: Scientology ist für mich eine totalitäre, faschistoide Organisation, die sicher auch vor kriminellen Mitteln nicht zurückschreckt. Die Lehre sagt doch, daß die Gesetze unserer Demokratie für diese Organisation keine Rolle spielen, wenn sie ihre Ziele erreichen will. Zu meiner Forderung nach einem Verbot allerdings muß ich Ihnen ehrlich sagen: In 7 Jahren Beschäftigung mit der Sache hat meine Einschätzung Scientologys sich natürlich entwickelt. 1991 forderte neben mir eine breite Öffentlichkeit ein Verbot dieser Organisation. Inzwischen bin ich zu dem Schluß gekommen, daß ein Verbot überhaupt keinen Sinn hat, weil Scientology dann morgen unter einem anderen Namen wieder auftaucht. Dann haben wir die gleichen Probleme mit, zum Beispiel, einer »Sunshine AG«, und damit ist niemandem geholfen. Nein, wir müssen den Menschen, die durch diese Organisation betroffen sind, helfen und sicherstellen, daß die Anwendung von Lehre und Technologie des L. Ron Hubbard in Deutschland nicht nur erschwert, sondern unmöglich gemacht wird. Dazu brauchen wir kein Verbot.

TK: Was sehen Sie an tatsächlichen verfassungsfeindlichen Bestrebungen bei Scientology?

Rennebach: Ich sehe, daß Scientology – nicht nur in Deutschland, sondern auch in den USA oder Rußland – versucht, mittels der Hubbardschen Methoden Einfluß auf Politik und Wirtschaft zu nehmen, mit dem Ziel, die Gesellschaft – die nennen das »*clearen*« – zu verändern. Das alles sind Bestrebungen, die leise schleichend laufen. Andererseits ist in Deutschland glücklicherweise festzustellen, daß Scientology, seit Leute aktiv gegen die Organisation arbeiten, relativ an Einfluß verliert. Führende Leute der Organisation werden ausgewechselt, man versucht aus den USA, immer stärker Druck auf die Bundesregierung auszuüben. Wir tun also der Scientology-Organisation in Deutschland weh und lassen sie sich nicht so entfalten, wie sie möchte.
TK: Lassen sich die genannten Bestrebungen gerichtsfest als verfassungsfeindlich bezeichnen?
Rennebach: Ich denke, ja. Leider ist es bislang nicht zu einem entsprechenden Prozeß gekommen, weil Scientology sich davor scheut. 1997 haben Bund und Länder beschlossen, Scientology flächendeckend mit nachrichtendienstlichen Mitteln zu beobachten. Auf der Grundlage der Ergebnisse dieser Beobachtung kann dann auch der Bund politische Maßnahmen treffen. Die Länder machen da ja schon einiges.
TK: Teilen Sie die von manchen Kritikern vertretene Auffassung, daß bei Scientology Menschen quasi zu Robotern gemacht werden?
Rennebach: Ja. Man wendet ja schon bei Kindern diese manipulativen Methoden an, die einzig und allein dem Zweck dienen, willfährige Menschen zu bekommen – willfährige Menschen, die natürlich nicht alle den politischen Willen haben, unsere Gesellschaft zu verändern, die aber von einer kleinen Anzahl von Leuten in der Organisation dazu benutzt werden, Hubbards Anweisungen in die Tat umzusetzen.
TK: Eine Gefahr auch für unsere politische Ordnung?
Rennebach: Ja, davon bin ich fest überzeugt. Wenn die Organisation in Ruhe arbeiten könnte, wäre sie sehr gefährlich für die politische Ordnung. Und ich bin überzeugt, daß einige Scientologen bereits an Schaltstellen von Politik, Wirtschaft und Gesellschaft sitzen. Ich hoffe sehr, daß die Verfassungsschutzberichte zur Aufklärung hierüber beitragen.
TK: Bund und Länder sagen, sie klären bereits heute auf und warnen.
Rennebach: Ein Problem ist aber, daß nicht alle die Aufklärungsmaterialien lesen. In Gesprächen mit Schulklassen erlebe ich, daß informierte Schüler und Schülerinnen stärker gefeit sind gegen sogenannte *Sekten* und *Psychogruppen*. Kinder sollten, angefangen in der Grundschule, nicht nur lernen, daß es solche Gruppen gibt, sondern auch ihre Lehren und Methoden kennenlernen. Ebenso sollten sie die Religionen

der Welt kennenlernen und Toleranz einüben. Denn wenn ich etwas kenne, verstehe ich es, habe keine Angst davor und falle dann – mit 18, 19 – auf Werber, die den Weg zum Glücklichsein versprechen, nicht herein. Diese Aufklärung kann übrigens nicht der herkömmliche Religionsunterricht leisten, sondern hier brauchen wir ein eigenes Unterrichtsfach – eine Art Weltanschauungsunterricht, den alle Bundesländer einführen sollten.

TK: Warum löst die bloße Erwähnung des Wortes Scientology heute Angst aus?

Rennebach: Anfang der 90er Jahre begann eine große Pressekampagne gegen Scientology, mit der sehr viel Angst geschürt wurde – eine Angst, die natürlich zum Teil berechtigt ist. Andererseits habe ich auch an mir selbst gemerkt, daß man früher oder später anfängt, hinter jedem Baum einen Scientologen zu sehen. Diese Kampagne, begleitet von »Kopf ab«-Sprüchen einzelner Politiker, hat auch nicht die Arbeit von Scientology erschwert, sondern die Organisation – in den Augen mancher – zum Märtyrer gemacht. Die aufgeheizte Stimmung in der Bevölkerung half überdies niemandem, aus der Organisation auszusteigen, sondern bestätigte vielmehr die Scientology-Theorie, drinnen sei alles gut und draußen alles böse. Es gab dann auch Aussteiger, die nach ihrem Ausstieg plötzlich soziale Mißerfolge hatten, weil ihnen niemand mehr glaubte, weil eben der Buhmann Scientology da war. Ich sage ganz deutlich: Scientology ist eine der gefährlichsten weltweit operierenden Organisationen. Aber wir helfen niemandem, wenn wir in Hysterie ausbrechen, sondern wir müssen sachlich über Ziele und Handeln dieser Organisation aufklären. Unsere Wirtschaft muß besser beurteilen können, worauf sie sich bei Managementkursen und -seminaren einläßt; im Bereich der *Lebensbewältigungshilfe* muß mehr Aufklärung, Sicherung und Warnung stattfinden, weil dann die Menschen auch freier in solche Kurse gehen. Und ich glaube, zur Aufklärung in diesem Sinne hat die *Enquete-Kommission »Sogenannte Sekten und Psychogruppen«* erheblich beigetragen.

TK: Was halten Sie vom Schutz des öffentlichen Dienstes vor Scientology, wie ihn Bayern praktiziert?

Rennebach: Ich bin durchaus dafür, daß kein scientologischer Lehrer auf Kinder losgelassen wird. Dies kann ich erreichen, indem ich Lehre und Technologie des L. Ron Hubbard für verfassungswidrig erkläre – was hoffentlich die Beobachtung Scientologys durch den Bundesverfassungsschutz ermöglichen wird. Stelle ich dann fest, daß ein Lehrer die Lehre anwendet, ist er für den Staatsdienst nicht mehr geeignet.

Hindere ich jedoch, wie Bayern, Scientologen pauschal am Eintritt in den öffentlichen Dienst, komme ich in den Bereich des »Radikalenerlasses«, der höchstrichterlich längst für unzulässig erklärt wurde. Allein wegen der Zugehörigkeit zu Scientology kann ich niemanden vom öffentlichen Dienst ausschließen.

TK: Bayern macht den formalen Schlenker, die Distanzierung von zentralen Zielen der Organisation abzufragen.

Rennebach: Ich bin mit dem bayerischen Weg überhaupt nicht einverstanden. Wenn dagegen bis heute kein Scientologe geklagt hat, haben die Glück gehabt. Ich denke, das ist nicht gerichtsfest im Moment.

TK: Der vom Bundesrat 1997 verabschiedete Gesetzentwurf zur Regelung der *Lebensbewältigungshilfe* soll davor schützen, sich Organisationen wie Scientology allzu spontan anzuschließen. Sie gelten als engagierte Verfechterin dieses Gesetzentwurfs.

Rennebach: Aber die eigentlichen Erfinder sind Ursula Caberta und Dr. Jürgen Keltsch, deren Initiative ich allerdings immer unterstützt habe. Denn ich hatte in vielen Gesprächen gemerkt, wie verunsichert Menschen sind, wenn sie solche Seminare angeboten bekommen. Und einer meiner klassischen Sätze ist: »Sie können in Deutschland keinen Liter Milch mehr kaufen, ohne daß drauf steht, was drin ist; Seminare aber dürfen in die Psyche von Menschen eingreifen, ohne daß der Kursleiter ihnen vorher erklärt, was für eine Ausbildung er hat und welche Methoden er anwendet.« All das weiß der Verbraucher heute nicht, und das muß geändert werden. Hier liegt für mich der wichtigste Aspekt des *Lebensbewältigungshilferechts*.

TK: Wie sind Sie persönlich mit der Problematik neuer religiöser Bewegungen und *Psychogruppen* in Berührung gekommen?

Rennebach: Ich war lange Jahre Betriebsratsvorsitzende eines Metallbetriebs gewesen. 1992 dann – ich war bereits ein gutes Jahr im Bundestag – erzählte mir ein Kollege aus einem anderen Unternehmen, sein Betrieb solle von dem Scientologen Gerhard Haag gekauft werden; und ich sei die einzige, die ihm noch helfen könne, das zu verhindern. Ich habe mich dann schlau gemacht über diese Organisation und darüber, was ein Scientologe mit einem solchen Betrieb macht, habe mit der Treuhand und der IG Metall Kontakt aufgenommen und die darauf aufmerksam gemacht, was für ein schlimmer Verein das ist. Ich konnte dann tatsächlich dazu beitragen, daß der Verkauf verhindert wurde, und das reizte mich, mich intensiver mit dem Thema zu befassen – zunächst nur auf Scientology ausgerichtet, bis ich erkannte: Es gibt noch andere Gruppierungen, und es finden noch viel mehr Menschenrechtsverletzungen in dem Bereich statt. Ich habe dann viel mit Eltern- und Betroffeneninitiativen zu tun gehabt. Sie müssen sich das vorstellen: 30 Eltern erzählen Ihnen 30 verschiedene Schicksale in verschiedenen Gruppierungen, da sind Sie anschließend völlig fertig. Und jeder sagt: »Da muß die Politik etwas tun.« Aber keiner tut etwas – außer sehr wenigen Politikern, Leuten wie Uschi Caberta und evangelischen wie katholischen *Sektenbeauftragten*. Die Hilflosigkeit der Menschen hat mich dann dazu gebracht, mich weiter hineinzuknien in die Sache.

TK: Können nicht Leid und Hilflosigkeit solcher Menschen auch darauf zurückzuführen sein, daß ihre Kinder sich auf etwas für die Eltern Fremdes eingelassen haben, das aber nicht unbedingt schlimm sein muß für die Kinder?

Rennebach: Ich glaube, da unterschätzen Sie Elternliebe. Elternliebe kann sehr, sehr tolerant sein. Wenn Kinder sich mit etwas Fremdem beschäftigen, dann neigen Eltern oft dazu, dieses Fremde zu erkunden und es kennenzulernen. Das haben diese Eltern auch gemacht. Und sie finden unter ihnen unglaubliche Fachleute, was die Organisationen anbelangt, in denen ihre Kinder verschwunden sind. Vielfach machen diese Menschen heute Aufklärung und Ausstiegsberatung.

TK: Was sind denn für Sie die Kriterien dafür, daß eine Organisation gefährlich ist? Man kann ja auch in einem katholischen Kloster verschwinden.

Rennebach: Es geht um die freie Entscheidung des Individuums. Solange ein Mensch in einer Organisation noch frei über sich entscheiden kann, ist es, denke ich, in Ordnung. In der Regel ist das aber nicht so. Statt dessen werden Menschen ins Ausland verbracht, erhalten Befehle, sich von Angehörigen und Eltern zu trennen, müssen die normale Gesellschaft verlassen.

TK: Manche Klöster dürfen die Ordensmitglieder auch nicht verlassen.

Rennebach: Sicher, da gibt es Ordensregeln, die mir auch nicht gefallen. Aber ich möchte eins klarstellen: Mir als Politikerin und dem Parlament steht es – nach Artikel 4 Grundgesetz – nicht zu, Religionen und ihre Härten zu untersuchen. Kritik an der katholischen und evangelischen Kirche können die beiden Kirchen in der Ökumene auch viel besser aufarbeiten. In die Untersuchungen der *Enquete-Kommission* einbezogen hätte ich allerdings sehr gern auch die inner- und randkirchlichen Problemgruppen wie das »Opus Dei«. Das hat uns leider äußerst vehement die katholische Kirche über die CDU/CSU untersagt, die dann zusammen mit der FDP und den Grünen gegen die Behandlung des »Opus Dei« stimmte.

TK: Eigentlich hat die *Enquete-Kommission* sogenannte Konfliktfelder untersucht und keine Organisationen.

Rennebach: Und beim »Opus Dei« sind allerhand Konfliktfelder aufgetaucht – Klagen über politische Einflußnahme und auch Beschwerden von Aussteigern. Dann hat aber, wie gesagt, die CDU/CSU gegen die Beschäftigung damit gestimmt, und das Thema war weg. Aber nochmals: Was in christlichen Klöstern los ist, ist eine Sache. Die Sache, die mich beschäftigt, ist, daß bei destruktiven *Kulten* – ich halte diesen Begriff für richtig – Menschenrechte verletzt werden, daß Menschen sich in diesen Organisationen verfangen, daß sie Schwierigkeiten beim Ausstieg haben und verfolgt werden und daß dann auch noch Eltern und Betroffenen nicht geholfen werden kann.

TK: Wie identifizieren Sie »destruktive *Kulte*« unter den sogenannten *Sekten* und *Psychogruppen*?

Rennebach: Wir haben da einen neuen offiziellen Begriff: »Neue religiöse und ideologische Gemeinschaften und Psychogruppen«. Unter diesen Gemeinschaften gibt es natürlich kleine Guru-Gruppen, die unproblematisch sind. Aber in dem Moment, wo Menschen sich nicht mehr wohl fühlen, wo sie Schwierigkeiten mit dem Ausstieg haben, eine psychische Veränderung mit sich erleben und Probleme haben, einen normalen Platz in der Gesellschaft zu finden, in diesem Moment haben wir es mit einer konfliktträchtigen Gruppe zu tun, und wir müssen mit ihr arbeiten.

TK: Was heißt »mit ihr arbeiten«?

Rennebach: Wir müssen gucken, was die Gruppe macht und wie wir mit diesen Konflikten umgehen. Man kann mit der vollen Härte des Gesetzes arbeiten; aber man kann auch dafür sorgen, daß Menschen, die den Ausstieg aus solchen Gruppen wagen, ihren normalen Platz in der Gesellschaft wiederfinden. Wir haben erlebt, daß Menschen mit 18, 19 in eine solche Gruppe kamen und dann, als sie nach fünf Jahren ausstiegen, keine Berufsausbildung hatten und eine psychotherapeutische Behandlung brauchten. Diese Menschen haben oft keinerlei Arbeitslosen-, Sozial- und Krankenversicherung. Und wenn nicht Eltern das auffangen, gibt es erst mal Schwierigkeiten. Das heißt, der Staat muß Maßnahmen ergreifen, diese Menschen wieder in die Gesellschaft aufzunehmen – was allerdings Geld kostet. Und schon deshalb ist der Staat verpflichtet, sich darum zu kümmern, daß so etwas nicht passiert. Prävention und Warnung vor einer Gruppe sind angesagt, wenn die Gruppe konfliktträchtig ist. Die vorhin erwähnte Aufklärung an der Schule tut da das ihre; und das geplante *Lebensbewältigungshilferecht*

schützt Menschen davor, allzu schnell auf so etwas hineinzufallen. Andererseits kann und will ich niemanden davon abhalten, zu glauben, daß der Saft der grünen Zwiebel hundert Jahre alt macht. Aber wenn er dann aus seiner Gruppe aussteigt, weil der Saft der grünen Zwiebel ihm Leber und Psyche zerstört hat, dann muß ihm geholfen werden. Es muß Auffangstationen geben. Deshalb will ich, daß Psychologen und Psychotherapeuten darin ausgebildet werden, solche Menschen zu stabilisieren und Ausstiegsberatung zu machen. Der Psychotherapeut muß wissen: Woraus ist dieser Mensch ausgestiegen? Und welchen Konflikten war er ausgesetzt? Und ich will auch, daß Richter und Staatsanwälte in Zukunft wissen, wovon sie reden, wenn sie ermitteln beziehungsweise Urteile fällen. Wir haben in der *Enquete-Kommission* festgestellt, daß die Erziehungswissenschaften und andere wissenschaftliche Disziplinen überhaupt nicht wissen, was da passiert, wenn Menschen in dieser Form und mit diesen Methoden beeinflußt werden.
TK: Ein unbeackertes Forschungsfeld?
Rennebach: Richtig. Wir haben festgestellt, daß Familienrichter oft völlig hilflos sind, wenn sie entscheiden sollen, daß ein Kind nicht dem Elternteil zugesprochen wird, das in der sogenannten *Sekte* verbleibt, sondern dem instabilen, ausgestiegenen Elternteil – weil es dem Kind dort besser geht. Hier kann die Ausbildung von Richtern, aber auch von Rechtsanwälten und sonstigen staatlichen Mitarbeitern, erheblich dazu beitragen, daß wir nicht eine so unterschiedliche Behandlung der Fälle in unserem Land haben.
TK: Die »Deutsche Richterakademie« ist in diesem Bereich aktiv. Dort unterrichtet neben anderen Dr. Keltsch vom bayerischen Innenministerium über diese Frage. Sollten auch *Sektenbeauftragte* der Kirchen an der Richterakademie unterrichten?
Rennebach: Selbstverständlich. Sie verfügen zum Teil über ein großes Fachwissen. Das Problem ist eher, daß die Richterakademie zu wenig Fortbildungsplätze zur Verfügung stellt.
TK: Die *Sektenbeauftragten* seien Repräsentanten des Wettbewerbers, würde manche kleinere religiöse Gruppe sagen.
Rennebach: Das ist ein Totschlag-Argument. Es gibt – abgesehen von wenigen staatlichen Stellen – kaum so viel Wissen und Erfahrung wie bei den Weltanschauungsbeauftragten der Kirchen. Die haben sich mit den Problemen schon beschäftigt, als das in der Politik noch niemand tun wollte.
TK: In Deutschland gilt, vor dem Hintergrund des Artikels 4 Grundgesetz, das Gebot staatlicher Neutralität in Weltanschauungs- und Reli-

gionsfragen. Das Bundesverwaltungsgericht hat in diesem Zusammenhang 1992 der Bundesregierung verboten, private Initiativen in ihrem Kampf gegen weltanschaulich-religiöse Gruppen zu unterstützen. Und es gibt Stimmen, die es verfassungsrechtlich auch nicht für möglich halten, eine solche Unterstützung per Gesetz zu ermöglichen.

Rennebach: Derartige Stimmen waren nur aus der Regierung Kohl zu hören. Namhafte Verfassungsexperten haben bei einer Anhörung der *Enquete-Kommission* einstimmig gesagt, daß eine gesetzliche Regelung zur Förderung von Eltern- und Betroffenen-Initiativen möglich ist. Die überwiegende Mehrheit der Kommission empfiehlt deshalb ein solches Gesetz. Und einige Bundesländer finden ja heute schon Möglichkeiten, diese Initiativen zu unterstützen – wenn auch nicht in ausreichendem Maße. Überdies empfiehlt die *Enquete-Kommission*, zurückgehend auf eine Idee der SPD-Fraktion, eine Stiftung öffentlichen Rechts zu gründen, die von Bund und Ländern finanziert wird. Diese Stiftung soll unter anderem den genannten Initiativen helfen, zu beraten, Infrastruktur aufzubauen, Fachkräfte zu qualifizieren und so weiter.

TK: Welche Bedeutung räumen Sie dem Gebot an den Staat ein, sich Religionen gegenüber neutral zu verhalten?

Rennebach: Ich sehe hier keinen Widerspruch. Nicht nur ich, sondern die gesamte *Enquete-Kommission* bekennt sich voll und ganz zu Artikel 4 Grundgesetz und damit zur staatlichen Neutralität in Religionsfragen. Trotzdem ist es nötig und möglich, auch von staatlicher Seite aus zu informieren und zu warnen. Denn die Religionsfreiheit findet dort ihre Schranken, wo andere Grundrechte und insbesondere das Recht auf körperliche Unversehrtheit aus Artikel 2 verletzt werden. Grundsätzlich ist es Aufgabe des Staates, darauf zu achten, daß die Bürgerinnen und Bürger nicht in ihren schützenswerten Rechten verletzt werden. Der Staat hat also eine Schutzpflicht, die auch deshalb besteht, weil Grundrechtsverletzungen in der Regel nur gegenüber dem Staat einklagbar sind und nicht zwischen einzelnen Bürgern. Entsprechend gibt es Strafgesetze, die zum Beispiel religiös motivierte Menschenopfer verbieten und auf diese Weise Artikel 4 klar begrenzen. Auch Artikel 4 unterliegt nämlich sogenannten verfassungsimmanenten Schranken – seien diese in einfachen Gesetzen konkretisiert oder nicht. Der Staat kann also in vorbehaltlos gewährte Grundrechte wie die Religionsfreiheit in dem Umfang eingreifen, in dem dies zum Schutz solcher Rechtsgüter erforderlich ist, für die er die Schutzpflicht hat.

TK: Könnte unsere demokratische Gesellschaft nicht – wie es auch in der *Enquete-Kommission* vertreten wurde – bei bestimmten Gruppen entstehende Gefährdungen und Konflikte aushalten und sie im gesellschaftlichen Diskurs bewältigen, anstatt zu Lasten der betroffenen Gruppen exekutiv und legislativ einzugreifen?

Rennebach: Das eine schließt das andere nicht aus. Bei manchen Gruppen wie Scientology kann dies jedoch nicht funktionieren. Die verfassungsfeindliche Lehre und Technologie des L. Ron Hubbard gilt unter Scientologen als unumstößlich und ist deshalb auch nicht an eine demokratische Gesellschaft anpassungsfähig. Aus bitterer historischer Erfahrung heraus hat sich Deutschland dem Gedanken der »wehrhaften Demokratie« verpflichtet. Und dabei sollten wir bleiben.

TK: Bestimmte Gruppen und Religionswissenschaftler werfen Ihnen, Frau Rennebach, und Ihren Mitstreitern vor, die Schutzfunktion des Staates zur Durchsetzung zweifelhafter Anliegen zu mißbrauchen. Es wird behauptet, Sie seien Wortführerin einer von den Kirchen in den 70er Jahren initiierten Stigmatisierung und Ausgrenzung bestimmter Gruppen – unter massiver Instrumentalisierung der Medien, der Wissenschaft, allen möglichen rechtlichen Werkzeugs und der Politik. Hauptsächlich Ihrem Engagement, heißt es, verdankte der Bundestag die *Enquete-Kommission »Sogenannte Sekten und Psychogruppen«*.

Rennebach: Ja, mein Bestreben und das der SPD war, dem Thema endlich auch auf Bundesebene die politische Bedeutung zukommen zu lassen, die es verdient. Wir hatten zuvor alles mögliche versucht; aber die Regierung Kohl hatte sich durch nichts und niemanden dazu bewegen lassen, politisch endlich aktiv zu werden. Sie hatte, im Gegenteil, viele Initiativen und Vorschläge abgeblockt. Da im regulären parlamentarischen Verfahren nicht viel zu erreichen gewesen wäre, entschieden wir uns schließlich dazu, eine *Enquete-Kommission* zu beantragen. Diesbezüglich nämlich gibt es ein Minderheitenrecht, so daß wir als SPD die Einsetzung der Kommission erzwingen konnten – die natürlich auch wegen der Petitionen zu diesem Thema angesagt war. – Was die Vorwürfe gegen mich angeht: Scientology und einige Religionswissenschaftler bezeichnen mich immer wieder auch als Mitglied der evangelischen Synode Zehlendorf – obwohl das kein wichtiger Bestandteil meines Lebens ist. Ich bin nicht von der evangelischen Kirche gesandt, um gegen die *Sekten* zu kämpfen. Davon abgesehen ist die Behauptung, wir *etikettierten* und stigmatisierten, infam. Diese Gruppen und Religionswissenschaftler nehmen die von den Gruppen verursachten Konflikte einfach nicht zur Kenntnis, sie nehmen nicht zur Kenntnis, daß hier Menschen in ihrer Würde verletzt, in ihrer Psyche verändert oder finanziell ausgebeutet werden. Oder sie nehmen die Konflikte billigend in Kauf, um ihre These von der absoluten Religionsfreiheit, die in ihren Augen offensichtlich ein völlig uneingeschränktes Recht ist, weiter verbreiten zu können. Ich habe Ihnen gesagt, in welcher Weise der Staat seine diesbezügliche Verpflichtung wahrnehmen muß. Wir müssen allerdings auch fragen: Was sind die gesellschaftlichen Ursachen dafür, daß Menschen woanders keinen Halt mehr finden und auf Leute hereinfallen, die die Patentlösung für alle Probleme versprechen.

TK: Wo sehen Sie solche Ursachen?

Rennebach: Ich sehe nach 16 Jahren »geistig-moralischer Wende« neben verbreiteter Arbeitslosigkeit und Armut eine starke Vereinzelung des Menschen. Ich sehe – beginnend in den Schulen und sich fortsetzend in Betrieben, wo nur einer von zehn Jungmanagern überlebt – einen ungeheuren Leistungsdruck, mit dem die Menschen nicht mehr fertig werden; sie haben Angst. Schließlich sehe ich, daß viele Menschen weder in Parteien noch in Gewerkschaften, Vereinen oder Kirchen noch den gesuchten Lebensinhalt finden.

TK: Was kann man da tun?

Rennebach: Wir müssen, im Zusammenwirken aller Kräfte, den Menschen wieder Inhalte und Ideale geben.

TK: Woher die Ideale nehmen?

Rennebach: Ja, woher Ideale nehmen? Es ist viel darüber geschrieben worden, daß wir auch keine politischen Größen mehr haben, für die es sich lohnt, Engagement aufzubringen.

TK: Den letzten Polit-Fanclub in Deutschland hatte Willy Brandt.

Rennebach: Natürlich. Das war auch mein Einstieg in die Politik. Aber so etwas gibt es halt nicht mehr; statt dessen die Ellenbogengesellschaft und Wohnzellen, wo Oma und Opa keinen Platz mehr haben und statt ihrer elektrische Omas – Fernseher, Kassetten- und Videorecorder – die Kinder betreuen.

TK: Statt Sinn die virtuelle Welt des geistig passiven Medienkonsums?

Rennebach: Ja, unter anderem.

TK: Und Politiker, die keine Programme oder Visionen mehr verbreiten, sondern an das Gefühl appellierende Reize?

Rennebach: Ich weiß auch keine Lösung für die Sinnkrise. Ich weiß nur, daß wir zunächst Arbeitslosigkeit und Armut bekämpfen müssen – intensiv und mit den richtigen Mitteln. Wenn wir so ein wenig Leistungsdruck von den Menschen nehmen, sind sie auch durchaus in der Lage, eigene Lösungen für Sinnprobleme zu finden – Lösungen weit weg von der die Psyche vergewaltigenden Welt destruktiver *Kulte*.

Auch in den USA gibt es Defizite im Bereich der Menschenrechte

Gespräch mit Botschafter Jürgen Chrobog

Jürgen Chrobog, geboren 1940 in Berlin, arbeitete nach dem Studium der Rechte in Freiburg, Aix-en-Provence und Göttingen als Rechtsanwalt, bevor er 1972 in den Auswärtigen Dienst eintrat. Nach Stationen im Ministerbüro unter den Ministern Scheel und Genscher, in Singapur und bei der EG war Chrobog von 1984 bis 1991 Sprecher des Auswärtigen Amtes. Anschließend kümmerte er sich als Leiter der Abt. II vor allem um die europäische Zusammenarbeit, die NATO sowie das Verhältnis zu Osteuropa und den Vereinten Nationen. Seit April 1995 ist Chrobog Botschafter in Washington D. C. Mit seiner Frau Dr. Magda Gohar-Chrobog hat er drei Kinder.

TK: In der »Seattle Times«, Herr Botschafter, erschien kürzlich wieder einmal ein Kommentar, der den Deutschen vorwirft, Scientologen zu verfolgen – im Rahmen einer konzertierten Aktion staatlicher und gesellschaftlicher Institutionen.

Chrobog: Erfreulicherweise sind das Einzelstimmen. Im Augenblick behandeln amerikanische Zeitungen, Fernsehen und Rundfunk eher kritisch die Rolle von Scientology in Amerika. Hier nämlich sind in letzter Zeit Dinge vorgefallen, die den Amerikanern viel Grund zu Argwohn und Sorge geben.

TK: Um welche Dinge handelt es sich?

Chrobog: Da ist zunächst einmal der Fall des *Cult Awareness Network*, *CAN*, in Chicago – eines Zentrums, das Eltern half, ihre in Sekten verschwundenen Kinder wiederzufinden. Scientologen führten innerhalb von 17 Monaten 21 Prozesse gegen *CAN*. Diese Prozesse wurden nach Angaben von *CAN* mit dem Ziel geführt, *CAN* in den Konkurs zu treiben. Ein Scientology-Mitglied kaufte aus der Konkursmasse die Namensrechte des Zentrums. Seitdem können Eltern, die bei *CAN* anrufen und nach ihren Kindern fragen, ohne es zu wissen, auf einen Scientologen stoßen. Dies hat die Amerikaner sehr nachdenklich gestimmt; und inzwischen klagen Vertreter des alten *CAN* wegen Rechtsmißbrauchs gegen Scientology – ein sehr interessanter Prozeß, der zur Zeit läuft. – Das zweite laufende Verfahren ist das um Lisa McPherson in Clearwater, Florida. Hier wird Scientology vorgeworfen, ein Mitglied, das psychisch krank geworden war, 17 Tage lang isoliert und, nach Meinung etlicher Fachleute, derart falsch behandelt zu haben, daß sich sein Gesundheitszustand zunehmend verschlechterte und es schließlich starb. Der in der laufenden gerichtlichen Auseinandersetzung von Scientology angefochtene Autopsie-Bericht soll als Todesursache eine unter anderem durch Dehydration verursachte Thrombose festgestellt haben. Die Familie klagt nun gegen Scientology. Auch dieser Fall läßt Amerika nachdenken.

TK: In Deutschland haben die Bundesregierung und etliche Landesregierungen Maßnahmen gegen Scientology ergriffen: Beobachtung durch den Verfassungsschutz; in Bayern Ausschluß vom Zugang zum öffentlichen Dienst für überzeugte Scientologen und teilweise Ausschluß von öffentlichen Aufträgen; bundesweit Ausschluß von der privaten Arbeitsvermittlung. Das Bundeskriminalamt hat eine spezielle Meldestelle zu Scientology eingerichtet. Wie erklären Sie diese Maßnahmen gegenüber einer in den USA als Religionsgemeinschaft geltenden Organisation Ihren amerikanischen Gesprächspartnern?

Chrobog: Lassen Sie mich zunächst feststellen, daß in Bayern Bewerber für den öffentlichen Dienst zwar erklären müssen, ob sie der Scientology-Organisation angehören – daß dies aber keineswegs gleichbedeutend ist mit dem Ausschluß aller Bewerber, die eine solche Mitgliedschaft angeben. Und nach meiner Kenntnis ist bis zum heutigen Tag kein Fall bekannt, daß ein Mitarbeiter des öffentlichen Dienstes wegen seiner Zugehörigkeit zu Scientology aus dem Dienst entlassen worden wäre. Was die deutschen Reaktionen auf die Aktivitäten von Scientology betrifft, so sind sie nicht so einschneidend, wie von der Organisation behauptet wird. Die deutsche Regierung hat Schritte unternommen, die Öffentlichkeit über die Risiken zu informieren, die mit einer Mitgliedschaft in der Scientology-Organisation einhergehen, mit dem Ziel, Individuen vor der Ausbeutung durch Scientology zu schützen. – In diesem Zusammenhang ist eines wichtig: Deutschlands Erfahrungen mit der Nazi-Zeit haben dazu geführt, daß die Deutschen und ihre Regierung gegenüber Gefahren, die von extremistischen Organisationen ausgehen, egal wie klein sie sein mögen, sehr sensibel reagieren. Hier besteht ein Unterschied zur Geschichte der Vereinigten Staaten. Die deutsche Regierung fühlt sich verpflichtet, die Entwicklung sämtlicher Organisationen zu beobachten, die die demokratischen Prinzipien unserer Gesellschaft nicht respektieren, möglicherweise sogar bedrohen. Aufgrund unserer jüngsten Vergangenheit hegen wir großen Argwohn gegenüber Organisationen, die freiheitsfeindliches Verhalten an den Tag legen. Und Scientology ist in meinen Augen eine Organisation, in der Freiheitsrechte keinerlei Geltung mehr haben, wo Menschen indoktriniert und unter Druck gesetzt werden und jeder persönliche Freiheitsanspruch verloren gehen kann. In den USA wird der Freiheit des Individuums ein sehr weiter Spielraum gewährt, und der Staat greift erst bei Vorliegen von Rechtsverstößen ein, dann allerdings mit seiner gesamten Macht. In Waco/Texas zum Beispiel starben 1993 zahlreiche Menschen, als mit Gewalt gegen eine *Sekte* vorgegangen wurde. – Wir in Deutschland sehen diese Dinge anders. Wir haben, im Gegensatz zu den Vereinigten Staaten, mehr den historisch-patriarchalischen Ansatz: eine Staatsverfassung und -philosophie, die stärker die Verantwortung des Staates gegenüber dem Bürger sieht – die Verantwortung zum Beispiel, daß Kinder und Jugendliche nicht in *Sekten* verschwinden, dort manipuliert, indoktriniert werden und nachher psychisch gebrochen sind.

TK: Die Scientologen sagen, Ziel ihrer »Religion« sei gerade die Freiheit des einzelnen; und indoktriniert würde niemand – schon gar nicht Jugendliche.

Chrobog: Aber das *Auditing*-System ist doch so angelegt, daß es zur völligen Bloßlegung der Intimsphäre und Persönlichkeitsstruktur eines Menschen führt – mit allen daraus folgenden Manipulationsmöglichkeiten. Deshalb wird dieses *Auditing* auch in Amerika zunehmend skeptisch gesehen – abgesehen davon, daß es mit finanzieller Ausbeutung verbunden ist. Was Deutschland angeht, so ist es das wesentliche Ziel der Scientologen, für ihr klar wirtschaftlich orientiertes Unternehmen die von der Steuerpflicht befreiende Gemeinnützigkeit zu erlangen. Hier in den USA haben sie die Gemeinnützigkeit in einer 25 Jahre dauernden Auseinandersetzung mit den Steuerbehörden erstritten – in einem Streit, der sehr plötzlich endete: Scientology bekam die Steuerfreiheit, nachdem man zuvor gegen die Steuerbehörde IRS und viele Mitarbeiter unzählige Klagen eingereicht hatte. Wie diese Vereinbarung schließlich zustandekam, wird zunehmend auch in Amerika hinterfragt.

TK: Halten Sie es für möglich, daß Scientology, wo man ja offen zugibt, den persönlichen Hintergrund von Gegnern mit Privatdetektiven auszuleuchten, daß Scientology den Deal mit der größten Behörde der USA quasi erzwungen hat?

Chrobog: Dazu möchte ich auf einen Artikel in der »New York Times« verweisen. Danach waren die Umstände, die zur abschließenden Regelung zwischen der Scientology-Organisation und dem IRS geführt haben, sehr ungewöhnlich. Trotz allem sollten wir in Deutschland nicht überreagieren.

TK: Womit wir auf zum Beispiel die »(In)Sekten« zerquetschende Fliegenklatsche der Jungen Union kämen.

Chrobog: Ein unsinniger Boykottaufruf hat einem Film mit Tom Cruise zum Beispiel kostenlose Reklame beschert. Derlei ist eher kontraproduktiv. Im übrigen stößt genau diese Überreaktion auf Unverständnis in den Vereinigten Staaten. Andererseits aber kann man jungen Deutschen nicht vorwerfen, daß sie sich gegen Scientology wenden. – Warum, frage ich in diesem Zusammenhang, nehmen Scientologen für sich die Meinungsfreiheit in Anspruch, reagieren aber andererseits mit Haß, wenn die andere Seite Kritik übt und sich dabei ebenfalls auf ihr Recht auf Meinungsfreiheit beruft?

TK: Wie begründen Sie, Herr Botschafter, gegenüber Amerikanern, daß die deutsche Regierung eine Organisation, gegen die in Deutschland noch kein über »peanuts« hinausgehendes Strafverfahren zum Erfolg führte, durch den Verfassungsschutz beobachten läßt und ihr zudem beim Bundeskriminalamt eine spezielle Meldestelle widmet?

Chrobog: Dazu erkläre ich sehr offensiv: Wir müssen aufgrund unserer eigenen, eben erwähnten Geschichte Organisationen, die sich gegen die freiheitlich-demokratische Grundordnung unseres Landes aussprechen, überwachen. Der Bundesinnenminister und die Innenminister der Länder haben die ihnen vorliegenden Erkenntnisse sehr gründlich geprüft und sind zu der Überzeugung gekommen, daß die Aktivitäten der Scientology-Organisation eine Untersuchung durch den Verfassungsschutz rechtfertigen. Diese Untersuchung konzentriert sich auf die Strukturen der Organisation. So muß man meines Erachtens zum Beispiel dem Versuch von Scientologen entgegentreten, die private Arbeitsvermittlung zu infiltrieren und für ihre Zwecke zu nutzen.

TK: Was verstehen Sie unter »infiltrieren«? Freiheits- und gesetzeswidrige Unterwanderung? Scientologen behaupten, wie gesagt, Freiheit und Gesetze in Ehren zu halten.

Chrobog: Ich habe meine Zweifel, daß dies so ist. Es ist doch eine Tatsache, daß diese sogenannte »religiöse Gruppierung« Freiheitsrechte, wie wir sie verstehen, nicht akzeptiert. Wie man bei den Scientologen Mitglieder wirbt, indoktriniert und manipuliert, steht doch in eklatantem Widerspruch zu dem, was wir in Deutschland unter Freiheit und Rechtsordnung, unter Demokratie und Menschenwürde verstehen. – Individuelle Freiheiten sind beeinträchtigt, wenn eine Organisation Druck auf ihre Mitglieder ausübt, Verpflichtungen einzugehen, die nicht erfüllt werden können, und dann diese Verpflichtungen dazu nutzt, ihre Mitglieder unter Druck zu setzen – so daß sie faktisch keine freie Wahl haben, die Organisation zu verlassen. Die Praxis des *Auditing* führt ja nicht nur dazu, daß der einzelne seine intimsten Geheimnisse preisgibt; die Kurse sind auch extrem teuer. Dies kann zu hoher Verschuldung der Scientology-Mitglieder gegenüber der Organisation mit der Folge totaler wirtschaftlicher Abhängigkeit führen. Immer wieder hört man auch, daß freie Meinungsäußerung innerhalb der Organisation oder gar Kritik Mitgliedern streng untersagt ist. Und genau das ist der Grund, warum der Staat gegenüber dieser wie auch anderen Gruppen, die totalitäre Tendenzen vertreten, seine Gesellschaftsordnung und seine Bürger schützen muß. Mehr wird in Deutschland nicht getan.

TK: Wie begegnen Sie dem Vorwurf von Scientology und zum Beispiel der amerikanischen *Helsinki-Kommission*, der deutsche Staat fördere *Sektenfilter* – Kontrollmechanismen, die verhindern, daß Scientologen in Parteien, Firmen und Unternehmensverbände eintreten?

Chrobog: Vielleicht sollte man in Deutschland manchmal etwas entspannter reagieren. Andererseits muß ich sagen, daß natürlich auch Interessenverbände das Recht haben, ihre und ihrer Mitglieder Interessen zu wahren und gegebenenfalls bestimmte Gruppierungen auszuschließen, die ihre Zielsetzung nicht teilen. Das ist übrigens in Amerika genauso wie in Deutschland. Das kann ich hierzulande leicht erklären.

TK: Scientologen beklagen, in Deutschland wie in den USA, daß deutsche Regierungsstellen zu keinerlei Dialog mit ihnen bereit sind.

Chrobog: Die vom Deutschen Bundestag eingesetzte *Enquete-Kommission »Sogenannte Sekten und Psychogruppen«* hatte Mitglieder der Scientology-Organisation ausdrücklich zu einem Gespräch eingeladen. Die Scientology-Organisation hat dieses Gesprächsangebot nicht angenommen. Diese Organisation sucht keinen Dialog. Scientology hat sich immer wieder als eine Organisation erwiesen, die jedem offenen Dialog und jeder Kritik vollkommen unzugänglich ist.

TK: Im November 1997, Herr Botschafter, wurde eine Resolution, die Deutschland wegen angeblicher Verstöße gegen die Religionsfreiheit scharf verurteilt, vom »Ausschuß für Internationale Beziehungen« des amerikanischen Abgeordnetenhauses angenommen und dem Plenum zur Abstimmung vorgelegt. Zwar wurde die Resolution schließlich mit dem Stimmenverhältnis 3:1 abgelehnt; davor jedoch kam es zu erheblichen Irritationen in Ihrem Verhältnis zu Teilen des Abgeordnetenhauses.

Chrobog: Die Behandlung dieses Themas im Abgeordnetenhaus empfand ich in der Tat als außerordentlich ärgerlich. Ich habe in einem sehr deutlichen Brief an den Ausschußvorsitzenden den deutschen Standpunkt dargelegt und insbesondere auch darauf hingewiesen, daß mir keine Gelegenheit gegeben worden war, von den Einbringern dieser Resolution angehört zu werden. Ich hatte wiederholt angeboten, Gespräche zu führen. Man hat es aber abgelehnt, mit mir zu sprechen, weil man sich offensichtlich nicht in seiner Meinung beeinflussen lassen wollte.

TK: Das streiten die ab.

Chrobog: Ich habe wiederholt um Gesprächstermine gebeten, die mir nicht gewährt wurden. Senator D'Amato [11/98 abgewählt, d. Aut.], der Vorsitzende der *Helsinki-Kommission*, sagte mir am Rande einer zufälligen Begegnung, er würde mit mir gerne einmal über das Thema »Scientology« sprechen. Zu einem solchen Gespräch ist es bis heute – trotz mehrfacher Nachfragen meinerseits – nicht gekommen. Mein Brief hatte in der Debatte auch eine gewisse Wirkung. Die Abgeordneten stimmten letztlich aus Respekt vor und in Anerkennung der guten deutsch-amerikanischen Beziehungen gegen den Resolutionsentwurf.

TK: Es gibt Bemühungen um eine neue Resolution.

Chrobog: Diese Bemühungen wird es sicher geben, aber im Kongreß besteht nach der letzten Abstimmung keine große Neigung, sich in dieser Sitzungsperiode [2. des 105. Kongresses, d. Aut.] noch einmal mit diesem Thema zu befassen. Man sieht die außenpolitischen Implikationen und man sieht auch zunehmend die Absurdität des Vorbringens der Scientologen. Aber – das muß ich fairerweise erwähnen – einige Abgeordnete haben mir hinterher auch gesagt: »Es war selbstverständlich, daß wir uns auf eure Seite stellten. Denn wir wissen, daß in Deutschland Demokratie und Rechtsstaat herrschen und diese Vorwürfe so nicht stimmen. Andererseits täte auch euch Deutschen ein bißchen mehr Flexibilität und Toleranz im Umgang mit Andersdenkenden gut.«

TK: Deutschland wird seit Jahren wegen seines Umgangs mit Scientology und anderen *Sekten* auch in den Menschenrechtsberichten des »State Department«, des US-Außenministeriums, kritisiert.

Chrobog: Ja, dieser Menschenrechtsbericht wird vom State Department jährlich vorgelegt, und darin wird auf zehn, zwölf Seiten auch Deutschland behandelt. Der Bericht ist, was uns angeht, positiv und würdigt Demokratie und Rechtsstaatlichkeit in Deutschland. In Sachen Scientology werden im wesentlichen die von der Organisation vorgebrachten Vorwürfe wiederholt. – Ich habe unseren Politikern in Deutschland geraten, auf diesen Bericht nicht überzureagieren. Besser wäre es aber schon, auf diese Art von Berichten unter Freunden zu verzichten. Auch in den USA gibt es Defizite im Bereich der Menschenrechte. Auch hier gibt es religiöse und rassische Intoleranz. Wir haben zum Beispiel Probleme mit der Verhängung und Vollstreckung der Todesstrafe sowie mit dem Strafvollzug in den USA.

TK: Wie sieht die rechtliche Situation von Scientology in den USA aus? Gibt es größere Mengen von Straf- oder Zivilverfahren?

Chrobog: Die Rechtslage ist hier für Scientology kritischer geworden. Ich habe die zwei bekanntesten Fälle erwähnt, die im Augenblick anhängig sind. Und in Kalifornien wurde einem Ex-Scientologen, der nach seinem Austritt so unter Druck geriet, daß er wirtschaftlich zugrunde ging, ein hoher Schadensersatz zugebilligt.

TK: Handelt es sich um den Fall Lawrence Wollersheim, Urteil 1989?

Chrobog: Richtig.

TK: Scientology hat die eigene Situation in Deutschland mit der der Juden im Deutschland nach 1933 verglichen. Wie haben Sie die Reaktion der US-Öffentlichkeit auf diesen Vergleich erlebt?

Chrobog: Man war sich über die Geschmacklosigkeit dieses Vergleichs einig. Die jüdischen Organisationen, die den Holocaust als etwas Einmaliges in der Geschichte betrachten, haben sich zu Recht dagegen verwahrt.

TK: Wie beurteilen Sie die Relevanz der Scientology-Frage für die deutsch-amerikanischen Beziehungen?

Chrobog: Ich sage ganz deutlich: Sie besitzt keinerlei Relevanz für unsere Beziehungen. Deutschland ist einer der wichtigsten Partner der Vereinigten Staaten – in Sicherheits-, Außen- und Wirtschaftspolitik. Manchmal, wenn es um einzelne Freiheitsrechte geht, sehen uns die Amerikaner kritisch. Damit müssen wir leben. Darauf sollten wir angemessen reagieren und gegebenenfalls auch Fehler einsehen. Insgesamt empfehle ich mehr Gelassenheit in der Perzeption amerikanischer Kritik. Wir haben den Wunsch, gerade von den Amerikanern besonders geachtet zu werden, und leiden mehr unter dieser Kritik als andere europäische Staaten. Wir sollten manchmal etwas selbstbewußter auftreten.

TK: Widmet nicht dessenungeachtet Ihre Behörde, das Auswärtige Amt, den Scientologen nach wie vor viel Aufmerksamkeit? Ich habe gehört, es gebe jetzt sogar eine sogenannte »Task Force Scientology« im Amt.

Chrobog: Wir als Botschaft und damit auch das Auswärtige Amt beobachten und verfolgen Stimmungen bei unserem wichtigen amerikanischen Partner und reagieren, wie ich finde, in angemessener Weise.

Die Scientology-Spitze und einer ihrer Anwälte

»Clear planet« hat indirekt politische Auswirkungen

Gespräch mit Kurt Weiland, Vize-Chef des internationalen »Office of Special Affairs«

Kurt Weiland, geboren 1955, ist gebürtiger Österreicher und seit 1974 hauptberuflich für die »Scientology-Kirche« tätig. Nach einer administrativen Ausbildung leitete Weiland die Öffentlichkeitsarbeit Scientologys im deutschsprachigen Raum. 1981 wechselte er zur Europa-Zentrale in Dänemark, wo er sich um Angelegenheiten der internationalen Verwaltung kümmerte und als Sprecher für die »Scientology-Kirche« in Europa fungierte. Seit 1987 ist Weiland stellvertretender Chef des »Office of Special Affairs«, OSA, und seit 1990 auch Vorstandsmitglied der »Church of Scientology International«. Er lebt mit seiner Frau und zwei Söhnen in Los Angeles.

TK: Sie wirken recht jung für einen Geheimdienstchef, Herr Weiland.
Weiland: Danke. Aber das *Office of Special Affairs* unserer Kirche hat mit geheimdienstlicher Tätigkeit nichts zu tun. Unsere Abteilung kümmert sich vor allem um rechtliche Angelegenheiten und Öffentlichkeitsarbeit, um Körperschaftssteuerangelegenheiten und versicherungsrechtliche Fragen und darum, daß wir uns in allen 115 Ländern, in denen wir tätig sind, strikt an die Gesetze halten. Speziell in Deutschland gibt es, glaube ich, keine andere Körperschaft, die in dem Maße um Gesetzestreue bemüht ist wie die Scientology-Kirche. Wir stehen ja seit unseren Anfängen derart unter der Lupe, daß wir gar nichts falsch machen dürfen. Deshalb haben wir Angestellte, die ununterbrochen prüfen, ob wir tatsächlich alle auf uns anwendbaren Gesetze einhalten. Gäben wir uns nur eine Blöße, würden uns unsere Gegner mit aller Gewalt an den Karren fahren. Allein in Deutschland hat es ja in den letzten 25 Jahren über 160 ungerechtfertigte strafrechtliche Ermittlungsverfahren gegen uns gegeben, von denen keines auch nur zu einer Anklage führte.
TK: Wie sieht es diesbezüglich in den USA aus?
Weiland: Das ist überhaupt nicht vergleichbar. Hier wird kein Gesetz in schikanöser Weise gegen uns angewandt.
TK: Hat *OSA* denn wirklich keinerlei geheimdienstliche Aufgaben?
Weiland: Was in den USA geschieht, aber meines Wissens nicht in Deutschland, ist, daß Anwälte der Kirche in hier üblicher Weise Privatdetektive anheuern; und die ermitteln, um Anschuldigungen gegen uns zu entkräften oder unsere Klagen zu untermauern.

TK: Viele Anschuldigungen gegen Scientology beziehen sich auf »religiöse« Verfahren, die Sie Mitgliedern angedeihen lassen. Ganz am Anfang steht der *Reinigungs-Rundown*, der nach Meinung von Kritikern gesundheitliche Gefahren birgt.
Weiland: Der *Reinigungs-Rundown*, den Zehntausende Menschen erfolgreich absolviert haben, befreit den Menschen von Chemikalien und Drogenrückständen im Körper; dadurch kommt es zur Verbesserung des geistigen Potentials. Und jeder, der diesen für organisch Kranke möglicherweise strapaziösen Rundown absolvieren will, muß zuvor ein ärztliches Attest vorlegen, demzufolge er körperlich geeignet ist. – Deutsche Staatsanwälte beschäftigten sich schon vor 20 Jahren mit dem *Reinigungs-Rundown*, haben Gutachten eingeholt, und alle sind zu dem Schluß gelangt, daß das Programm weder körperlich schadet noch, zum Beispiel, das Heilpraktiker-Gesetz verletzt.
TK: Was sagen Sie zu dem Vorwurf, das *Auditing* konditioniere Menschen oder unterwerfe sie sogar einer Art hypnotischer Beeinflussung?
Weiland: Beim *Auditing* ruft sich die betreffende Person völlig selbständig vergangene Erfahrungen ins Bewußtsein. Der *Auditor* hilft dabei lediglich – durch gezieltes Fragen. Deshalb weiß der *Auditierte* zu jedem Zeitpunkt während und nach der Sitzung, was geschehen ist. Davon abgesehen erteilt der *Auditor*, weil auch Hubbard die Gefahr eines hypnoseähnlichen Zustands nicht völlig ausschloß, »Befehle«, die der Suggestion entgegenwirken. Er fragt zum Beispiel, wie spät es ist, um sicherzustellen, daß der *Auditierte* mit beiden Füßen auf dem Boden der Realität steht.
TK: Warum kostet *Auditing*, warum kosten Ihre Kurse Geld? Warum finanzieren Sie Ihre Kirche nicht ausschließlich mit freiwilligen Spenden oder Vereinsbeiträgen?
Weiland: Zunächst mal ist es ja im angelsächsischen Raum, wo keine Kirchensteuer existiert, üblich, daß sich Kirchen über Spenden finanzieren. Feste Beträge für bestimmte Leistungen erheben wir deshalb, weil die Scientology-Theologie das Prinzip des gerechten Austausches betont. Wir halten es für fair, daß jeder in dem Maße zahlt, in dem er individuelle Leistungen in Anspruch nimmt. Die teilweise erhebliche Höhe der jeweils erbetenen Spende erklärt sich aus dem hohen personellen Aufwand. So sind mit einer Stunde *Auditing* ein hochqualifizierter *Auditor* und ein noch höher qualifizierter *Fallüberwacher* mehrere Stunden beschäftigt. Ein Frankfurter Gericht hat bezeichnenderweise befunden, daß das Finanzierungssystem der Scientology-Kirche fairer ist als das der steuerlich finanzierten Traditionskirchen.

TK: Stimmt es, daß Sie an *field staff members* Provisionen für die Anwerbung neuer Mitglieder zahlen?
Weiland: Ja, wer in rein ehrenamtlicher Tätigkeit der Kirche ein neues Mitglied zuführt, bekommt 10 Prozent der Beiträge, die die betreffende Person in der Folge leistet. Das deckt in der Regel die Unkosten, ist zugleich aber auch ein Ansporn. Solche Provisionen zahlen in den USA sehr viele Religionsgemeinschaften. Die Baptisten zum Beispiel beschäftigen Profis, die Spenden eintreiben und »Fundraising«-Veranstaltungen durchführen. Provision: 20 Prozent.
TK: Schafft die Provision bei Ihren *field staff members* nicht den Anreiz, zu möglichst viel *Auditing* zu animieren – mit der Folge, daß sich manch einer finanziell übernimmt?
Weiland: Das kann man so nicht sehen, denn es gehört zur scientologischen *Ethik* Verantwortungsbewußtsein. Und deshalb wird ein Kirchenangestellter, der von finanziellen Problemen eines Mitglieds erfährt, diesem in der Regel raten, von weiteren Beiträgen für das *Auditing* vorläufig Abstand zu nehmen. Abgesehen von Deutschland, wo sich Scientology-Kritiker Fälle zusammenphantasieren, ist das auch nirgendwo ein Problem. Wußten Sie übrigens, daß wir die wahrscheinlich einzige Kirche auf der Welt sind, die es Mitgliedern ermöglicht, bereits geleistete Beiträge zurückzuerhalten?
TK: Wie geht das?
Weiland: Wir bitten die Person, uns zu erklären, was ihrer Meinung nach nicht funktioniert hat oder wo es Konflikte gab; und wenn sich das nicht lösen läßt, bekommt sie ihr Geld zurück.
TK: Wieviel?
Weiland: Sämtliche Beiträge, die in den letzten drei Monaten bezahlt wurden. Wurde schon davor eine Vorauszahlung geleistet, wird alles erstattet, was noch nicht aufgebraucht ist. Die Konsequenz der Rückzahlung allerdings ist, daß der Betreffende weitere Scientology-Leistungen nicht in Anspruch nehmen darf.
TK: Welche Rolle spielt bei Scientology überhaupt der finanzielle Erfolg? Hubbard gab ja einst die Direktive aus: »Macht Geld, macht mehr Geld, macht noch mehr Geld!«
Weiland: Das war eine Direktive an die Finanzabteilung; und die braucht in der Tat Geld, um die Kirche am Leben zu erhalten. Ich darf Sie in diesem Zusammenhang auf einen Spruch des italienischen Obersten Gerichtshofs hinweisen, der im Herbst 1997 den Vorwurf, Scientology lege zu großen Wert auf das Finanzielle, zurückwies – und zwar mit der Feststellung, eine solche Direktive an die Finanzabteilung sage

nichts über den Zweck unserer Arbeit an sich, nämlich die religiösen Praktiken, die auf das Erreichen geistiger Freiheit durch den einzelnen Scientologen abzielen.

TK: Wofür geben Sie Ihr Geld aus?

Weiland: Für Personal, das wir, aufgrund bescheidenerer Ressourcen, weit bescheidener bezahlen müssen als die etablierten Kirchen in Deutschland; für unsere Gebäude, *Auditing*- und Kursmaterialien; für Mitgliederzeitschriften und Missionsarbeit. Jede Einzahlung und jede Ausgabe werden übrigens gegenüber dem Finanzamt genauestens belegt, in Deutschland wie in den USA. Verletzten wir hierzulande eine Regel, könnte uns die Steuerbefreiung sofort wieder entzogen werden.

TK: Was verdienen Führungskräfte der Scientology-Kirche – Leute wie *RTC*-Chef David Miscavige, Präsident Heber Jentzsch oder Sie?

Weiland: 1993 wurde in unseren Verhandlungen mit dem US-Finanzamt IRS das Einkommen der hundert höchsten Kirchen-Funktionäre offengelegt; und es stellte sich heraus, daß sie maximal die Hälfte dessen verdienen, was für vergleichbare Positionen in anderen Religionsgemeinschaften gezahlt wird. Keiner von uns arbeitet um eines wirtschaftlichen Vorteils willen für die Kirche. Wir haben gerade genug, unsere Familien zu ernähren; nur wenige besitzen ein eigenes Auto, keiner ein eigenes Haus.

TK: Wo wohnen Sie denn?

Weiland: In Apartment-Komplexen, die zum Teil der *SeaOrg*, in der wir Mitglieder sind, gehören, zum Teil von ihr gemietet wurden. In den meisten dieser Apartment-Komplexe wohnen übrigens nicht nur Scientologen, sondern auch ganz andere Leute. Man teilt sich den Swimmingpool, den Raum für die Waschmaschinen und so weiter.

TK: Sind Scientologen verpflichtet, ihren Glauben auch im Beruf anzuwenden und dort zu missionieren?

Weiland: Das ist jedem Mitglied selbst überlassen. Allerdings legen wir den Mitgliedern nahe, Scientology im täglichen Leben anzuwenden.

TK: Was heißt das?

Weiland: Es heißt zum Beispiel: bestimmte Techniken der Kommunikation anzuwenden und anderen Menschen in Notsituationen zu helfen, ihnen etwa bei Verletzungen Berührungshilfen angedeihen zu lassen. Das ist ja auch der Wunsch wohl jedes religiösen Menschen: mit Dingen, die ihm geholfen haben, auch anderen zu helfen. Daß das in Deutschland von sogenannten Kritikern als Versuch bezeichnet wird, die Gesellschaft zu beeinflussen oder gar zu übernehmen, halte ich für eine boshafte Unterstellung.

TK: Inwieweit soll denn der Gläubige missionieren?

Weiland: Sehr aktiv, insoweit dem keine gesetzlichen Bestimmungen entgegenstehen. Mit Sicherheit sollte zum Beispiel ein Lehrer nicht von ihm abhängige Schüler missionieren. Für den Privatbereich allerdings kann und will ich niemandem das Missionieren untersagen. Im Gegenteil, ich will, daß unsere Mitglieder die Möglichkeiten von Scientology so effizient wie möglich bekannt machen. Sie sollen anderen Menschen erklären: »Mit dieser Technologie bin ich glücklich und erfolgreich, habe ein gutes Familienleben, bin mir meiner Identität als geistiges Wesen bewußt geworden und habe zum Göttlichen eine Beziehung hergestellt, von der ich zuvor keine Ahnung hatte.«

TK: Wen bezeichnen Sie eigentlich als Mitglied von Scientology? Sie beanspruchen, es gebe 4 Millionen Scientologen allein in den USA.

Weiland: Ein Mitglied unserer Kirche ist jemand, der Scientology aktiv in seinem Leben anwendet, nachdem er Kurse absolviert hat. Die bloße Lektüre etwa des *Dianetik*-Buchs reicht nicht. Das allein haben ja schon 18 oder 19 Millionen Menschen gelesen.

TK: Scientology geht, Herr Weiland, davon aus, daß der Mensch im Grunde gut ist, daß er ein möglichst gutes *Überleben* auf den verschiedenen *Dynamiken* anstrebt. Was sind vor diesem Hintergrund für Sie Verbrecher und Geisteskranke?

Weiland: Auch Verbrecher sind im Grunde gut. Sie sind jedoch auf einem Irrweg gelandet, von dem man sie wieder auf den Pfad der Wahrheit und Gerechtigkeit zurückführen muß. Deshalb haben wir das Rehabilitationsprogramm *Criminon* für Kriminelle. Hier in Kalifornien setzen Richter und Bewährungshelfer *Criminon* zu dem Zweck ein, Delinquenten zu rehabilitieren oder von vornherein vor dem Gefängnis zu bewahren – das ja bekanntermaßen eine Schule des Verbrechens ist. Logischerweise sind wir auch gegen die Todesstrafe.

TK: Und was ist mit geistig Kranken, zum Beispiel schizophrenen oder psychotischen Menschen?

Weiland: Solche Menschen sind, aufgrund eines oder mehrerer *Engramme*, von vergangenen Vorkommnissen derart überwältigt, daß sie irrational denken und handeln. Die Psychiater haben für Manifestationen dieses Zustands eine Unmenge von Krankheitsbegriffen entwickelt, die wir allerdings für unsinnig halten. Und wir gehen davon aus, daß jedem geistig Kranken geholfen werden kann.

TK: Was aber, wenn er keiner Kommunikation zugänglich ist?

Weiland: Es gibt natürlich sehr, sehr problematische Fälle. Da muß man der Person zunächst die Möglichkeit entziehen, sich selbst oder andere zu zerstören, und versuchen, Einflüsse, die irrationales Handeln fördern, aus der Umgebung dieser Person zu eliminieren. So ist es möglich, sie allmählich zugänglicher zu machen für Kommunikation.

TK: Wie definieren Sie die in Ihrem *Ethik*-Konzept recht prominente *antisoziale Persönlichkeit*?

Weiland: Eine *antisoziale Persönlichkeit* ist jemand, der Dinge tut, Interessen verfolgt und Wirkungen kreiert, die seinen Mitmenschen Schaden bereiten. Ein Verbrecher zum Beispiel ist eine *antisoziale Persönlichkeit*. Wie alle *antisozialen Persönlichkeiten* jedoch kann er auf den rechten Weg zurückgeführt werden. Dazu muß er erkennen, daß es in seinem Interesse liegt, *ethisch* zu leben, und es folglich keinen Sinn hat, sich antisozial zu verhalten.

TK: Was raten Sie Ihren Mitgliedern für den Fall, daß eine *antisoziale Persönlichkeit* sich nicht ansprechbar zeigt für ihre diesbezügliche Beratung?

Weiland: Wenn alle Bemühungen fruchtlos waren, raten wir betroffenen Mitgliedern, von Kommunikation mit dieser Person Abstand zu nehmen, was ja auch ein Recht ist. Es hat dann offensichtlich keinen Sinn mehr, sich weiter von dieser Person drangsalieren zu lassen.

TK: Ist die *unterdrückerische Person* eine Sonderform der *antisozialen Persönlichkeit*?

Weiland: Ein besonders gravierender Fall. Eine *unterdrückerische Person* ist jemand, der mit Absicht und Beharrlichkeit daran arbeitet, das *Überleben* einer oder mehrerer anderer Personen zu vermindern. Und um die völlige Inakzeptabilität einer unterdrückerischen Handlung allen Betroffenen klarzumachen, nennen wir sie bei ihrem Namen.

TK: Handelt es sich bei Taten einer *unterdrückerischen Person* vorwiegend um Handlungen, die gegen die Kirche gerichtet sind?

Weiland: Nein, meist handelt es sich um andere Dinge. Ein Mann, der seine Frau verprügelt zum Beispiel, handelt unterdrückerisch. Ich würde dann zunächst raten: »Red mit ihm«. Hilft das nicht, würde ich alle Beteiligten zum Gespräch bitten; und wenn der Mann dann immer noch nicht aufhört, die Frau zu schlagen, muß man einsehen, daß man sich besser trennt.

TK: Warum nennen Sie eigentlich das Opfer einer solchen Situation *potentielle Schwierigkeitsquelle*?

Weiland: Nun, eine Frau, die von ihrem Lebensgefährten verprügelt wird, leistet weniger bei der Arbeit, sie geht emotional rauf und runter. Und das hat natürlich störende Auswirkungen auf die Mitmenschen.

TK: Ist jeder Scientology-Kritiker eine *unterdrückerische Person*?

Weiland: Erstens, nur Mitglieder können zur *unterdrückerischen Person* erklärt werden. Zweitens, ein Journalist, der differenziert Kritik übt, begeht aus unserer Sicht keine unterdrückerische Handlung. Wer jedoch bewußt versucht, unserer Kirche zu schaden, begeht unterdrückerische Handlungen.
TK: Was geschieht mit Mitgliedern, die zur *unterdrückerischen Person* erklärt wurden?
Weiland: Sie werden aus der Kirche ausgeschlossen; und für alle Mitglieder gilt ein Verbot, mit diesen Personen zu kommunizieren. Ich weiß, daß daran in Deutschland viel Kritik geübt wird; aber andere Religionen, die Baptisten zum Beispiel, Katholiken sogar, haben ähnliche Regeln.
TK: Kritik wird auch daran geübt, daß Sie häufig gegen Ihre Gegner, unter ihnen viele Aussteiger, prozessieren; daß Sie angeblich sogar Gegner in den Ruin prozessieren. Das ist ja im US-Rechtssystem, wo jeder Prozeßbeteiligte seine Anwaltskosten gewöhnlich selbst trägt, besonders leicht zu bewerkstelligen.
Weiland: Wir prozessieren nur, wenn wir uns zu Unrecht angegriffen sehen. Davon abgesehen, gibt es in diesem Land Tausende Anwälte, die sich darauf spezialisiert haben, den kleinen Mann gegen große Organisationen zu vertreten – und zwar ausschließlich auf Erfolgsbasis. Der Klient trägt, weil er nur zahlt, wenn er gewinnt, kein finanzielles Risiko.
TK: Das gilt aber nur, wenn der kleine Mann klagt, und nicht, wenn er verklagt wird.
Weiland: Sie liegen da falsch. Denn dem amerikanischen Recht zufolge kann der Gewinner die Anwalts- und Gerichtskosten vom Verlierer zurückfordern; also ist das Klagen ein finanzielles Risiko ersten Ranges.
TK: Besitzen Sie eine sogenannte Kriegskasse für Rechtsstreitigkeiten?
Weiland: Jede Religionsgemeinschaft, die in ihrer Gründungs- und Wachstumsphase den Widerstand der etablierten Religionen überlebt hat und zu einer Weltreligion heranwuchs, bedurfte finanzieller Mittel, um sich zu verteidigen. So haben auch wir vorgesorgt, haben also eine symbolisch zu verstehende »Kriegskasse« eingerichtet – wenngleich wir im Gegensatz zu Katholiken, Protestanten oder Mohammedanern, die sich ja heute noch vielerorts mit mörderischer Gewalt bekriegen, unseren Schutz in den Gerichtssälen, Parlamenten und sonstigen Diskussionsforen der Welt suchen.
TK: Warum schicken Sie zum Beispiel Joseph Mallia Privatdetektive auf den Hals, einem Journalisten, der Anfang März 1998 eine Artikelserie über Scientology im »Boston Herald« veröffentlichte?

Weiland: Wir führten zu genau diesem Zeitpunkt einen Rechtsstreit in Boston; und unseren Anwälten schien das ein abgekartetes Spiel zwecks Beeinflussung des Gerichts zu sein, zumal Mallia vor seiner Veröffentlichung nie auch nur ein Wort mit Kirchenmitarbeitern geredet hatte. Um den Hintergrund der Veröffentlichung zu klären, engagierten unsere Anwälte einen Privatdetektiv.
TK: Das klingt ein wenig nach Jagd auf den Gegner; und es erinnert an Hubbards Satz vom *fair game*, Freiwild, zu dem *unterdrückerische Personen* nach ihrem Ausschluß aus der Kirche erklärt würden.
Weiland: Dieser – später für ungültig erklärte – Satz wird von unseren Gegnern absichtlich mißinterpretiert. Er sagt lediglich, daß Mitglieder bei Streitigkeiten Anspruch auf bestimmte, in unserem Kirchenrecht festgelegte Privilegien haben; daß jedoch aus der Kirche Ausgeschlossene dieser Privilegien verlustig gehen und insofern »Freiwild« werden, als sie sich nur noch auf das normale, für alle Bürger gültige Recht berufen können. Der – auch aus Sicht Hubbards – nicht ganz glückliche Ausdruck des *fair game* legitimierte in keiner Weise Gewalt gegen Menschen.
TK: Kritiker behaupten, sie würden von Scientology, mit juristischen und anderen Mitteln, aus dem Internet geworfen.
Weiland: Wie unwahr diese Anschuldigung ist, läßt sich schon dadurch demonstrieren, daß diese Kritiker sich nach wie vor uneingeschränkt im Internet tummeln. Wenn jemand unser Urheberrecht verletzt, bleibt uns keine Wahl, als das Gericht zu bemühen; da ist das Internet nicht immunisierend.
TK: Dürfen Scientologen Prozesse gegeneinander führen?
Weiland: Nur dann, wenn eine Schlichtung innerhalb der Kirche erfolglos war. Wir glauben, daß prinzipiell alle Streitigkeiten durch Dialog und Kommunikation lösbar sind, und wollen sie nur im Notfall den Gerichten aufhalsen.
TK: Hat bei der internen Behandlung von Rechtsstreitigkeiten zwischen Mitgliedern ein »upstat« mit hohen *Statistiken* Vorteile gegenüber einem weniger erfolgreichen Mitglied?
Weiland: Nein, denn Schlichtungsversuche durch die Kirche gründen ausschließlich auf beweisbaren Tatsachen. Ein »Verlierer« dabei kann aber beanspruchen, daß besondere Verdienste – die wir tatsächlich oft als »upstats« bezeichnen – bei der Zumessung von Konsequenzen zu seinen Gunsten berücksichtigt werden.
TK: Warum, Herr Weiland, trägt die Elite der Scientology-Mitarbeiter, warum tragen Mitarbeiter der *Sea Organization* Uniformen?

Weiland: Die *Sea Organization* entstand aus einer Gruppe von Leuten, die mit L. Ron Hubbard auf einem Forschungsschiff das Mittelmeer bereisten. Mit Hilfe archäologischer Ausgrabungen verifizierten sie Erinnerungen Hubbards an Geschehnisse in der Antike. Sie können das im Buch »Mission into Time« nachlesen. Hubbard erkannte damals, daß sich bestimmte langfristige Ziele am besten mit einem gut organisierten Team aus sich völlig der Sache widmenden Menschen realisieren lassen. Deshalb schuf er zum Aufbau der Scientology-Kirche die *Sea Organization*, der er mit aus der Marine entlehnten Uniformen und entsprechender Rangordnung eine auch nach außen sichtbare Identität verlieh. Mittlerweile hat die *SeaOrg* 5 000 Mitglieder in aller Welt; ab einer bestimmten Stufe müssen Mitarbeiter der Kirche *SeaOrg*-Mitglieder sein.
TK: Kritiker sagen, Mitglieder der *SeaOrg* würden ausgebeutet. Und in der Tat betreten sie, mindestens sechsmal wöchentlich, morgens um acht dieses Gebäude, und abends um viertel vor elf sehe ich sie draußen in den Bus steigen.
Weiland: Jeder ist freiwillig da, keiner wird in Scientology hineingeboren. Von der Zeit muß man übrigens mehrere Pausen abziehen und zweieinhalb Stunden religiöser Weiterbildung, so daß es sich letztlich um vielleicht neun Stunden täglicher Arbeitszeit handelt. Aber keine Frage, diese Menschen widmen sich – entsprechend ihrer freiwilligen persönlichen Entscheidung – ganz, hier christlichen Ordensmitgliedern vergleichbar, ihrer Kirche.
TK: Aber, mit all den *Statistiken*, die sich ständig verbessern müssen, ist das nicht eine enorm stressende Leistungsmühle?
Weiland: Es ist keine Mühle, sondern es macht den Mitarbeitern in der Regel Spaß. Und diejenigen, die darüber Greuelmärchen in die Welt setzen, sind entweder fanatische Aussteiger oder, sehr oft deutsche, Agitatoren, die nichts von Scientology verstehen oder verstehen wollen. Ich sage Ihnen, für die 5 000 Mitglieder der *SeaOrg* und die insgesamt 13 000 Mitarbeiter von Scientology ist es eine ganz normale Sache, mittels *Statistik* ihre eigene Leistung im Auge zu behalten und sich darum zu bemühen, die Religion weiter und weiter zu verbreiten.
TK: Aber da ist doch Druck. Muß man nicht, wenn man an einem schlechten Tag weniger leistet, Rechenschaft ablegen?
Weiland: Das wird völlig überzogen dargestellt. Es ist ganz einfach so, daß, wie im Geschäftsleben auch, der Vorgesetzte dem Mitarbeiter sagt: »Ich bin mit deiner Arbeitsleistung nicht zufrieden. Du mußt dich verbessern.«

TK: Hinzu kommen sogenannte *Wissensberichte* über das *ethische* Verhalten von Kollegen. Welche Funktion haben diese Berichte?

Weiland: Es geht darum, Zustände, die schädlich sind, bekannt zu machen. Wenn jemand etwas tut, was ihm selbst, anderen oder der Gemeinschaft Schaden bereiten kann, dann schließt ein Scientologe nicht die Augen, sondern er sagt zunächst: »Hör zu, das ist nicht in Ordnung.« Hilft das nicht, schreibt er einen Bericht. Das tun übrigens nicht nur Mitarbeiter, sondern Scientologen in allen Lebensbereichen. Und damit kein Denunziantentum entsteht, bekommt jeder Betroffene eine Kopie des Berichts. Wir glauben, daß durch die Institution der *Wissensberichte ethisches* Verhalten gefördert wird.

TK: Welche Zusammenhänge bestehen eigentlich zwischen dem *Erkenntnisgrad* eines Scientologen, seinem Status in der Kirche und seinem Rang in der *SeaOrg*?

Weiland: Das sind völlig unterschiedliche Dinge. Jemand kann sich in der *SeaOrg* die Ränge raufgearbeitet haben und ist trotzdem in der Kirche nur Kursleiter. Und was den *Erkenntnisgrad* angeht, so ist mancher wichtige Mitarbeiter der Kirche noch nicht einmal auf den *OT-Stufen*, sondern nur *clear*. Die meisten Leute mit hohen *Erkenntnisgraden* sind nicht Mitarbeiter der Kirche.

TK: Ihre Gegner, Herr Weiland, gründen wesentliche Teile ihrer Kritik auf programmatische Äußerungen L. Ron Hubbards und auf Ereignisse der jüngeren Geschichte. Im Rahmen eines 40jährigen, erst 1993 beendeten Konflikts mit der US-Regierung – zunächst mit der »Food and Drug Administration«, FDA, dann mit dem IRS – organisierte Scientology in den 70er Jahren die sogenannte »Operation Snowwhite«. Worum handelte es sich dabei?

Weiland: Wir gingen damals davon aus, daß die US-Regierung so lange negative Entscheidungen uns gegenüber treffen würde, wie sie von nicht zutreffenden Tatsachendarstellungen über Scientology beeinflußt würde. Deshalb versuchten wir, auf der Basis des im Nachklang zu Watergate bekannt gewordenen »Freedom of Information Act« die Offenlegung aller Berichte über uns zu erzwingen. Dies geschah übrigens völlig legal. Und ein kanadisches Gericht bestrafte in einer vielbeachteten Entscheidung einen Polizisten, der behauptet hatte, die »Operation Snowwhite« leitete zu Gesetzesverstößen an.

TK: Mitte der 70er Jahre verübten dann aber Scientologen Einbrüche in Regierungsgebäude.

Weiland: Ja, ein unverzeihbares Vorgehen. Es handelte sich dabei um einige Mitarbeiter des damaligen *Guardian's Office*, die frustriert waren, daß die Behörden mit allen möglichen Mitteln die Herausgabe der Dokumente blockierten. Diese Leute brachen bei den Behörden ein und entwendeten Dokumente. Das war natürlich ein Gesetzesverstoß, und sie zahlten den angemessenen Preis. Festzustellen bleibt, daß die Kirchenleitung von all dem nichts wußte. Denn das *Guardian's Office* operierte autonom, was aus heutiger Sicht sicher ein Fehler war.

TK: Wie verfuhr die Scientology-Kirche mit den Einbrechern?

Weiland: Sie alle und jeder, der von diesen Vorgängen wußte, wurden für immer und unwiderruflich ihrer Kirchenämter enthoben – und zwar einschließlich der Frau L. Ron Hubbards. Hubbard selbst waren diese Vorgänge nicht bekannt gewesen, und er war damals sehr, sehr unglücklich über diese Verstöße gegen das Gesetz und zugleich die Grundprinzipien Scientologys.

TK: Wenige Jahre später kam es dann zu einem Putsch innerhalb der Kirche.

Weiland: Ja, 1980/81 stachelten Außenstehende einige Mitglieder auf, einen Putschversuch zu inszenieren. Es handelte sich um Leute, die vorgaben, die Scientology-Religion auf ihre eigene Art und Weise ausüben und verbreiten zu wollen. In Wirklichkeit kam es ihnen aufs Geld an. Nachdem sie innerhalb der Kirche nicht Fuß fassen konnten, gründeten diese Leute eine eigene Gruppierung, eine sogenannte Freie Zone, die nie mehr als ein paar hundert Mitglieder hatte. Die Kirche hat dann in etlichen Prozessen der Freien Zone untersagen lassen, Scientology ohne Autorisierung durch die Kirche für ihre eigenen Zwecke und persönliche Bereicherung zu verwenden. Einige solche Verfahren hat die Kirche auch in Deutschland gewonnen.

TK: Warum haben Sie heute einen *Religious Technology Center, RTC*, der als Inhaber der »trademarks« die Scientology-Kirche kontrolliert?

Weiland: Zur Einrichtung des *RTC* kam es nach den innerkirchlichen Konflikten der frühen 80er Jahre. Nach den damals geschlossenen Verträgen hat die Mutterkirche »Church of Scientology International« die Aufgabe und freie Hand, Scientology zu verwalten und zu verbreiten. Die Kirche erläßt die Richtlinien für alle Verwaltungsprogramme, missionarischen Aktivitäten und so weiter, während der *RTC* lediglich die Aufgabe – und die rechtliche Handhabe – hat, die Reinhaltung der Lehre zu überwachen und durchzusetzen.

TK: Kann es da nicht zu Interpretationsunterschieden kommen?

Weiland: Nein, denn alles wurde von L. Ron Hubbard ja schriftlich festgehalten. Und man braucht nur nachzuschauen, ob das, was in der Realität getan wird, sich mit den Schriften Hubbards deckt.

TK: Könnte der *RTC*, rein theoretisch, der Kirche sämtliche Rechte entziehen?

Weiland: Nicht alle, sondern nur die Rechte, die aus dem Besitz der Warenzeichen erwachsen, und nur, wenn er juristisch eindeutig nachweist, daß die Kirche die Reinheit der Lehre verletzt.

TK: Wie ist der *RTC* konstituiert?

Weiland: Es handelt sich um eine gemeinnützige Körperschaft mit etwa vierzig, ursprünglich von der Kirche bestellten Mitgliedern, der ein »Board of Directors« vorsteht. Dieser wiederum wählt sich einen Vorsitzenden, das ist zur Zeit David Miscavige. Die Kirche ist ähnlich organisiert. Hier wird der »Board of Directors« von einer Gruppe »Trustees«, Gründervätern, gewählt. Alle diese Wahlen sind übrigens vollkommen öffentlich in Amerika.

TK: Welche Funktionen besitzt Ihr sogenanntes »Watchdog Committee«? Und wie ist es zusammengesetzt?

Weiland: Das »Watchdog Committee« ist ein internationales Aufsichtsgremium innerhalb der Mutterkirche der Scientology-Religion, das sich aus Führungskräften mit langjähriger Erfahrung zusammensetzt. Wie der Name schon verrät, hat das Gremium innerhalb von Scientology die Funktion, die Hauptbereiche kirchlicher und säkularer Tätigkeit zu beaufsichtigen. Ein solcher Bereich umfaßt zum Beispiel die Missionstätigkeit, ein weiterer die Konzeption, Herstellung und Verbreitung von Scientology-Schriften. Ein dritter Bereich, den ich in diesem Zusammenhang nennen möchte, umfaßt den Einsatz von Scientology-Praktiken und -Ressourcen in Feldern säkularer Aktivitäten. Dazu gehören Programme der Rehabilitation von Drogenabhängigen, der Resozialisierung von Gefängnisinsassen, der Hilfe beim Lernen in Verbindung mit der Bekämpfung des Analphabetismus und so weiter.

TK: 1993 zwangen Sie in Ihrem Krieg mit der US-Regierung schließlich – sagen Kritiker – das Finanzamt IRS in die Knie, indem Sie Dutzende IRS-Mitarbeiter mit Klagen überzogen.

Weiland: Diese Klagen, die wir in den meisten Fällen gewonnen haben und die zu Präzedenzentscheidungen führten, bemängelten offensichtliches Fehlverhalten von Behördenvertretern, was ja in einem Rechtsstaat möglich sein sollte. Davon abgesehen: Der IRS ist mit 110 000 Mitarbeitern die größte Behörde der USA; und unzählige Amerikaner träumen davon, denen etwas aufzwingen zu können. – Nein, führende IRS-Beamte kamen Anfang der 90er Jahre zu der Einsicht, man könne doch, anstatt sich Jahr für Jahr teuer mit uns herumzuschlagen, einmal das grundsätzliche Gespräch mit uns suchen. In einem ersten Schritt belegten wir dann, daß sämtliche dem IRS vorliegenden Anschuldigungen gegen uns nicht zutrafen; in einem zweiten Schritt beantworteten wir der Behörde über 2 000 detaillierte Fragen; in einem dritten prüften sie die Bücher aller unserer Kirchen in den USA – und alle unsere Bankkonten auf der ganzen Welt. Danach und aufgrund dessen kam der IRS zu der unweigerlichen Erkenntnis, daß Scientology eine gemeinnützige Organisation ist und aus Sicht der Finanzbehörde auch sämtlichen Kriterien genügt, um als Religionsgemeinschaft zu gelten.

TK: Warum hat Scientology Namen und Telefonnummer des in Konkurs gegangenen *Cult Awareness Network, CAN*, gekauft?

Weiland: Zwei Scientologen in ihrer Eigenschaft als Privatleute haben das getan. Anschließend haben sie mit Mitgliedern christlicher Gemeinschaften und östlicher Religionen das »Neue CAN« gegründet; eine Organisation, die, ganz im Gegensatz zum alten *CAN*, vor religiöser Diskriminierung warnt, objektiv über einzelne Gruppen informiert und zur Versöhnung zwischen den Religionen aufruft.

TK: Was heißt eigentlich »*clear* planet«, Herr Weiland?

Weiland: Darunter verstehen wir einen idealen Zustand, der dann erreicht ist, wenn sich jedermann auf dieser Erde seiner Eigenschaft als geistiges Wesen bewußt ist und die Menschen in Frieden miteinander leben. Jeder kann dann nach seinen eigenen Entscheidungen beruflich, familiär, im Hobby und so weiter aktiv werden. Fast jede bekannte Religion strebt ein ähnliches Ideal an.

TK: Und wie erreicht die Welt diesen Zustand?

Weiland: Indem sie Scientology anwendet. Unsere Kirche hilft dem einzelnen, sich seiner selbst als geistiges Wesen und seiner Fähigkeiten bewußt zu werden – sowie der Notwendigkeit, für das Wohl seiner Familie und der Gemeinschaft zu arbeiten. Wenn sehr viele Menschen dieses Bewußtsein erreichen, ändert das natürlich die Gesellschaft.

TK: Sollen Scientologen dann staatliche Institutionen übernehmen?

Weiland: Wenn das geschähe, würde es zu Verbesserungen führen. Aber Scientology hat ausdrücklich keine politischen Ziele. Uns kommt es – das werden Sie überall in unserem Schrifttum finden – auf das Individuum an.

TK: Aber der Zustand des »*clear* planet« hat ja auch politische Auswirkungen.

Weiland: Wahrscheinlich, indirekt. Aber auch Hubbard sieht ja die Demokratie als beste Staatsform an. Und ich kann mir also nicht vorstellen, daß sich da etwas ändern müßte. Denn in der Demokratie hat der einzelne die Freiheit, die er braucht, um sich zu entfalten.

TK: Hubbard sagte doch, die Demokratie habe uns nichts gebracht, als uns in den Schlamm zu stoßen.

Weiland: Ein aus dem Zusammenhang gerissenes Zitat. Sie müssen sich den betreffenden *policy letter* mal anschauen. Hubbard sagte das mit Blick auf aus demokratischen Strukturen gewachsenen Diktaturen, zum Beispiel das Hitler-Regime. Und er sagte ganz klar, daß es, um die Demokratie im Sinne ihrer geistigen Führer zum Funktionieren zu bringen, einer größeren Verantwortung der Einzelpersonen bedarf. Nichts anderes ist auch mit dem in deutschen Verfassungsschutzberichten herumschwirrenden Begriff der politischen *Dianetik* gemeint.

TK: In »Dianetik« schreibt L. Ron Hubbard, er könne sich eine Zukunft vorstellen, in der nur Nicht-*Aberrierte* Bürgerrechte genießen, heiraten und Kinder bekommen dürfen. Wie ist das zu verstehen?

Weiland: Das muß man im Zusammenhang mit dem Rest der diesbezüglichen Darstellung im Buch verstehen, wo L. Ron Hubbard theoretische Überlegungen darüber anstellt, welche Folgen ein durch *Dianetik* beträchtlich erhöhtes Verantwortungsbewußtsein des »nicht-mehr-*aberrierten*« Menschen gegenüber den Mitmenschen haben könnte.

TK: Was meint eigentlich die vielzitierte »Entfernung von Gegen- und Fremdabsichten aus der Umgebung«?

Weiland: Geht auch aus dem Kontext hervor. Wenn jemand eine gute, das *Überleben* fördernde Absicht hat, und es begegnet ihm jemand mit destruktiven, un*ethischen* Absichten, dann muß er dieser Person zu der Erkenntnis verhelfen, daß es keinen Sinn hat, destruktiv zu handeln. Einer Person destruktives Verhalten bloß zu untersagen, hat leider langfristig manchmal keinen Erfolg. Ausschließlich dann, wenn die betreffende Person beharrlich destruktiv aktiv ist, soll der einzelne, nach den Bestimmungen unseres Kirchenrechts, von seinem persönlichen Recht Gebrauch machen, die Kommunikation mit ihr abzubrechen.

TK: Was heißt denn, eine »Regierung in Übereinstimmung bringen«?

Weiland: Wieder einige wenige Worte aus einem dreiseitigen Schriftstück. Dieses Zitat bedeutet, daß wir Regierungen wie die deutsche, die auf illegale und verfassungswidrige Weise Scientologen das Leben erschweren, dazu bringen wollen, auch uns alle bürgerlichen Freiheiten zuzugestehen.

TK: Welche Aufgabe haben die Lager der sogenannten *Rehabilitation Project Force, RPF,* in denen Kritiker Gefangenenlager sehen?

Weiland: Es sind keine Lager, und jedermann ist freiwillig dort; er hat die Wahl. Das Programm ist ausschließlich Mitgliedern der *SeaOrg* vorbehalten. Auch in der *SeaOrg* gibt es Leute, die ihren Job nicht bewältigen. Wenn so etwas dauerhaft der Fall ist, würde ein normaler Arbeitgeber den betreffenden Mitarbeiter an die Luft setzen. Wir dagegen stellen die Person vor die Entscheidung, ob sie die *SeaOrg* verlassen oder ob sie sich rehabilitieren, das heißt ihre Probleme bewältigen und dann wieder für die *SeaOrg* arbeiten will.

TK: Wie geht das?

Weiland: Es gibt einen Stundenplan: 7 Stunden täglich verrichten die Leute relativ anspruchslose Arbeiten, die der Gemeinschaft zugute kommen. Sie mähen zum Beispiel den Rasen und pflegen Gärten; 5 Stunden studieren sie Scientology, machen *Auditing* und eruieren die Gründe für ihr Versagen im Job. Das Programm ist dem monastischen Leben in der katholischen Kirche ähnlich.

TK: Muß man auch, wie Aussteiger sagen, stundenlang im Kreis laufen?

Weiland: Ich habe von solchen Vorwürfen gehört; aber die haben nichts mit der Wirklichkeit zu tun.

TK: Gibt es im Rahmen von *RPF*-Programmen oder sonstwo Straf-*Auditings*, wo Leute nach sexuellen Perversionen gefragt werden und danach, ob sie mit Mitgliedern anderer Rassen geschlafen haben?

Weiland: Es gibt bei Scientology kein Straf-*Auditing*. Denn jedes *Auditing* hilft dem einzelnen, sich seiner selbst bewußt zu werden. An bestimmten Punkten auf der *Brücke zur geistigen Freiheit* allerdings wird der einzelne anhand eines Themenkatalogs gefragt, ob er gegen Gesetze verstoßen oder un*ethische* Handlungen begangen hat. Dies hilft der Person, Dinge, die sie auch selbst nicht gut findet, gegenüber dem *Auditor* darzulegen und so zu bewältigen. Das ist durchaus mit einer gründlichen Beichte vergleichbar. Die Frage, ob man mit einem Mitglied einer anderen Rasse schlafe, entstand in den 60er Jahren in Südafrika. Dort war ja damals auch die geschlechtliche Rassentrennung gesetzlich vorgeschrieben, was heute, Gott sei Dank, anders ist.

TK: Scientology hat sich also den Apartheid-Gesetzen untergeordnet?

Weiland: Im Gegenteil. Scientology hat sich mit der Regierung angelegt. Wir veröffentlichten in unserer Zeitschrift »Freiheit« zum Beispiel, daß schwarze Geisteskranke in Arbeitslagern gehalten und an Firmen verliehen wurden. Das gab damals einen Riesenaufruhr, eine Rotkreuz-Delegation untersuchte die Sache, und Südafrikas Regierung mußte die Lager schließen. Zugleich aber verbot sie unsere Zeitschrift »Freiheit«, und das Verbot wurde erst nach dem Ende der Apartheid aufgehoben.

TK: Einige Jahre vor dieser Maßnahme der südafrikanischen Regierung gegen Scientology schrieb L. Ron Hubbard, wie Kritiker behaupten, sehr freundliche Briefe an den damaligen Premierminister Hendrik Verwoerd – Briefe, in denen Hubbard unter anderem die Anlage von Townships für Schwarze in Johannesburg lobt. Existieren diese Briefe, und wie sind Sie gegebenenfalls zu verstehen?

Weiland: L. Ron Hubbard räumte Premierminister Verwoerd in den Anfangsjahren von dessen Amtszeit so etwas wie einen Vertrauensvorschuß ein, den »benefit of the doubt«. Spätestens 1966 jedoch wurde Hubbard eines Besseren belehrt. Er hielt sich damals in Rhodesien auf und legte im Parlament des damaligen Salisbury einen Verfassungsentwurf vor, der auf dem Prinzip »one man, one vote« basierte und der schwarzen Bevölkerung uneingeschränkte Teilnahme am demokratisch-politischen Geschehen garantierte – einschließlich der Möglichkeit zu kandidieren. Die rhodesische Regierung war darüber alles andere als erfreut und forderte Hubbard im Juli 1966 auf, das Land binnen einer Woche zu verlassen. Das Gleiche geschah kurz darauf in Südafrika; auch dort fand L. Ron Hubbards Eintreten für die Freiheit der schwarzen Bevölkerung keinen Anklang. Es wurde ihm die Einreise nach Südafrika untersagt, und er kehrte nie mehr dorthin zurück.

TK: Wie schätzen Sie die aktuelle Rolle Scientologys in der US-Gesellschaft ein?

Weiland: Die Scientology-Kirche spielt in den USA eine immer wichtigere Rolle, was vor allem darauf gründet, daß unsere Religion die spirituellen Zielsetzungen der Mitglieder befriedigt, was sich sehr, sehr rasch herumspricht. Zum anderen legen sowohl die Leitung der Kirche als auch die Mitglieder großen Wert darauf, einen wirksamen Beitrag zum Wohlergehen der Gesellschaft zu leisten. Dies geschieht einem Satz Hubbards zufolge, nach dem ein Mensch so wertvoll ist, wie er imstande ist, anderen zu helfen. Die sehr schnell wachsende Zahl unserer Sozialprogramme belegt unser Engagement hierbei in sehr lebendiger Weise. Ich wünsche mir sehr, daß wir uns irgendwann auch in Deutschland dieser Arbeit widmen können, anstatt unsere Energie bei der Abwehr perfider Anschuldigungen und haltloser Unterstellungen verschwenden zu müssen.

TK: Sie haben im August 1998 Deutschland besucht. Wie hat sich die aktuelle Situation Scientologys dort für Sie dargestellt?

Weiland: Ich sehe in Deutschland für Scientology und andere diskriminierte Minderheitsreligionen Grund zum Optimismus. Im Zuge der Frankfurter Kundgebung vom 10. August 1998 hat sich eine Interessengemeinschaft gebildet, der neben unserer Kirche auch Vertreter christlicher, jüdischer, islamischer und östlicher Religionen angehören. Es wurden gemeinsame Aktionen beschlossen und ein entschiedenes Eintreten für Toleranz und religiösen Pluralismus vereinbart. Es gesellt sich damit zu den Toleranz-Appellen an die deutsche Regierung von außen ein organisierter Widerstand von innen gegen die Verletzung von Menschenrechtskonventionen und grundgesetzlichen Freiheitsrechten.

TK: 53 Mitglieder des Abgeordnetenhauses im US-Kongress haben im Sommer 1998 erneut eine Resolution eingebracht – der, nach einem gescheiterten Anlauf 1997, zweite Versuch, eine Verurteilung Deutschlands wegen »Verletzung der Religionsfreiheit« zu erwirken. Welche Chancen sehen Sie, daß das gelingt?

Weiland: Die Chancen stehen ausgezeichnet. Denn der neue Resolutionsentwurf wird von zehnmal mehr Abgeordneten explizit unterstützt als der von 1997. Ich bin sicher, daß es zu Anhörungen kommt, daß auch in den US-Senat eine ähnliche Resolution Eingang findet und daß es schließlich zur Verabschiedung kommen wird. Im übrigen bedarf es einer wichtigen Klarstellung: Im November 1997 kam es im Abgeordnetenhaus nicht zu einer inhaltlichen Ablehnung des damaligen Resolutionsentwurfs, sondern lediglich zum Beschluß, ihn nicht im beschleunigten Verfahren – also ohne die üblichen Ausschuß- und Plenardebatten – zu verabschieden. Insofern steht die aktuelle Entwicklung in der Kontinuität des 1997 Begonnenen.

TK: Scientology, Herr Weiland, geht davon aus, daß jeder *Thetan* sich an frühere Leben erinnern kann. Haben bereits Menschen entdeckt, daß sie als Scientologen schon einmal auf der Erde lebten, und man jetzt sogar auf ihre alten *Auditing*-Akten zurückgreifen kann?

Weiland: Es gibt Leute, sehr junge Menschen, die in ihrem früheren Leben Scientologen waren. Von jemandem, dessen *Auditing*-Akten aus einem früheren Leben gefunden wurden, habe ich noch nicht gehört; aber auch das ist denkbar. Deshalb bewahren wir sämtliche *Auditing*-Unterlagen sehr sorgfältig in zum Teil angemieteten, speziell ausgestatteten Lagerräumen auf. Scientologen sollen in der Zukunft dort weitermachen können, wo sie im vorigen Leben aufgehört haben. Übrigens haben wir sämtliche Schriften L. Ron Hubbards auf Spezialpapier drucken und in Metall ätzen lassen und verwahren sie in zwei für uns gebauten erdbeben- und atombombensicheren Bunkern in New Mexico und Kalifornien. Dort liegen auch Hubbards auf Band gesprochenen Werke, gespeichert auf eigens entwickelten Bändern, bei richtiger Temperatur und Luftfeuchtigkeit. Die Worte Hubbards werden so zumindest die nächsten 1 000 bis 2 000 Jahre im Original überdauern.

Es geht um das Prinzip des gerechten Austausches

Gespräch mit Don Drader, Präsident von »WISE International«

Don Drader, geboren 1963 in Glendale/Kalifornien, studierte am Glendale Community College »Business Administration«. Ab 1983 arbeitete er als Ingenieur für eine auf Solarenergietechnik spezialisierte Baufirma, wo er Hubbards Verwaltungstechnologie kennenlernte und sich intensiv mit ihr zu befassen begann. 1985 wurde er Partner in einer Baufirma, 1987 Manager einer von WISE lizenzierten Unternehmensberatung. 1994 schloß sich Drader »WISE International« an, dessen Präsident er seit 1996 ist.

TK: Wie, Herr Drader, kam es zur Entstehung des *World Institute of Scientology Enterprises*, kurz *WISE*?
Drader: Anfang der 50er Jahre veröffentlichte L. Ron Hubbard sein Buch »Dianetik«. Und aufgrund der vielen Zuschriften und, damit verbunden, der Berge an Arbeit kam er bald in die Situation, sich effizient organisieren zu müssen. Hubbard stellte nun fest, daß es keine Verwaltungstechnologie gab, die seinen Ansprüchen genügte, und entwickelte selbst eine. Später ergab sich, daß die Prinzipien der neuen Verwaltungstechnologie auf eigentlich alle Arten von Verwaltung und Geschäft anwendbar sind. In der Folge entstand dann auf der Basis von Hubbards Forschungsergebnissen ein System von Kursen. 1979 schließlich wurde die Mitgliederorganisation *WISE* gegründet.
TK: Was sind die wichtigsten Prinzipien der Hubbardschen Verwaltungstechnologie?
Drader: Ein sehr wichtiges Prinzip ist das des gerechten Austausches. Wir glauben, daß zum Beispiel ein Maurer, der pro Stunde 100 Ziegel verlegt, mehr verdienen sollte als einer, der 10 Ziegel verlegt. Im Idealfall sollten wir, wenn wir für 10 Ziegel 10 Dollar zahlen, für 20 Ziegel 20, und für 100 eben 100 Dollar zahlen. Hubbard begründet dies damit, daß Leistungsanreize die Produktivität des einzelnen erhöhen. Umgekehrt wird ihn eine Bestrafung seiner Leistung, etwa durch hohe Steuern, demotivieren. Das Prinzip des fairen Austausches zählt zu den Schlüsselprinzipien in Hubbards Management-Technologie.
TK: Es ist aber auch ein sehr hartes Prinzip, weil es dafür sorgt, daß die Familie des schwächeren Arbeiters einen wesentlich niedrigeren Lebensstandard hat als die des leistungsfähigeren.

Drader: Ich glaube nicht, daß das Prinzip stark in diese Richtung wirkt. Nein, es werden einfach alle zu mehr Leistung angespornt.
TK: Und wenn einer zu schwach ist und deshalb nur wenige Ziegel pro Stunde verlegt?
Drader: Dann ist der Beruf des Maurers vielleicht nicht der richtige für ihn.
TK: Mag sein, er ist in allen Berufen schwach?
Drader: Nein. Tatsächlich sind Menschen, die schwach erscheinen, nur unzureichend ausgebildet oder von physischen beziehungsweise mentalen Barrieren umgeben. Genau deshalb legt Hubbards Verwaltungstechnologie allergrößten Wert auf die Ausbildung des einzelnen. Jeder muß irgendwo anfangen, kann jedoch im Laufe der Zeit immer mehr Verantwortung in seinem Tätigkeitsbereich übernehmen.
TK: Was halten Sie von Arbeitslosenhilfe?
Drader: Der beste Weg, mit Arbeitslosigkeit fertig zu werden, ist, Menschen auszubilden. Dann ist jeder – abgesehen vielleicht von Menschen mit schweren Hirnschäden – zu beschäftigen.
TK: In Deutschland gibt es über 4 Millionen Arbeitslose, weil es keine Jobs gibt.
Drader: Es gibt einen unbegrenzten Bedarf an Dienstleistungen und Produkten. Nur müssen Unternehmer und Manager diesen Bedarf identifizieren, wozu sie leider sehr oft nicht in der Lage sind; und die Arbeitskräfte müssen entsprechend ausgebildet werden. Warum reduzieren Sie nicht in Deutschland die Arbeitslosenunterstützung und erweitern mit dem gesparten Geld die Ausbildungskapazitäten?
TK: Was sagt der Begriff »Management anhand von *Statistiken*«?
Drader: Hier handelt es sich um ein weiteres Kernelement der Verwaltungstechnologie. Hubbard fand heraus, daß nichts im Universum im selben Zustand verharrt: Auch wenn ich in zehn Jahren, wie heute, 100 Dollar pro Woche verdiene, ist die Kaufkraft dieser 100 Dollar doch gesunken. Und jeder Berg erodiert, wenngleich möglicherweise sehr langsam, wenn man nichts hinzufügt. In anderen Worten: Um Stabilität zu erreichen, ist Wachstum nötig. Schauen Sie doch auf sich selbst: Auch Sie fühlen sich wohler, wenn Sie heute mehr schaffen als gestern. Hubbard nun identifizierte exakte Maßnahmen, die man treffen muß, um eine Aktivität wachsen zu lassen. Entwickelt sich eine Aktivität positiv, sind bestimmte Schritte notwendig, um dieses Wachstum zu verstetigen; ist die Aktivität in schlechtem Zustand, muß man andere Schritte anwenden, um sie zurück auf den Wachstumspfad zu führen. Dieses Konzept sogenannter Zustandsformeln funktioniert wie ein Rezeptbuch.

TK: Sie fordern ständiges Wachstum. Impliziert das nicht ständig wachsenden Raubbau an den Ressourcen?

Drader: Nicht unbedingt. Aber hierzu erteilt *WISE* niemandem Ratschläge. Jeder einzelne sollte unter Berücksichtigung *ethischer* Prinzipien entscheiden, was er der Gesellschaft anbietet. Und diese Gesellschaft weist ja durch die Struktur ihrer Nachfrage dem Wachstum die Richtung. – Ein drittes Kernelement der Verwaltungstechnologie ist das Organisationsschema, eine faszinierende Sache. Hubbard identifizierte sieben Abteilungen, die jede Organisation besitzen muß, um zu funktionieren. Anders herum heißt das: In dem Maße, in dem sie diese Abteilungen nicht besetzt, geht die Organisation zugrunde.

TK: Um welche Abteilungen handelt es sich?

Drader: Zunächst ist da die Personalabteilung. Jede Organisation braucht menschliche Ressourcen. Abteilung zwei ist für Verkauf und Marketing zuständig. Denn die Organisation braucht Einkommen, um *zu überleben*. Die dritte Abteilung kümmert sich um die Finanzverwaltung, die vierte um die Produktion. Produktion in diesem Kontext kann heißen: Bau einer Brücke, Zubereitung und Servieren von Hamburgern oder auch Verbreitung einer religiösen Lehre. Die Abteilung fünf, Qualitätskontrolle, ist verantwortlich für zwei Dinge: Zum einen überwacht sie die Qualität der Leistungen und greift, soweit erforderlich, korrigierend ein; zum zweiten überwacht sie die Qualifikation des Personals. Schließlich gibt es noch die PR-Abteilung und die Unternehmensleitung, die alle Aktivitäten koordiniert.

TK: L. Ron Hubbard spricht von *ethischen* Prinzipien, die in jeder Organisation gelten sollen. Um welche Prinzipien handelt es sich?

Drader: Es ist im Grunde sehr, sehr einfach: Wenn jeder einzelne Mitarbeiter und die Organisation als ganzes ehrlich sind und sich bemühen, der Zielgruppe ein gutes Produkt zu liefern, dann ist das für jede Organisation der Schlüssel zum langfristigen *Überleben*. Und sobald ein einzelner sich selbst oder seinem Arbeitgeber gegenüber nicht ehrlich ist, muß man sich mit ihm zusammensetzen und sagen: »Hey, dies ist nicht gut für die Firma und deshalb auch nicht gut für dich, weil du dadurch deinen Job gefährdest.« Es gibt nichts Geheimnisvolles an Hubbards *ethischen* Prinzipien, es handelt sich um schlichte Vernunft – wozu auch gehört, daß man die Gesetze des Landes, in dem man arbeitet, unbedingt einhält.

TK: Wer sorgt in einer Organisation für die Einhaltung der *ethischen* Prinzipien?

Drader: Die *Ethik*-Sektion der Abteilung eins, der Personalabteilung.

Hier sitzen Leute, an die man sich wegen *ethischer* Fragen oder Dilemmata wenden kann, und die erforschen, warum sich gegebenenfalls einer falsch verhalten hat. Fast immer hat dieser Mitarbeiter nur die Konsequenzen seines Handelns nicht voll verstanden; und sobald ihm die klar sind, ist der Fall erledigt. Mißverständnisse sind übrigens in allen Bereichen des Lebens die Hauptursache für Fehlverhalten: Warum stiehlt ein Verbrecher aus einem Geschäft? Weil er nicht weiß, daß er damit langfristig auch seinem eigenen *Überleben* schadet.

TK: Wie findet die *Ethik*-Sektion heraus, ob jemand sich *ethisch* verhält? Schreiben Mitarbeiter *Wissensberichte*?

Drader: Die sind sicherlich ein Mittel. – Nehmen wir an, Sie und ich arbeiten bei einer Firma und ich sehe, wie Sie 200 Dollar aus der Kasse nehmen. Nach Hubbards *ethischen* Prinzipien spreche ich nun zunächst Sie an und sage: »Thomas, Sie haben 200 Dollar aus der Kasse genommen. Das war nicht richtig; ich glaube, Sie sollten das Geld zurücklegen.« Tun Sie das dann und sehen ein, daß Sie falsch gehandelt haben, ist das Problem *ethisch gehandhabt*. Weigern Sie sich dagegen, muß ich annehmen, daß wir jemanden in der Firma haben, dem wir nicht vertrauen können und der deshalb zu einer Belastung für die Firma werden könnte. Ich muß also die Firmenleitung informieren. Dies geschieht übrigens ganz offen, das heißt, Sie bekommen eine Kopie des von mir unterschriebenen *Wissensberichts*.

TK: Welche Formen der Mitgliedschaft bei *WISE* gibt es?

Drader: Zunächst einmal gibt es die allgemeine Mitgliedschaft, die schon zu einer Reihe von Dienstleistungen berechtigt, und dann die sogenannte Firmenmitgliedschaft. Letztere berechtigt unter anderem dazu, sämtliche Kurse der Verwaltungstechnologie innerhalb der eigenen Firma kostenlos abzuhalten, man muß nur die Kursunterlagen erwerben. Schauen Sie, diese Bücher hier, die sogenannten grünen Bücher, enthalten die Verwaltungstechnologie L. Ron Hubbards – Tausende von Seiten. Jeder einzelne könnte all diese Seiten lesen und daraus entnehmen, was er braucht. Weil das sehr zeitaufwendig ist, bereitet *WISE* die Materialien unter verschiedensten Gesichtspunkten auf und bietet sie den Mitgliedern in Form von Kursunterlagen an.

TK: Schickt *WISE* auch Leute, die die Kurse abhalten?

Drader: Nein, *WISE* als Organisation unterhält keine eigenen Kursleiter. Ein Unternehmer kann Mitarbeiter an einem »Hubbard College« zu Kursleitern ausbilden lassen oder freiberuflich arbeitende Kursleiter engagieren. Es gibt ja Consulting-Firmen, die, kraft einer speziellen Form der Mitgliedschaft, das Recht besitzen, *WISE*-Kurse zu verkaufen.

Ich selbst habe für eine solche Firma gearbeitet und Kurse für 800 bis 900 Dollar verkauft – Kurse über zum Beispiel »Management anhand von *Statistiken*« oder die »Auswertung menschlichen Verhaltens«.

TK: Was verdient *WISE* daran?

Drader: Ein Mitglied, das als Consultant Kurse verkauft, zahlt eine Lizenzgebühr von 9 bis 15 Prozent des so getätigten Umsatzes. Außerdem kauft dieses Mitglied die Kursunterlagen bei uns, muß aber für den Weiterverkauf keine Gebühr zahlen. Die meisten *WISE*-Mitglieder verkaufen übrigens keine Kurse. – Eine letzte Ebene der Mitgliedschaft ist der »CEO Circle«, »Chief Executive Officer Circle«. Da handelt es sich um eine Art Ehrenmitgliedschaft für Manager, die Hubbards Verwaltungstechnologie sehr erfolgreich in ihren Firmen angewandt haben.

TK: Wie viele *WISE*-Mitglieder gibt es?

Drader: Etwa 2500 bis 2700. Als Consultants, die Firmen und Einzelpersonen in der Verwaltungstechnologie unterweisen, arbeiten etwa 100 bis 150.

TK: Wie viele Mitglieder gibt es in Deutschland?

Drader: Zwischen 400 und 600.

TK: Was kostet eine Mitgliedschaft?

Drader: Die allgemeine Mitgliedschaft 500 Dollar, eine Firmenmitgliedschaft ab 1500 Dollar. »CEO Circle«-Mitglieder spenden, um die weitere Verbreitung der Technologie zu fördern, ab 30000 Dollar jährlich.

TK: Was kosten Kursunterlagen?

Drader: Die meisten um die 100 Dollar pro Kurs. Darauf gibt es in bestimmten Fällen bis zu 20 Prozent Rabatt.

TK: Was ist ein *WISE*-»Charter Committee«?

Drader: Das ist ein Komitee aus Mitgliedern, die darüber wachen, daß alle *WISE*-Angehörigen ihre aus der Mitgliedschaft erwachsenden *ethischen* Verpflichtungen einhalten. Bricht zum Beispiel zwischen zwei Mitgliedern ein Konflikt aus, dann liegt das in der Regel daran, daß jemand die Verwaltungstechnologie nicht richtig angewandt hat. Ein Vertreter des »Charter Committee« wird dann – unter Anwendung von Hubbards Technologie auf *ethischer*, rechtlicher und kommunikativer Ebene – die Kontrahenten dazu bringen, sich zu einigen.

TK: Dürfen *WISE*-Mitglieder einander vor ordentlichen Gerichten verklagen?

Drader: Nein, sie willigen ein, ihre Meinungsverschiedenheiten über das »Charter Committee« zu lösen. Schauen Sie sich doch das heutige Gerichtswesen an. Dort dauern Rechtsstreitigkeiten sehr lange, sind teuer und im Ausgang unvorhersehbar. Hubbard hat ein demgegenüber verblüffend einfaches und funktionierendes System entwickelt, Streitigkeiten aus der Welt zu schaffen. Ich habe einige Male selbst erlebt, wie nach einem Konflikt eine freundschaftliche Beziehung wiederhergestellt wurde, indem man dem Konflikt zugrundeliegende Mißverständnisse aufklärte.

TK: Welche sonstigen Verpflichtungen geht ein *WISE*-Mitglied ein?

Drader: Das Mitglied verpflichtet sich, die Gesetze seines Landes einzuhalten, im *ethischen* Verhalten ein Beispiel zu geben und durch gute Kommunikation Konflikte zu vermeiden. Davon abgesehen fördert es natürlich die Anwendung der Hubbardschen Verwaltungstechnologie.

TK: Müssen *WISE*-Mitglieder Mitglieder der Scientology-Kirche sein? Und stimmt es, daß im Normalfall auch alle ihre Mitarbeiter Scientologen sind?

Drader: Nein. Kein *WISE*-Mitglied muß zur Kirche gehören. Die meisten unserer Mitglieder sind zwar beruflich hochqualifizierte Scientologen; aber auch Tausende nicht-scientologische Fachleute auf allen Gebieten schätzen die Verwaltungstechnologie L. Ron Hubbards als ein einzigartig funktionierendes System, das sich in jedem Tätigkeitsbereich und in jeder Organisation anwenden läßt.

TK: Ist ein *WISE*-Mitglied verpflichtet, die Technologie in seinem Unternehmen anzuwenden?

Drader: Nein. Aber warum sollte jemand, wenn er das nicht will, *WISE*-Mitglied werden? Wir üben da keinerlei Druck aus, bieten aber jedem Mitglied, das ein Problem hat, unseren Rat an, die Technologie richtig anzuwenden und so sein Unternehmen zum Erfolg zu führen. Sanktionen, bis hin zum Ausschluß, verhängen wir nur dann, wenn jemand ganz offensichtlich *WISE* und Hubbards Verwaltungstechnologie in Mißkredit bringt, indem er zum Beispiel die Gesetze seines Landes bricht.

TK: Müssen *WISE*-Mitglieder ihren Mitarbeitern sagen, daß sie Hubbards Verwaltungstechnologie anwenden?

Drader: Sie müssen gar nichts. Aber warum sollten sie es verschweigen?

TK: In Deutschland kann ein – wie es heißt – »enttarntes« *WISE*-Mitglied Imageprobleme bekommen, oder auch Schwierigkeiten mit Behörden und Geschäftspartnern.

Drader: Ja. Ich bin entsetzt über das Maß an Diskriminierung in Deutschland. Vor einiger Zeit zeigte mir ein deutsches *WISE*-Mitglied ein Handbuch für Personalleiter mit einem speziellen Anhang: »Wie erkenne ich einen Scientologen?« – Ich verstehe diese Hysterie einfach nicht.

TK: Wenn jemand, weil er zum Beispiel keine Beiträge mehr zahlen will oder glaubt, er wisse genug, aus *WISE* austritt – kann er das ohne Schwierigkeiten und ohne zugleich aus der Scientology-Kirche geworfen zu werden?

Drader: Er bekommt keine Probleme. Und niemand, der Mitglied in der Scientology-Kirche ist, muß auch Mitglied bei *WISE* sein. Ich persönlich habe allerdings nie ein *WISE*-Mitglied kennengelernt, das glaubte, »genug« über Erfolg und Management zu wissen. Im Gegenteil: Je mehr *WISE*-Mitglieder über Hubbards Management-Prinzipien lernen und sie anwenden, desto mehr bedeutet ihnen auch ihre *WISE*-Mitgliedschaft. Sie haben einfach herausgefunden, daß diese Verwaltungstechnologie, wo immer sie korrekt angewandt wird, ein Wachstum an Produktion und Wohlstand für die Organisation und ihre Mitglieder zur Folge hat.

TK: Dürfen Unternehmensberater *WISE*-Kurse verkaufen, ohne die Urheberschaft L. Ron Hubbards anzugeben?

Drader: Natürlich nicht. Das wäre eine klare Verletzung des Copyrights und der Verträge, die diese Berater unterschrieben haben.

TK: Ist *WISE* – in den USA oder in Deutschland – von der Zahlung irgendwelcher Steuern befreit?

Drader: *WISE* ist zwar eine »non profit«-Organisation, aber in den USA von keiner Steuer befreit. So etwas hat *WISE* weder in den USA noch in Deutschland beantragt; und es bestehen auch keine Absichten, das zu tun.

TK: Wie stehen Sie zu dem Vorwurf, daß Scientology über *WISE*-Unternehmen Volkswirtschaften unterwandert, um dann die so erlangte wirtschaftliche Macht in politische Macht umzusetzen?

Drader: Wie soll das denn gehen? Das ist wieder eine Ausgeburt dieser deutschen Hysterie. »Scientology übernimmt den Immobilienmarkt« hieß es da vor einigen Jahren. Und als man genauer hinschaute, stellte man fest, daß nicht einmal ein halbes Prozent aller deutschen Immobilienmakler Scientologen sind. Und Scientology besitzt genau ein Gebäude in Deutschland. Wo, bitte schön, ist da die Unterwanderung?

TK: Aber sollen *WISE*-Unternehmen nicht sowohl L. Ron Hubbards Verwaltungstechnologie als auch seine religiöse Technologie in die Gesellschaft transportieren?

Drader: Nein, es ist ausdrücklich nicht die Absicht von *WISE*, die Religion Scientology zu fördern. Natürlich, sehr viele *WISE*-Mitglieder sind Scientologen und missionieren engagiert für ihre Religion, was ich vollkommen verstehe. Denn es wäre ja dumm, von etwas Gutem nicht zu

reden. *WISE* aber macht diesbezüglich keinerlei Vorschriften – außer daß wir sagen: »Haltet die Gesetze ein. Wenn es die Gesetze eures Landes verbieten, am Arbeitsplatz über Religion zu sprechen, dann sprecht darüber in eurer Freizeit.«
TK: Welche Wertschätzung genießt Hubbards Verwaltungstechnologie in der amerikanischen Wirtschafts- und Verwaltungswissenschaft?
Drader: Eine unserer Lehranstalten ist das Hubbard College of Administration hier in Los Angeles. Dieses College bekam kürzlich vom Staate Kalifornien die Lizenz, akademische Grade zu verleihen – ein erster Schritt hin zu voller wissenschaftlicher Anerkennung. Unser Ziel ist es, das Hubbard College zu einer ganz normalen staatlich anerkannten Universität zu machen.

Was ein Scientologe anstellt, wird sofort der Gemeinschaft in die Schuhe geschoben

Gespräch mit der deutschen Vizepräsidentin Sabine Weber und dem Anwalt Wilhelm Blümel

Wilhelm Blümel legte 1966 an der Münchner Ludwig-Maximilians-Universität sein juristisches Staatsexamen ab. Er praktiziert seitdem als Rechtsanwalt in München. Die Scientology-Organisation vertritt er seit 1980 anwaltschaftlich, ist jedoch selbst nicht Scientologe.
Sabine Weber, geboren 1960, absolvierte eine Ausbildung zur Kommunikationswirtin. Nach intensiver Schulung in verschiedenen Zentren der Scientology-Organisation, unter anderem in Los Angeles und Kopenhagen, übernahm sie 1990 die Öffentlichkeitsarbeit der »Scientology-Kirche Hamburg«. Seit 1992 ist sie Beauftragte für Öffentlichkeitsarbeit, seit 1998 Vizepräsidentin der »Scientology-Kirche Deutschland e.V.«. Frau Weber ist verheiratet und hat zwei Kinder.
Helmuth Blöbaum, Präsident der »Scientology-Kirche Deutschland e.V.«, nahm beratend am Gespräch teil.

TK: Frau Weber, schneiden Ihre Nachbarn Sie, die Sie als Sprecherin von Scientology Deutschland immer mal wieder im Fernsehen zu sehen sind?
Weber: Nein, eigentlich nicht. Die Nachbarn werden zunehmend freundlicher. Es scheint schon ein gewisses Verständnis zu wachsen, wenn man jemanden wie mich auch mal zu bestimmten Fragen hat Stellung beziehen sehen.
TK: Laden die Nachbarn Sie auch mal zum Kaffee ein?
Weber: Nein, nicht unbedingt. Man wird zwar ab und zu freundlich angelächelt, aber schon auch noch beäugt. Zu gemeinsamen Aktivitäten reicht es noch lange nicht.
TK: Einer der Vorwürfe gegen Scientology lautet, für Dienstleistungen überhöhte Preise zu verlangen.
Weber: Mit solchen Formulierungen will man uns in den Bereich der wirtschaftlichen Betätigung rücken. Tatsächlich geht es hier nicht um ein Preis-Leistungs-Verhältnis im üblichen Sinne, sondern darum, daß unsere Kirche sämtliche Kosten – Miete, Möbel, Bücher, die Missionierung – aus Spenden der Mitglieder finanzieren muß. Wir können ja nicht auf Milliarden an Kirchensteuern zurückgreifen, die für die Amtskirchen der Staat eintreibt, indem er sie den Mitgliedern vom Gehalt abzieht.
TK: Warum verlangen Sie nicht einfach Mitgliedsbeiträge?

Weber: Wir haben einen geringen Mitgliedsbeitrag. Insgesamt aber finden wir es fairer, daß man dann spendet, wenn man Dienste der Kirche in Anspruch nimmt.
TK: Kann man sein Geld zurückverlangen, wenn man seine in diese Dienste gesetzten Hoffnungen enttäuscht sieht?
Weber: Ja, man kann sich Vorauszahlungen für noch nicht in Anspruch genommene Dienste erstatten lassen und den Beitrag für den in den letzten drei Monaten erhaltenen Dienst.
TK: An welche Bedingungen ist das geknüpft?
Weber: Es gibt ein gewisses Procedere, in dessen Rahmen wir prüfen, ob die Ansprüche gerechtfertigt sind, warum das Mitglied unzufrieden ist und ob nicht vielleicht wir bestimmte Dinge korrigieren sollten. Beharrt das Mitglied auf der Rückzahlung der Beiträge, bekommt es seine Spendengelder, wird allerdings – da es ja ausdrücklich der Kirche seine Unterstützung entzieht – aus dieser Kirche ausgeschlossen.
TK: Bekommen deutsche Scientology-Mitarbeiter, die jemanden veranlassen, Dienste in Anspruch zu nehmen, Provision?
Weber: Hauptamtliche Mitarbeiter bekommen nichts. Wer allerdings neben seinem Beruf, also ehrenamtlich, missioniert, bekommt 10 Prozent der von den neuen Mitgliedern gespendeten Beiträge – meist in Form verbilligter Kurse oder Seminare.
TK: Wie weit, Frau Weber, geht Ihre persönliche Loyalität gegenüber der Scientology-Organisation? Würde sie, wenn Sie Beamtin wären, vor der Loyalität gegenüber Ihrem Dienstherrn rangieren?
Weber: Meine Loyalität einer Institution gegenüber geht genau so weit, wie dort *ethische* Prinzipien eingehalten werden. Das heißt, sie endet dort, wo, zum Beispiel, etwas unternommen wird, was das *Überleben* vieler Menschen beeinträchtigt – egal, ob das in einer Behörde, einem Unternehmen oder einer Scientology-Kirche geschieht.
TK: Vor kurzem berichteten die Medien über einen Fall, in dem zwei Scientologinnen einen dritten bedrängten, einmal mehr einen Bankkredit für *Auditing* aufzunehmen, und ihm hierfür gefälschte Dokumente beschafften. Diesen deutschen Strafgesetzen und ja auch konkreten Anweisungen Hubbards widersprechenden Vorgang haben die beiden Frauen in einem *Wissensbericht* festgehalten, den sie ihrem »ethic officer« vorlegten. Über dessen Reaktion ist in der Öffentlichkeit nichts bekannt. Was wissen Sie über diese Angelegenheit und wie wird »Scientology Deutschland« auf die Veröffentlichung reagieren?
Weber: Die Vorstandsmitglieder der Scientology-Kirche waren über das unlautere Vorgehen der beiden Mitglieder, von dem sie erst aus der

Presse erfuhren, ebenso schockiert wie die Öffentlichkeit. Der damals zuständige *Ethik*-Beauftragte war seiner Aufgabe in keiner Weise gewachsen und ist seit Jahren nicht mehr für die Kirche tätig. Obwohl nun der genannte Vorfall immerhin acht Jahre zurückliegt, kommen bei uns – anders als bei der Staatsanwaltschaft – keine Verjährungsfristen zur Anwendung. Wir haben eine umfassende Untersuchung eingeleitet, um den Sachverhalt vollständig aufzuklären und die beteiligten Mitglieder zur Verantwortung zu ziehen. Inzwischen wissen wir, daß die beiden in betrügerischer Absicht erstellten Unterlagen in einem Fall zurückgezogen und im anderen Fall gar nicht erst vorgelegt wurden. Und der mit diesen Unterlagen zusammenhängende Bankkredit wurde nicht gewährt. Dennoch haben wir, als Sofortmaßnahme, veranlaßt, daß sich ein Mann mit den Angehörigen des betroffenen, leider verstorbenen Mitglieds in Verbindung setzt, um auszuarbeiten, wie man ihnen aus ihrer Notlage helfen kann. – Grundsätzlich distanzieren wir als Scientology-Kirche uns ganz entschieden von jeder Art unlauterer Praktik. »Unter Vortäuschung falscher Tatsachen Darlehen oder Geld zu erlangen« hat L. Ron Hubbard explizit als innerkirchliches Verbrechen definiert, und das kann im Wiederholungsfall zum Ausschluß führen. Im übrigen sehen unsere disziplinarischen Richtlinien keine Bestrafung im üblichen Sinne vor, sondern umfassende Wiedergutmachung. Daß diese – in erster Linie der betroffenen Familie gegenüber – geleistet wird, werden wir sicherstellen.

TK: Greift Scientology bei der Rekrutierung und Beurteilung eigenen Personals auf *Auditing*-Unterlagen zurück?

Weber: Nein, die *Auditing*-Unterlagen unterliegen strikt dem Beichtgeheimnis. Grundsätzlich interessiert den Personalbeauftragten, wenn er bestimmte Positionen besetzt, natürlich schon, ob das Mitglied auf seinem Erlösungsweg Fortschritte macht und ob es sich wohl fühlt. Zu dem Thema kann er eine allgemein gehaltene Bestätigung einholen. Aber das ist auch schon alles. Ansonsten verwendet der Beauftragte für die Beurteilung des Mitglieds das persönliche Gespräch und ganz normale Tests.

TK: Inwiefern nehmen bei Ihnen Kinder, über die Anwendung von Hubbards Studiertechnologie hinaus, an Kursen und *Auditing* teil?

Weber: Das ist sehr unterschiedlich. Kinder können grundsätzlich nur mit Zustimmung beider Elternteile bei Scientology aktiv werden. Das gilt auch für die Kinder von Scientologen. Wichtig ist es – für Kinder und Erwachsene gleichermaßen –, daß man Scientology aufgrund seiner eigenen, freien Entscheidung studiert. Man kann Erkenntnis und

Erlösung nicht erzwingen. – Für Kinder gibt es kleinere Kurse und einfaches *Auditing*, aufgebaut entsprechend dem Alter dieser Kinder. Eine automatische Zugehörigkeit von Kindern aufgrund der Zugehörigkeit ihrer Eltern kennt die Scientology-Kirche nicht. Denn auch Kinder sind intelligente geistige Wesen und werden mit Respekt behandelt. Man stellt sich nur individuell auf ihre Fähigkeiten ein. – Statistische Zahlen über die Teilnahme von Kindern an Kursen und *Auditing* liegen mir leider nicht vor.

TK: Scientology, Herr Blümel, gilt als prozeßwütig. Kritiker sagen, sie würden geradezu mit Prozessen überzogen.

Blümel: Ein Großteil der Prozesse kommt durch staatlich-hoheitliche Eingriffe in die Belange dieser Organisation zustande – durch Eingriffe, gegen die man sich natürlich, wenn sie ungerechtfertigt sind, mit juristischen Mitteln zur Wehr setzt. Insbesondere spricht der Staat Scientology die Religionseigenschaft ab und sieht das als Freibrief an, die Vereine aller möglichen Rechte zu berauben. Zum zweiten gibt es viele äußerungsrechtliche Streitigkeiten: Dritte fühlen sich durch Äußerungen in Scientology-Publikationen ungerechtfertigt angegriffen – oder Scientologen durch Publikationen ihrer Gegner.

TK: Wer klagt öfter?

Blümel: Das hält sich in etwa die Waage. Man kann wirklich nicht sagen, daß Scientology besonders aggressiv vorgeht. Wir betreiben seit Jahren die Politik, Publikationen, in denen ein gewisses Bemühen um Wahrheit und Objektivität erkennbar ist, auf Irrtümer hinzuweisen und zu sagen: »Laßt das bitte in Zukunft.« Bei einseitig aggressiven Publikationen allerdings machen wir nicht viel Federlesens, sondern ziehen vor den Kadi und lassen verurteilen.

TK: Gibt es Strafverfahren gegen Scientologen?

Blümel: Niemand informiert mich, wenn – was allerdings sehr selten vorkommt – irgendwo in Deutschland ein Scientologe vor Gericht steht – genau so wenig, wie jemand das bischöfliche Rechtsamt hier in München informiert, wenn ein Katholik vor Gericht steht. Ich weiß nur, daß, wenn ein Scientologe etwas anstellt, dies sofort der Gemeinschaft in die Schuhe geschoben wird. Niemand hat gefragt, ob zum Beispiel der Kindesmörder von Landsberg Protestant oder Katholik ist. Aber stellen Sie sich vor, er wäre ein Scientologe, was dann los wäre – und zwar in erster Linie deshalb, weil staatliche Stellen geradezu zwanghaft eine Kausalität unterstellen.

TK: Hat es, den eben diskutierten Fall einmal außer acht gelassen, Straftaten im Rahmen scientologischer Betätigung gegeben?

Blümel: Nicht daß ich wüßte. Es ist in den letzten 20 Jahren kein leitender Mitarbeiter Scientologys wegen einer Straftat verurteilt worden – abgesehen von »peanuts«, von einigen Beleidigungsverfahren zum Beispiel, wo sich Scientologen verbal zur Wehr gesetzt haben, oder wegen Verstoßes gegen irgendwelche strafrechtlichen Nebengesetze.

TK: In Bayern sind Scientologen de facto vom Zutritt zum öffentlichen Dienst und zum Teil von öffentlichen Aufträgen ausgeschlossen. Haben Sie dagegen rechtliche Schritte unternommen?

Blümel: Ich halte dieses Vorgehen Bayerns für grob verfassungs- und menschenrechtswidrig. Vorgehen kann ich gegen derartige Maßnahmen nach unserer Rechtsordnung allerdings nur, wenn ich jemanden habe, der durch diese Maßnahmen unmittelbar in seinen Grundrechten betroffen ist. Ich bräuchte also einen Bewerber für den öffentlichen Dienst, dem ein *Sektenfilter* vorgelegt wurde. Schon das verstößt ja gegen die Verfassung. Und erst recht wäre es ein Verfassungsbruch, den Betreffenden nach wahrheitsgemäßer Beantwortung der Fragen wegen seiner Antworten den Zutritt zum öffentlichen Dienst zu verwehren. Leider habe ich keinen derartigen Fall; und eine abstrakte Klage gegen das Verhalten des Staates kennt unsere Rechtsprechung, wie gesagt, nicht. Bezeichnenderweise hat der Staat auch gegen bekennende Scientologen, die sich bereits im öffentlichen Dienst befinden, nichts unternommen – abgesehen von Schikanen, die rechtlich nicht greifbar sind.

TK: Wie ist die Anwendung der im Volksmund *Sektenfilter* genannten *Schutzerklärungen* in Verbänden, Unternehmen oder privaten Schulen zu bewerten?

Blümel: Da geht es um die sogenannte Drittwirkung der Grundrechte, also um die Frage, inwieweit im Verhältnis zwischen Bürgern Grundrechte gelten – ein sehr, sehr umstrittener Bereich und rechtlich weitgehend Niemandsland. Bei uns kann einer sagen: »Ich verkaufe nichts an Neger.« Und er braucht einem Schwarzen auch kein Bier zu verkaufen. Sollte der klagen, wird der Richter sagen: »Sie kriegen Ihr Bier auch woanders.« Nur, wenn jemand wirtschaftlich eine Monopolstellung besitzt, wird von der Rechtsprechung ein Kontrahierungszwang bejaht, und es kommen insoweit Grundrechte zwischen Privatpersonen zur Anwendung.

TK: Scientology und auch einzelne Scientologen haben Schwierigkeiten, Bankkonten zu eröffnen.

Blümel: Hier vertritt das Landgericht Stuttgart die Meinung, man müsse zunächst einmal sämtliche zigtausend Banken in Deutschland abklappern, bevor man erfolgreich einen Kontrahierungszwang einklagen könne. Ich habe den Richter gefragt: »Muß mein Mandant auch die letzte Kreissparkasse in Schleswig-Holstein fragen, ob sie ihm ein Konto eröffnet?« Und der Richter sagte allen Ernstes: »Ja, so ist es. Wir vertreten diese Auffassung.«

TK: In den USA könnten Sie staatliche Organe, von denen Sie annehmen, daß sie maßgeblich zu einem gesellschaftlichen Klima der Intoleranz oder Diskriminierung beitragen, zur Rechenschaft ziehen.

Blümel: In Deutschland ist das kaum möglich. Hier haben wir diesbezüglich eine schizophrene Situation: Einerseits hat sich der Staat im Grundgesetz und in allen möglichen internationalen Verträgen hoch und heilig verpflichtet, die Diskriminierung von Menschen wegen ihres Glaubens oder ihrer Weltanschauung – in allen Bereichen und auf allen Ebenen – aktiv zu bekämpfen. Andererseits kann ich nicht feststellen, daß dieser Staat auch nur die geringsten Anstrengungen unternommen hätte, ein Klima der religiösen Toleranz tatsächlich zu fördern. Das könnte er zum Beispiel durch ein Anti-Diskriminierungsgesetz tun, das den Menschen verbietet, sich untereinander wegen ihres Glaubens zu diskriminieren. Hier kommt der deutsche Staat ganz offensichtlich seinen völkerrechtlichen Verpflichtungen nicht nach.

TK: Dieser Staat sagt aber, Scientology sei gar keine Religions- oder Weltanschauungsgemeinschaft, sondern eine verfassungsfeindliche, totalitäre Organisation.

Blümel: Das ist doch alles vorgeschoben und rechtlich nicht begründet. Schauen Sie, in Deutschland wird Scientology seit 20 Jahren von sogenannten *Sekten*-Experten vor allem der evangelischen Kirche attakkiert. Und man hat inzwischen sämtliche Vorwürfe, die unter den Sternen zu finden waren, ins Feld geführt. Zunächst behauptete man, bei den neuen religiösen Bewegungen handele es sich um sogenannte Jugendreligionen. So versuchte man, das für den Staat geltende Neutralitätsgebot auszuhebeln und die Jugendämter sowie das Bundesfamilienministerium in die Kampagne einzubinden. Als man dann feststellte, daß die Mitglieder der »Jugendreligionen« im Durchschnitt 35 Jahre alt waren, ging man dazu über, zu behaupten, Scientology und andere Gemeinschaften seien gar keine Religionen, sondern Wirtschaftsunternehmen, die Artikel 4 des Grundgesetzes mißbrauchen. Auch diese Argumentation liegt, nach den Urteilen zahlreicher Verwaltungsgerichte und zuletzt der Entscheidung des Bundesverwaltungsgerichts vom 6. November 1997, in den letzten Zügen. Ergänzend etablierte man vor einiger Zeit die Behauptung, bei Scientology handele es sich um eine kriminelle Vereinigung. Man hat dann unter 8 Millionen Mitgliedern in aller Welt einen Zeitraum von 40 Jahren nach irgendwelchen Verfehlungen einzelner durchforstet, die sich – nach staatlicher Auffassung – selbstverständlich die Kirche zurechnen lassen muß. Trotz aller Bemühungen jedoch kann man heute auch den Versuch als gescheitert ansehen, Scientology als kriminelle Organisation zu *etikettieren* und so jedes einzelne Mitglied der rechtsstaatlich abgesicherten Diskriminierung auszusetzen. Die Staatsanwaltschaften zum Beispiel in Hamburg und München ermittelten, auf Grund Dutzender Strafanzeigen, jahrelang, veranstalteten riesige Hausdurchsuchungen, Beschlagnahmungen und so weiter. Aber all diese Ermittlungen führten zu nichts als der Feststellung, daß Scientologen und die Scientology-Kirche sich an die Gesetze halten, also unschuldig sind. Den Begriff der Unschuld kennt allerdings die Scientology-Gegnerschaft überhaupt nicht. Die nimmt, im Gegenteil, die Unschuldsfeststellungen der Staatsanwaltschaften als Beweis dafür her, wie tückisch und geschickt die Scientology-Organisation doch verdecke, was sie tatsächlich tue. Mit dieser Begründung hat man sich schließlich ans Werk gemacht, das vorerst neueste *Etikett* zu erfinden, das der angeblich verfassungsfeindlichen und totalitären Organisation. Übrigens kommt es in diesem Kontext zu originellen neuen Wortschöpfungen. Wenn sich zum Beispiel jemand an die Gesetze des Landes hält, würde man normalerweise sagen: »Er handelt legal.« Über Scientologen sagt man: »Sie operieren am Rande der Legalität.« Oder man weiß nicht, wie man denn die angeblich extremistischen Ziele Scientologys einordnen soll, und spricht deshalb, ganz einfach, vom »Extremismus neuen Typs«. Und so werden eigentlich unentwegt neue *Etiketten* erfunden, um in der Öffentlichkeit Angst zu schüren und auf deren Basis die Diskriminierungspolitik gegenüber Scientologen und ihrer Kirche fortsetzen zu können.

TK: Wie beurteilen Sie, daß der deutsche Staat überhaupt den Begriff der Religion glaubt definieren zu müssen – mit dem Argument, daran seien ja konkrete Rechtsfolgen geknüpft.

Blümel: Das amerikanische Recht zum Beispiel kommt sehr gut ohne eine Definition von Religion und speziell daran geknüpfte Rechtsfolgen aus. Der erste Verfassungszusatz garantiert kategorisch die Religions-, Rede-, Presse- und Versammlungsfreiheit. Fertig, aus. Jede Gruppe kann sich Religionsgemeinschaft nennen, muß sich allerdings an die allgemeinen Gesetze halten. Der Religionsbegriff ist doch in ähnlicher Weise dem Wandel unterworfen wie der Kunstbegriff. Vor hundert Jahren gab es eine andere religiöse Landschaft als heute, in hundert Jahren wird diese Landschaft wieder anders aussehen. Definitionskriterien wie die des Bundesverfassungsgerichts, die an das eigene kulturelle Erbe oder an ein in der christlich-abendländischen Gesellschaft als religiös anmutendes Erscheinungsbild anknüpfen, grenzen doch, in der Tendenz, neue Gemeinschaften aus. Deshalb sind sie untauglich. Aus guten Gründen werden Sie auch in keiner internationalen Konvention den Religionsbegriff definiert finden. Man weiß einfach nicht, wie sich Religion entwickelt; und man hegt ein gesundes Mißtrauen den Vertragsstaaten gegenüber, daß sie die Definitionen verwenden, um den Geltungsbereich von Rechten einzuschränken. – Letztlich kommt es doch nur darauf an, ob eine Lehre Aussagen macht über das Sein des Menschen im Universum und ob diese Aussagen hinüber greifen in den Bereich des Transzendenten. Wenn wir jede derartige Lehre als religiös anerkennen, garantieren wir tatsächlich religiöse Freiheit; und niemandem fällt ein Stein aus der Krone.

TK: Wie bewerten Sie, Herr Blümel, aus verfassungsrechtlicher Sicht den Gesetzentwurf des Bundesrates, der eine strikte Reglementierung der sogenannten gewerblichen *Lebensbewältigungshilfe* vorsieht?

Blümel: Hauptmotiv für diesen Gesetzentwurf ist zweifelsohne, Scientology zu schaden. In der Substanz will der Staat hier mit der privaten Lebenshilfe einen letzten Bereich persönlicher Freiheit und zwischenmenschlicher Beziehungen, wo sehr vielgestaltig und oft sehr wirksam gearbeitet wird, auch noch reglementieren. Ich sehe hier auch verfassungsrechtlich ein Problem. Es könnten die in Artikel 2 Grundgesetz garantierte Handlungsfreiheit sowie die Berufs- und Gewerbefreiheit betroffen sein. Der Staat wäre glaubwürdiger, wenn er zuvor erst einmal seine Spielbanken schlösse und diese Quelle menschlichen und finanziellen Ruins und der Kriminalität trockenlegte.

TK: Wie würde sich das Inkrafttreten eines Gesetzes in der Form des Entwurfs auf die Tätigkeit von Scientology in Deutschland auswirken?

Blümel: Das *Lebensbewältigungshilfegesetz* ist ein weiterer Gitterstab für jenen Käfig, in den unsere Regierungsverantwortlichen glauben, den freien Geist und neue Lehren einsperren zu können. Schilda läßt da recht schön grüßen.

Weber: Neben uns Scientologen und fast allen anderen Minderheitsreligionen wären von solch einem Gesetz Hunderttausende betroffen – darunter selbst Astrologen, Anbieter von Kampfsport in Verbindung mit östlichen Philosophien, Veranstalter von Yoga- und Meditationskursen, Management-Berater.

TK: Die Amtskirchen und die staatlich anerkannte Psychotherapie sollen von diesem Gesetz ausdrücklich nicht betroffen sein.

Weber: Ja, natürlich. Der Zweck der Übung ist ja, der Konkurrenz von Amtskirchen und Psychiatrie finanziell das Wasser abzugraben – indem man auch das letzte Gespräch am Küchentisch noch reguliert.

Blümel: Verfassungsrechtlich stellt sich natürlich die Frage, ob hier Religionsgemeinschaften genauso behandelt werden dürfen wie zum Beispiel eine kommerziell arbeitende Kartenlegerin. Natürlich betreibt jede Religion im weitesten Sinne sogenannte Lebenshilfe. Sie will das Heil ihrer Mitglieder und sie will ihre Mitglieder ertüchtigen, ein ordentliches Leben zu führen. Dies aber als »gewerbliche *Lebensbewältigungshilfe*« einzustufen, ist schon ein Unding.

TK: Wie sieht es denn an der vereinsrechtlichen Front aus? In Hamburg mußte der dortige Scientology-Verein nach einem Spruch des Oberverwaltungsgerichts für alle Aktivitäten außer dem *Auditing* ein Gewerbe anmelden. Das Urteil des Bundesverwaltungsgerichts vom 6. November 1997 weist in eine andere Richtung.

Blümel: In diesem Verfahren hatte das Regierungspräsidium Stuttgart dem Scientology-Verein »Neue Brücke« die Rechtsfähigkeit entzogen. Das Verwaltungsgericht Stuttgart hatte dies bestätigt, der Verwaltungsgerichtshof Mannheim die Verfügung wegen unzureichender Tatbestandsaufklärung aufgehoben, zugleich aber geurteilt, der betreffende Scientology-Verein betätige sich mit seinen Diensten wirtschaftlich – auf einem Markt der Religionen, Weltanschauungen und Lebenshilfeangebote. Genau diese Aussage konnten wir im von der Gegenseite angestrengten Revisionsverfahren kippen: Das Bundesverwaltungsgericht stellte fest, daß ein Scientology-Verein sich dann gegenüber seinen Mitgliedern nicht wirtschaftlich betätigt, wenn die Mitglieder diese auf gemeinsamen Überzeugungen beruhenden Leistungen sinnvollerweise nur von diesem Verein erhalten können. In diesem Falle, im Falle religiöser Leistungen nämlich, existiere kein Markt. Ich hatte in der mündlichen Verhandlung das Beispiel gebracht: »Wenn sich jemand beerdigen läßt und die Angehörigen den Beistand der Kirche suchen, dann gibt es ja auch keinen Markt in dem Sinne, daß es der katholische Pfarrer vielleicht um 50 Mark billiger macht als der protestantische.« Diese Argumentation hat offenbar das Bundesverwaltungsgericht überzeugt. Das Verfahren wurde an den Verwaltungsgerichtshof Mannheim zurückverwiesen – mit der Maßgabe, zu klären, ob ein Scientologe scientologisches *Auditing* und Kurse auch woanders beziehen kann. Leider hat inzwischen das Regierungspräsidium Stuttgart seinen ursprünglichen Bescheid aufgehoben, so daß es zu einer Klärung in diesem Verfahren nicht kommen wird. Nichtsdestoweniger hat das Bundesverwaltungsgericht mit seinem Urteil einen Markstein gesetzt, an dem sich künftige Verwaltungsgerichtsentscheidungen zu orientieren haben.

TK: Inwieweit darf Ihrer Meinung nach der Staat vor Religions- oder Weltanschauungsgemeinschaften warnen?

Blümel: Dem Staat ist es grundsätzlich untersagt, religiöse oder weltanschauliche Lehren zu bewerten. Umgekehrt darf er vor gewissen Gefahren, die von Religionen ausgehen, warnen – zum Beispiel vor Witwenverbrennungen oder Kinderopfern. Und natürlich darf der Staat da auch eingreifen. Voraussetzung bei Eingriffen ist allerdings, daß eine Güterabwägung zwischen betroffenen Grundrechten stattgefunden hat – zwischen den Rechten auf Leben und Achtung der Menschenwürde, Artikel 1 und 2 Grundgesetz, gegenüber dem Recht auf Religionsfreiheit. Umstritten ist, ob der Staat konkrete Anhaltspunkte für eine Gefahr haben muß, um zu warnen, oder ob eine bloß abstrakte Gefahrenlage genügt. Das Bundesverfassungsgericht hat in einer älteren Entscheidung gemeint, es genüge die bloß abstrakte Gefahrenlage. Ich halte diese Rechtsprechung für verfehlt. Wegen der Bedeutung der in Artikel 4 garantierten Grundrechte sollten schon konkrete Anhaltspunkte für Rechtsbeeinträchtigungen Dritter gegeben sein, damit der Staat warnen und angreifen darf. Davon abgesehen hat die Rechtsprechung dem Staat aufgegeben, auch bei Warnungen die Verhältnismäßigkeit zu wahren, sich um Objektivität zu bemühen und sachlich zu argumentieren. Leider geraten diese Kriterien zunehmend in Vergessenheit; und manche Richter treten der Verwilderungstendenz im politischen Leben, etwa in den Äußerungen eines Ministers Norbert Blüm, nicht entschlossen genug entgegen. Sie haben halt Angst – zum Beispiel vor den Medien. Andere Richter allerdings sagen sehr eindeutig, daß der Staat, um zu warnen, keine polemischen und teilweise haßerfüllten Äußerungen von sich geben müsse.

TK: Was halten Sie von Richterschulungen zum Thema Scientology und sogenannte *Sekten*?

Blümel: Diese Praxis wurde 1996 von einem Menschenrechtsausschuß der Vereinten Nationen in Genf angeprangert und verurteilt. Dieser Ausschuß forderte die deutschen Behörden ausdrücklich auf, solche »sensibilisierenden« Veranstaltungen nicht mehr abzuhalten.

TK: Im baden-württembergischen Verfassungsschutzbericht steht, daß der sogenannte Geheimdienst der Scientology-Organisation, dem Sie, Frau Weber, angehören, in Mülltonnen von Scientology-Kritikern wühle, um belastendes Material zu finden.

Weber: Das finde ich köstlich. Der zuständige Herr vom Verfassungsschutz hat wahrscheinlich zuviel Jerry Cotton oder 007 geschaut. Ich habe aber 1986 in einer Zeitung gelesen, daß der *Sektenbeauftragte* Pfarrer Friedrich-Wilhelm Haack beim »Universellen Leben« im Müll geschnüffelt haben soll. Ich kann mir nur schwer vorstellen, daß er bei uns Nachahmer gefunden hat. Im übrigen bin ich für die Öffentlichkeitsarbeit zuständig, was ja alles andere als geheim ist.
TK: Immerhin untersuchen in den USA – das hat Ihr Präsident Heber Jentzsch bestätigt – Privatdetektive den privaten Hintergrund bestimmter Scientology-Kritiker.
Weber: Da müssen wir schon unterscheiden zwischen Kritikern und Verleumdern. Berechtigter Kritik wird in der Kirche nachgegangen; und wenn es etwas zu korrigieren gibt, dann wird korrigiert. Wenn aber jemand ohne Unterlaß und ganz bewußt Lügen über Scientology verbreitet, dann interessiert mich schon der Hintergrund. Denn da geht es ja ganz offensichtlich nicht um Wahrheitssuche, sondern um völlig andere Motive.
TK: Warum beschreiten Sie dagegen nicht ausschließlich den Rechtsweg?
Weber: Die meisten dieser Leute sind mittlerweile klug und vorsichtig genug, um keine falschen Tatsachenbehauptungen mehr aufzustellen. Die beschränken sich auf rechtlich zulässige Meinungsäußerungen, die nichtsdestoweniger falsch und verleumderisch sind.
TK: Eine vergleichbare Taktik wird auch Scientology vorgeworfen. Die Organisation sammle Material gegen Kritiker, veröffentliche das und verleumde überdies die Leute.
Weber: Nein, das geschieht nicht.
Blümel: Ich möchte dazu etwas Grundsätzliches sagen. Das Bundesverfassungsgericht schützt ja die Meinungsfreiheit in unserem Staate über alle Maßen. Eine Meinungsäußerung ist heute kaum mehr angreifbar, es sei denn, sie artet in offensichtliche Schmähkritik aus. »Die Demokratie basiert auf dem Prinzip des Meinungskampfes«, sagen die Richter. »Der Zuhörer soll dann entscheiden, welche Meinung er für die richtige hält.« Scientology macht nun nichts anderes, als das Recht zum Gegenschlag in diesem Meinungskampf wahrzunehmen. Die Scientology-Kirche wird ja aus nicht gerade kleinem Geschütz beschossen, der Staat und alle möglichen privaten Vereinigungen greifen sie mit allen möglichen Vorwürfen an. Da muß doch diese Kirche auch das Recht haben, sich zur Wehr zu setzen und ihren Äußerungen entsprechende Publizität zu verschaffen.

TK: Sehen Sie es auch als legitim an, nicht den Tatsachen entsprechende Behauptungen oder Gerüchte über bestimmte Kritiker zu verbreiten?
Weber: Nein, absolut nicht. In den Richtlinien L. Ron Hubbards steht ganz ausdrücklich, daß man niemals Lügen verwenden soll.
TK: Setzen Sie hier in Deutschland Privatdetektive ein?
Weber: Grundsätzlich kommen wir, glücklicherweise, ohne Privatdetektive aus. Aber es hat Fälle gegeben, in denen wir auf intensive Recherchen angewiesen waren – die Fälle zum Beispiel von zwei Damen, die behaupteten, Mitglieder gewesen zu sein, die wir aber gar nicht kannten. Wir mußten dem nachgehen, um uns verteidigen zu können. Und es stellte sich heraus, daß keine dieser Damen je Scientology-Mitglied war; ihre Geschichten waren frei erfunden. Wir konnten das vor Gericht im Detail beweisen; und es ergingen entsprechende Urteile gegen diese Personen. Ohne professionelle Recherchen jedoch hätte Herr Blümel seine Klagen nicht einmal einreichen können.
TK: Also im Zweifel machen Sie doch auf Geheimdienst?
Weber: Ich finde diesen Vorwurf schlicht und ergreifend absurd. Sie machen als Journalist eine ganz normale Recherche, und bei uns Scientologen heißt das gleiche plötzlich »Geheimdienstaktivität«. Das ist eine klassische Redefinition von Begriffen, mit deren Hilfe man versucht, Scientologen zu diskreditieren.
TK: Inwiefern, Frau Weber, haben die Angriffe gegen Scientology in Deutschland bislang zu Austritten von Mitgliedern geführt, den Zustrom neuer Interessierter vermindert und die deutsche Organisation in ihrer Infrastruktur und Finanzkraft geschwächt?
Weber: Die staatlich organisierte Diskriminierung gegenüber Mitgliedern religiöser Minderheiten hat bei wohl allen betroffenen Gemeinschaften zu Austritten geführt und Hemmschwellen für den Neueintritt aufgebaut – selbst bei der Scientology-Kirche. Bei uns hält sich dies allerdings im Rahmen und ist mit der Austrittswelle bei den Amtskirchen in keiner Weise zu vergleichen. – Die eine Tugend des Menschen, die uns stetigen Mitgliederzuwachs sichert, ist sein Streben nach Freiheit. Sicher, einige wenige verkaufen ihre Seele – als Gegenleistung für eine diskriminierungsfreie und gesicherte finanzielle Existenz. Doch wer will schon auf Dauer seelen- und rückgratlos dahinvegetieren? Wirkliche Scientologen nicht, und die meisten anderen Menschen glücklicherweise auch nicht.
TK: Sie haben die Situation von Scientologen in Deutschland mit der deutscher Juden in den 30er Jahren verglichen. Wie stehen Sie heute zu diesem Vergleich?

Weber: Es gibt ja eindeutig Parallelen zu Vorkommnissen Anfang der 30er Jahre. Nur ist unser vorsichtiger Vergleich damit von Scientology-Gegnern zum Vergleich mit dem Holocaust pervertiert worden; und wir hatten wenig Gelegenheit, das geradezurücken. Heute sagen wir: Jeder möge selbst entscheiden, an welche Zeit es ihn erinnert, wenn Menschen allein wegen ihrer Religionszugehörigkeit aus Verbänden und Unternehmen ausgeschlossen werden, keine Bankkonten eröffnen und keine Anzeigen schalten können; wenn ihre Kinder in der Schule bespuckt werden und man ihnen die Gewerbezulassung entzieht; wenn diese Menschen schließlich das Land verlassen müssen, weil sie in Deutschland kein normales Leben mehr führen können. Es gibt über sechshundert dokumentierte Fälle dieser Art, die für sich sprechen und angesichts deren jeder selbst entscheiden soll, ob ihn das nun an den Anfang der 30er Jahre erinnert, an die Christenverfolgung oder an die Diskriminierung von Minderheiten sonstwo. Letztlich ging und geht es uns nur darum, aufzuzeigen, wie die Mechanismen der Intoleranz funktionieren.

TK: Scientology und die mit Scientology zusammenarbeitende »Kommission für Verstöße der Psychiatrie gegen die Menschenrechte«, KVPM, kritisieren seit langem die Psychiatrie – vor allem wegen in vergangenen Jahrzehnten vorgenommener gehirnchirurgischer Eingriffe, wegen der Behandlung bestimmter Erkrankungen mit Elektroschocks, wegen des Einsatzes von Neuroleptika. Wie beurteilen Sie, Frau Weber, die deutsche Psychiatrie?

Weber: Die Psychiatrie ist an Brutalität kaum zu übertreffen. Es waren Psychiater, die den Massenmord im Dritten Reich legitimierten. Es waren Psychiater, die für die Massenmorde in Bosnien-Herzegowina verantwortlich waren. Und die Zustände in psychiatrischen Anstalten sprechen für sich. Die Behandlungsmethoden dort sind unmenschlich und grausam; und wenn überhaupt Resultate erzielt werden, dann nur zufällig. – Unsere Gesellschaft weiß einfach nicht, was sie mit psychisch kranken Menschen tun soll; sie ist hilflos. Und so ist die Allgemeinheit froh, wenn man diese Menschen wegsperrt. Was hinter den Mauern der Anstalten jedoch geschieht und wer alles Opfer der Psychiatrie wird, weiß kaum jemand. Die KVPM hat mit ihrem Kampf gegen psychiatrische Mißbräuche und inhumane Behandlungsmethoden schon in den 70er und 80er Jahren eine breite öffentliche Diskussion ausgelöst. Aktivitäten der KVPM und ihrer Partnerorganisationen in anderen Ländern verhinderten, daß praktisch jeder unliebsame Bürger als »psychisch krank« gebrandmarkt und zwangspsychiatrisiert werden kann.

Grundrechte psychisch Kranker wurden stärker geschützt, brutale Behandlungsmethoden teilweise ganz abgeschafft; in einigen Ländern wurden ganze psychiatrische Anstalten geschlossen. Mittlerweile jedoch werden in ganz Europa gesetzliche Regelungen geplant, die Experimente mit Menschen ohne deren Einwilligung zulassen sollen. Dem ungezügelten Mißbrauch und der Willkür würden so Tür und Tor geöffnet – und zwar in einem Ausmaß, daß einem kalte Schauer über den Rücken laufen.

TK: Wie hat die Psychiatrie auf Ihre und der KVPM Kritik reagiert?

Weber: Mit, wo es möglich war, Schikane und juristischen Maulkörben. An der Wurzel fast aller Angriffe gegen Scientology und die KVPM werden Sie neben den Amtskirchen immer wieder auch Psychiatrievertreter finden. Sie haben einfach Angst. Und sie sind wohl die einzigen Leute, die vor uns auch Angst haben sollten. Denn wir werden nicht ruhen, bis es psychiatrische Mißstände nicht mehr gibt.

TK: Die mit Scientology verbundene *Narconon*-Organisation, die sich der Rehabilitation Drogensüchtiger widmet, unterhält eine Niederlassung im deutschen Itzehoe. In welchem Umfang ist diese Niederlassung tätig und mit welchen rechtlichen Problemen ist sie konfrontiert?

Weber: *Narconon* ist eine Selbsthilfe-Organisation und in Itzehoe seit rund neun Jahren aktiv – mit einer Erfolgsquote von immerhin rund 50 Prozent. Einzelne Interessenvertreter der Psychiatrie haben in der Vergangenheit immer wieder versucht, *Narconon* mit Hilfe des Heilpraktikergesetzes zu schikanieren. Erfolglos, denn die Absolventen des Programms stehen permanent unter ärztlicher Kontrolle. *Narconon* ist die Antwort auf das Drogenproblem. Doch auch hier versucht man mit allen Mitteln, die Öffentlichkeit vom genauen Hinsehen abzuhalten.

TK: Sehr genau sieht Scientology bei den eigenen Mitarbeitern hin. Inwieweit fühlen Sie, Frau Weber, sich durch sogenannte »security checks«, Sicherheitsüberprüfungen, kontrolliert?

Weber: Natürlich hat der »security check« eine Schutzfunktion für die Kirche. Ansonsten ist er einfach eine Form der Beichte und weit weniger dramatisch, als es vielleicht klingt. In jeder religiösen Gemeinschaft gibt es ethische Regeln. Verletzt man sie, führt das zu »Zurückhaltungen«, man verschließt sich ein wenig, isoliert sich, fängt an zu lügen, es kommt zu destruktiven Handlungen und im schlimmsten Fall zu Verbrechen. Der »security check« verhindert das. Regelverletzungen oder Sünden zu beichten, ist nicht nur für das harmonische Miteinander, sondern auch für den spirituellen Fortschritt unerläßlich. In der katholischen Kirche gibt es den Beichtstuhl, in den frühen buddhistischen

Orden und manchen Freikirchen die Beichte vor der Gruppe. In Scientology erleichtert man sein Gewissen im Zweiergespräch. Hier spricht man sich rückhaltlos aus und bereinigt seine Verfehlungen. Man fühlt sich befreit, im Reinen mit sich selbst und seiner Umgebung. Das hat nichts mit Verletzung der Menschenwürde zu tun, wie es das Bundesarbeitsgericht unterstellt, sondern mit dem Bewußtsein darüber, daß saubere Hände ein glückliches Leben bescheren.

TK: Hat L. Ron Hubbard für Sie in allem, was er veröffentlichte, recht?

Weber: Nach meiner zwölfjährigen eigenen Erfahrung kann ich das uneingeschränkt mit »ja« beantworten. Und glauben Sie mir, ich habe Herrn Hubbard intensiv geprüft, angezweifelt und manche seiner Texte zunächst verworfen. Aber bisher hat er immer recht behalten.

TK: Welche Veröffentlichungen Hubbards gelten für Scientologen als verbindlich?

Weber: Zunächst einmal war es eine der wichtigsten Maximen L. Ron Hubbards, daß niemand seine Aussagen ungeprüft übernehmen soll. Jeder soll für sich herausfinden, was richtig ist. In der Scientology-Kirche allerdings gelten sämtliche religiösen Werke Hubbards – rund 30 000 Seiten Bücher und Manuskripte sowie 3 000 Tonbandaufzeichnungen – als verbindlich. Aufrichtigkeit, das Einhalten von Gesetzen und der Einsatz für Menschen- und Freiheitsrechte sind selbstverständlich Teil unserer Lehre. Und wir haben in Scientology religiöse Standards, die als unumstößlich gelten. Hier wird exakte und korrekte Anwendung verlangt. Die Erkenntnisse, die dann der einzelne aus der Anwendung dieser Standards zieht, sind so verschieden wie die Menschen selbst. Daher werden Sie in Scientology auch niemanden finden, der versucht, Menschen irgendwelche letzte Weisheiten, Dogmen oder unumstößliche Glaubenssätze gewaltsam aufzuzwingen. Scientology ist ein Weg zur Erlösung, der Ihnen zeigt, wo die Antworten auf grundlegende Fragen zu finden sind. Aber gehen muß jeder diesen Weg selbst.

Vertrag über eine Milliarde Jahre

Gespräch mit den Redakteuren und SeaOrg-Mitgliedern Linda Simmons Hight und Aron Mason

Linda Simmons Hight erwarb einen »Bachelor of Arts« in Englisch an der Pennsylvania State University und einen »Master of Arts« an der Arizona State University. Sie arbeitete als Programm-Koordinatorin unter anderem für die »Arizona Commission of the Arts and Humanities«, als PR-Mitarbeiterin für eine Fernsehstation sowie als Redakteurin für verschiedene Magazine. 1989 wurde sie »Director of Public Affairs« der »Church of Scientology« in Arizona. 1992 schloß Linda Simmons Hight sich der SeaOrg an; sie leitet heute die Abteilung für Publikationen des »Office of Special Affairs International«.
Aron Mason, geboren 1969, arbeitet seit seinem 16. Lebensjahr für die »Church of Scientology«. Er ist Mitglied der SeaOrg und dort als leitender Redakteur für Scientology-Publikationen tätig, insbesondere für das »Freedom Magazine«, das in deutscher Sprache unter dem Titel »Freiheit« erscheint.

TK: Linda, können Sie mir erzählen, wie Sie Mitglied nicht nur von Scientology, sondern auch der *SeaOrg* wurden?
Hight: 1974 – ich studierte an einer Universität in Arizona – kam ich erstmals mit Scientology in Berührung. Ich lernte zuerst die Studiertechnologie kennen, die mir half, gewaltige Mengen Texte zu verdauen und meine Magisterarbeit zu schreiben. Mein Mann und ich machten dann, als aktive Gemeindemitglieder in Phoenix, beruflich Karriere – er als Architekt, ich als Magazinredakteurin. 1989 beschloß ich dann, Angestellte der Scientology-Kirche in Phoenix zu werden.
TK: Warum?
Hight: Mein geistiger Fortschritt bei Scientology hatte einfach mein Verantwortungsbewußtsein erhöht. Und ich weiß auch noch den Moment, in dem ich beschloß, Angestellte der Kirche zu werden. Ich hörte gerade ein Band L. Ron Hubbards, als ich mir plötzlich wahnsinnig egoistisch vorkam als jemand, der hier saß und jene unglaubliche Information aufnahm, ohne sie möglichst vielen anderen Menschen weiterzugeben. Wenige Wochen später begann ich, für Scientology zu arbeiten, wenngleich ich zunächst meinen Job als Magazinredakteurin beibehielt.
TK: Und wie wurden Sie Mitglied der *SeaOrg*?
Hight: Auch da gab es einen Schlüsselmoment. Am 15. Dezember 1991, dem Jahrestag der Verabschiedung der US-Verfassung, saß ich in einer Redaktionskonferenz meines Magazins, und wir diskutierten schier

endlos darüber, wie wir in einer Frühjahrsausgabe die neueste Bademode präsentieren sollten. Am selben Nachmittag gedachten wir in der Scientology-Kirche der Geburt der Freiheitsrechte in den USA. Und schlagartig wurde mir klar, daß ich den geistigen Spagat zwischen der Arbeit für eine Modezeitschrift und der für die spirituelle Verbesserung des Menschen nicht länger aushalten wollte. Kurz darauf ging ich nach Los Angeles und schloß mich der *SeaOrg* an.

TK: Was für eine Aufnahmeprozedur gibt es da?

Hight: Sie müssen natürlich hohen *ethischen* Standards genügen. Ich erklärte damals den Verantwortlichen, warum ich mit ihnen arbeiten wollte, welche Qualifikationen – ich war damals *OT III* und hatte eine *Auditoren*ausbildung – ich mitbrachte und was ich glaubte, beitragen zu können.

TK: Wie hat man geprüft, ob Sie *ethisch* für den Eintritt in die *SeaOrg* geeignet waren?

Hight: Ich erzählte meine persönliche Geschichte und beantwortete auch Fragen zum Niveau meines *ethischen* Verhaltens.

TK: Wurden Ihnen auch Fragen nach Ihrem Sexualleben gestellt, zum Beispiel die, ob Sie homosexuell seien?

Hight: Solche Fragen bekam ich gestellt – und zwar, so meine ich, zum einen deshalb, weil wir in den nach Geschlechtern getrennten Wohnheimen für Unverheiratete recht eng beieinander leben. Zum zweiten kann sich natürlich eine Organisation, die so sehr im Blickpunkt der Öffentlichkeit steht wie die *SeaOrg*, keine Sexskandale leisten.

TK: Gibt es bei Scientology *ethische* Vorbehalte gegenüber Homosexualität?

Mason: Dazu vielleicht ganz grundsätzlich: Es ist nicht Aufgabe von Scientology, Menschen vorzuschreiben, wie sie ihre *Ethik* inhaltlich gestalten, sondern Scientology hilft dem einzelnen lediglich, sich selbst besser zu verstehen, damit er seine *ethischen* Entscheidungen autonom treffen kann.

TK: Was sagte Ihr Mann dazu, daß Sie, Linda, in die *SeaOrg* gingen?

Hight: Wir beide verbanden unterschiedliche Ziele mit Scientology. Er ist weiter auf der *Brücke* als ich, wollte sich jedoch nicht der *SeaOrg* anschließen. Aus Gründen, die damit wirklich nicht zusammenhingen, trennten wir uns dann. Wir haben aber nach wie vor Kontakt zueinander und lieben uns auch noch. Er tut, was er will, in Phoenix, ich, was ich will, hier. Ich glaube, wir konnten unsere Differenzen deshalb so freundschaftlich überwinden, weil wir beide über die scientologische Technologie verfügen.

TK: Sie beide, Linda und Aron, haben bei der *SeaOrg* einen Vertrag über eine Milliarde Jahre unterschrieben. Welche weiteren Verpflichtungen sind Sie mit diesem Vertrag eingegangen?

Hight: Wir haben uns vor allem verpflichtet, die Verbesserung der Menschheit durch *Dianetik* und Scientology voranzutreiben, uns selbst und unseren Wert für die *SeaOrg* sowie die Menschheit stetig zu verbessern und die Organisation, wo immer nötig, zu verteidigen. Und natürlich bemühen wir uns, durch unser Verhalten anderen Menschen gegenüber das Image der Organisation zu verbessern.

TK: Wie sind Sie in die *SeaOrg* gekommen, Aron?

Mason: Meine Eltern wurden Scientologen, als ich dreieinhalb Jahre alt war. Meinen ersten Kurs absolvierte ich mit viereinhalb Jahren und wußte sehr schnell, daß ich Scientologe war – ein Scientologe, wohlgemerkt, aus eigenem Entschluß; denn weil für einen Scientologen nur gilt, was er selbst erfährt, können Sie niemanden dazu erziehen. Ich schrieb mich in weitere Kurse ein, begann mit zehn, in der Scientology-Kirche zu jobben und schloß mich unmittelbar nach meinem High-School-Abschluß, damals war ich fünfzehn, der *SeaOrg* an.

TK: Machten Sie keine Berufsausbildung?

Mason: Ich wollte eigentlich Jurist werden und hatte auch schon eine Zulassung für die University of Southern California. Nach meinem Eintritt in die *SeaOrg* aber ließ ich mich dann lieber innerhalb der Kirche juristisch und journalistisch ausbilden – wobei ich natürlich auch an der Universität den einen oder anderen Kurs mitgemacht habe.

TK: Warum tragen Sie Uniform?

Mason: Das hängt ganz einfach mit den Anfängen der *SeaOrg* zusammen. 1967 gründete L. Ron Hubbard die *SeaOrg* auf hoher See; und da war es ganz natürlich, daß die frühen *SeaOrg*-Mitglieder auch Uniformen und Ränge einführten, wie es sie ja auch auf Kreuzfahrtschiffen gibt. Wir pflegen diese Tradition, wenngleich die Uniformen von Ort zu Ort variieren. Bei der *Flag Landbase* in Clearwater/Florida tragen unsere Mitglieder khakifarbene Hemden, beim »Celebrity Center« sind die Uniformen etwas eleganter, und wir hier im Hauptquartier der »Church of Scientology International« halten mit unseren einfachen blauen Uniformen ein wenig die ursprüngliche Tradition hoch.

TK: Wie ist die *SeaOrg* organisiert – militärisch?

Mason: Ach was. Wir sind ein religiöser Orden ohne formale organisatorische Strukturen. Sicher, wir haben Ränge und insofern einen gewissen Status in der *SeaOrg*; aber wir alle arbeiten ja innerhalb der Kirchenstrukturen, wo die Hierarchie nach anderen Kriterien aufgebaut ist.

TK: Was sind Sie beide?
Hight: Ich bin »Chief Petty Officer«.
Mason: Ich bin »Midship Man«.
TK: Sie, Linda, sind heute für den weltweiten Vertrieb von Scientology-Zeitschriften verantwortlich; Sie, Aron, sind Chefredakteur des »Freedom Magazine«, einer in hoher Auflage auch in Deutschland verteilten Zeitschrift für Nicht-Scientologen. Wie sieht Ihr tägliches Arbeitsleben in der *SeaOrg* aus?
Hight: Wir arbeiten täglich von 8 bis 18 Uhr, betreiben dann, nach dem Abendessen, zweieinhalb Stunden lang persönliche Studien und kümmern uns natürlich auch – in Ausschüssen, bei Versammlungen und so weiter – um das soziale Leben in der *SeaOrg*, ums Essen und um die Aufteilung der Räumlichkeiten im Gebäude zum Beispiel.
TK: Die persönliche Studienzeit, in der Sie *Auditing* und Kurse machen, ist doch eigentlich auch Arbeitszeit. Denn damit verbessern Sie ja, aus Ihrer Sicht, Ihre berufliche Qualifikation.
Hight: Das stimmt. Aber trotzdem: Wenn ich im *Auditing* oder im Kursraum sitze, ist das meine ganz private Zeit – meine Zeit, mich persönlich zu verbessern.
Mason: Sie müssen auch sehen, daß der normale Scientologe für diese Dinge seine Abende, seine Wochenenden und eine Menge Spenden investiert – während bei uns unsere Arbeit für die *SeaOrg* als Gegenleistung für Kurse und *Auditing* akzeptiert wird. Ich habe sehr viele dieser Leistungen in Anspruch genommen, mit einem ungeheuren Gewinn für mich. Und natürlich, ohne diese täglich zweieinhalb Stunden Studium könnte ich auch meine Arbeit nicht so gut tun, wie ich sie tue.
TK: Müssen Sie für den Fall, daß Sie aus der *SeaOrg* austreten, für während Ihrer *SeaOrg*-Mitgliedschaft erbrachte Leistungen nachträglich etwas bezahlen?
Mason: Es kann sein, daß man etwas zahlen muß, aber nicht den vollen Preis. Das hängt davon ab, wie lange man in der *SeaOrg* war und wie viele Leistungen man in Anspruch genommen hat. War jemand lange Mitglied und hat viel zur Arbeit der *SeaOrg* beigetragen, zahlt er möglicherweise – weil seine Arbeit über die Jahre berücksichtigt wird – gar nichts oder nur sehr wenig.
TK: Welchen Lebensstandard hat man als *SeaOrg*-Mitglied?
Mason: Ich persönlich bin seit 9 Jahren verheiratet; meine Frau und ich leben und arbeiten in der *SeaOrg*, wohnen in einem *SeaOrg*-Apartment und essen in der *SeaOrg*-Cafeteria. Nichtsdestoweniger habe ich das Gefühl, mein Lebensstandard ist besser als vorher, als ich in einem

Obere-Mittelschicht-Viertel aufwuchs, in einem schönen Haus mit zwei, drei Autos.

TK: Sie meinen besser auf spiritueller Ebene?

Mason: Nein, nein – rein materiell. Ich fühle mich wohl, vermisse nichts, opfere nichts und muß mich nicht um tausend Besitztümer kümmern. Die Befriedigung daraus, durch meine Arbeit anderen Menschen zu helfen, kommt noch hinzu.

Hight: Alles, was ein Auto und eine Eigentumswohnung für die meisten Amerikaner bedeuten, ist doch Schulden und Streß. Ich habe zum Glück keine Schulden.

TK: Über wieviel Geld verfügen Sie?

Mason: Über 50 Dollar die Woche.

TK: Bekommt jeder soviel?

Mason: Ja.

TK: Auch David Miscavige?

Mason: Ja.

TK: Und sonst? Gibt es keinen Urlaub, kein Weihnachtsgeld?

Mason: Es gibt jährlich am 12. August – die *SeaOrg* wurde am 12. August 1967 gegründet – einen Bonus für langjährige Treue, außerdem ein kleines Weihnachtsgeld.

TK: Und Urlaub?

Mason: Ein einziges Mal sind meine Frau und ich in Urlaub gefahren. Und nach gerade 4 Tagen sehnten wir uns verzweifelt zurück nach unserer Arbeit. Wir tun diese Arbeit einfach lieber, als am Strand zu liegen.

TK: Was tun *SeaOrg*-Mitglieder mit dem Privatvermögen, das sie eventuell besitzen? Müssen sie das abgeben?

Hight: Nein, jeder macht mit seinem Geld, was er will.

TK: Wie sind Sie für den Fall Ihres späteren Austritts aus der *SeaOrg* wirtschaftlich und sozial abgesichert? Laufen für Sie Renten- oder Lebensversicherungen?

Hight: Geweihte Geistliche der Kirche können sich entscheiden, die öffentliche Sozialversicherung zu verlassen. Das ist auch bei anderen Religionen üblich. Ansonsten aber gehören *SeaOrg*-Mitglieder der Sozialversicherung nach denselben Regeln an wie alle Bürger der USA. Und sie können natürlich die entsprechenden Leistungen in Anspruch nehmen – ob sie nun in der *SeaOrg* bleiben oder nicht. Über die Frage schließlich, ob er Lebensversicherungen abschließt, entscheidet jeder *SeaOrg*-Angehörige für sich.

TK: Mit welchem Alter treten Mitglieder der *SeaOrg* in den Ruhestand? Werden Sie dann versorgt?

Hight: Es gibt kein bestimmtes Alter, in dem man in den Ruhestand tritt. Ist ein *SeaOrg*-Mitglied, aus Alters- oder Gesundheitsgründen, körperlich nicht mehr in der Lage, seine Pflichten zu erfüllen, dann sorgt die Kirche für diese Person. Sie kann auch ihre letzten Lebensjahre mit Freunden oder in ihrer Familie verbringen. Beides ist vorgekommen.
TK: Was macht Ihre Frau in der *SeaOrg*, Aron?
Mason: Sie organisiert Festveranstaltungen für die Scientology-Kirche.
TK: Haben Sie Kinder?
Mason: Nein, und wir planen vorläufig auch nicht, welche zu haben.
TK: Gibt es Regeln oder Empfehlungen, wann und ob in der *SeaOrg* arbeitende Ehepaare Kinder bekommen sollen? Gibt es – wie Kritiker behaupten – Empfehlungen, unter Umständen abzutreiben?
Mason: Es gibt da keine festen Regeln. *SeaOrg*-Mitglieder bekommen Kinder; und dann verlassen sie die *SeaOrg*, bis das Kind 10 Jahre alt ist. Abtreibungen werden von der Kirche auf keinen Fall empfohlen oder gebilligt. Und viele Scientologen engagieren sich gegen Abtreibung – nicht aus religiösen, sondern aus humanitären Gründen.
TK: Was, Aron, heißt für Sie Erfolg?
Mason: Viele Leute messen ihren Erfolg daran, wie groß ihr Auto ist oder wie luxuriös ihr Haus. Für mich ist Erfolg, festzustellen, daß meine spirituelle Existenz von Woche zu Woche eine höhere Ebene erreicht und ich irgendwann auf einem Niveau *überlebe*, das mit dem alltäglichen Leben des 20. Jahrhunderts und all seinen materialistischen Verstrickungen gar nicht zu vergleichen ist.
TK: Was versteht man in der *SeaOrg* unter Disziplin?
Mason: In der *SeaOrg* befinden wir uns auf der höchsten Ebene von Scientology – dem Inbegriff *ethischen* Handelns. Deshalb gilt für uns ganz besonders das Gebot, unseren Mitmenschen auf keinen Fall zu schaden – wodurch ja zunächst wir selbst tiefer in dem Morast versinken würden, aus dem wir uns mit Hilfe von Scientology herausarbeiten. Hinzu kommt aber etwas anderes: Auf dieser Ebene, auf der wir Scientology-Kirchen in aller Welt betreuen, beeinträchtigt selbst das geringste un*ethische* Handeln nicht nur unser persönliches *Überleben*, sondern auch das der Menschen, denen wir dienen. Ich nenne Ihnen ein Beispiel: Wer hier bei uns in der Buchhaltung einen Fehler macht, kann verursachen, daß eine Kirche in Ottawa, Kanada, zu viel für ihre Materialien bezahlt und die Gemeindemitglieder das auszubaden haben. Eine kleine Sache, aber absolut intolerabel bei uns. Man kann das strikte Disziplin nennen; wir würden es eher als Einhalten höchster *ethischer* Standards bezeichnen.

TK: In diesem Zusammenhang stehen Sie ja auch unter Druck, ständig nach oben weisende *Statistiken* vorlegen zu müssen.
Mason: Ich würde das nicht als Druck bezeichnen, sondern als Herausforderung. Ja, ich will mehr inhaltlich ordentliche Seiten schreiben und veröffentlichen. Denn Stillstand bedeutet, wie Sie vielleicht von L. Ron Hubbard wissen, Rückschritt. Wir aber wollen besser werden. Und wer will das eigentlich nicht?
TK: Welche Indikatoren haben Sie, als Chefredakteur des »Freedom Magazine«, dafür, daß Sie tatsächlich besser werden?
Mason: Wichtig ist erstens die Zahl der Magazinnummern, die wir pro Jahr veröffentlichen; momentan sind es – in den USA – vier, wir wollen möglichst bald einmal pro Monat erscheinen. Darüber hinaus wollen wir natürlich die Zahl unserer – momentan 15 – Ausgaben in anderen Sprachen erhöhen.
TK: In welcher Auflage erscheint das »Freedom Magazine«?
Mason: Die Gesamtauflage weiß ich nicht auswendig. Ich weiß aber, daß sich durch unser Erscheinen auch im Internet die Zahl unserer Leser mehr als vervierfacht hat.
TK: Wie viele Exemplare vertreiben Sie in den USA?
Mason: 120 000.
TK: Und in Deutschland?
Mason: 250 000.
TK: Warum so viele?
Mason: Das »Freedom Magazine« ist eine kostenlos verschickte und verteilte Zeitschrift, die Nicht-Scientologen ein korrektes Verständnis von Scientology vermitteln will. Außerdem zeigen wir Mißstände zum Beispiel im Bereich der Menschenrechte auf und ermutigen zu Reformen. Hierfür scheint uns derzeit in Deutschland ein größerer Bedarf vorzuliegen als in den USA.
TK: Wer in Deutschland bekommt diese 250 000 Hefte?
Mason: Wir haben eine große Liste von Interessenten, die die »Freiheit« regelmäßig beziehen möchten. Daneben verteilen wir einige 10 000 Exemplare an öffentlichen Plätzen.
TK: Linda, fühlen Sie sich als Mitglied einer Elite?
Hight: Wir sind diejenigen, die ihr ganzes Leben Scientology widmen – wofür unser Vertrag über eine Milliarde Jahre ein Symbol ist. Und wir versuchen, wie Aron erläutert hat, weit höheren *ethischen* Anforderungen zu genügen als die Durchschnittsbevölkerung. Ja, in diesem Sinne würde ich uns schon als Elite bezeichnen – wenngleich ich das Wort nicht mag.

Mason: Ich habe kein Problem mit dem Begriff Elite. Nur hat das natürlich nichts zu tun mit elitärer Attitüde. Ich halte mich nicht für besser als der normale Scientologe auf der Straße. Aber ich habe eben als einer von sehr wenigen mein Leben Scientology gewidmet und versuche, höchsten *ethischen* Ansprüchen zu genügen. Insofern fühle ich mich schon als zugehörig zu einer Elite.

TK: Sie, Aron, waren schon einmal in einer Einrichtung der *Rehabilitation Project Force, RPF*. Warum?

Mason: Ich hatte als Mitarbeiter in der Rechtsabteilung der Kirche einige sehr ernste Fehler gemacht, war insgesamt nicht zuverlässig und hatte außerdem versucht, meine Unzulänglichkeit zu vertuschen. Das alles kostete die Kirche Geld. Denn unsere Anwälte stellen uns Mehrarbeit, die sie durch Schlamperei unsererseits haben, in Rechnung. Nun ist es normalerweise so, daß ein Mitarbeiter, der dauerhaft den Anforderungen nicht genügt, gefeuert wird. Jeden Tag passiert das in der Wirtschaft. Ich dagegen hatte eine Alternative: nicht mehr für die *SeaOrg* zu arbeiten oder ein *RPF*-Programm zu absolvieren. Ich entschied mich für das *RPF* und verbrachte in dem Programm, hier in Los Angeles, etwas mehr als ein Jahr. Während dieser Zeit arbeitete ich sechs Stunden täglich als Gärtner und Schreiner – wobei nur geringe Erwartungen an mich gestellt wurden und ich eine sehr geringe Verantwortung zu tragen hatte. Den Rest des Tages bemühte ich mich, meine Fehler und deren Ursachen aufzuarbeiten und mich, ganz allgemein, spirituell zu verbessern. Ich wollte später nicht nur meinem alten Job, sondern noch höheren Aufgaben genügen. Besonders wichtig war für mich dabei, mir die *ethischen* Aspekte meines Handelns vor Augen zu führen. Im *RPF*-Programm kann man über diese Dinge offen reden, ohne irgendeine Strafe zu befürchten. Natürlich, Strafe in dem Sinne gibt es bei Scientology ohnehin nicht; aber am Arbeitsplatz doch Verantwortung und Termindruck. Mit alledem hatte ich im *RPF*-Programm nicht zu kämpfen, sondern konnte mich in aller Ruhe auf mich selbst konzentrieren – völlig rückhaltlos und ehrlich.

TK: Wie geht das technisch? Mit Hilfe eines *Auditors*?

Mason: Nein, man schreibt nach bestimmten Regeln auf, was man warum falsch gemacht hat und wie man das in Zukunft vermeiden will. Anschließend fühlt man sich, weil man jetzt die Zusammenhänge kennt und weiß, daß man bestimmte Fehler nicht mehr machen wird, ganz einfach besser. Man schämt sich auch nicht mehr. Dazu trägt bei, daß man große Teile des Programms mit einem Partner absolviert. Und ab einer gewissen Stufe konzentriert man sich darauf, dem Partner zu helfen. Ist man damit erfolgreich, steigert das noch das gute Gefühl am Schluß des Programms.

TK: Wie wird festgestellt, ob jemand das *RPF*-Programm erfolgreich hinter sich gebracht hat?

Mason: Jeder Teilnehmer muß bestimmte Schritte gehen – und zwar so, wie es ihm sein Fallüberwacher vorgibt. Nach Abschluß des Programms wird man übrigens als voll rehabilitiert akzeptiert und bekommt möglicherweise noch verantwortungsvollere Aufgaben als zuvor.

TK: Kritiker sagen, die *RPF*-Einrichtungen seien Gefangenenlager mit Zäunen drum herum.

Mason: Ich finde diese Behauptung schlicht unverschämt. Die Teilnahme an einem *RPF*-Programm ist eine Alternative dazu, seinen Job zu verlieren, was ich als große Chance und Privileg empfand. Und suchen Sie bei den Gebäuden am »L. Ron Hubbard Way«, wo ich diese Zeit verbrachte, doch mal die Zäune oder Gitterstäbe an den Fenstern. Jeder ist dort völlig frei, zu gehen und zu kommen, wann er will.

TK: Mußten Sie während Ihrer *RPF*-Zeit von Ihrer Frau getrennt leben?

Mason: Ich habe nicht mit ihr gelebt, weil die Unterkünfte der *RPF*-Teilnehmer in einem getrennten Gebäudekomplex liegen. Aber ich habe meine Frau, nachdem ich im Programm ein wenig fortgeschritten war, zu den Mahlzeiten getroffen und an freien Tagen.

TK: Gab es da keinen Streß in Ihrer Ehe?

Mason: Nein, im Gegenteil. Ich konnte im *RPF*-Programm auch Probleme zwischen meiner Frau und mir und Bereiche unserer Ehe, in denen ich nicht ganz ehrlich gewesen war, aufarbeiten. Diese Zeit half mir eigentlich in allen Bereichen meines Lebens.

Die juristische Diskussion

Ich möchte immer den sorgfältig erbrachten Beleg

Gespräch mit dem Amtsrichter Udo Schleef

Dr. Udo Schleef, geboren 1940 in Bielefeld, ließ sich nach dem humanistischen Abitur zum Marineoffizier ausbilden und studierte anschließend in Marburg und Freiburg Rechtswissenschaften. 1969 bis 1974 arbeitete er als wissenschaftlicher Assistent an der Universität Freiburg und promovierte im öffentlichen Recht. Seit 1974 ist Dr. Schleef Richter im Dienst des Landes Baden-Württemberg, seit 1981 am Amtsgericht Freiburg.

TK: Herr Dr. Schleef, vor zwei Jahren haben Sie der Stadt Freiburg juristische »Ohrfeigen« verpaßt, als Sie in zwei Beschlüssen zu Bußgeldverfahren feststellten, die Scientology-Organisation sei berechtigt, in der Fußgängerzone für sogenannte *Dianetik*-Kurse zu werben. Dies sei keine ausschließlich gewerbliche Tätigkeit, für die eine Sondernutzungsgenehmigung erforderlich ist, sondern kommunikativer Gemeingebrauch durch eine Weltanschauungsgemeinschaft, die selbstverständlich auch Einkünfte erwirtschaften dürfe. Wie kamen Sie zu Ihren Entscheidungen, die zu einem – Scientology als Wirtschaftsunternehmen darstellenden – Urteil des Bundesarbeitsgerichts von 1995 im Widerspruch stehen?

Schleef: Ich hatte unter rein juristischen Aspekten zu prüfen, ob das Verteilen von Zetteln in einer Fußgängerzone den Gebrauch dieser Zone durch andere Personen derart stört, daß ein sogenannter Erlaubnisvorbehalt anzuerkennen ist. Ich habe das verneint – in Anlehnung auch an die Rechtsprechung des Bundesverfassungsgerichts.

TK: Das Bundesarbeitsgericht hat geurteilt, weltanschauliche oder religiöse Zwecke seien bei Scientology nur vorgeschoben, um kommerzielle Aktivitäten zu verdecken. In einigen Kommunen – wie Düsseldorf – wurde Scientology mit eben dieser Begründung sogar der Status als »eingetragener Verein« aberkannt.

Schleef: Die von Ihnen genannten Aussagen des Bundesarbeitsgerichts sind für mich Behauptungen, die nach meinem Wissensstand nie analytisch belegt worden sind. Ich habe in meinem Beschluß drei Entscheidungen zitiert, in denen diese Frage sehr fundiert und ausführlich erörtert wurde. Ich kann nur empfehlen, diese Entscheidungen nachzulesen.

TK: Wie informiert sich ein Richter, der täglich mit allen möglichen Facetten des Alltags beschäftigt ist, über ein komplexes Thema wie Scientology?

Schleef: Auch als Richter habe ich da nur sehr eingeschränkte Möglichkeiten. Ich bin wie die meisten Bürger angewiesen auf Presse, Rundfunk, Fernsehen. Will ich mehr hinter die Dinge schauen, muß ich über private Lektüre in das Thema einsteigen, was natürlich viel Arbeit macht. Denn das Konsumieren der Meinungen, die im Fernsehen verbreitet werden, informiert letztlich überhaupt nicht.

TK: Wie bildeten Sie sich Ihre Meinung in den Verfahren gegen Werbezettel verteilende Scientologen?

Schleef: Vor jenen Entscheidungen hatte ich mich mit Scientology wenig befaßt; und bis heute ist mein Kenntnisstand nicht überwältigend. Ich hatte jedoch eine gewisse Skepsis entwickelt gegenüber Behauptungen über angebliche mit Scientology zusammenhängende Vorgänge – die leider nie belegt waren. Es handelte sich um Vorwürfe, die meiner Auffassung nach genauso an die Adresse etwa der katholischen Kirche hätten gerichtet werden können. Stichwort zum Beispiel: »Opus Dei«. Ich habe auf das Problem dann in Einklang mit den eben genannten Urteilen Artikel 4 unseres Grundgesetzes angewandt. Dort ist der Schutz aller Religions- und Weltanschauungsgemeinschaften vor staatlicher Willkür festgeschrieben. Davon abgesehen hege ich bis heute den Verdacht, daß hinter den – ja, ich möchte es so nennen – Kampagnen gegen Scientology sehr stark auch Interessen der Großkirchen stehen.

TK: Sie sagen wörtlich in Ihrem Urteil: »Die starke Medien- und Pressekampagne der Gegenwart gegen Scientology ist zur Urteilsbildung vollständig ungeeignet.« Was meinen Sie damit?

Schleef: Ich meine damit folgendes: Es werden lediglich Behauptungen aufgestellt, ohne auch nur für einen einzigen Fall exakt wissenschaftlich-analytisch zu hinterfragen, was man behauptet. Und ich bin als Richter, unabhängig von diesem Verfahren gegen Scientology, prinzipiell nicht bereit, mich mit Behauptungen zufriedenzugeben. Ich möchte immer auch den sorgfältig erbrachten Beleg.

TK: Sehen Sie in der von Ihnen so genannten »Medienkampagne« gegen Scientology Gefahren für das Rechtsempfinden der Bevölkerung und möglicherweise auch das von Richtern?

Schleef: Ich sehe dort sehr, sehr große Gefahren und bin der Auffassung, daß schlimme Folgen bereits eingetreten sind. Durch diese Berichterstattung wird nahezu ein Massenwahn erzeugt, der die Leute außerstande setzt, sich überhaupt ein Urteil zu bilden. Sie reden im Grunde nur das nach, was sie aus Fernsehen oder Zeitung aufgesogen haben. Bloße Behauptungen nehmen sie als Tatsachen, ohne sie je zu hinterfragen – wobei ich zugebe, daß sehr häufig auch die Zeit fehlt, sich wirklich fundiert mit einem Thema wie Scientology auseinanderzusetzen.

TK: Sind diesen Gefahren auch Staatsanwälte und Richter ausgesetzt?

Schleef: Uneingeschränkt: ja. Auch Richter und Staatsanwälte sind Teil dieser Gesellschaft. Sie verhalten sich im Prinzip nicht anders als der Großteil der Bevölkerung – wenngleich sie von Berufs wegen ein wenig mehr dazu neigen, auch mal eine kritische Frage zu stellen. Wenn aber über die Medien mit einer solchen Wucht wie in Sachen Scientology ein wahrer Wahn erzeugt wird, dann bleiben davon auch Richter und Staatsanwälte nicht unbeeinflußt. Das zeigen sehr anschaulich die hier anhängig gewesenen Verfahren. – Wir hatten in weiter zurückliegenden Jahren eine Rechtsprechung, die sehr, sehr sorgfältig und behutsam abwägend mit Scientology umging. Ich sehe die Gefahr, daß diese Sorgfalt und Behutsamkeit auch in der Rechtsprechung einer Herrschaft der Schlagworte weicht.

TK: Wie beurteilen Sie, daß staatliche Stellen Maßnahmen gegen Scientology treffen, um, wie sie sagen, ihrer Informations- und Schutzpflicht und dem Bildungsauftrag gegenüber dem Bürger gerecht zu werden? Staatliche Stellen in Deutschland warnen ja vor Scientology. Manche verwehren überzeugten Scientologen den Zugang zum öffentlichen Dienst und schließen sie von bestimmten öffentlichen Aufträgen aus. Das Bundesarbeitsministerium verweigert Scientologen den Zugang zur privaten Arbeitsvermittlung. Und die Hamburger Innenbehörde zum Beispiel fördert ausdrücklich sogenannte *Sektenfilter* in Parteien, Unternehmen und Berufsverbänden.

Schleef: Für mich ist das ein glatter Verfassungsbruch, wenn in dieser Form gegen eine Weltanschauungsgemeinschaft vorgegangen wird. Die einzig legitime Frage, die der Staat zu stellen hat, heißt für mich: Verstößt Scientology oder verstoßen Scientologen gegen geltende Rechtsnormen – straf-, zivil- oder öffentlich-rechtlicher Art? Unter diesem Gesichtspunkt muß jeder Einzelfall geprüft und entschieden werden. Für absolut unzulässig halte ich es, Menschen nur wegen ihrer Weltanschauung auszugrenzen, sie zum Beispiel von öffentlichen Aufträgen und vom öffentlichen Dienst fernzuhalten. All das verstößt gegen das Grundgesetz.

TK: Sehen Sie eine Gefahr für den Rechtsstaat?

Schleef: Ich sehe eine große Gefahr für den Rechtsstaat, denn wir haben eine Tendenz hin zu rechtlich irrationalem Handeln nicht nur bezüglich Scientology, sondern zum Beispiel auch bei der Anwendung des Sexualstrafrechts. Auch hier erleben wir – siehe Worms – einen Rückfall in vorwissenschaftliches Denken.

TK: Wie reagierte man in Freiburg auf Ihre Beschlüsse in Sachen Scientology?

Schleef: Die Reaktion war überwiegend ablehnend, teilweise empört, zumal ich ja in einem Nebensatz auch eine Position des Freiburger Verwaltungsgerichts zurückgewiesen hatte. Die Staatsanwaltschaft legte in beiden Fällen sofort Rechtsbeschwerde ein, die jeweils zurückgewiesen wurde. Meine Beschlüsse sind rechtskräftig geworden.

TK: Betrafen die empörten Reaktionen auch Sie als Privatperson? Wurden Sie zum Beispiel als »Scientology-Sympathisant« bezeichnet?

Schleef: Nein. Es war wohl allseits bekannt, daß ich mit sogenannten *Sekten*, insbesondere auch mit Scientology, persönlich nichts zu tun habe und mit Sicherheit auch nichts zu tun haben werde. Ergänzend muß ich allerdings sagen: Ich bin ein in Freiburg gut verankerter Amtsrichter und sage, was ich für richtig halte. Ein Assessor mit Orts- oder Karrierewünschen dagegen hätte sich meine Beschlüsse zu Scientology kaum leisten können.

TK: Welche Form des Umgangs mit Scientology und überhaupt mit sogenannten *Sekten* und *Psychogruppen* sollten die Organe unseres Rechtsstaats pflegen?

Schleef: Ich empfehle dringend, grundsätzlich gelassen mit *Sekten* umzugehen, andererseits aber mit aller Schärfe gegen jede Gruppe vorzugehen, die sich in irgendeiner Weise gegen das Recht stellt. Bei Nötigung, Erpressung oder Betrug bin ich für konsequente Härte auch gegenüber *Sekten* – die, das sehe auch ich, durchaus Gefahren bergen können, insbesondere für die jüngere Generation.

Eine Frage der juristischen Tradition

Gespräch mit Professor Ralf Bernd Abel

Prof. Dr. Ralf Bernd Abel, geboren 1948 in Wuppertal, studierte Rechtswissenschaften in Tübingen und Göttingen. Von 1977 bis 1995 arbeitete er als Anwalt und Notar. 1996 wurde er auf den Lehrstuhl für Wirtschafts- und Informationsrecht an der Fachhochschule Schmalkalden berufen. Prof. Abel befaßt sich seit den 70er Jahren publizistisch, wissenschaftlich und als Anwalt mit sogenannten Sekten und Psychogruppen. 1996 bis 1998 war er Mitglied der Enquete-Kommission »Sogenannte Sekten und Psychogruppen« des Deutschen Bundestags. Prof. Abel war in den 70er Jahren Schriftleiter der Zeitschrift »Unitarische Blätter« (früher: »Glaube und Tat«) der »Deutschen Unitarier Religionsgemeinschaft«. In den 80er und frühen 90er Jahren war er Vorsitzender des »Hilfswerks der Deutschen Unitarier e.V.«.

TK: In einem Gutachten für die Landesregierung Schleswig-Holsteins kommen Sie, Herr Professor Abel, zu dem Schluß, Scientology sei verfassungsfeindlich. Wie begründen Sie das?
Abel: Der Begriff »verfassungsfeindlich« wird als Tatbestandsmerkmal dafür verwandt, daß eine Organisation darauf abzielt, die freiheitlich-demokratische Grundordnung der Bundesrepublik durch eine andere Grundordnung zu ersetzen. Ich habe geprüft, ob sich aus den veröffentlichten Materialien heraus dieser Vorwurf gegenüber der Scientology-Organisation erhärten läßt, und bin zu dem Ergebnis gekommen, daß dies in der Tat zutrifft. Zum Beispiel teilt Scientology, wenn man an den Rechtsstaat denkt, die Menschen in mindestens zwei Klassen ein. Da sind zum einen die Erlösten oder Erleuchteten, das sind Scientologen, unterteilt nach ihrem Status in der Organisation; zum anderen gibt es die *Aberrierten*, »Geisteskranken« oder »Verbrecher«, die den Fortschritt behindern. Daß die nach scientologischer Meinung keine Rechte haben dürfen, geht aus Zitaten L. Ron Hubbards eindeutig hervor. Scientology will also eine Klassengesellschaft, die vielleicht mittelalterlichen oder gar barbarischen Gesellschaftsmodellen entspricht, jedenfalls aber weit weg ist von unserer freiheitlich-demokratischen Grundordnung.
TK: Der Politikwissenschaftler Hans-Gerd Jaschke benutzt in einem Gutachten für das Innenministerium Nordrhein-Westfalens den Begriff »Totalitarismus«.

Abel: Der Begriff »Totalitarismus« bezeichnet, aus sozialwissenschaftlicher Sicht, eine ganz bestimmte Struktur des Gedankengebäudes und der Organisation. Wenn eine Organisation unter anderem eine feste Hierarchie hat und ein klares Feindbild, wenn sie ihre Mitglieder darauf einschwört, den Feind zu bekämpfen, wenn diese Mitglieder überdies im Innenverhältnis kaum Rechte besitzen, sondern der Hierarchie unterworfen sind – dann ist das eben ein totalitäres Regime, das die totale Unterwerfung des Menschen fordert und auch verlangt, sich notfalls für dieses Regime und seine Ziele zu opfern.

TK: Herr Jaschke und Sie beziehen sich in Ihren Gutachten fast ausschließlich auf Schriften L. Ron Hubbards. Sagen aber diese Schriften eines Mannes, den Scientologen als Religionsstifter bezeichnen, notwendigerweise etwas aus über das tatsächliche Verhalten der Organisation und ihre konkrete soziale Gestalt?

Abel: Zunächst muß man wissen, daß diese Schriften für Scientologen als verbindlich gelten – dies jedoch nicht kraft göttlicher Stiftung, sondern weil die Scientologen glauben, in den Schriften sei eine Art höhere Weisheit und Lebensphilosophie enthalten. Man müsse sich genau an sie halten, also, im scientologischen Jargon, »Standard-Tech« betreiben. Die gesamte Organisation beruht geradezu darauf, daß die Technologie »richtig« angewandt wird. Das ist wie bei einem teuren Sportwagen: Sie schütten Diesel hinein, und es ist aus. Schon ganz geringfügige Verletzungen der scientologischen Technologie gelten deshalb als »Verbrechen« und »Schwerverbrechen«. – Jetzt kommt natürlich die Frage: Was tun die Anhänger der Organisation tatsächlich?

TK: Richtig. Das ist eine Frage, die ja auch bei der Beurteilung einer Religion wie des Christentums eine Rolle spielt. In der Bibel fordert Gott Menschen dazu auf, Frauen zu schänden, Kinder an Mauern zu zerschmettern und Regierungen zu stürzen. Und Jesus droht, höchst unbarmherzig, mit dem ewigen Höllenfeuer. Die Forderung vieler Theologen, solche göttlich-verbindlichen Dikta aus dem historischen Kontext ihrer Niederschrift zu verstehen, schafft ja – hier wie bei Scientology – die ethische Fragwürdigkeit der Handlungsanweisungen nicht aus der Welt. Der Freiburger Psychologieprofessor Franz Buggle sagt in einer ZDF-Sendung sogar, durch ausschließlichen Verweis auf den historischen Kontext könne man auch Hitlers »Mein Kampf« reinwaschen. – In der Praxis haben Christen oft genug schlimmste Handlungen aus der heiligen Schrift heraus begründet. Andererseits haben christliche Werte und Traditionen maßgeblich zu Entstehung und Funktionieren unserer freiheitlich-demokratischen Grundordnung beigetragen. Meine Frage: Ist, vor diesem Hintergrund, nicht das konkrete Verhalten von Anhängern einer Lehre – *etikettiere* man sie nun als »religiös« oder »politisch« – entscheidend für die juristische Bewertung?

Abel: Der zentrale Unterschied zwischen zum Beispiel der Bibel und den Schriften Hubbards ist, daß Hubbards Schriften sich als technische Gebrauchsanweisung darstellen. Ein Beispiel: Gegen bestimmte Verbote – etwa Parkverbote oder das Verbot, die Ehe zu brechen – wird massenweise verstoßen, mit mehr oder meistens weniger schlechtem Gewissen. Technische Normen dagegen und Gebrauchsanleitungen etwa fürs Auto werden sehr sorgfältig eingehalten. Warum?

TK: Weil sonst etwas kaputtgeht, wahrscheinlich.

Abel: Genau. Und so ist es auch bei Scientology. Diese Lehre ist als Gebrauchsanweisung gemeint und wird so verwandt. Das unterscheidet sie sehr nachhaltig von religiösen Lehren und heiligen Schriften. Als Christ fühlen Sie sich bei einem Verstoß vielleicht als ertappter Sünder, und die Einhaltung der Normen wird über das schlechte Gewissen eingefordert. Bei Scientology müssen Sie alles eins zu eins umsetzen oder Sie haben keinen Erfolg.

TK: Andererseits sagt Hubbard, Fehler seien immer wieder reparabel – so wie Sünden eines Christen durch Reue und Buße reparabel sind.

Abel: Das ändert aber nichts daran, daß der Christ einen gewissen Spielraum besitzt, der Bibel interpretierend zu begegnen – um irgendwann sein Seelenheil zu erlangen. Der Scientologe dagegen muß Hubbards technologische Normen wortwörtlich anwenden, um hier und heute Wirkung zu erzielen. Hinzu kommen grundlegende Unterschiede in den Zielsetzungen der Lehren: Die Bibel transportiert im Ganzen ein sehr humanes Menschenbild, während Hubbard den puren Machtmenschen fordert. Da heißt es: Schlag auf andere drauf, sei der Stärkere, setz dich durch, werde reich – lauter Forderungen, die ja Wertvorstellungen abbilden. – Nun zu Ihrer Frage: »Was tun die denn tatsächlich?« Da muß ich sagen: Die setzen diese Methodik um. Sie setzen vieles zum Beispiel mit Druck durch. Natürlich, das ist in der heutigen Welt nichts Ungewöhnliches. Aber da gibt es unterschiedliche Vorgehensweisen. Es gibt das, was die Engländer als »fair play« bezeichnen: Man respektiert den Gegner, läßt ihm eine echte Chance und geht nicht unter die Gürtellinie. Man setzt nicht auf Vernichtung, sondern allenfalls auf Sieg. Ganz anders die Scientologen, die explizit den Gegner zu vernichten trachten, ihn in seiner wirtschaftlichen Situation treffen und in seiner persönlichen Integrität beschädigen wollen. Solche Methoden kann man als »mafia-ähnlich« bezeichnen. Es beginnt im kleinen, mit Druck auf Abweichler oder Kritiker; es geht weiter bis in die Weltpolitik, wo die Bundesregierung nicht durch Vermittlung besserer Einsicht dazu gebracht werden soll, Scientology anzuerkennen, sondern schlicht durch massiven politischen Druck. Scientology versucht, mit Hilfe sehr unerfreulicher Kampagnen, die auf Schwachstellen der deutschen Geschichte basieren, die Bundesrepublik Deutschland wegen angeblicher Menschenrechtsverletzungen in Mißkredit zu bringen. Und bekanntlich drohen in den USA in Fällen von Menschenrechtsverletzungen »schwarze Listen«, mit dem Ziel, den Firmen der betreffenden Länder wirtschaftlichen Schaden zuzufügen.

TK: Inwiefern handeln Scientologen auf deutschem Boden verfassungsfeindlich?

Abel: Sie zielen darauf ab, die eben geschilderten Zielsetzungen in die gesellschaftliche Wirklichkeit umzusetzen. Es gibt, auch von Scientology unbestritten, ein Programm »*clear* Germany«. Danach will man eine bestimmte Anzahl von Meinungsführern auf die eigene Seite bekommen, mit welchen Mitteln auch immer; der Rest werde dann schon folgen. Hieraus ergibt sich, daß Scientology nicht, wie in der Verfassung vorgesehen, Mehrheiten im Meinungskampf gewinnen will, sondern durch die Beeinflussung von Individuen, von Multiplikatoren. Auch hier haben wir die Struktur des Drucks von oben nach unten und des Sich-gefügig-Machens von Personen durch Einsatz von Zwangsmitteln.

TK: Was gibt es da an strafrechtlichen Verurteilungen?

Abel: Nur wenig.

TK: Warum nicht mehr?

Abel: Man kann Druck mit so subtilen Methoden ausüben, daß er eben nicht im strafrechtlichen Sinn als Erpressung faßbar ist. Der Versuch insbesondere, Kritiker einzuschüchtern, indem man ihnen Klagen androht oder sie damit überzieht, ist einerseits ein rechtsstaatlich legales Mittel; andererseits wird so natürlich Zensur versucht. Man setzt sich nicht in der Sache auseinander und beteiligt sich nicht am geistigen Meinungskampf, sondern man wiederholt stereotyp bestimmte eigene Positionen und versucht parallel, Kritiker mit Hilfe der Gerichte mundtot zu machen und zu verhindern, daß sie bestimmte Informationen weitergeben.

TK: Wie ist dies unter dem Gesichtspunkt der verfassungsfeindlichen Betätigung zu sehen?

Abel: Es ist ein wichtiger Mosaikstein, ein nicht unwesentlicher Bereich, in dem die Lehre Hubbards punktgenau umgesetzt wird. Da muß man sich fragen: Was tun die Scientologen, wo sie tatsächlich über

Macht verfügen? Nicht widerlegt ist zum Beispiel das Vorhandensein von Straflagern in den USA.

TK: Die Scientologen bestreiten, daß die *RPF*-Lager Straflager sind und Menschen dort erniedrigt werden.

Abel: Da wird von Aussteigern ganz anderes berichtet. Und Scientology ist dem nicht überzeugend entgegengetreten.

TK: Auch in den USA sind private Straflager verboten. Warum gibt es dort keine strafrechtlichen Verurteilungen?

Abel: Es muß erst einmal ein Kläger da sein. Die Leute werden doch psychisch so behandelt, daß sie sich oft gar nicht mehr trauen, dagegen vorzugehen. Sie fürchten, mit Klagen überzogen, ja regelrecht kaputt geklagt zu werden. Da haben wir von amerikanischen Anwälten eine Fülle von Beispielen genannt bekommen. Hier wird deutlich, daß die Scientology-Organisation, wo sie Macht hat, diese sehr nachhaltig in einer Form ausnutzt, die nach deutschem Verfassungsverständnis überhaupt nicht zulässig wäre.

TK: Inwiefern? Leistet das Rechtssystem der USA Verhaltensweisen Vorschub, die bei uns als verfassungsfeindlich angesehen werden?

Abel: Um in den USA Recht zu bekommen, braucht man viel Geld, gute Nerven, einen langen Atem und möglichst effektive Unterstützung. Wer das nicht hat, tut sich schwer – ein echter Vorteil für professionell vorgehende Organisationen. Hinzu kommt, daß die Scientology-Organisation bis in den Sprachgebrauch hinein militärisch organisiert ist. Da gibt es keine Diskussion. Da gibt es nur Befehle und Gehorsam, straffe Kommunikation, keinerlei Mitbestimmung.

TK: Das könnte man zum Teil auch über die katholische Kirche sagen.

Abel: Wenn andere etwas, in abgemilderter Form, ähnlich machen, wird es dadurch nicht besser. Die Scientology-Organisation ist aufgebaut wie eine Armee. Das Leben, nicht nur der *SeaOrg*-Mitglieder, sondern zum Beispiel auch von Angestellten, scheint ziemlich reglementiert zu sein. Und in scientologischen Firmen gibt es sogenannte *Ethik*-Offiziere – vergleichbar mit den Stasi-Offizieren der DDR. Unter Verstoß gegen das Datenschutzrecht werden dort Kaderakten über jede einzelne Person geführt. Und in die Akten von Mitarbeitern der Scientology-Organisation fließen sogar – so wird zumindest immer wieder, nach meiner Kenntnis unwidersprochen, behauptet – die Informationen aus den *Auditing*-Sitzungen. Das alles ist nach deutschem Arbeitsrecht klar illegal.

TK: Ist das in Deutschland schon juristisch abgehandelt worden?

Abel: Auch hier gilt: Wo kein Kläger, da kein Richter. Wer versuchen würde, so etwas vor Gericht zu bringen, wäre sehr schnell seinen Job los und möglicherweise mit Klagen wegen Verrats von Firmengeheimnissen bedroht. Angesichts dessen sagen eine Menge Leute: »Ich will meine Ruhe haben. Ich gehe nicht in die Öffentlichkeit.« Das habe ich als Anwalt des öfteren erlebt und dann auch niemandem geraten, etwas zu tun. Denn als Anwalt habe ich das Mandanteninteresse zu wahren und sonst nichts. In einem meiner Fälle allerdings, der zu jener berühmten Entscheidung des Bundesarbeitsgerichts von 1995 führte, hat mein Mandant sehr detailliert berichtet, wie es in der Scientology-Organisation zugeht – nicht widerlegt und zum größten Teil auch nicht bestritten von Scientology.

TK: Sehen Sie eine Gefahr, daß Scientology bei uns die Macht übernimmt?

Abel: Nach den Erfahrungen dieses Jahrhunderts läßt sich so etwas nicht ausschließen. Denn wer hätte, zum Beispiel, noch im Jahre 1928 geglaubt, daß die damals kleine NSDAP je in der Lage sein würde, die Macht in Deutschland zu übernehmen und das ganze Land ins Unglück zu stürzen? Es wäre ein Trugschluß, zu glauben, daß eine kleine radikal-aggressive Gruppe nicht auch heute an die Macht kommen könnte.

TK: Eine grundsätzliche Frage: Es gibt Verfassungsrechtler, die das aus den Erfahrungen der Weimarer Republik gewachsene Konzept der »wehrhaften Demokratie« abschaffen wollen – zugunsten eines freien Widerstreits der Meinungen, mit Ausnahme von NSDAP-Nachfolge-Organisationen, die verboten wären. Diese Verfassungsrechtler sagen, wir brauchen die Krücke der »Wehrhaftigkeit« nicht mehr.

Abel: Ich halte die Auseinandersetzung über »wehrhafte Demokratie« für einen typisch deutschen Begriffsstreit. Warum? Es gibt freiheitliche Rechtsstaaten, die noch nicht einmal eine Verfassung besitzen. Andere Länder, etwa die USA, kommen im wesentlichen mit Kasuistik aus, das heißt, man orientiert sich an Präzedenzurteilen. In Deutschland denken wir dagegen aus unserer Rechtstradition heraus dogmatisch, verlangen also eine rechtssystematische Einordnung. In dieser Systematik braucht auch die juristische Abwehr von Umstürzlern einen Namen, und der heißt nun mal »wehrhafte Demokratie«. Das hat nichts mit der demokratischen Ausrichtung unseres Landes zu tun. Auch jeder andere westliche Staat hat etwas, was wir als »wehrhafte Demokratie« bezeichnen. Wer zum Beispiel gegen das staatliche Selbstverständnis der USA arbeitet, ist dran. Wer in Amerika auf Regierungsgebäude Bomben wirft, riskiert sogar die Todesstrafe.

TK: Da handelt es sich um strafrechtlich klar faßbare Verbrechen. Kein US-Staatsanwalt käme dagegen auf die Idee, gegen eine Organisation wegen ihrer Ideologie und deren Propagierung die rechtliche Keule zu schwingen.

Abel: Einige sehen das schon anders. Nur, Amerika hat aus seiner politischen Tradition heraus nie einen starken Staat gewollt. Der US-Bürger ist es gewohnt, sich selbst zu verteidigen – auf die Gefahr hin, daß er untergeht. Und die Amerikaner sind fest davon überzeugt, daß ihnen die Alleinherrschaft einer Partei oder Ideologie gar nicht unterlaufen kann – weil in dem Maße, in dem eine solche fanatische Gruppe wachsen würde, sofort Gegenkräfte entstünden. Und die Gesellschaft würde das regeln, zur Not über einen Bürgerkrieg. Amerikaner, wissen Sie, halten wenig von der Idee, daß der Staat als maßgeblicher Ordnungsfaktor fungieren könnte, sondern der mentale Hintergrund ist nun mal der wilde Westen. Und da ist man auf der sicheren Seite, wenn man den Colt gezückt hält. In subtiler Weise neigen, aus dieser Haltung heraus, Amerikaner dazu, gewissermaßen den geistigen Colt gezückt zu halten: Es soll sich die Gesellschaft, ohne nach dem Staat zu rufen, informieren und wachsam sein.

TK: Das Ideal des selbstverantwortlichen freien Bürgers, während der Deutsche Schutz, Sicherheit und Kontrolle vom Staat verlangt?

Abel: Die amerikanische Gesellschaft hat auch ihre Schattenseiten. In den USA ist es doch selbstverständlich, daß in jeder größeren Stadt »no go areas« bestehen, rechtsfreie Räume, in denen das Faustrecht gilt oder das Recht des größten Kalibers. Wenn Sie dort aus Versehen hineingeraten und auf eine Gang von Jugendlichen stoßen, werden Sie eben erschossen. Das ist halt so. Es wird nicht für gut befunden, aber die Gesellschaft lebt damit. Sie läßt den Staat fast zwei Millionen Strafgefangene verwahren und setzt die immer häufigere Anwendung der Todesstrafe gegen den Protest der ganzen Welt durch. Vor diesem Hintergrund ist natürlich auch das Vorhandensein von Scientology einschließlich Straflagern zunächst einmal etwas, was der einzelne als Teil des Lebens akzeptiert und von dem er sagt: »Es geht mich eigentlich gar nichts an.« Allerdings gibt es Kräfte in Amerika, die sich gegen diese Zersplitterung der Gesellschaft in winzige Atome wenden.

TK: Zurück nach Deutschland: Im rot-grün regierten Hessen will der Verfassungsschutz Scientology nicht mehr beobachten.

Abel: Bekanntermaßen ist die Affinität der Grünen zum Verfassungsschutz gering. Und die Partei wollte auch die *Enquete-Kommission »Sogenannte Sekten und Psychogruppen«* nicht haben. Aber immerhin haben auch die Grünen-Vertreter in der *Enquete-Kommission* Scientology durchaus als Gefahr gesehen.

TK: Es gibt, unabhängig vom Verfassungsrecht, weitere juristische Schlachtfelder, auf denen sich Scientology und deutsche Behörden streiten. Zum Beispiel geht es um die Frage, ob Scientology als Verein mit ideellen Zielsetzungen oder als gewerbliches Unternehmen zu beurteilen ist.

Abel: Für Vereine, die ideelle Zielsetzungen haben – die Förderung des Sports oder der Denkmalspflege zum Beispiel –, für solche Vereine gelten andere Regeln als für wirtschaftliche Unternehmen. Der Verein muß bestimmte Steuern nicht bezahlen, er braucht bestimmte arbeitsrechtliche Vorgaben nicht einzuhalten. Wenn Sie nun – und das ist der Vorwurf an Scientology – ein wirtschaftliches Unternehmen sind, sich aber das Kleid eines Vereins geben, dann haben Sie gegenüber anderen wirtschaftlichen Unternehmen ungerechtfertigte Vorteile. Es gibt eine wichtige Entscheidung in einem Verfahren, das bis zum Bundesverwaltungsgericht ging, nach der die Scientology-Organisation Hamburg für einen nicht unbeträchtlichen Teil ihrer Aktivitäten ein Gewerbe anmelden muß. Hier wurde der weiteren Rechtsprechung die Richtung gewiesen.

TK: Das Bundesverwaltungsgericht hat am 6.11.1997 aber auch entschieden, daß bei Scientology keine unternehmerische Tätigkeit vorliege, wenn das – ich zitiere die Pressemitteilung des Gerichts – »*Auditing* und die Seminare und Kurse zur Erlangung einer höheren Daseinsstufe von gemeinsamen Überzeugungen der Mitglieder getragen sind, von denen sie nicht gelöst werden können, ohne ihren Wert für den Empfänger zu verlieren«.

Abel: In diesem Verfahren ging es um die Frage: Hat die zuständige Behörde, in diesem Fall das Regierungspräsidium Stuttgart, der dortigen Scientology-Niederlassung zu Recht wegen eines gewerblichen Hauptzwecks die Vereinsrechte entzogen? Das Verwaltungsgericht Stuttgart hatte die Verfügung bestätigt, der Verwaltungsgerichtshof Mannheim hatte sie wegen unzureichender Sachverhaltsaufklärung aufgehoben. Das Bundesverwaltungsgericht hob wiederum dieses Urteil auf und verwies es zurück mit der Begründung, bestimmte rechtliche Voraussetzungen seien falsch gesehen worden; und um sie richtig zu sehen, müßten zunächst einmal eine Reihe von Sachverhalten aufgeklärt werden. Es kommt, wie Ihr Zitat aus der Presseerklärung des Gerichts andeutet, darauf an, festzustellen, welche Rolle eine eventuelle ideelle Zielsetzung des Vereins spielt. Schauen Sie, ein Bundesliga-Verein verdient viel Geld. Trotzdem ist sein Ziel nicht, Geld zu verdienen, sondern Sport zu betreiben. Es bleibt also bei der ideellen Zielsetzung;

das Geldverdienen ist nur Nebenzweck eines ideellen Hauptzwecks und wird steuer- wie gewerberechtlich – wir nennen das »Nebenzweckprivileg« – nicht als kommerzielle Tätigkeit angesehen. Genau diese Frage wollte das Bundesverwaltungsgericht für den betreffenden Scientology-Verein in Stuttgart geklärt wissen.

TK: Nur für diesen Verein?

Abel: Ja klar. Jeder Verein ist anders. Der Verein, um den es hier geht, ist eigentlich ein eher belangloser Verein. Scientology kann ja aus einem Verein besonders problematische Aktivitäten rausziehen und auf andere Vereine verlagern; und der Verein, um den es juristisch geht, ist eigentlich nur noch eine Hülle, in der nicht mehr viel passiert.

TK: Wie beurteilen Sie, daß das Regierungspräsidium Stuttgart nach dem Urteil des Bundesverwaltungsgerichts seine Rechtsmittel gegen das vorangegangene Urteil des VGH Mannheim zurückzog? Wollte da jemand einen Tatbestand nicht geklärt wissen?

Abel: Soweit ich es beurteilen kann, kam es darauf nicht mehr an.

TK: Unter arbeitsrechtlichen Gesichtspunkten urteilte das Bundesarbeitsgericht 1994, Scientology Hamburg sei kein religiöser Verein, sondern ein Wirtschaftsbetrieb. Geklagt hatte einer Ihrer Mandanten.

Abel: Ja. In diesem Fall ging es um die Frage, ob der Mitarbeiter des betreffenden Scientology-Vereins den Status eines aktiven Vereinsmitglieds oder den eines normalen Arbeitnehmers hatte, dem, wenn er sich darauf beruft, tarifliche Bezahlung und Urlaub zustehen. Das Arbeitsgericht hatte gesagt, es handele sich nicht um ein Arbeitsverhältnis, und die Sache an ein Zivilgericht verwiesen. Weil dem Kläger dadurch prozessuale und kostenmäßige Nachteile entstanden wären, ist er wegen der bloßen Zuständigkeitsfrage bis zum Bundesarbeitsgericht gegangen. Dieses hat dann mit einer ungewöhnlich ausführlichen Begründung das Verfahren ans Arbeitsgericht zurückverwiesen, wo es mit einem Vergleich endete.

TK: Welche rechtliche Reichweite besitzt die Feststellung des Bundesarbeitsgerichts, der betreffende Scientology-Verein sei keine Religionsgemeinschaft?

Abel: Zunächst einmal: Kein deutsches Gericht ist, wie es etwa im angelsächsischen System der Fall wäre, an die Entscheidung eines anderen Gerichts gebunden. Jedes Gericht entscheidet einen ganz bestimmten Einzelfall, bindend ist nur das Gesetz. Andererseits entfalten sorgfältig ausgefeilte höchstgerichtliche Entscheidungen natürlich eine Fernwirkung. Wenn das Bundesarbeitsgericht eine solche Entscheidung trifft, hat das ein anderes Gewicht, als wenn ein Land- oder Verwaltungsgericht im Drang der Tagesgeschäfte auf die Schnelle eine beiläufige Feststellung trifft. Darüber hinaus haben höchstinstanzliche Urteile erhebliches Gewicht innerhalb der betreffenden Gerichtsbarkeit. Arbeitsgerichte werden sich an diesem Urteil des Bundesarbeitsgerichts orientieren – schon, um unnötige Kosten für die Prozeßbeteiligten zu vermeiden. Nichts zu tun mit der Arbeitsgerichtsbarkeit hat allerdings die Verwaltungsgerichtsbarkeit. Da gilt es ganz andere Fragen zu beurteilen.

TK: Hat das Bundesarbeitsgericht also nur gesagt, der betreffende Scientology-Verein sei unter arbeitsrechtlichen Gesichtspunkten nicht als Religionsgemeinschaft anzusehen?

Abel: Das Gericht ist schon darüber hinausgegangen. Es hat gesagt, der Verein sei, so wie er sich darstelle, keine Religionsgemeinschaft und folglich normaler Arbeitgeber.

TK: Beinhaltet das die Aussage, der betreffende Scientology-Verein sei auch nicht als Religions- oder Weltanschauungsgemeinschaft durch Artikel 4 Grundgesetz geschützt?

Abel: Nein. Das zu entscheiden, war nicht Aufgabe des Gerichts. Es hatte ausschließlich die konkrete Frage zu beurteilen: Handelt es sich bei dem in Rede stehenden Rechtsverhältnis um ein Arbeitsverhältnis, ja oder nein? Die Antwort »Ja« hat dann vorausgesetzt, daß das Gericht sagte: »Wir sehen die ganze Organisation nicht als Religionsgemeinschaft. Das ist alles nur Fassade. Deshalb sind sie als Arbeitgeber zu behandeln.« Punktum. Sicher entfaltet solch ein Urteil nun, wie gesagt, gesellschaftliche Fernwirkung, auch in die Politik hinein. Aber wenn nun das Bundesverwaltungsgericht zum Beispiel über die Frage des »Nebenzweckprivilegs« entscheidet, muß es ganz andere Tatbestandsvoraussetzungen klären, die mit steuer- und gewerberechtlichen Fragen zu tun haben – also ein anderes Paar Stiefel. Die Rechtsprechung, Herr Kruchem, befaßt sich immer nur – und das wird häufig übersehen – mit einzelnen Segmenten eines großen Komplexes.

TK: Wird also doch dem Urteil des Bundesarbeitsgerichts in Gesellschaft und Politik eine größere Bedeutung beigemessen, als es juristisch verdient?

Abel: Das Urteil war wohlerwogen. Und meines Wissens wurde es in der öffentlichen Debatte richtig eingeordnet. Umgekehrt versucht natürlich Scientology, irgendwelche Nebenbemerkungen in Urteilen unterer Instanzen eine Bedeutung beizumessen, die ihnen überhaupt nicht zukommt. Es gibt ja eine ausdrückliche Richtlinie, einen *HCO policy letter* Hubbards, wo Propaganda im Sinne der Redefinition von

Worten ausführlich erläutert wird. Man müsse eine bestimmte Definition immer wiederholen; irgendwann werde dann der Gegner auf diese Begrifflichkeit einschwenken und mit dem Begriff auch das Denken des »Redefinierers« übernehmen. So etwas kann natürlich auch Richtern passieren. Das sind auch Menschen. Scientology, müssen Sie wissen, reicht den Gerichten packenweise Gutachten ein, auf denen des öfteren auch juristisch bekannte Namen stehen. Und wenn ich so ein 200seitiges Gutachten genau lese, steht da oft sinngemäß: »Unter der Voraussetzung, daß die mir eingereichten Papiere richtig sind, komme ich zu dem und dem Ergebnis.« Nur, welcher Amts-, Land- oder Verwaltungsrichter liest, versteht und bewertet das alles genau, vor allem, wenn er so viele Seiten auf den Tisch bekommt? Er sagt dann halt: »In Gottes Namen ...«. Aber die Scientologen kommen dann und sagen: »Bitte schön, wir haben 24 Urteile ...«. Das besagt gar nichts. Das ist Show und Nebelwerferei.

TK: Sehen Sie eine Perspektive, das Problem Scientology unter den genannten juristischen Gesichtspunkten in absehbarer Zeit abzuarbeiten, oder ist das ein »never ending job«?

Abel: In gewisser Weise ist das ein »never ending job«. Irgendwann allerdings wird es in der Rechtsprechung gewisse Fallkategorien geben, eine sogenannte ständige Rechtsprechung, die ja eine konkrete Rechtsentwicklung bezüglich neuartiger Sachverhalte verkörpert. Das ist wie im Reisevertrags- und Familienrecht, wo zum Schluß der Gesetzgeber die ständige Rechtsprechung in Gesetzesform verpackte. Bezüglich Scientology beginnen sich jetzt die Fallkategorien herauszukristallisieren. Zum Beispiel weiß ich jetzt, daß man bestimmte Firmen nicht als »Tarnorganisationen« bezeichnen darf, aber »Vorfeldorganisation« ist wahrscheinlich in Ordnung.

TK: Kritiker bezeichnen Scientology auch nicht mehr als »kriminelle« Organisation, sondern als »kriminogene«.

Abel: Ja, kriminell ist eine Mafia. Kriminogen ist eine Organisation, die einen Nährboden für kriminelles Verhalten darstellen kann – nicht muß, aber kann.

TK: Warum benutzen auch Sie Begriffe wie »kriminogen«, die manch einer, weil sie weder dem Beleg noch der Widerlegung zugänglich sind, als Kampfbegriffe bezeichnet?

Abel: Naja, die Scientology-Organisation neigt ja im Falle von Straftaten immer dazu, zu sagen: »Tut uns leid. Damit haben wir nichts zu tun«. Und Hubbard fordert in seiner *Ethik* ganz ausdrücklich, die Organisation sauber zu halten. Wenn dann jemand mit einer unsauberen

Handlung der Organisation nütze, könne man ihn hinterher immer noch befördern.

TK: Aber viele Strafverfahren gibt es auch gegen einzelne Scientologen nicht.

Abel: Es gibt keine Statistik darüber. Umfragen haben allerdings ergeben, daß es kaum Strafverfahren gibt. Nur, woran liegt das? Ich weiß von etlichen Verleumdungskampagnen, wo die Staatsanwaltschaften immer wieder eingestellt haben, per Formblatt. In Berlin zum Beispiel sind Scientologen vor Jahren in eine Veranstaltung gekommen und haben das Informationsmaterial mitgenommen. Glatter Hausfriedensbruch. Strafanzeige wurde erstattet, es kam ein Formblatt zurück, man möge Nachbarschaftsstreitigkeiten doch bitte gütlich untereinander oder beim Schiedsmann regeln. Inzwischen haben die meisten Opfer solcher Übergriffe einfach die Lust verloren, dagegen vorzugehen. Es bringt nichts. Nur in wenigen Fällen langt die Staatsanwaltschaft wirklich zu. So wurde vor einigen Jahren einer der höchsten deutschen Scientology-Funktionäre, Franz Riedl, wegen ganz schwerer und maßloser Beleidigung eines Pfarrers verurteilt. Jetzt werden Sie natürlich sagen: »Beleidigung, das ist doch peanuts«. Aber wenn Sie dann Amerikaner hören, die solchen Kampagnen ja sehr viel massiver ausgesetzt sind als wir, dann sehen Sie, daß das, was da passiert, häufig Rufmord ist. Dort werden Flugblätter an Bäume genagelt: »Der Religionsverfolger«. Ganz üble Beschimpfungen. Derlei zielt ausdrücklich darauf, Menschen in ihrer Nachbarschaft unmöglich zu machen, sie in ihrem sozialen und beruflichen Umfeld zu ruinieren. Sie können, wenn Sie gezielt und strategisch Beleidigungen ansetzen, eine Menge Menschen so einschüchtern, daß sie den Mund halten.

TK: Halten Sie persönlich Scientology für eine Religions- oder Weltanschauungsgemeinschaft?

Abel: Nein, weder noch. Und ich antworte Ihnen als Jurist. Alle möglichen Wissenschaften haben alle möglichen Religionsbegriffe, die für uns Juristen nicht maßgeblich sind. Das Bundesverfassungsgericht stellt in mehreren Einzelfallentscheidungen einerseits auf die Selbsteinschätzung einer Organisation ab, andererseits müssen hinzukommen ein äußeres Gebaren, das der allgemeinen Vorstellung von einer Religionsgemeinschaft entspricht, und die Übereinstimmung mit gewissen sittlichen Grundanschauungen, die sich im Laufe der Geschichte herausgebildet haben.

TK: Braucht das Gericht, um das zu klären, keine Fachwissenschaftler, die sich inhaltlich mit der einzelnen Gruppierung auseinandersetzen?

Abel: Sicherlich auch. Aber es entscheiden Juristen, und die sehen das enger. Die sagen, das ist nicht eine Frage der Religionswissenschaft, sondern eine der konkreten juristischen Tradition, in der unsere Verfassung steht. Diese Tradition sagt uns, was die Verfassungsväter und -mütter sich unter einer Religionsgemeinschaft vorstellten, als sie die Gewährleistungen in die Verfassung setzten. Witwenverbrennung beispielsweise ist ein religiöses Ritual, aber von unserer Verfassung nicht gedeckt. Und nehmen Sie das Beispiel der Körperschaftsrechte: Eine Religionsgemeinschaft kann, so der ins Grundgesetz übernommene Artikel 137 der Weimarer Verfassung, Körperschaft des öffentlichen Rechts werden, wenn sie durch ihre Verfassung und die Zahl ihrer Mitglieder die Gewähr der Dauer bietet. Hinzugedacht war aber 1919, als diese Bestimmung entstand, daß es sich um eine Gemeinschaft handelt, die wie eine Kirche staatsnah ist. Man kam gar nicht auf die Idee, daß es staatsferne Gemeinschaften geben könnte, die diese Ansprüche stellen. Vor diesem Hintergrund sind kürzlich die »Zeugen Jehovas« nicht als Körperschaft des öffentlichen Rechts anerkannt worden. – Jetzt zu Scientology: Artikel 137, Absatz 4, sagt: »Religionsgemeinschaften erwerben die Rechtsfähigkeit nach den allgemeinen Vorschriften des bürgerlichen Rechts.« Das heißt, sie können e.V. werden, nicht mehr und nicht weniger. Und wenn eine Gemeinschaft – zum Beispiel, weil sie de facto ein Gewerbeunternehmen ist – nicht den Vorschriften des bürgerlichen Rechts entspricht, dann kann sie noch so oft sagen: »Ich bin Religionsgemeinschaft«, dann wird sie nicht eingetragen und hat sich den entsprechenden steuer- und gewerberechtlichen Normen zu unterwerfen. Dieses Recht gilt für alle Organisationen, die beanspruchen, Idealvereine zu sein, woran Sie sehen, daß es in der juristischen Praxis meist gar nicht darauf ankommt, ob es sich um eine Religionsgemeinschaft handelt oder nicht. Was da vorgetragen wird: »Artikel 4, Religion. Darfst du nicht anfassen«, löst nur eine Beißhemmung aus, ist aber im Grunde ein Popanz. Artikel 4 sagt doch nur: Jeder darf sich nach seinem Gewissen richten, und man kann kollektiv seinen Glauben, sein Bekenntnis ausüben. Auch Scientologen dürfen eine Prozession durchführen, sie können religiöse Bücher verkaufen, müssen dafür allerdings, sofern sie kein e.V. sind, Mehrwertsteuer abführen. Die Scientologen können auch theoretisch eine andere Grundordnung fordern. Selbst das ist von der Meinungsfreiheit gedeckt. Es führt nur dazu, daß sich der Staat vielleicht beobachtend darum kümmert und fragt: »Was machen die überhaupt? Setzen die das so um?« Und wenn sie es umsetzen, dann rücken sie allerdings in die Nähe eines Verbots. Auch Religions-

und Weltanschauungsgemeinschaften dürfen nicht gegen die allgemeinen Gesetze verstoßen.

TK: Ist es nicht doch relevant, ob Scientology juristisch als Religions- oder Weltanschauungsgemeinschaft zu bewerten ist? Denn davon hängt ja unter anderem ab, ob der Staat sich auch Scientology gegenüber, gemäß Artikel 4 Grundgesetz, neutral zu verhalten und auch dieser Organisation gegenüber, selbst wenn sie befremdliche Verhaltensweisen an den Tag legt, Toleranz zu fördern hat. Genau dies zu tun weigern sich unsere Bundesregierung und die Landesregierungen ja explizit. Sie bekämpfen, ganz im Gegenteil und mit erheblicher gesellschaftlicher Fernwirkung, Scientology an vielen Fronten, ohne daß bislang in nennenswertem Umfang Gesetzesverstöße vorliegen oder ein deutsches Gericht die Organisation als kriminell oder verfassungsfeindlich beurteilt hätte.

Abel: Da wiederholen Sie aber Scientology-Propaganda. Zum einen muß sich der Staat generell neutral verhalten und darf sich nicht in Lebensentwürfe seiner Bürger einmischen, wenn sie gewisse Grenzen einhalten. Zum anderen hat der Staat das Recht, gesellschaftliche Spielregeln aufzustellen und auf deren Einhaltung zu drängen, zum Beispiel im Wettbewerbsrecht. Es ist daher natürlich und wird von den Bürgern sogar nachhaltig gefordert, daß sich staatliche Stellen darum kümmern, wenn Scientology Regelverstöße begeht. Mehr passiert doch nicht. Aber Scientology läßt, wie ich schon sagte, keine Regeln anderer gelten und bemüht den Anspruch auf Toleranz mit Vorliebe dort, wo man die Organisation nicht widerstandslos gewähren läßt. – Meinen Sie mit »Bekämpfen« etwa die konsequente Anwendung des Verwaltungsrechts, beispielsweise vor Jahren in Hamburg-Eppendorf, wo Scientologen mit ihrer aggressiven Rücksichtslosigkeit einem ganzen Stadtteil auf die Nerven gingen, bis die Behörden endlich einschritten? Mit der Behauptung angeblicher »Verfolgung« verwechselt Scientology bewußt Ursache und Wirkung.

TK: Wäre es nicht sinnvoll, zur Prüfung der Frage, ob Scientology verfassungsfeindliche Bestrebungen verfolgt, auch Religionssoziologen hinzuzuziehen? Diese haben, auf internationaler Ebene, die Organisation und ihre Lehren analysiert. Sie können Äußerungen Hubbards im Kontext seiner umfangreichen Schriften und der internationalen religiösen und weltanschaulichen Szene bewerten. Und diese Wissenschaftler können wohl am ehesten feststellen, inwiefern etwa das Konzept »*clear* planet« eine religiös-weltanschauliche Utopie darstellt oder den Orientierungspunkt tatsächlicher Bestrebungen, in Deutschland und anderswo die freiheitlich-demokratische Grundordnung aus den Angeln zu heben.

Abel: Namhafte Soziologen, die sich mit Scientology befaßt haben, wie zum Beispiel Hans-Gerd Jaschke oder der Kanadier Steven Kent, sind dort zu ziemlich eindeutigen Ergebnissen gekommen. Aber die *Enquete-Kommission* hat ausdrücklich weitere Forschung angeregt.

TK: Tatsächlich werden Jaschke und Kent von der deutschen Exekutive immer wieder als Repräsentanten des Forschungsstandes zu diesem Thema genannt. Ihre Forschungsergebnisse werden allerdings von anderen Wissenschaftlern stark in Zweifel gezogen. Aber auch in einem anderen Problemfeld wären vielleicht Religionswissenschaftler und -soziologen nützlich: Verfahren bezüglich der Frage, ob eine Gruppierung als Verein oder Gewerbebetrieb einzuordnen ist, wägen regelmäßig ab, welche Bedeutung dem ideellen Zweck des Vereins im Vergleich zu anderen Zwecken zukommt. Dazu ist – im Falle von Gruppierungen mit religiös-weltanschaulichem Anspruch – eine detaillierte Kenntnis von Lehre, Struktur und Geschichte der Organisation notwendig. Ist nicht auch hier das Votum von Fachwissenschaftlern erforderlich – dies insbesondere angesichts des schwerwiegenden Umstands, daß eine Gruppierung, der der Vereinsstatus aberkannt wird, nur unter extrem erschwerten Bedingungen noch die Pflege einer Religion oder Weltanschauung betreiben kann?

Abel: Man muß kein Verein sein, um eine Weltanschauung pflegen zu können. Die Gewerkschaften zum Beispiel wurden ursprünglich nicht als Verein anerkannt; geschadet hat das der Gewerkschaftsbewegung nicht. Umgekehrt wird ein Schuh draus: Wer die vor allem steuerlichen Vorteile eines Vereins genießen will, muß schon die Voraussetzungen dafür schaffen und beweisen. Das gilt für alle und damit auch für Scientology.

TK: Was sagen Sie zu der vor allem aus den USA kommenden Kritik, in Deutschland gäbe es eine Drei-Klassen-Gesellschaft von Religionsgemeinschaften – Körperschaften des öffentlichen Rechts, eingetragene Vereine und Gemeinschaften, die in vollem Umfang dem Steuer- und Gewerberecht unterworfen sind? Privilegierung des einen, wird gesagt, sei zugleich Diskriminierung des anderen.

Abel: Wieso »Diskriminierung«? Man muß doch nicht alles gleich behandeln. Es gibt doch auch sonst verschiedene Rechtsformen. Es ist lediglich so, daß Vereinigungen rechtlich einen unterschiedlichen Status haben können. Es gibt zum einen relativ staatsnahe Körperschaften des öffentlichen Rechts, wobei die Anforderungen dafür vergleichsweise gering sind. Aber natürlich gehört dazu ein Mindestmaß an inhaltlicher Übereinstimmung mit der demokratischen Ordnung. Die »Zeugen Jehovas« zum Beispiel sind nur deshalb nicht als »Körperschaft des öffentlichen Rechts« anerkannt, weil sie ihren Gläubigen nachdrücklich und bei Strafe der Ächtung verbieten, sich an Wahlen zu beteiligen, die immerhin die Legitimationsgrundlage des demokratischen Staats sind. Zum anderen gibt es Idealvereine. Jede religiöse Vereinigung kann Idealverein werden, wenn sie die Voraussetzungen des bürgerlichen Rechts erfüllt. Tut sie das allerdings nicht, muß, kann und darf sie sich andere Formen des Gesellschaftsrechts suchen. Eine »Scientology GmbH« wäre wohl unproblematisch.

TK: Zu den zahlreichen Maßnahmen der deutschen Exekutive gegen Scientology zählt ein Erlaß des Bundesarbeitsministeriums von 1995, der Scientologen wegen angeblich nicht gegebener Zuverlässigkeit von der privaten Arbeitsvermittlung ausschließt. Das Landessozialgericht Rheinland-Pfalz hält diesen Erlaß für rechtswidrig.

Abel: Ich persönlich bin der Meinung, daß ein Scientologe, der zum Beispiel Au-pair-Mädchen nach Amerika vermittelt, möglicherweise damit Dinge betreibt, die die Eltern des Mädchens nicht gutheißen können, insbesondere, wenn sie nicht wissen, daß das ein Scientologe ist. Andererseits halte ich es für völlig in Ordnung, wenn Gerichte sich hier zurückhaltend äußern. Allerdings kann mancher Richter sich nur schwer vorstellen, wie Menschen mit psychologischen Methoden geschickt beeinflußt werden können. Er redet dann wie ein Blinder von der Farbe und sagt in gutmeinender, liberaler Absicht: »Das könnt ihr doch nicht machen.« Solche Richter wissen nicht, daß wirklich überzeugte Scientologen gar nicht anders können, als andere da hineinzuziehen. So schreiben die Mitgliedsbedingungen der »International Association of Scientologists« die intensive »Mission« sogar als verbindlich vor.

TK: Welche Rolle spielt das Thema Scientology bei der Fortbildungsinstitution »Deutsche Richterakademie«?

Abel: Die Scientology-Problematik ist, als Teil der Gesamtproblematik, inzwischen Gegenstand einzelner Tagungen der Deutschen Richterakademie, allerdings in zu geringem Maße. Deshalb hat die *Enquete-Kommission* gefordert, daß andere Stellen ebenfalls aufklären.

TK: Welche?

Abel: Im Justizbereich der Länder gäbe es Informationsmöglichkeiten. Im ruhigen, abgehobenen Gerichtssaal, Herr Kruchem, ist Rationalität Teil des Mobiliars. Richter müssen aber wissen, wie man Menschen zum

Beispiel beeinflussen kann, was sich im Rahmen einer Verhandlung oft nur schwer nachempfinden läßt. Und nur selten haben Richter, aus spezifischen Situationen in ihrem persönlichen Umfeld heraus, erfahren, wie Menschen in psychische Abhängigkeit geraten und was dabei herauskommt. Andererseits kann man, bezüglich bestimmter Urteile, nicht einfach Richterschelte treiben, sondern muß sich jeden Fall und seinen Hintergrund anschauen, um zu verstehen, warum er einen bestimmten Ausgang genommen hat.

TK: Wie beurteilen Sie die auch *Sektenfilter* genannten *Schutzerklärungen*, in denen Auftrag- und Arbeitnehmer in Teilen des öffentlichen Dienstes und vor allem in der Privatwirtschaft erklären müssen, daß sie nichts mit Hubbards Lehren am Hut haben und haben werden?

Abel: Ich habe viele dieser Erklärungen selbst ausgearbeitet und in vielen Vorträgen vorgeschlagen. Das Konzept hat sich mittlerweile durchgesetzt. Sicher, auch ich habe, als ich einmal eine von mir selbst entworfene Erklärung in einem anderen Zusammenhang unterschreiben mußte, ein gewisses Unbehagen verspürt. Andererseits erfüllen diese Erklärungen ihren Zweck, geschickte Durchmarsch- und Unterwanderungsstrategien zu durchkreuzen. Der potentielle Auftrag- oder Arbeitgeber weiß, ob jemand die Hubbardschen Techniken nutzen will und kann sich dann entscheiden, ob er mit ihm zusammenarbeiten will. Das haben wir auch in den USA immer wieder deutlich gemacht: Es gibt ein Grundrecht jedes Bürgers, mit bestimmten Personen oder Anschauungen keinen geschäftlichen oder persönlichen Kontakt haben zu wollen – mag es sich um Extremisten oder eben um Scientologen handeln.

TK: Sehen Sie die Gefahr, daß Scientology unsere Wirtschaft unterwandert und so Macht anhäuft?

Abel: Das ist sicher ein Ziel. Ob die Größenordnung der Aktivitäten ausreicht, die ganze Wirtschaft zu unterwandern, darüber kann man geteilter Meinung sein. Aber sehen Sie: Wenn Sie unter 100 Leuten einen haben, der mit psychologischem Geschick Dinge zu bewegen und die anderen 99 in eine bestimmte Richtung zu drängen vermag, dann kann das Ihrem Unternehmen unglaublichen Ärger, riesige Kosten und möglicherweise den Ruin bescheren. Solche Fälle habe ich in meiner anwaltlichen Praxis erlebt.

TK: Was geschah in diesen Fällen?

Abel: Nehmen Sie einen Geschäftsführer, der mit scientologischen Firmen Verträge schließt, die zivilrechtlich kaum anfechtbar sind, sich jedoch für das Unternehmen als äußerst nachteilig erweisen. Oder der Geschäftsführer schließt Arbeitsverträge mit anderen Scientologen, die nur unter Aufwendung erheblicher Abfindungen gelöst werden können.

TK: Was halten Sie davon, daß bestimmte private Kindergärten und Schulen Scientologen-Kinder nicht nehmen, weil sie meinen, andere Kinder könnten beeinflußt werden?

Abel: Es ist ja nicht auszuschließen, daß dies tatsächlich geschieht. Also, ich kann jedes Elternpaar verstehen, das sagt: »Unser Kind soll nicht mit einem solchen Kind zusammensein, weil das vermutlich schon *dianetisch* geschult ist und versuchen könnte, unser Kind zu beeinflussen.« Es ist das gute Recht von Eltern und privaten Trägern von Schulen und Kindergärten, zu sagen: »Scientologen-Kinder wollen wir nicht.«

TK: Sie haben auch mit Scientology-Aussteigern zu tun. Welche rechtlichen Probleme haben die mit der Organisation?

Abel: Das häufigste Problem ist, da wohl immer Vorkasse geleistet werden muß, nicht verbrauchte Beträge zurückzubekommen. Dabei ist erstaunlich, daß Scientology in einigen Fällen, wenn auch ungern, zahlt und sich in anderen weigert – nach für mich nicht erkennbaren Kriterien. Die verlangen übrigens, daß man vor einer Rückzahlung mit einem Laufzettel an etlichen Stellen vorspricht, um zu begründen, warum man Scientology verlassen will – ein Versuch, Ursachenforschung zu betreiben und die Leute zu bewegen, doch drin zu bleiben. Dieser Laufzettel kann aber zivil- und vereinsrechtlich keinesfalls Voraussetzung für eine Rückzahlung sein.

TK: Übt die Organisation auch in anderer Weise Druck aus auf den Aussteiger?

Abel: Es kommt zu unerwünschten Anrufen und Zuschriften, gegen die man sich aber juristisch wehren kann.

TK: Telefonterror?

Abel: Es sind eher regelmäßige Anrufe: »Warum sehen wir dich nicht mehr?« Es sind persönlich gehaltene Karten und Briefe. Oder es steht jemand vor der Tür und fragt: »Warum kommst du denn nicht mehr?« Also, üblen Terror scheint es in den meisten Fällen nicht zu geben, eher den Versuch, am Ball zu bleiben und immer neu abzutasten, ob er oder sie wieder ansprechbar ist. Scientologen sind schon sehr penetrant. Verwahrt man sich allerdings mit klaren Schreiben gegen die Belästigungen, wird das in der Regel respektiert.

TK: Wie bewerten Sie, daß sich etliche Scientologen und auch Mitglieder anderer Gruppen, zum Beispiel charismatischer Kirchen und der »Vereinigungskirche«, im momentanen gesellschaftlichen Klima wie Aussätzige fühlen?

Abel: Wer sich einer fragwürdigen Organisation anschließt, muß dazu stehen. Unser Grundgesetz gibt den Anspruch, vom Staat nicht verfolgt oder diskriminiert zu werden. Es gibt jedoch nicht den Anspruch, in seiner Nachbarschaft oder sonstwo gesellschaftlich anerkannt zu werden.
TK: Andererseits hat der Staat, zum Beispiel nach den KSZE-Bestimmungen, die Pflicht, Toleranz zu fördern – gegenüber allen religiös-weltanschaulichen Gruppen.
Abel: Das sind Klauseln, die sich vor allem an die staatsdoktrinären Regimes des damaligen Ostblocks richteten. Davon abgesehen hat unser Staat die KSZE-Bestimmungen doch längst umgesetzt. Verfassungs- und Gesetzgebung, Rechts- und Verfassungsrechtsprechung, Exekutive, Legislative und Judikative verwirklichen Toleranz in einer Perfektion, die in der heutigen Welt selten ist. Die Bundesrepublik geht über die allgemeinen Formulierungen der KSZE weit hinaus.
TK: Die Warnungen mancher staatlicher *Sektenbeauftragter*, die so ziemlich alles außer den etablierten Kirchen, der jüdischen Gemeinschaft und einigen Freikirchen einbeziehen, klingen nicht besonders tolerant.
Abel: Es gibt keine staatlichen *Sektenbeauftragten*, sondern wenige Informations- und Dokumentationsstellen, die neutral Informationen sammeln und verbreiten. Davon abgesehen heißt Toleranz doch nicht, daß der Staat vor bestimmten Mißbräuchen nicht warnen darf. Die *Enquete-Kommission* ging weiter: Sie fordert, daß der Begriff *Sekte* nicht mehr benutzt wird. Und ich werde in der Neufassung einer Broschüre, die ich für Schleswig-Holstein geschrieben habe, dieser Anregung folgen. Dennoch kann man natürlich warnen. Der Staat warnt doch auch vor Rauschgift und vor Alkohol, die Gesundheitsminister der EU warnen, auf jeder Packung, vor Zigaretten.
TK: Wollen Sie religiöse Alternativen zu den etablierten Kirchen mit Zigaretten und Drogen vergleichen?
Abel: Die Freiheit wirtschaftlicher Betätigung ist ebenfalls ein Grundrecht. Aber fragen Sie mal die Tabakindustrie. Die sieht das als sehr vergleichbar an und zeigt sich aufgebracht darüber, daß ihre Werbung EU-weit untersagt werden soll. – Nein, es gibt unter diesen Gruppierungen viele harmlose, aber auch Fälle, die gefährlich sind, Erscheinungen, die für die Menschen, die damit zu tun haben, katastrophale Folgen haben. Sie werden physisch und psychisch geschädigt, Familien gehen kaputt, Vermögen lösen sich in nichts auf. Vor diesem Hintergrund und vor dem Hintergrund der Tatsache, daß all dies manchmal auf systematisches Vorgehen einer hochprofessionell agierenden Organisation

zurückzuführen ist, habe ich Verständnis dafür, daß die Bevölkerung beunruhigt ist. Und ich finde es nur normal, daß der Staat dem nachgeht.

TK: Was ist eigentlich der zentrale Unterschied zwischen einer hochprofessionell agierenden Kirche und einer gefährlichen *Sekte*?

Abel: Ob die Kirchen wirklich hochprofessionell agieren, bezweifeln viele. Aber: Inhaltlich darf der Staat nicht argumentieren, und deshalb haben wir in der *Enquete-Kommission* nach sogenannten Konfliktfeldern gefragt: Wo gibt es Konflikte und wie häufig? Mit der katholischen Kirche gibt es kaum Konflikte, mit den »Zeugen Jehovas« und etlichen anderen Gruppen relativ wenige. Aber über die Meditation zum Beispiel hat Schleswig-Holstein ein Gutachten in Auftrag gegeben, das zu dem Ergebnis kam, Meditation könne gesundheitsschädlich sein. Die einen sagen nun: »Darüber kann man wissenschaftlich streiten. Und jeder Bürger mag entscheiden, ob er meditiert oder nicht.« Andere fragen: »Ist nicht der Staat verpflichtet, den Menschen vor sich selbst zu schützen?« – In Amerika würde man dazu sagen: »Unsinn«. Ich meine, der Staat sollte sich zwar möglichst weit raushalten; aber in gewissem Maße ist er als Ordnungsfaktor gefordert.

TK: Mit anderen Vertretern der *Enquete-Kommission* haben Sie, Herr Professor Abel, im Februar 1998 die USA besucht. Wie haben Sie das Gespräch erlebt, das Sie mit Vertretern der amerikanischen *Helsinki-Kommission* führten?

Abel: Das war ein höchst problematisches Gespräch. Wir waren manchmal dicht davor zu gehen.

TK: Warum?

Abel: Die Gesprächsführung war zunächst geprägt von dem Versuch zu belehren. Davon abgesehen haben wir gemerkt, wie einseitig oder gar nicht informiert die amerikanische *Helsinki-Kommission* war. Sie hat von bestimmten Seiten ein paar Pseudo-Informationen bekommen und die für richtig gehalten. Gegenüber einem befreundeten Land müßte man solche Vorwürfe aber doch zunächst einmal hinterfragen. Da kann man sich nicht einfach hinstellen und sagen: »Wir sind nur ein paar Leute. Wir können das nicht alles überprüfen. Wir müssen davon ausgehen, daß es stimmt.« Das Ergebnis des Gespräches war aber ein Stück bessere Information und daher positiv.

TK: Wie verlief das Gespräch im State Department?

Abel: Natürlich auch von dieser Seite kritisch, aber offen. Man nahm Informationen zur Kenntnis und bat um weitere. Es gab Aha-Erlebnisse und Erkenntnisgewinn auf beiden Seiten.

TK: Warum, Herr Professor Abel, beschäftigen Sie sich seit 20 Jahren mit sogenannten *Sekten* und *Psychogruppen* und den damit verbundenen juristischen Fragen?
Abel: Ich habe mit dem Thema Kontakt in erster Linie durch meine wissenschaftliche Arbeit und durch eine fast 18jährige Beratungs- und Betreuungstätigkeit für Betroffene. Es ist ein juristisch interessantes Thema, weil dort vieles offen ist.
TK: Erinnern bestimmte Gruppen Sie an das totalitäre Nazi-Regime?
Abel: Natürlich. Schauen Sie, das Nazireich hatte doch auch verbreitete kultisch-religiöse Charakterzüge.
TK: Sechs bekannte Professoren haben kurz vor Veröffentlichung des Abschlußberichts der *Enquete-Kommission* diese der Sektenjägerei verdächtigt und den Umgang mit Scientology in diesem Zusammenhang als »Dosenöffner« bezeichnet.
Abel: Ich finde es intellektuell unredlich, vor Erscheinen des Berichts und, ohne ihn gelesen zu haben, solche Urteile abzugeben. Wer so vorgeht, sollte seine wissenschaftlichen Titel weglassen und auch aufdecken, daß bereits bei zwei dieser Herren Auftragsverhältnisse mit einer bestimmten Gruppierung bestanden haben – aus welchen Gründen auch immer. Ein anderer Beteiligter war einmal Gast bei Mitgliedern der Kommission, konnte hier allerdings mit seinen Vorstellungen von wissenschaftlicher Arbeit nicht landen. Es kann sein, daß da persönliches Beleidigtsein eine Rolle spielte. Wie schließlich ein seit 16 Jahren pensionierter ehemaliger Bundesminister, der noch Honorarprofessor in anderer Sache ist, sich plötzlich in diesen Fragen auskennen will, entzieht sich meiner Kenntnis.
TK: In der Erklärung der Professoren schwingt der Vorwurf an Mitglieder der *Enquete-Kommission* und hinter ihnen stehende Gruppen mit, religiöse Minderheiten per *Etikettierung* oder »labeling« auszugrenzen. Auch betroffene Gruppierungen und etliche Religionswissenschaftler behaupten dies.
Abel: Wie denn, wenn selbst der Begriff *Sekte* nicht mehr benutzt werden soll. Daran sieht man, wie voreingenommen diese Herren sind. Aber: Ein sehr kräftiges »labeling« findet gegenüber denen statt, die sich kritisch mit diesen Phänomenen auseinandersetzen. Interessierte Kreise legen Wert darauf, diese Fachleute durch möglichst viele Münder als »Hexenjäger« und dergleichen verteufeln zu lassen. Ich sehe darin ein Ablenkungsmanöver. Diese Gruppen wollen ganz offensichtlich der Auseinandersetzung mit den Inhalten unserer Kritik ausweichen.

Es kommt auf das konkrete Verhalten des Menschen an

Gespräch mit Professor Jürgen Seifert

Prof. Dr. Jürgen Seifert, geboren 1928 in Berlin, machte nach der Kriegsgefangenschaft eine Lehre als Werkzeugmacher. Anschließend studierte er Rechts- und Staatswissenschaften sowie Philosophie in Münster, Bristol und Bologna.
Prof. Seifert promovierte 1966 in Münster und arbeitete danach wissenschaftlich in Darmstadt und Saarbrücken. 1971 erhielt er eine Professur für Politikwissenschaft an der Universität Hannover, wo er bis heute als Emeritus lehrt.
Prof. Seifert ist Mitglied der vom Deutschen Bundestag gemäß Artikel 10 Grundgesetz eingesetzten Kommission und gehörte 1990 bis 1994 der vom niedersächsischen Innenminister eingesetzten »Reform-Kommission Polizei« an. Er war 1983 bis 1987 Bundesvorsitzender der Bürgerrechtsvereinigung »Humanistische Union« und ist Co-Direktor des »Deutschen Instituts für Föderalismusforschung e.V.« an der Universität Hannover.

TK: Die Scientology-Organisation wird laut Beschluß der Innenministerkonferenz vom 7. Juni 1997 vom Verfassungsschutz überwacht. Der Chef dieser Behörde, Peter Frisch, und die Verfassungsschutzbehörden mehrerer Bundesländer stufen Scientology als »verfassungsfeindlich« ein. Wie sehen Sie, Herr Professor Seifert, das aus verfassungsrechtlicher Sicht?
Seifert: Ich halte das für problematisch. Der Verfassungsschutz hat grundsätzlich die Aufgabe, Bestrebungen zu beobachten, die sich gegen die freiheitlich-demokratische Ordnung richten. Voraussetzung sind zum einen verfassungsfeindliche Ziele der Organisation, zum anderen tatsächliche Anhaltspunkte für eine verfassungsfeindliche Betätigung. Nun gibt es Gutachten, nach denen L. Ron Hubbards Schriften gegen eine demokratische und rechtsstaatliche Ordnung gerichtet sind. Was jedoch fehlt, ist der Nachweis, daß Scientology sich in der Bundesrepublik auch nur im Ansatz verfassungsfeindlich betätigt. Deshalb halte ich es für durchaus möglich, daß Verwaltungsgerichte und vielleicht auch das Bundesverwaltungsgericht die Beobachtung für unzulässig erklären und sie verbieten – als Mittel, staatlicherseits eine Gruppe in Verruf zu bringen. Darüber hinaus halte ich die Beobachtung für schlicht unnütz. Sie wird wahrscheinlich nichts zutage fördern.
TK: Immerhin prägt Hubbard zum Beispiel in seiner Theorie der *Dianetik*, einer Technik, die den Menschen auf eine höhere Stufe von Bewußtsein und Vernunft befördern soll, den Begriff der politischen *Dia-*

netik. Er entwirft das Bild eines Staates, in dem nur nicht-*aberrierte* Menschen Bürgerrechte genießen.

Seifert: Ja, ja, »*clear* planet« – der »gereinigte Planet«, auf dem dann erst die wahre Demokratie verwirklicht wird. Derlei haben wir oft im Bereich der Religion. Nähme ich das alles im politischen Sinne ernst, könnte ich auch »Opus Dei« und ähnliche Organisationen vom Verfassungsschutz beobachten lassen. Hier haben wir das Problem, daß Menschen abhängig werden, daß sie sich möglicherweise in eine Behandlung begeben – dies jedoch aus freiem Willen. Um hier Exzesse zu verhindern, bräuchten wir zum Beispiel Therapiegesetze, nicht aber den Vorschlaghammer des Verfassungsschutzes. Dessen Mitarbeiter sind gar nicht dazu ausgebildet, solche Dinge zu beurteilen.

TK: Wie bewerten Sie, was den Beweis verfassungsfeindlicher Bestrebungen angeht, Aussteigerberichte?

Seifert: Als vorsichtig zu bewertende Anhaltspunkte. Denn es handelt sich hier um Überläufer – um Menschen, die die Front gewechselt haben, was meist mit einem Stück Fanatismus verbunden ist. Was man früher als heilig empfand, ist jetzt die Hölle.

TK: Unter Rückgriff auf eine sogenannte Informations- und Schutzpflicht sowie den Bildungsauftrag des Staates warnen die Bundesregierung und fast alle Landesregierungen vor Scientology. Wird hier das Neutralitätsgebot des Staates gemäß Artikel 4 Grundgesetz verletzt?

Seifert: Artikel 4 Grundgesetz gewährleistet religiöse und weltanschauliche Freiheit. Das heißt: Auch wenn Scientology – wofür vieles spricht – nicht als Religion, sondern als Weltanschauung anzusehen ist, besteht verfassungsrechtlich kein Unterschied. – Es wird immer wieder behauptet, Straftaten von Scientologen rechtfertigten staatliche Warnungen. Deshalb habe ich, als ich im Hauptausschuß des nordrhein-westfälischen Landtags als Experte gehört wurde, vorgeschlagen: »Wenn ihr auf den ersten Blick nichts findet, bildet doch Sonderkommissionen der Kriminalämter.« Ich bekam keine Antwort. Später habe ich in einem von der *Enquete-Kommission »Sogenannte Sekten und Psychogruppen«* des Deutschen Bundestags vorgetragenen Bericht gelesen, daß im gesamten Bundesgebiet genau ein Strafverfahren vorlag. Es handelte sich um eine versuchte Nötigung; und auch dieses Verfahren wurde schließlich eingestellt. Warnungen, wissen Sie, entarten unter diesen Umständen zu bloßen Propagandaaktionen, mit denen man eine vielleicht wirklich gefährliche Organisation eher stärkt. Märtyrerbewußtsein wird geschaffen; der einzelne Scientologe wird noch abhängiger von seiner Organisation.

TK: Wie beurteilen Sie staatlich verordneten Ausschluß von Scientologen vom Zugang zum öffentlichen Dienst, von öffentlichen Aufträgen, aus der privaten Arbeitsvermittlung?
Seifert: Das halte ich für problematisch; es erinnert mich an Grenzüberschreitungen bei der Verfolgung von Kommunisten. Auch damals wurden von staatlichen Organen und auf Parteitagen Feindbilder produziert – Feindbilder, die immer auch ein Versuch sind, demokratische Strukturen anzutasten. Was man denkt oder glaubt und die Anerkennung des Gesetzes, das muß klar sein, sind in unserem Rechtsstaat zwei Paar Stiefel. Es ist doch eine Errungenschaft, daß zum Beispiel ein katholischer Richter, der an die Unauflöslichkeit der Ehe glaubt, auch als Familienrichter amtieren kann – so lange er sich an die Gesetze der Bundesrepublik hält. Darauf kommt es an: auf das konkrete Verhalten des Menschen. – Wenn in einer *Enquete-Kommission* des Deutschen Bundestags ein Mitglied der Vizepräsidentin eben dieses Parlaments vorwirft, sie sei mit einem Scientologen befreundet, und man könne folglich in ihrer Anwesenheit nicht offen sprechen, dann halte ich das für höchst alarmierend. Das ist so ähnlich wie die Aussage – und das sage ich jetzt ganz bewußt –: »Wer beim Juden kauft, muß damit rechnen, wie ein Jude behandelt zu werden.« Und wenn unser Staat – ohne Nachweis von Straftaten oder verfassungsfeindlichen Bestrebungen – Sanktionen verhängt, dann handelt er rechtswidrig; unsere Gerichte müssen ihn korrigieren. Ich meine, wir müssen doch, wenn wir unsere Demokratie schützen wollen, zu angemessenen Mitteln greifen. Öffentliche Diskussionen sind nötig, Forschung an den Universitäten und journalistische Beiträge, kurz, eine wissenschaftliche Auseinandersetzung, die Betroffene einbezieht und niemanden in eine Märtyrerrolle drängt.
TK: Einige jüdische Autoren, etwa Daniel Goldhagen, sehen in militanter Abwehr des Fremden eine Konstante deutscher politischer Kultur. Manch einer zieht Parallelen zwischen deutschem Ausländerhaß und deutscher Abwehr gegen fremde religiöse Bewegungen. Immerhin wollen ja bis zu 80 Prozent der Deutschen alle *Sekten* verbieten.
Seifert: Ich halte Goldhagens Position, die er allerdings relativiert hat, für überzogen. Ich glaube nicht, daß es kulturelle Konstanten gibt, sondern meine, daß demokratische Kultur gelernt wird. In der Bundesrepublik haben wir heute mehr demokratisches Verhalten als früher, mehr Achtung vor Andersdenkenden – und auch mehr Anerkennung der Tatsache, daß es andere Wege des Glaubens gibt als die uns vertrauten. Damit ist unsere historische Last nicht ausgelöscht; Rückfälle können vorkommen; und insbesondere Medien können sich versucht

sehen, um des Profits willen gefährliche Feindbilder zu verwenden. Auf der Basis unseres Grundgesetzes, einer guten Verfassung, müssen wir verhindern, daß durch die Instrumentalisierung von Massenstimmungen für politische Zwecke letztlich Recht gebrochen wird.

TK: Wie bewerten Sie die Rolle der Medien bei der Entstehung solcher Stimmungen?

Seifert: Die Medien leben vom Verkauf der Nachricht als Ware – also auch von zugespitzten, überzeichneten Bildern, von sensationsträchtigen Feindbildern, die viele Menschen offenbar brauchen. Früher hieß es »die Kommunisten«, heute »die Mafia« oder »die Scientologen«. Leider auch im öffentlich-rechtlichen Rundfunk tritt hier das, was eigentlich dessen besondere Seriosität ausmachen sollte, immer mehr zurück – ein Anlaß, über die Aufsichtsorgane von Funk und Fernsehen nachzudenken, die solchen Fehlentwicklungen ja entgegentreten sollten. Natürlich, Medien spiegeln Vorgänge in der Gesellschaft, aber sie können auch Tendenzen verstärken. Und deshalb ist es wichtig, in Erziehung und Wissenschaft, in Gerichten, seriösen Zeitungen und Sendern immer wieder ein Prinzip deutlich zu machen: In unserer Demokratie herrscht Glaubensfreiheit; wir müssen den Andersdenkenden anerkennen und ins Gespräch einbeziehen – auch wenn das bisweilen weh tut und wir immer wieder lernen müssen, Widerspruch zu ertragen.

TK: Welche Rolle spielen bei der Beobachtung von Scientology Eigeninteressen der Verfassungsschutzbehörden?

Seifert: Daß der Bundesverfassungsschutz und die Landesämter während des »Kalten Kriegs« und der Terrorismus-Auseinandersetzung aufgebläht wurden, ist unbestreitbar. In diesen Behörden werden heute Stellen abgebaut; sie suchen zugleich neue Aufgaben und versuchen, alte Einflußchancen zu wahren. Schauen Sie, der Präsident eines solchen Amtes war zeitweise in engem Kontakt mit seinem Innenminister und konnte diesen oder jenen Rat geben. Daß er jetzt nicht mehr so oft gebraucht wird, dürfte ihm in der Regel kaum gefallen.

TK: Welche Möglichkeiten hat denn ein Verfassungsschutz, organisatorische Eigeninteressen durchzusetzen?

Seifert: Ein Beispiel: Der Präsident des nordrhein-westfälischen Landesamtes für Verfassungsschutz, Baumann, hat den Politologen Hans-Gerd Jaschke um ein Gutachten zu Scientology gebeten. Und er hat ihm alles zu verwertende Material gleich zur Verfügung gestellt, was für einen Wissenschaftler natürlich sehr angenehm ist und auch eine gewisse Abhängigkeit erzeugt. – Jaschke gibt in seinem Gutachten keine eindeutige Wertung darüber ab, ob Scientology verfassungsfeindlich ist.

Als Experte auf dem Gebiet des Rechtsradikalismus überschätzt er meines Erachtens verbale Radikalität. Übrigens glaube ich, daß Herr Baumann genau wußte, daß Jaschke kein Jurist ist und die Unterschiede zwischen verfassungsfeindlicher Zielsetzung und Betätigung verwischt. – Das gut bezahlte Gutachten hat seine Wirkung gehabt. Es fand seinen Niederschlag in den Medien; und es wird immer wieder ausgenutzt für alle möglichen Geschichten.

TK: Wie kann ein Richter die komplexe Materie politisch-weltanschaulich-religiöser Gruppen in all ihren verwaltungs-, straf- und verfassungsrechtlichen Dimensionen in den Griff bekommen?

Seifert: Ein Richter muß sich aus allen zu Gebote stehenden Quellen informieren; er muß – will er zur Wahrung von Demokratie und Rechtsstaatlichkeit beitragen – Gutachten mit guten Argumenten von solchen mit schlechten Argumenten unterscheiden können. Leider kommt es vor, daß auch Richter durch Feindbilder – denken Sie an den »Sympathisanten«-Begriff und die Auseinandersetzung mit den Kommunisten – tangiert werden. Das ist nie auszuschließen.

TK: Kann sich ein Richter durch unpopuläre Urteile selbst schaden?

Seifert: Es ist die vornehmste Aufgabe des Rechtswissenschaftlers und des Richters, geistige Unabhängigkeit zu wahren. Der Richter steht nicht auf seiten des Staates oder einer möglicherweise gefährlichen Organisation; er steht auf der Seite des Rechts. Er muß – hochqualifiziert und gut bezahlt, wie er ist – Manns oder Frau genug sein, sich weder von einer der streitenden Parteien noch von in der Öffentlichkeit wogenden Freund-Feind-Schemata vereinnahmen zu lassen.

TK: Sie argumentieren auf der normativen Ebene. Wie aber sieht die Realität aus? Zeigt, aus Ihrer Sicht, der Rechtsstaat Erosionserscheinungen beim Umgang mit sogenannten *Sekten* und *Psychogruppen*?

Seifert: Als der Bundestag die *Enquete-Kommission »Sogenannte Sekten und Psychogruppen«* einsetzte, gab es Eiferer. Aber ich glaube, daß es genug Rechtsstaatlichkeit gibt, um zu verhindern, daß man mit Scientology so verfährt wie mit Kommunisten in der Bundesrepublik der 50er und 60er Jahre. Damals hat es bei der Strafverfolgung von Kommunisten Grenzüberschreitungen gegeben, die manchen daran zweifeln ließen, ob wir noch einen Rechtsstaat haben. Manch einem ist Unrecht geschehen; aber am Ende haben Entscheidungen höchster Gerichte dieses Problem gelöst. Ich finde, es gehört zu einem demokratischen System, daß man Gegenpositionen erträgt.

TK: Welche sozialen Nebenfolgen birgt eigentlich, Herr Professor Seifert, die Beobachtung von Menschen durch den Verfassungsschutz?

Seifert: Wer vom Verfassungsschutz beobachtet wird, ist nicht mehr ganz frei. Er merkt sehr häufig, daß er überwacht wird, oder hört, daß man sich nach ihm erkundigt. Und wenn er, was er tut, für gut hält, wird er in eine Rolle gedrängt, aus der heraus erst er unter Umständen das tut, was der Staat eigentlich verhindern will. Er schottet sich mit seinen Gesinnungsgenossen ab und setzt sich irgendwann vielleicht zur Wehr.
TK: Bei Scientology wäre dafür, glaubt man unseren Verfassungsschützern, ein eigener Geheimdienst zuständig.
Seifert: Ja, da sagt man jetzt: »Scientology hat einen Geheimdienst.« Da frage ich als erstes: Ist das wirklich ein Geheimdienst oder nicht so etwas ähnliches wie Werkschutz? Und zweitens: Kann ich nachweisen, daß dieser »Dienst« in verfassungsfeindlicher Weise tätig ist? Mit anderen Worten: Ich kann aus der bloßen Tatsache, daß die Scientologen – verständlicherweise – ihre Leute schützen, nicht Beweise zimmern, daß das eine verfassungsfeindliche Organisation ist. Gut, wenn strafrechtlich Relevantes vorliegt – bitte, dann kommt das Strafrecht zum Zuge. So geht man in einem Rechtsstaat vor, nicht aber mit einem Nachrichtendienst, der als beobachtende Instanz stets in einer Grauzone arbeitet; der zum Beispiel Teilnehmer irgendwelcher Seminare auskundschaftet, und Tage später kommt der berühmte Herr im grauen Mantel zum Arbeitgeber eines Seminarteilnehmers und fragt: »Wissen Sie eigentlich, wen Sie da beschäftigen?« – Der Verfassungsschutz hat auch nicht die Aufgabe oder das Recht, öffentlich zu verkünden: »Die und die Häuser gehören dem und dem Scientologen.« Ganz anders verhält es sich, wenn eine private Organisation behauptet: »In Berlin und Hamburg gehören denen schon ganze Straßenzüge; und sie drangsalieren Mieter oder werfen sie aus ihren Wohnungen.« Wer so etwas behauptet, muß darauf gefaßt sein, dies in einem Gerichtsverfahren nachweisen zu müssen. Staatliche Stellen dürfen keine hoheitlichen Verrufserklärungen abgeben können.
TK: Der Einsatz des Verfassungsschutzes wird vor allem mit Texten Hubbards begründet – und mit tatsächlichen Vorkommnissen in den USA. Dort kamen in den 70er Jahren mehrere Scientologen, die dann allerdings aus der Scientology-Kirche ausgeschlossen wurden, ins Gefängnis. Sie waren, auf der Suche nach Material, in Regierungsgebäude eingebrochen.
Seifert: Das sind Gründe für unsere Strafverfolgungsbehörden, die Augen offen zu halten. Bis heute gibt es keinen Beleg für Straftaten oder verfassungsfeindliche Tätigkeit von Scientology in der Bundesrepublik. Es gibt keine ernsthafte Untersuchung, die belegt, daß dieser – wenn

man so will – »Werkschutz eines Großkonzerns« als Geheimdienst hierzulande Dinge tut, die die Rechtsstaatlichkeit verletzen. Solange Scientology belastende Behauptungen ausschließlich auf Berichten von Leuten beruhen, die meist fanatisch und Eiferertypen sind, muß man, meine ich, mit Vorsicht reagieren.

TK: Vor dem Hintergrund des Falls Scientology eine grundsätzliche Frage: Im Grundgesetz wurde, nach der Kapitulation der Weimarer Republik vor den Nazis, das Prinzip der »wehrhaften« Demokratie verankert. Es erlaubt das Vereins- und Parteiverbot sowie die individuelle Verwirkung von Grundrechten als präventive Eingriffe des Staates in politische Freiheitsrechte. In anderen Demokratien gibt es weder das Konzept der »wehrhaften« Demokratie noch einen Verfassungsschutz. Man sieht dort die Gefahr, daß der Staat mit solchen Instrumenten politische und weltanschauliche Konformität erzwingen sowie seine Kontrolle über den Bürger ausbauen könnte, und setzt auf das Prinzip formaler Legalität. Meine Frage: Braucht Deutschland auch nach einem halben Jahrhundert demokratischer Lehrzeit noch immer die »wehrhafte« Demokratie? Würde nicht eine explizite Ächtung von NSDAP-Nachfolgeorganisationen reichen?

Seifert: Unsere Verfassung kennt nicht die gefährliche Formel »Keine Freiheit für die Feinde der Freiheit«. Die »wehrhafte« Demokratie gibt es deshalb nur in dem Rahmen, den das Grundgesetz und die Gesetze definieren. Eine Verfassungsänderung in diesem Sektor ist nicht nötig. Auch die dem Verfassungsschutz obliegende Sammlung und Auswertung von Informationen über Bestrebungen, die sich gegen die freiheitlich-demokratische Grundordnung oder den Bestand der Bundesrepublik richten, ist unproblematisch. So etwas und Sicherheitsüberprüfungen durch besondere Instanzen gibt es in anderen demokratischen Staaten auch, ebenso das Verbot von Organisationen – unter dem Vorbehalt gerichtlicher Entscheidung. Problematisch wird es, wenn Nachrichtendienste faktisch darüber entscheiden, wer als »Verfassungsfeind« einzustufen ist; wenn sie ihre Aufgabe zu beobachten zur Berechtigung auszuweiten suchen, durch hoheitliche Verrufserklärung Bürger oder Organisationen an den Pranger zu stellen. Aus gutem Grund haben deutsche Verfassungsschutzbehörden keine Exekutivbefugnisse. Und sie dürfen dies auch nicht dadurch kompensieren, daß sie sich – als Exekutivorgane – berechtigt glauben, eine »geistig-politische Auseinandersetzung« mit den Feinden der Demokratie zu führen. Staatliche Propaganda, auch wenn sie gut gemeint ist, widerspricht, so das Bundesverfassungsgericht, dem Grundgesetz.

In Deutschland gibt es keine Diskriminierungsverbotskultur

Gespräch mit Professor Hans Alberts

Prof. Dr. Hans Alberts, geboren 1945, ist seit 1982 Professor für Verwaltungsrecht an der Hochschule für Verwaltung in Hamburg. In zahlreichen Veröffentlichungen hat er sich mit Grundrechtsfragen und den Rechten religiös-weltanschaulicher Minderheiten kritisch auseinandergesetzt.

TK: Herr Professor Alberts, die *Enquete-Kommission »Sogenannte Sekten und Psychogruppen«* des Bundestags empfiehlt in ihrem Abschlußbericht, den Begriff *Sekte* nicht mehr zu gebrauchen. Nichtsdestoweniger spielt dieser Begriff bis heute eine Rolle in der juristischen Diskussion.

Alberts: *Sekte* ist kein juristischer Begriff. Da gibt es nur Religions- und Weltanschauungsgemeinschaften, die nach Artikel 4 Grundgesetz geschützt sind. Dessenungeachtet sehen viele Gerichte im gesellschaftlich negativ besetzten Wort *Sekte* einen neutralen Begriff. Das heißt, bestimmte Vereinigungen dürfen *Sekte* genannt werden, auch wenn sie sagen, daß sie durch dieses *Etikett* rechtliche Nachteile erleiden.

TK: Um welche rechtlichen Nachteile geht es da?

Alberts: Wir haben ein klares Zwei-Klassen-System von Religionsgemeinschaften, in dem die etablierten Kirchen viele Vorteile haben. Sie können arbeitsrechtlich zum Beispiel – wir nennen das »Tendenzschutz« – Leute rauswerfen, die die kirchlichen Voraussetzungen nicht erfüllen. Die meisten sogenannten *Sekten* können das nicht. Der Scientology-Organisation zum Beispiel hat das Bundesarbeitsgericht den Schutz des Artikel 4 abgesprochen – mit der Konsequenz, daß sie als normaler Arbeitgeber anzusehen ist. Würde das den Amtskirchen geschehen, wären weite Teile der kirchlichen Aktivitäten gelähmt, weil ja unbezahlte oder schlecht bezahlte Arbeit keineswegs nur bei sogenannten *Sekten* vorkommt, sondern in großem Umfang auch in den Kirchen.

TK: Eine zentrale Rolle dürfte die Frage, wer unter dem Schutz von Artikel 4 Grundgesetz steht, auch bei der Anwendung eines Gesetzes zur Regulierung der *Lebensbewältigungshilfe* spielen, das die *Enquete-Kommission* fordert.

Alberts: Ja, Lebenshilfe, die – als Ausfluß einer Weltanschauung oder

Religion – durch Artikel 4 geschützt ist, fällt nicht unter dieses Gesetz. Und auch das entgeltliche Anbieten entsprechender Kurse durch Weltanschauungs- und Religionsgemeinschaften ist grundrechtlich geschützt. Denn Vereinigungen, die keine Kirchensteuer einnehmen, müssen ja irgendwie die Verbreitung ihres Glaubens finanzieren. Und genau hier werden sich bei so einem Gesetz Abgrenzungsfragen stellen – ganz, ganz schwierige juristische Fragen, die wissenschaftlich überhaupt noch nicht geklärt sind. Da gibt es eher so eine vorwissenschaftliche Einschätzung: *Sekten* betreiben grundsätzlich ein Gewerbe; wenn aber Amtskirchen Einkommen erwirtschaften, geschieht das im Rahmen des Grundrechts auf Religionsfreiheit. Hier wird meines Erachtens mit zweierlei Maß gemessen.

TK: Wie beurteilen Sie den 1997 verabschiedeten Gesetzentwurf des Bundesrats zur Regelung der *Lebensbewältigungshilfe*, der, vom Anspruch her, dem Verbraucherschutz dient?

Alberts: Den Grundgedanken, Betroffene zu schützen, kann man nicht von der Hand weisen. Nur, in dem Gesetzentwurf geht es gar nicht um die Betroffenen, sondern darum, den kleineren Gemeinschaften nach allen Regeln der juristischen Kunst den Geldhahn zuzudrehen – was ich für unzulässig halte. Wir müssen einfach, wie schon gesagt, auch den kleinen Gemeinschaften zugestehen, daß sie sich finanzieren. Sollten dann irgendwo konkrete Gefahren auftauchen, daß Menschen in solchen Gemeinschaften schwere und dauerhafte Schäden erleiden, dann muß man halt warnen – wie zum Beispiel vor Zigaretten.

TK: Im Zuge seiner Warnungen vor Scientology hat Norbert Blüm als Bundesminister – und zwar mit dem nachträglichen Segen des Oberverwaltungsgerichts Münster – die Organisation als »menschenverachtendes Kartell der Unterdrückung« und »Riesenkrake« bezeichnet, wo unter der Leitung »krimineller« »Rädelsführer« »*Gehirnwäsche*« praktiziert werde.

Alberts: Ich halte es in der heutigen Zeit – ohne damit inhaltlich etwas über Scientology zu sagen – für ein gravierendes Fehlverhalten, wenn Regierungsvertreter in dieser Weise Aggression im Volk schüren. Wir haben viele gesellschaftliche Probleme und entsprechend viel Angst in der Bevölkerung, so daß Sündenböcke, die man aus der Gesellschaft ausschließen kann, nur willkommen sind. Schauen Sie, wie wenig Toleranz in den neuen Bundesländern vorhanden ist und wie wenig dort dem Gebot der weltanschaulichen Neutralität des Staates und dem Diskriminierungsverbot des Grundgesetzes Rechnung getragen wird, wie sehr also dort Menschen diskriminiert werden. Vor diesem Hintergrund müßte doch eine Bundesregierung genau in die Gegenrichtung steuern. Sie müßte Feindbilder abbauen und für mehr Rationalität in der Diskussion sorgen.

TK: Die Bundesregierung sieht in Scientology keine Weltanschauungsgemeinschaft, sondern einen Konzern, der überdies das Grundgesetz unterhöhlen will.

Alberts: Das muß geprüft werden, objektiv geprüft werden – was bis heute nicht geschehen ist. Soweit sich hier allerdings, wie es seit 1997 flächendeckend geschieht, der Verfassungsschutz engagiert, halte ich das für rechtswidrig. Der Verfassungsschutz ist ein Instrument zur Sicherung der freiheitlich-demokratischen Grundordnung. Und nur, wenn tatsächliche Anhaltspunkte vorliegen, daß eine Gruppe diese Ordnung beeinträchtigen will, kann man den Verfassungsschutz einsetzen. Solche Anhaltspunkte sehe ich bei Scientology in keiner Weise. Die haben ja noch nicht einmal einen politischen Arm wie die »Transzendentale Meditation«, die sich immerhin mit ihrer »Naturgesetz-Partei« an Wahlen beteiligt. Zweitens läuft der Verfassungsschutz, der ja meist unter dem Aspekt der sogenannten wehrhaften Demokratie eingesetzt wird, bei einer Weltanschauungsgemeinschaft wie Scientology ins Leere. Im Gegensatz zu anderen Grundrechten kann nämlich nach Artikel 18 Grundgesetz die Religions- und Weltanschauungsfreiheit gar nicht verwirkt werden; und entsprechende Gemeinschaften können nicht verboten werden. Sicher, Herr Abel wird dann immer darauf hinweisen, daß doch das Bundesverwaltungsgericht 1971 die Ludendorff-Bewegung verboten hat. Aber das ist längst durch die Verfassungsrechtsprechung korrigiert. Davon abgesehen sollten wir sehen, daß der staatliche Umgang mit Scientology ja nicht nur diese Organisation betrifft, sondern im Ergebnis werden auch ganz andere zu Außenseitern gestempelt.

TK: Wer zum Beispiel?

Alberts: Jede Menge kleine Gruppen. Wir haben etwa 600 religiös-weltanschauliche Gemeinschaften in Deutschland. Und vielen, Anhängern irgendeines indischen Weisen zum Beispiel, wird die Gemeinnützigkeit entzogen. Die können dann morgen dicht machen, weil sie einfach kein Geld mehr kriegen. Selbst die Anthroposophen in der Tradition Rudolf Steiners, die auf unserem eigenen Grund und Boden entstanden sind, haben Schwierigkeiten – weil sich einfach das Klima gegenüber Andersdenkenden und -glaubenden durch bestimmte, auch staatliche, Aktivitäten enorm verschärft hat. Die *Etikettierung* Scientologys ist da nur die Spitze des Eisbergs; das müssen wir immer sehen.

TK: Welchen soziokulturellen und historischen Hintergrund für die von Ihnen diagnostizierte gesellschaftliche Ausgrenzung Andersdenkender in Deutschland sehen Sie?

Alberts: Dieser Hintergrund betrifft ganz stark meine persönliche Motivation, mich mit diesen Fragen zu beschäftigen. Ich beschäftige mich damit, weil es mich zornig macht, daß das – nach zwölf Jahren grausamer Diktatur – im Grundgesetz verankerte Diskriminierungsverbot in Deutschland nie angenommen worden ist, obwohl es als einzige Norm gleich dreimal in unserer Verfassung steht. Wir Deutsche haben nach dem Krieg keine Diskriminierungsverbotskultur entwickelt, sondern uns immer neue Sündenböcke geschaffen. Bereits 1950 hatte Adenauer eine »schwarze Liste«. Da waren die Verfolgten des Naziregimes schon wieder Ausgegrenzte. Dann haben wir in den 50er Jahren die Kommunisten ausgegrenzt, obwohl die nun wirklich – mit ihren 0,3 Prozent Stimmenanteilen – keine Gefahr für dieses Staatswesen darstellten. Später schossen wir uns auf die Radikalen im öffentlichen Dienst ein. So sind wir von einem Feindbild zum anderen gehupft; und jetzt haben wir halt die *Sekten*.

TK: Im Zusammenhang mit sogenannten *Sekten* und besonders Scientology werden oft Begriffe wie »Gefahr«, »Unterwanderung« oder »*Psychotechnik*« verwandt. Man spricht von zum Beispiel »kriminogenen« Organisationen, die »am Rande der Legalität« operieren.

Alberts: Juristisch habe ich eine klare Antwort darauf: Vom Ausgangspunkt der Neutralität herkommend, muß ich allen Gemeinschaften gerecht werden. Das aber kann ich nur durch Rationalität, durch Vernunft. Und Vernunft heißt: Ich gucke genau, was los ist; beschreibe sachlich und genau die Vorgänge und vermeide jede Emotionalisierung. Ja, ich decke, im Gegenteil, eine Emotionalisierung der Debatte auf und unterbinde sie.

TK: Wie verstehen deutsche Gerichte den Begriff der Gefahr, wenn zum Beispiel gesagt wird, Scientology verkörpere eine Gefahr?

Alberts: Soweit ich die diesbezügliche Rechtsprechung kenne, wird sie, meiner Ansicht nach, dem grundgesetzlichen Gebot der Weltanschauungs- und Religionsfreiheit nicht gerecht. Wenn nämlich ein sehr wichtiges Grundrecht eingeschränkt werden soll, sollten schon sehr, sehr konkrete Gefahren für konkurrierende Verfassungsgüter vorliegen, um das zu rechtfertigen. Was aber macht das Bundesverwaltungsgericht? Die sagen, schon eine bloß abstrakte Gefahr reiche aus, um zum Beispiel vor *Sekten* zu warnen. Die amerikanische Verfassungsrechtsprechung halte ich grundrechtsdogmatisch für sehr viel besser. Sie hat eine wunderbare Formel gefunden: »clear and present danger«. Es muß eine klare und gegenwärtige Gefahr vorliegen, um ein wichtiges Grundrecht einzuschränken. Dieser Aufforderung wird die deutsche Rechtsprechung nicht gerecht.

TK: Wie beurteilen Sie die Aussagen von Aussteigern über Gefahren in sogenannten *Sekten*?

Alberts: Als wenig glaubwürdig. Da gibt es doch eine ganze Aussteigerindustrie. Die machen damit Geschäfte, gehen in die Talkshows, verkaufen ihre Bücher. Also, ich würde mich bei der Beurteilung einer Organisation überhaupt nie auf den Aussteiger verlassen. Was sagen denn Ex-FDPler über die FDP oder exkommunizierte Katholiken über die katholische Kirche? Nein, die Definition einer Organisation über Aussteiger halte ich für juristisch völlig unvertretbar.

TK: Was halten Sie von der Praxis vieler Gerichte, in Verfahren, die sogenannte *Sekten* betreffen, kirchliche *Sektenbeauftragte* als Experten einzuvernehmen?

Alberts: Ich halte die Verwendung kirchlicher *Sektenbeauftragter* als Gutachter für ein von vornherein unzulässiges Beweiserhebungsmittel – was nicht heißt, daß ein Gericht, wenn es sich umfassend informieren will, diese Leute nicht anhören soll. Dann muß es aber auch die von den *Sekten* benannten Gutachter hören. Das Beste wäre natürlich, man greift auf Gutachter zurück, die schon von ihrer Position her neutral sind.

TK: Was für Gutachter meinen Sie?

Alberts: Religionswissenschaftler wie Professor Seiwert, der ja in der *Enquete-Kommission »Sogenannte Sekten und Psychogruppen«* des Bundestags saß. Aber was machte man mit dem, als er mit einer kritischen Analyse des Umgangs mit Sekten an die Öffentlichkeit trat? Man etikettierte ihn gleich als Scientology-Anhänger; und er mußte geradezu schwören, daß er mit Scientology nichts zu tun hat.

TK: Sie haben, Herr Professor Alberts, in Veröffentlichungen kritisiert, daß, neben vielen anderen Gerichten, auch das Bundesverfassungsgericht Tendenzen zeigt, den Geltungsbereich des Artikels 4 Grundgesetz einzuschränken.

Alberts: Das Verfassungsgericht sitzt schon seit Jahren auf einem Verfahren, das die Bhagwan-Jünger, die sich heute »Osho«-Bewegung nennen, angestrengt haben, weil sie immer in diesen *Sekten*berichten genannt werden. Eine verfassungsrechtliche Klärung in diesem Bereich haben wir also noch nicht. Ich sehe aber an Entscheidungen im Eilverfahren, daß das Bundesverfassungsgericht ältere Entscheidungen des

Bundesverwaltungsgerichts nicht wesentlich korrigiert; und daraus ergibt sich für mich der Eindruck, daß der Geltungsbereich des Artikels 4 weiter runtergeschrieben wird.
TK: Das Bundesverfassungsgericht hat in einer Entscheidung von 1991 unter anderem auf das »äußere Erscheinungsbild« einer Gruppierung und auf »abendländische Wertvorstellungen« abgehoben.
Alberts: Ich will Ihnen das mal vom Dogmatischen her erklären: Wir können einen sehr formalen Begriff von Religions- und Weltanschauungsfreiheit benutzen, wo dann eine Gruppierung nur ganz bestimmte Kriterien erfüllen muß: Sie muß zum Beispiel ein Welterklärungsmodell haben, eine gewisse Transzendenz oder was auch immer. Andererseits können wir die Begriffe »Weltanschauung« und »Religion« inhaltlich begrenzen, wozu es in der deutschen Rechtswissenschaft deutliche Tendenzen gibt. Da orientiert man seine Definition dann eben am Christentum oder an sogenannten abendländischen Wertvorstellungen. Ich persönlich meine, diese inhaltliche Begrenzung birgt die Gefahr, daß wieder einmal staatliche Organe definieren, was eine Religion oder Weltanschauung ist.
TK: Manch ein Politiker fühlt sich vom Grundgesetz aufgefordert, unsere »abendländisch-christliche« Wertordnung zu verteidigen und entsprechende gesetzliche wie exekutive Maßnahmen zu fordern.
Alberts: Als Politiker hat er natürlich das Grundrecht der Meinungsfreiheit und kann gegenüber den Gruppierungen davon Gebrauch machen – in den Grenzen dieses Grundrechts, die von der Rechtsprechung zu Lasten des Artikels 4 Grundgesetz sehr weit gesteckt sind. Als Inhaber eines Staatsamts, etwa als Bundesminister, hat der Politiker ein solches Recht nicht. Denn der Staat ist nicht Träger von Grundrechten, sondern er hat diese, also auch Artikel 4, vielmehr zu beachten. Zwar gibt es Rechtsprechung, die eine Staatsaufgabe der Warnung behauptet; aber diese halte ich für falsch. Wenn der Staat und seine Repräsentanten Aktivitäten im Bereich des Artikels 4 Grundgesetz entfalten wollen, sind sie dazu erst berechtigt, wenn die gesellschaftlichen Mechanismen versagen. Dies aber ist doch gar nicht der Fall. In der Gesellschaft wird, unter Einschluß der Kirchen, doch heftig diskutiert; Kritik an *Sekten* findet größte Verbreitung, beste Sendeplätze. Warum also sollte der Staat eingreifen?
TK: Es gibt eine Entscheidung des Bundesverwaltungsgerichts vom 6. November 1997, nach der ein Scientology-Verein – ich zitiere die Pressemitteilung des Gerichts – »keinen Wirtschaftsbetrieb unterhält, soweit er seinen Mitgliedern Leistungen anbietet, in denen sich die

Vereinsmitgliedschaft verwirklicht und die unabhängig von den mitgliedschaftlichen Beziehungen nicht von anderen Anbietern erbracht werden können«. Welche rechtliche Bedeutung hat diese Entscheidung gegenüber einer Entscheidung des Bundesarbeitsgerichts, daß ein Scientology-Verein keine Religionsgemeinschaft sei, sondern ein normaler gewerblicher Arbeitgeber?

Alberts: Die eine Entscheidung betrifft das Arbeits-, die andere das Verwaltungsrecht. Die letzte Entscheidung muß das Bundesverfassungsgericht treffen.

TK: In diesem Zusammenhang die grundsätzliche Frage: Kann ein Gericht in einem demokratischen Rechtsstaat überhaupt abschließend beurteilen, was eine Religion oder Weltanschauung ist und was nicht?

Alberts: Religionen und Weltanschauungen sind, wissen Sie, meist keiner rationalen Überprüfung zugänglich. Wenn ich von einer Jungfrau geboren werde, aus einem Brot 5000 mache und über das Wasser wandle, klingt das zweifellos irrational. Aber Religion muß gar nicht rational sein. Und es gibt aus der römischen Zeit des Christentums den wunderbaren Satz – ich glaube, er ist von Augustinus –: »Credo quia absurdum.« Das heißt: »Ich glaube, weil ich mit meiner Vernunft nicht mehr weiterkomme.« Wer, frage ich, ist da der Richter, der sagen kann: »Dies ist Blödsinn und jenes nicht«? Indem ich so uns Juristen die Kompetenz abspreche, über die Qualität einzelner Religionen und Weltanschauungen entscheiden zu können, verharmlose ich die Gefahren der Beschäftigung mit solchen Dingen keineswegs. Ich weiß, daß der Umgang mit weltanschaulichen Fragen Menschen sehr, sehr stark beeinträchtigen, verunsichern und schädigen kann – in *Sekten* wie in etablierten Kirchen, wo der Eintritt in ein Kloster mit Schweigepflicht sicher auch bewirken kann, daß Sie psychotisch werden. Ja, intensiver Umgang mit dem Transzendenten hat auch etwas Gefährliches. Aber wenn wir, als einen Grundbaustein jeder demokratischen Ordnung, Religions- und Weltanschauungsfreiheit garantieren wollen, müssen wir das damit verbundene Risiko einfach in Kauf nehmen. Und staatliche Eingriffe dürfen nur stattfinden, wo Strafgesetze verletzt oder konkrete Gefahren nachgewiesen werden.

TK: Auch Richter, Herr Professor Alberts, leben in einem gesellschaftlichen Kontext. Ist es für solche Menschen nicht sehr schwer, in geistiger Unabhängigkeit über Fragen zu entscheiden, die – wie Scientology – äußerst emotional diskutiert werden?

Alberts: Ich vermute, daß – nicht nur bezüglich Scientology, sondern auch bezüglich anderer Gemeinschaften – viele Richter nicht die Unvoreingenommenheit aufbringen, zu der sie von Amts wegen verpflichtet sind. Wenn die Gesellschaft einer bestimmten Gruppe bereits die Sündenbockfunktion zugewiesen hat, kann sich davon auch ein Richter häufig nicht frei machen. Er lebt ja, wie Sie sagen, mehr oder weniger in den Bildern, die die Gesellschaft ihm liefert. Stellen Sie sich mal vor, Sie sitzen in einem Senat des Bundesverwaltungsgerichts. Und Sie kämpfen unter fünf Richtern sehr stark für das Anliegen einer *Sekte*. Da stellen sich doch sofort grundsätzliche Fragen: Können Sie morgen, im nächsten Verfahren, noch eine Koalition mit anderen Richtern hinkriegen oder ist dann Ihre Durchsetzungsfähigkeit im Kollegium bereits untergraben? Ja, können Sie, wenn Sie zum Beispiel Rechte der Scientology-Organisation verteidigen, heute abend überhaupt noch mit Ihren Kollegen kegeln gehen oder mit deren Familien zu Abend essen? Wie steht denn derjenige da, der sich – auch in einem Richterkollegium – sehr stark für die Grundrechte einer Gemeinschaft einsetzt, über die vielleicht in derselben Woche – wenn auch einseitige und möglicherweise falsche – Berichte in »Stern«, »Spiegel« und »Focus« erschienen sind? Kurz, hat ein Richter im wirklichen Leben überhaupt eine soziale Chance, für eine solche Minderheit einzutreten?

TK: Da fällt mir der emotional stark besetzte Begriff des »Sympathisanten« ein.

Alberts: Ja, die »Sympathisanten«-Diskussion zählt in der Tat stets zu den Mechanismen gesellschaftlicher Diskriminierung. Und es regt mich auf, daß wir daraus, wie solche Mechanismen der Diskriminierung seinerzeit die Juden getroffen haben, anscheinend nichts gelernt haben, obwohl doch in die USA emigrierte deutsche Sozialwissenschaftler diese Mechanismen genau analysiert haben. Zu ihnen gehören die Verteufelung des Gegenübers, die Beschwörung einer »Ansteckungsgefahr« und die Diffamierung einer »Sympathisantenszene« – wie wir es ja auch 1977 im »deutschen Herbst« erlebt haben.

TK: Welche Möglichkeiten hat ein Richter, sich, jenseits der Massenmedien, über die religiös-weltanschauliche Szene zu informieren?

Alberts: Es gibt zum Beispiel in Marburg ein wissenschaftliches Institut, das sich vergleichend mit neuen religiösen Gemeinschaften beschäftigt; und das ist auch im Internet vertreten. Also, wenn ein Richter wirklich will, kann er sich schon informieren.

TK: Auch über Maßnahmen der Richterfortbildung?

Alberts: Ich kenne solche Maßnahmen persönlich nur aus dem Polizeibereich. Da tauchen dann immer die *Sektenbeauftragten* der Kirchen oder Frau Caberta auf und machen Reklame gegen Scientology und andere Gruppen. Ich sehe in dem, was da gemacht wird, keine pluralistische Veranstaltung, sondern mehr oder weniger Weltbildformierung.

TK: Sie haben, Herr Professor Alberts, kritisiert, daß juristische Zeitschriften bei der Veröffentlichung von Urteilen nach möglicherweise weltanschaulichen Kriterien auswählen – was auf den Informationsstand von Richtern ja erheblichen Einfluß hätte.

Alberts: Ich denke da an Urteile zum Beispiel über die Frage: Welche Kleidung dürfen Lehrer in der Schule anziehen? In den 80er Jahren tauchten ja in Deutschland viele Bhagwan-Leute auf, die, nach einem Aufenthalt in Poona, rote Klamotten trugen und eine Kette mit dem Bild Bhagwans. Einige von denen waren auch Lehrer, denen man nun verbot, in ihrer Kluft zu unterrichten. Es gab dann zwei Sorten von Urteilen. Die Verwaltungsgerichte sagten: »Der Priester darf zwar in seinen schwarzen Klamotten unterrichten, die Bhagwan-Leute dürfen aber nicht in ihren roten.« Die Arbeitsgerichte dagegen sagten: »Solange die Arbeit nicht beeinträchtigt ist, sind die Klamotten kein Problem.« Und was wurde in den Fachzeitschriften veröffentlicht? Nur die Verwaltungsgerichtsurteile – so daß wir binnen kürzester Zeit das hatten, was wir Juristen eine »herrschende Meinung« nennen. Und die hieß: Die Bhagwan-Jünger haben ihre Klamotten gefälligst zu Hause zu lassen – mit der albernen Variante, daß ein bayerisches Verwaltungsgericht einem Lehrer sogar verbot, überhaupt in Rottönen zu unterrichten.

TK: Was halten Sie davon, daß Bayern überzeugten Scientologen den Zugang zum öffentlichen Dienst verwehrt?

Alberts: Bewerber dort müssen ja nicht nur unterschreiben, daß sie Scientology nicht angehören, sondern sich auch noch ausreichend davon distanzieren. Ich halte diese Art von Gewissenserforschung für mit dem Beamtenrecht unvereinbar.

TK: Schleswig-Holstein hat die Informationserhebung und -verbreitung durch staatliche *Sektenbeauftragte* mittels einer Änderung des Datenschutzrechts abgesichert.

Alberts: Ja, mit sehr vagen Formulierungen. Innenminister Professor Bull hatte, als früherer Datenschützer, zwar immer gefordert, man müsse das doch schärfer fassen; aber er konnte sich gegen den politischen Anspruch der SPD, etwas gegen die *Sekten* zu machen, nicht durchsetzen. Jetzt darf der *Sektenbeauftragte* Berichte machen, selbst über Leute, die mit *Sekten* nur in Verbindungen stehen. Da frage ich mich doch: Was ist mit dem Bäcker, der Morgen für Morgen einer Gemeinschaft die Brötchen liefert? Taucht der demnächst auch im *Sekten-*

bericht auf und wird so in aller Öffentlichkeit denunziert? Ich halte dieses schleswig-holsteinische Gesetz für schlicht verfassungswidrig.

TK: Staatliche Maßnahmen strahlen in die Beziehungen zwischen Privatpersonen aus; sie haben für viele Menschen Vorbildcharakter. Deutschen Scientologen werden denn auch Arbeitsverhältnisse, Geschäftsbeziehungen und Bankkonten gekündigt; sie werden aus Parteien und Berufsverbänden ausgeschlossen; ihre Kinder berichten von Spießrutenlaufen in der Schule; manche Scientologen sehen sich gezwungen, auszuwandern.

Alberts: Der Staat trägt durch seine *Sekten*politik dazu bei, daß solche Menschen in unserer Gesellschaft keinen Platz mehr finden. Er schürt Intoleranz, die sich in der Bevölkerung übrigens immer dann verbreitet, wenn die Wirtschaftslage schlecht ist, wenn die Menschen Angst haben – vor Arbeitslosigkeit, Kriminalität oder Umweltkatastrophen. So etwas wird dann projiziert auf die *Sekten*. Das für mich Bedrückende dabei ist – und ich stelle mich damit keineswegs auf die Seite von Scientology –, daß ich in keinem Staat leben will, wo wir aus Scientologen Bürger zweiter Klasse machen. Irgendwo müssen auch die arbeiten und leben. Wenn wir aber solche Sachen machen – wo sollen sie dann noch leben? Dann müssen sie ja Asyl in den USA beantragen.

TK: Wie sollte sich Deutschland gegenüber internationalen Verurteilungen wegen angeblicher Verletzung der Religionsfreiheit verhalten – gegenüber Verurteilungen, die von UN-Organen, KSZE und vor allem der US-Administration ausgehen?

Alberts: Wenn wir von einem befreundeten Staat, dessen Demokratie deutlich älter ist als unsere, eine solche Anfrage bekommen, sollten wir doch zumindest sorgfältig prüfen: Stimmt das nicht vielleicht? Gehen wir statt dessen, wie es leider geschieht, her und sagen: »Stimmt alles nicht, ist alles nur Unsinn«, dann können wir auch nicht den Chinesen vorhalten, daß sie keinen Rechtsstaat haben. Gerade die *Enquete-Kommission »Sogenannte Sekten und Psychogruppen«* hätte gut daran getan, solche Vorwürfe, die von außen kommen, zu überprüfen. Leider hat sie das nicht getan.

TK: Welche Möglichkeiten haben Sie persönlich, in der wissenschaftlichen Diskussion Ihre Positionen zu vertreten?

Alberts: Ich kann schon wesentliche Teile von dem, was ich sagen will, darlegen, wenngleich oft an versteckter Stelle.

TK: Welche Reaktionen erhielten Sie, als Sie sich vor einiger Zeit in einem Zeitungsartikel sehr deutlich zum Umgang mit religiösen Minderheiten in Deutschland äußerten?

Alberts: Ich wurde, unter anderem von Frau Caberta, als Scientologenfreund verdächtigt; und ähnliches geschah in meinem beruflichen Umfeld. Ich habe auch sehr böse Briefe von Betroffenen bekommen, von Eltern zum Beispiel, deren Kinder ihr ganzes Vermögen Scientology überschrieben hatten, und die jetzt meinten, ich nähme ihr Leid nicht ernst. Das Schönste war ein Beitrag des beinahe 90jährigen Erich Kuby in der »Süddeutschen Zeitung«. Der schrieb da, ich verstände von Scientology so viel wie die Münchener Richter 1923 von Adolf Hitler.
TK: Gab es auch Reaktionen, die Ihre Darstellung unterstützten?
Alberts: Wenn ich es genauer betrachte, eigentlich nur von Betroffenen – egal, welcher Gemeinschaft sie angehören. Es scheint so, daß ohne diese Betroffenheit in Deutschland ein Gefühl für toleranten Umgang mit weltanschaulichen oder religiösen Minderheiten recht selten ist. Ich bedaure dies, weil es keine besondere Freude macht, so außerhalb eines vermeintlichen Konsenses zu stehen; andererseits kann ich deswegen auf meine Auffassung nicht verzichten. – Hiervon abgesehen sind verschiedene Gemeinschaften, auch Scientology, an mich herangetreten und haben versucht, mich als juristischen Gutachter zu gewinnen. Ich habe das aber klar abgelehnt und gesagt: Ich trete für bestimmte Werte ein, werde diesbezüglich jedoch nicht forensisch tätig. Dafür ist mir meine Glaubwürdigkeit zu viel wert.

Weltanschauliche Positionen

Freiheit durch Erkennen der eigenen Ursächlichkeit

Gespräch mit dem Scientologen Gerhard Waterkamp

Gerhard Waterkamp, geboren 1954 in Vechta, studierte in Göttingen Volkswirtschaft und Publizistik. Waterkamp arbeitete für mehrere Nahrungsmittelkonzerne als Controller, bevor er im Februar 1995 eine leitende Position bei der »Carl Freudenberg KG« im badischen Weinheim antrat. Im November 1995 kündigte ihm die Firma wegen seiner Zugehörigkeit zu Scientology. Waterkamp emigrierte in die USA und baut sich derzeit in Burbank/Kalifornien eine neue Existenz auf. Er gründete die »Alliance for Liberty and Rights of Minorities«, A.L.A.R.M., die international »für religiöse Freiheit in Deutschland« eintritt. Waterkamp, seit 1979 Scientologe, und seine Frau Sabine sind derzeit »auf OT VII«. Das Paar hat zwei kleine Töchter.

TK: Wie, Herr Waterkamp, sind Sie eigentlich Scientologe geworden?
Waterkamp: In meiner Familie sind wir schon immer ein bißchen gegen den Strom geschwommen. Mein Großvater war strenggläubiger Katholik und weigerte sich in den 30er Jahren, der NSDAP beizutreten, was ihn – er hatte ein Baugeschäft – sämtliche öffentliche Aufträge kostete. Er half dann jüdischen Mitbürgern in seiner Gemeinde, kam deswegen in ein Gestapo-Camp und wurde gerade noch von Freunden da herausgeholt. – Ich persönlich wuchs römisch-katholisch auf; und für mich war schon immer klar, daß ich mehr als ein Tier bin, daß eine spirituelle Komponente in mir ist, über die es mehr zu wissen gibt, als ich wußte. Ich las dann recht ernsthaft die Bibel und fragte mich: Was meint Jesus, wenn er in Gleichnissen spricht? Was meint er, wenn er zum Beispiel sagt: »Liebe Deine Feinde«. Weil ich in der katholischen Kirche – zumindest dort, wo ich lebte – keine Auseinandersetzung mit diesen Fragen fand, sondern nur den Druck, sonntags in die Kirche zu gehen, bin ich mit 14 Jahren ausgetreten. Ich sah einfach, daß das alles in Ritualen und Dogmen erstarrt war. Einige Jahre später verweigerte ich den Wehrdienst – damals noch nicht per Postkarte, sondern in einer Gerichtsverhandlung – und wurde in erster Instanz anerkannt. Für mich war es immer ein Rätsel, wie ein Geistlicher Waffen segnen kann und warum es überhaupt Militärgeistliche gibt. In der Bibel steht doch: »Wer das Schwert nimmt, kommt durch das Schwert um.« Und als Petrus dem Häscher ein Ohr abschlug, rief Jesus ihn zur Ordnung und heilte das abgeschlagene Ohr. Ich dachte auch viel über mich selbst nach, zum

Beispiel über aggressive Impulse in mir, die ich nicht unbedingt haben wollte, und fragte mich unter anderem: Wie kann man als Mensch gewaltfrei bleiben, auch wenn man provoziert wird? Bei meiner Suche nach Antworten arbeitete ich mich durch mehrere Meter Literatur: C. G. Jung, Arthur Janov, Sigmund Freud, Wilhelm Reich, Eric Berne und auch Bhagwan. Ich machte Janovs »Urschrei-Therapie«, schaute bei Bhagwan rein und übte mich in Meditation. 1979 …

TK: Und Sie studierten Wirtschaftswissenschaften, eher ungewöhnlich für jemanden, der stark mit spirituellen Fragen beschäftigt ist.

Waterkamp: Ungewöhnlich vielleicht für einen Menschen, der Probleme mit sich selbst hat. Der studiert dann möglicherweise Psychologie. Aber ich hatte solche Probleme eigentlich nicht, sondern wollte mich nur weiterentwickeln und über mich dazulernen. Andererseits wollte ich im beruflichen Leben etwas bewirken. Und da ist ja die Wirtschaft ein wichtiges Feld. – 1979 also reiste ich mit dem Rucksack durch Amerika, kam durch Zufall in Portland/Oregon in eine Scientology-Kirche und erhielt dort das *Dianetik*-Buch. Ich habe das dann in drei Nächten gelesen und gesehen: Mein Gott, dieser L. Ron Hubbard hat von dem, was Janov schreibt, was Reich und Freud schreiben, das Richtige zusammengepackt und daraus eine Technologie entwickelt – eine Technologie, die Menschen hilft, freier und mehr sie selbst zu werden. Das faszinierte mich, und ich fing an, mich intensiver mit Scientology zu beschäftigen. Ich besuchte Seminare, las Bücher, machte *Auditing* und bin heute selbst als *Auditor* ausgebildet. Und heute weiß ich auch, daß mir viele Fragen, die ich an die katholische Kirche stellte, von Scientology beantwortet wurden.

TK: Welche Fragen?

Waterkamp: Fragen nach der Natur des Menschen zum Beispiel. Warum reagieren Menschen in bestimmter Art und Weise? Was ist das Ziel der Menschheit? Woraus ist das Universum entstanden?

TK: Wie bekamen Sie Gewißheit, ein geistiges Wesen zu sein?

Waterkamp: Nicht gleich, als ich zu Scientology kam. Die erzählten mir zwar, ich sei ein solches Wesen. Aber ich sagte: »Nein, danke. Wenn ihr etwas habt, das funktioniert, bin ich bereit, das auszuwerten. Aber mit Religion bleibt mir vom Hals.« Später habe ich dann scientologische Verfahren angewandt und mich schon sehr früh außerhalb meines Körpers wahrgenommen; ich spürte, daß es einen Unterschied gibt zwischen mir und meinem Körper. Und seit dem Zeitpunkt diskutiere ich nicht mehr darüber, ob ich ein geistiges Wesen bin oder nicht.

TK: Wie würden Sie das geistige Wesen definieren?

Waterkamp: Ein Körper existiert in Raum und Zeit, er hat Masse oder Energie, ist also Teil des physikalischen Universums. Ein geistiges Wesen, die Person selbst, ist nicht Teil des physikalischen Universums. Denken Sie an Jesus' Aussage, sein Reich sei nicht von dieser Welt und er lebe von Ewigkeit zu Ewigkeit. In moderner Sprache heißt das: Er steht außerhalb der Zeit und damit des physikalischen Universums.
TK: Was ist für Sie der Mensch?
Waterkamp: Die Person selbst ist ein jenseits von Zeit und Raum existierendes geistiges Wesen, das wir *Thetan* nennen. Dieser *Thetan* besitzt einen Körper, den er für vielleicht 70 Jahre bewohnt. Er besitzt diesen Körper wie ein Auto, ist aber selbstverständlich stärker mit ihm verbunden. Daneben besitzt der *Thetan* einen *Verstand*, der – wie eine Filmkamera – Informationen speichert und grundsätzlich dem Willen des *Thetans* unterworfen ist. Diesen *Verstand*, dessen Tätigkeit ja nur in der Zeit denkbar ist – wir sprechen da von der Zeitspur –, besitzt der *Thetan* mindestens so lange, wie er sich im physikalischen Universum bewegt.
TK: Ursprünglich, heißt es in scientologischen Schriften, befindet sich ein *Thetan* im Zustand totaler Freiheit. Was heißt für Sie Freiheit?
Waterkamp: Totale geistige Freiheit heißt für mich, als geistiges Wesen willentlich und wissentlich über meine Betrachtungen und Übereinstimmungen mit der Existenz von Dingen bestimmen zu können. Dies schließt ein Verstehen meiner selbst und meiner Umwelt ein. Ein besseres Verstehen meiner selbst und der Umwelt erhöht meine Freiheit. Deshalb ist Ausbildung ein so wichtiges Element in Scientology.
TK: Und wie kommen freie geistige Wesen dazu, das doch recht verwickelte Leben von Menschen zu führen?
Waterkamp: Alles fing damit an, daß geistige Wesen ein Spiel haben wollten. Stellen Sie sich vor, Sie sind ein geistiges Wesen, sitzen, bildlich gesprochen, in einer Ecke ohne Position in Zeit und Raum, ohne Masse und Energie. Das kann langweilig werden auf die Dauer.
TK: Ist nicht Langeweile bereits eine an die Existenz in der Zeit gebundene Emotion?
Waterkamp: Nein, es ist einfach nichts zu tun. Irgendwann hat dann so ein geistiges Wesen sich, zusammen mit anderen, sein Spiel – dieses Universum, in dem wir leben – geschaffen. Auf dem Wege dorthin stimmten die geistigen Wesen bezüglich einer ganzen Reihe von Dingen überein – unter anderem darin, daß sie Emotionen, einen Verstand und einen Körper haben können, daß es eine Schwerkraft gibt und daß die Lichtgeschwindigkeit die absolute Höchstgeschwindigkeit ist. In die-

sem komplexen Spiel haben geistige Wesen sich allerdings verheddert und in hohem Maße ihre ursprüngliche Freiheit eingebüßt.
TK: Sie sagten eben, ein geistiges Wesen könne beschließen, Emotionen zu haben.
Waterkamp: Ja, es kann sich prinzipiell entscheiden, fröhlich zu sein oder traurig zu sein.
TK: Drückt es also quasi auf einen Knopf und empfindet zum Beispiel Liebe?
Waterkamp: Nein. Ich würde Liebe nicht unbedingt als Emotion bezeichnen, sondern als Ausdruck der Verbundenheit mit einer anderen Person. Für mich sind Emotionen Furcht, Haß, Freude oder Begeisterung – Gefühle, mit denen ich auf das Leben reagiere.
TK: Also Gemütszustände?
Waterkamp: Ja, vielleicht ist das der richtige Ausdruck – während Dinge wie Liebe, Zuneigung und *Affinität* sich ja auf jeder dieser Emotionen ausdrücken. *Affinität* könnte man als die – auf jeder Emotionsstufe in anderem Maße vorhandene – Bereitschaft, den gleichen Raum einzunehmen, definieren. Ein Mensch in Wut stößt Dinge und andere Menschen von sich weg, er hat eine niedrige *Affinität* zu seiner Umwelt. Ein heiterer Mensch liebt die Gesellschaft anderer, was seine größere Bereitschaft widerspiegelt, mit Menschen und Dingen den gleichen Raum einzunehmen.
TK: Scientologen siedeln Emotionen auf einer *Tonskala* an.
Waterkamp: Genau. Ganz oben haben Sie ein geistiges Wesen, das in heiterer Gelassenheit – losgelöst, frei und beweglich – spielt. Verheddert es sich in irgend etwas oder wird es attackiert und erleidet Traumata, dann geht es auf der *Tonskala* runter. Es wird wütend, fester, immer kleiner und beengter in seinem Verhalten, schließlich apathisch.
TK: Geistige Wesen können sich also in sehr unterschiedlichem Zustand befinden?
Waterkamp: Sehr wohl. Sie können der Auffassung sein, daß sie völlig ihrem *Verstand* unterworfen sind. Da sagt dann einer zum Beispiel: »Ich bin das Produkt meiner Erziehung« und gibt die Verantwortung für sein Handeln ab an seine Umwelt, an die Gesellschaft. In einen so schlechten Zustand kann ein geistiges Wesen geraten.
TK: Ist das davon abhängig, wie es die von Ihnen eben genannten Traumata verarbeitet?
Waterkamp: Ja. Der Mensch kann solche Traumata als geistige Instanz auswerten, sie als Erfahrungen registrieren und Entscheidungen darüber treffen; dann ist er Ursache. Oder die Traumata wirken als Schock

auf den Menschen und haben ihn im Griff. Beides findet im täglichen Leben miteinander verflochten statt. Die Frage ist: Wie weit können Menschen ihre analytische Kapazität, ihre Fähigkeit zu differenzieren und vernünftig zu denken, erhalten? Und wie weit sinken sie ab in einen Zustand, wo sie in einer Art Reiz-Reaktions-Mechanismus operieren. Ein Beispiel: In Deutschland bekommen viele Leute, wenn Sie ihnen sagen, Sie seien in einer *Sekte*, körperliche Zustände. Andere fragen: »Aha, der ist Mitglied da. Was bedeutet das eigentlich?«

TK: Scientology definiert als *Verstand* die Datenverarbeitung des Menschen. Es handelt sich also beim *Verstand* um eine Art Computer. Wie kann ich als Mensch durch diesen Computer kontrolliert sein?

Waterkamp: Indem der Computer Informationen besitzt, die Ihnen nicht bekannt sind, und dann rumspinnt oder sie blockiert. Wir Scientologen nennen diesen unbewußten Teil des *Verstandes* den *reaktiven Verstand* und die störenden, unbewußten Einzeldaten *Engramme*. Sinn des scientologischen *Auditing* ist es, den *reaktiven Verstand* abzubauen und dem Menschen wieder die Kontrolle über seinen Verstand zu verschaffen.

TK: Wie kam der Scientology-Gründer Hubbard zum Konzept des *Auditing*?

Waterkamp: L. Ron Hubbard betrieb Studien. Er reiste als junger Mann in den Fernen Osten, studierte den Buddhismus, die westliche Zivilisation und primitive Völker. Und er kam zu seiner ersten Arbeitshypothese, daß der Mensch nach *Überleben* strebt und im Grunde ein geistiges Wesen ist. Hubbard untersuchte dann das Verhältnis zwischen dem geistigen Wesen einerseits und seinem *Verstand*, seinem Körper, dem Universum andererseits – und kam so zu einer weiteren Hypothese: Je freier und selbstbestimmter ein geistiges Wesen wird, desto besser wird es. Es ist also im Grunde gut. Nur mit dieser Arbeitshypothese kann man übrigens das Ziel haben, den Menschen freier zu machen. Man nimmt an, daß dann mehr von seinem Guten zum Vorschein kommt. Psychologie und Psychiatrie arbeiten zumeist mit der ganz anderen Hypothese, daß der Mensch im Grunde ein wildes Tier sei, das kontrolliert werden muß; und dementsprechend sind psychiatrische Methoden – heute vorwiegend Psychopharmaka oder Elektroschocks – weitestgehend auf Kontrolle und Unterdrückung ausgerichtet.

TK: Wie entwickelte Hubbard die Technologie des *Auditing*?

Waterkamp: Er ging – wie ein Ingenieur – mit zielgerichteten Experimenten vor und gelangte zu einer arbeitsfähigen Fragetechnologie, die den Menschen von unbewußten Belastungen befreit.

TK: Was unterscheidet *Auditing* von Psychoanalyse?

Waterkamp: Bei der Psychoanalyse, könnte man überspitzt sagen, geben Sie zigtausend Mark aus, damit Sie nach sechs Jahren vielleicht ein gewisses Zucken in Ihrem Gesicht akzeptieren – und zwar so, wie es der Therapeut für Sie bewertet hat. Sie werden analysiert und bewertet; der Analytiker sagt Ihnen, was mit Ihnen verkehrt oder richtig ist. Ein *Auditor* dagegen sagt einer Person nie, was sie über sich selbst denken soll. Der *Auditor* ist nur Zuhörer, der die Person durch seine Fragen in Bereiche ihrer Vergangenheit lenkt, die ihr bislang verborgen geblieben sind. Die Person selbst wertet gefundene Daten für sich aus, der *Auditor* ist verpflichtet, sich jeder Bewertung zu enthalten. Indem die Person sich diese Bereiche so bewußt macht, gewinnt sie Kontrolle darüber – und somit mehr Selbstbestimmung und Freiheit. Das *Auditing* ist ein in diesem Bereich extrem exakt arbeitendes Verfahren, das es erlaubt, mit Riesengeschwindigkeit das Phänomen zu erzielen, das Buddha etwa als »Erleuchtung« bezeichnete. Wir können einen besseren Zustand, den wir *clear* nennen, heute mit weniger als hundert Stunden *Auditing* erreichen. Davon abgesehen: Schauen Sie sich doch die Ergebnisse der Psychiatrie an. Seit 1960 begonnen wurde, psychologische und psychiatrische Erkenntnisse im Bildungswesen einzuführen, gehen unsere Schulen den Bach runter. Auch im Strafvollzug und in der sozialen Rehabilitation wurden diese psychologischen Erkenntnisse umgesetzt – mit dem Ergebnis, daß heute mehr Leute im Gefängnis sitzen und die Kriminalitätsrate höher ist als je zuvor.

TK: Wie würden Sie den Endzustand beschreiben, den Sie durch das *Auditing* erreichen wollen?

Waterkamp: Im Grunde handelt es sich um ein Rehabilitationsprogramm. Ein geistiges Wesen war ursprünglich, wie gesagt, nicht mit seinem Körper und seinem *Verstand* verbunden, sondern existierte als reines Wesen. Heute ist das Wesen als Mensch in seinem Körper quasi gefangen. Die meisten Menschen können nicht willentlich aus ihrem Körper heraus, erst recht nicht die in westlichen Zivilisationen. Diese Menschen sind vielfach verstrickt in ihrem *Verstand* und sich ihrer geistigen Natur oft nicht bewußt. Scientology ist ein Angebot an das Individuum, sich seiner selbst stärker bewußt zu werden und sein volles Potential zu entwickeln, was im Endeffekt völlige geistige Freiheit bedeutet.

TK: Ist dieser Zustand von Freiheit auch ein Zustand von Macht?

Waterkamp: Das hat aus meiner Sicht mit Macht überhaupt nichts zu tun, sondern nur mit Freiheit. Ich werde Herr meiner eigenen Entscheidungen, ich habe die Möglichkeit, im geistigen Universum zu denken, zu ersinnen und zu haben, was immer ich will.

TK: Trotzdem: Wie kommt Machtausübung eines geistigen Wesens gegenüber anderen geistigen Wesen zustande?

Waterkamp: Ein geistiges Wesen kann anderen Macht über sich geben. Ein triviales Beispiel: Wir beide schließen einen Vertrag. Ich verspreche Ihnen tausend Mark dafür, daß Sie mein Dach reparieren. Sie machen dann das Dach und haben in gewisser Weise Macht über mich, weil ich Ihnen aus unserer Übereinkunft Geld schulde. Es gibt überaus brutale Formen der Machtausübung: Ein Mensch hat einen Körper. Den kann man quälen, beschädigen und so das geistige Wesen erpressen – was allerdings nur möglich ist, wenn sich das geistige Wesen so mit seinem Körper identifiziert, daß es sich daraus nicht befreien kann. Es hat Leute auf diesem Planeten gegeben, die das ohne weiteres konnten. Ein geistiges Wesen, das nicht in Körper und *Verstand* verstrickt ist, kann man tatsächlich weder kontrollieren noch fangen und einsperren.

TK: Erinnern Sie sich im *Auditing* an vergangene Leben?

Waterkamp: Natürlich. Potentiell an Tausende. Im Grunde interessiert mich die Vergangenheit aber nicht so sehr. Denn schließlich liegt die Ewigkeit vor uns, und es ist viel spannender, die Zukunft zu gestalten als über die Vergangenheit zu grübeln. Wenn es jedoch darum geht, unerwünschte festgefahrene Zustände in der Gegenwart zu bewältigen, hilft oft nur der Blick zurück. »Wer die Geschichte nicht kennt, ist dazu verdammt sie zu wiederholen«, hat einmal ein kluger Mann gesagt. Dies trifft nicht nur auf Völker zu, sondern auch auf den einzelnen.

TK: Was wissen Sie, beispielsweise, aus einem vergangenen Leben?

Waterkamp: Vorbedingung für jede *Auditing*-Sitzung ist – das wollte ich noch sagen –, daß Sie ausreichend geschlafen und gegessen haben, nicht unter dem Einfluß von Drogen oder Medikamenten stehen, also mit vollem wachem Verstand an dem Verfahren teilnehmen können. – Für mich persönlich weiß ich, daß ich mein letztes Leben überwiegend hier in den Vereinigten Staaten verbracht und meine Abneigung gegen alles Militärische in Teilen der »US Army« erworben habe. Ich habe auch zumindest einen guten Freund von damals wiedergefunden. Ich glaube, viele Menschen kennen das, einen Fremden zu treffen und irgendwie das Gefühl zu haben, ihn zu kennen. Ich brauchte es nicht bei dem Gefühl belassen, sondern wir fanden unabhängig voneinander heraus, woher wir uns kannten. Ich könnte Ihnen Stunden davon erzählen; aber das, was mich persönlich im *Auditing* am stärksten berührt und verblüfft, ist das immer wiederkehrende Erkennen der letztendlich eigenen Ursächlichkeit. Ich war schon so oft felsenfest davon überzeugt, das Opfer von Umständen oder anderen Personen zu sein, um dann im *Auditing* herauszufinden, daß ich mir selbst trickreich ein Bein gestellt und das dann auch noch geschickt vor mir selber verborgen hatte. Der Satz »Jeder ist seines Glückes Schmied« hat dadurch für mich eine ganz neue Bedeutung bekommen.

TK: Glauben Sie durch das *Auditing* auch neue Fähigkeiten gewonnen zu haben?

Waterkamp: Leute auf *OT-Stufen* berichten von den interessantesten Phänomenen. Bei mir persönlich stellten sich telepathische Fähigkeiten ein, nachdem ich die Stufe *OT V* gemacht hatte. Es ist nicht so, daß ich das besonders anstrebe, sondern eher zufällig »picke« ich Gedanken, Absichten und Zustände von Leuten sozusagen auf – unabhängig von der räumlichen Entfernung zu ihnen. Am Anfang hat mich das häufig überrascht; aber inzwischen glaube ich, daß bei mir einfach eine Fähigkeit rehabilitiert wurde, die jeder Mensch grundsätzlich hat.

TK: Haben Sie mal versucht, Orte, an denen Sie in Ihrem letzten Leben waren, wiederzufinden?

Waterkamp: Ja. Ich habe mich im *Auditing* an konkrete Örtlichkeiten erinnert, wo ich in diesem Leben mit Sicherheit noch nicht gewesen war. Ich habe diese Orte dann besucht und sie genau so vorgefunden, wie ich mich im Auditing an sie erinnert hatte. Außenstehenden sind solche Erlebnisse allerdings kaum zu vermitteln. Im Gegenteil: Der Glaube an vergangene Leben wird vielfach fanatisch bekämpft.

TK: Haben Sie auch schon in anderer Form als als Mensch gelebt?

Waterkamp: »Gelebt« ist vielleicht der falsche Ausdruck, da dieses automatisch die Existenz als Lebewesen einschließt. Sie und ich haben auch schon ohne Verbindung mit einem Fleischkörper existiert. In Scientology hat jeder die Chance, dies für sich herauszufinden.

TK: Was sind die Kriterien dafür, daß man den Status eines *Clear* oder eine *OT-Stufe* erreicht hat?

Waterkamp: Sie müssen exakte Verfahren anwenden und bekommen dann exakte Endphänomene, die Sie auch exakt feststellen.

TK: Wer stellt die fest?

Waterkamp: Im wesentlichen der *Auditierte* ganz für sich allein in seiner subjektiven Realität.

TK: Verschafft einem das Erreichen eines höheren *OT-Grades* ein besonderes Glücksgefühl?

Waterkamp: Das hat mit Glück zunächst wenig zu tun. Ein Strauß zum Beispiel ist, wenn er seinen Kopf in den Sand steckt, vielleicht glücklicher, als wenn er den Kopf erhebt und sieht, daß er und seine Jungen von einer Horde Löwen umgeben sind, die sich die Straußenfamilie zum Abendessen auserkoren haben. Nur macht die Tatsache, daß der Strauß den Kopf im Sand hat, die Tatsache, daß seine Familie zum Abendessen vorgesehen ist, nicht weniger ernsthaft. Nimmt er nun den Kopf aus dem Sand und beginnt sich umzuschauen, kommt er möglicherweise in die Lage, etwas gegen die drohende Vernichtung seiner Familie zu tun. Das heißt, seine Verantwortung wächst; und später vielleicht, wenn er sein Ziel, sich und andere zu retten, erreicht hat, stellt sich auch ein Glücksgefühl ein. Ähnlich ist es beim Erreichen einer höheren *OT-Stufe*. Man sieht mehr und hat folglich mehr Verantwortung. Übrigens sind mit einer höheren *OT-Stufe* in keiner Weise Privilegien oder ein höherer Status bei Scientology verbunden. Ich persönlich spüre da ganz einfach nur mehr Verantwortung. Und ich kann natürlich auch mit Menschen besser kommunizieren als zuvor.

TK: Welche Ursachen kann es haben, daß immer wieder Scientologen – auch engagierte Mitarbeiter – nach vielen Jahren *Auditing* und Kursen ihre psychischen Probleme ungelöst sehen, frustriert aus Scientology aussteigen und sich nun gegen Scientology engagieren?

Waterkamp: Es kann hundert Gründe geben, von »out Tech« – dem Fall, daß technische Fehler begangen wurden – bis hin zu einer Vorgeschichte mit harten Drogen oder einem psychiatrischen Hintergrund, die den Fortschritt verlangsamen. Es ist auch möglich, daß die Person eine ungelöste *Ethik*-Situation hat, die verursacht, daß sie *Auditing*-Gewinne immer wieder verliert. Wenn die Ursache aussortiert ist, werden sich die Probleme lösen. – Allgemein ist die Scientology-Kirche daran interessiert, daß jeder eine Verbesserung aus seinem *Auditing* erfährt. Deshalb hat jeder Scientologe das Recht, seine Folder an den *RTC* einzusenden. Dort sehen die bestausgebildeten *Fallüberwacher* der Welt die Fallgeschichte durch und korrigieren etwaige Fehler. Ich würde jedem Frustrierten raten, diese Möglichkeit des »Reviews« wahrzunehmen, die zudem kostenlos ist. Und ich persönlich würde gar nicht so lange warten, bis der Frust auftaucht, sondern bei ernsten Problemen gleich meine Folder einschicken. Denn warum soll ich mich mit solchen ungelösten Fragen weiter herumschlagen?

TK: Herr Waterkamp, haben Sie nicht manchmal Angst, die Informationen aus Ihrem *Auditing* könnten mißbraucht werden?

Waterkamp: Es gibt keine perfekte Welt, keine perfekten Menschen und auch keine perfekte Kirche. Es gibt aber ein ehrliches Bemühen, gesteckte Ziele zu erreichen. In meinen 17 Jahren als Scientologe habe ich, auch in der Kirche, Dinge gesehen, die mir nicht gefielen. Aber ich habe auch gesehen, daß die Kirche und die große Mehrheit der Scientologen unseren Zielen treu sind. Und darauf gründet mein Vertrauen.

TK: Kann nicht eventuell ein Verbrecher sich durch scientologische Kurse und scientologisches *Auditing* Fähigkeiten zulegen, die ihn zu einem gefährlichen Monster machen?

Waterkamp: Nein. Wäre der Mensch eine wilde Bestie, die nur unter Druck und Kontrolle gebessert werden kann, dann würde eine Befreiung des Menschen zu mehr Selbstbestimmung natürlich dieser Bestie freien Lauf lassen. Doch dieses Menschenbild ist ebenso falsch wie weitverbreitet unter Menschen mit üblen Absichten, die ein solches Menschenbild zur Rechtfertigung ihrer eigenen gewalttätigen Methoden benötigen. Die überwältigende Mehrheit der Menschen ist im Grunde gut. Und ihr grundlegendes Ziel ist ein besseres *Überleben*. Dieses *Überleben* spielt sich, aus der Sicht von Scientology, in vielen Bereichen ab – auf *Dynamiken*, die man sich als konzentrische Kreise vorstellen kann. Ein Beispiel. Ein Baby kommt zur Welt und es kann zunächst nicht einmal für sein eigenes *Überleben* sorgen. Es ist auf seine Eltern angewiesen, übernimmt aber allmählich mehr und mehr Verantwortung für sein eigenes *Überleben*. Es beginnt, selbständig zu essen und auch anderweitig für sich zu sorgen. Später übernimmt das Kind Verantwortung in der Familie und trägt so zum *Überleben* der Familie bei. Es entdeckt Gruppen, nimmt teil am Gruppenleben und hilft, der Gruppe zu *überleben*. So entwickelt sich die Person entlang der *Dynamiken*: *Überleben* für sich selbst, *Überleben* für die Familie, die Gruppe, die Menschheit, für alle Lebewesen, die Materie, alle geistigen Wesen und schließlich die Unendlichkeit.

TK: Der Verbrecher hat mit all dem möglicherweise wenig im Sinn. Kann er nicht gerade deshalb das *Auditing* mißbrauchen?

Waterkamp: Der Kriminelle hat an irgendeiner Stelle seiner Existenz den Eindruck gewonnen, er könne nur *überleben*, wenn andere nicht *überleben*. So destruktiv und manchmal mörderisch seine Handlungen auch sein mögen, für ihn scheint dies der einzige Weg zu *überleben* – was natürlich absurd ist. Kein Mensch kann auf Dauer für sich allein *überleben*. Was kann man tun? Drohungen und Bestrafung können den Kriminellen zwar davon abhalten, schlimme Taten zu begehen, bestätigen ihm aber zugleich seine bizarre Lebenseinstellung. Das heißt, solche Maßnahmen verschlechtern den Zustand der Person weiter, und diese Person reduziert, weil sie im Grunde ja gut ist, zwangsläufig weiter ihr Bewußtsein und ihre Fertigkeiten, um zu verhindern, daß sie damit anderen schadet. Eine Chance zur Rehabilitation hat eine kriminelle Person nur, wenn sie ihre Vorstellungen und die zugrundeliegenden Geschehnisse ohne Zwang und selbstbestimmt aufarbeitet und so möglicherweise erkennt, daß sie besser *überlebt*, wenn auch andere besser *überleben*. Eine kriminelle Persönlichkeit ist ja niemals frei, sie ist gehetzt von innerem Schrecken und Angst vor anderen Menschen. Sie muß, wenn sie besser *überleben* will, zunächst ihre *Ethik* wieder in den Griff bekommen. Das aber geht nicht durch *Auditing*. Wenn Sie einen Verbrecher *auditieren*, wird er die positiven Ergebnisse des *Auditings* schneller wieder ruinieren, als Sie *auditieren* können.

TK: Was heißt für Sie *Ethik*?

Waterkamp: *Ethik* ist die selbstbestimmte freie Einsicht, unter Anwendung von Vernunft Handlungen auf das größtmögliche *Überleben* der größtmöglichen Anzahl von *Dynamiken* auszurichten.

TK: Wo sind denn da die Maßstäbe für konkretes Handeln? Ist mit einem solch allgemeinen Satz nicht der ethischen Willkür Tür und Tor geöffnet? Oder kommen Scientologen in identischen Situationen zu identischen ethischen Entscheidungen?

Waterkamp: Es gibt mindestens so viele Gesichtspunkte, wie es Menschen gibt. Je mehr unterschiedliche Gesichtspunkte und korrekte Informationen berücksichtigt werden, um so besser, *ethischer*, wird die Entscheidung unter Anwendung von Vernunft ausfallen. Unter vernünftigen Menschen, die bereit sind, alle Aspekte zu verstehen, gibt es nach meiner Erfahrung immer eine Möglichkeit zu einer einvernehmlichen Entscheidung in *Ethik*fragen zu kommen.

TK: Können die Techniken von Scientology nicht doch mißbraucht werden – für persönliche Macht und Einfluß weniger?

Waterkamp: Freiheit und Selbstbestimmung wachsen Hand in Hand mit *Ethik* und Verantwortung. Je mehr sich eine Person von den Schatten der Vergangenheit löst und je weiter ihr Bewußtsein sich entwickelt, um so mehr nimmt sie die Fakten des Lebens wahr, die nun mal existieren – egal, ob ich sie anschaue oder nicht. Und Bewußtsein ist ja nichts anderes als die Fähigkeit, Dinge wahrzunehmen. Völlige Freiheit bedeutet entsprechend völliges Erkennen der eigenen Ursächlichkeit und Verantwortung auf allen *Dynamiken*.

TK: Dennoch, mehr Wissen über sich selbst und über die Welt bedeutet ja nicht nur mehr Verantwortung, sondern auch mehr Macht. Und Kritiker werfen Scientology vor, Machtmenschen heranbilden zu wollen.

Waterkamp: Macht ist zunächst ja nichts Schlechtes, sondern ganz einfach ein Potential, Dinge zu verursachen. Die Frage ist nur: Wozu setze ich meine Macht ein? Setze ich sie ein, um einen Krieg zu beenden, dann handle ich im Sinne des *Überlebens*. Benutze ich Macht, um Menschen zu versklaven, dann ist es Machtmißbrauch. Es ist richtig: Wenn Sie als Scientologe Ihre eigene Selbstbestimmung erhöhen, dann erweitern Sie automatisch auch Ihren Einflußbereich im beruflichen und privaten Leben. Sie bekommen mehr Macht, die Sie zugunsten eines besseren *Überlebens* der Gesellschaft und des einzelnen nutzen können. Das ist auch der Grund, warum bei Scientology viele Menschen gegen den Drogenmißbrauch, gegen Kriminalität und Analphabetentum kämpfen.

TK: Sie sagten vorhin, alles Erleben und Handeln eines geistigen Wesens beruhe auf eigenen Entscheidungen und Übereinkünften mit anderen. Warum sollte sich ein *Thetan* dazu entschieden haben, beispielsweise krank zu sein und Schmerzen haben zu müssen?

Waterkamp: So etwas geschieht, wenn ein Wesen etwas *Überlebens*-feindliches tut, wenn zum Beispiel ein Freund dem Freund Geld stiehlt. Dann fühlt sich derjenige, der gestohlen hat, schlecht. Er findet das nicht richtig, weil er ja im Grunde gut ist. Und es kann sein, daß die Person denkt, sie müsse bestraft werden. Sie zieht sich dann zum Beispiel eine psychosomatische Krankheit zu. Im *Auditing* haben wir erfahren, daß Menschen die härtesten Strafen gegen sich selbst verhängen.

TK: Kann ein Mensch hier und heute zur Entscheidung gelangen, daß er keine Schmerzen mehr empfindet?

Waterkamp: Prinzipiell schon. Jeder Fakir in Indien, der etwas auf sich hält, kann auf einem Nagelbrett schlafen. So etwas geht natürlich nicht, indem ein geistiges Wesen über eine frühere, ihm heute unbewußte Entscheidung, Schmerzen empfinden zu können, die Entscheidung setzt, keinen Schmerz mehr zu empfinden. Dann haben Sie ein Problem: Sie haben sich für eine Sache entschieden und wollen sie jetzt nicht mehr haben. Der Weg, tatsächlich keinen Schmerz mehr zu empfinden, läuft für die betreffende Person darüber, zu lokalisieren, wann sie sich entschieden hat, Schmerz empfinden zu können, und das in ihr Bewußtsein zu bringen. So wird die Fähigkeit der Person, zu entscheiden, ob sie Schmerz empfinden will oder nicht, rehabilitiert.

TK: Kann das geistige Wesen auch entscheiden, daß sein Körper nicht mehr erkrankt?

Waterkamp: Selbstverständlich. Im Glaubensbekenntnis der Scientology-Kirche heißt es: »Wir glauben, daß der Geist den Körper heilen kann.« L. Ron Hubbard persönlich war nach dem 2. Weltkrieg nahezu erblindet und hat dann sein Sehvermögen komplett rekonstruiert – so daß die Ärzte teilweise nicht glaubten, dieselbe Person vor sich zu haben. Und heute kommt es vor, daß Leute, die zum Beispiel im Rollstuhl sitzen, mit Hilfe des *Auditings* wieder anfangen zu laufen.

TK: Haben Sie selbst durch *Auditing* bewirkte Heilungen miterlebt?

Waterkamp: Ja, eine Bekannte von mir hatte sich bei einem Autounfall Beine und Arme gebrochen. Sie war furchtbar zugerichtet, und die Ärzte sagten, es würde mindestens zwölf Wochen dauern, bis sie wieder anfangen könne zu laufen. Ich bin dann jeden Abend zu der Frau ins Krankenhaus gefahren und habe sie *auditiert*, also mit ihr den Unfallschock aufgearbeitet; und nach gerade acht Wochen begann sie wieder zu laufen. Die Ärzte waren baß erstaunt. Es ist tatsächlich so: Wenn Sie ein geistiges Wesen vom Schockerlebnis befreien und es folglich freier machen, kann das Wesen Heilungsprozesse in seinem Körper wesentlich beschleunigen.

TK: Was bedeutet der Tod für einen Scientologen?

Waterkamp: Er bedeutet, daß Sie Ihren Körper verlieren, alle Ihre Besitztümer und alle Ihre Kommunikationslinien zu Freunden und Verwandten. Es ist vergleichbar mit der Situation, daß man Sie auf einen Schlag, sagen wir, irgendwo ins leere Weltall setzt – ein Schock. Und befindet sich ein geistiges Wesen in einem schlechten Zustand, kann es durch den Schock des Verlustes in komplette Bewußtlosigkeit absinken. Befindet sich das Wesen dagegen in einem sehr guten Zustand, bedeutet ihm der Verlust möglicherweise fast gar nichts. Sie können das auch im Alltag sehen. Schauen Sie, wie unterschiedlich Menschen alt werden. Manche werden zu weisen, gütigen und glücklichen Menschen; andere werden bitter und verschwinden langsam, auch geistig. Denken Sie an Mahatma Gandhi. Glauben Sie, daß der Angst vor dem Tod hatte? Nein, Gandhi hatte ein sehr hohes Bewußtsein über seine wahre Natur und wußte, daß er ein spirituelles Wesen ist. Er hat immer wieder darüber gesprochen. Und er hat nie sein Interesse auf materielle Dinge gelenkt.

TK: In welchem Zustand ist eigentlich ein geistiges Wesen, wenn es als Menschenbaby zur Welt kommt?

Waterkamp: Ich erläutere Ihnen da mein subjektives Verständnis: Wenn ein geistiges Wesen wiedergeboren wird, hat es kurz zuvor alle seine Besitztümer verloren, seine Familie, seine Freunde, seinen Körper und Teile seines *Verstands*. Es hat zum Beispiel die Fähigkeit verloren, zu sprechen; es muß viele Fertigkeiten neu erwerben. Das Wesen befindet sich also verständlicherweise in einer Art Schockzustand. Dies zu sehen, hat mir geholfen, zu verstehen, warum Kinder nachts manchmal, scheinbar unmotiviert, schreien. Aufgabe der Eltern ist es nun, dem Kind zu helfen, seine Stabilität und sein Vertrauen zu seiner Umwelt wiederzugewinnen, was durch eine gesunde und natürliche Erziehung geschieht. Ich glaube übrigens, daß das Schockerlebnis des plötzlichen Verlustes aller Kommunikation durch den Tod zu früheren Zeiten hier auf der Erde milder ausgefallen ist. Da waren, wahrscheinlich mehr als heute, Menschen in der Lage, mit geistigen Wesen ohne Körper zu kommunizieren. Heute dagegen wird der Glaube an übersinnliche Dinge, vor allem in der westlichen Welt, geradezu fanatisch bekämpft.

TK: Was, Herr Waterkamp, kostet es eigentlich, *clear* zu werden?

Waterkamp: Für den, der sich Zeit läßt und auch die sehr nützliche *Auditoren*ausbildung mitmachen will, kann es sehr wenig kosten. Er macht dann mit einem anderen Anfänger sogenanntes Co-*Auditing*, das heißt, man *auditiert* sich gegenseitig und kommt so schließlich auch zum Ziel. Gehen Sie allerdings heute in eine Organisation und möchten von vorne bis hinten bedient werden, dann können Sie bis zu 50 000 Mark ausgeben, sind dann aber auch in vielleicht hundert Stunden *clear*.

TK: Da kostet eine Stunde ja 500 Mark.

Waterkamp: Nun ja. Aber was steht dahinter? Da ist zunächst ein professioneller *Auditor* mit einer mehrjährigen Ausbildung und langer Praxis. Dieser *Auditor* wiederum wird in seiner Arbeit überwacht von einem *Fallüberwacher* mit einer Zusatzausbildung von ein bis zwei Jahren, die ihn befähigt, einen Fall zu analysieren und ihn so zu programmieren, daß die Person ihre mit dem *Auditing* gesteckten Ziele auch erreicht. Drittens schließlich prüft eine sogenannte Qualifikationsabteilung, ob die im Protokoll genannten Phänomene einer Sitzung tatsächlich aufgetreten sind. Insgesamt also arbeiten an einer Stunde *Auditing* mindestens drei hochqualifizierte Leute mit. Davon abgesehen muß man sehen, daß die Zahlung für eine Leistung bei Scientology immer auch eine Spende für den Gesamtbetrieb der Kirche und ihre Mission einschließt.

TK: Was haben Sie – Sie sind *OT VII* – für Ihr *Auditing* und Ihre Kurse bei Scientology bislang bezahlt?

Waterkamp: Ich hatte in Deutschland Managementpositionen, verdiente gut und hätte als Mitglied einer Amtskirche Kirchensteuer bezahlt – und zwar einen deutlich höheren Betrag, als ich im selben Zeitraum für die Scientology-Kirche gespendet habe. Aber ich verstehe schon, warum Sie so beharrlich nach den Kosten fragen. Wenn man bei Scientology 50 000 Mark ausgibt, steht eben kein blitzendes Auto vor der Tür, sondern man erreicht sehr subjektive Dinge, die auch von Person zu Person ganz unterschiedlich sein können. Wer keinen Sinn für ideelle Werte hat, sondern materialistisch orientiert ist, kann da schon den Eindruck gewinnen, daß Leute ausgebeutet werden.

TK: Ist der einzelne mit einem Sinn für ideelle Werte nicht, angesichts verlockender Aussichten oder Versprechungen, leicht versucht, mehr Geld für Scientology auszugeben, als er sich leisten kann?

Waterkamp: Meine Frau und ich haben immer nur etwas gemacht bei Scientology, wenn wir auch das Geld dafür hatten. Wir haben uns dafür nie verschuldet. Und allgemein, denke ich, kann man sich ja für alles mögliche verschulden – für ein zu teures Haus zum Beispiel oder für ein zu teures Auto. Und da kann man ja auch nicht den Bauunternehmer oder den Autohersteller verantwortlich machen. Nein, ich meine, jeder muß selbst einschätzen, wofür er seine finanziellen Mittel verwendet. Überhaupt kommen wir da auf die sehr wichtige Frage, ob man den einzelnen Menschen primär als Ursache seiner Situation oder als Opfer sehen soll. Hätte im Deutschland der 50er Jahre zum Beispiel jemand zuviel Geld ausgegeben und sich verschuldet, dann hätte unsere Elterngeneration sicher gesagt: »Der hat selbst schuld. Soll er doch rechnen.« Heute, in den 90er Jahren, wird, wer mit Geld um sich wirft, zum Opfer deklariert. Plötzlich ist nicht er für sich verantwortlich, sondern andere sind für ihn verantwortlich.

TK: Warum ist die Frage, ob man einen Menschen eher als Ursache oder als Opfer sieht, für Sie so wichtig?

Waterkamp: Das ist, was die Lösung gesellschaftlicher Probleme angeht, von zentraler Bedeutung. Sie können einen Menschen mit seinen Problemen grundsätzlich unter zwei Gesichtspunkten sehen: Gehen Sie von der Hypothese aus, daß er Opfer oder Effekt ist, dann können Sie ihm jahrelang erzählen, was ihm alles angetan wurde, und Sie werden feststellen, daß sich nicht viel ändert. Gehen Sie dagegen von der Hypothese aus, daß die Person Ursache ist, so werden Sie versuchen, mit dieser Person die Situation zu lokalisieren, wo sie das Problem beziehungsweise den unerwünschten Zustand – natürlich unter ganz bestimmten Umständen – verursacht hat. Und Sie werden feststellen, daß Sie so die Fähigkeit der Person, mit dem Problem umzugehen, in zehn Minuten mehr rehabilitieren als in Jahren unablässigen Zuhörens, wie schlimm die anderen und das von diesen angeblich verursachte Problem sind. Die persönliche Erfahrung, daß das funktioniert, ist für mich ein Beleg, daß ein geistiges Wesen weit mehr Ursache seines Zustands ist, als es sich in vielen Fällen eingesteht.

TK: Wie stehen Sie als Scientologe zum Sozialstaat?

Waterkamp: Grundsätzlich positiv. Aber letztlich ist jeder Mensch für seinen eigenen Zustand verantwortlich. Das heißt, der Sozialhilfeempfänger zum Beispiel hat andere Dinge getan oder unterlassen als der, der seinen Arbeitsplatz erhalten hat.

TK: Vielleicht ist der eine in eine ganz miserable Situation hineingeboren worden?

Waterkamp: Und sein Bruder, der in die gleiche Situation geboren wurde, ist nicht zum Sozialhilfeempfänger geworden. Nein, jeder Mensch hat eine Verantwortung für sich selbst. Das bedeutet nicht, daß man jemandem in einer schlechten Situation nicht hilft, da herauszukommen. Nur, letztlich muß sich die Person selbst helfen. Und wenn sie bestimmte Dinge nicht verändern will, kann man ihr halt nicht helfen.

TK: Vielleicht kann sich mancher auch nicht helfen lassen wollen?

Waterkamp: Auch das hat er grundsätzlich selbst verursacht. Nur muß man ihm natürlich die Hand und das Handwerkszeug reichen, sich selbst aus dem Morast zu ziehen. Die Betonung der Selbstverantwortung darf nicht als Rechtfertigung dafür dienen, sich seinen Mitmenschen gegenüber gleichgültig zu verhalten. Da würden Sie mich wirklich völlig falsch verstehen. Es muß Hilfe geben, aber diese Hilfe muß Hilfe zur Selbsthilfe sein. Jemanden zum Opfer zu stempeln und ihn quasi zu entmündigen, führt zu nichts.

TK: Beinhaltet das scientologische Welt- und Menschenbild auch politische Ziele?

Waterkamp: Nein, jedenfalls nicht im Sinne des üblichen Verständnisses von Politik. Scientology strebt natürlich, wie die meisten anderen Religionen auch, eine Verbesserung der Gesellschaft an. – Es gibt, wissen Sie, kein absolutes »gut« und »böse«, sondern »gut« und »böse« nur aus Ziele- und Wertesystemen heraus. Scientologen nun arbeiten aus ihrem Ziele- und Wertesystem heraus für das Gute im Sinne des *Überlebens* der Menschheit. Wir wollen, daß der Mensch auch in 3000 Jahren noch existiert – womit völlig unvereinbar ist, Kriege zu führen, Atommüll im Meer zu versenken und systematisch die Atmosphäre zu vergiften. Und wir fragen: Wer hat all das, wer hat den Holocaust und wer hat Bosnien verursacht? Selbstzerstörerische und irrationale Verhaltensweisen des Menschen, glauben wir, sind die Ursachen – die wir auf individueller Basis überwinden können, indem wir Menschen zu einem höheren Bewußtsein ihrer selbst verhelfen.

TK: Hat Scientology hinter dem in diesem Zusammenhang stehenden Motto »*clear* planet« ein systematisch angelegtes Programm?

Waterkamp: In gewisser Weise schon. Schauen Sie, die Menschheit verfügt über ein gigantisches, keineswegs nur militärisches, Zerstörungspotential, aber über ein viel zu geringes analytisches, geisteswissenschaftliches Potential, die damit verbundene Verantwortung wahrzunehmen. Teile dieser Menschheit handeln oft irrational und unzivilisiert, ein Blick auf beliebige Kriegsherde in Jugoslawien oder Afrika legt ja beredt Zeugnis dafür ab. Zivilisation, wissen Sie, besteht doch aus Wertesystemen und Technologien, die sich Menschen im Zuge ihrer Bildung aneignen. Solche Wertesysteme aber zerfallen weltweit; und hier in den USA zum Beispiel verlassen jährlich Zehntausende Jugendliche die High School, ohne wirklich lesen und schreiben zu können. Diese Menschen können folglich nicht in der Gesellschaft mitarbeiten, ihr Selbstwertgefühl wird untergraben. Nicht umsonst sind viele Kriminelle Analphabeten. In anderen Worten: Unsere Zivilisation bedarf, in einem ersten Schritt, dringend der Stabilisierung. Was, dauerhaft wirksam, nur über den einzelnen zu erreichen ist. Das heißt, wir brauchen möglichst viele selbständige, verantwortungsbewußte Menschen, um die gesamte Menschheit auf ein Niveau zu bringen, wo Konflikte mit Vernunft und nicht mit egoistischer Gewalt gelöst werden. Bei Scientology gehen wir vor diesem Hintergrund natürlich so vor, daß wir unsere Arbeit und Energie möglichst da einsetzen, wo wir relativ rasch gute Ergebnisse erzielen. Das erste Anliegen ist die Fähigen fähiger zu machen, um damit Zeit und Energie zu gewinnen, allen zu helfen. Um Menschen zum Beispiel, die bewußtseinsverändernde Drogen genommen haben, kümmert sich bei Scientology *Narconon*. Der geistige Fortschritt solcher Menschen allerdings ist wegen der zerstörerischen Auswirkungen der – sehr oft ja von Psychiatern verabreichten – Drogen auf *Verstand* und Geist nur unter großen Anstrengungen möglich.
TK: Impliziert das nicht, daß man, aus scientologischer Sicht, einmal in einer Gesellschaft landen könnte, wo nur nicht *aberrierte* Menschen Bürgerrechte besitzen – wie es L. Ron Hubbard ja in seinem *Dianetik*-Buch erwähnt hat?
Waterkamp: Das ist eine sehr schwierige Frage. Und ich habe hier leider keine Patentantwort. Auf der einen Seite hätte ich mir gewünscht, daß die Stimmen der Vernünftigen bei der Reichstagswahl 1933 zehnfach gezählt hätten und somit viel Unheil für Deutschland und die Welt verhindert worden wäre. Auf der anderen Seite widerstrebt es mir, über Menschen zu urteilen. Ich persönlich halte eine Gesellschaft mit stabilen vernünftigen Menschen und einer gelebten Demokratie, in der die Menschenrechte eingehalten werden sowie Meinungs- und Ideenviel-

falt geschätzt sind, für die beste Regierungsform. Da sehe ich mich auch einig mit den Auffassungen L. Ron Hubbards.

TK: Inwieweit gilt für Sie eine Gehorsamspflicht gegenüber der Scientology-Kirche?

Waterkamp: Es gibt keine Gehorsamspflicht. Und es gibt auch keinen *policy letter*, der so etwas verlangt. Die einzige Verpflichtung, die ich persönlich spüre, ist, die Scientology-Technologie zu unterstützen – als etwas, was diese Welt verbessern kann, was Kriege, Geisteskrankheit und Kriminalität ausrotten kann – und zwar nicht mit Feuer und Schwert, sondern mit Vernunft und Liebe.

TK: Vertreten Scientologen ähnliche politische Positionen?

Waterkamp: Die meisten treten natürlich für mehr Selbstverantwortung des einzelnen ein. Ansonsten aber tummeln sie sich in allen möglichen Parteien und vertreten die unterschiedlichsten Auffassungen zu politischen und kulturellen Fragen. Es gibt viele Scientologen, die ich sehr hoch einschätze; es gibt einige wenige, die mir mit ihren Meinungen und der Art und Weise, wie sie ihr Leben gestalten, gar nicht gefallen. Ich habe allerdings beobachtet, daß durch die Beschäftigung mit Scientology Menschen sich fast ausnahmslos verbessern.

TK: Was, Herr Waterkamp, halten Sie persönlich von dem Personenkult um L. Ron Hubbard?

Waterkamp: Also, diese typisch amerikanische Form der Verehrung hat mich, als ich bei Scientology anfing, schon wahnsinnig gestört. Da treffen wohl zwei kulturelle Welten aufeinander. Andererseits verneigt sich ja niemand vor Hubbard, sondern es wird einfach in sehr starkem Maße anerkannt, daß er der Gründer von Scientology ist. Während die Lehre von Scientology universell ist, sind viele andere Dinge im Erscheinungsbild von Scientology mit der amerikanischen Kultur verwoben, schließlich ist Scientology in den USA entstanden. So hat jede Firma, jedes Hotel oder Apartment Building seine eigene uniformierte Security. Das ist bei den Scientology-Organisationen nichts anderes und hat mit Geheimpolizei und anderen Erfindungen von Gegnern der Scientology-Kirche nichts zu tun. Auch die Art der Kirchenfinanzierung stammt aus den USA. Ein weitverbreiteter Vorwurf von Scientology-Gegnern, die der Kirche und Scientologen schaden wollen, ist, daß Scientologen *Ethik*-Berichte schreiben und daß damit angeblich ein System zur Bespitzelung existiere. Ich habe nur gelacht, als ich bei dem amerikanische Weltkonzern, bei dem ich jetzt arbeite, Richtlinien gefunden habe, in denen von Mitarbeitern verlangt wird, unethisches Verhalten schriftlich an die Unternehmensleitung oder den Personalbereich zu berichten. Ich finde das auch ganz richtig, denn ich glaube, jeder Mitarbeiter muß Verantwortung für die Firma übernehmen.

TK: Wie erklären Sie sich die ausschweifende, von Wiederholungen durchsetzte und oft höchst unsystematisch anmutende Schreibweise Hubbards, die ja im Gegensatz zu seinem Anliegen steht, effizient Technologie zu vermitteln?

Waterkamp: Hubbard hat sich von den Anfängen in den 40er Jahren bis Mitte der 80er Jahre stets weiterentwickelt. Am Anfang war er in der Tat sehr ausschweifend und literarisch. Im *Dianetik*-Buch etwa gibt es unzählige Wiederholungen, weil dieses Werk im Grunde auch gar nicht als Buch gedacht war. Das waren Aufzeichnungen seiner Forschungsergebnisse, die er dann »zusammengeklatscht« hat. Später, spätestens ab Mitte der 70er Jahre, wurde Hubbard dann kurz, knapp und präzise. Er vermied jede literarische Ausschweifung. Sie müssen einfach sehen, Hubbard hat beileibe nicht alles gleich am Anfang gewußt, sondern es sich nach und nach erarbeitet – was seine Schriften widerspiegeln.

TK: Warum besteht die Scientology-Organisation – obwohl sogar Hubbard zugestanden hat, die Technologie sei möglicherweise verbesserungsfähig – darauf, daß nichts verändert wird?

Waterkamp: L. Ron Hubbard hat Scientology bis zu einem Punkt entwickelt, wo er sagen konnte: »Ich habe da etwas, das funktioniert – und zwar in Amerika genauso wie in Japan oder Afrika. Ich weiß nicht, ob es der beste und schnellste Weg ist. Ich weiß nur, daß er funktioniert. Und ich möchte – aus Sorge um ihr Funktionieren – nicht, daß diese Technologie verändert wird. Entwickelt jemand eine bessere Lösung, dann soll er das tun – aber bitte außerhalb von Scientology.«

TK: Die Anwendung scientologischer Techniken außerhalb der Scientology-Organisation ist aber von dieser Organisation stets erbarmungslos bekämpft worden.

Waterkamp: Ja, die Verletzung von Copyrights wird nicht geduldet.

TK: Ist das nicht ein Hemmschuh für jede Weiterentwicklung?

Waterkamp: Nein, die Leute, die sich bislang abgespalten haben, wollten nur – in un*ethischer* Absicht – »Kohle machen«. Will aber jemand tatsächlich Dinge weiterentwickeln, dann wird die Scientology-Kirche, so wie ich sie kenne, mit ihm das Gespräch suchen. Die Kirche wird sicher nicht dulden, daß innerhalb der Organisation technologisch experimentiert wird. Aber sie wird Bemühungen, die Technologie außerhalb weiterzuentwickeln, auch nicht bekämpfen.

TK: Es hat aus der Scientology-Organisation heraus auch zweifelsohne verwerfliche, ja kriminelle Aktionen gegeben.

Waterkamp: Damit sprechen Sie ungesetzliche Aktivitäten eines Büros der Scientology-Kirche in den 70er Jahren an. Eine Gruppe dort hatte versucht, illegal in den Besitz von Regierungsakten zum Thema Scientology zu kommen – obwohl die Kirche und L. Ron Hubbard jeglichen Verstoß gegen Gesetze untersagt hatten. Folgerichtig ist dieses Büro, das *Guardian's Office*, dann auch aufgelöst worden. Und soweit ich weiß, sind die Drahtzieher der ungesetzlichen Aktionen aus der Kirche ausgeschlossen worden. Leider wird dieser unbestreitbare Fall gesetzwidrigen Handelns von Gegnern der Scientology-Kirche immer wieder benutzt, um diese Kirche pauschal als »kriminelle Organisation« zu diffamieren. Mit der gleichen Logik könnte man, unter Rückgriff auf die leider zahlreichen Fälle sexuellen Mißbrauchs von Knaben durch katholische Geistliche, die Katholische Kirche als Kinderschänder-Organisation darstellen. Die Scientology-Kirche ist eine schnell wachsende Organisation mit weit offenen Türen. Und keineswegs alle Leute, die zu uns kommen, sind perfekt – genauso wenig, wie das in anderen Kirchen der Fall ist. Die Scientology-Kirche allerdings duldet, im Rahmen ihrer Organisation, keinerlei un*ethische* und illegale Praktiken. Auch deshalb haben wir mit Scientology – davon bin ich überzeugt – eine Chance, eine bessere Welt zu bauen.
TK: Warum wehrt sich Scientology gegen Kritiker, indem man ihnen bisweilen sogar Privatdetektive auf den Hals schickt und Details aus ihrem Privatleben veröffentlicht?
Waterkamp: Niemand braucht Angst zu haben, verklagt oder öffentlich angeklagt zu werden, der in dem, was er berichtet, bei der Wahrheit bleibt, niemand. Wir haben aber den Grundsatz bei Scientology, den ich persönlich auch für richtig halte, daß wir Leute, die Lügen über uns verbreiten, dafür zur Rechenschaft ziehen. Zum einen ist es bei uns Prinzip, Unrecht, egal, ob es uns oder anderen geschieht, beim Namen zu nennen – und die Ursachen für das Unrecht ebenfalls. Zum anderen sollte man Hubbards diesbezügliche Äußerungen, die teilweise durchaus aggressiv wirken, so verstehen, daß er, angesichts der Anfeindungen gegen Scientology, unbedingt verhindern wollte, daß die Organisation untergeht wie die Juden im Dritten Reich, die sich zweifellos zu wenig gewehrt hatten.
TK: Wäre für Sie, Herr Waterkamp, die Zugehörigkeit zu Scientology mit der Zugehörigkeit zu einer christlichen Kirche vereinbar?
Waterkamp: Grundsätzlich ja. Scientology ist eine überkonfessionelle Religion. Unsere scientologischen Nachbarn zum Beispiel sind Juden und feiern jüdische Feste. Scientology ist ja eine Philosophie, ein Ver-

fahren, das zu geistiger Vervollkommnung führen soll – was zu den Zielen fast jeder anderen Religion paßt. Ich persönlich habe viele Dinge, die ich in der Bibel gelesen habe, erst als Scientologe vollständig verstanden.

TK: Sehen Sie sich heute noch als Christen?

Waterkamp: Die Quellen des Christentums enthalten sehr viel Wahrheit. Und ich kenne viele aufrechte Christen, die ich bewundere und denen ich großen Respekt entgegenbringe – unter ihnen mehrere Dominikaner-Patres in meiner Heimatstadt. Insofern fühle ich mich mit dem Christentum verbunden. Das Traurige ist nur die abstoßende Perversion, mit der christliche Inhalte von Managern der Amtskirchen ins Gegenteil verdreht werden.

TK: Wie stellt sich für Sie als Scientologe die Situation der Amtskirchen in Deutschland dar?

Waterkamp: Die Amtskirchen in Deutschland sind doch durch die Kirchensteuer von oben nach unten finanziert. Das heißt, es gibt ein Kirchenmanagement, das die Kirchengemeinden dirigiert. Und das Gemeindeleben ist vielfach tot – ganz anders als in der alten DDR, wo es keine staatliche Finanzierung gab, dafür aber, bei aller Unterdrückung, ein vergleichsweise lebendiges Gemeindeleben. Ich persönlich war 1979 Zivildienstleistender in einer evangelisch-lutherischen Kirchengemeinde in Braunschweig. Die aktive Gemeinde bestand aus drei alten Damen, es gab keine Jugendarbeit, zum Sonntagsgottesdienst des Pastors, eines wohlmeinenden älteren Herrn, kamen fünf Leute. Kurz, die Gemeinde war spirituell und vom Gemeindeleben her tot. Kein Wunder, daß bei der Braunschweigischen Kirche die seelsorgerische Betreuung, Ehe- und Familienberatung von der Kirche beschäftigte Psychiater und Psychologen wahrnahmen. Den gesamten Anspruch, dem Menschen in seiner spirituellen Existenz zu helfen, hat diese Kirche, wie viele andere Amtskirchen in Deutschland, längst fallen gelassen – zugunsten einer rein materialistischen Sichtweise. Ein Psychiater versteht ja den Menschen als ein Körper-Chemie-Modell und nicht als spirituelles Wesen. Er leugnet ja die Existenz einer Seele sogar ab und bekämpft den Glauben daran. So, und hier haben wir den Hauptgrund, warum jährlich Hunderttausende Menschen die Amtskirchen verlassen und warum viele sich neuen Religionen zuwenden – obwohl die Amtskirchen, in Furcht um ihre Pfründe, seit den 70er Jahren Intoleranz und Haß gegen Minderheitsreligionen schüren. Ich glaube, der einzige Weg, die großen Kirchen in Deutschland zu revitalisieren, ist die Abschaffung der Kirchensteuer. Erst wenn man sich zurückbesinnt auf das Gemeindeleben und die spirituellen Inhalte der Religion und sich nicht mehr mit dem politisch sinnvollen Ausgeben von Milliarden an Kirchensteuern beschäftigt, werden die Kirchen wieder zu Religionsgemeinschaften werden.

TK: Wie haben Sie den deutschen Umgang mit Scientology erfahren?

Waterkamp: Sie wissen, daß die Amtskirchen Scientology in den 80er Jahren als »Jugendsekte« bezeichneten. Als man dann feststellte, daß die Mitglieder dieser »Jugendsekten« im Durchschnitt 35 Jahre alt waren, ernannte man uns zur »Psychosekte mit Gehirnwäsche«. Und die deutschen katholischen Bischöfe baten eine gescheiterte Existenz, die Hetzschrift »Scientology – ich klage an« zu verfassen, die sie im eigenen Verlag der Kirche verlegten. Dieses Buch war eine einzige Hetzschrift und gespickt mit falschen Darstellungen. Und mir ist kein Fall bekannt, in dem der Verlag der katholischen Bischöfe freiwillig Falschdarstellungen und Lügen korrigierte. Es mußten etliche Gerichtsverfahren angestrengt werden, die eins nach dem anderen von der Scientology-Kirche und betroffenen Privatpersonen gewonnen wurden, um die Verbreitung dieser schändlichen Verleumdungen zu untersagen. Schließlich schwappten dann die Anstrengungen der Kirchen, den Wettbewerb klein zu halten, in den staatlichen Apparat hinein. – Ich persönlich habe in meinem Beruf nie über meine Religion geredet, weil das für mich stets in den privaten Bereich gehörte. Irgendwann jedoch habe ich meinen Kindern sagen müssen: »Ihr dürft nicht darüber reden, daß wir Scientologen sind.« Und wenn Freunde und Geschäftspartner zu mir nach Hause kamen, mußte ich die Scientology-Bücher hinter einer Jalousie verstecken, um unangenehme Diskussionen zu vermeiden. 1995 – ich hatte eine hohe Stellung in einem süddeutschen Weltkonzern inne – verteilte ein *Sektenbeauftragter* in Wirtschaftskreisen Listen von Leuten, die an Dienstleistungen der Scientology-Kirche in Clearwater, Florida, teilgenommen hatten. Auf einer dieser Listen standen der Name meiner Frau und mein Name. Als meine Firma das erfuhr, war ich von einer Minute zur anderen von meinem Job entfernt und es wurde mir, natürlich unter Einhaltung der Fristen, gekündigt. Es sei Firmenpolitik, sagte man mir, keine Scientologen zu beschäftigen. Ich wandte mich dann an einen Personalberater und sagte: »Ich besitze eine sehr gute Reputation in meiner beruflichen Arbeit, bin aber Scientologe.« Der Personalberater antwortete mir ganz offen und wohlmeinend: »Herr Waterkamp, Sie müssen sich öffentlich von Scientology distanzieren. Denn so lange Sie den Judenstern an der Jacke tragen, ein Scientologe zu sein, kriegen Sie in Deutschland keinen Job mehr.« Ich

suchte dann monatelang, und die Worte dieses Mannes bestätigten sich. Seit Mitte 1996 baue ich mir nun in Burbank, Kalifornien, eine neue Existenz auf. Und ich sage Ihnen ganz ehrlich: Aus der Distanz heraus erscheinen mir diese Hysterie und dieser verbissene, vorurteilsbeladene Kampf gegen Scientology in Deutschland nur noch wie ein schlechter Film – der leider eine bedrohliche Wirklichkeit abbildet. Apropos Film: In der kleinen Odenwald-Gemeinde, in der ich lebte, in Fürth, brachte das lokale Käseblatt eines Tages ein Editorial, in dem sich die Chefredakteurin bitter darüber beschwerte, daß deutsche Fernsehanstalten zu Weihnachten ein halbes Dutzend Filme mit Scientologen brachten. Gemeint waren Streifen wie »Guck mal, wer da spricht« mit John Travolta oder »Eine Frage der Ehre« mit Tom Cruise. Diese Redakteurin schrieb allen Ernstes, man solle doch bitte den deutschen Bildschirm scientologenfrei halten. Das ist so blamabel für eine Nation wie Deutschland, daß ich es gar nicht mehr beschreiben kann. Das letzte Mal, als es solche Auswüchse gab, mußte die Leinwand judenfrei sein.
TK: Berichten Sie hier in den USA darüber, was Ihnen als Scientologe in Deutschland widerfahren ist?
Waterkamp: Ja, ich informiere amerikanische Medien und Politiker über die Menschenrechtsverletzungen in Deutschland. Und die Amerikaner fallen aus allen Wolken, wenn sie hören, daß man in Deutschland eine Stelle aufgrund seiner Religionszugehörigkeit verlieren kann. Ich habe es mir in der Tat zur Aufgabe gemacht, das, was in Deutschland Scientologen passiert, in Amerika bekannt zu machen. Mein Fall zum Beispiel liegt bei der *Helsinki-Kommission*, beim State Department und bei den Vereinten Nationen vor – mit allen Dokumenten, die klare Verstöße gegen Text und Geist des Grundgesetzes sowie internationaler Menschrechtskonventionen belegen. Zuerst, Herr Kruchem, hatten sich meine Familie und ich an deutsche Behörden gewandt, schließlich an Bundespräsident Herzog. Die Antwort des Präsidialamtes war, nach wiederholtem Anschreiben, man sei nicht zuständig. Und heute ziehen deutsche Politiker durch Amerika und verbreiten die Mär von der angeblich nicht existierenden Diskriminierung. Daß diese Politiker damit – angesichts der dokumentierten Fakten – nur schlimme Erinnerungen wecken, scheint ihnen gleichgültig zu sein. Ich kann nur all denjenigen, die glauben, Scientologen würden in Deutschland nicht diskriminiert, ein Experiment empfehlen: Sie sollen sich einen Aufkleber »I like Scientology« aufs Auto zu kleben, sich in der nächsten Scientology-Kirche eine halbjährige kostenfreie Mitgliedschaft abholen und vielleicht noch einen Kommunikationskurs machen. Anschließend sollen sie

über ihre frisch erworbene Mitgliedschaft ihren Parteivorstand, ihren Arbeitgeber, die Nachbarschaft und die Lehrerkonferenz der Schule ihrer Kinder informieren. Sechs Wochen später diskutiere ich dann gern, ob Scientologen in Deutschland diskriminiert werden oder nicht.

TK: Ist für Sie die freiheitlich-demokratische Grundordnung, statt durch Scientology, durch die Behandlung von Scientologen in Deutschland gefährdet?

Waterkamp: Mit Sicherheit. Hier werden Menschenrechte demontiert, also wird die Demokratie demontiert. In Amerika dagegen ist der Sinn für die Freiheit des einzelnen in einem Maße verankert, wie das in Deutschland gar nicht vorstellbar ist. Unser Grundgesetz ist ja auch nicht dadurch entstanden, daß wir eine breite Bewegung für Freiheit und Grundrechte hatten. Nein, viele Deutsche haben bis zur letzten Patrone für Hitler gekämpft, und dann haben wir unsere Verfassungen von den Siegermächten verordnet bekommen. Sicher, das Grundgesetz hat Deutschland Wohlstand und eine gerechtere Gesellschaft beschert. Was jedoch im Augenblick geschieht, ist die größte Demontage von Freiheits- und Grundrechten, die die Bundesrepublik je erlebt hat.

TK: Immerhin garantiert das Grundgesetz nach wie vor auch die Religionsfreiheit.

Waterkamp: Und was passiert heute in der Verfassungswirklichkeit? In dem Moment, wo ich mein Grundrecht auf freie Religionsausübung in Anspruch nehme, kommen Politiker und sagen: »Das ist keine Religion, das ist ein Geschäftsbetrieb.« Will ich dann meine Ausbildung in der scientologischen Verwaltungstechnologie von der Steuer absetzen, sagt das Finanzamt, das sei eine religiöse Veranstaltung. Da habe ich ein Schreiben vom Finanzamt, wo das genau deswegen nicht anerkannt wird. Kurz, man dreht es, wie man es gerade braucht. In über 30 Gerichtsverfahren stellen deutsche Richter klar und sachlich fest, daß Scientology eine Religion ist; und manche Politiker benehmen sich so, als ob sie über dem Gesetz stehen, wie in einer Bananenrepublik. – Es gibt leider nur wenige Stimmen in Deutschland, die mal zur Besonnenheit aufrufen und sagen: »Nun wartet mal. Was haben die Scientologen eigentlich Schlimmes gemacht? Und was ist tatsächlich so gefährlich an denen?« Ich bewundere den Mut und den Anstand dieser wenigen, die sich öffentlich gegen die Diskriminierung von Menschen wegen ihres Glaubens in Deutschland wenden und dabei das Risiko eingehen, erhebliche Nachteile zu erleiden.

Freiheit und Gerechtigkeit spielen im Vergleich zur Technologie keine Rolle

Gespräch mit dem protestantischen Weltanschauungs-beauftragten Hansjörg Hemminger

Dr. habil. Hansjörg Hemminger, geboren 1948 in Rottweil, studierte Biologie und Psychologie an den Universitäten Tübingen und Freiburg. In Freiburg promovierte er und habilitierte sich für das Gebiet »Verhaltensbiologie des Menschen«. 1984 bis 1996 war Dr. Hemminger wissenschaftlicher Referent bei der »Evangelischen Zentralstelle für Weltanschauungsfragen« in Stuttgart. Seit 1997 ist er Beauftragter für Weltanschauungsfragen der Evangelischen Landeskirche in Württemberg. Er gehörte von 1996 bis 1998 der Enquete-Kommission »Sogenannte Sekten und Psychogruppen« des Deutschen Bundestags an. Dr. Hemmingers umfangreiche publizistische Tätigkeit betrifft unter anderem die Themen »Psychotherapie und Seelsorge« sowie die »Psychologie sektiererischer Gruppen«. Er ist verheiratet und Vater von fünf Kindern.

TK: Warum, Herr Dr. Hemminger, haben neue religiöse Bewegungen und Psychogruppen auch in Deutschland an Zulauf gewonnen?
Hemminger: Unsere Gesellschaft eröffnet mehr Freiräume als früher. Es gibt weniger soziale Kontrolle; die Religionszugehörigkeit ist immer mehr nicht nur Privatsache, sondern sogar Sache der Freizeitgestaltung; und es hat weniger Auswirkungen auf das berufliche oder bürgerliche Leben, ob man Mitglied einer Volkskirche ist oder zum Beispiel in ein esoterisches Zentrum geht.
TK: Inwieweit haben ethische und weltanschauliche Normen an Verbindlichkeit verloren?
Hemminger: Ich glaube, daß nicht so sehr die Verbindlichkeit moralischer Normen bei uns abnimmt. Wir sind in mancher Hinsicht immer noch eine hochmoralische Gesellschaft – nicht gerade in der Erotik, sehr stark aber sozialethisch, beim Umgang mit Menschen. Was dagegen an Verbindlichkeit verliert, sind weltanschauliche Fixpunkte, sogenannte öffentliche Wahrheiten – über die Natur des Menschen, die Welt, die Geschichte, die Politik. Hier haben wir eine verwirrende Vielfalt von Standpunkten; und es bietet sich kleineren Gruppen die Möglichkeit, vielfach angeblich feste Wahrheiten entgegenzusetzen, die absolut richtig von absolut falsch und schwarz von weiß abgrenzen.
TK: Sehen Sie da Versäumnisse der großen Kirchen?
Hemminger: Es wäre illusionär zu glauben, daß die Kirchen diese gesellschaftliche Entwicklung hätten umpolen können. Schwere Ver-

säumnisse aber haben sie sich zuzuschreiben, was die Sicherung ihrer Glaubwürdigkeit angeht. Auf einem solchen Marktplatz widerstreitender Wahrheiten ist es wichtig, daß Wort und Tat übereinstimmen, daß zum Beispiel der Verkündung des Evangeliums entsprechendes soziales Engagement zur Seite steht. Hier gibt es erhebliche Defizite.

TK: Worin sehen Sie die spezifische Anziehungskraft, die Scientology auf jüngere Menschen ausübt?

Hemminger: Scientology scheint Erfolg und Macht zu vermitteln. In einer Gesellschaft, in der persönliches Glück in unmittelbarem Zusammenhang mit beruflichem und finanziellem Erfolg zu stehen scheint, bietet Scientology den ultimativen Powertrip. Mit Scientology kann man sich aus der Masse der »Mitläufer« und »unwissenden Barbaren« herausheben und zum absoluten »Erfolgstyp« werden – von Anfang an. Schon die ersten Kurse bringen einen auf die bis in alle Ewigkeit reichende Erfolgsspur. Am Ende der scientologischen *Brücke zur Freiheit* ist man ja eine Art Geistwesen, dem das ganze Universum zur Verfügung steht.

TK: Welches Menschenbild sehen Sie bei Scientology?

Hemminger: Es handelt sich um ein spiritualistisches Konzept. Das heißt, im Zentrum des Menschenbildes stehen individuelle, nichtmaterielle Geistwesen, deren Bewußtsein und Vorstellungskraft theoretisch unendlich sind. Praktisch sind sie das natürlich noch nicht; und man muß durch scientologische Technologie erst in den Zustand des *Operierenden Thetans*, des mächtigen Geistwesens, versetzt werden. Die körperliche oder, in der biblischen Tradition, geschöpfliche und die geschichtliche Seite des Menschen werden maßlos unterbelichtet.

TK: Den *Engrammen* der *Thetanen*, der Geistwesen, widmet sich das scientologische *Auditing*.

Hemminger: Das *Auditing* ist ein suggestiver Dialog, während dessen sich zwischen *Auditor* und Klient Vorstellungsbilder entwickeln, was wohl die Ursachen für die Probleme des Klienten seien. Dieser durchläuft einen emotionalen Spannungsbogen von wachsender Anspannung über eine Art reinigende Erfahrung bis hin zur Entspannung, was dann als Erfolg gewertet wird, als Zeichen, daß eine Belastung beseitigt wurde.

TK: Welche Rolle spielt der *Auditor*?

Hemminger: Er lenkt den Dialog – allerdings im Rahmen des gemeinsamen Glaubenssystems. Beide, der *Auditor* und der *Auditierte*, glauben, daß Probleme des Menschen von *Engrammen* auf der Zeitspur rühren, die man im Dialog auffinden und entladen müsse. In diesem

Rahmen lenkt der *Auditor* durch seine Fragen. Er hat das *E-Meter*, einen primitiven Hautwiderstandsmesser, der jedoch emotionale Änderungen beim *Auditierten* annähernd verfolgen kann. Dem *Auditor* ist ja laut Hubbard jede emotionale Teilnahme verboten. Er hat wie ein technischer Apparat zu funktionieren. – Andererseits trägt auch der *Auditierte* zum Produkt der Sitzungen bei, bei dem es sich um eine Mischung aus Phantasie, Reproduktion scientologischer Glaubensvorstellungen und persönlichen Erinnerungen handelt. Letztere sind natürlich verfremdet – ähnlich wie im Traum. Wenn Sie Träume tiefenpsychologisch analysieren, wissen Sie ja von vornherein, daß eine Menge Phantasie dabei ist, daß sich aber in diesen Bilderwelten auch reale Konflikte verbergen. Die Scientologen wissen das nicht; sie nehmen alles wortwörtlich, was in ihnen an Bildern aufsteigt.

TK: Warum kommen viele *Auditierte* wieder und wieder, oft über Jahrzehnte?

Hemminger: Das *Auditieren* bestätigt immer wieder das eigene Sinn- und Glaubenssystem. Das wird überall als Gewinn empfunden; nur bei Scientology ist es teurer als bei anderen Weltanschauungen. Hinzu kommt natürlich, daß es beim *Auditieren* zu erschütternden Aha-Erlebnissen kommen kann: »Aha, deswegen habe ich immer Angst vor Frauen gehabt.« Und dann hat irgendeins dieser Phantasiebilder vielleicht doch etwas zu tun mit der Biographie. Solche Erlebnisse wirken an sich schon prägend; und sie können auch so etwas wie ein Suchtphänomen erzeugen: »Ich werde immer weniger mit meinen Alltagsproblemen fertig, wenn ich nicht zum *Auditing* gehen kann.« Es gibt ja etliche Leute, die sich von der Scientology-Organisation lösen, aber weiter *auditieren*, zum Beispiel in der von Scientology abgespaltenen »Freien Zone«, wo es auch viel billiger ist.

TK: *Auditing* zum Discount-Preis?

Hemminger: So etwa. Scientology nennt diese konkurrierenden Anbieter *squirrels* und verfolgt sie mit allen Mitteln. Aber die Existenz der *squirrels* zeigt, daß manchen Leuten das bloße *Auditing* wichtiger ist als der scientologische Glaube. Diese dilettantische Methode der *Lebensbewältigungshilfe* an sich wäre auch für uns kein wichtiges Problem; denn dilettantische Formen der *Lebensbewältigungshilfe* haben wir massenweise in unserer Gesellschaft.

TK: Scientologen sagen, Kurse und *Auditing* machten sie erfolgreicher als früher.

Hemminger: Anfangs kann ein Scientologe durchaus größere Erfolge im Berufsleben oder beim Ordnen seiner persönlichen Beziehungen haben. Es gibt ja so etwas wie »self fulfilling prophecies«: wenn ich optimistischer an die Dinge herangehe, gelingt mir mehr. Und die ersten Kommunikationskurse sind ja auch nicht ganz nutzlos. Man fängt an, über sich selbst nachzudenken; man legt sich ein paar einfache Techniken der Selbstkontrolle zu. Nur, im weiteren Verlauf des Kurssystems werden die Inhalte immer abstruser – bis hin zu Science Fiction. Und wenn jemand, was vorkommt, längerfristig Erfolg hat mit Scientology, dann deswegen, weil er sich in der Organisation einrichtet oder mit den relativ skrupellosen scientologischen Methoden mehr Geld verdient als früher.

TK: Wie bewerten Sie den Umgang Scientologys mit Gegnern? Die Äußerungen Hubbards hierzu zieren ja inzwischen fast jeden deutschen Verfassungsschutzbericht.

Hemminger: Ich würde hier weniger einzelne Äußerungen Hubbards hervorheben. Hubbard war ein Vielschwafler, der tausend Sachen gesagt und geschrieben hat, darunter extreme Äußerungen und tausend andere, die weniger extrem sind. Die tatsächliche Praxis – und auf die kommt es an – ist die, daß Scientology ein System von Belästigungen gegenüber Kritikern anwendet, das hochgradig verwerflich ist. Insbesondere hochrangige Aussteiger, die viel wissen, werden mit allen möglichen Mitteln bedrängt, in Prozesse verwickelt und öffentlich diskreditiert, zum Beispiel durch Flugblätter für Nachbarn, an die man ekelhafte Gerüchte weitergibt. Diese Methoden sind total inakzeptabel. Und für eine Organisation, die so etwas zur Politik macht, gibt es in einem Rechtsstaat keinen Raum.

TK: Was gibt es bisher an Verurteilungen?

Hemminger: Die Scientologen halten sich in Deutschland, aus rein praktischen Gründen, stärker zurück als in den USA. Hierzulande ist ja die Toleranz gegenüber systematischer Belästigung gering. Der Bürger ruft gleich nach dem Rechtstaat, und dieser schlägt konsequent zu. In den USA, wo man mehr auf Selbstverantwortung setzt, ist der einzelne schutzloser solchen Methoden gegenüber. Trotz der relativen Zurückhaltung der Scientologen in Deutschland hat es aber auch hier einige Verurteilungen wegen Verleumdung und Beleidigung gegeben.

TK: Sie haben in Veröffentlichungen die scientologische *Ethik* als radikale Verneinung humaner Ethik im Sinne insbesondere der Bewahrung von Freiheit und Menschenwürde bezeichnet.

Hemminger: Die scientologische *Ethik* geht, logisch konsequent, davon aus, daß das höchste Gut, was der Mensch und die Welt erreichen können, in der konsequenten Anwendung scientologischer Technologie liegt. Gut ist, was der Verbreitung dieser Technologie dient; schlecht ist, was sie behindert. Andere Güter, die wir hochschätzen – Freiheit und Gerechtigkeit zum Beispiel – spielen im Vergleich dazu keine Rolle. Auch die Menschenwürde im Sinne des Grundgesetzes der Bundesrepublik Deutschland gilt nicht als vorgegebenes Element des Menschseins, sondern die Menschenwürde des einzelnen hängt davon ab, welchen Stand er auf der *Brücke zur Freiheit* erreicht hat.

TK: Hubbard führt immerhin die angeblich völlige Freiheit am Ende der *Brücke* als oberstes Ziel der scientologischen Lehre auf. Und als Maßstab für *ethisches* Handeln das *Überleben* auf möglichst vielen *Dynamiken* – angefangen vom Ich, über die Gruppe und die Menschheit bis hin zum Universum und zum höchsten Wesen. Hier finde der einzelne eine Richtschnur für vernünftiges, die Freiheit förderndes Handeln.

Hemminger: Ja, man darf es auch nicht karikieren. *Ethik* spielt für viele Scientologen eine ganz wichtige Rolle. Nur dahinter steht natürlich stets der Anspruch, daß letztlich das *Überleben* der Menschheit und eigentlich aller *Thetane* dieses Universums nur durch Scientology optimal gesichert wird. Es gibt ja kein anderes Wissen und kein anderes System von Handlungsanweisungen, das auch nur annähernd damit konkurrieren könnte, so daß die *Ethik* de facto vorschreibt, daß man der Scientology-Organisation dienen muß. Das ist auch in der Praxis so. Auf der zweiten *Dynamik* zum Beispiel, der sexueller Kontakte, werden in der *Sea Organization* schwangere Frauen, auch verheiratete, regelmäßig dazu angehalten abzutreiben. Denn das *Überleben* auf der zweiten *Dynamik* ist natürlich untergeordnet dem auf der höheren *Dynamik*, wo die *SeaOrg* den Planeten »*cleart*«.

TK: Welche Belege gibt es dafür, daß die *SeaOrg* weibliche Mitglieder zur Abtreibung anhält?

Hemminger: Das haben mehrere Aussteiger berichtet – unter genauer Nennung von Namen, verantwortlichen *Ethik*-Offizieren und sogar Abtreibungskliniken. Das wird, außer von Scientology, auch von niemandem bestritten.

TK: Schaltet nach Ihrer Meinung Scientology Persönlichkeiten gleich?

Hemminger: Eine Persönlichkeit ist nach der psychologischen Persönlichkeitstheorie ein mehrschichtiges Phänomen. Die Außenseite der Persönlichkeit, ihre Sichtweisen und Reaktionen im Umgang mit anderen, werden natürlich durch das skurrile Glaubenssystem, durch die spezielle Sprache und das Normensystem in gewissem Sinn gleichgeschaltet. Die tieferen Strukturen der Persönlichkeit allerdings kann, glaube ich, kein weltanschauliches System wesentlich beeinflussen.

TK: Sehen Sie in Scientology eine Weltanschauungsgemeinschaft im Sinne des Grundgesetzes?

Hemminger: Scientology ist aus der Sicht der Individuen sicher auch eine Weltanschauungsgemeinschaft, insofern als die Leute unter anderem deswegen dabei sind, weil sie diese Weltanschauung vertreten und zusammen mit anderen propagieren wollen. Die Organisation hat jedoch nicht die Merkmale einer Weltanschauungsgemeinschaft.

TK: Viele Religionswissenschaftler sehen in Scientology auch eine Religion.

Hemminger: Unter einer Religion versteht man in der Regel ein gedankliches System, das über das sinnlich und rational Wahrnehmbare hinausgreift. Davon gibt es zwar in der Mythologie um die *OT-Stufen* geringe Ansätze, in der Praxis jedoch konzentriert sich der durchschnittliche Scientologe kaum auf solche Dinge, sondern ist damit beschäftigt, in der Alltagswirklichkeit scientologische Ziele im wirtschaftlichen und organisatorischen Zusammenhang zu verfolgen.

TK: Deutet nicht zum Beispiel das zentrale Ziel des *Auditing*, die völlige geistige Freiheit anzusteuern, auf einen transzendenten und damit religiösen Charakter der Lehre?

Hemminger: Es gibt in der Tat religiöse Elemente in der scientologischen Utopie; nur gibt es die auch in Ideologien, zum Beispiel die Utopie des kommunistischen goldenen Zeitalters bei Karl Marx. Und die scientologische Lebenspraxis zielt ja höchstens sehr langfristig auf den ultimativen *OT*-Zustand. Sie zielt zunächst einmal auf konkreten Erfolg, auf konkrete Ordnung der Umwelt nach scientologischen Richtlinien – und zwar von der Utopie her. Das aber ist ein Merkmal von Ideologien. Und hinzu kommt ja als bei Scientology deutlich zutage tretendes Merkmal neuzeitlicher Ideologien, daß sie sich nicht aus einer Offenbarung oder einer Urerfahrung heraus begründen, sondern aus einer pseudowissenschaftlichen Rationalität heraus. In diesem Sinne war auch die Begründung des Nationalsozialismus, die Rassenlehre, Pseudowissenschaft.

TK: Warum interpretieren viele Religionswissenschaftler die von Ihnen als politisch-ideologisch gekennzeichneten Elemente der scientologischen Lehre als religiös-ideologisch und gestehen Scientology den Status einer Religion zu?

Hemminger: Diese Leute walzen den Religionsbegriff endlos aus, um Scientology unterzubringen, aus welchen Gründen auch immer. In der »BILD-Zeitung« stand mal: »Otto-Katalog, die neue Bibel der Deutschen«. Und das kann man so sehen, denn auch im Konsumverhalten der Bevölkerung liegen Sinnelemente. Das Konsumglück zum Beispiel kann ja als letzter Lebenssinn gelten. Derlei Sichtweise jedoch bringt keinen Erkenntnisfortschritt. Wenn ich nicht alles in einen Topf rühren und tatsächlich Religion von neuzeitlicher Ideologie unterscheiden will, fällt Scientology eher auf die Seite neuzeitlicher Ideologien.

TK: Die Scientology-Organisation sagt, ihre Lehre sei mit anderen Religionen wie dem Christentum prinzipiell vereinbar. Allerdings sagt diese Lehre ganz klar, der Mensch könne den Weg zur völligen Freiheit aus eigener Kraft gehen. Welchen Raum räumt, im Vergleich, das Christentum der Selbstvervollkommnung ein?

Hemminger: Natürlich existiert auch im christlichen Menschenbild Raum für die Selbstvervollkommnung, was schon durch die Rolle von Exerzitien und Meditation in der christlichen Tradition ausgiebig belegt wird. Tatsächlich kennzeichnet den christlichen Glauben geradezu eine Unzufriedenheit mit dem Sein, ein Drängen, sich zu ändern. Andererseits wissen die christliche und die ganze biblische Tradition, die ja in mancher Hinsicht auch Judentum und Islam umfaßt, vom Spannungsverhältnis zwischen dem »Vorletzten« und dem »Letzten«: Wir können als Menschen viel tun, uns zu ändern. Das aber, was letztlich unsere Sehnsüchte und Hoffnungen erfüllt, kann nicht von uns selbst kommen. Dieses »Letzte« bleibt der Gnade Gottes überlassen; es ist ein Geschenk der Liebe Gottes.

TK: Was stört Sie daran, daß die Scientology-Organisation, die nicht wie Ihre Kirche Kirchensteuer einnimmt, den Mitgliedern einzelne Leistungen in Rechnung stellt?

Hemminger: Inwiefern hier die steuerpflichtige Ausübung eines Gewerbes vorliegt, haben die Gerichte zu klären. Kennzeichnend für Scientology ist dessenungeachtet, daß dort Geld das zentrale Maß aller Aktivitäten verkörpert. Die Organisation mißt die Leistung ihrer einzelnen Funktionäre sowie ihrer örtlichen und nationalen Gliederungen ausschließlich an Geld. Geld ist sozusagen das Maß für den *ethischen* Wert dessen, was getan wird. Denn was Geld bringt, verbreitet ja immer auch die Technologie. Den Einfluß auf die Hirne kann man nicht messen; den Geldeingang jedoch kann man in *Statistiken* ganz genau darstellen.

TK: Also keine Anhäufung von Geld zum Selbstzweck?

Hemminger: Nein. Scientology will nicht reich werden; Scientology will mächtig werden.

TK: Welche sozialen und politischen Ziele Scientologys sehen Sie?

Hemminger: Diese Ziele definieren sich vom Versprechen an den einzelnen Menschen her, daß jeder zum *Operierenden Thetan* werden kann, zu einer Art allmächtigem und allwissendem Überwesen. Die Übel unserer sozialen und politischen Landschaft würden sich dann von selbst auflösen. »*Clear* planet« heißt entsprechend auf einer Vorstufe, jedes Individuum *clear* zu machen, so daß es kein Verbrechen und keine Kriege mehr gibt. Allerdings gibt es Äußerungen Hubbards, daß ein bestimmter Prozentsatz der Menschheit aus unheilbaren Verbrechern besteht, mit denen man entsprechend umgehen muß.

TK: Wo liegt, jenseits aller Utopie, das konkrete politische Handeln?

Hemminger: Die scientologische Strategie hier und jetzt ist natürlich die, daß eine scientologisch geschulte Elite Machtpositionen in Wirtschaft und Politik erreicht und dort durchsetzt, daß scientologische Technologie auf allen Ebenen von Gesellschaft, Wirtschaft und Bildung angewandt wird. Im Unterschied zu politischen Parteien setzt Scientology dabei stark auf die wirtschaftliche Seite gesellschaftlicher Macht. Man häuft finanzielle Macht an, um Einfluß auf die Wirtschaft zu gewinnen und in die Nähe von wirtschaftlichen Führungspositionen zu gelangen.

TK: Wie würde denn die Ausübung politischer Macht durch Scientologen aussehen?

Hemminger: Aus den Schriften L. Ron Hubbards geht eindeutig hervor, daß all das suspendiert würde, was wir als demokratische Grundordnung kennen – also die Trennung der Gewalten, parlamentarische Gesetzgebungsprozeduren und so weiter. All das ist aus scientologischer Sicht schon deshalb nicht sinnvoll, weil Nicht-Scientologen gar nicht die Problemlösungskompetenz besitzen, um bei solchen Dingen gefragt zu werden. Insofern würde sich eine scientologische Machtübernahme ähnlich auswirken wie die der totalitären Ideologien, die wir aus dem 19. und 20. Jahrhundert kennen und die zum Beispiel Hannah Arendt analysiert hat.

TK: Gibt es denn tatsächliche Anhaltspunkte, daß Scientology die politische Macht übernehmen will, bevor, aus deren Utopie heraus, alle Menschen einen hohen *Erkenntnisgrad* erreicht haben?

Hemminger: Die gibt es sehr wohl. Es ist bekannt geworden, daß es zum Beispiel Anfang der 90er Jahre einen Plan gab, in Deutschland die Macht zu übernehmen. Über eine massive Werbekampagne für *Dianetik* wollte man große Teile der Bevölkerung vom Wert von Scientology überzeugen und dann auf der Grundlage breiter öffentlicher Unterstützung die Regierung übernehmen. Es gab sogar schon ein Schattenkabinett. Ein phantastischer Plan, der vor allem durch hochrangige Aussteiger bekannt wurde. Und auch im Ausland gab und gibt es Pläne, die zwar ebenfalls irreal, aber nicht ganz so verrückt sind: In Albanien, einem sehr armen Land, wollte man sich die Regierungsmacht quasi erkaufen. Und als die griechischen Behörden die Athener Zentrale von Scientology durchsuchten, wurden Pläne bekannt, einen scientologischen Balkanstaat Bulgravia aufzubauen, der große Teile Griechenlands, Mazedoniens und Serbiens umfassen sollte.

TK: Würden Sie die deutsche Scientology-Organisation als verfassungsfeindlich einstufen?

Hemminger: Ich halte die Verfassungsfeindlichkeit in dem Sinne, daß Scientology daran arbeitet, die demokratische Grundordnung und die Grundrechte zu eliminieren, von den Schriften her für unzweifelhaft gegeben. Nur haben mir Juristen gesagt, daß auch ein aktives Vorgehen gegen die Grundordnung für die Einstufung als »verfassungsfeindlich« erforderlich sei, bloße Propaganda reiche nicht. Ob sich dafür hinreichende Anhaltspunkte ergeben, wird man abwarten müssen.

TK: Schafft die Beobachtung durch den Verfassungsschutz nicht möglicherweise Märtyrer, die sich in ein geschlossenes System zurückziehen und vielleicht aus dem heraus erst das tun könnten, was der Verfassungsschutz eigentlich verhindern soll?

Hemminger: Ich glaube, daß die Beobachtung durch den Verfassungsschutz Verfolgungserwartungen nicht erfüllt. Dazu ist sie zu nüchtern. Das Problem liegt vielmehr in der überzogenen, hysterischen öffentlichen Diskussion. Also, mir haben zum Beispiel Scientologen, die schon am Rande stehen, gesagt, gerade die vielen überzogenen und nachweislich falschen Vorwürfe in den Medien hätten sie in der Organisation gehalten. Dort würden Scientologen so dargestellt, als würden sie alle mit Vampirzähnen, Schaum vor dem Mund und Pferdefuß durch die Gegend laufen und nur darauf warten, kleine Kinder zu fressen. Diese Sensationsberichte bewirken, daß Scientologen sich in der Annahme bestätigt sehen, alles, was gegen Scientology gesagt werde, sei falsch und Ausfluß einer böswilligen Kampagne.

TK: Nach Meinungsumfragen will die große Mehrheit der Deutschen Scientology und alle sogenannten *Sekten* verbieten.

Hemminger: Die weitverbreitete Meinung, man solle *Sekten*, was auch immer das sein mag, verbieten, rührt meiner Meinung nach daher, daß viele Leute von diesen Dingen nur sehr verschwommene Vorstellungen besitzen. Und ich persönlich bin dankbar, daß unser Grundgesetz für Verbote sehr hohe Hürden vorsieht – schon aus den Erfahrungen des Dritten Reichs heraus. Juristen sagen mir darüber hinaus, daß sie die

Frage, ob eine religiöse oder weltanschauliche Vereinigung überhaupt verboten werden kann, nicht sicher beantworten können. Das Grundgesetz sieht zwar ein Vereinsverbot für verfassungsfeindliche Vereinigungen vor. Aber ob das auch anwendbar ist auf Vereine, die religiöse oder weltanschauliche Ziele verfolgen, ist angesichts des Artikels 4 Grundgesetz sehr fraglich. Davon abgesehen: Außer für Scientology kommt eh für keine Gruppe ein Verbot in Frage. Und auch bei Scientology wäre ich, selbst wenn Verbotsgründe vorlägen, gegen ein Verbot. Denn damit würde man wirklich Märtyrer schaffen und einen scientologischen Untergrund.

TK: Was sollte man tun, um Märtyrertum zu verhindern?

Hemminger: Um zu verhindern, daß Märtyrer entstehen, sollten wir als Hauptmaßnahme zum Schutze Betroffener ganz nüchtern unsere Rechtsordnung durchsetzen – und zwar nicht vorrangig auf der politischen Ebene, beim Verfassungsschutz, sondern bei der Gewerbe- und Mehrwertsteuer, bei der Einhaltung des Arbeitsrechts und beim Entzug der Gemeinnützigkeit. Man schafft auch keine Märtyrer, wenn man hin und wieder daran erinnert, daß gewerblich tätige Organisationen einen Betriebsrat haben müssen. So etwas vor Ort durchzusetzen, macht natürlich Mühe, aber es bringt mehr als irgendwelche politischen Rundumschläge.

TK: Wie beurteilen Sie staatliche Warnungen vor Scientology und sogenannten *Sekten*?

Hemminger: Ich bin der Ansicht, daß der Staat im Rahmen seines Bildungsauftrags warnen kann – allerdings nur auf der Grundlage nachweislicher Gefährdungen.

TK: Welche nachweisliche Gefährdung geht für Sie von Scientology aus?

Hemminger: Eine nachweisliche Gefährdung zum Beispiel des Geldbeutels. Es ist ganz offenkundig, daß Menschen finanziell schwer geschädigt worden sind; und das darf in einer staatlichen Informationsschrift stehen. Also: »Bürger, haltet Eure Portemonnaies fest, wenn Ihr es mit Scientology zu tun habt.« Das zu sagen, ist der Staat berechtigt.

TK: Was halten Sie davon, Scientologen vom Zugang zum öffentlichen Dienst und von öffentlichen Aufträgen auszuschließen?

Hemminger: Das halte ich, als juristischer Laie, für rechtlich problematisch, weil es mir so vorkommt, als zäume man das Pferd vom Schwanz her auf. Es müßte eigentlich zuerst einmal eine verfassungsfeindliche Aktivität festgestellt werden, bevor man dann gewisse verantwortliche Positionen nicht mehr an Scientologen vergibt. Und ob es der Sache dient, einen Großhandel, bloß weil er einem Scientologen gehört, keine Briefumschläge mehr an den Staat liefern zu lassen, wage ich zu bezweifeln. Da würde ich mir mehr Gelassenheit wünschen.

TK: Staatliches Handeln setzt Signale für den Privatsektor. Was halten Sie davon, daß in Deutschland Leute aus Arbeitsverhältnissen entlassen sowie aus Parteien und Berufsverbänden ausgeschlossen werden, weil sie Scientologen sind?

Hemminger: Scientologische Aktivitäten können einem Unternehmen sehr schaden. Deshalb kann es zum Beispiel nicht geduldet werden, daß ein Arbeitnehmer die Personalentwicklung scientologisch beeinflußt. Und jedem Unternehmer muß zugestanden werden, einen solchen Scientologen zur Abwehr von Schaden aus dem Betrieb zu entfernen. Spiegelt sich die Zugehörigkeit zu Scientology allerdings nicht im innerbetrieblichen Handeln, halte ich es für kontraproduktiv, den Betreffenden zu entlassen, weil man ihm ja damit die Möglichkeit, sich von der Organisation zu distanzieren, unter den Füßen wegzieht. Es gibt auch jene Fälle, wo scientologische Eltern ihre Kinder in öffentliche Schulen und Kindergärten schicken. Daß dann andere Eltern – wir hatten so einen Fall in Stuttgart – Angst haben, die Klassenkameraden würden scientologisch beeinflußt, halte ich für unsinnig. Hier werden Leute fast mit Gewalt marginalisiert, die es dringend bräuchten, daß man sie eher integriert.

TK: Und Parteien?

Hemminger: Parteien sind weltanschaulich geprägte Zusammenschlüsse; und die müssen die Möglichkeit haben, andere Weltanschauungen, die sie für mit ihren Auffassungen unvereinbar ansehen, auszuschließen. Und Parteien sind ja keine zur Verwirklichung von Bürgerrechten notwendige Organisationen. Die Scientologen können schließlich eine eigene Partei gründen.

TK: Was halten Sie vom Gesetzentwurf des Bundesrats, der die *Lebensbewältigungshilfe* regeln will?

Hemminger: Das halte ich im Sinne des Verbraucherschutzes für außerordentlich notwendig. Man kann so zwar nicht den gesamten Bereich der alternativen Lebenshilfe regeln, aber Extreme abschneiden. Es gibt im Gesetzentwurf des Bundesrats zum Beispiel eine gewisse Aufklärungs- und Offenbarungspflicht bezüglich der Kosten und besondere Rechte, von Verträgen zurückzutreten. Ein solches Gesetz würde natürlich auch das scientologische *Auditing* betreffen.

TK: Welche Funktion üben Sie als kirchlicher Weltanschauungsbeauftragter aus – insbesondere auf Scientology bezogen?

Hemminger: Meine Aufgabe ist es, innerhalb der Kirche über Scientology zu informieren sowie Organisationen und Menschen mit diesbezüglichen Problemen zu beraten. Ich mache Vorschläge, wie man reagieren sollte, wenn zum Beispiel Scientology versucht, Kontakte mit evangelischen Kindergärten zu knüpfen, wie es vor kurzem in Baden-Württemberg vorkam. Ich suche natürlich auch den Dialog. Aber Scientology hat eine eigene Art, mit Kritik umzugehen, die den Dialog fast unmöglich macht.

TK: Welche Erfahrungen haben Sie da gemacht?

Hemminger: Daß es nur zum Austausch von Propagandapositionen und Drohungen kommt, was sich nicht lohnt. Die einzigen Scientologen, mit denen man einigermaßen fruchtbar reden kann, sind nach meinen Erfahrungen solche, die schon mit einem Fuß außerhalb stehen.

TK: Welchen Eindruck haben Sie von Scientology-Aussteigern und deren Umgang mit ihrer Vergangenheit gewonnen?

Hemminger: Das sind häufig Menschen, die seelisch am Ende und hoch verschuldet sind. Die wissen weder ein noch aus. Psychische Probleme hatten die Betreffenden natürlich oft schon vorher. Die werden durch den hektischen Aktivismus bei Scientology eine Zeitlang verdeckt, kehren dann wieder und verbinden sich mit reaktiven Depressionen. Man hat ja seinen bisherigen Lebenssinn verloren. Man hat irre viel investiert, und jetzt soll das alles nichts gewesen sein.

TK: Warum steigen diese Leute aus?

Hemminger: Einige, weil für sie das System seine Bindungskraft verliert, andere, weil sie einfach nicht mehr können. Der Streß ist ja enorm groß bei Scientology, vor allem für die Vollzeit-Mitarbeiter. Da sind irgendwann die körperlichen und seelischen Kräfte verbraucht; und Geld hat man auch nicht mehr. Viele verbrauchte Leute werden von der Scientology-Organisation auch einfach rausgeschmissen. Wer nichts mehr zu bieten hat, finanziell oder arbeitsmäßig, wird rausgeworfen.

TK: Wieviele Scientology-Aussteiger mit psychischen und sonstigen Problemen gibt es denn in Deutschland?

Hemminger: Das ist quantitativ ganz schwierig zu sagen, weil niemand die Schäden flächendeckend erhebt. Man kann nur sagen, daß angesichts der maximal 15 000 Scientology-Mitglieder in Deutschland die Zahl der Beratungsfälle und der schweren Probleme enorm hoch liegt – höher als bei jeder echten Religions- oder Weltanschauungsgemeinschaft. Deutsche *Sekten-* und *Weltanschauungsbeauftragte* werden im Jahr mehrere tausend Mal um Information oder Hilfe bezüglich Scientology gebeten.

TK: Eine abschließende Frage: Bestimmte Gruppierungen und Teile der Religionswissenschaft werfen insbesondere protestantischen *Sekten-* und *Weltanschauungsbeauftragten* vor, seit den 70er Jahren die Stigmatisierung und gesellschaftliche Ausgrenzung etlicher kleinerer religiös-weltanschaulicher Gemeinschaften zu betreiben – unter massiver Instrumentalisierung von Medien, Wissenschaft und staatlichen Institutionen. Wie stehen Sie zu diesem Vorwurf?
Hemminger: Am Anfang der gesellschaftlichen Auseinandersetzung mit den sogenannten neuen religiösen Bewegungen in den 70er Jahren standen Betroffeneninitiativen, die sich nach Vorbildern in den USA organisiert hatten. Diese Initiativen suchten bei den Kirchen Unterstützung; und die Beauftragten wurden daraufhin eingesetzt. Zu deren Arbeit gehörte von Anfang an eine Parteinahme für die Betroffenen und Opfer, und das halte ich immer noch für nötig. – Wenn man in so heftigen und vielschichtigen Konflikten Partei nimmt, macht man auch Fehler. Aber alles in allem haben sich die Informationen der Beauftragten über die Gruppen über viele Jahre als zuverlässig erwiesen. Von der Stigmatisierung einer angeblichen religiösen Konkurrenz zu sprechen, grenzt an Verleumdung. Wo steht zum Beispiel in den kirchlichen Aufklärungsschriften über Scientology irgend etwas, was sich nachträglich als unwahr oder als Diffamierung herausstellte? Die unsachlichen Scientology-»Fresser« finden sich doch nun wirklich anderswo. Und einige der kirchenkritischsten Religionswissenschaftler müssen sich vorwerfen lassen, daß sie die Berichte von Aussteigern aus konfliktträchtigen Gruppen ignorieren und sogar auf diejenigen, die öffentlich ihr Leid klagen, noch einprügeln. Die Rolle eines Religionswissenschaftlers erlaubt zwar keine Parteinahme und keine Wertung von Lehre und Praxis einer Gruppe; aber das »Man höre beide Seiten« gilt auch für sie. Außerdem erfordert das Helfen in Konflikten ein anderes Verhalten, mit Wertfreiheit kommt man da nicht weit. Ich meine, in Wirklichkeit geht es vielen Kritikern kirchlicher Arbeit vor allem um eigene Marktanteile bei der Bewirtschaftung eines gesellschaftlichen Problems – wo es Forschungsmittel, Beratungsmittel und so weiter zu verteilen gilt. Das ist durchaus in Ordnung, Konkurrenz belebt das Geschäft. Aber auf unlauteren Wettbewerb sollten wir verzichten.

Aus den Schriften ist die konkrete Gestalt nicht ableitbar

Gespräch mit Professor Hubert Seiwert

Prof. Dr. Hubert Seiwert, geboren 1949, studierte in Bonn und Paris Religionswissenschaft, Sinologie und Politikwissenschaft. 1985 bis 1994 war er Professor für Religionswissenschaft an der Universität Hannover. Seit 1994 ist er Direktor des religionswissenschaftlichen Instituts der Universität Leipzig. Prof. Seiwert ist Herausgeber der »Zeitschrift für Religionswissenschaft« und war 1996 bis 1998 Mitglied der Enquete-Kommission »Sogenannte Sekten und Psychogruppen« des Deutschen Bundestags.

TK: Herr Professor Seiwert, in etlichen Ländern Europas, allen voran Deutschland, herrscht große Sorge wegen sogenannter *Sekten*. Belgien, Frankreich und Deutschland haben parlamentarische *Enquete-Kommissionen* eingesetzt, während man in den USA über derlei Aktivitäten die Nase rümpft und sogar vor Menschenrechtsverletzungen warnt. Wo liegen die historischen Wurzeln des unterschiedlichen Umgangs mit religiösen und weltanschaulichen Minderheiten?
Seiwert: In Europa hatten wir schon im Mittelalter Gesellschaften, in denen die christlichen Kirchen eine enge Verbindung mit den jeweiligen politischen Autoritäten eingegangen waren. Nach der Reformation änderte sich das in Westeuropa nur insofern, als in dem einen Land die katholische, in dem anderen eine protestantische Kirche Staatskirche war. Die Amerikaner andererseits verweisen gern darauf, daß die USA von Menschen gegründet wurden, die wegen ihrer religiösen Überzeugungen aus Europa auswandern mußten. Das trifft zwar in der Schärfe nicht immer zu, ist aber sicher Teil einer historischen Erfahrung, die in Amerika zu einer ganz anderen Auffassung in diesen Dingen führte.
TK: Mit den demokratischen Revolutionen vor 150 Jahren änderte sich in Europa zumindest der rechtliche Rahmen.
Seiwert: Ja. Danach wurden Verfassungen eingeführt, die die Wahrnehmung von Bürgerrechten oder die Übernahme öffentlicher Ämter nicht mehr an die Zugehörigkeit zu einer Konfession koppelten. Das heißt, seit dieser Zeit ist, was den Rechtstext angeht, niemand mehr auf Grund seiner religiösen Überzeugung benachteiligt. Die Verfassungslage ist hier inzwischen, mit wenigen Ausnahmen wie Griechenland, in allen europäischen Ländern eindeutig.

TK: Wie sieht im Deutschland von heute die Realität aus?

Seiwert: Da müssen wir unterscheiden zwischen hoheitlichen Akten und Gesetzen einerseits sowie gesellschaftlichem Handeln andererseits. In Deutschland gibt es sicher keine Gesetze, die religiöse Minderheiten diskriminieren. Die hätten auch vor dem Bundesverfassungsgericht keinen Bestand. Was die Exekutive angeht, haben wir dezidierte Äußerungen und Maßnahmen gegen Scientology – bezüglich deren sich die Exekutive allerdings darauf beruft, daß es sich bei Scientology gar nicht um eine Religion handele.

TK: Dazu vielleicht später. Respektiert die deutsche Gesellschaft das gesetzliche Gebot der Religions- und Weltanschauungsfreiheit?

Seiwert: Es gibt in allen Gesellschaften einen quasi natürlichen Impuls, sich gegen Minderheiten abzugrenzen und diese auch auszugrenzen. Ein Merkmal moderner, demokratisch-pluralistisch verfaßter Gesellschaften ist es, daß sie diesem Impuls Schranken setzen. Das heißt, der freiheitliche Staat schützt Minderheiten, solange sie sich im Rahmen der Rechtsordnung bewegen. Trotzdem gibt es innerhalb der deutschen Gesellschaft eine eindeutige Tendenz, Angehörige religiöser Minderheiten oder sogenannter *Sekten* auszugrenzen. Sie werden, wie es in der Soziologie heißt, stigmatisiert, also mit bestimmten *Etiketten* beheftet, die da sagen, das sei gefährlich für den einzelnen oder sogar für die Gesellschaft. Diese Stigmatisierung fördert Vorurteile und spiegelt sich in einer ziemlich einseitigen Berichterstattung der Medien.

TK: Was sind die Ursachen? Fehlende Information und Erziehung?

Seiwert: Ja. Warum erscheinen *Sekten*, die weder, was die Mitgliederzahlen, noch, was die Verwicklung in Straftaten angeht, ein Problem verkörpern, dieser Gesellschaft dennoch als so großes Problem? Eine wissenschaftlich hochinteressante Frage, die sich bislang nicht eindeutig beantworten läßt. Wir können das aber, mit Blick auf die letzten 25 Jahre, einmal historisch betrachten: Die Diskussion begann in den frühen 70er Jahren mit der Debatte über sogenannte Jugendsekten. Und es dauerte eine Weile, bis diese Sache zu einem so gravierenden Problem definiert wurde, daß sich, seit der ersten Hälfte der 90er Jahre, sogar das Parlament damit befaßt.

TK: Und die Ursachen? Angst vor gesellschaftlicher Destabilisierung durch alternative Lebens- und Denkformen?

Seiwert: Genau. Es geht um die Abwehr von Personen und Gruppen, die den Anspruch erheben, mit eigener Legitimität bestimmte, vom Glauben der Mehrheit abweichende Werte, Normen, Weltanschauungen und auch Lebensformen begründen zu können. Dadurch entsteht eine Spannung zum Staat, der seine eigenen normativen Voraussetzungen gar nicht mehr begründen kann – eine Spannung, die prinzipiell, aber in sehr abgeschwächter Form, auch zwischen dem Staat und etwa der katholischen Kirche existiert. Denken Sie zum Beispiel an die Frage der Abtreibung. Stellt sich nun eine solche Religionsgemeinschaft in grundsätzlichen Gegensatz zu Staat und Gesellschaft, indem sie zum Beispiel sagt, es gebe wichtigere Dinge als Geld und Karriere, und von ihren Mitgliedern darüber hinaus erwartet, sich aus dem ökonomischen Prozeß auszuklinken, dann haben Sie einen ernsten Konflikt. Denn unser ökonomisches und politisches System basiert darauf, daß Menschen ökonomisch handeln und ökonomische Ziele verfolgen. Wenn sich dem alle verweigerten, würde der Kapitalismus zusammenbrechen. Es würden hier also gesellschaftlich zentrale Werte von einer Religionsgemeinschaft unterminiert.

TK: Welche Rolle spielen bei der Auseinandersetzung mit *Sekten* die *Sektenbeauftragten* der großen Kirchen, sprich der Wettbewerber?

Seiwert: Die *Sektenbeauftragten* insbesondere der evangelischen Kirche waren die ersten, die vor *Sekten* gewarnt haben. Und sie werden ja auch als sogenannte Experten bevorzugt von Journalisten angesprochen. Unter diesen *Sektenbeauftragten* gibt es einzelne, bei denen man geradezu von Militanz sprechen muß. Viel von dem, was sie tun, verschärft schlicht Konflikte. Andererseits gibt es *Sektenbeauftragte*, die auch mit den Gruppen reden und tatsächlich um Vermittlung bemüht sind.

TK: Was treibt die militanten *Sektenbeauftragten*?

Seiwert: Einer dieser Beauftragten sagte mal in einem Zeitungsinterview, was diese Gruppen – es ging um »New Age« – wollten, sei nichts anderes als die Unterminierung des christlich-jüdischen Menschenbildes. Also, ich sehe da eine ziemlich diffuse, von Wissen oft wenig getrübte Furcht vor Fremdem. Es gibt auch Vermutungen, daß bei einigen *Sektenbeauftragten* professionelle Erwägungen im Vordergrund stehen, nach dem Motto: Wo es eine Planstelle gibt, muß es auch Aufgaben geben für diese Planstelle, und die Gesellschaft muß bereit sein, dafür Ressourcen zur Verfügung zu stellen.

TK: Gehen von religiösen Minderheiten, gehen von *Sekten* in Deutschland konkrete Gefahren aus?

Seiwert: Risiken gibt es überall im Leben. Es gibt Gefahren des Straßenverkehrs, des Sports und der Mitgliedschaft in einer *Sekte*. Und es ist eine Frage der Perspektive, inwieweit ich in einem Kontext die Risiken betone, die gleichen Risiken aber in anderen Zusammenhängen ignoriere. Nehmen Sie das Beispiel des sexuellen Mißbrauchs. Rein statistisch wäre es ein Wunder, gäbe es in *Sekten* keinen sexuellen Mißbrauch, weil das in unserer Bevölkerung eben mit einer gewissen statistischen Häufigkeit vorkommt – häufig innerhalb von Familien. Also könnte man auch sagen, daß die Familie eine gefährliche Institution ist. Und schauen Sie, wie sehr auch die großen Kirchen von diesem Problem betroffen sind. Die öffentliche Wahrnehmung ist allerdings die, daß, wenn dies in einer *Sekte* vorkommt, es als Beleg für die Gefährlichkeit dieser und aller *Sekten* herzuhalten hat.

TK: Was tut der Staat, um religiöse Freiheit im Alltag zu schützen?

Seiwert: Ich denke, er könnte mehr tun. Ich vermag nicht nachzuvollziehen, warum die Exekutive bis heute nicht mit den religiösen Minderheiten, vor denen sie warnt, redet. Warum wartet man ab, bis Prozesse geführt werden, in denen dann vielleicht untersagt wird, bestimmte Behauptungen weiter zu verbreiten oder bestimmte Gruppen, die *Sekten* bekämpfen, durch den Staat weiter zu fördern? Manche Behörden warten ja förmlich darauf, daß vom Staat abgegebene Stellungnahmen von den *Sekten* juristisch angegriffen werden. Sehen Sie, der Berliner Senat hat kürzlich einen Sektenbericht vorgelegt, mit dem Titel »Sekten: Risiken und Nebenwirkungen«. Und nach einer Agenturmeldung wurde mitgeteilt, daß dieser Bericht zunächst über das Internet verbreitet werde – und zwar deshalb, weil man die Verbreitung auch für den Fall sicherstellen wolle, daß der Bericht von einzelnen Gruppen auf dem Wege einer einstweiligen Verfügung gestoppt werde. Hier sehe ich ein sehr merkwürdiges Verständnis von den Bürgerrechten religiöser Minderheiten. Denn die bloße Vermutung, daß sie damit möglicherweise rechtswidrig handelt, sollte doch für eine Verwaltung in einem demokratischen Rechtsstaat Grund genug sein, einen solchen Bericht zunächst nicht zu veröffentlichen.

TK: Läßt sich Religion im Sinne des Artikels 4 Grundgesetz eigentlich definieren?

Seiwert: Die Väter unserer Verfassung dürften zunächst an Religionen gedacht haben, die sie kannten – an die christlichen Konfessionen einschließlich kleinerer Gruppen, an Buddhismus, Islam und Judentum. Die Schwierigkeit heute ist, daß sich die religiöse Landschaft in Deutschland in einer Weise pluralistisch entwickelt hat, wie das niemand voraussehen konnte. Heute gibt es etliche Gemeinschaften, bei denen die Religionseigenschaft nicht von vornherein unstrittig ist. Und wenn unsere Verfassungsrechtler sich jetzt an die Religionswissenschaftler wenden, sollen sie nicht glauben, von denen eine eindeutige

Antwort zu bekommen. Denn innerhalb der Religionswissenschaft wird der Begriff »Religion« als theoretisches Konzept verstanden – in dem Sinne, daß jeder Religionswissenschaftler Religion im Kontext einer Gesellschafts- oder Kulturtheorie definiert. Und leider sind die Definitionen nicht einheitlich. Es gibt sehr unterschiedliche Denkschulen und Theorietraditionen.

TK: Zu Scientology: Diese Organisation beansprucht, eine Religionsgemeinschaft zu sein. Der Glauben an eine übernatürliche Kraft, an eine Quelle finalen Wissens, die Beschäftigung mit grundlegenden Fragen des Seins, Andachtspraktiken und so weiter – die meisten empirisch häufig vorkommenden Elemente einer Religionsgemeinschaft seien vorhanden. Was ist Ihre Meinung dazu?

Seiwert: Es gibt gebräuchliche Religionsdefinitionen, vor allem in der Soziologie, nach denen Scientology als religiöse Bewegung eingestuft wird – in der Regel als »client cult«, eine Gemeinschaft, die ihren Mitgliedern Leistungen gegen Bezahlung erbringt. Derlei ist in der Religionsgeschichte keineswegs ungewöhnlich. Ansonsten halte ich die Diskussion, ob Scientology eine Religion sei, vor dem deutschen Hintergrund für eine Gespensterdiskussion. Denn Sie wissen ja, daß nach dem Grundgesetz die Vereinigungen zur Pflege einer Weltanschauung ausdrücklich den Religionsgesellschaften gleichgestellt sind.

TK: Scientology ist also Ihrer Meinung nach eine Vereinigung zur Pflege einer Weltanschauung?

Seiwert: Die in der Öffentlichkeit diskutierte Alternative wäre, daß Scientology eine kriminelle Organisation ist. Dann aber gäbe es entsprechende Urteile, und diese Organisation wäre längst verboten. Statt dessen gibt es ein im Auftrag einer Landesregierung erstelltes kriminologisches Gutachten, das den Verdacht, Scientology sei eine kriminelle Organisation, eindeutig verneint. Für wenig überzeugend halte ich auch die Theorie, daß es sich bei Scientology um nichts als ein Wirtschaftsunternehmen handele. Die Pointe dabei ist, daß sich seit 20 Jahren *Sekten-* und *Weltanschauungsbeauftragte* der beiden großen Kirchen mit Scientology beschäftigen. Wenn sie glauben, das sei nichts weiter als ein Wirtschaftsunternehmen, dann frage ich mich, warum sie sich damit befassen. Also, zu sagen, Scientology sei nicht mindestens eine Weltanschauung, halte ich nach allem, was ich über Scientology weiß, für ziemlich abwegig.

TK: Scientology ist aus einer therapeutischen Bewegung, dem – wenn man so will – »*Dianetik*-Kult«, entstanden. Gibt es dazu in der Weltanschauungs- oder Religionsgeschichte Parallelen?

Seiwert: Die Wurzeln vieler großer religiöser Bewegungen waren Heilungskulte. Heilung im umfassenden Sinne ist ein Grundanliegen in sehr, sehr vielen Religionen. Sie wissen, daß auch die Attraktivität des Jesus von Nazareth für manche seiner Zeitgenossen darin bestand, daß er Heilungen durchführte. Heil und Heilung hängen sehr eng zusammen in den Religionen. Und es gibt auch heute christliche Gruppierungen, bei denen Heilung ein zentrales Element ist.
TK: Bei Scientology strebt der *Thetan* als Erlösung die höchste *OT-Stufe* an – den Zustand völliger Freiheit des Individuums, das dann irgend etwas zwischen geretteter Seele und gottähnlichem Wesen ist. Gibt es Vergleichbares in etablierten Religionen?
Seiwert: Im Mahayana-Buddhismus zum Beispiel haben wir die Grundannahme, daß in jedem Menschen die Buddha-Natur steckt. Die Erkenntnis der eigenen Buddha-Natur strebt man an – als Erlösung. Dennoch halte ich es für abwegig, daß sich Scientology als Religion in der buddhistischen Tradition darstellt. Buddhismus und Scientology verfolgen zwar nichttheistische Konzepte, aber das wichtigste Mittel, das Heil zu erlangen, ist für den Buddhisten, das eigene Verlangen nach etwas auszuschalten und begierdelos zu werden. Der Scientologe dagegen verfolgt konsequent bestimmte Ziele für sich als Individuum.
TK: Scientology wird in Deutschland vom Verfassungsschutz beobachtet. Eine wichtige Grundlage dafür ist der Vorwurf des Totalitarismus, den, unter Rückgriff auf Hannah Arendt, der Frankfurter Politologe Hans-Gerd Jaschke in einem Gutachten für das nordrhein-westfälische Innenministerium wissenschaftlich zu fundieren sucht.
Seiwert: Wenn man wissenschaftlich forscht, sollte man definieren, was man eigentlich untersucht. Untersuche ich eine Bewegung oder eine Organisation, dann wende ich auf diese sozialen Gegebenheiten soziologische Methoden an. Untersuche ich ein Glaubenssystem, dann kann ich mich zunächst darauf beschränken, die Schriften dieses Glaubenssystems zu untersuchen. Soweit ich weiß, hat das Jaschke-Gutachten keine andere empirische Basis als Schriften. Ich würde schon aus diesem Grund in Frage stellen, ob Herr Jaschke damit überhaupt etwas über die konkrete soziale Gestalt einer Organisation feststellen konnte. Schauen Sie: Wenn Sie sich die heiligen Schriften der Christen ansehen, das Neue Testament, die Kirchenväter, dann kann man daraus auch nicht die konkrete Gestalt des Christentums ableiten: weder die Inquisition noch die Ketzerverfolgung oder die strukturelle Entwicklung der katholischen Kirche. Bleibt die Frage: Was soll der Totalitarismus-Vorwurf im Zusammenhang mit Scientology? Mein Eindruck ist, daß ein-

fach ein neues *Etikett* gebraucht wurde – so wie »*Sekte*«. Jeder weiß, *Sekte* ist etwas Schlechtes; jeder weiß, Totalitarismus ist etwas Schlechtes – auch wenn er keine konkreten Vorstellungen davon hat. Nichtsdestoweniger kann man die Begriffe politisch wirksam verwenden.

TK: Gehen wir – einmal ungeachtet Ihrer methodologischen Kritik – ein wenig auf die inhaltliche Begründung des Totalitarismus-Vorwurfs ein. Da heißt es bei Jaschke zum Beispiel, die absolut gesetzte Heilslehre sei Merkmal einer totalitären Organisation.

Seiwert: Dann ist auch das Christentum eine totalitäre Heilslehre; denn es hat, zumindest bis vor wenigen Jahrzehnten, die eigene Heilslehre absolut gesetzt. »Extra ecclesiam nulla salus«, außerhalb der Kirche gibt es kein Heil. Daß dieser Absolutheitsanspruch theologisch vielfach reflektiert und gebrochen wurde, ist eine andere Sache. Aber vom Anspruch her setzt auch das Christentum seine Heilslehre absolut. Wenn es andere Wege zum Heil gäbe, hätte ja Jesus von Nazareth nicht am Kreuz sterben müssen.

TK: »*Clear* planet« – kann man das als totalitären Anspruch auf die Weltherrschaft verstehen?

Seiwert: »*Clear* planet« heißt, wenn ich es richtig verstehe, Scientology überall zu verbreiten. Man kann das vergleichen mit dem Missionsgebot des Christentums, und ich sehe da zunächst einmal kein Merkmal für Totalitarismus.

TK: Die Scientology-Organisation hat eine strenge Hierarchie und ein Strafsystem mit dem Ausschluß als Höchststrafe. Für schlecht arbeitende *SeaOrg*-Mitglieder gibt es die heftig kritisierten *RPF*-Lager.

Seiwert: Auch in traditionellen Religionen gibt es Buße und Strafe. Wenn diese *RPF*-Lager tatsächlich Straflager sind, ist das allerdings nicht vergleichbar mit Buße etwa im Christentum. Aber ich habe meine Zweifel, daß etwa Dänemark, die USA und England so wenig rechtsstaatlich sind, daß da Straflager existieren können, ohne daß die Autoritäten etwas dagegen tun. Das sind schließlich keine Bananenrepubliken. Wenn Sie, dessenungeachtet, die innere Struktur etwa eines christlichen Ordens betrachten, dann finden Sie auch dort in der Regel nicht das, was wir unter innerer Demokratie und Freiheit verstehen. Dafür geht man nicht in einen Orden. Man unterwirft sich vielmehr bestimmten Ordensregeln, die die individuelle Freiheit einschränken, gehorcht den Autoritäten und ist bereit, auch Strafen hinzunehmen.

TK: In den Schriften L. Ron Hubbards gibt es Stellen, die man als Aufforderung zur Gewalt gegen Scientology-Gegner und *unterdrückerische Personen* interpretieren kann.

Seiwert: Wenn tatsächlich in Schriften zur Gewalt gegen Personen aufgerufen wird, wäre das nach deutschem Recht strafbar und eine Sache für den Staatsanwalt. Allerdings ist das, was auf dem Papier steht, eine Sache, und die soziale Praxis eine andere. Eine Gruppe kann sehr militante Texte verfassen und sich in der Praxis friedlich verhalten. Und es kann umgekehrt sein. Eine Gruppe kann harmlose Texte verfassen und in der Praxis terroristisch sein. Ein Beispiel ist »Aum Shinrikyo«.
TK: In den USA sind in den 70er Jahren Scientologen wegen verbrecherischer Handlungen verurteilt worden – wenngleich sie dann aus der Organisation ausgeschlossen wurden.
Seiwert: Ich sage ja nicht, daß Scientologen grundsätzlich Unschuldslämmer seien. Das Problem ist jedoch, wie ich Gesetzesüberschreitungen einzelner Mitglieder von Organisationen politisch bewerte, ob ich daraus gleich eine von der Organisation ausgehende Gefahr für die politische Ordnung ableite. Bisher habe ich keine Belege dafür finden können, daß die Scientologen auch nur beabsichtigen, geschweige denn in der Lage wären, die staatliche Ordnung durch verfassungswidrige Handlungen zu bedrohen.
TK: Kann man die zweifellos vorhandene Glorifizierung Hubbards durch die Scientologen als »Führerkult« beschreiben?
Seiwert: Nein, da geht es eher um einen Stifterkult. In fast allen Religionen wird der Stifter glorifiziert, wenn nicht vergöttlicht. Und ich wüßte nicht, was daran totalitär ist.
TK: Ein weiterer Punkt ist der Sprachcode. Die absolut gesetzten Wahrheiten der Scientologen werden mittels einer Sondersprache beschrieben. Hubbard sagte, Scientology brauche sauber definierte Begriffe, die nicht schon anderweitig besetzt seien. Haben wir hier ein »Merkmal totalitärer Bewegungen«, wie Jaschke schreibt?
Seiwert: Der Vorwurf der Sondersprache ist meiner Ansicht nach einer der lächerlichsten, den man gegen eine Minderheit erheben kann. Jede Familie hat doch eine Sondersprache, wenngleich die in der Regel nicht so auffällig ist. Immer, wenn Gruppen entstehen, die auch eine ideologische Basis haben, entstehen Begriffe und Terminologien, die sich nicht völlig mit denen der Umwelt decken. Und Begriffe werden natürlich auch umdefiniert. Schließlich hat auch jede Wissenschaft ihre Sondersprache.
TK: Kritiker sagen, vor dem Hintergrund des Totalitarismus-Vorwurfs, durch die Aktivitäten von in der *WISE*-Technologie geschulten Unternehmern und Managern unterwandere Scientology unsere Wirtschaft – zum Zwecke der politischen Machtübernahme.

Seiwert: Auch andere Religionsgemeinschaften besitzen wirtschaftlichen Einfluß und Unternehmen. Und bei Scientology ist es ja offenbar so, daß die in der Kritik stehenden Unternehmen nicht der Organisation gehören, sondern verschiedenen Individuen. Im Rahmen der *Enquete-Kommission* haben wir keine Erkenntnisse gewonnen, die darauf hindeuten, daß das ein ernsthaftes Problem ist. Sicher, es wurde darauf hingewiesen, daß zum Beispiel in Berlin ein Drittel des Immobilienmarktes von Scientology-Unternehmen beherrscht werde. Aber erstens haben wir dafür keine Belege gesehen; und zweitens sehe ich darin nichts Beunruhigendes, solange sich die betreffenden Immobilienmakler im Rahmen der Gesetze bewegen. Und wenn Sie das nicht tun, haben wir schließlich Gesetze und Staatsanwälte.
TK: Wie bewerten Sie die Glaubwürdigkeit von Aussteigern?
Seiwert: Sehr unterschiedlich – wie Aussteigerberichte aus einer Ehe. Manch einer läßt kein gutes Haar an seinem früheren Ehepartner und kann sich gar nicht vorstellen, wie er dieses »Ekel« je hat heiraten können; der andere kann sehr abgewogen analysieren, warum die Sache in die Brüche ging.
TK: Und wie steht es um die Glaubwürdigkeit von kirchlichen *Sektenbeauftragten*, die von Gerichten oft als Gutachter gehört werden?
Seiwert: Da gibt es, wie gesagt, sehr abwägende Leute und welche, die zum Übereifer neigen. Andererseits kann ich vom Vertreter einer Kirche nicht erwarten, daß er sich weltanschaulich neutral verhält. Dann hätte er seinen Beruf verfehlt. Das Problem ist, daß der Staat sich zu stark auf kirchliche *Sektenbeauftragte* als Gutachter stützt, weil er keine anderen zu haben glaubt.
TK: Welchen Einfluß hat die Religionswissenschaft in Deutschland?
Seiwert: Die meisten Menschen, teilweise selbst die Leitung mancher Universitäten, an denen das Fach Religionswissenschaft vertreten ist, wissen gar nicht, daß es das Fach gibt. Oder sie wissen nicht, daß das nicht Theologie ist, sondern eine Wissenschaft, die sich mit Religion beschäftigt, ohne selbst eine religiöse Position zu beziehen. Und natürlich gibt es nur an zehn, fünfzehn deutschen Universitäten überhaupt Vertreter unseres Fachs.
TK: Wie sieht es, im Vergleich dazu, im angelsächsischen Raum aus?
Seiwert: Die Religionswissenschaft in England ist auch nicht viel besser dran. Mit neuen religiösen Bewegungen allerdings hat sich die englische Religionssoziologie sehr viel früher befaßt als die deutsche. In Deutschland beschäftigen wir uns traditionell eher mit asiatischen Religionen. Wieder anders ist die Lage in den USA. Dort werden an sehr vielen Uni-

versitäten »religious studies« betrieben – was damit zusammenhängt, daß es keine theologischen Fakultäten gibt und universitäre Beschäftigung mit Religion ausschließlich unter dem Dach der Religionswissenschaft möglich ist.

TK: In England und den USA gibt es zahlreiche religionswissenschaftliche Publikationen, die sich mit Scientology als religiöser Gemeinschaft beschäftigen. Wie sieht es da in Deutschland aus? Und ziehen deutsche Gerichte, die sich mit Scientology beschäftigen, Religionswissenschaftler zu Rate?

Seiwert: Zur Frage Scientology haben sich deutsche Religionswissenschaftler bisher nicht geäußert.

TK: Warum nicht?

Seiwert: Das ist eine interessante Frage. Natürlich muß man berücksichtigen, daß das Thema Scientology sich nicht gerade als erstes aufdrängt, wenn man sich mit Religionen befaßt. Aber es gibt auch andere Gründe. Ich erzähle Ihnen ein Beispiel, ohne Namen zu nennen. Ich saß mit zwei Kollegen – beides Soziologen – von zwei anderen Universitäten zusammen. Wir wollten eine Umfrage machen bei religiösen Gruppierungen, um deren Werte, die Haltung zum Staat, Erziehungskonzepte und so weiter zu erfragen. Und da hatten wir auch die Absicht, Scientology einzubeziehen. Damals stand aber ich gerade unter Beschuß, weil ich als jemand, der den öffentlichen Umgang mit *Sekten* kritisierte, in die *Enquete-Kommission* berufen werden sollte. Wir drei Forscher haben damals überlegt, daß wir ja nicht, wie Herr Jaschke, nur Scientology-Publikationen lesen, sondern auch mit Scientologen reden müssen. Und da könnte es natürlich sein, daß man uns beim Betreten eines Scientology-Quartiers fotografiert und das Foto als Beleg für unsere enge Verbindung mit Scientology an die Presse weitergibt. Daß wir in Wirklichkeit nur, wie jeder Wissenschaftler, mit unserem Forschungsgegenstand Kontakt halten, würden wir möglicherweise nicht vermitteln können. Deshalb haben wir uns damals entschieden, Scientology nicht in die Studie einzubeziehen.

TK: Selbstauferlegte Unfreiheit der Wissenschaft?

Seiwert: Im verfassungsrechtlichen Sinne hätten wir sicher die Freiheit gehabt, Scientology zu untersuchen. Und niemand aus der Wissenschaftsverwaltung hätte uns Vorwürfe gemacht. Aber leider durften wir auch die voraussehbare politische Verwertung unserer beabsichtigten Beschäftigung mit Scientology durch Leute, die ein Interesse daran haben, Religionswissenschaftler generell als *Sekten*-Lobbyisten zu verdächtigen, nicht außer acht lassen.

TK: Die *Enquete-Kommission »Sogenannte Sekten und Psychogruppen«* des Bundestags, in der Sie, Herr Professor, Mitglied waren, hat die von uns angesprochenen Fragen als sogenannte Konfliktfelder untersucht und etliche neue Gesetze gefordert. Frau Dr. Köster-Loßack und Sie haben eine Gegenposition bezogen. Warum? Und inwiefern sehen Sie durch diese Maßnahmen die Religions- und Weltanschauungsfreiheit im Sinne des Artikels 4 Grundgesetz betroffen?
Seiwert: Zunächst einmal: Das war keine Scientology-Kommission. Deshalb muß man den Abschlußbericht auch in einem weiteren Zusammenhang betrachten. Bei der Mehrzahl der von der Kommission behandelten Gruppen – von denen einige im Abschlußbericht namentlich erwähnt sind – handelt es sich eindeutig um religiöse Gemeinschaften. Und die genießen nun einmal nach Artikel 140 unseres Grundgesetzes gewisse Sonderrechte, so daß sie nicht unter das allgemeine Vereinsrecht fallen. Dafür gibt es gute Gründe, beispielsweise die Erfahrung des Kulturkampfes im letzten Jahrhundert. – Ich gehöre nun nicht zu denen, die glauben, man verteidige die Verfassung am besten dadurch, daß man sie verändert. Mit Ausnahme der Vertreter der SPD will dies ja auch niemand in der Kommission, wenngleich die geforderte Änderung des Vereinsrechtes letztlich darauf hinausläuft. Was die übrigen Handlungsempfehlungen der Kommissionsmehrheit angeht, so halte ich das schlicht für gesetzgeberischen Aktionismus, der sich auf der Basis der von der Kommission selbst festgestellten Tatsachen nicht rechtfertigen läßt. Danach bilden die mit neuen religiösen Bewegungen verbundenen familiären und sozialen Konflikte den Kern des Problems. Aber kein einziger der von der Kommission beschriebenen Konflikte wird sich durch die vorgeschlagenen Gesetze und Gesetzesänderungen vermeiden oder lösen lassen. Im Gegenteil: Die geforderte staatliche Finanzierung privater Informationsstellen, von denen einige in der Vergangenheit offene Feindschaft zu religiösen Minderheiten an den Tag gelegt haben, würde die gesellschaftlichen Konflikte sogar verschärfen. Da wäre dann auch Artikel 4 Grundgesetz tangiert, wenn der Staat durch die Finanzierung solcher Informationsstellen in weltanschaulichen Konflikten Partei ergriffe.
TK: Was waren die Reaktionen, als Sie 1996 in einer vielbeachteten Veröffentlichung der »Süddeutschen Zeitung« den deutschen Umgang mit *Sekten* kritisierten?
Seiwert: Ich bekam zunächst überwiegend positive Leserbriefe, teilweise von Mitgliedern religiöser Minderheiten. Diese Briefe lobten, daß die *Sekten*-Frage auch mal aus einer anderen Perspektive als der der

Gegner dargestellt wurde. Als jedoch ein Jahr später mein Artikel von einer in der Schweiz erscheinenden, angeblich Scientology nahestehenden Zeitschrift nachgedruckt wurde, griffen Frau Caberta und Frau Rennebach dies auf und warfen mir unkritische Nähe zu Scientology vor. In der »Leipziger Volkszeitung« erschien dann ein Artikel, »Kommissionsmitglied unter Scientology-Verdacht«, in dem diese Vorwürfe ausgebreitet wurden. Allerdings brachte der Journalist korrekterweise auch meine Stellungnahme. Dennoch waren die Verdächtigungen nun mal in der Welt. Es begannen Mechanismen zu wirken, unter denen auch meine Familie zu leiden hatte und die wahrscheinlich noch sehr viel unerfreulicher gewesen wären, wenn ich nicht als Professor an der Leipziger Universität einen gewissen Ausweis der Seriosität hätte vorweisen können. Aber auch so war es sehr, sehr unerfreulich.

TK: Gab es Anfeindungen gegen Ihre Familie?

Seiwert: Ausgrenzungstendenzen mit dem Tenor: »Hätte ich nie gedacht, daß das auch ein Scientologe ist.«

TK: Was würden Sie tun, wenn Ihre Tochter Scientologin wäre, was, wenn sie in ein Kloster ginge?

Seiwert: Das ist eine hypothetische Frage. Ich weiß natürlich nicht, was ich tun würde. Meine älteste Tochter ist zehn. Aber nehmen wir an, sie ginge als junge Erwachsene einen anderen Lebensweg, als ich mir vorstelle. Für viele Eltern ist so etwas eine Katastrophe. Manche drehen schon durch, wenn ihre Tochter Schauspielerin oder Tänzerin wird. Sollte meine Tochter in ein Kloster gehen oder Scientologin werden, dann wäre ich vielleicht enttäuscht, weil ich mir ihre Zukunft wahrscheinlich anders vorstellen würde. Aber ich würde alles daran setzen, daß sie eine sehr gute Beziehung zu mir behält.

TK: Scientology unterbindet so etwas – sagen Kritiker.

Seiwert: Nach den empirischen Befunden, die wir haben, trifft das so nicht zu. Erstens gibt es eine Menge Leute, die ausgestiegen sind, teils gutes Geld damit verdienen und in ihren Büchern auch schreiben, daß es nur in Einzelfällen Probleme mit der Familie gibt; zweitens zeigen Untersuchungen aus England und Amerika, daß die Fluktuation bei Scientology relativ hoch ist. Nein, ich glaube, daß ich den Kontakt aufrecht erhalten könnte. Und wenn an Scientology etwas gefährlich ist, was ich nicht ausschließen kann, dann wäre es für meine Tochter sicher die größte Hilfe, in engem Kontakt zur Familie zu stehen, zu mir als Vater und eventuell zu mir als Wissenschaftler. So könnte ich ihr im Falle von Problemen helfen.

Die Organisation, die unsere Gesellschaft am meisten »verdient«

Gespräch mit dem katholischen Weltanschauungsbeauftragten Hans Liebl

Hans Liebl, geboren 1941, studierte Philosophie, Theologie, Religionswissenschaft und Germanistik in Regensburg und München. Er erwarb einen Abschluß als Diplomtheologe. Liebl unterrichtete lange Zeit an Gymnasien, bevor er 1982 Beauftragter für Sekten- und Weltanschauungsfragen der Erzdiözese München und Freising der katholischen Kirche wurde. Der verheirate Vater von drei Söhnen pflegt eine rege publizistische und Vortragstätigkeit.

TK: Was, Herr Liebl, ist für Sie eine Religion?

Liebl: Da handelt es sich prinzipiell um eine Einstellung, aus der heraus der Mensch nach Ursprung, Sinn und Ziel seiner selbst fragt, seinem Nächsten die gleichen Rechte wie sich selbst zugesteht und auch die Frage nach Gott oder dem Göttlichen mit bedenkt.

TK: Sehen Sie auch in nicht-theistischen Lehren wie dem Buddhismus Religionen?

Liebl: Der Buddhismus stellt die Frage nach Gott auch, beantwortet sie allerdings nicht explizit und ist insofern sicher ein Grenzfall. Religionswissenschaftler sehen im Buddhismus eher einen spirituellen, psychologischen Erleuchtungsweg, bei dem aber die Frage nach dem Transzendenten sicher eine große Rolle spielt. Insofern würde ich auch den Buddhismus als ernsthaften religiösen Weg anschauen.

TK: Wie beantworten Sie die Frage nach der Religionseigenschaft bei relativ jungen, kleinen Gruppierungen, bei sogenannten *Sekten* und *Psychogruppen*?

Liebl: Man muß da sehr stark unterscheiden. Die Mitglieder sogenannter *Sekten* sind sicher ernsthaft religiös interessiert. Es bleibt aber die Frage, was wir hier in der westlichen Welt als Religion definieren. Die Väter des Grundgesetzes hatten vor 50 Jahren die damalige Situation in Deutschland vor Augen – wo neben den großen Kirchen im wesentlichen nur noch Altkatholiken, Juden, einige Buddhisten und Muslime als Repräsentanten von Religionen in Erscheinung traten. Der Begriff von Religion und Weltanschauung ist vor diesem Hintergrund schon sehr zeitgebunden. Und Religionswissenschaftler wie Juristen sollten in nächster Zeit unbedingt diskutieren, was wir mit dem Artikel 4 Grundgesetz eigentlich schützen wollen – dies zumal sich ja einige Gruppen des Deckmäntelchens der Religiosität bedienen, um ihre wahren Ziele zu verbergen.

TK: Manche Kritiker solcher Gruppierungen gebrauchen den Begriff »destruktive *Kulte*«.

Liebl: Ich halte diesen Begriff für sehr, sehr wichtig. Denn wer sich mit religiösen Fragen befaßt, ist prinzipiell offen und von daher auch verletz- und verführbar. Man kann ihn mit psychischen Manipulationsmethoden, wie wir sie aus der Werbung kennen, einfangen. Und unversehens befindet sich dieser Mensch in Gruppierungen, die ihn auf den ersten Blick vielleicht ein Stück weit stabilisieren, weil sie ihm eine gewisse Richtung weisen. Auf längere Sicht jedoch entwürdigt solch ein destruktiver *Kult* den Menschen, er raubt ihm sein Selbstwertgefühl und seine Beziehung zum Nächsten. Ich sehe das sektiererisch Destruktive heute sehr, sehr weit verbreitet und widme ihm als kirchlicher *Sektenbeauftragter* große Aufmerksamkeit.

TK: Was sind Ihre Aufgaben als »Beauftragter für Sekten und Weltanschauungsfragen der Erzdiözese München und Freising«?

Liebl: Ich beobachte zunächst einmal die religiös-weltanschauliche Szene, sammle und werte Informationen. Zum zweiten gebe ich diese Informationen weiter – innerhalb der eigenen Kirche, an Lehrer, Journalisten, in Vorträgen und Schulungen. Auch mit Diensten etwa der Ehe-, Erziehungs- und Scheidungsberatung arbeite ich hierbei zusammen. Der dritte Bereich, der momentan sehr viel Zeit in Anspruch nimmt, betrifft konkrete Einzelfälle. Wenn Menschen einen Partner oder ein Kind in einer Gruppierung haben, helfe ich, Tatsachen zu klären, biete konkrete Hilfe an, da unter Umständen rauszukommen, und versuche auch, möglicherweise unberechtigte Ängste ein Stück weit abzubauen. Viertens schließlich, und das kommt leider zu kurz, weise ich an Schulen, in der Politik und gegenüber innerkirchlichen Organisationen darauf hin, was man eigentlich tun müßte, um Menschen vor solchen Mißbräuchen zu schützen und ihnen unter Umständen authentische religiöse Wege aufzuzeigen. Das heißt nicht, daß ich da für die katholische Kirche missioniere, aber natürlich weiß jeder, woher ich komme und wer mich finanziert.

TK: Wie ordnen Sie, im Kontext der sogenannten *Sekten* und *Psychogruppen*, Scientology ein?

Liebl: Ich erhalte die meisten Anfragen aus dem Umfeld von Scientology – im Schnitt zwischen fünf und zehn pro Tag. »Gehört diese oder jene Firma dazu?« lauten die Fragen oder: »Mein Partner verhält sich so und so. Ich habe den Eindruck, der muß etwas mit Scientology zu tun haben«, und so weiter. Ich bin wirklich froh, daß, nachdem über Jahrzehnte fast nur die Kirchen als Gegner Scientologys auftraten und die Organisation sich deshalb mit dem Geruch des Religiösen umgeben konnte, sich jetzt endlich andere Institutionen intensiver mit Scientology befassen: Verbraucherschutzorganisationen, Wirtschaftsverbände, Parteien und auch der Verfassungsschutz. In meinen Augen hat Scientology nichts mit Religion zu tun, auch nicht mit dem Buddhismus. Ich habe schon vor 20 Jahren im Religionsunterricht den Schülern Seiten aus dem *Dianetik*-Buch vorgelegt und daneben Ausschnitte aus den Lehren Buddhas; und die Schüler haben sofort gemerkt: Hoppla, da trickst jemand. Scientology ist aus meiner Sicht eine totalitäre Organisation, die auf Macht, auf Kontrolle aus ist und letzten Endes auch politische Herrschaft ausüben will. Deren Grundprinzip ist ja – und das zeigt schon das ganze Gesellschafts- und Menschenbild –: »Die Welt ist eigentlich böse. Du mußt der Schnellste sein, Informationen sammeln, kontrollieren. Kontrolliere Menschen, Dinge und Organisationen, *handhabe* sie, damit ja kein anderer Macht über dich ausüben kann.« Es ist also vom Scientology-Gedankengut her eigentlich jeder eine *potentielle Schwierigkeitsquelle*, solange man ihn nicht kontrolliert. Das hat mit Religion nichts zu tun. Religion hat mit Selbstvertrauen, Vertrauen zum Nächsten und zu Gott etwas zu tun, während Scientology einfach an Macht, Kontrolle und Durchsetzungsfähigkeit interessiert ist.

TK: Etliche Religionswissenschaftler sagen dennoch, Scientology sei eine Religion.

Liebl: Ich habe viele dieser religionswissenschaftlichen Gutachten gelesen, die ja zum Teil von Scientology selbst in Auftrag gegeben wurden. Und mein Eindruck ist, daß manche dieser Religionswissenschaftler – das klingt jetzt nach pauschaler Schelte, ist aber nicht so gemeint – die internen Texte von Scientology nicht genau gelesen haben. Sie haben etwa die Vorschriften im Buch »Einführung in die Ethik der Scientology« nicht in dem Ausmaß zur Kenntnis genommen, wie es Scientology eigentlich fordert. Und so kommen Religionswissenschaftler oft als eine Art Gegenbewegung mit viel gutem Willen daher, die den Angegriffenen verteidigt, um die Religionsfreiheit zu schützen. Das wollen wir auch, lesen aber gerade deshalb die Texte der Gruppierungen um so genauer.

TK: Welche Texte meinen Sie bei Scientology?

Liebl: Zum Beispiel die bereits genannte »Einführung in die Ethik«. Darin steht unter anderem die Aussage, Scientology sei ein System, das wie eine Maschine funktioniere. Da kann man doch nicht von Religion sprechen.

TK: Scientologen sagen, das sei eine religiöse Technologie, um höhere Ebenen der *Ethik* und, damit verbunden, der Freiheit zu erreichen. Religionswissenschaftler vergleichen das mit rituellen Abläufen im Christentum.

Liebl: Aber die finden natürlich nicht mit Hilfe technischer Geräte wie des *E-Meters* statt. Zum zweiten werden in dieser »Einführung in die Ethik« auch *Ethik*-Zustände, Verbrechen und Schwerverbrechen beschrieben. Ein Schwerverbrechen ist es zum Beispiel, sogenannte Kommunikationslinien innerhalb der Scientology-Organisation zu verfälschen. Wer das tut, steht außerhalb der *Ethik* von Scientology. Er hat eigentlich überhaupt keinen Anspruch mehr auf menschenwürdige Behandlung. Also, so kann eine Religion doch nicht über Menschen reden, daß man sie auf ihren Nutzen für eine totalitäre Organisation reduziert. Worte wie Nächstenliebe, Solidarität oder Schöpfungsbejahung finden Sie in diesem Buch überhaupt nicht.

TK: Da sagen die Scientologen wieder, auch die Bibel drohe Abweichlern allerlei Sanktionen an; und die Geschichte der Kirche sei voller von ihr angezettelter Kriege, Ketzerverfolgungen und so weiter.

Liebl: Ich kenne meine Kirchengeschichte sehr gut und weiß, wie viel Quatsch da gemacht worden ist. Und ich kenne auch christliche Gruppierungen, denen ich wegen ihres verengten Glaubensverständnisses sektiererische Züge vorwerfe. Insgesamt jedoch ist für den Christen – und darauf weist gerade das Neue Testament immer wieder hin – sein Gewissen die entscheidende Instanz. Selbst im finstersten Mittelalter sagte ja die katholische Dogmatik, sagte zum Beispiel Thomas von Aquin, daß jeder Mensch mit seinem Gewissen unmittelbar zu Gott ist. Und Thomas von Aquin sagte auch: »Wenn dich dein Gewissen, nach reiflicher Überlegung, dazu führt, aus der Kirche auszutreten, dann bist du vor Gott gerechtfertigt.« Natürlich gab es damals, wie zum Teil auch heute, gesellschaftlichen und kirchlichen Druck; aber von der Lehre her war und ist die entscheidende Instanz für den einzelnen Christen sein Gewissen.

TK: Aus freier Gewissensentscheidung und freiem Willen heraus, sagen Vertreter sogenannter *Sekten* und *Psychogruppen*, schließe man sich ihren Gruppen an. Das sei nichts anderes als der Beitritt zu einer Amtskirche.

Liebl: Die Frage lautet: Was ist freiwillig? Ich kann ja jemanden durch gezielte Manipulation so weit bringen, daß er freudestrahlend auch in den Selbstmord hineingeht. Denken Sie an die »Sonnentempler«. Und die Scientologen sagen selbst, daß sie bei potentiellen Mitgliedern nach dem sogenannten Ruin-Punkt suchen. Dazu dient der pseudowissenschaftliche Fragebogen, dazu dient das *Auditing*. Ich meine, wir wissen doch aus der Werbepsychologie sehr genau, wie man einem Menschen ein Problem vielleicht nur einredet, damit er dann hoffnungsvoll auf das Produkt zurückgreift, das das Problem angeblich löst. Bei Scientology werden einem ja Riesenverheißungen gemacht: »Du kannst *clear* werden, du kannst *OT gehen* und dann sogar paranormale Dinge tun.« Und solche Verheißungen, bei denen auch technische Geräte eine Rolle spielen, sprechen viele Menschen heute sehr stark an. Sie fühlen sich oft nicht verstanden, fühlen sich im Wirtschaftsleben an die Wand gedrückt und suchen gewissermaßen, wie beim Lottospiel, den großen Sprung nach vorn. Genau diese Sehnsüchte spricht Scientology an und ist insofern eigentlich die Organisation, die unsere Gesellschaft am meisten »verdient«. Hier wird ja sehr weltlichen Werten – Erfolg, Durchsetzungskraft, technische Fertigkeit – eine pseudoreligiöse Aura verliehen – was bei etlichen anderen sogenannten *Psychogruppen* in ganz ähnlicher Weise geschieht.

TK: Warum fühlen sich Ihrer Ansicht nach Menschen von so etwas angezogen?

Liebl: Wir stoßen vor allem, meine ich, an die Grenzen unseres Weltbildes. Ich habe während meines Philosophiestudiums bei Kant gelesen, der Mensch brauche Raum- und Zeitstrukturen, um überhaupt denken zu können. Inzwischen aber haben wir Konzepte von Raum und Zeit – vierte Dimension, -zig Millionen Lichtjahre, Terabytes auf einem kleinen Computerchip –, die unsere Wahrnehmungsgrenzen sprengen. Und deshalb ist der Mensch sehr leicht manipulierbar, wenn ihm jemand, in blumigen Worten, einen Ausweg aus dieser Problematik bietet. Meine Erfahrung ist, daß ich Scientologen manchmal schon zum Nachdenken bringe, indem ich ihnen sage: »Lies doch mal das *Dianetik*-Buch von Hubbard und schreib den Inhalt mit eigenen Worten nieder, auf einer halben Seite.« Ich glaube, viele Menschen sind auf diese riesengroßen Versprechungen, *clear* oder *OT* zu werden, derart fixiert, daß sie gar nicht mehr merken, was konkret abläuft. Schauen Sie sich, als Analogie, die Zigarettenreklame an. Da erscheinen schöne Bilder aus der kanadischen Wildnis, ein sprudelnder Bach, kristallklare Luft; und vorne sitzt einer, der raucht Zigaretten und verpestet die klare Luft. Das fällt uns aber gar nicht auf, sondern wir lassen uns in den Bann der Bilder ziehen und reagieren entsprechend. In meinen Augen ist die Aufklärung, die kritische Aufklärung, gescheitert – wie es schon Adorno und Horkheimer in ihrer »Dialektik der Aufklärung« diagnostizierten. Wir sind einfach nicht so rational, wie wir gern meinen. Aber wir haben in unserem Grundgesetz ein sehr, sehr optimistisches Menschenbild, nach dem der Mensch frei entscheiden soll. Und ich höre immer wieder: »Der muß doch selber wissen, was er tut.« Doch die ganze Werbung, unsere ganze Lebenswelt, unterläuft im Grunde dieses Postulat des Grundgesetzes. Selbst sehr kritische Menschen schließen sich nach zwei, drei Jahren Widerstand einer bestimmten Moderichtung an. Das heißt, wir müssen einfach zur Kenntnis nehmen, daß wir sehr, sehr leicht manipulierbar sind – und zwar auch im religiösen Bereich. Deshalb ist enorm wichtig, was verschiedene Leute, auch wir, in diesem Bereich seit Jahren fordern: Es muß hier eine Art Geschäftsordnung der Missionierung, eine Art Verbraucherschutz geben, weil viele Gefahren auf den ersten Blick für den Suchenden, der ja oft an den bisherigen Institutionen vorbei sucht, gar nicht erkennbar sind. Er weiß zum Beispiel nicht, wie das *Auditing* eigentlich wirkt.

TK: Was für ein Verfahren ist das *Auditing* aus Ihrer Sicht?

Liebl: Es ist ein ganz primitives Verfahren, Menschen durch beständiges Wiederholen so weit zu bringen, daß sie das Gefühl haben, ihre Probleme seien gelöst, wenn die Nadel schwebt. Das heißt, Probleme werden totgeredet, bis keine Reaktion auf dem *E-Meter* mehr da ist; eine Lösung der vorhandenen Probleme wird aber nicht angestrebt. Von daher verkörpert das *Auditing* für mich eigentlich – wie der Kommunikationskurs, den Scientologen ganz am Anfang absolvieren – einen Unterdrückungsmechanismus, einen Stur-Werde-Vorgang, der dem Betreffenden nicht weiterhilft, sondern ihm nur suggeriert, bei einem bestimmten Zustand der Nadel sei sein Problem gelöst. Wir sind ja gern auf solche technisch erfaßbaren, sichtbaren Lösungen fixiert und gehen insoweit mit unserer Psyche leider wie mit einem Auto um. In der Psyche allerdings zeigen sich Wirkungen, anders als beim Auto, oft erst nach Jahren, wenn sie über Träume oder neurotische Reaktionen zum Vorschein kommen.

TK: Die nicht gelösten Probleme kehren wieder?

Liebl: Mit Sicherheit. Das wird bei Scientology allerdings durch Dauerbeschäftigung unterdrückt.

TK: Warum machen aber viele Leute schon seit Jahrzehnten *Auditing* und hangeln sich von *OT-Stufe* zu *OT-Stufe*?

Liebl: Das hat sicher mehrere Gründe. Einer davon ist, daß die Leute in der Regel wenig Zeit haben oder ihnen wenig Zeit gelassen wird nachzudenken. Man ist ja bei Scientology immer beschäftigt. Laufend muß man neue Kurse machen und neue Literatur lesen, auch wenn immer wieder das Gleiche drinsteht. Zum anderen befindet man sich in einem geschlossenen System, wo alle zum Beispiel in denselben Zeitschriften dieselben Berichte über *OT*-Phänomene lesen und wo jeder beim *Reinigungs-Rundown* einen Bericht schreiben muß, warum er beispielsweise so rote Flecken hat; und der *Fallüberwacher* prüft, ob da auch korrekt berichtet wird. Es wird also ganz gezielt die Wahrnehmung des Lebens verändert und gleichgeschaltet. Und wenn man dann in so einer Gruppe drin ist, kommen die eigenen Zweifel überhaupt nicht zum Tragen. Man bestätigt sich ja gegenseitig immer wieder das geschlossene Weltbild.

TK: Sie haben, im Zusammenhang mit dem *Auditing*, von einem primitiven Verfahren gesprochen. Jetzt scheinen Sie mir eine geradezu geniale Manipulationstechnik zu beschreiben.

Liebl: Alle genialen Konstruktionen sind eigentlich ganz simpel. Das System ist deshalb so genial, weil es desorientierte Menschen zusammenbindet, ihnen Gemeinschaftserlebnisse verschafft und gleichzeitig einen sehr massiven Gegner liefert, auf den man Aggressionen gegen sich selbst oder Schuldgefühle projizieren kann. Das System ist auch deshalb genial, weil es alle Lebensbereiche des Menschen besetzt, überall passende Erklärungsmodelle liefert – und Alternativen zu der Mühsal, seinen eigenen religiösen Weg zu finden oder sich mit seiner Frau über Jahre zusammenzuraufen. Bei Scientology heißt es halt: »Wenn die Frau deinen Weg nicht für richtig hält, dann ist sie eine *unterdrückerische Person*, und du solltest dich von ihr trennen.« Damit ist das Problem zwar – in der scientologischen Terminologie – *gehandhabt*, aber das Beziehungsproblem nicht aufgearbeitet.

TK: Und trotz alledem fühlen sich Leute über Jahrzehnte bei Scientology wohl, investieren Hunderttausende und haben ihr berufliches wie privates Leben, so weit von außen erkennbar, im Griff?

Liebl: Da kann ich jetzt ganz simpel antworten: Auch der Kommunismus hat sehr, sehr lange Menschen Orientierung vermittelt; und nicht alles war völlig falsch, was dort über die Interessen in einer Gesellschaft und den Klassenkampf gelehrt wurde. Dennoch war am Schluß das System völlig korrupt. Man merkt halt im religiös-ideologischen Bereich die Wirkungen nicht so schnell wie in der Technik oder der Chirurgie. Scientologen werden laufend mit leeren Heilsversprechungen bombardiert, damit sie neue Kurse machen oder eine neue *OT-Stufe* erklimmen. Und dann steht in den *OT*-Materialien, die ja zum Teil im Internet oder im schwedischen Reichstag offen daliegen, effektiv auch nichts anderes drin als in den einfacheren Kursen. Darum reagiert die Scientology-Organisation auch immer bitterböse, wenn Aussteiger Kursmaterialien veröffentlichen.

TK: Welches Menschenbild sehen Sie in der scientologischen *Ethik*, die ja vernünftiges Handeln im Sinne des *Überlebens* fordert?

Liebl: Ich sehe darin das Bild des Menschen als Computer. Er soll *ethisch* funktionieren wie ein datenverarbeitendes System und möglichst unpersönlich, möglichst ohne Fehler, die halt durch persönliche Entscheidungen entstehen, sein Leben gestalten. Die persönliche Einsicht in Schuld, die Schuldfähigkeit des Menschen, die für echte Religionen zentral ist, spielt da überhaupt keine Rolle. Der Scientologe stülpt sich selbst eine Schablone über und wird letzten Endes gleichgeschaltet.

TK: Ist Scientology für Sie ein Gleichschaltungssystem?

Liebl: Natürlich, ein ideologisches Gleichschaltungssystem wie viele andere sektiererische Gruppen auch. Wenn ich die und die Frage stelle, werde ich die und die Antwort bekommen – sofern der betreffende Scientologe gut ausgebildet ist. Wie bei den »Zeugen Jehovas«. Wenn Sie deren Buch »Unterredungen anhand der Schriften« kennen, wissen Sie schon, was die auf welche Frage antworten. Von daher ist eigentlich die sogenannte Befreiung, die Scientology bringt, eine Befreiung vom Ich, von der Individualität. Und viele Menschen haben es, glaube ich, heute gern, daß sie eben nicht individuell, singulär und einzigartig sein müssen. Sie fürchten einfach, dann diffus in den Medien wahrgenommenen Forderungen nicht mehr zu entsprechen – ein Zeichen verbreiteter Unsicherheit und Desorientierung und typisch für Übergangszeiten. Man verhält sich lieber formal richtig als, ganz persönlich, inhaltlich Position zu beziehen. Davor haben viele Menschen wirklich Angst und schließen sich deshalb gern totalitären Gruppierungen an.

TK: Vielleicht noch eine allgemeine Frage zum Schluß. Manche Kritiker der kirchlichen *Sektenbeauftragten* behaupten, die Kirchen sähen sich als religiöse Institutionen und in ihrem »Werteangebot« von neuen religiösen Bewegungen bedrängt und versuchten deshalb, diese – unter Einbindung der Medien, der Wissenschaft und der Politik – gesellschaftlich auszugrenzen. Wie stehen Sie zu diesem Vorwurf?

Liebl: Das ist ja eigentlich zuerst ein Vorwurf an Medien, Wissenschaft und Politik, daß die sich willig manipulieren ließen. Wir haben unterschiedlichste Medien, die verschiedenste Orientierungen ausdrücken; das ist gut so. – Die meisten von denen, die solche Vorwürfe erheben, kennen unsere differenzierte konkrete Arbeit nicht, sondern pauschalisieren mit ihren »Angriffen«. Bei jedem von uns ist bekannt, wo er herkommt und welchen »Hintergrund« er hat; das ist bei vielen, die über sogenannte *Sekten* reden, nicht der Fall. Übrigens haben sich die Kirchen nicht nach dieser Aufgabe gedrängt, sondern aufgrund vieler Nachfragen von Menschen unterschiedlichster religiöser Einstellung bei den Kirchen, von denen sie am ehesten sachkundige Auskunft erwarteten, wurden – zum Teil schon vor 20 Jahren – diese Informationsstellen eingerichtet. »Die« Religionswissenschaft beginnt jetzt erst, sich für dieses Thema zu interessieren; und wir betrachten sie nicht als Konkurrenz, auch wenn ich mir oft mehr konkrete Sachkenntnis erwarten würde. Das Hauptproblem der Kirchen sind nicht diese Gruppen, sondern das Hauptproblem ist, daß die Kirchen sich zu wenig »sachgerecht« und »zeitgemäß« von der frohen Botschaft des Evangeliums zu sprechen trauen.

Optimal im Sinne aller Dynamiken handeln

Gespräch mit der Scientologin Kinder Hunt

Kinder Hunt, geboren 1962 in Indianapolis, wuchs als eines von 11 Kindern eines prominenten Erfinders und Hydraulik-Unternehmers auf. Sie absolvierte das College in Scottsdale/Arizona und erhielt sehr jung eine führende Position in einer Solartechnik-Firma, für deren rasche Expansion sie verantwortlich zeichnete. Kinder Hunt studierte später Geisteswissenschaften und gründete im März 1997 das der Scientology-Organisation verbundene »Hollywood Education and Literacy Project« (H.E.L.P.), das vor allem unterprivilegierten Jugendlichen die Studiertechnologie Hubbards vermittelt. H.E.L.P. unterhält inzwischen 12 Niederlassungen in den USA, Puerto Rico und Sambia. Kinder Hunt wurde mit 18 Jahren Scientologin, konzentrierte sich zunächst auf Hubbards Management-Technologie, erreichte später den Erkenntnisgrad OT IV und ist ausgebildete Auditorin. Sie lebt mit ihrem Mann in Los Angeles.

TK: Worin sehen Sie den grundlegenden Unterschied zwischen *Auditing* und Psychoanalyse?
Hunt: In beiden Verfahren werden dir Fragen gestellt. Bei der Psychoanalyse allerdings, die ich vor langer Zeit ausprobiert habe, hat der Therapeut meine Worte interpretiert. Er hat mir gesagt, was ich über mich denken sollte. So etwas ist dem *Auditor* streng verboten.
TK: Was geschieht denn beim *Auditing*?
Hunt: Der *Auditor* befragt dich in von L. Ron Hubbard genau vorgegebenen Schritten nach Dingen, die deine persönliche Freiheit und dein Glück blockieren. Diese in deinem *reaktiven Verstand* gespeicherten Dinge können Momente des Schmerzes sein oder Handlungen, für die du dich schämst, und sie beeinflussen, von dir völlig unkontrollierbar, dein Verhalten. Wir Scientologen nun gehen beim *Auditing* solchen *Engrammen* auf den Grund und befreien uns so vom störenden Einfluß des Unbewußten auf unseren Verstand. So werden wir wieder Herr unserer eigenen Handlungen.
TK: Sind Emotionen durch *Engramme* verursacht?
Hunt: Nein. Ich weiß nicht, warum ein *Thetan* Emotionen wie Liebe, Anteilnahme oder Heiterkeit empfindet. Ein *Engramm* aber kann solche Emotionen nicht erzeugen, sondern nur entstellen, verkrüppeln oder in ihr Gegenteil verkehren. Indem ich das *Engramm* beseitige, gewinne ich wieder ein wenig mehr Kontrolle über meine Emotionen.

TK: Entstehen für Sie Emotionen per Willensakt?
Hunt: L. Ron Hubbard sagt, der *Thetan* schaffe seine Gefühle und seine Bereitschaft, von ihnen auch mal überwältigt zu werden, letztlich selbst. Das heißt im Alltag zum Beispiel: Wenn es mir schlecht geht, konzentriere ich mich auf Positives; ich umgebe mich mit schönen Dingen und ziehe mich so selbst aus dem Schlamm.
TK: Sie machen seit über 15 Jahren *Auditing*. Können Sie mir anhand eines Beispiels erzählen, wie Sie ein *Engramm* beseitigt haben?
Hunt: Ja, ich erinnere mich an eine sehr schmerzhafte Sache. Ich bin irgendwann einmal rückwärts gefallen und mit dem Kopf aufgeschlagen. Dabei verlor ich fast das Bewußtsein. Später spürte ich sechs, sieben Jahre lang, wenn ich bestimmte Bewegungen machte, einen heftigen Schmerz, wurde manchmal sogar bewußtlos, wußte aber nie, woher das kam.
TK: Und wie fanden Sie das schließlich heraus?
Hunt: Die Sache liegt schon eine Weile zurück, aber es ist im Kern immer das gleiche: Der *Auditor* lenkt deine Aufmerksamkeit auf den Beginn des dir bewußten Unwohlseins; mit Hilfe des *E-Meters* läßt er dich immer weiter zurückliegende Zusammenhänge eruieren; und irgendwann, wenn du sozusagen die Wurzel gezogen hast, ist die Belastung weg. Du denkst auch hinterher nicht mehr daran. Es ist wie eine Mißstimmung zwischen Freunden. Man redet und redet darüber, und irgendwann verfliegen die dunklen Wolken, ohne daß man ihnen lange nachschaut.
TK: Haben Sie sich damals an das zugrundeliegende Trauma genau erinnert?
Hunt: Ja, ich erinnerte mich an den Streit vorher, an die Bewegungen meines Körpers und an den Sturz. Ich erlebte sogar die Benommenheit noch einmal. Und indem ich das alles nochmals durchmachte, verschwand plötzlich die fürchterliche Angst vor diesem Bewegungsablauf. Es war ein wunderbares Gefühl, wow – ähnlich wunderbar, wie ich es beim *Auditing* nicht verstandener Begriffe erlebt habe.
TK: Was ist das?
Hunt: Der *Auditor* hilft dir mit dem *E-Meter*, Wörter zu lokalisieren, die du irgendwann in der Schule nicht verstanden hast – was dann dazu führte, daß du den Unterrichtsstoff, der auf diesen Wörtern aufbaute, nicht kapiertest. Wenn du dich jetzt an diesen vermaledeiten Stoff und schließlich das zugrundeliegende Nichtverstehen eines Wortes erinnerst, spürst du Streß. Und diesen Streß registriert das *E-Meter*. Ich habe, Thomas, bei meinem Begriffe-*Auditing* Wörter geklärt, deren

Nichtverstehen mir ganze Teile meines High-School- und Universitätsstudiums vermiest hatte.

TK: Beschreiben Sie doch mal die typische Beziehung zwischen *Auditor* und *Auditiertem*.

Hunt: Die Beziehung zwischen dir und deinem *Auditor* muß von größter *Affinität*, emotionaler Nähe, geprägt sein. Sie ist in der Regel sehr freundschaftlich, fürsorglich; und natürlich spricht der *Auditor* mit niemandem sonst über die *Auditing*-Sitzungen.

TK: Abgesehen vom *Fallüberwacher*.

Hunt: Ja, der prüft die Aufzeichnungen daraufhin, ob das Programm technisch korrekt abläuft. – Ich persönlich kann sagen, daß mir einige meiner *Auditoren* so lieb sind wie meine besten Freunde.

TK: L. Ron Hubbard sagt, der *Auditor* müsse selbst dann, wenn der *Auditierte* schlimmste Dinge aus seinem Leben berichtet, ein Liedchen pfeifen können.

Hunt: Das heißt doch nur, daß er jederzeit die nötige innere Distanz wahren muß, seine Fragen technisch korrekt zu stellen. Zugleich jedoch verhält sich der Fortschritt in einer Sitzung direkt proportional zur Menge an *ARK*, also **A**ffinität, gemeinsamen Wahrnehmens der **R**ealität und **K**ommunikation. – Zu abstrakt? Dann erzähle ich ein Beispiel: Nach dem Tod meiner kleinen Nichte stand ich unter einem schweren Schock. Als ich damals zum *Auditing* in die Kirche kam, war das erste, was die *Auditorin* tat, mich minutenlang in die Arme zu schließen. Und während des *Auditings* half sie mir mit behutsamen Fragen, dieses traumatische Ereignis in meinen Lebenszusammenhang einzuordnen und die Kraft zu finden, mit dem Verlust umzugehen. Anschließend konnte ich dann sogar meiner Schwester und meinem Vater über den Verlust hinweghelfen und zum Beispiel die Beerdigung organisieren.

TK: Während des *Auditings* kein Trost, keine Umarmungen?

Hunt: Während des *Auditings* konzentriert sich der *Auditierte* meist auf sich selbst. Aber ich bin sicher, hätte ich während dieser Sitzung Trost und Zuwendung gesucht, hätte mir die *Auditorin* das nicht verweigert.

TK: Können *Engramme* auch aus früheren Leben stammen?

Hunt: Ja, sehr oft.

TK: Haben Sie das mal im *Auditing* erfahren und können Sie mir eine konkrete Erinnerung an ein früheres Leben beschreiben?

Hunt: Diese Dinge werden zwischen *Auditiertem* und *Auditor* vertraulich besprochen. Außerhalb des *Auditings* diskutieren wir sie normalerweise nicht.

TK: Haben Sie mal die Erfahrung der Exteriorisation gemacht?

Hunt: Ja, während des *Auditings* – allerdings, ohne daß ich mich speziell darum bemüht hätte.
TK: Wie habe ich mir das vorzustellen? Schwebten Sie als *Thetan* quasi über Ihrem Körper?
Hunt: Nein, ich war mir nur sehr klar meines Seins als geistiges Wesen bewußt. Und ich fühlte sehr deutlich, daß ich mein Körper nicht bin, sondern ihn nur betreibe, bewege.
TK: Wie stellt ein Scientologe fest, daß er *clear* ist, also frei von seinem *reaktiven Verstand*?
Hunt: Man absolviert die verschiedenen Stufen des *Auditings*. Und irgendwann ist es soweit. Bei mir war es ein Super-Gefühl – ein Gefühl, als ob ein tonnenschwerer Felsen, der mich umschloß, auf einmal weggeblasen war. Einfach unglaublich.
TK: Ganz plötzlich? Befreit man sich nicht sehr allmählich von seinen, sagen wir, 563 *Engrammen*?
Hunt: Ja, natürlich habe ich sehr viele *Engramme* nacheinander *auditiert*. Dieses Gefühl hatte ich dann nach Beseitigung des letzten *Engramms*.
TK: Wie lange hielt es an?
Hunt: Es dauert an bis heute. Meine Gefühlswelt, mein Selbstvertrauen, meine Fähigkeit zu kommunizieren und meine berufliche Kompetenz haben sich auf einen Schlag verbessert und nie wieder verschlechtert.
TK: Verändert das *Auditing* auch Ihre ethische Haltung?
Hunt: Das *Auditing* beseitigt Engramme, die oft Ursachen un*ethischen* Verhaltens sind. – Ich persönlich war immer ehrlich, habe aber nicht immer *ethisch* gehandelt. Mit Hilfe von *Auditing* und scientologischer Ausbildung glaube ich jetzt über eine intakte Integrität zu verfügen. Ich bin mit mir selbst zufrieden und helfe gern anderen. Scientologen sind überhaupt, finde ich, stark *ethisch* ausgerichtete Menschen, mit denen ich gern arbeite und zusammen bin.
TK: Führt *Auditing* automatisch zu einem höheren *ethischen* Niveau?
Hunt: *Auditing* verbessert anfangs in rapidem Tempo dein Selbstbewußtsein und deine Fähigkeit, mit anderen zu kommunizieren. Ergänzend hinzukommen sollte jedoch die Ausbildung: als *Auditor* zum Beispiel, als Ehepartner, Künstler, in der Verwaltung und vor allem in scientologischer *Ethik*. Diese Ausbildung gibt einem Werkzeuge, im Umgang mit Menschen *ethisch* zu handeln und Erfolg zu haben.
TK: Aber mit plötzlich freigesetzten kommunikativen Fähigkeiten und noch nicht verbessertem *ethischen* Niveau könnte ein Scientologe auch mal Schaden anrichten?

Hunt: Niemandes *Ethik* verschlechtert sich durch *Auditing*. Und bei Scientology bekommt niemand die Erlaubnis, sich weiter *auditieren* zu lassen, wenn er nicht auch seine *Ethik* verbessert. *Overts*, un*ethische* Handlungen, werden nicht einfach übersehen, sondern man muß an ihnen arbeiten.
TK: Welchen Zweck hat das *Auditing* auf den *OT-Stufen*?
Hunt: Ein *Clear* ist zwar frei von seinem *reaktiven Verstand* und damit von unkontrollierten Impulsen; er ist aber keineswegs ein perfekter Mensch, sondern weiß, daß er sich weiter verbessern muß. Auf der Zweiten *Dynamik* zum Beispiel lernt er die Vorgänge in Ehe, Sex und Familienleben zu verstehen. Er muß, ganz allgemein, sein Verständnis des Lebens und, selbstverständlich, der geistigen Natur des Menschen verbessern.
TK: *Auditing* heißt im Kern, so steht es in Ihren Lehrbüchern, sich stetig von etwas zu befreien beim Fortschritt auf der *Brücke zur völligen Freiheit*.
Hunt: Das stimmt.
TK: Wovon befreien Sie sich, wenn Sie *OT gehen*?
Hunt: Von Verwirrungen im eigenen Denken und Handeln. Ich lerne vor allem, Verantwortung zu übernehmen. Wenn mich ein anderer Autofahrer auf der Straße schneidet, bekomme ich heute keinen Wutanfall mehr, sondern frage mich: Was habe ich zu dieser Situation beigetragen? – Ich befreie mich immer mehr von Begrenzungen meines Denkens, die mich daran hindern, optimal im Sinne aller *Dynamiken* zu handeln.
TK: Fühlen sich Scientologen auf höheren *OT-Stufen* als Elite?
Hunt: Was ich an Integrität und Verantwortlichkeit durch harte Arbeit erreiche, macht mich glücklich. Und jedem Scientologen gibt es sicher ein gutes Gefühl, ein drogen- und verbrechensfreies Leben zu führen. Aber wir protzen nicht damit und vergleichen uns *ethisch* nicht mit anderen. Nein, unser Ziel ist, daß möglichst viele Menschen sich von dem befreien, was sie an *ethischem* Handeln hindert.

Psychologische Aspekte

Solchen Personen gewissermaßen gegen ihren Willen helfen

Gespräch mit Jürgen Keltsch, Ministerialrat im bayerischen Innenministerium

Dr. Jürgen Keltsch, geboren 1941, studierte nach dem humanistischen Abitur in München Rechtswissenschaften. Nach beiden Staatsexamina und der Promotion trat er 1970 in den bayerischen Justizdienst, wo er als Staatsanwalt und Richter fungierte. Seit 1996 befaßt sich Dr. Keltsch als Ministerialrat im Bayerischen Staatsministerium des Innern mit der Scientology-Organisation, mit der er – im Rahmen von Ermittlungsverfahren – erstmals zu Beginn der 80er Jahre in Berührung kam. Dr. Keltsch war 1996 bis 1998 Mitglied der Enquete-Kommission »Sogenannte Sekten und Psychogruppen« des Deutschen Bundestags. Er gilt als Initiator des 1997 vom Bundesrat verabschiedeten Gesetzentwurfs zur Regelung der sogenannten Lebensbewältigungshilfe. Auch außerdienstlich bearbeitet Dr. Keltsch seit langem um Scientology kreisende Fragen, »mit dem Ziel, das Religions- und Sektenparadigma durch einen humanwissenschaftlichen Ansatz zu ergänzen«. Er ist verheiratet und hat zwei Kinder.

TK: Fast alle Religionswissenschaftler, Herr Dr. Keltsch, und auch etliche deutsche Gerichtsurteile sagen, Scientology sei eine Religion. Warum ist das für Sie falsch?

Keltsch: Klarzustellen ist zunächst folgendes: Es handelt sich hier um Entscheidungen unterer Instanzen. Die obersten Gerichte, insbesondere das Bundesarbeitsgericht, halten Scientology nicht für eine Religion. – Bei der Frage, ob eine Gruppe eine Religions- oder Weltanschauungsgemeinschaft ist, sind zwei zentrale Kriterien zu berücksichtigen: erstens das Selbstverständnis der Gruppe und zweitens das Urteil der Gesellschaft. Hier kommen wir im staatsrechtlichen Bereich an eine Grenze unserer Demokratie, weil die Definition von Religion selbst wieder einen weltanschaulichen und vielleicht auch religiösen Standpunkt voraussetzt. Dennoch kommen wir in der juristischen Praxis nicht umhin, zu entscheiden, ob eine Gruppe eine Religions- oder Weltanschauungsgemeinschaft im Sinne des Staatsrechts ist. Hierfür haben Staatsrechtler und das Verfassungsgericht ein Kriterium entwickelt, das zwar relativ schwach ist, aber immerhin eine gewisse Stütze: Religion kann danach nur das sein, was nach unserem abendländischen Kulturverständnis oder nach dem Verständnis der Weltkultur auch als Religion normalerweise angesehen wird.

TK: Was verstehen Sie unter »Weltkultur«?

Keltsch: Das sind die Volksgemeinschaften, in denen man die Menschenrechte und die Menschenwürde respektiert. Aber aus staatsrechtlicher Sicht ist es nicht entscheidend, Religion abschließend in ihrem sogenannten Wesensgehalt zu definieren. Je nach Theorie – es gibt deren Dutzende – kommt man zu unterschiedlichen Religionsbegriffen. Aus staatsrechtlicher Sicht kommt es darauf an, daß als religiös ausgegebene Kulthandlungen sich mit unserer Grundwerteordnung und unserer Rechtsordnung im Einklang befinden. Ganz klar ist zum Beispiel, daß in unserer Kultur die Witwenverbrennung nicht geschützt ist, sondern der Staat in ihr eine strafbare Handlung sieht.

TK: Was heißt das bezogen auf Scientology?

Keltsch: Für mich ist Scientology keine Religion und auch keine Weltanschauung im Sinne des Artikels 4 Grundgesetz. Scientology hat ein biologisch-technisches Menschenbild. Bekanntlich geht Scientology-Gründer L. Ron Hubbard davon aus, daß der Mensch so etwas wie eine Maschine ist – ein zu programmierender Biocomputer. Er hat diese Idee beim Vater der Kybernetik, Norbert Wiener, entlehnt. Wer solch ein Menschenbild hat, kann nicht in Anspruch nehmen, eine Religion oder Weltanschauung im traditionellen Sinn, wie es Artikel 4 voraussetzt, zu vertreten. Scientology ist trotz der von Hubbard später geschaffenen *Thetan*-Lehre eine technische Ideologie, die natürlich auch ausgeübt werden darf in einer Demokratie. Immer dann allerdings, wenn Scientology mit ihren technischen Methoden in Grundrechte eingreift, ist der Staat aufgerufen, tätig zu werden. Und Scientology ist in vielfältiger Weise nicht verträglich mit unserer Sozial- und Rechtsordnung.

TK: Können Sie das konkretisieren?

Keltsch: Beispielsweise gibt es bei Scientology die *Fair-Game*-, also die »Freiwild«-Regel. Das bedeutet, daß Personen als rechtlos angesehen werden können – mit der Folge, daß man ihnen gegenüber auch strafbare Handlungen begehen darf. Scientology betont zwar immer, daß diese Regel aufgehoben sei; aufgrund vieler Beweise wissen wir jedoch, daß diese *Fair-Game*-Regel in der Praxis weiter angewandt wird. Insbesondere in den USA kommt es immer wieder zu illegalen Handlungen gegenüber sogenannten Feinden.

TK: Welche aktenkundigen Handlungen meinen Sie?

Keltsch: Ich empfehle nur, sich das von Lawrence Wollersheim 1989 erstrittene Urteil anzusehen. Wollersheim war ein hochrangiger Scientologe, der Schwierigkeiten mit dem System bekam und es kritisierte. Das System revanchierte sich: Wollersheim wurde mit List und Zwang zur angeblichen »Rehabilitation« auf ein Schiff gelockt, und man schikanierte ihn dort in übelster Weise. Es handelte sich bei diesen Maßnahmen um echte *Gehirnwäsche*. Wollersheim hat deshalb von einem US-Gericht Schadenersatz zugesprochen bekommen. In diesem Verfahren sind all die Methoden, die Scientology anwendet, um Kritiker und Dissidenten zur Raison zu bringen, aufgeführt.

TK: In dem von Ihnen genannten Urteil wurde ein Schadenersatz wegen »emotionaler Schädigung« zugesprochen. Dieses Urteil stützt sich wesentlich auf das Gutachten der Psychologin Margaret Singer, der wenig später vom US-Psychologenverband APA unwissenschaftliche Arbeit attestiert wurde. Ein Strafverfahren hat es nicht gegeben.

Keltsch: Dafür, daß Wollersheim gequält worden ist, stützte sich das Gericht auf klassische Beweismittel und nicht auf die Bewertung von Frau Singer. Aus welchem Grunde es ein Strafverfahren nicht gegeben hat, weiß ich nicht. Aber die Tatbestände, von denen das Zivilgericht ausging, hätten in Deutschland zu einer Anklage wegen Körperverletzung geführt. Außerdem hätte man sich in Deutschland wahrscheinlich die Organisation angesehen und sie möglicherweise verboten. Derart schikanöse und quälerische Behandlungsweisen gehören, wie wir aufgrund der bekannten Anweisungen Hubbards beweisen können, zum Standardrepertoire der sogenannten Rehabilitation. Eine Organisation, die so gegen Dissidenten vorgeht, hat sich gänzlich vom Boden demokratischer Rechtsstaatlichkeit entfernt. Es handelt sich dann um ein echt totalitäres Regime im klassischen Sinne, wo gänzlich die Menschenrechte und die Menschenwürde außer Kraft gesetzt sind.

TK: Kennen Sie andere Fälle, die möglicherweise tatsächlich zu Strafverfahren führten?

Keltsch: Die Scientology-Organisation führt ihre sogenannten Rehabilitationsmaßnahmen für Versager ihrer Eliteeinheit *SeaOrg* in strafanstaltsähnlichen Einrichtungen durch, die sie *Rehabilitation Project Force* nennt. Wir wissen vom kanadischen Sozialwissenschaftler Stephen Kent, der jahrelang die Behandlungen in diesen Einrichtungen untersucht hat, daß hier echte klassische *Gehirnwäsche*-Techniken Anwendung finden – und zwar mit dem Ziel, die Personen wieder auf Kurs zu bringen. Die Opfer derartiger Quälereien sind in der Regel psychologisch derart kaputt, daß sie sich hinterher in der Regel nicht zur Wehr setzen.

TK: Haben die USA gegen diese Straflager etwas unternommen?

Keltsch: Die Abschirmung dieser Einrichtungen nach außen ist perfekt. In den USA hat es deshalb bisher diesbezüglich keine Strafverfahren gegeben. Dort können Sie im Rahmen von Religion und Weltanschauung im übrigen sehr viel mehr als bei uns machen, bevor der Staat tätig wird. Weil die USA gewissermaßen durch *Sekten* gegründet wurden, ist man dort staatlicherseits sehr vorsichtig. Aber wenn man dann sieht, daß die öffentliche Sicherheit und Ordnung ernstlich in Gefahr sind, schreitet der Staat sehr heftig ein. Denken Sie an Waco/Texas.

TK: Gibt es wegen solcher *RPF*-Lager in Europa Verfahren gegen die Scientology-Organisation?

Keltsch: In Deutschland wendet Scientology aus taktischen Gründen diese Methoden nicht an. Wir wissen jedoch, daß es in Dänemark und Großbritannien derartige Prozeduren gibt; auch in Australien und, wie erwähnt, in den USA existieren Scientology-Straflager.

TK: Bekommen denn die dänische, die englische und die australische Justiz diese Dinge nicht in den Griff?

Keltsch: Nein. Es ist außerordentlich schwierig, so etwas in den Griff zu kriegen. Vor allem haben Sie das Phänomen, daß die Personen, die sich in diesen Straflagern befinden, in aller Regel »freiwillig« hingehen, weil sie meinen, daß sie sich durch diese Behandlung verbessern. Der von dem System ausgeübte soziale Druck und die durch drillmäßiges Lernen auferlegte ideologische Dressur sind derart stark, daß man sich in sein Schicksal nolens volens fügt. Das ist für uns Außenstehende sehr merkwürdig, wenn man sich vorstellt, welchen Prozeduren die Menschen dort, nach uns bekanntem schriftlichem Reglement und den vorliegenden Aussteigerberichten, unterzogen werden. Sie bekommen schlechtes Essen, werden psychisch und physisch mißhandelt, haben einen Arbeitstag voller Schwerstarbeit und kaum Schlaf. Diese Dinge geschehen völlig emotionslos. Die Aufseher richten sich penibel nach ihren Vorschriften. Und rein äußerlich gesehen gibt es auch nur selten ein lautes Wort. Wärter und Strafgefangene funktionieren wie auf Knopfdruck. Wenn Sie als Polizei dort hinkommen und einen fragen: »Werden Sie hier zwangsweise festgehalten?« – dann wird der in der Regel sagen: »Nein, ich bin nur da, um mich zu verbessern.« Wir wissen jedoch, daß es immer wieder Personen gibt, die ausbrechen wollen, dann aber daran gehindert oder zurückgeholt werden. Ich selbst kenne die Geschichte einer Person, die in einem dänischen Straflager war. Dieses Lager ist übrigens kein Camp mit Stacheldraht, sondern es befindet sich in einem ehemaligen Hotel mitten in Kopenhagen, und die Räume sind auch nicht versperrt. Diese Person ist zu ihren Angehörigen geflohen; wenig später standen zwei Scientologen vor der Tür, und ein Blick genügte, daß sie wieder mitging. Man fragt sich natürlich: Wie kommen Leute dazu, so zu reagieren, sich derartigen schikanösen und psychoterroristischen Verfahren zu unterwerfen? Das ist leider Gottes im Augenblick humanwissenschaftlich noch nicht untersucht. Aber man kann vorweg sagen, daß der Drill und die Dressurtechniken, die bei Scientology im Training angewandt werden, so effizient sind, daß die Menschen alsbald in diesem System funktionieren wie auf Knopfdruck. Der Behaviorist und Lerntechnologe Burrhus Frederic Skinner, der mit ähnlichen Methoden experimentiert hat, würde dies wahrscheinlich als Beweis für seine Lerntheorien interpretieren. Sein Buch »Walden Two« könnte der Schlüssel dafür sein, das Phänomen Scientology als banale Dressurtechnologie zu entlarven. Und das ist nun das Spannende für den Rechtsstaat: Wie kann er, gewissermaßen gegen ihren Willen, solchen Personen helfen, die ja nun eigentlich zunächst freiwillig sich solchen Prozeduren unterwerfen?

TK: Unterwerfen sich nicht auch christliche Ordensmitglieder freiwillig allerlei Torturen – Essensentzug, Diäten von Wasser und Brot, ja Selbstgeißelung?

Keltsch: Das ist richtig. Wenn man es humanwissenschaftlich betrachtet, kann eine bestimmte Meditations- oder Exerzitienpraxis, wenn sie exzessiv angewandt wird, durchaus vergleichbar mit Methoden sein, die man umgangssprachlich unscharf als *Gehirnwäsche* bezeichnet. Nur gibt es einen wesentlichen Unterschied zu Scientology: Bei Scientology werden diese Dinge auf einer humanwissenschaftlichen Basis im Lernlabor systematisch gemacht, während bei den Religionen diese Übungen als uralte Kulturtechniken von der Tradition, mit Kenntnis der Risiken, übernommen werden. Ich möchte es so sagen: Religionen haben die Seele bisher geritzt. Aber, wenn Sie wie Scientology, humantechnisch gestützt, derartige Verfahren anwenden, dann pflügen Sie die Seele um. Sie müssen davon ausgehen, daß L. Ron Hubbard ein ausgezeichneter Kenner aller verhaltenspsychologischen Methoden war. Er wußte, was klassische Konditionierung im Sinne von Pawlow ist. Er wußte vor allen Dingen auch, was »operante Konditionierung« ist, ich erinnere nochmals an Skinner. Hubbard diente, bevor er *Dianetik* entwickelte, der US-Regierung übrigens ein Buch über *Gehirnwäsche*-Techniken an.

TK: Vielleicht erklären Sie einmal, was aus Ihrer Sicht Scientology, unter Anwendung dieser sogenannten *Psychotechniken*, mit dem einzelnen macht.

Keltsch: Bis jemand bereit ist, in ein Straflager zu gehen, muß er verschiedene Stufen der Beeinflussung durchlaufen haben. Hier muß man davon ausgehen, daß es bei Scientology nach eigenem Selbstverständnis nicht auf Glauben ankommt, sondern darauf, daß man sich dem Trainer, ohne Widerstand zu leisten, überläßt und im Wege verschiedener Übungen, die man aufgrund des schrittweisen Vorgehens unter Verwendung des *E-Meters* als programmiertes Lernen bezeichnen könnte, verändert wird. Es handelt sich um Lernen mittels sogenannten Biofeedbacks. Das *E-Meter* als eine Art Lügendetektor verstärkt den Lerneffekt. Nun ist ja festzustellen, daß Leute, die längere Zeit in dem System sind, Riesenbeträge ausgeben, um für wenige Stunden weiteres *Auditing* zu bekommen. Und man fragt sich als Außenstehender: Wie kann so ein Effekt erzeugt werden? Der Laienpsychologe sagt: »Diese Leute sind halt von der Ideologie so überzeugt, daß sie das machen.« Wenn man das aber humanwissenschaftlich betrachtet, erkennt man, daß hinter dem Ideologischen ein absolut funktionierendes technologisches, nämlich verhaltenspsychologisches Konzept steht. Humanwissenschaftler wissen, daß wir alle im Wege ständiger Wiederholung bestimmten Verhaltens durch strikte Belohnung oder Bestrafung ähnlich dressier-, das heißt konditionierbar sind wie Tiere. Das gelingt beim Menschen allerdings nur unter Laborbedingungen oder in Haft. Das sogenannte Setting bei Scientology nun ist derart angelegt, daß solche verhaltenspsychologische Methoden, wir sprechen hier von »*Psycho-* und Sozial*techniken*«, gebündelt eingesetzt werden – mit dem Effekt, daß der einzelne zum funktionierenden Glied im System wird. Dies ist nach Hubbard dann geschehen, wenn der Kunde zu einem perfekten Mitspieler im »Spiel« Scientology, das gegen die ganze Welt »gespielt« wird, geworden ist. Hubbard knüpft im Buch »Die Grundlagen des Denkens« an eine Strategie-Spielidee an. Die Ähnlichkeiten mit der durch John von Neumann entwickelten Spieltheorie, einer mathematisch-kybernetischen Lehre für die Programmierung von Computern wie zum Beispiel Schachcomputern, dürften kein Zufall sein. Für Hubbard ist demnach all das, was bei Scientology gemacht wird, ein riesengroßes Rollenspiel. Und wenn Sie an Spiele denken, wo Sie bestimmte Rollen längere Zeit spielen, dann werden Sie erleben, daß Sie – bei entsprechender Belohnung und Bestrafung – in diese Rolle rasch hineinwachsen und es Ihnen unheimlich Spaß macht, in Ihrer Rolle zu agieren oder auch zu kämpfen. Das sind Mechanismen, die bei Kinderspielen Anwendung finden und auch bei Erwachsenen sofort greifen. Denken Sie etwa an Kampfspiele. Da kann es dann durchaus sein, daß solche Spiele plötzlich in Ernst ausarten. Im Rahmen derartiger Rollenspiele können Sie Menschen sehr, sehr gut konditionieren und ihre Mentalität verändern. – Wir, Herr Kruchem, glauben immer, Menschen verändern sich erst, wenn sie selbst ihre Ideologie ändern wollen. Aber wir wissen aufgrund humanwissenschaftlicher Erkenntnisse, daß es einen besseren Erklärungsansatz gibt, nämlich daß Sie zunächst einen Menschen veranlassen müssen, bei etwas kontrolliert mitzumachen; und wenn er dies lange genug tut, ändert sich häufig auch seine Ideologie ohne bewußte Willensakte ganz von alleine.

TK: Und niemand merkt wirklich, was da mit ihm geschieht?

Keltsch: Dazu muß man ergänzen, daß Scientology vom eigenen Selbstverständnis her sagt: »Bei uns muß man nichts glauben.« Das stimmt auch. Denn man wird ja dort mit dem Ziel trainiert, äußeres und inneres Verhalten zu ändern. Und wenn Sie scientologisches Training mitmachen, werden Sie zunächst nicht erleben, daß Sie Ihre Glaubensvorstellungen ändern müssen. Sie können Ihre alte Weltanschauung beibehalten. Was allerdings passiert, ist, daß Sie, ähnlich wie im Management-Training, Ihre Sozialkompetenz und Ihr Auftreten ändern, daß Ihnen auch zum Beispiel unmerklich Mitgefühl und Mitleid aberzogen werden und Sie sich nach einem anderen Wertsystem ausrichten. Ihrer alten Weltanschauung wird das Fundament ausgehöhlt, bis sie plötzlich zusammenbricht.

TK: In Feststellungen der *Enquete-Kommission »Sogenannte Sekten und Psychogruppen«* wird, als Ergebnis einer Expertenanhörung, die Wirksamkeit sogenannter *Psychotechniken* sehr skeptisch betrachtet.

Keltsch: Diese Feststellungen der *Enquete-Kommission* in ihrem Zwischenbericht wurden im Endbericht revidiert. Auch die damaligen Sachverständigen haben die Wirksamkeit von Konditionierungsverfahren jedoch bereits übereinstimmend bejaht. Natürlich werden, auf dem Boden eines humanistischen Menschenbildes, in der seriösen Psychotherapie keine *Psychotechniken* angewandt. Da handelt es sich in der Tat um zwischenmenschliche Prozesse, bei denen der Therapeut auf keinen Fall im Wege des Drucks den Klienten zu ändern versucht. Es gibt aber im Bereich des Management-Trainings, der Werbung und sogenannter Strukturvertriebe Handlungsstrategien, die darauf gerichtet sind, den Mitmenschen einer bestimmten Struktur zu unterwerfen, ihn funktionabel zu machen und ihn zur Unterordnung zu veranlassen – mit dem Ziel, ihn zu benutzen. Im Endbericht der *Enquete-Kommission* wird hierzu anhand vieler Beispiele Stellung genommen. In der »schwarzen« Psychologie, im »schwarzen« Management-Training und auch in der »schwarzen« Pädagogik werden diese Methoden gewissermaßen als Waffe mißbraucht, um Personen zu manipulieren. Derartige

Methoden kommen heute vor allem im Wirtschaftsleben vermehrt zum Einsatz. Der Übergang zum sogenannten Mobbing ist hier fließend.

TK: Inwiefern zielt Scientology auf die Abschaffung unserer freiheitlich-demokratischen Grundordnung?

Keltsch: Bezüglich Scientology hat man sich bis vor kurzem, weil man glaubte, es handle sich um eine Religion, nicht ausreichend mit den Schriften und Zielen auseinandergesetzt. Heute aber wissen wir, daß Hubbard in einer Vielzahl von Schriften das Ziel postuliert hat, die Welt zu erobern. Dieses Programm »*clear* planet« ist kein spirituelles Programm, es hat nicht wie Religionen transzendente Ziele, sondern es ist tatsächlich ein Programm zur faktischen Welteroberung durch Manipulation von Menschen. In diesem Zusammenhang ist auch darauf hinzuweisen, daß es nach Aussagen von Aussteigern spezielle Lügendrills bei Scientology gibt: Wie belügt man den anderen? Gerechtfertigt wird das unter dem Motto: Gut ist, was dem System nützt. Hubbard hat auch eine psycholinguistisch plausible Theorie der Redefinition von Begriffen vorgestellt, wo er unter Verweis auf totalitäre Regime wie Kommunismus und Nationalsozialismus darlegt, wie man durch eine neue Verwendungsweise von Wörtern Begriffe umdefiniert. Parallelen zu George Orwells »Neusprache« in »1984« drängen sich hier auf.

TK: Besitzen Sie Dokumente, die das belegen?

Keltsch: Ja. Und wenn man weiß, daß das System Scientology sich eines religiösen Deckmantels bedient und hierbei diese Theorie der Umdefinition dahintersteht, kann man nur sagen: Jeder Religionswissenschaftler, der auf diesen religiösen Mantel hereinfällt, hat den menschenverachtenden Zynismus des Systems nicht erkannt. Hier wird eine biologische Veränderungsideologie und -technik in den Bereich des Religiösen gehievt, indem man sich einer pseudoreligiösen Sprache bedient und diese nach außen vorkehrt, während im Inneren eine ingenieurtechnische Sprache gesprochen wird. Hubbard hat Hunderte Wörter ingenieurtechnisch neu definiert, immer davon ausgehend, daß der Mensch eine Maschine ist, die neu zu programmieren ist. Und was viele Kulturwissenschaftler, insbesondere die meisten Religionswissenschaftler, noch nicht erkannt haben, ist, daß dieses Menschenbild eine ganz handfeste naturwissenschaftliche Grundlage für Scientology abgibt. Daß die scientologischen Techniken tatsächlich teilweise funktionieren, hängt also, wie gesagt, damit zusammen, daß Kommunikationstheorie und -technik, wie sie von Scientology angewandt werden, sich der Gesetzmäßigkeiten aus Verhaltensbiologie und Verhaltenspsychologie bedienen. Es handelt sich allerdings um ein absolut primitives, reduktionistisches Menschenbild. Hierauf hat bereits bei Erscheinen des Grundlagenwerks »Dianetik« Erich Fromm hingewiesen.

TK: Warum, meinen Sie, funktioniert das in dieser Weise auch, wenn einer schon 15 Jahre dabei ist?

Keltsch: Warum merkt man nicht, daß man von Scientology abhängig wird? – Das ist so, weil man *Gehirnwäsche*, die mit nicht wahrnehmbarem Zwang durchgeführt wird, gewöhnlich auch nicht bemerkt. Wenn Sie im System Scientology sämtliche Lebensbezüge haben, werden Sie keine Veränderungen an sich feststellen – oder nur positive. Denn das System lobt Sie ja stets, wenn Sie ihm entsprechend handeln. Das funktioniert auch langfristig. Scientologen fühlen sich erst dann nicht mehr wohl, wenn sie zu stark unter Druck gesetzt, wenn sie zur Produktion, zur Kundenakquisition getrieben werden. Sie fühlen sich dann nicht mehr wohl, wenn sie merken, daß sie wie in einer Fischreuse gefangen sind: Solange sie in Richtung der vom System offen gehaltenen Wege »schwimmen«, haben sie positive Erlebnisse und werden sich auch, auf Befehl, gegen den Staat für das scientologische System einsetzen. Aber sobald sie umkehren wollen, geraten sie in Schwierigkeiten. – Scientology, Herr Kruchem, hat wirklich Macht über Menschen und dehnt seine Macht wie ein wachsendes Pyramidenspiel auf immer neue Mitspieler aus. Dabei werden die Menschen systematisch ausgebeutet, und entsprechend dem sozialdarwinistischen Menschenbild Hubbards läßt man Leute, die nicht mehr nützlich sind, einfach fallen wie ausgepreßte Zitronen. Hubbard hat übrigens die Idee vom Sozialstaat verachtet und sie sogar als gesellschaftsschädliches Prinzip angesehen. Sogenannte Wohlfahrtsprogramme bei Scientology dürften deshalb reine Inszenierungen sein.

TK: Haben Sie dafür Belege?

Keltsch: Ja, freilich. Viele Aussteiger berichten, daß die Scientology-Organisation nur so lange Interesse an Menschen hat, wie sie Geld bringen. Das geht so weit, daß Menschen, die kein Geld mehr haben, mit dieser Psycho- und Sozialtechnologie nicht selten gezwungen werden, sich zu verschulden und dabei Kreditbetrug zu begehen. Und in diesem ganzen System gilt nur der etwas, der eine hohe *Statistik* hat, das heißt, den Machtbereich des Systems vergrößert hat. Von diesem Prinzip wird sogar die Schiedsgerichtsbarkeit Scientologys dominiert. Jemand, der andere Scientologen betrügerisch ausgebeutet hat, aber über eine hohe *Statistik* verfügt, den können Sie, wie Aussteiger berichten, letztlich nicht zur Rechenschaft ziehen. Wer glaubt, daß es da eine solidarische Glaubensgemeinschaft gibt, befindet sich im Irrtum. Es ist kein Ruh-

mesblatt für unsere Sozialwissenschaftler, daß wir als Staat und Gesellschaft die brutale, sozialdarwinistische Funktionsweise dieses Systems erst jetzt in vollem Umfang zu erkennen und zu erforschen beginnen.
TK: Sind, Ihrer Ansicht nach, auch die Bosse konditioniert?
Keltsch: Da muß man ein großes Fragezeichen setzen. Sie müssen unterscheiden zwischen Leuten, die an das Programm glauben und in Trancezuständen sogenannte Gipfelerlebnisse hatten, und anderen, die die Wirksamkeit der Technologie alsbald durchschauen und auf der Verwaltungsebene hohe Funktionärspositionen erreichen, ohne *clear* zu sein oder entsprechendes Training zu haben. Die Verwaltungsebene ist wohl in hohem Umfang halb oder ganz ungläubig, weiß aber genau, daß diese Techniken Menschen binden und daß diese Techniken von der Organisation mißbraucht werden. Macht auszuüben macht bekanntlich vielen Spaß. Das kann sich bis zum Sadismus steigern. Hubbard hat mit der *RPF* wahrscheinlich derartige Gefühle ausgelebt.
TK: Welche verfassungsfeindliche Betätigung der Scientology-Organisation stellen Sie als Jurist fest?
Keltsch: Scientology hat ein Programm, das darauf gerichtet ist, die Welt zu erobern, und das ist ein neuer Extremismus. Bisher glaubten wir, eine verfassungsfeindliche Bestrebung sei dadurch gekennzeichnet, daß sie eine bestimmte soziale Reformideologie vertritt. Scientology nun tritt nicht mit einer Ideologie als Ideenlehre an, sondern mit einer ganz bestimmten Technologie, einer quasi-therapeutischen Veränderungstechnik. Diese haben die Leute anzuwenden, um sich zu verändern. Und wenn alle das tun, erhalten wir nach Hubbard auch eine neue Gesellschaft. So ein Gesellschaftsveränderungsmodell haben wir bisher noch nicht gehabt. Deshalb tun wir uns auch schwer, Scientology richtig einzuschätzen. Inzwischen sprechen wir von einem »neuen Extremismus mit (pseudo-)therapeutischem Legitimationsanspruch«. Denn Scientology sagt: »Unsere Techniken funktionieren. Wer unsere Technologie anwendet, wird ein neuer, besserer Mensch.« Es ist an dieser Denkweise etwas, was dem »mainstream«, der Hauptströmung, in unserer technisch ausgerichteten Kultur absolut entspricht. Wir glauben an Wissenschaft, an Technik. Erfinden wir die richtige Technik, meinen wir alles in den Griff kriegen zu können – vom Körperlichen bis zum Seelischen. Gehen wir in ein Bodybuilding-Studio, wachsen die Muskeln; gehen wir in ein Psycho-Studio, sollen unsere geistigen oder seelischen Kräfte wachsen. Es gibt ja sogar schon »mind machines« – Geräte, mit denen wir per Elektrostimulation unseren Geist trainieren können. Da liegt Scientology voll im Trend. Leider hat die *Enquete-*

Kommission diesen technischen Trend unserer Gesellschaft nicht beleuchtet. Es gibt hierzu lediglich ein Sondervotum.

TK: Was ist an Hubbards Technologien verfassungsfeindlich?

Keltsch: Hubbard hat ein Programm, daß alle Menschen »ge*cleart*« werden sollen. Der »ge*clearte*« Mensch ist dann der gute Mensch, und die Gesellschaft aus *Clears* die beste Gesellschaft. Daran ist zunächst mal nichts auszusetzen. Und das wäre auch nicht verfassungsfeindlich. Aber Hubbard will gleichzeitig die Demokratie abschaffen. Er will eine »Scientokratie«, in der nur »ehrliche« Menschen Rechte haben. Dies läßt sich an einer Fülle von Zitaten belegen. Hubbard schreibt zum Beispiel, er wolle »eine Zivilisation ohne Geisteskrankheit, ohne Verbrechen und ohne Krieg, in der der Fähige erfolgreicher sein kann und ehrliche Wesen Rechte haben können«. Auf den ersten Blick schaut das ja ganz toll aus. Aber wie will Scientology dieses Ziel erreichen? Da heißt es zum Beispiel in einem »Field Staff Member Newsletter« von 1992: »Die Planung für Scientology ist so angelegt, daß die Fähigen fähiger gemacht werden, während die Unfähigen vorerst sich selbst überlassen bleiben, bis wir die richtigen Anstalten für sie gebaut haben. Wenn wir das machen, wachsen wir. Wenn wir, wie einige unkluge Leute dies tun, uns die Unfähigen, Hilflosen und Zurückgebliebenen aufhalsen, werden wir nicht in der Lage sein, schnell genug hoch genug voranzuschreiten.« Und »Verbrecher« sind halt die Kritiker und »unfähig« alle, die kein scientologisches Training machen. Damit wird die Freiheit, sein eigenes Leben selbst zu bestimmen, abgeschafft; und auch die demokratische Gerichtsbarkeit soll aufgehoben und durch ein Schiedsverfahren ersetzt werden. Scientology will ein eigenes, für alle verbindliches Rechtssystem nach Scientology-Normen etablieren – ohne Rechtswegegarantie, ohne rechtliches Gehör, ohne gesetzlichen und unabhängigen Richter, ohne gesetzmäßige Verwaltung. Und wenn Sie daran denken, daß nur derjenige Recht bekommt, der eine hohe *Statistik* hat, ist klar, daß der Schwache in einem scientologischen System entrechtet ist. Scientology mißachtet auch die Menschenrechte – und zwar, weil nur »ge*clearten*«, nicht-*aberrierten* Scientologen Rechte zugestanden werden. Des weiteren gibt es keine Menschenwürde, sondern Ziel ist es, einen gut funktionierenden Menschen zu haben – unabhängig davon, ob der das will oder nicht. Scientology mißachtet schließlich das Grundrecht der freien Meinungsäußerung, da Kritik an Scientology mit allen, auch gewaltsamen, Mitteln unterdrückt wird. Und wenn Sie sehen, wie Scientology gegen Kritiker in den USA vorgeht, kann man nur sagen: Scientology hält sich nicht an das, was wir juristisch als Sittengesetz bezeichnen. Die Organisation hält sich nicht an die demokratischen Spielregeln und will diese letztlich als solche ganz abschaffen. Das Gesellschaftsmodell Hubbards ist in Anschluß an den Kybernetiker Wiener eine kybernetisch gesteuerte Megamaschine, bestehend aus den »richtig« programmierten und funktionierenden Mensch-Maschinen. Die *Thetan*-Ideologie dürfte letztlich ein geschicktes Ablenkungsmanöver sein, das von vielen gläubigen Scientologen nicht durchschaut wird.

TK: Gibt es tatsächliche Anhaltspunkte dafür, daß die Scientology-Organisation auch auf deutschem Boden aktiv auf die Verwirklichung dieser Ziele hinarbeitet?

Keltsch: Wir haben beispielsweise vom Ex-Scientologen Gunther Träger berichtet bekommen, daß man in den 80er Jahren in Hamburg zusammengesessen ist und sich vorgestellt hat, wie eine zukünftige Bundesregierung durch Scientologen zu besetzen ist. Das mag zwar als Wirtshausscherz oder so etwas zunächst angesehen werden, aber man hat sich konkrete Gedanken über eine Machtübernahme gemacht. Des weiteren haben wir Kenntnis von Plänen, durch die Umformung der Pädagogik im scientologischen Sinne – man versucht, scientologische Schulen zu gründen – den Boden für die Machtübernahme von Scientology zu bereiten. Nicht zuletzt kennen wir Pläne, durch die Einführung dieser Techniken des »social engineering« in der Wirtschaft das Feld für die Machtergreifung zu bereiten. Dies ist keine Machtergreifung wie früher, als man Revolutionen machte und dann Institutionen besetzte. Nein, es ist eine schleichende Verwandlung unserer Gesellschaft in eine scientologisch-technokratische Gesellschaft, durch die die Freiheit und das Humanum nach und nach liquidiert werden. Es handelt sich um einen Typ der sozialtechnisch gesteuerten Kontrollgesellschaft, wie ihn der amerikanische Zukunftsforscher Herman Kahn 1967 für das Jahr 2000 vorausgesagt hat. Auch »Der eindimensionale Mensch« Herbert Marcuses von 1964 hat viele Züge des »Rondroiden«, den das System Scientology erzeugt und als neuen Menschentyp propagiert, aufgezeigt. Vaughn Young, ein ehemaliger Top-Funktionär, hat den Vergleich zu Orwells »1984« gezogen.

TK: Bayern prüft bei der Einstellung in den Staatsdienst, ob der Bewerber Scientologe ist. Was halten Sie von der Maßnahme des Bundesarbeitsministers, Scientologen von der privaten Arbeitsvermittlung auszuschließen, was davon, daß Unternehmen *Sektenfilter* installieren?

Keltsch: Scientologische Betriebsmethoden verletzen, wie das Bundesarbeitsgericht bereits festgestellt hat, die Menschenwürde. Sie sind nicht vereinbar mit einem Arbeitsverhältnis im Sinne unserer Demokratie. Und es ist auf alle Fälle zu verhindern, daß derartige inhumane technologische Methoden in der Wirtschaft überhandnehmen. Insbesondere halte ich auch die private Arbeitsvermittlung durch Scientologen für Gift. Denn dadurch werden eigentlich immer Menschen in scientologisch geführte Betriebe vermittelt. Das aber kann man keinem Menschen zumuten: daß er in einem scientologisch geführten Betrieb Dienst tut, wo er gezwungen ist, *Wissensberichte* über Mitarbeiter zu schreiben, wo sogenannte *Ethik*-Akten neben den Personalakten geführt werden, wo er nicht entsprechend sozialversichert ist, wo er nicht innerhalb der Vorschriften der Arbeitszeitverordnung arbeitet. Sehenden Auges leisteten wir der Ausbeutung Hilfestellung, ließen wir private Arbeitsvermittlung der Scientologen zu.

TK: Sollte man Scientologen aus privaten Institutionen wie Berufsverbänden ausschließen?

Keltsch: Menschen, die im System Scientology gefangen sind, sind in der Regel Opfer – auch wenn sie Täter sind. Deshalb müssen wir in offener Diskussion deutlich machen, was für ein menschenverachtendes und zynisches System Scientology ist, zugleich aber dem einzelnen helfen, sich von diesem System zu lösen. Wir dürfen ihn nicht als »giftig« stigmatisieren und ausgrenzen. Gegenüber kämpferischen Scientologen gilt dabei natürlich, daß wir ihren sittenwidrigen Methoden entschieden entgegentreten und von ihnen verlangen, in fairer und menschlicher Weise mit uns zu verkehren.

TK: Manche private Schulen und Kindergärten schließen Kinder von Scientologen aus – mit dem Argument, andere Kinder könnten beeinflußt werden.

Keltsch: Wir haben als Staat keinen Einfluß auf private Organisationen. Es ist in einer Demokratie nicht möglich, private Organisationen anzuhalten, bestimmte Personen aufzunehmen. Ich persönlich halte es für schlecht, wenn scientologische Kinder ausgegrenzt werden. Denn ich glaube, daß unser demokratisches System dem scientologischen bei weitem überlegen ist und daß Kinder von Scientologen mit normaler humaner Kultur in Berührung kommen sollten, um nicht noch mehr Schäden zu erleiden als ohnehin.

TK: Was halten Sie vom Plakat der Jungen Union, das sogenannte *Sekten* mit (In)Sekten gleichstellt, die mit der Fliegenklatsche zu eliminieren seien?

Keltsch: Ich unterrichte an der Deutschen Richterakademie. Als ich im Unterricht dort diese Veröffentlichung vorstellte, habe ich sehr deutlich gesagt, solch ein Machwerk könne volksverhetzend wirken; eine absolute Entgleisung, die durch die gute Absicht letztlich nicht entschuldigt werden könne.

TK: Was sollte der Staat gegenüber Scientology, abgesehen von der Beobachtung durch den Verfassungsschutz, tun?

Keltsch: Unser Staat muß aufklären, aufklären, aufklären. Aber die Aufklärung liegt im Augenblick nicht in den richtigen Händen. Sie gehört in die Hände von Humanwissenschaftlern. Deshalb hat die bayerische Staatsregierung ein interdisziplinäres Gutachten in Auftrag gegeben, in dem die *Psycho-* und Sozial*techniken*, die Scientology anwendet, untersucht werden. Ich hoffe, daß, wenn dieses Gutachten da ist, der Diskurs über Scientology ein anderer wird. Zweitens müssen wir begreifen, daß Scientology Teil jener uns umgebenden technokratischen Kultur ist, die unsere Menschlichkeit kaputtmacht, wenn wir nicht aufpassen. Im 21. Jahrhundert wird es unsere Aufgabe sein, uns nicht von Technologien auffressen zu lassen, sondern unsere menschlichen Verhaltensformen, die wir von Mutter Natur mitbekommen haben, zu bewahren. Drittens schließlich muß klar sein: Scientology ist keine Religion, sondern ein Dienstleister auf dem neuen Psychomarkt. Scientology gehört zur Bewußtseinsindustrie, die, gestützt auf humanwissenschaftliche Erkenntnisse, angebliche »Menschenverbesserung« verkauft. Wir müssen auf diesem neuen Markt einen Kundenschutz schaffen. Das heißt nicht, daß wir alle diese Dinge verbieten. Denn Motorradfahren und Bergsteigen verbieten wir auch nicht. Aber wir müssen dem Bürger deutlich machen, daß diese Techniken riskant sind und man durch sie krank oder totalitär gebunden werden kann. Wir brauchen deshalb ein Gesetz, das die gewerbliche *Lebensbewältigungshilfe* regelt. Jeder, der derartige Trainings verkauft, muß dann deklarieren, was er macht, wie gefährlich seine Techniken sind, wieviel das kostet, was er für eine Ausbildung hat und so weiter.

TK: Sollte der Staat Scientology verbieten?

Keltsch: Eine Organisation, die so mit Menschen umgeht wie Scientology, hat den Boden der Rechtsstaatlichkeit verlassen. Die Juristen sprechen hier von Sittenwidrigkeit. Wir müssen also, wenn wir entsprechende Gutachten bekommen sollten, darauf hinwirken, daß Verkaufsorganisationen, die – wie Scientology – »schwarze« Management-Techniken, »schwarze« Pädagogik und »schwarze« Therapie – die auch krank machen kann – verkaufen, ihre Produkte nicht weiter vertreiben können. Es kann nicht sein, daß man über die Gründung eines Unternehmens derartige gesundheitlich riskante, sozialdarwinistische Methoden als »Persönlichkeitsentwicklungstraining« verkaufen darf. Wir wollen ja auch nicht, daß jemand eine Taschendiebschule in der Öffentlichkeit aufmacht und hierfür werben darf. Scientology verkauft und trainiert machiavellistische, nietzscheanisch-darwinistische Methoden, mit denen man sich, unter Anwendung von Psychologie als Waffe, auf Kosten des Mitmenschen durchsetzen soll. Scientology, Herr Kruchem, ist genau die Gegenkultur zu unserer abendländisch-christlichen Kultur. Denn diese Organisation hat als oberstes Ziel die Erreichung von Stärke. Mitgefühl und Mitleid werden als dem *Überleben* nachteilige Untugenden bewußt abtrainiert. Schwerste psychische Störungen mit psychiatrischem Krankheitswert werden hierbei in Kauf genommen, ebenso illegale Handlungen, wenn sie dem System nützen. Der Schwache hat bei Scientology nichts verloren. Er wird allenfalls ausgebeutet.

TK: Inwiefern spiegelt für Sie die Auseinandersetzung um Scientology die Spannung zwischen christlich-abendländischem Wertekonsens und der rapide zunehmenden Tendenz zur »weltkapitalistischen« – den Sozialstaat abbauenden – Technokratie?

Keltsch: Scientology mit seinem kybernetischen Menschen- und Gesellschaftsmodell ist absolut kompatibel mit dem Bild einer voll technologisch gesteuerten Gesellschaft, die sich für Entscheidungsfindung und -fällung nur noch der Rechenkraft und Logik des Computers anvertraut und dabei die emotionale Seite des Menschen, die wir Herz nennen, ausschaltet. Ließe man sich eine durch die harten Marktgesetze erforderlich gewordene Unternehmensrationalisierung mit Hilfe des Computers errechnen und sähe hierbei überzählige Mitarbeiter nur noch als störende und daher zu eliminierende Spielfiguren eines Computerspiels, näherte man sich weitgehend der Mentalität scientologischer »Mensch-Maschinen«. Aufgrund ihrer Konditionierung zur Emotionslosigkeit würden diese allerdings eine beschlossene Entlassung von Mitarbeitern voraussichtlich störungsfreier vollstrecken als der Personalchef mit Theologie-Examen, der aus Sorge um die zu entlassenden Mitarbeiter ein Magengeschwür bekommt.

TK: Was können Gesellschaft und Staat tun? Sie, Herr Dr. Keltsch, haben den Vorschlag gemacht, in Artikel 2 Grundgesetz das Recht auf körperliche Unversehrtheit durch das auf psychische Unversehrtheit zu ergänzen.

Keltsch: Im Augenblick bieten weder das Grundgesetz noch andere Gesetze ausreichend Schutz vor Organisationen wie Scientology. Zwar schützt der Artikel 2 prinzipiell schon heute auch die geistig-psychische

Unversehrtheit; so kann zum Beispiel jemand, der durch den Verlust eines Arms psychischen Schaden erleidet, Schmerzensgeld bekommen. Aber wir haben das nur auf dem Wege des Richterrechtes. Es wäre sinnvoll, wenn man zusätzlich klarstellt: In Artikel 2 geht es nicht allein um den Körper, sondern es geht auch um die geistig-psychische Unversehrtheit. – Das Menschenbild von uns Juristen ist Gott sei Dank durch die humanistischen Werte der Aufklärung und des Christentums geprägt, und dies sollte auch so bleiben. Wir brauchen allerdings dringend Nachhilfeunterricht von Anthropologen und Humanwissenschaftlern über die Möglichkeiten, wie man durch den gezielten Mißbrauch von *Psycho-* und Sozial*techniken*, die auf Gesetzmäßigkeiten der uns angeborenen Verhaltensdispositionen beruhen, den Menschen instrumentalisieren und seiner persönlichen Freiheit berauben kann. Als Treppenwitz der Kulturgeschichte sehe ich es an, daß wir in die »Schöne neue Welt« Huxleys eingetreten sind, ohne dies bemerkt zu haben. Zur Pflichtlektüre an unseren Schulen würde ich das leider in Vergessenheit geratene Buch Skinners, »Jenseits von Freiheit und Würde«, von 1973 machen. Dort sind – leicht verständlich und auf hohem wissenschaftlichem Niveau – das behaviorale Menschenbild und die antihumane Menschenveränderungstechnik, wie sie auch Hubbard vertritt, als Verbesserungskonzept für die Gesellschaft abgehandelt. Bei dem von Skinner propagierten psychologischen und sozialen Techno-Totalitarismus fehlt gegenüber dem Cyber-Totalitarismus von Scientology lediglich das kybernetische Element. Ob der pseudo-therapeutische Cyber-Faschismus eine echte Bedrohung der Gesellschaft des 21. Jahrhunderts werden könnte, sollten wir so schnell wie möglich klären. Totalitarismus kann bekanntlich nur im Anfang seines Entstehens bekämpft werden, wie wir aus eigener leidvoller Erfahrung wissen.

Die Methode als solche ist nicht schlimm

Gespräch mit Professor Wolfgang Michaelis

Prof. Dr. Wolfgang Michaelis, geboren 1939, studierte Klassische Philologie und Psychologie. Er lehrte an den Universitäten Kiel und Freiburg und hat heute eine Professur für Psychologie mit dem Arbeitsschwerpunkt Kognitionspsychologie in Augsburg inne. Im Zusammenhang mit einem Verfahren vor dem Bundesverfassungsgericht hat Prof. Michaelis für die deutsche Bundesregierung ein Gutachten über eine sogenannte Psychosekte angefertigt. Er ist mit einer Psychotherapeutin verheiratet.

TK: In der Diskussion über sogenannte *Sekten* und *Psychogruppen* werden, Herr Professor Michaelis, immer wieder Begriffe wie »Psychomanipulation«, *Gehirnwäsche* oder *Psychotechniken* benutzt. Es wird sogar behauptet, in manchen Gruppen würden Mitglieder derart konditioniert, daß sie ihren eigenen Willen verlieren.
Michaelis: Die Begriffe als solche besitzen sicher eine Aussagekraft. Es ist allerdings nicht so, daß die damit beschriebenen Techniken bewußt gesteuert in den *Sekten* verwandt werden. Da handelt es sich um eine Reinterpretation von Aussteigern, die übrigens gar nicht so häufig auftritt, wie das in der Öffentlichkeit dargestellt wird. Die Wirklichkeit ist sehr viel komplizierter: Sicher wird manipuliert, und es werden auch bestimmte Techniken angewandt. Nur werden diese Techniken nicht beherrscht, sondern so verwandt, wie wir sie einander im Alltag auch angedeihen lassen. Jeder – Sie und ich in diesem Gespräch, der Teilnehmer einer zwanglosen Diskussion – versucht, mehr oder weniger bewußt, seine Wortwahl, seine Gestik, seine Intonation so zu steuern, daß er die Wirkung beim anderen erzielt, die er erzielen möchte. Und das ist im Prinzip bereits Psychomanipulation.
TK: Man geht nach dem Prinzip »trial and error« vor?
Michaelis: Ja, die Wirkung beim Gegenüber wird überprüft. Fällt sie nicht entsprechend meiner Intention aus, benutze ich eine andere Methode, bis ich die gewünschte Wirkung erziele. Manipulation – zweifelsohne. Versteht man allerdings unter Manipulation, wie das die Öffentlichkeit weitgehend tut, den Versuch irgendwelcher Oberbösewichte, die Mitglieder einer Gruppe als Marionetten am Band zu führen, dann gibt es so etwas allenfalls im Ausnahmefall. Mir ist so etwas bei meinen Forschungen nie begegnet. Und auch die von mir inter-

viewten Aussteiger haben das nicht so einfach dargestellt. Sie haben zwar gesagt: »Wir haben nicht mehr aus freiem Willen gehandelt, und wir waren auch manipuliert.« Nur haben sie sich von keiner konkreten Person manipuliert gefühlt. Ich will Ihnen das anhand eines Beispiels aus der von mir untersuchten Gruppe – es handelt sich um den »Verein zur Förderung der psychologischen Menschenkenntnis«, VPM – erläutern: In dieser Gruppe haben sich Heerscharen junger Männer sterilisieren lassen – im Interesse einer Ideologie. Diese Ideologie sagte, unsere Welt sei so schlecht geworden, daß dort zunächst keine Kinder mehr hineingeboren werden sollten – eine in den 70er Jahren weitverbreitete Meinung, genährt zum Beispiel durch Atomangst und weitere apokalyptische Katastrophenängste. Beim VPM stand zusätzlich der Glaube dahinter, man müsse durch bestimmte Techniken die Welt zunächst einmal erziehungsfähig machen, bevor dann wieder Kinder in die Welt gesetzt werden dürften. Eine haarsträubende Weltsicht, aber in sich stimmig. Und obwohl sich in keiner Weise belegen läßt, daß irgend jemand in der Gruppe forderte, man solle sich sterilisieren lassen, haben das vor dem Hintergrund dieser Ideologie Tausende getan. Was sagt uns das? Es sagt uns, daß es keiner Techniken bedarf, um jemanden zu manipulieren, sondern daß allein eine Idee so überzeugen kann, daß sie als Manipulator wirkt.

TK: Es gibt Theorien, daß in vielen sogenannten *Sekten* und *Psychogruppen* der einzelne seine Gedanken- und Gefühlswelt der Kontrolle der Gruppe unterwerfe, daß sein Selbstwertgefühl schrumpfe, er sich von der Umwelt isoliere, daß er abhängig und möglicherweise süchtig werde.

Michaelis: Im Effekt kann das zutreffen. Nur muß dahinter nicht die bewußt gesteuerte Manipulation von Führungskadern stehen, sondern es reicht ein Ideenhintergrund, der die Beziehungen in der Gruppe – im einzelnen niemandem bewußt – so steuert, daß Abhängigkeiten entstehen. Das Ziel ist, der Idee zum Durchbruch zu verhelfen. Wenn dann eine Abhängigkeit entsteht, ist das im Prinzip ein Epiphänomen, ein Nebeneffekt, der natürlich billigend in Kauf genommen wird, aber nicht herbeigeführt werden soll.

TK: Im Effekt unterwerfen sich also manche Menschen in ihrer ganzen Persönlichkeit der Kontrolle durch die Gruppe?

Michaelis: Ja, weitgehend. Sie merken es in dem Moment nicht, sondern erst später – wobei offen bleibt, ob da nicht eine retrospektive Verfälschung auftritt. Es ergibt sich aber noch eine ganz andere wichtige Frage, die selten aufgeworfen wird: Vielleicht wollen Menschen in einer bestimmten Phase ihres Lebens auch durchaus abhängig sein, weil sie zu schwach sind, unabhängig zu leben. Ich habe mit sehr vielen sogenannten *Sekten*opfern gesprochen, bei denen ich den Eindruck hatte, sie waren entweder entwicklungsmäßig in einer Phase, in der sie eine starke Führung bis hin zur psychischen Entleerung haben wollten – was ihnen möglicherweise auch gar nicht schadete –, oder sie waren aus anderen Gründen psychisch in einem Zustand, in dem diese Gruppe für sie zum Rettungsanker wurde. Es wird ja immer wieder vergessen, daß alle diese Gruppen – und Scientology propagiert das ganz offen – sagen: »Wir helfen Menschen, die ihr mit euren sozialen Einrichtungen und Gesetzesmaßnahmen gar nicht erreicht.« Und da ist etwas dran. Es gibt einfach Menschen, die, vielleicht aufgrund ihres genetischen Make-up, vielleicht aufgrund der Verhältnisse, in denen sie aufgewachsen sind – zerbrochene Familien, alleinerziehende Elternteile sind ja heute ein Massenphänomen –, so labil sind, daß sie nach eigentlich jedem Rettungsanker greifen. Das heißt, wenn es nicht die Gruppe ist, die wir als *Sekte* bezeichnen, dann ist es eben die Kirche, eine Psychotherapie, eine Jugendgruppe oder ein Sportverein. Und die Menschen wären in dieser anderen Gruppe genauso abhängig geworden wie in der *Sekte* – die wir an die Wand stellen, um sie zu verpönen.

TK: Heißt das, in einer Kirche oder einem Sportverein können die gleichen Strukturen psychischer Abhängigkeit entstehen wie in einer sogenannten *Sekte* oder *Psychogruppe* wie Scientology?

Michaelis: Die können überall auftreten – in einer Ehe, zwischen Lehrer und Schüler oder Professor und Student, zwischen Boß und Mitarbeiter. Ich sehe da überhaupt keinen wesentlichen Unterschied zur *Sekte*.

TK: Eine schillernde Wirklichkeit psychisch wirkender Mechanismen offenbar, die der Außenstehende möglicherweise besser versteht, wenn er sie aus unterschiedlichen Blickwinkeln betrachtet. Gehen wir ein wenig auf die Manipulationstechniken ein. Was leistet Konditionierung?

Michaelis: Konditionierung ist eine sehr primitive Technik, die wahre Wunder bewirkt in der Tierdressur, aber auch in der Verhaltenstherapie. Es kommt zu einem Lernen unterhalb der kognitiven Ebene, das unverhinderbar ist. Auch wenn Sie den Lernmechanismus kennen, sind Sie ihm doch unterworfen. Ich könnte Sie zum Beispiel schnell dahingehend konditionieren, daß Sie irgendeine Angst oder Abhängigkeit entwickeln. Das ist keine Kunst.

TK: Vielleicht erläutern Sie das anhand eines Beispiels.

Michaelis: Schulangst zum Beispiel ist ein Konditionierungsprodukt. Ein Erstkläßler kommt mit viel gutem Willen in die Schule, trifft aber dort auf einen Lehrer, der ihn ständig anbrüllt, er solle stillsitzen. Solche Situationen führen zu der natürlichen Reaktion, daß man sich zurückzieht, was aber noch nichts mit Konditionierung zu tun hat. Konditionierung nennt man den Lernakt, daß nun der Schüler den Ort Schule immer wieder in zeitliche Nähe zu Ereignissen bringt, die ungute Gefühle auslösen. Das führt schließlich dazu, daß die Schule mit der Signalbedeutung belegt wird, es könne gleich so etwas Ungutes passieren; es kommt zur Schulangst. Solchen Konditionierungen sind wir alle unterworfen, jeden Tag.
TK: Was kann eine Organisation wie Scientology damit anfangen? Kann sie per Konditionierung aus Leuten Roboter machen?
Michaelis: Nein. Jede Konditionierung kann gelöscht werden. Und sie löscht sich von selbst, sobald ein Mensch - ich nenne es mal so - den Fängen seines Manipulierers entronnen ist. Ein Löwe, der eine Weile nicht mehr durch brennende Reifen hat springen müssen, wird von selbst dekonditioniert, ohne daß man etwas dazu tun muß. Weil das so ist, wird *Sekten* und *Psychogruppen* heute unterstellt, sie wendeten sogenannte Methoden der zweiten Generation an.
TK: Worum handelt es sich bei diesen Methoden?
Michaelis: Hier geht es nicht um Umerziehung, Konditionierung oder - was im Prinzip das gleiche ist - *Gehirnwäsche*, wie sie etwa in Lagern nach dem Koreakrieg angewandt wurde, sondern darum, eine Person in ihrem Kern zu verändern, indem man ihr eine neue Weltanschauung vermittelt. Aus dieser Weltanschauung heraus wird dann zum Beispiel jede Anfeindung, die der Gruppe entgegengebracht wird, als Bestätigung der Richtigkeit dessen angesehen, was in der Gruppe vertreten wird.
TK: Wozu die Weltanschauung sehr ausgefeilt sein muß.
Michaelis: Ja. Dieser Neuaufbau der Person ist nicht mit einfachen Techniken, wie ich sie eben geschildert habe, zu machen, sondern hier wirkt die Gruppenumgebung als ganzes. Es handelt sich bei diesen »Methoden der zweiten Generation« um haargenau dasselbe wie unsere Sozialisation oder Enkulturation in eine Gesellschaft. Zahllose subtile Signale veranlassen uns, die Welt auf eine ganz bestimmte Art und Weise zu sehen, ohne daß wir uns dem entziehen können. Konkrete, handfeste »Methoden der zweiten Generation« gibt es nicht. Man kann immer nur von einzelnen Punkten sprechen, etwa von dem manipulativen, pseudoausgewerteten Psychotest bei Scientology oder

dieser überströmenden Liebe und Akzeptanz bei vielen Gruppen: »Wir akzeptieren dich so, wie du bist.«

TK: Muß da eine Ideologie dahinterstehen?

Michaelis: Nicht unbedingt. Einer meiner Interviewpartner hat mal gesagt: »Ich habe mich gefühlt, als ob ich zu Muttern nach Hause kam. So etwas hatte ich schon lange nicht mehr erlebt. Alles konnte offen diskutiert werden.« Daß die Gruppe den Eindruck vermittelt oder auch sich tatsächlich bemüht, den einzelnen völlig anzunehmen und ihm, wie einem kleinen Kind, unkonditionierte Liebe zu schenken, vereinnahmt das neue Mitglied von vornherein für die Gruppe.

TK: Ist das schlimm?

Michaelis: Die Methode als solche ist nicht schlimm. Die wenden wir alle jeden Tag an. Einzelne Gruppen haben das inzwischen entdeckt und basteln daran herum, das zu perfektionieren – was aber auch wir alle fast intuitiv jeden Tag tun. Schlimm wird es nur, wenn eine Gruppe das für andere Zwecke nutzt, das heißt, um ihren Gruppenzusammenhalt damit zu festigen und die Leute nicht mehr rauszulassen – so wie wir übrigens unsere Leute nicht mehr aus unserer Kultur herauslassen. Der Deutsche schleppt doch seine Alltagskultur sogar nach Mallorca mit; und man könnte diese Abhängigkeit als Ergebnis einer schrecklichen Manipulation empfinden. Als Manipulation, als anstößig und deviant, definiert eine Großgruppe oder Gesellschaft derlei aber erst dann, wenn eine in der Großgruppe lebende Kleingruppe ihre Weltanschauung, in Opposition zur Orientierung der Großgruppe, für verbindlich erklärt.

TK: Scientology erhebt den Anspruch, in diese Gesellschaft zu passen. Man respektiere die Gesetze und helfe nur den einzelnen Mitgliedern der Gesellschaft, zur Selbsterkenntnis zu kommen.

Michaelis: Ja, aber dann ist da das Sendungsbewußtsein dieser und anderer Kleingruppen. Man will das, was in diesen Gruppen verbindlich ist, letztlich verbindlich machen auch für die Gesellschaft. Und dagegen wehrt sich die Gesellschaft. Es ist in diesem Zusammenhang völlig unerheblich, ob zum Beispiel Scientology oder der VPM berechtigte oder unberechtigte Anliegen vertreten; entscheidend ist die Diskrepanz zu den Standards der Mehrheit. Diese Mehrheit definiert, daß in der Kleingruppe manipuliert wird, und bekämpft entsprechend die Kleingruppe. Tatsächlich jedoch wird überall manipuliert.

TK: Lassen Sie mich vor diesem Hintergrund noch einmal auf die eingangs gestellte Frage zurückkommen: Herr Dr. Keltsch vom bayerischen Innenministerium geht davon aus, daß die Scientology-Organisation, im Unterschied zu anderen Gruppen, eine Reihe ausgefeilter sogenannter *Psychotechniken* benutzt und damit ihre Mitglieder quasi zu Mensch-Maschinen macht. Wie schätzen Sie diese Darstellung ein?

Michaelis: Ich habe Herrn Dr. Keltsch im Rahmen einer Anhörung in Bonn bereits darauf hingewiesen, daß der Begriff *Psychotechniken* historisch anders belegt ist und in diesem Zusammenhang nicht gebraucht werden sollte, weil er mehr Mißverständnisse hervorruft als erklärt. Alle Methoden, die auf das, was laienhaft Seele genannt wird, einwirken, kann man als *Psychotechnik* bezeichnen: Methoden der Erziehung, Methoden der Psychotherapie, Methoden der Werbung, der betrieblichen Organisation und so weiter. Worum es inhaltlich geht, haben wir eben diskutiert: Es geht um, einerseits, Methoden der Konditionierung und um, andererseits, sogenannte Manipulationstechniken der zweiten Generation, die den Kern einer Persönlichkeit verändern können. Und noch einmal: Diese Methoden wenden wir alle – auch Herr Dr. Keltsch – im täglichen Umgang miteinander an. Mag sein, daß Scientology und andere Sondergruppen die Methoden technisch verfeinern. Aber das tut auch jeder Handelsvertreter. Deshalb können wir, wenn wir vor möglicherweise gefährlichen Gruppen warnen, nicht primär die Methoden, die sie benutzen, anprangern, sondern es muß um das Ziel der jeweiligen Gruppe und ihren ideologischen Hintergrund gehen. Sonst müßte auch vor denjenigen gewarnt werden, die *Sekten*aussteiger »deprogrammieren«, um sie aus der Abhängigkeit von einer Gruppe zu lösen.

TK: Nehmen wir einmal den Blickwinkel des natürlich auch in seiner Sozialisation befangenen Psychotherapeuten ein. Gibt es in der Psychologie Erkenntnisse, daß Mitglieder religiöser Minderheiten oder sogenannter *Sekten* und *Psychogruppen* überdurchschnittlich häufig psychische Schäden erleiden?

Michaelis: Es gibt keine harten Daten, sondern nur Einzelfälle starker psychischer Schädigung – wo allerdings fraglich ist, ob die betreffenden Menschen nicht vorgeschädigt waren. Abgesehen davon sollte man mit Einzelfällen nicht argumentieren, weil die zwar andeuten können, daß gewisse ursächliche Zusammenhänge existieren, aber nichts über tatsächliche Kausalitäten und das Ausmaß des Problems aussagen. Nein, es gibt keine Belege dafür, daß es in solchen Gruppen häufiger zu psychischen Schäden kommt als sonstwo in der Gesellschaft.

TK: Die sogenannte Wiener Studie des namhaften »European Centre for Social Welfare and Research« von 1981, die das Bundesfamilienministerium teuer finanzierte und dann in der Schublade verschwinden ließ, kommt sogar zu dem Schluß, daß viele Menschen sich durch den Beitritt zu Gruppen wie Scientology positiv von ihrem Elternhaus emanzipiert und innere Stabilität gefunden haben.

Michaelis: Das kann ich nur unterstreichen. Das habe auch ich herausgefunden. Viele der Menschen, die sich in einer labilen Phase ihrer Jugend oder nach Ereignissen, die sie nicht leicht verdauen konnten, in eine solche Gruppe hineinbegeben haben, sind stabilisiert worden. Nur, der Preis ist eben ewige Abhängigkeit. Und das gilt nicht nur bezüglich solcher Gruppen: Wer sich in eine Psychotherapie begibt, wird in der Regel stabilisiert. Aber auch dort ist, zumindest bei der Psychoanalyse, der Preis lebenslange Abhängigkeit. Und hier stellt sich gleichfalls die Frage, ob die psychische Unverletzlichkeit des einzelnen noch gewahrt ist.

TK: Warum kann der Patient die helfende Hand seines Analytikers nicht loslassen?

Michaelis: Es gibt zwei Antworten darauf: Zum einen läßt es sich auf diese Weise bequem leben, denn Freiheit ist ja nicht gerade bequem; zum anderen wollen die Therapeuten ihre Patienten melken, sie wollen Geld verdienen.

TK: Sehen Sie da Parallelen zwischen sogenannten *Sekten* und der als seriös anerkannten Psychotherapie?

Michaelis: Sehr starke Parallelen, wobei man unterscheiden muß zwischen einzelnen Formen der Psychotherapie. Es gibt eine Therapieform, die Psychoanalyse mitsamt allen ihren Schulen, die Menschen in ganz starke Abhängigkeit bringt. Da steckt kein böser Wille dahinter, sondern das hängt mit der Methode zusammen: Die Aufarbeitung vergangener Erlebnisse braucht einfach ihre Zeit. Und so kommt es dazu, daß Menschen aufgrund technischer Unfähigkeit des Therapeuten oder weil sie sich selbst nicht genug Mühe geben vorwärtszuschreiten, 10, 20 Jahre oder, im Prinzip, eben ihr ganzes Leben von der Psychoanalyse abhängig bleiben. Es kommt noch etwas anderes hinzu: Das Therapieziel ist bei der Psychoanalyse – und hier haben wir eine weitere Parallele zu den *Sekten* – nicht klar definiert. Es gibt andere, symptomzentrierte Psychotherapien, etwa die Verhaltenstherapie, da kommt der Patient mit einer bestimmten Beschwerde, man findet vielleicht ein paar mehr, behandelt die Symptome, und wenn ein gewisser Grad der Besserung erreicht ist, entläßt man den Patienten. Man nabelt ihn wieder ab. Die Psychoanalyse dagegen versucht, die ganze Persönlichkeit des Patienten per Erziehungsprozeß von innen neu aufzubauen. Das ist auch das Ziel vieler *Sekten*, und indem sie das versprechen, gewinnen sie ihre Anhänger. Ich sehe ganz starke Parallelen zwischen Psychoanalyse und *Sekten*.

TK: Warum existiert in der Bevölkerung eine so große Angst vor sogenannten *Sekten* und *Psychogruppen*, insbesondere vor Scientology?

Michaelis: Eine wesentliche Rolle spielt sicher die Presse, die nun mal, weil es sich verkaufen läßt, sensationelle Themen aufgreift – auch wenn sie damit Panik erzeugt. Die Presse tut das im Bewußtsein der Tatsache, daß sie damit im Menschen etwas anrührt, was er anders als durch Horrorkonsum in der heutigen gesicherten Welt nicht mehr abarbeiten kann. Er kommt ja kaum noch in Situationen, in denen er seine durchaus vorhandenen psychischen Notfallressourcen aktivieren kann. Deshalb schaut er sich Horrorfilme an oder begibt sich in künstlich geschaffene Gefahrensituationen. Der Mensch will sich mit dem ihm einprogrammierten System der Angst einfach auch mal auseinandersetzen, was die Presse natürlich ausnutzt. Hinzu kommt unsere spezielle deutsche Vergangenheit mit einer geplanten tausendjährigen Abhängigkeit, die, Gott sei dank, nicht völlig in Vergessenheit geraten ist, wenngleich sie manchmal seltsame Blüten treibt, indem zum Beispiel Gruppen zu früh stigmatisiert werden.

TK: Braucht die Gesellschaft da auch Sündenböcke?

Michaelis: Daß *Sekten* in größerem Maße eine Sündenbockfunktion besitzen, wage ich zu bezweifeln. Da sind doch Parteien wie die PDS oder die DVU als Sündenböcke sehr viel wohlfeiler. Ich glaube, die Angst zum Beispiel vor Scientology spiegelt viel eher eine Grundangst vor Abhängigkeit. Wenn man hört, was denen alles unterstellt wird – geheimdienstliche Jagd von Kritikern, ein Komplott, Albanien zu übernehmen, Unterwanderung unserer Wirtschaft –, weckt das natürlich sofort Emotionen.

TK: Wodurch legitimiert sich aus Ihrer Sicht die staatliche Warnung vor bestimmten Gruppen, zum Beispiel Scientology?

Michaelis: Ich denke, die Warnungen sind aus zwei Gründen berechtigt. Zum einen existieren gegen Manipulation und psychische Entleerung in unserem Alltag fast überall Gegenkräfte. In einer Ehe gibt es Kinder oder Verwandte, in einem Betrieb Gewerkschaften oder andere Mitarbeiter. Eine *Sekte* jedoch ist eine Welt, die sich nach außen abkapselt. Dies liegt im Interesse aller Mitglieder, die so ihren Raum schützen. Nur wird damit die Chance, daß gegensteuernde Kräfte regulativ eingreifen, geringer. Zum anderen wirken *Sekten* wie Magneten. Sie sammeln förmlich Mitglieder, Macht und Geld; Menschen geraten unfreiwillig dort hinein – nicht, weil sie gekidnappt werden, sondern weil sie jemandem, etwa dem Ehepartner, zum Gefallen der Gruppe beitreten. Kinder oder Halbwüchsige geraten sogar, weil ihre Eltern der Gruppe angehören, ganz automatisch in diese Welt hinein und lernen eine Außenperspektive oft gar nicht mehr kennen. Und diese Jugendlichen sind schutzwürdig meiner Meinung nach.

TK: Wie unterscheiden sich unter diesen Aspekten die großen Kirchen von den fraglichen Gruppen?

Michaelis: Das ist eine sehr schwierige Frage. Auf der einen Seite gibt es in den etablierten Kirchen, was Manipulation, Machtkonzentration und im Effekt auch Abhängigkeit angeht, sehr ähnliche Strukturen. Auf der anderen Seite existieren in diesen Kirchen Korrekturmöglichkeiten, die es in *Sekten* nicht gibt.

TK: Da würde zum Beispiel ein Scientologe sagen: »Das gibt es auch bei uns. Wir pflegen eine offene Diskussion darüber, wie bestimmte religiöse Regeln zu interpretieren sind oder ob ein bestimmtes Verhalten *ethischen* Normen genügt. Und wir haben Schiedsgerichte, die im Falle von Streitigkeiten einen Konsens herbeiführen.«

Michaelis: Das ist richtig. Aber diese Gruppen schließen sich eben sehr viel mehr als die etablierten Kirchen ab. Die Kirchen sind in der Gesellschaft verankert.

TK: Sprechen Sie da nicht von einem Problem, das jede neu entstehende religiöse oder weltanschauliche Gruppe am Anfang hat? Auch die ersten Christen schlossen sich von der römischen Gesellschaft ab, indem sie, angeblich, in den Untergrund gingen, in die Katakomben.

Michaelis: Ja, auch die katholische Kirche war anfangs eine *Sekte*. Und viele *Sekten* entwickeln sich auch im Laufe der Geschichte zu recht braven und von der Gesellschaft eigentlich zu honorierenden Veranstaltungen. Also, man kann – wie bei den Psychotherapien – sicher nicht *Sekte* und *Sekte* in einen Topf werfen.

TK: Lassen wir zunächst offen, nach welchen Kriterien der Staat da unterscheiden und über eine mögliche Intervention entscheiden soll und darf. Eine andere Frage ist: Blockiert staatliches Eingreifen im religiösweltanschaulichen Bereich und im Bereich von *Psychogruppen* nicht zwangsläufig gesellschaftliche wie geistige Weiterentwicklung und Innovation?

Michaelis: Das Risiko ist immer gegeben, wenn wir Ideen, die uns als zu gefährlich erscheinen, zu früh abwürgen. Denken Sie an die Technik. Es gibt Techniken, die wir wegen ihres hohen Risikos, ohne dieses genau bemessen zu können, besser in der Versenkung verschwinden lassen wollen.

TK: Religion und Weltanschauung betreffen den Menschen unmittelbarer als Technik und sind deshalb auch in Artikel 4 Grundgesetz geschützt.

Michaelis: Sie haben recht. Ich habe das Beispiel der Technik auch nur gebracht, weil es das Prinzip einleuchtend veranschaulicht – ein Prinzip, das für jede Idee, für jede menschliche Gruppe und jedes Unternehmen ganz genauso gilt: Wir stehen stets vor dem Dilemma, daß wir zu früh abwürgen oder zu lange warten. Da bleibt, was *Sekten* und *Psychogruppen* angeht, tatsächlich nur der Ausweg, über die einzelnen Gruppen Daten zu sammeln und zu forschen, was bei uns leider nicht geschieht. Es gibt bei uns keine Forschungseinrichtung, die mit dem Auftrag und dem Geld versehen ist, solche – ich sag's mal einigermaßen neutral – »Sondergruppen« langfristig zu beobachten. Eine solche Einrichtung könnte dann, wenn sich genügend harte Warnansätze ergeben, sagen: »Jetzt ist vielleicht der Zeitpunkt gekommen, auf diese Gruppen Einfluß auszuüben«, was keineswegs Verbot heißen muß. Man kann auch im Gespräch mit Vertretern der Gruppe diskutieren, was schief laufen könnte und was man eventuell ändern sollte. Aber eine gewisse Kontrolle muß sein – eine Kontrolle, die auch aus der Organisation selbst heraus stattfinden kann. Bei Scientology gibt es, soweit ich weiß, keine voneinander unabhängigen Kontrollorgane. Ganz anders in der katholischen Kirche: Da erlebe ich doch tagtäglich hier im Hause, wie meine Kollegen von der katholisch-theologischen Fakultät keineswegs am Bändel des Bischofs laufen. Es gibt in der katholischen Kirche sehr verschiedene Strömungen, die auch durchaus Chancen haben, sich zu artikulieren. Und das ist in *Sekten* eben nicht der Fall.

TK: Diese in Jahrhunderten und Jahrtausenden fortgeschrittene Aufspaltung eines religiösen Großverbands in ideologische Strömungen entfaltet sicher, in der dadurch bedingten Auseinandersetzung, die aus Ihrer Sicht erwünschte Korrekturwirkung auch auf das einzelne Mitglied. Das ist in jungen Gruppen weniger der Fall. Nur schotten sich auch einzelne großkirchliche Strömungen – wie »Opus Dei« und etliche Orden – wiederum ab. Müßte, aus Ihrer Sicht, wissenschaftliche Forschung nicht auch bei diesen Gruppen eruieren, ob Interventionsbedarf, welcher Art auch immer, vorliegt?

Michaelis: Natürlich können kirchliche Sondergruppen nicht von einer beobachtenden Forschung ausgenommen werden. Die mögliche Gefahr, die von ihnen ausgeht, ist in meinen Augen besonders groß, da sie von Menschen ins Leben gerufen oder geleitet werden, die als Priester oder Würdenträger der Kirche einen hohen Vertrauensvorschuß genießen. Es gibt aber, wie eben schon angedeutet, einen wichtigen Unterschied zwischen diesen und den außerhalb der Kirchen angesiedelten Sondergruppen: Die Kirchen beobachten die als Stachel in ihrem Fleisch sitzenden Gruppen sehr genau. Sie haben dafür sogar spezielle »Beauftragte für weltanschauliche Fragen«. Diese Beauftragten arbeiten nicht nur effektiv, sondern können auch viel einfacher eingreifen als der Staat. Da wird ja sozusagen ein internes Problem angegangen, während der Staat bei seinem Eingreifen gegenüber sogenannten *Sekten* sehr viele Rechtsnormen zu beachten hat. Es ist viel zu wenig bekannt, daß der Staat gegenüber eifernden und schlagkräftigen Sondergruppen nahezu hilflos ist – und zwar auch deshalb, weil einfach kein Personal und Geld zur Beobachtung von »Bewegungen« bereit gestellt wird, wenn diese nicht einigermaßen klar gegen die Verfassung verstoßen. Deshalb sehe ich es als vordringlich an, daß der Staat praktische Forschungseinrichtungen schafft, die sich solchen Gruppen widmen. Die Splittergruppen in den großen Kirchen brauchen in die Beobachtung nur dann einbezogen werden, wenn deren eigene Institutionen versagen.

TK: Wenn ich Sie richtig verstehe, soll staatliche Intervention in diesem Bereich den labilen einzelnen davor schützen, in der Abhängigkeit von Gruppen so zu versinken, daß ihn möglicherweise korrigierende Gegenkräfte nicht mehr erreichen. Die Intervention soll also letztlich Freiheit bewahren – ein wichtiges Anliegen. Da aber auch staatliches Handeln in diesem Bereich Freiheit einschränkt, muß es – in einer Demokratie – nach überprüfbaren Kriterien gestaltet sein.

Michaelis: Der Staat muß sich in diesem Bereich darauf beschränken, diejenigen zu schützen, die wirklich ohne diesen Schutz nicht unbeschädigt überleben können. Das sind erstens Kinder, die ihren Eltern, ohne eine Wahl zu haben, in diese Gruppen folgen; mir stehen immer die Kinder vor Augen, die – was bei den »Zeugen Jehovas« vorkommt – auch noch mit ihren Eltern von Haustür zu Haustür laufen. Zweitens sind zu schützen Jugendliche, die sich – entwicklungsbedingt notwendig – von ihren Eltern und der etablierten Kultur lösen wollen und dann allzu leicht den aberwitzigsten Ideen ihr Ohr leihen, wenn diese nur alternativ genug sind. Drittens muß der Staat auch Erwachsene, die psychisch angeknackst sind, schützen. Auf normale Erwachsene allerdings kann sich der Schutz nicht ausdehnen, weil wir anderenfalls zu einer Gedankenpolizei kämen.

TK: Anhand welcher überprüfbaren Kriterien also kann der Staat die hier relevanten Gefahren identifizieren und bemessen? Und nach welchen überprüfbaren Kriterien kann er Gruppen, von denen solche Gefahren ausgehen, identifizieren?

Michaelis: Der Staat muß die genannten Personenkreise vor all den Gruppen schützen, die einen Sonderweg gehen und sich dabei nach außen abschließen, so daß sie jeder Form der normalen Kontrolle entzogen sind.

TK: Und wie soll der Schutz aussehen?

Michaelis: Es geht nicht darum, solche Gruppen mit abweichenden Gedanken über den Lauf der Welt oder das Glück des einzelnen zu verbieten. Der Staat soll – das sehe ich wirklich als seine Pflicht – aufklären. Die Menschen müssen wissen oder zumindest wissen können, worauf sie sich einlassen. Ich meine, vorbeugender Verbraucherschutz ist doch inzwischen ganz normal. Niemand stößt sich daran, wenn über eine gefährliche Droge oder ein technisches Produkt aufgeklärt wird. Allerdings: Wenn der Staat seiner Aufklärungspflicht nachkommen will, muß er dafür auch gerüstet sein. Was er aufklärend verbreitet, muß Substanz haben; er kann nicht einfach Verdachtsmomente äußern. Deshalb komme ich noch einmal auf meine Forderung zurück: Ohne eine Institution, die innerhalb der Wissenschaft angesiedelt ist – bitte nicht im Beamtenapparat oder in den Kirchen – und ständig harte Daten über auffällige Gruppen sammelt und auswertet, fehlt es dem Staat an Material für seine Aufklärung.

TK: Im Dezember 1997 hat der Bundesrat, auf Initiative Hamburgs, einen Gesetzentwurf zur Regelung der *Lebensbewältigungshilfe* verabschiedet. Meinen Sie, daß dieser Entwurf den betroffenen Freiheits- und Schutzbedürfnissen des Bürgers gerecht wird?

Michaelis: Prinzipiell soll – das meine auch ich –, wer Lebenshilfe in Anspruch nimmt und dafür zahlt, vertraglich darüber aufgeklärt werden, was er kauft. Allerdings besteht bei dem vorliegenden Entwurf die Gefahr, daß er manch einem, den er schützen soll, statt dessen die Freiheit der Vertragsgestaltung einschränkt. Mich hat am meisten das Argument beeindruckt, daß dieser Gesetzentwurf sogenannte niederschwellige Hilfe enorm erschwert. Zum einen würde er im Bereich der Drogen- und Suchthilfe »street work« wohl vollends unmöglich machen. Zum anderen kommt ja manch einer in einer akuten Notsituation zu einem »Heiler«; und ihm wäre mit einem raschen Eingreifen vielleicht geholfen. Wenn nun aber ein Vertrag unterschrieben werden muß, in welchem dem Betreffenden die Tragweite der Hilfe vor Augen geführt wird, werden seine Probleme möglicherweise noch größer. Es geht ja hier um Menschen, die unter irgendwelchen Störungen leiden und häufig gar nicht so rational handeln können, wie es der Gesetzentwurf voraussetzt. – Und noch etwas Zweites, das in der Diskussion bislang unerwähnt geblieben ist, macht mir Sorgen: Dieser Gesetzentwurf betrifft ja gar nicht in erster Linie *sekten*artige Gruppierungen, sondern soll gegen paramedizinische – wie Homöopathie und Akupunktur – sowie parapsychologische – wie Astrologie und Numerologie – Hilfe schützen. Diese Hilfen jedoch wirken – nach allem, was wir wissen – meist nicht durch die Methoden selbst, sondern durch einen Placebo-Effekt. Das heißt, die Suggestion, die subjektive Überzeugungskraft, die von einer beeindruckenden Technik oder einer unmittelbar einleuchtenden Idee ausgeht, ist die eigentliche Wirkungskraft. Diese Wirkung ist übrigens nicht eingebildet, sondern real, was in der Medizin noch nicht genügend zur Kenntnis genommen wird. Immerhin schätzt man in Kreisen einer kritischen Medizin inzwischen, daß bis zu 80 Prozent der Erfolge der sogenannten Schulmedizin auch nicht frei sind vom Placebo-Effekt. Sehr oft haben seelische Abläufe einen großen Einfluß nicht nur auf Stimmungen, sondern auch auf körperliche Prozesse. Entmystifizieren wir nun, im Sinne des genannten Gesetzentwurfs, das ganze Heilgeschäft, dann mindern wir damit auch den Placebo-Effekt oder schalten ihn sogar ganz aus – mit der Folge, daß mehr Menschen mehr leiden und die Krankenkassen mehr bezahlen müssen.

Amerikanische Meinungen

Deutsche wollen Zulassungsstempel für Religionen

Gespräch mit Karen S. Lord von der amerikanischen Helsinki-Kommission

Karen S. Lord erwarb am Wheaton College in Illinois einen »Bachelor of Arts« und am Washington College of Law at the American University einen Doktortitel in Rechtswissenschaften. Bei einer Washingtoner Anwaltsfirma bearbeitete sie schwerpunktmäßig Fälle mit religiösen Aspekten. Daneben arbeitete sie für den gemeinnützigen Verein »Advocates International«, der sich weltweit für Menschenrechte und Religionsfreiheit einsetzt. Frau Lord ist heute bei der »Commission on Security and Cooperation in Europe« (»Helsinki-Kommission«) der USA Beraterin für Fragen der Religionsfreiheit und »Congressional Fellow«. In dieser Eigenschaft koordiniert sie Exekutive und Legislative bei Interventionen der US-Regierung in Angelegenheiten der Religionsfreiheit. Frau Lord ist Mitglied unter anderem der »Maryland Bar Association« und der »Christian Legal Society«. Sie engagiert sich ehrenamtlich für die Ausbildung von Juristen in Armenien.

TK: Warum, Karen, kümmert sich die amerikanische *Helsinki-Kommission* um Religionsfreiheit in Deutschland?
Lord: Mitglieder einer Pfingstlergemeinde, der ein amerikanischer Pfarrer vorsteht, wandten sich an uns und berichteten über behördliche Untersuchungen gegen sie, über Hetze in den Medien und eine Pogromstimmung in Teilen der lokalen Bevölkerung. Das Finanzamt hatte dieser Kirche die Gemeinnützigkeit entzogen; Gerichte hatten Gemeindemitgliedern wegen ihres – als sektiererisch charakterisierten – Glaubens das Sorgerecht für ihre Kinder abgesprochen; es hatte sogar physische Angriffe auf Kirchenmitglieder gegeben. Und nie hatte die Gemeinde eine Chance, ihre Sicht der Dinge in den Medien darzustellen. Vor diesem Hintergrund begannen wir, einen etwas näheren Blick auf Deutschland zu werfen, und merkten rasch, daß die deutsche Regierung, die Medien sowie große Teile der Bevölkerung auf religiöse Minderheiten Druck ausüben – vor allem, aber keineswegs nur, auf die Scientology-Kirche. Wir sind inzwischen sehr besorgt, weil Deutschland offenbar seine im Rahmen der Helsinki-Konferenz eingegangenen Verpflichtungen verletzt.
TK: Auf welche Verpflichtungen beziehen Sie sich?
Lord: Insbesondere auf Artikel 16.1 des Abschlußdokuments von Wien 1989. Dort heißt es, daß jeder unterzeichnende Staat »wirksame Maß-

nahmen trifft, um die Diskriminierung von Individuen oder Gruppen aus religiösen oder weltanschaulichen Gründen zu verhindern und zu beseitigen, und zwar bezüglich Anerkennung, Ausübung und Genuß von Menschenrechten und Grundfreiheiten in allen Feldern des bürgerlichen, politischen, wirtschaftlichen, sozialen und kulturellen Lebens«. Das deckt im Grunde alles ab: die Diskriminierung im Geschäftsleben, den Ausschluß aus politischen Parteien, die Verhinderung eines musikalischen Auftritts ...

TK: Und den Ausschluß aus privaten Schulen oder Kindergärten?

Lord: Genau. Und in Artikel 16.2 heißt es zusätzlich, daß der unterzeichnende Staat ein Klima von gegenseitiger Toleranz und gegenseitigem Respekt zwischen Gläubigen der verschiedenen Konfessionen sowie zwischen Gläubigen und Nichtgläubigen fördert. Genau das Gegenteil davon scheinen mir die deutsche Regierung und deutsche lokale Behörden gegenüber Scientology und anderen religiösen Minderheiten tatsächlich zu tun.

TK: Welche Recherchen haben Sie angestellt?

Lord: Wir haben mit etlichen Deutschen, die wegen ihres Glaubens Probleme haben, gesprochen und uns Dokumente vorlegen lassen. Allerdings spürten wir bei diesen Menschen eine tiefsitzende Angst, mit uns als Vertretern einer ausländischen Organisation über solche Dinge zu sprechen. Es gibt schließlich eine Menge mächtiger Leute in Deutschland, die entschieden gegen *Sekten* vorgehen. Und das Etikett oder auch nur der Hinweis, daß man möglicherweise einer dieser Gruppen angehöre, ist im Grunde ein Todeskuß. Da ist man lieber gleich still und übt seine Religion im Untergrund aus.

TK: Die deutsche Regierung sieht in Scientology keine Religions- oder Weltanschauungsgemeinschaft, sondern eine kommerziell arbeitende politische Organisation mit verfassungsfeindlichen Zielen. Und auf solch eine Organisation seien die Helsinki-Bestimmungen nicht anwendbar.

Lord: Die Helsinki-Abkommen beschränken sich nicht auf einzelne Rechte, sondern umfassen einen Korb von Rechten, der auch die Versammlungsfreiheit und das Recht auf freie Meinungsäußerung umfaßt. Selbst wenn Scientology keine Weltanschauung wäre, blieben auch für sie diese Rechte gültig. Die deutsche Regierung, finden wir, sollte einmal sehr sorgfältig über ihren Umgang mit Weltanschauungsgemeinschaften nachdenken. Wenn eine Organisation kriminell handelt, dann gibt es doch in entwickelten Demokratien Mechanismen, dies vor Gericht abzuhandeln. Klebt man statt dessen Gruppen wegen ihrer Weltanschauung *Etiketten* auf, kommt man in Konflikt mit Menschenrechten. Und genau dies geschieht in Deutschland. Da wird eine Gruppe wegen angeblicher Absichten gebrandmarkt; und nichts wird vor Gericht bewiesen. Ich meine, da kann man ja fast jede Religionsgemeinschaft nehmen und behaupten, sie sei eine totalitäre *Sekte*. Gerade die Bibel ist ja voll von Utopien, die die Machtübernahme durch neue Regierungen ausmalen.

TK: An diesem Tisch hier haben Sie kürzlich mit Mitgliedern der deutschen *Enquete-Kommission »Sogenannte Sekten und Psychogruppen«* zusammengesessen. Wie verlief das Gespräch?

Lord: Leider konnten wir auf Probleme wie die eben erwähnten nicht näher eingehen. Statt dessen thematisierten einige Mitglieder der *Enquete-Kommission* vermeintliche kulturelle Differenzen zwischen den USA und Deutschland, auf denen angeblich unsere Meinungsunterschiede beruhen. Wir Amerikaner, ließen diese Leute anklingen, tolerierten mehr Meinungsvielfalt und Chaos als die Deutschen, die eher auf Ordnung und Stabilität setzten und sich dafür auch das eine oder andere persönliche Recht beschneiden ließen. Diese Mitglieder der *Enquete-Kommission* verstanden gar nicht, daß das bezüglich der Helsinki-Bestimmungen völlig irrelevant ist – weil nämlich die Geltung der Menschenrechte nicht an irgendwelche kulturellen Voraussetzungen gekoppelt ist. Es hat, ganz einfach, religiöse und weltanschauliche Freiheit zu geben. Punktum. Und religiöse Freiheit bedeutet nicht nur, daß ich zu Hause sitzen und anders denken darf als mein Nachbar. Nein, sie bedeutet auch, daß ich meinen Glauben ausdrücken, daß ich Literatur verbreiten, religiöse Versammlungen abhalten und Zeremonien veranstalten darf. Das Recht auf religiöse und weltanschauliche Freiheit umfaßt das Recht, im Namen meines Glaubens zu handeln – natürlich im Rahmen der Gesetze.

TK: Die deutsche Regierung sagt, Scientology verletze das Grundgesetz. Die Organisation prozessiere Gegner in den Ruin und wolle, als Fernziel, sogar die Regierung übernehmen.

Lord: Und welches Gericht hat das festgestellt? Ich habe mit dem Ersten Sekretär der deutschen Botschaft an diesem Tisch gesessen und ihn gefragt: »Glauben Sie wirklich, daß Scientology auf dem Weg ist, die Regierung in Deutschland zu übernehmen? Und glauben Sie, daß Sie sich gegen Scientology mit so extremen Maßnahmen schützen müssen, wie sie vielleicht gegenüber einer Neonazi-Gruppe angebracht sind?« Der Mann lachte nur und sagte: »Nein, das kann man wirklich nicht sagen.« Ich habe dieselbe Frage bei der Helsinki-Nachfolgekonferenz im November 1997 dem Delegierten des deutschen Auswärtigen Amtes, Herrn Weckerling, gestellt. Auch er lachte und sagte, nein, daß Scientology die Regierung übernehme, sei unmöglich. Beide Herren und sämtliche deutsche Offizielle, mit denen wir bislang sprachen, konnten unserer Kommission nicht erklären, warum sie Scientology trotzdem durch den Verfassungsschutz beobachten lassen.

TK: Deutsche Behörden und manche Gerichte sagen, Scientology sei auch deshalb keine Religions- oder Weltanschauungsgemeinschaft, weil die Organisation in großem Stil kommerziell agiere.

Lord: Viele Religionsgemeinschaften erwirtschaften Geld. Sie akquirieren Spenden oder bieten ihre Dienstleistungen zu bestimmten Preisen an – deren Höhe den Staat nichts angeht. Der einzelne entscheidet in eigener Verantwortung, in welcher Organisation er seine Zeit verbringt und was er dafür zahlt. Ich halte es für extrem paternalistisch, wenn der Staat sich da einmischt. Und was die Steuern angeht: Wir in den USA und Sie in Deutschland haben Gesetze, die genau festlegen, wie kommerzielle Aktivitäten religiöser oder weltanschaulicher Organisationen steuerlich zu behandeln sind. Diese Gesetze sind – in einer Weise, die selbstverständlich mit den Menschenrechten in Einklang zu stehen hat – anzuwenden.

TK: Es ist in Deutschland sehr umstritten, inwieweit zum Beispiel das *Auditing* als kircheninterne Dienstleistung an Mitglieder oder als Dienstleistung auf einem Markt von Psycho-Leistungen zu werten ist.

Lord: Da ist sicher eine sorgfältige Prüfung notwendig. Aber ich möchte in diesem Zusammenhang noch auf etwas anderes hinweisen. In Deutschland gibt es de facto drei Klassen religiöser Gemeinschaften: Sie haben die privilegierten Gruppen, für die der Staat Kirchensteuer einzieht; Sie haben als »gemeinnützig« anerkannte Gruppen; und Sie haben die Gemeinschaften, die für alles die vollen Steuersätze zahlen müssen. In dieser religiösen Klassengesellschaft sehen wir ein sehr ernstes Problem. Und ein ähnlich großes sehen wir darin, daß die großen Kirchen Deutschlands *Sektenbeauftragte* unterhalten, in deren Finanzierung der Staat, zumindest durch den Einzug der Kirchensteuer, involviert ist.

TK: Verletzen die deutsche Bundesregierung und die deutschen Länderregierungen durch die geheimdienstliche Beobachtung der Scientology-Organisation, verletzen staatliche Stellen durch den Ausschluß von Scientologen vom Zugang zum öffentlichen Dienst, von öffentlichen Aufträgen und von der privaten Arbeitsvermittlung Verpflichtungen aus Helsinki-Abkommen?

Lord: Natürlich. Deutschland hat sich, wie gesagt, verpflichtet, ein Klima gegenseitiger Toleranz und gegenseitigen Respekts zu fördern. Wenn die Regierung nun Religions- oder Weltanschauungsgemeinschaften unter diese Art von Beobachtung stellt, diskriminierende Maßnahmen gegen sie trifft und markige Statements gegen sie veröffentlicht, dann unterdrückt das den gesellschaftlichen Dialog. Es unterdrückt religiöse wie weltanschauliche Freiheit und es verletzt Menschenrechte.

TK: Deutsche Unternehmen haben, angeregt von der Hamburger Innenbehörde, *Sektenfilter* installiert. Man befürchtet, die Scientology-Organisation könne, im Zuge des Ausbaus wirtschaftlicher Macht zu politischen Zwecken, Unternehmen unterwandern.

Lord: Das ist doch fast die Art von Science Fiction, wie sie L. Ron Hubbard schrieb. Und es zeigt, welche Macht eine Regierung besitzt, durch staatliches Handeln ein gesellschaftliches Klima von Toleranz oder von Intoleranz zu fördern. Genau hier liegt in Deutschland die zentrale Gefahr.

TK: Wenn Unternehmen so handeln, wenn Banken Scientology Konten verweigern, Parteien Scientologen und private Kindergärten Kinder von Scientologen ausschließen, gehe das, sagen die deutsche Regierung und deutsche Gerichte, den Staat nichts an, in Deutschland herrsche Vertragsfreiheit.

Lord: Dann tun Ihre Gerichte und Behörden so, als sähen sie den »Halo-Effekt« nicht, das heißt, die gesellschaftliche Wirkung staatlichen Handelns. Wenn die deutsche Regierung der Angst und Intoleranz die Tür öffnet, dann trägt sie eine Verantwortung dafür, daß es zu den von Ihnen genannten Exzessen kommt; sie trägt eine Verantwortung für einseitige Medienberichterstattung und Angst von Wissenschaftlern, über religiöse Minderheiten überhaupt zu forschen; und sie ist auch mitverantwortlich dafür, daß zum Beispiel das Finanzamt der Stadt Köln einer Pfingstlergemeinde die Gemeinnützigkeit aberkennt. Da kann die Bundesregierung sich nicht hinter dem Rücken regionaler oder lokaler Verwaltungen verstecken und sagen: »Wir können denen nichts vorschreiben.«

TK: Mitglieder der deutschen *Enquete-Kommission* berichteten nach ihrer Rückkehr aus den USA, sie hätten den deutschen Standpunkt wirksam vermittelt.

Lord: Ich kann nur für die *Helsinki-Kommission* sprechen, und wir waren nach unserem Treffen mit der *Enquete-Kommission* deutlich besorgter über die Situation in Deutschland als zuvor. Diese Leute haben unsere Befürchtungen – entgegen dem, was sie der Presse sagten – nicht zerstreut, sondern verstärkt. Ich denke zum Beispiel an eine Analogie, die Frau Rennebach zog: Sie sagte sinngemäß, wenn man den Inhalt einer Packung Milch regeln könne, aber nicht den von Weltanschauungen oder Religionen, dann müsse die Regierung intervenieren. Solche und ähnliche Äußerungen ließen bei uns die Alarmglocken klingeln. Sie zeigen, daß die deutsche Regierung oder zumindest diese *Enquete-Kommission* Religionen und Weltanschauungen mit einer Art Zulassungsstempel versehen will. Und das ist totalitär im wahren Sinne des Wortes.

TK: Mitglieder der deutschen *Enquete-Kommission* behaupten, Ihre Seite habe in dem eben erwähnten Gespräch offen zugegeben, daß Sie, mangels Zeit, Informationen über die Situation in Deutschland, die Sie von bestimmten Gruppierungen erhalten, nicht überprüfen. Sie würden die Korrektheit solcher Informationen auch ohne Prüfung als gegeben ansehen.

Lord: Wir haben mit Sicherheit nicht gesagt, daß wir Informationen nicht überprüfen. Selbstverständlich prüfen wir uns vorgelegte Informationen sehr sorgfältig.

TK: Wie kam die *Enquete-Kommission* bei anderen Institutionen in den USA an?

Lord: Auch beim State Department haben diese Leute keine Befürchtungen zerstreut. Der neueste, 1998 vorgelegte Menschenrechtsbericht des State Department kritisiert Deutschland ähnlich scharf wie in den vergangenen Jahren. Es ist nur so, daß sich, nach außen hin, die deutsche Regierung in letzter Zeit ein wenig zurückhält. Sie hat ja der Kampagne gegen *Sekten* eine derartige Schwungkraft verliehen, daß sie sich vorläufig nicht mehr die Hände schmutzig machen muß. Private Akteure und lokale Verwaltungen haben den Job übernommen. – Ich meine, es gibt ja inzwischen wirklich genug Raserei gegen Scientology in Deutschland. Wenn Sie heute gegenüber einem Deutschen Scientology auch nur erwähnen, ist das so, als ob Sie einem Stier ein rotes Tuch vor die Nase halten. Da kann sich die deutsche Bundesregierung zunächst mal zurücklehnen.

TK: Ende 1997 hatte der »Ausschuß für Internationale Beziehungen« des Repräsentantenhauses eine Resolution, die Deutschland Verletzungen der Religionsfreiheit vorwirft, angenommen. Im Plenum wurde die Resolution in der vorgelegten Form abgelehnt. 53 Abgeordnete legten im August 1998 einen neuen Entwurf vor. Wie ist derzeit die Stimmung im Kongreß?

Lord: Amerikanische Abgeordnete diskutieren, ehrlich gesagt, nicht gern über Scientology. Das bringt ihnen in ihrem Wahlkreis keine Stimmen. Deshalb ist es schwierig, eine solche Resolution im Plenum zum Erfolg zu führen. Und wie Sie wahrscheinlich wissen, heben die Initiatoren der neuen Resolution nicht mehr so sehr auf die Diskriminierung amerikanischer Künstler ab, sondern versuchen statt dessen, die gesamte Dimension religiöser und weltanschaulicher Intoleranz in Deutschland sichtbar zu machen.

TK: Scientology hat in diesem Kontext die eigene Situation mit der Verfolgung der Juden im Deutschland der 30er Jahre verglichen.

Lord: Ein sehr unglücklicher Vergleich, den Scientology heute auch nicht mehr zieht. Sie haben wohl eingesehen, daß das ein gewaltiger Public-Relations-Flop war.

TK: Was wissen Sie über die Umstände, die zur Steuerbefreiung Scientologys in den USA führten?

Lord: Das Thema wird auch bei uns kontrovers diskutiert. Und in der Tat gibt es da etliche ungeklärte Fragen, die vorläufig auch ungeklärt bleiben dürften. Denn aktuelle und ausgeschiedene IRS-Mitarbeiter sind zu Geheimhaltung sämtlicher amtsinterner Vorgänge verpflichtet. – Ich möchte an dieser Stelle übrigens deutlich machen, daß ich als Privatperson durchaus meine Probleme mit Scientology habe. Wenn ich mir zum Beispiel die Gebühren für das *Auditing* ansehe, erschreckt mich deren Höhe. Aber das geht, wie gesagt, keine Regierung etwas an. Darüber sollten private Organisationen informieren.

TK: Inwieweit befolgen andere Länder Europas ihre Verpflichtungen aus den Helsinki-Abkommen?

Lord: Wir sehen leider europaweit eine extrem besorgniserregende Tendenz, die Religionsfreiheit einzuschränken. In Frankreich und Belgien haben mit der deutschen vergleichbare Enquete-Kommissionen Listen angeblich gefährlicher Gruppen vorgelegt, in Österreich und Belgien gibt es neuerdings Sektenberatungsstellen, das Europaparlament verabschiedet problematische Resolutionen. Und die neuen Beschränkungen in osteuropäischen Ländern wie Rußland, Griechenland und Mazedonien, wo ohnehin wenig Religionsfreiheit herrscht, sind offensichtlich von Westeuropa inspiriert. Insbesondere deutsche Aktivisten scheinen hier eine wichtige Rolle zu spielen.

Kein Kult sagt dem Menschen, was man wirklich von ihm erwartet

Gespräch mit Herbert L. Rosedale, Präsident der »American Family Foundation«

Herbert L. Rosedale schloß 1956 sein Studium der Rechtswissenschaften an der Columbia Law School ab. Er arbeitet heute als Seniorpartner in einer großen New Yorker Anwaltsfirma. Daneben ist er Präsident der »American Family Foundation«, die, nach eigenen Angaben weltweit führend, soziale Aspekte »destruktiver Kulte« erforscht. Als Anwalt hat Rosedale zahlreiche Gegner und Ex-Mitglieder sogenannter Kulte sowie betroffene Familien vertreten. Er pflegt eine intensive Vortrags- und Publikationstätigkeit.

TK: Warum, Herr Rosedale, vertreten Sie als Anwalt Gegner und Opfer sogenannter destruktiver *Kulte*? Damit läßt sich doch kaum Geld verdienen.

Rosedale: Die meisten Menschen, die sich im Clinch mit einem *Kult* befinden, glauben nicht, daß der Rechtsstaat auch ihnen zu ihrem Recht verhelfen kann. Sie glauben, daß sie machtlos sind gegen den *Kult*, gegen seine gewaltigen Ressourcen und entschlossenen Funktionäre. Tatsächlich haben *Kult*-Opfer aber eine Chance. Und wenn ich, in den meisten Fällen ehrenamtlich, für einen solchen Menschen einen Prozeß gewinne, rehabilitiere ich damit auch seinen Glauben an die Gerechtigkeit und helfe ihm – wie es einer mir gegenüber ausdrückte –, sein Selbstwertgefühl wiederzufinden. – Warum also kümmere ich mich um Opfer von *Kulten*? Nicht, weil ein Freund oder ein Mitglied meiner Familie betroffen ist oder ich selbst ein *Kult*-Trauma erlitten habe. Nein, ganz einfach, weil ich ein solches Engagement für richtig halte, ein Engagement für die Freiheit des einzelnen. Und die in *Kult*-Prozessen aufgeworfenen Fragen, Fragen nach dem Verhältnis zwischen Individuum und Staat und dem Umgang mit totalitären Gruppen in einer dem Pluralismus verpflichteten Gesellschaft, diese Fragen dürften zu den wichtigsten des kommenden Jahrhunderts gehören.

TK: Was ist für Sie ein *Kult*?

Rosedale: Die Definition ist nicht so wichtig. Wichtig ist, was mit einem Menschen dort geschieht. Und ich mache mir Sorgen, wenn Menschen ihre Freiheit opfern, um einem charismatischen Führer zu folgen, der das ganze Leben dieser Menschen kontrolliert – die Wahl des Ehepartners, die Wahl der Lektüre, die Wahl der Musik, die sie hören.

TK: Und wenn jemand sagt, er habe sich in vollem Bewußtsein dazu entschieden?

Rosedale: Wenn Menschen sich dafür entscheiden, ganz anders als wir zu handeln, all ihren Besitz aufzugeben, ein bizarres Leben zu führen und den ganzen Tag zu schweigen, ist das nicht das Problem mit *Kulten*. Die Frage ist nur: Handelt es sich um eine freie und informierte Entscheidung? Entscheidungen unter Druck oder ohne die nötige Information sind keine Entscheidungen.

TK: Wie kann man herausfinden, ob jemand eine freie und informierte Entscheidung getroffen hat?

Rosedale: Indem man zurückverfolgt, wie er in den *Kult* hineingelangt ist. Es gibt ja von *Kult* zu *Kult* andere Muster, Menschen anzulocken. Scientology macht einen Persönlichkeitstest; die »Vereinigungskirche« lädt zu Versammlungen gegen den Kommunismus ein; andere Gruppen sagen, sie machen Musik oder Bibelstunden. Kein *Kult* aber sagt dem Menschen, was man wirklich von ihm erwartet: daß er sein ganzes bisheriges Leben aufgibt und sich zu totalem Gehorsam verpflichtet. Oder hat zum Beispiel der »Heaven's Gate«-*Kult* Beitrittskandidaten gesagt, daß sie sich kontrollieren lassen, kastrieren lassen und Selbstmord begehen sollten?

TK: Wie kommen Sie ins Gespräch mit *Kult*-Mitgliedern?

Rosedale: Ich zeige einfach – was der *Kult* nicht tut – Respekt vor dem einzelnen. Ich frage ihn, ob er vielleicht einige Dinge wissen möchte, die ihm solch eine Gruppe nicht erzählt. Es sei okay, daß er in dieser Gruppe sei. Aber es könne ja nicht schaden, ein paar zusätzliche Tatsachen über die Gruppe zu erfahren, bewiesene Tatsachen. Nach dieser Art Gesprächen verläßt ein solcher Mensch meist nicht sofort seinen *Kult*, aber er gerät ins Nachdenken: »Warum haben die mir das alles verschwiegen?«

TK: Manche Leute bezeichnen auch bestimmte katholische Orden als *Kulte*.

Rosedale: Da zeigt sich einfach Verwirrung beim Gebrauch des Wortes *Kult*. Einer meiner Freunde – er arbeitet mit mir in der »American Family Foundation« – ist jesuitischer Priester. Und er sagte mir einmal: »Manche Leute nennen uns Jesuiten einen *Kult*. Nur, niemand wird Jesuit ohne reifliche Überlegung. Das ist der grundlegende Unterschied zwischen aufrichtiger Religion und echten *Kulten*. Wir raten dem Beitrittswilligen, mit seinem Priester zu sprechen, sich mit seiner Familie zu beraten und die bedeutende Entscheidung, ob er Jesuit wird, schrittweise zu treffen. Und die Betreffenden tun das ausnahmslos.« – Leider gibt es, bei Katholiken wie Protestanten, auch Gruppen, die in der Tat *Kult*-Merkmale aufweisen. Aber die etablierten Religionen wissen damit umzugehen. Ich erinnere mich, wie ich einmal von Dozenten einer katholischen Universität um Rat gebeten wurde. Dort hatte der Universitätspräsident ganz plötzlich sehr, sehr strenge religiöse Regeln aufgestellt, mit denen viele Studenten und Lehrer gar nicht einverstanden waren. Nach Gesprächen mit Mitgliedern der universitären Hierarchie sah der Präsident schließlich ein, daß er – in gewissem Umfang – auch andere Positionen und abweichendes Verhalten tolerieren mußte. Und die protestantischen »Adventisten des Siebenten Tags« haben ja zum Beispiel David Koreshs Anwandlungen, sich zwölfjährige Mädchen von deren Müttern ins Bett schicken zu lassen, zurückgewiesen. In diesen von den Mitgliedern der etablierten Religionen ausgehenden Korrekturprozessen sehe ich einen entscheidenden Unterschied zu *Kulten*.

TK: Sind vor allem neue Religionen *Kulte*?

Rosedale: Nein, natürlich nicht. Viele *Kulte* sind nicht religiös, sondern Selbsthilfe propagierende *Psychogruppen*, andere predigen politische Ziele; und viele neue Religionen sind keine *Kulte*. Merkmal aller *Kulte* jedoch sind eine totalitäre Organisation und Machtmißbrauch – wobei die Methoden, die Gefolgschaft bei der Stange zu halten, sehr unterschiedlich sind. Manchen dieser Organisationen dient eine Art Theologie als Vehikel, Loyalität zu erhalten, in anderen wird der Wunsch, sich zu verbessern, benutzt.

TK: Kommen wir zu Scientology. Die Scientologen sagen, sie ließen Menschen, die sich für Scientology interessieren, in Ruhe Bücher lesen und selbst herausfinden, was für sie richtig sei.

Rosedale: Das stimmt einfach nicht. Scientology veranstaltet mit den Leuten einen Persönlichkeitstest; und anschließend heißt es: »Du bist eigentlich ganz in Ordnung. Nur leider hast du ein paar kleine Defizite. Und wir haben das Rezept für dich, diese Defizite auszubügeln.« So tritt keine Religion auf. Und keine echte Religion sagt auch wie Scientology: »Du kannst Mitglied bei uns sein, zugleich aber auch katholisch, protestantisch oder jüdischen Glaubens.« So etwas ist schlicht Unsinn.

TK: Schließen sich Menschen, nach Ihren Erfahrungen, in speziellen Lebenssituationen einem *Kult* an?

Rosedale: Menschen sind besonders empfänglich für *Kulte* in Phasen ihres Lebens, während deren sie sich nach Sicherheit sehnen. Sie haben zum Beispiel gerade die Schule verlassen, ihren Job aufgegeben oder sich scheiden lassen. Und dann geraten sie an eine solche Gemeinschaft, die ihnen Hilfe und schier grenzenlose Zuwendung verspricht. Diese Menschen wollen Sicherheit, betreten aber eine Rutschbahn. Sind sie dann einmal im *Kult*, verlieren sie – das stelle ich regelmäßig fest – sehr rasch ihre Fähigkeit, bezüglich vieler Fragen kritisch zu denken. Fragt man ein *Kult*-Mitglied etwas, dann überlegt es zunächst, was es nach dem Dogma seiner Organisation antworten muß. Und fragt man Dinge, die nicht von diesem Dogma abgedeckt sind, dann wird auch ein intelligentes *Kult*-Mitglied ganz schnell unsicher und stottert herum. Menschen in *Kulten* haben überdies keinen Humor. Ambivalentes und das »Menschliche, allzu Menschliche« vertragen sich nicht mit einem Dogma. Erzählen Sie einem Scientologen zum Beispiel einen Witz über ein Wort mit zwei Bedeutungen, dann lacht er nicht, sondern sagt ganz ernst: »Lassen Sie mich bitte im Wörterbuch nachschauen.« Da ist immer diese Rigidität, die sich aus der Angst speist, vielleicht etwas Falsches zu sagen und so sein Heil aufs Spiel zu setzen.

TK: Es gibt Scientologen, die sehr erfolgreich sind, zum Beispiel im Geschäftsleben, was doch Flexibilität im Umgang mit Menschen voraussetzt?

Rosedale: Diese Menschen nutzen Scientology als Vehikel. Es hat ja schon immer in der Geschichte Fanatiker gegeben, die nichtsdestoweniger in anderen Bereichen ihres Lebens finanziellen Erfolg und Einfluß hatten.

TK: Gibt es aus Ihrer Sicht spezifische Gründe, warum man sich Scientology anschließt? Oder halten Sie die Wahl des *Kults* für eher vom Zufall bestimmt?

Rosedale: Der Zufall bestimmt die Entscheidung. Wer sich einem *Kult* anschließen will, liest nicht erst »Das göttliche Prinzip« der »Moonies«, dann Hubbards »Dianetik« und so weiter. Nein, er gerät einfach in die Gruppe, an der ihn etwas anzieht – die Person, die ihn dort einführt oder sonst etwas Verführerisches.

TK: Glauben Sie, daß es Scientologen gibt, die sich frei und informiert zum Eintritt entschieden haben?

Rosedale: Natürlich. Ich glaube schon, daß es solche Scientologen gibt und auch welche, die von ihrer Mitgliedschaft profitieren. Und auch nicht jeder wird seinen *Kult* verlassen, wenn er alle Informationen über ihn erhält. Jeder Mensch ist anders.

TK: Warum investieren Scientologen immer und immer wieder Geld und Zeit ins *Auditing*?

Rosedale: Weil es ihnen etwas gibt. Da ist jemand, der sich um sie kümmert und der will, daß sie sich besser fühlen. Und indem man Scientology Geld gibt, demonstriert man auch seine Hingabe an die Technologie. Nichtsdestoweniger wird die Weigerung, Anweisungen zu befolgen, bestraft.

TK: Macht das *Auditing* abhängig von jemandem?

Rosedale: Es erzeugt keine Abhängigkeit von der Person des *Auditors*, wenn Sie das meinen. Ja, es ist eigentlich sogar egal, ob der *Auditor* morgen ein anderer ist als der heute. Dennoch verliert der *Auditierte* seine Fähigkeit, unabhängig zu denken. Er wird abhängig vom Prozeß des *Auditings*; und Anwandlungen, diese Abhängigkeit nicht zu akzeptieren, erzeugen Schuldgefühle, die mit weiterem *Auditing* zu bekämpfen sind.

TK: Können Sie das näher erklären?

Rosedale: Ja, das ist das Konzept in jedem *Kult*. Wenn Sie Zweifel haben, haben Sie sich in den *kult*-spezifischen Prozessen nicht genug angestrengt. Scientology hat, um solche Zweifel – wenn sie ein größeres Ausmaß erreichen – zu kurieren, die *Rehabilitation Project Force*-Programme. Die »Vereinigungskirche« hat andere Programme der Reindoktrination, die über 7 oder 21 Tage oder auch länger laufen.

TK: Werden die Leute konditioniert?

Rosedale: In gewisser Weise schon. Einer der Gründer der »American Family Foundation«, ein bekannter Psychiater, sagte einmal: »Ein *Kult* ist wie ein ethisch unzulässiges Experiment.« Man entlockt Menschen mit bestimmten Techniken Verhaltensweisen, ohne diese Menschen über die damit verbundenen Risiken aufzuklären. Ja, die Theorien über Konditionierung und Verhaltensbeeinflussung helfen erheblich, die Vorgänge in *Kulten* zu verstehen. Ich nenne Ihnen ein Beispiel: Scientology und andere *Kulte* benutzen oft, was wir »aufgeladene Worte« nennen. Indem Sie so ein Wort – etwa *clear* – in seiner ganz normalen Bedeutung gebrauchen, erzeugen Sie sofort eine Reaktion bei Scientologen.

TK: Würden Sie in diesem Zusammenhang den Begriff *Gehirnwäsche* anwenden?

Rosedale: Nein. Was die Präsenz massiver Manipulation und das Fehlen einer informierten Entscheidung angeht, trifft der Begriff sicher zu. Nur ist er historisch mit der Anwendung körperlichen Zwangs verbunden und er dient im allgemeinen Sprachgebrauch eher rhetorischen Zwecken als der Analyse.

TK: Was halten Sie von der scientologischen *Ethik*?

Rosedale: Meiner Meinung nach handelt es sich da um die blanke Redefinition eines Begriffs. Wenn wir das Wort Ethik gebrauchen, reden wir normalerweise von der Beachtung gewisser Prinzipien, womit man je nach Situation zu unterschiedlichen Ergebnissen kommen kann. Die scientologische *Ethik* aber diktiert ein bestimmtes Verhalten ohne jede Differenzierung. Es ist nicht zulässig, daß zwei echte Scientologen in der gleichen Situation zu unterschiedlichen Antworten kommen.

TK: Entschiedene Gegner werden von Scientology als *unterdrückerische Personen* bezeichnet.

Rosedale: Ja, und man spricht ihnen ihre Menschenrechte ab. Wenn ein Partner in einer Ehe nicht mehr mit Hubbards Positionen übereinstimmt, ist er zur *unterdrückerischen Person* geworden. Und der weiterhin scientologische Partner ist verpflichtet, sich von ihm zu trennen – egal, was damit den Kindern angetan wird.

TK: Strebt Scientology politische Herrschaft an?

Rosedale: Ich bin besorgt – nicht, weil ich glaubte, daß Scientologen einen Putsch veranstalten und plötzlich die ganze Welt beherrschen könnten. Nein, ich mache mir Sorgen, weil die Scientologen ein bestimmtes Konzept der Korruption ins politische Leben injizieren. Scientology macht Leute glauben, man müsse gegen das Finanzamt IRS nur ausreichend lange prozessieren, um als Religionsgemeinschaft keine Steuern mehr zahlen zu müssen. Scientology exerziert vor, wie man unter Instrumentalisierung seines Copyrights ein skandinavisches Land unter enormen Druck setzen kann, nicht genehme Veröffentlichungen zurückzuziehen. Und Scientology zeigt, wie man mit viel Geld und unter Mißbrauch des Begriffs der Menschenrechte die Psychiatrie in die Ecke drängen kann. Von all dem abgesehen, versuchen die Scientologen auch, die Erziehungstheorie mit ihren religiösen Inhalten zu füllen.

TK: Wie beurteilen Sie in dieser Hinsicht die Politik der US-Regierung?

Rosedale: Das Problem ist, daß die Scientologen durch professionelles Lobbying, persönliche Kontakte und Geld den Fluß von Informationen in ihrem Sinne begrenzen. Ich glaube nicht, daß die Kreise der US-Regierung, die sich mit diesem Thema beschäftigen, angemessene Informationen erhalten oder auch nur suchen. Ich weiß, daß zum Beispiel die *Enquete-Kommission »Sogenannte Sekten und Psychogruppen«* des Deutschen Bundestags alles versuchte, um mit Senator D'Amato, einer Schlüsselfigur in dieser Sache, zu sprechen – vergeblich. Andererseits geht John Travolta beim Sicherheitsberater des Präsidenten, Sandy Berger, nach Belieben ein und aus. Das ist nicht zufällig so; und es führt dazu, daß Entscheidungen ohne die notwendigen Informationen getroffen werden.

TK: Warum, Herr Rosedale, ging das *Cult Awareness Network*, *CAN*, zugrunde, das ja wie Sie vor den Gefahren von *Kulten* warnte?
Rosedale: *CAN* war eine Organisation von *Kult*-Aussteigern und Angehörigen von *Kult*-Mitgliedern, die sich die Information über *Kult*-Gefahren zur Aufgabe gemacht hatte. Eines Tages nun hatte ein *CAN*-Mitarbeiter die Angehörigen von Jason Scott, einem *Kult*-Mitglied, an einen sogenannten Deprogrammierer verwiesen. Dieser hatte zuvor, was bei uns legal ist, ein minderjähriges Mitglied eines *Kults* unter Einsatz von Zwangsmitteln aus einer Organisation herauszubringen versucht – was vermittelt worden war durch den schon erwähnten *CAN*-Mitarbeiter. Später wurde Jason Scott von dem Deprogrammierer gefangen gehalten und verklagte anschließend *CAN* auf Schadenersatz – mit der Begründung, die Organisation habe durch das Verhalten ihres Mitarbeiters das kriminelle Vorgehen des Deprogrammierers gebilligt. *CAN* wurde dann zu mehreren Millionen Dollar Schmerzensgeld verurteilt und mußte Konkurs anmelden.
TK: Welche Rolle spielte Scientology in dieser Sache?
Rosedale: Scientology besorgte Jason Scott einen Anwalt und die nötigen Experten, die vor Gericht zu seinen Gunsten aussagten. So etwas ist übrigens nicht ungewöhnlich; viele *Kulte* helfen einander, wenn es um gemeinsame Interessen geht.
TK: Anschließend kaufte ein Scientologe die Namensrechte von *CAN*.
Rosedale: Genau. Und er richtete sein eigenes *CAN* ein, mit derselben Telefonnummer und derselben Adresse. Man tat, als ob das alte *CAN* weiter existiere; nur begann man, völlig andere Informationen zu verbreiten.
TK: Was tut Ihre Organisation, die »American Family Foundation«?
Rosedale: Die »American Family Foundation« ist eine Gruppe von – zumeist – Akademikern, die über die Gefahren destruktiver *Kulte* aufklären will. Unsere Mitglieder sind Theologen, Lehrer, Psychiater, Psychologen und so weiter. In unserer Arbeit versuchen wir an erster Stelle, den psychologischen Hintergrund von *Kulten* zu erforschen – die Art, wie sie funktionieren, wie sie Mitgliedern schaden und wie man all das folgerichtig nachweisen kann. Zweitens bringen wir unser Wissen, durch Konferenzen und Veröffentlichungen, unter die Leute. Dabei versuchen wir, vor allem potentielle Zielgruppen von *Kulten* zu erreichen und Lehrer, Psychotherapeuten und Fachleute, die beruflich mit *Kult*-Opfern zu tun haben. Drittens schließlich helfen wir Opfern. Zu Wochenendseminaren laden wir 30 bis 50 ehemalige *Kult*-Mitglieder ein und lassen sie miteinander reden – was sehr interessante Ergebnisse

zeitigt: Die meisten Teilnehmer solcher Seminare kommen ja mit dem Gefühl dorthin, die dümmsten Menschen der Welt zu sein, weil sie auf einen *Kult* hereingefallen sind. Nun aber stoßen sie auf andere, denen das gleiche widerfahren ist, die aber keineswegs dumm wirken. Und im Laufe so eines Seminars bauen sich in erstaunlichem Maße Selbstbewußtsein und Selbstachtung einzelner Teilnehmer wieder auf.

TK: Wie viele Mitarbeiter haben Sie?

Rosedale: Etwa fünf hauptberuflich und 200 ehrenamtlich tätige, zu denen auch ich gehöre.

TK: Welchen Zugang zu Politikern und Medien hat die »American Family Foundation«?

Rosedale: Einen begrenzten. Bei den Medien weiß man, daß in den Vereinigten Staaten das Gesetz eine Waffe ist, mittels deren fanatische Gruppen die Verbreitung von Informationen über sie verhindern können. Und da wollen diese Medien nicht riskieren, verklagt zu werden. Denn auch, wenn sie einen Prozeß gewinnen, bleiben sie fast immer auf den Kosten sitzen, die bisweilen in die Millionen gehen. Eine kleine Zeitung kann an einem einzigen Prozeß leicht bankrott gehen. Ich erinnere mich in diesem Zusammenhang an die Reporterin einer großen Zeitung, die mit meiner Hilfe eine *Kult*-Geschichte recherchiert hatte. Anschließend rief sie mich an und sagte: »Was Sie tun, ist wirklich gut; und unsere Gesellschaft schuldet Ihnen Dank. Dennoch war dies die letzte *Kult*-Story, die ich geschrieben habe. Die Drohungen gegen meine Familie, der Druck auf meinen Chefredakteur, die inquisitorischen Anrufe bei der Zeitung – das ist es nicht wert.«

TK: Wie, Herr Rosedale, sollten sich Regierungen demokratischer Staaten Ihrer Ansicht nach gegenüber *Kulten* verhalten?

Rosedale: Ich halte religiöse Freiheit und Toleranz für sehr, sehr wichtig. Aber es gibt Grenzen. Und diese Grenzen liegen dort, wo ein *Kult* anfängt, Menschen – ohne deren Zustimmung oder ohne, daß es ihnen bewußt ist – Leid zuzufügen. Hier muß der Staat die Schwächeren verteidigen, durch schützende Gesetze oder exekutive Maßnahmen und durch die Verbreitung von Informationen, die Gefährdete zu kritischem Denken erziehen, zu Selbstachtung und der Fähigkeit, »nein« zu sagen. Und über den Schutz des einzelnen hinaus muß der Staat wachsam reagieren, wenn ein *Kult* beginnt, die Gesellschafts- und Staatsordnung zu untergraben. Scientology zum Beispiel tut das zweifelsohne. Scientologen wurden in Kanada wegen Landesverrats verurteilt, in Frankreich und Italien gab es strafrechtliche Verfolgungen; eine Scientology-Filiale in Griechenland wurde als betrügerische Organisation verboten. Das

Ziel dieser Organisation ist eindeutig, abweichende Meinungen und kritisches Denken auszuschalten.

TK: Sollte, wer sich über die wirklichen Ziele von Organisationen wie Scientology informieren will, auch deren Bücher lesen?

Rosedale: Warum nicht? Um sich wirklich zu informieren, braucht man Informationen von beiden Seiten. Mit dieser Meinung unterscheide ich mich übrigens grundsätzlich von *Kulten* wie Scientology. Als ich neulich in einer Fernsehshow auftreten sollte, riefen zuvor unzählige Scientologen an und redeten auf die Redaktion ein, mich wieder auszuladen. Die »American Family Foundation« dagegen lädt zu ihren Konferenzen auch Scientologen herzlich ein. Und etliche sind schon gekommen.

Ich frage mich, wovor die Deutschen sich fürchten

Gespräch mit der kalifornischen Richterin Ellen C. DeShazer

Ellen C. DeShazer studierte an der Glendale University in Kalifornien Rechtswissenschaften. Sie arbeitete von 1983 bis 1988 als Staatsanwältin und seitdem als Richterin. Gegenwärtig ist sie am »Municipal Court« von Compton bei Los Angeles tätig. Für ihre Verdienste um das Rechtswesen erhielt Frau DeShazer mehrmals öffentliche Auszeichnungen. Sie engagiert sich ehrenamtlich unter anderem in mehreren Bürgerrechtsorganisationen farbiger Amerikaner sowie im religiösen Erziehungswesen ihrer, der baptistischen Kirche.

TK: Amerika, Frau DeShazer, verwahrt 1,6 Millionen Menschen hinter Gittern. Sie sind Richterin und bekannt dafür, daß Sie dieses »warehousing« sehr kritisch sehen und jungen Straftätern, soweit möglich, eine Chance geben.
DeShazer: Unsere Gefängnisse tun ihren Job, Delinquenten in produktive Bürger zu verwandeln, nicht besonders erfolgreich. Deshalb müssen wir über andere Formen von Sanktionen nachdenken. In unserem Bezirk zum Beispiel haben wir vor kurzem einen »drug court« eröffnet. Dabei handelt es sich um ein Gericht, das sich ausschließlich um Drogenabhängige kümmert, die wegen ihrer Abhängigkeit mit dem Gesetz in Konflikt geraten sind. Staatsanwalt, Verteidiger, Bewährungshelfer und Therapeut erarbeiten mit dem Richter ein 12- bis 18monatiges Programm, das den Straftäter rehabilitieren soll. Unter strenger Aufsicht wird seine Sucht behandelt, und er bekommt eine Schul- und Berufsausbildung. Und nur, wenn er sich ernsthaft bemüht, das Programm erfolgreich zu absolvieren, entgeht er dem Gefängnis. Wir sehen, kurz, Drogensucht heute als Krankheit an, als eine Störung im Gehirn, die behandelt werden muß.
TK: Mit welchen Trägern der Drogentherapie arbeiten Sie zusammen?
DeShazer: Wir nehmen ausschließlich Organisationen, die gute Erfolge nachweisen können, sehr großen Wert auf die Ausbildung der Klienten legen und diese notfalls auch stationär unterbringen können.
TK: Arbeitet der »drug court« dieses Bezirks mit *Narconon* zusammen?
DeShazer: Nein, aber *Narconon* hat das auch nicht beantragt, weil sie in unserem Bezirk noch nicht registriert sind. Bei einem Fortbildungsseminar in Laguna Beach vor einem Jahr allerdings haben sie uns eine Präsentation geliefert, von der meine Kollegen und ich sehr angetan

waren. Wir haben, wissen Sie, nicht diese Angst vor Scientology, wie sie in Deutschland verbreitet ist. Mag sein, weil wir täglich mit Scientologen zu tun haben. Die haben eben eine andere Religion als ich, ich bin Baptistin. Aber diese Scientologen unterhalten eine große Zahl sozialer Programme, die wir – unabhängig von ihrem religiösen Hintergrund – nutzen sollten. Ich als Richterin halte mich kategorisch an die Trennung von Staat und Religion. Deshalb schicke ich Delinquenten in Programme, die nicht eine religiöse Philosophie transportieren, sondern der Allgemeinheit nützen. Weil dies bei den Programmen der Scientologen der Fall ist und weil sie in vielen Fällen Straftäter tatsächlich rehabilitieren, empfinde ich sie als sehr hilfreich.

TK: Sie haben soeben, hier in Compton, ein neues *Criminon*-Zentrum eröffnet. Was ist *Criminon* für Sie?

DeShazer: Ein erfolgreiches Programm, Straftäter zu rehabilitieren, das mir ein Kollege empfohlen hat. Dieses Programm weckt im Straftäter das Verantwortungsgefühl für sich selbst und die Gemeinschaft, einen »common sense«, den er entweder nie gelernt oder im Laufe seiner kriminellen Karriere verloren hat.

TK: Verurteilen Sie Straftäter zur Teilnahme an *Criminon*-Programmen?

DeShazer: Ich präsentiere ihnen vier Alternativen: Sie können Gemeindearbeit verrichten, sie können Freeways säubern, ins Bezirksgefängnis gehen oder den »Weg zum Glücklichsein« bei *Criminon* absolvieren. In allen Fällen achte ich sorgfältig auf die strikte Befolgung der Auflagen.

TK: Findet bei *Criminon* keine religiöse Missionierung statt?

DeShazer: Wir stellen sicher, daß derlei nicht passiert. Wir stellen sicher, daß in diesen Programmen das Wort »Kirche« nicht einmal erwähnt wird.

TK: Wie finanziert *Criminon* seine Arbeit?

DeShazer: Aus Spenden und aus Gebühren, die wir den Straftätern auferlegen. Wir lassen sie für alles zahlen – dafür, daß sie auf den Freeways Müll sammeln, dafür, daß sie in öffentlichen Einrichtungen arbeiten, und natürlich dafür, daß sie im *Criminon*-Zentrum deren Erziehungsprogramm absolvieren.

TK: Was unterscheidet *Criminon* von anderen Programmen?

DeShazer: Die anderen rehabilitieren nicht. Sie lassen die Leute lediglich arbeiten. Nur bei den Kirchen und der Heilsarmee geht es auch um Verhaltensänderung.

TK: Und *Criminon*?

DeShazer: Da schaut der einzelne auf sich selbst – mit dem Ziel, sein Verhalten zu korrigieren. Das Ziel der Bemühungen ist die Verbesserung der eigenen Persönlichkeit. Schicken wir unsere Straftäter dagegen zu einer christlichen Kirche, geschieht genau das, was manche Leute bei Scientology befürchten: Es geht in erster Linie um Religion. Man schlägt unverzüglich die Bibel auf. Das aber wollen wir nicht, weil wir Kirche und Staat getrennt halten wollen.

TK: Welche anderen sozialen Aktivitäten der Scientology-Organisation kennen Sie und was denken Sie darüber?

DeShazer: Ich kenne zum Beispiel das »World Literacy Program«, wo sie unterprivilegierte Jugendliche von der Straße holen und ihnen helfen, einen Schulabschluß zu schaffen. Ich habe den Eindruck, daß Scientology diese Bildungsarbeit sehr ernsthaft betreibt – und erfolgreicher als viele andere Programme. Diese Leute halten die Versprechen, die sie der Kommune und uns Richtern geben. Sie tun tatsächlich, was sie sagen.

TK: Was denken Sie, wenn Sie in der Zeitung Artikel über die Scientology-Diskussion in Deutschland lesen?

DeShazer: Ich frage mich, wovor die Deutschen sich fürchten – genauso, wie ich mich frage, warum man in anderen Ländern die »Zeugen Jehovas« fürchtet oder die Baptisten oder, wie in Nordirland, die Katholiken. – Was übrigens die Missionsarbeit der Scientologen angeht, in der Sie Deutsche, glaube ich, ein Problem sehen, da sind die christlichen Kirchen viel aktiver. Besuche ich bei der »Church of Scientology« ein »social event«, dann ist es ein »social event« – mit, vielleicht, guter Unterhaltung. Besuche ich dagegen ein »social event« einer christlichen Kirche, dann kommt regelmäßig der Punkt, an dem sie die Leute bitten, ihrer Kirche beizutreten. Ich verstehe das und halte es auch für richtig. Ich muß aber auch feststellen, daß niemand mich je gebeten hat, der »Church of Scientology« beizutreten.

Glossar

Ein vorgestelltes »sc.« weist auf eine scientologische Definition hin. Anführungszeichen markieren, wenn nicht anders ausgewiesen, Zitate aus offiziellen Schriften der Scientology-Organisation.

Aberration: (v. lat. aberrare, abirren) sc.: Abweichen vom »vernünftigen«, auf ein optimales ↑Überleben auf möglichst vielen ↑Dynamiken gerichteten Denken oder Verhalten; verursacht oft durch ↑Engramme im ↑reaktiven Verstand.

ABLE: »Association for Better Living and Education«, die 1988 von der »Church of ↑Scientology« gegründete Dachorganisation der Scientologen für soziale Aktivitäten mit Sitz in Los Angeles. Ziel: »einer schwierigen, sterbenden Gesellschaft geistige Gesundheit zu bringen«. Unterorganisationen: ↑Narconon, ↑Criminon, »Applied Scholastics« (verbreitet über unterschiedliche Bildungseinrichtungen Hubbards Studiertechnologie), Stiftung »Der Weg zum Glücklichsein« (verbreitet Moralkodex als Vorstufe ↑ethischer Vernunft).

Affinität: ↑ARK-Dreieck.

antisoziale Persönlichkeit: sc.: »etwa 2 1/2 Prozent der Bevölkerung, deren Charakter und Einstellung sie jede Tätigkeit oder Gruppe, die Verbesserung herbeiführt, heftig bekämpfen lassen«; sind im Grunde aber auch »gut«. Eine A. »unterdrückt« Menschen in ihrer Umgebung. Ein Scientologe, der gemäß der ↑Ethik als A. angesehen wird, weil er z. B. »Schwerverbrechen« begeht, kann zur »unterdrückerischen Person« mit der Konsequenz des Ausschlusses aus der Organisation erklärt werden. Wer als Scientologe mit einer A. in Verbindung steht, gilt als ↑potentielle Schwierigkeitsquelle.

ARK-Dreieck: sc. Theorem: »Verstehen« zwischen Personen und Verstehen überhaupt ist Funktion aus: ↑**A**ffinität (positivem emotionalen Verhältnis), »**R**ealität« (Übereinstimmung in bezug auf Wahrnehmungen und Daten) und »**K**ommunikation« (Austausch von Ideen oder Dingen); Verbesserung/Verschlechterung einer Ecke des A. verbessert/verschlechtert auch die anderen und damit das Verstehen. Grundlegendes Theorem für Hubbards PR-Lehre; spielt beim ↑Auditing auch für das Verstehen der eigenen Person eine Rolle.

Auditing: (v. lat. audire, zuhören) sc.: Technologie der Befragung, mit der ein hierfür ausgebildeter »Auditor« dem »Auditierten« helfen soll, per Gang über die ↑Brücke zur Freiheit seine ursprüngliche Freiheit als ↑Thetan stufenweise wiederzuerlangen. Unter Einsatz des ↑E-Meters und genau vorgeschriebener »Prozesse« aus vom Auditor ausgehenden Fragen und Anweisungen soll der Auditierte, solange er ↑Preclear ist, von seinem aus ↑Engrammen bestehenden ↑reaktiven Verstand befreit werden und so mehr Kontrolle über sein Leben gewinnen. Esoterische A.-Praktiken für ↑OT-Stufen (existent bis OT XV, »freigegeben« bis OT VIII) sollen das Bewußtsein erweitern, so daß der Thetan schließlich, perfekt ↑ethisch handelnd, sich seiner selbst als unsterbliches geistiges Wesen und seiner »Ursächlichkeit« für alles ihn betreffende Sein bewußt wird. Auditierte berichten häufig über Erlebnisse der »Exteriorisation« (zeitweilige Lösung des Thetans vom Körper) und Erinnerungen an frühere Leben. Nach sc. Lehre führt A., korrekt angewandt, stets zu Verbesserungen. Ernste Hindernisse bestehen aber bei psychischer Krankheit, nach Hirnchirurgie, Elektroschocks und Einnahme bewußtseinsverändernder Drogen sowie bei Vermischung von A. mit anderen Techniken wie Yoga, Meditation etc. Ein »Auditoren-Kodex« bestimmt, daß der Auditor dem Auditierten niemals sagt, was er über sich denken soll. Ein ↑Fallüberwacher prüft nach jeder Sitzung das A.-Protokoll; die A.-Daten unterliegen einem »Beichtgeheimnis«. A. in Einrichtungen der ↑Scientology-Organisation wird gegen vielfach als sehr hoch empfundene Spenden angeboten, häufig allerdings auch kostenfrei in privatem Rahmen abgehalten. Kritiker bezweifeln die Einhaltung des »Kodex«, halten Erpressung mittels A.-Unterlagen für möglich und vertreten unterschiedliche Theorien über manipulative, z. B. mit Hypnose arbeitende, an Scientology bindende Funktion und Wirkung des A.

Brücke zur (völligen) Freiheit: sc.: von Hubbard genau definierter, in Stufen eingeteilter Weg, auf dem der ↑Thetan sein Bewußtsein erhöht und so seine ursprüngliche Freiheit und Fähigkeit, (für sich) Materie, Energie, Raum, Zeit und Leben schaffen (definieren) zu können, wiedererlangt. Für den Fortschritt auf der B. gelten Ausbildung (in zahlreichen Kursen) und »Processing« (↑Auditing und »Rundowns«, z. B. ↑Reinigungs-Rundown) als gleichermaßen notwendig. Auf einer detaillierten Karte sind Ausbildungsstufen (Auditor Klasse I-XII) und »Processing«-Stufen (↑Clear, ↑OT-Stufen) einander zugeordnet. Die Kurse, »Rundowns« und Auditing-Programme, teilweise erhältlich nur im britischen Saint Hill, in Kopenhagen, bei der ↑Flag Landbase in Clearwater/Florida oder auf dem Schiff »Freewinds«, können leicht Hunderttausende Mark kosten, wenn man sie nicht als ansonsten karg bezahlter ↑Scientology-Angestellter oder Mitglied der ↑SeaOrg kostenlos erhält. Kritiker bezeichnen die B. als gigantisches Blendwerk, mit dessen Hilfe die Scientology-Organisation Klienten bindet und ausbeutet.

Clear: sc.: durch ↑Auditing erreichter ↑Erkenntnisgrad, auf dem die Person, zuvor ↑Preclear, keinen, insbesondere aus ↑Engrammen bestehenden, ↑reaktiven Verstand mehr besitzt; Selbstbestimmung, geistige Stabilität und Leistungsfähigkeit sind erhöht. »Clear planet« bezeichnet das Bestreben der ↑Scientology-Organisation, möglichst viele Menschen auf den Erkenntnisgrad Clear zu bringen. Wird von Kritikern als Programm zum Aufbau einer scientologischen Weltherrschaft verstanden.

Criminon: Unterorganisation von ↑ABLE, die sich – unter Verwendung des »Weges zum Glücklichsein«, eines von Hubbard aufgestellten, am »common sense« orientierten Moralkodex – der Resozialisierung von Straffälligen widmet. Das C.-Programm wird in etlichen US-Gefängnissen angeboten und von US-Richtern als Bewährungsauflage verhängt.

Cult Awareness Network (CAN): In den 70er Jahren schlossen sich Initiativen Betroffener und Interessierter zu diesem Netzwerk zusammen, das Öffentlichkeitsarbeit zu von sogenannten ↑Kulten ausgehenden Gefahren betrieb und versuchte, Menschen aus solchen Gruppen herauszuholen. 1994 verklagte Jason Scott in Seattle/Washington mehrere Einzelpersonen und CAN wegen Entführung und des Versuchs, ihn gewaltsam zu »deprogrammieren«. CAN wurde in einem abschließend 1998 bestätigten Urteil zu Schmerzensgeld in Millionenhöhe verurteilt und ging in Konkurs. Die

Namensrechte der Organisation kaufte ein Scientologe, der unter dem Namen CAN seitdem, in Verbindung mit mehreren religiös-weltanschaulichen Gruppierungen, »Religionsfreiheit« propagiert. Laut rechtskräftigem Urteil vom 31.7.1997 eines Bundesgerichts in Illinois darf ↑Scientology folgende Tatsachenbehauptungen aufstellen: »Cynthia Kisser, executive director of CAN since June 1987, has been another long-time advocate of forcible restraint and assault conducted under the guise of ›deprogramming‹.« »In 1978, she deprogrammed her own sister, then went on to conduct other assaults.« Mit Frau Kisser und einem Anwalt des alten CAN führten im Februar 1998 – auf Vorschlag der deutschen Botschaft in Washington D.C. – Mitglieder der ↑Enquete-Kommission »Sogenannte Sekten und Psychogruppen« des Deutschen Bundestags Informationsgespräche.

Dianetik: (v. griech. dia, durch, u. nous, Verstand) sc.: Hubbardsche Lehre vom in der Praxis wichtigsten »processing« bei ↑Scientology. Leitet zum ↑Auditing bis zur ↑Erkenntnisstufe ↑Clear an. Erstmals 1950 im US-Bestseller »Dianetik – Der Leitfaden für den menschlichen Verstand« veröffentlicht. Später weiterentwickelt und mit den zugrundeliegenden Glaubenssätzen (»Axiomen«) als zentraler Baustein in die Scientology-»Religion« integriert. Eine von Hubbard in den 70er Jahren entwickelte, esoterische D. »der Neuen Ära« wird auf ↑OT-Stufen angewandt.

Dynamik: (v. griech. dynamis, Kraft) sc.: Kraftfeld, in dem sich der Drang der Person – als Akteur und mit Hilfe der anderen Akteure auf der jeweiligen D.–, möglichst lange möglichst gut zu ↑überleben, konkretisiert. Hubbard unterschied acht als Anordnung konzentrischer Kreise vorstellbare D.n: das Überleben als Individuum; das Kraftfeld der Kreativität (des Schaffens von Dingen für die Zukunft) unter Einschluß von Familienleben und Sex; die D. der Gruppe; die der eigenen Gattung (Mensch); die aller Lebensformen. Als Sechste D. gilt das physikalische Universum mit seinen Komponenten Materie, Energie, Raum und Zeit (»MEST«); die Siebte D. umfaßt alles Geistige und gilt, jenseits des physikalischen Universums, als »Quelle des Lebens«; die Achte D. wird als Drang zum Dasein als Unendlichkeit bezeichnet, worunter auch ein Höchstes Wesen verstanden werden kann. Das Bewußtsein des einzelnen über seine »Ursächlichkeit« auf all diesen D.n und die damit verbundene Befreiung u.a. zum ↑ethischen Handeln gelten als Ziel von scientologischer Ausbildung und ↑Auditing.

E-Meter: sc.: »Elektropsychometer«, beim ↑Auditing als sehr hilfreich, aber nicht unabdingbar angesehenes Gerät zur Messung der Veränderung elektrischen Widerstands. Angewandt am menschlichen Körper zeigt es, für Scientologen, Veränderung »geistiger Masse« an. Beim Auditing hält der Auditierte die dosenförmigen Elektroden des E., während der Auditor anhand von Nadelausschlägen »mit Energie geladene« Bereiche des ↑reaktiven Verstands identifiziert, sie qualifiziert und seine Fragen so gestaltet, daß die Person sich entsprechender ↑Engramme bewußt und die »schädliche Energie« »entladen« wird, wofür das »Schweben« der Nadel als Indikator gilt. Viele Kritiker sehen in dem nach fachwissenschaftlicher Meinung sehr begrenzt aussagefähigen E. teuer bezahlten (es werden für das technisch eher einfache Gerät »Spenden« von mehreren tausend Mark erwartet) Humbug mit eventuellem Placebo-Effekt, manche auch ein Instrument psychischer Konditionierung.

Engramm: sc.: Aufzeichnung des ↑reaktiven Verstands im Zustand der durch Trauma, Schock oder Drogen verursachten »Bewußtlosigkeit«. Soll durch ↑Auditing beseitigt werden.

Enquete-Kommission »Sogenannte Sekten und Psychogruppen« des Deutschen Bundestags: eingesetzt am 9.5.1996 (BT-Drucksache 13/4477); Mitglieder: zwölf Abgeordnete und zwölf von den Fraktionen vorgeschlagene Sachverständige. Aufgabe: bezüglich sog. ↑Sekten und ↑Psychogruppen Ziele und Aktivitäten, Probleme von Mitgliedschaft und Ausstieg sowie Gründe für die Ausbreitung zu analysieren, »die von diesen Organisationen ausgehenden Gefahren für den einzelnen, den Staat und die Gesellschaft zu erfassen« sowie Handlungsempfehlungen zu erarbeiten. Die Beschäftigung mit Sondergruppen der Amtskirchen und dem international erhobenen Vorwurf, in Deutschland werde religiös-weltanschauliche Freiheit verletzt (↑Etikettierung), gehörte nicht zum Auftrag der E. Diese legte 1997 einen Zwischenbericht, in dem divergierende wissenschaftliche Positionen zu Worte kommen, und 1998 einen Endbericht vor. Tenor: Von neuen religiösen und weltanschaulichen Bewegungen in Deutschland gehe, mit Ausnahme der ↑Scientology-Organisation, deren weitere Beobachtung durch den Verfassungsschutz empfohlen wird, generell keine große Gefahr für Staat und Gesellschaft aus. Dennoch empfiehlt die E. – neben der von der Regierung Kohl als verfassungswidrig angesehenen Förderung privater Beratungsstellen und der Einrichtung einer Stiftung für Information und Beratung beim Bund – zahlreiche exekutive und legislative Maßnahmen, insbesondere in Anlehnung an den Gesetzentwurf des Bundesrats von 1997 ein Gesetz zur Regelung der ↑Lebensbewältigungshilfe. In einem Minderheitsvotum und öffentlichen Erklärungen verweisen die E.-Mitglieder Köster-Loßack und Prof. Seiwert darauf, daß die Diagnose von Gefahren und Konfliktpotentialen seitens der Mehrheit wissenschaftlicher Begründung entbehre, und warnen vor »gesetzgeberischem Aktionismus«. Das Minderheitsvotum bemängelt auch, daß sich die E. nicht mit der von ihr beurteilten Lehre der Scientology-Organisation befaßt hat.

Erkenntnisgrad, -stufe: sc.: nach Durchlaufen genau definierter Stufen des »processing«/↑Auditing erworbene Grade, z. B. ↑Clear und ↑OT-Stufen.

Ethik: sc.: Technologie eines »vernünftigen« Handelns im Interesse des optimalen ↑Überlebens auf möglichst vielen ↑Dynamiken. »Wenn das Konstruktive das Zerstörerische überwiegt, kann man eine Handlung als gut bezeichnen«, und umgekehrt. Das Ausmaß des Überlebens/Erfolgs teilt Hubbard in »Zustände«, von »Verwirrung« über »Nichtexistenz« und »Notlage« bis hin zu »Überfluß«, ein, die auf das ganze Leben »vom Wachstum der Bäume über das Autofahren bis hin zur Kindererziehung« Anwendung finden. Verbessert werden »Zustände« mit Hilfe von »Formeln«, die »in jeder Situation auf jeder beliebigen Dynamik«, sowohl beim Kitten einer Ehe als auch beim Sanieren eines Industriebetriebs, wirksam sein sollen. Als Hilfsmittel bei der Anwendung von »Zustandsformeln« werden ↑Statistiken empfohlen. Scientologische E. umfaßt vom Anspruch her auch das Einhalten moralischer Regeln und staatlicher Gesetze, da diese »die Übereinstimmungen bilden, mit deren Hilfe eine Gruppe, Gesellschaft oder Nation überlebt«. Hiervon abgesehen läßt die E. rein logisch, wenn das »Konstruktive« aus Sicht des Handelnden überwiegt, auch Vorgehen etwa im Sinne des ↑Fair Game zu. Die ↑Scientology-Organisation unterhält, auf der Basis ihrer E., ein eigenes »Rechtssystem«: Alle Einrichtungen beschäftigen, als Beratungs- und Kontrollinstanzen, »ethic officers«. Diesen werden auch die ↑Wissensberichte vorgelegt. Eine »Rechtsprechung« verurteilt wegen detailliert aufgeführter »Fehler, Vergehen, Verbrechen und Schwerverbrechen«, vor allem bezüglich des Überlebens der Organisation, zu Wiedergutmachungsleistungen oder zur Maximalsanktion des Ausschlusses. Schwere E.-Verstöße führen in der ↑SeaOrg zur Verhängung von ↑RPF-Programmen als Alternative zum Rauswurf aus der SeaOrg. Zivilrechtliche Streitigkeiten untereinander dürfen Scientologen nicht vor ein ordentliches Gericht bringen, sondern sollen sie von einem »Kaplansgericht« entscheiden lassen. Nach Meinung von Kritikern veranlaßt die E. Scientologen zu totalem Gehorsam gegenüber der Organisation sowie aggressivem Handeln gegenüber ihren Gegnern und ist insofern – so das bayerische Innenministerium – »der Kern des repressiven totalitären Systems Scientology«.

Etikettierung: soziologischer Begriff; gebraucht im Rahmen des »labeling approach«, der die Stigmatisierung und Ausgrenzung gesellschaftlicher Minderheiten analysiert. Nach Meinung vor allem eines Teils der Religionswissenschaft findet in Deutschland seit den 70er Jahren, empirisch belegbar, eine E. neuer religiöser/spiritueller Bewegungen (zu denen auch ↑Scientology gezählt wird) statt. Besonders protestantische ↑Sektenbeauftragte, denen die Gesellschaft hier besondere Kompetenz und Glaubwürdigkeit zuordne, hätten, kraft ihrer »wirklichkeitssetzenden Macht« (Frank Usarski) und zwecks Stabilisierung der Amtskirchen, bestimmte Vorwürfe gegen o.g. Minderheiten in den Öffentlichkeit verankert, vor allem »Pseudoreligiosität« als Tarnung wirtschaftlicher Ziele, Kriminogenität (Neigung zum Verbrechen), politische (verfassungsfeindlich »totalitäre«) Ziele und Einsatz suggestiver Methoden. Solche Vorwürfe seien, dank hoher, durch Einzelfall-Illustration verstärkter, emotionaler Signalkraft, auch ohne Beweis in der Gesellschaft zu verankern. Unter Instrumentalisierung teils selbst geschaffener Elterninitiativen und der Medien hätten die Initiatoren der E. einen »Selbstverständlichkeitshorizont« (Usarski) geschaffen, der heute die Medienberichterstattung und Fragestellungen mit dem Thema befaßter Wissenschaftler bestimme, die Religionswissenschaft als unzuständig ausgrenze und das Handeln des Staates im Widerspruch zu Art. 4 GG auf Maßnahmen gegen neue religiöse/spirituelle Bewegungen ausrichte.

Um die E. zu stabilisieren, greife der Staat auch manipulativ in den Wissenschaftsbetrieb ein: er fördere vorwiegend die E. stützende Forschung; sogar von ihm selbst beauftragte/finanzierte, aber die E. destabilisierende Gutachten (z. B. die »Wiener Studie« von 1981 und das ↑Scientology-Gutachten des kriminologischen Instituts der Universität Tübingen von 1998) werte er ab oder halte sie zurück; die E. bestätigende Gutachten (z.B. Hans-Gerd Jaschkes zu Scientology) dagegen trage er aktiv an die Öffentlichkeit; mittels der ↑Enquete-Kommission »Sogenannte ↑Sekten und ↑Psychogruppen« sei die E. auf den legislativen Prozeß ausgedehnt worden.

Die als »Etikettierer« Beschuldigten bezeichnen die Vorwürfe als unzutreffend, sehen sich selbst als angebliche Feinde der Religionsfreiheit etikettiert und werfen den Verfechtern der E.-Theorie eine einseitig positive und verharmlosende Sicht der betroffenen Gruppierungen vor.

Der Vorwurf der E. gilt als eine Grundlage der wiederholten Verurteilung Deutschlands durch mehrere UN-Organisationen und die USA wegen angeblicher Verletzung der Religionsfreiheit.

Fair Game: (engl. Freiwild) Anweisung im ↑HCO policy letter vom 7. 3. 1965 zur Behandlung von (aus der ↑Scientology-Organisation hervorgegangenen) »Feinden«: »Eine Person, die in den Ethik-Zustand des Feindes zurückgestuft worden ist, gilt als vogelfrei: Man darf ihr Eigentum abnehmen, sie in jeder Weise verletzen, ohne daß man [...] bestraft wird. Man darf ihr Streiche spielen, sie verklagen, sie belügen oder vernichten.« Wurde später aufgehoben, aber – nach umstrittener Darstellung von Kritikern – bis in jüngste Zeit angewandt.

Fallüberwacher: sc.: speziell ausgebildeter Auditor, der nach jeder ↑Auditing-Sitzung anhand der Protokolle prüft, ob die Auditing-Technologie »standardgemäß« angewandt wurde, und bei Bedarf Korrekturen veranlaßt.

Field Staff Members: sc.: ehrenamtliche Mitarbeiter von ↑Scientology-Organisationen; sie erhalten für das Werben eines neuen Mitglieds eine Provision von 10 Prozent der von dem neuen Mitglied gespendeten Beiträge.

Flag Landbase: sc.: 1975 eingerichtetes Hauptquartier der »Flag Service Organization«, FSO, in Clearwater/Florida. 750 Mitarbeiter, vorwiegend Mitglieder der ↑SeaOrg, erteilen hier in luxuriösem Ambiente die, abgesehen von ↑Auditing für ↑OT VIII und einigen Kursen, höchsten scientologischen »Dienste«. Die FSO wurde 1967 auf dem Schiff »Apollo«, dem damaligen Flaggschiff der Organisation, gegründet.

Gehirnwäsche: Der Begriff entstand Anfang der 50er Jahre als Bezeichnung für die (mäßig erfolgreiche) gewaltsame Konditionierung von Gefangenen im Koreakrieg. Heute in der Psychologie nicht mehr verwandt, aber noch als Kampfbegriff und umgangssprachlich gebräuchlich.

Guardian's Office: 1966 gegründeter, früherer Dienst der ↑Scientology-Organisation für Rechts- und Sicherheitsangelegenheiten. Nach der Verurteilung mehrerer seiner Mitglieder, unter ihnen Hubbards Frau Mary Sue, wegen »Verschwörung gegen die USA« kam es zu einem mehrjährigen Machtkampf. Schließlich »stellten Ermittler der ↑SeaOrg fest, daß das G. vollständig autonom geworden war, es ließ die Richtlinien L.Ron Hubbards bei seiner Arbeit völlig außer acht und versuchte darüber hinaus, die Kontrolle über die Kirche an sich zu reißen«. Im Rahmen einer grundlegenden Umgestaltung der Scientology-Organisation wurde das G. 1981 aufgelöst, einen Teil seiner Aufgaben übernahm das ↑Office of Special Affairs.

handhaben: als stereotype Übersetzung von (engl.) »to handle« bei Scientologen in Deutschland gebräuchlicher Ausdruck für den Umgang (mit Menschen), die Erledigung (einer Aufgabe) oder die Behandlung (eines Themas). Beispiel für – aus der Furcht, zu verfälschen – mechanische Übersetzung Hubbardscher Texte in andere Sprachen ohne Berücksichtigung problematischer Konnotationen. Die ständige Benutzung von Begriffen wie h. oder »Macht« (für engl. »power«) interpretieren Kritiker als Beleg für menschenverachtende bzw. roboterhafte Haltung von Scientologen.

HCO-PL: ↑Hubbard Communication Office Policy Letters.

Helsinki-Kommission (der USA): 1976 geschaffenes, unabhängiges Organ der US-Regierung, bestehend aus neun Senatoren, neun Mitgliedern des Abgeordnetenhauses und je einem Vertreter des Außen-, des Verteidigungs- und des Handelsministeriums. Überwacht, mit besonderem Blick auf Menschenrechte und humanitäre Fragen, die Einhaltung der »Helsinki-Schlußakte« und der Folgeabkommen seitens der heute 54 Unterzeichnerstaaten. Die H. ist für eine unverblümte Darstellung von Mißständen bekannt. Sie speist die von ihr erhobenen Informationen in die Meinungsbildung der US-Öffentlichkeit sowie in Entscheidungsprozesse von Kongreß und Regierung ein.

Hubbard Communication Office Policy Letters: kurz HCO-PL. Von Hubbard vorwiegend in den 60er Jahren verfaßte Richtlinienbriefe für die Scientology-Organisation, gesammelt in den »Green Volumes«. Für alle »Orgs« wortwörtlich verbindlich.

Kult: eigentlich: konkreter Vollzug einer Weihehandlung. Seit den 70er Jahren, ausgehend von den USA (»cult«), zunehmend benutzt, oft mit dem Zusatz »destruktiv«, zur Bezeichnung innovativer religiöser und ideologischer Organisationen, die meist von einem charismatischen Führer kontrolliert werden und von den Mitgliedern völlige Hingabe verlangen. Benjamin Zablocki (1997) sieht bei K.n – u.a. wegen der auf die Führung korrumpierend wirkenden Hingabe der Mitglieder – hohe Gefahr von Machtmißbrauch. Bei Akzeptanz durch die Gesellschaft tendieren K.e nach Zablocki dazu, weniger eifernd aufzutreten, ihre organisatorischen Strukturen anzupassen und sich zu eher unaufälligen Gemeinschaften/Kirchen zu entwickeln.

Lebensbewältigungshilfe: laut Gesetzentwurf des Bundesrats »über Verträge auf dem Gebiet der gewerblichen L.« vom 19.12.1997 Dienstleistungen »mit dem Ziel der Feststellung oder Verbesserung der seelischen Befindlichkeit oder der geistig-seelischen Fähigkeiten« wie z.B.: Geistheilung, Yoga, Kampfsport mit philosophisch-psychologischer Dimension, anthroposophische Therapie, Meditation, religiöse Beratung, scientologisches ↑Auditing u.ä. Der von der ↑Enquete-Kommission »Sogenannte Sekten und Psychogruppen« des Bundestags unterstützte Gesetzentwurf will die L. mit Ausnahme der L. von Seelsorgern der Amtskirchen, Ärzten sowie staatlich anerkannten Psychotherapeuten und Heilpraktikern im Sinne des »Verbraucherschutzes« regeln. Er sieht u.a. vor: die Pflicht des Anbieters zu ausführlicher Aufklärung über seine Leistung, deren theoretische Grundlagen, seine berufliche Qualifikation, mögliche Folgekosten etc. im Rahmen eines schriftlichen Vertrags; lange Rücktritts- und kurze Kündigungsfristen, flankiert durch harte Nebenbestimmungen zu Lasten des Anbieters, für den als »hilfesuchende Person« bezeichneten Bezieher der L.; die »besondere Schutzbedürftigkeit« wird auch für »hilfesuchende« Firmen angenommen. Kritiker sehen hinter der Gesetzesinitiative ein Interesse ausdrücklich nicht betroffener Berufsgruppen, den »alternativen Psychomarkt auszutrocknen«. Nach Meinung wissenschaftlicher Experten, die einen weniger dirigistischen Verbraucherschutz für sinnvoll halten, würde das skizzierte Gesetz sog. niederschwellige Hilfe wie »street work« unmöglich machen, die vielfach auf einem Placebo-Effekt beruhende, und die Krankenkassen entlastende, Wirkung der L. drastisch reduzieren sowie Zehntausende selbständige Existenzen vernichten.

Narconon: 1966 gegründete ↑Scientology-Organisation zur Rehabilitation von Drogenabhängigen, Unterorganisation von ↑ABLE, 34 Zentren in elf Ländern. Das N.-Programm besteht u.a. aus durch spezielle Ernährung, Vitamine und sog. Beistände gestützten Entzug, Kommunikationsübungen, die die Aufmerksamkeit nach außen lenken sollen, dem ↑Reinigungs-Rundown sowie Vermittlung von Elementen der Hubbardschen Studiertechnologie, der ↑Ethik und des Moralkodex »Der Weg zum Glücklichsein«. N.-Programme werden in mehreren skandinavischen Ländern öffentlich gefördert und in den USA auch in Gefängnissen eingesetzt. In der Bundesrepublik wurde die Teilnahme an N.-Programmen bis Anfang der 80er Jahre staatlich finanziert. Die Erfolgsquoten (dauerhafte Abstinenz) sind – nach Auskünften aus der US-Justiz, »unabhängigen« Gutachten und auch von deutschen Gerichten erhobenen Daten – durchschnittlich bis hoch. Die Scientology-Organisation begründet ihr relativ starkes Engagement bei der Rehabilitation Drogensüchtiger u. a. damit, daß Rauschgiftkonsum ihrem wichtigsten Anliegen entgegenwirke, indem er das Bewußtsein des Menschen verringere/verzerre, eine Fixierung auf den ↑reaktiven Verstand bedinge und so das ↑Auditing deutlich erschwere. Kritiker bezweifeln die nachhaltige Wirksamkeit des N.-Drogenentzugs, nennen gesundheitliche Gefahren und sehen in N. eine Agentur zur Rekrutierung neuer Scientologen.

Office of Special Affairs (OSA) der »Church of Scientology International«: in Los Angeles residierendes Büro für Rechtsangelegenheiten und Öffentlichkeitsarbeit; die deutsche Filiale wird auch »Presse- und Rechtsamt« genannt. Erledigt die zahlreichen Rechtsstreite, in die ↑Scientology verwickelt ist. Wird von Kritikern – u. a. wegen der oft verdeckten Sammlung und Verbreitung auch privater Informationen über Gegner, unter Einsatz gelegentlich von Privatdetektiven – als »Geheimdienst« Scientologys bezeichnet.

Operierender Thetan (OT): sc.: »Zustand« (eines ↑Thetanen) »völliger geistiger Freiheit, der Befreiung vom endlosen Kreis von Geburt und Tod, vollständigen Bewußtseins, kompletter Erinnerung und Fähigkeit als ein Wesen unabhängig vom Körper«, »bewußt und willentlich Ursache über Leben, Denken, Materie, Energie, Raum und Zeit«. Dieses »Zurückerlangen der eigenen Persönlichkeit« und der »Erkenntnis der eigenen Natur und der eigenen Beziehung zum Leben und allen ↑Dynamiken« (»OT gehen«) oberhalb des »Zustands« ↑Clear geschieht mittels OT-↑Auditing (geheime Materialien), auch »Solo«-Auditing, auf (bislang) 15 OT-Stufen, von denen acht »freigegeben« sind. Mit dem Wachstum seines Wissens über sich selbst, das Leben, ↑Ethik etc. erwirbt der auf OT-Stufen voranschreitende Thetan auch »power«, die er, gelenkt von seinem wachsenden Verantwortungsbewußtsein, möglichst konstruktiv einsetzt.

OSA: ↑Office of Special Affairs.

OT: ↑Operierender Thetan.

Overt: (v. engl. overt, offenkundig) sc.: »schädliche Handlung oder Vergehen gegen den Moralkodex einer Gruppe«. »Ein O. verletzt, worüber Übereinstimmung bestand.« Das Verschweigen eines O. wird »Withhold« genannt.

Policy Letter: ↑Hubbard Communication Office Policy Letters.

Potentielle Schwierigkeitsquelle (PTS): (engl.: potential trouble source) sc.: »eine Person, die in irgendeiner Weise mit einer ↑unterdrückerischen Person in Verbindung steht und von ihr nachteilig beeinflußt wird. Sie wird eine P. genannt, da sie für sich selbst und andere eine Menge Schwierigkeiten bereiten kann.« Eine P. ist starken Stimmungsschwankungen unterworfen, neigt zu Krankheiten und macht häufig »Fehler«. Es gibt drei Typen der P.: Eine »PTS Typ I« ist jemand, der in seiner gegenwärtigen Umgebung mit einer unterdrückerischen Person Umgang hat oder in Verbindung steht. Bis eine »PTS Typ I« ihr Verhältnis zu dieser Person ↑gehandhabt, d.h. sie zu einer Änderung ihres Verhaltens gebracht oder die Verbindung zu ihr abgebrochen hat, darf sie (weil ja schwere akute Probleme den Zugang zu ↑Engrammen versperren) kein ↑Auditing erhalten. Bei einer »PTS

Typ II« wird vergangene »Unterdrückung« durch jemanden oder etwas in der gegenwärtigen Umgebung »restimuliert«. Das Problem wird mit Auditing gelöst. Bei einer »PTS Typ III«, der geisteskranken Person, schließlich hat vergangene »Unterdrückung« dazu geführt, daß sie überall (in Menschen und eingebildeten Geistern/Dämonen) »Unterdrückung« wahrnimmt. »Man kann die PTS-Person des Typs III hauptsächlich in Irrenanstalten finden. Es hilft ihr am meisten, wenn ihr eine sichere Umgebung zur Verfügung gestellt wird und sie Ruhe und Stille hat, ohne jede Behandlung geistiger Natur. Sie sollte jegliche notwendige medizinische Betreuung erhalten, die nicht unmenschlich ist.« Da für Scientologen Geisteskrankheit, einschließlich der Neigung zu kriminellem Verhalten, durch vergangene »Unterdrückung« verursacht ist, kann der Betroffene sich letztlich nur selbst heilen, indem er die »Unterdrückung« in den Griff bekommt – mit Hilfe etwa des »introspection rundown«, eines speziellen Auditing-Verfahrens. Bewußtseinsverändernde Medikamente, Elektroschocks und Gehirnchirugie hingegen behindern oder blockieren sogar die geistige Heilung. Hier liegt die theoretische Wurzel für den erbitterten Kampf Scientologys gegen die konventionelle Psychiatrie. Kritiker sehen im PTS-Konzept ein Instrument, für die Organisation gefährliche Außenkontakte von Scientologen zurückzuschneiden.

Preclear: ↑Clear.

Psychogruppen: in der Wissenschaft ungebräuchlicher, von Laien oft abwertend gebrauchter Sammelbegriff für insbesondere Organisationen, die im Bereich der alternativen ↑Lebensbewältigungshilfe tätig sind. Das »Handbuch Religiöse Gemeinschaften« der Vereinigten Evangelisch-Lutherischen Kirche Deutschlands, VELKD (hrsg. von Horst Reller, Gütersloh 1993), definiert als »Psycho-Organisationen« »Organisationen und Bewegungen, die Psychotechniken unterschiedlicher Herkunft gebrauchen, um das Leben und Verhalten ihrer Mitglieder zu verändern und zu regulieren«.

Psychotechniken: in der Wissenschaft nicht gebräuchlicher Sammel- und Kampfbegriff für Methoden psychischer Beeinflussung, vor allem in Bezug auf ↑Sekten und ↑Psychogruppen gebraucht.

Reaktiver Verstand: ↑Verstand.

Rehabilitation Project Force (RPF): Programme von Sanktionen für ↑Sea-Org-Mitglieder, die ihre Pflichten verletzt haben; Alternative zum Rauswurf. Durch täglich sechs bis sieben Stunden geistig anspruchsloser körperlicher Arbeit, Niederschreiben von ↑Overts und ↑Auditing, bei von anderen SeaOrg-Mitgliedern und ggf. auch der eigenen Familie getrennter Unterbringung in speziellen Einrichtungen, sollen sich die Delinquenten rehabilitieren. RPF-Programme können über ein Jahr dauern. Religionswissenschaftler vergleichen RPF-Einrichtungen mit strengen Klöstern; Kritiker sprechen von »Straflagern« – mit (bestritten von Scientology) Sträflingskleidung, entwürdigendem Drill, Schlaf- und Essensentzug sowie Schweigepflicht. Bezweckt sei die erneute, nachhaltige Konditionierung auf die Ziele der Scientology-Organisation.

Reinigungs-Rundown: sc.: Verfahren mit dem Ziel, den Körper von Giftrückständen zu reinigen. Nach Hubbard lagern sich Rückstände von Drogen und Umweltgiften im Fettgewebe des Körpers ab und üben noch nach Jahren biochemische Wirkung auf das (als »Schalttafel« bezeichnete) Gehirn aus, so daß es zu verminderten Wahrnehmungen, Müdigkeit, konfusem Denken und zur »Restimulation« verzerrter »Eindrucksbilder« kommen könne. Eine, nach einer ärztlichen Untersuchung, über mehrere Tage bis Wochen angewandte Kombination aus körperlicher Betätigung (Laufen), ausgiebigem Saunieren, rohkostreicher Ernährung mit hohen Vitamin-/Mineralstoffdosen und Speiseöl (um »das gute Öl gegen das schlechte Fett auszutauschen«) sowie viel Ruhe soll große Teile der Giftrückstände aus dem Körper spülen. Nach Hubbard baut der R. eventuelles Verlangen nach Drogen ab; man könne danach besser hören und sehen, fühle sich »gesünder und glücklicher« und sei körperlich bereit für das ↑Auditing. Kritiker halten den R. für nutzlose Scharlatanerie und für in gefährlichem Maße strapaziös.

Religious Technology Center (RTC): in der ↑Scientology-Organisation »höchste kirchliche Autorität an der Spitze der internationalen Hierarchie bezüglich der Erhaltung und der standardgemäßen Anwendung von L. Ron Hubbards Technologie. RTC ist im Besitz aller Zeichen der Scientology und kontrolliert deren Lizenzvergabe und Verwendung. RTC ist nicht Teil der Verwaltungsstruktur der Kirche«. Geschaffen, angeblich von Hubbard, 1982 nach Machtkampf in und Absplitterungen von der »Scientology-Kirche«. »Gemeinnützige Körperschaft mit etwa 40, ursprünglich von der Kirche bestimmten Mitgliedern, der ein ›Board of Directors‹ vorsteht«; dieser wählt einen Vorsitzenden (seit vielen Jahren David Miscavige); ausscheidende Mitglieder werden durch Kooptation ersetzt. »Um die Reinheit der Technologie sowohl innerhalb als auch außerhalb der Kirche zu garantieren«, ließ der RTC »viele Wörter und Symbole der Scientology-Religion bei entsprechenden Regierungsstellen in vielen Ländern als Zeichen schützen«. Zwischen dem RTC und Einrichtungen der »Scientology-Kirche« bestehen letztere zur Reinhaltung der Technologie verpflichtende Verträge, bei deren Bruch der RTC die Verwendung der Warenzeichen untersagen kann. Kritiker sehen im RTC das »Politbüro« einer totalitär-diktatorisch aufgebauten Organisation.

RPF: ↑Rehabilitation Project Force.

RTC: ↑Religious Technology Center.

Schutzerklärung: (umgangssprachlich auch Sektenfilter) in Deutschland von privat organisierten Gegnern der ↑Scientology-Organisation und staatlichen Stellen entworfene, empfohlene und verbreitete Erklärung, in der Arbeit- und Auftragnehmer (teilweise auch für Vergangenheit und Zukunft) versichern, nicht in der Hubbardschen Technologie geschult zu sein, diese nicht im Betrieb anzuwenden und auch sonstwie keinen Kontakt zu Scientology zu haben. Wird von zahlreichen staatlichen Stellen (u. a. in Bayern, Berlin, Hamburg), Firmen, Berufsverbänden und privaten Schulen eingesetzt. Als Mittel angeblicher gesellschaftlicher und staatlicher Diskriminierung, ↑Etikettierung und Stigmatisierung sowie eines »Berufsverbots« vielfach kritisiert; ist Gegenstand von entsprechenden Verurteilungen Deutschlands durch internationale Organisationen und die US-Regierung.

Scientology: (v. lat. scire, wissen und griech. logos, Wort/Lehre) sc.: »angewandte religiöse Philosophie«, aus der ↑Dianetik entwickelt von L. Ron Hubbard (1911–1986), einem Science-Fiction-Autor und Marineoffizier. Hubbard baute auch die als »Kirche« auftretende S.-Organisation auf.

1. Entwicklung der S.-Organisation: 1950 veröffentlichte Hubbard – nach einem abenteuerlichen Leben, das von Anhängern glorifiziert, von Kritikern skeptisch beschrieben wird, ihn aber unumstritten in den späten 40er Jahren an den Rand des physischen wie psychischen Zusammenbruchs gebracht hatte – »Dianetics: The Modern Science of Mental Health«, einen radikal auf praktische Lösung seelischer Probleme ausgerichteten ↑Auditing-Ratgeber, der den Einfluß zahlreicher, auch fernöstlicher, religiöser, philosophischer und psychologischer Schulen spiegelt. »Dianetics« war derart erfolgreich, daß Hubbard und seine Anhänger sehr bald, während er die Lehre zügig zur metaphysisch begründeten S. ausbaute, Organisationen zu ihrer Pflege und Verbreitung gründeten. Zur weiteren Entwicklung heißt es in der scientologischen Publikation »Was ist S.?«: »›Nach der sorgfältigen Untersuchung einer Meinungsumfrage‹, erklärten Scientologen in einem ›Journal der S.‹ von 1954, ›kann man ganz klar sagen: S. erfüllt den Bedarf nach einer Religion.‹« Am 21. 7. 1955 wurde in Washington D. C. die »Founding Church of Scientology« registriert. Ein rasch wachsender Zustrom neuer Mitglieder und hohe Einnahmen ermöglichten der S.-Organisation den zügigen Aufbau einer Infrastruktur aus Gebäuden, administrativen Strukturen und bald auch Schiffen. 1959 errichtete Hubbard sein Hauptquartier im ehemaligen Schloß des Maharadschas von Jaipur, Saint Hill Manor, in East Grinstead (Sussex, England). Hier verfaßte er große Teile seiner ↑policy letters und organisierte die weitere Expansion. 1966, nach Bekanntgabe der ersten beiden ↑OT-Stufen, zog sich Hubbard auf die Schiffe der Organisation zurück, wo er weitere OT-Stufen erarbeitete und 1967 die ↑SeaOrg sowie 1970 die ↑Flag Service Organization (FSO) gründete. Zur Verbreitung der Lehre mittels eines umfangreichen Medienangebots (Bücher, Audio-Kassetten, Filme etc.) entstanden Firmen wie »New Era Publications« und »Golden Era Productions«. 1981 kam es nach einem Machtkampf zum organisatorischen Umbau der S.-Organisation: Das für kriminelle Aktionen in den 70er Jahren verantwortliche ↑Guardian's Office wurde aufgelöst und, 1982, das ↑RTC gegründet. In den 80er Jahren expandierte die Organisation weiter, in den 90er Jahren beobachten Experten vor dem Hintergrund anhaltender Kritik eher eine Stagnation.

2. *Organisatorischer Aufbau:* S. beansprucht, weltweit 8 Millionen Mitglieder (»Menschen, die in ihrem Leben Scientology praktizieren«) zu haben, in Deutschland dürften es knapp 10 000 (von überwiegend gehobenem Bildungs- und Einkommensniveau) sein. Neue Mitglieder werden, nach eigenen Angaben, primär durch Mundpropaganda unter Freunden und Verwandten (52,6 %), Lesen eines Buchs (20,6 %) und das Abhalten eines (umstrittenen) Persönlichkeitstests nach Straßenwerbung (18 %) gewonnen. Die S.-Organisation verfügt über rund 13 000 hauptberufliche (karg bis – in der SeaOrg – beinahe gar nicht bezahlte) Mitarbeiter. Sie unterhält über tausend Organisationen in knapp 80 Ländern mit Schwerpunkten in den USA und West-/Mitteleuropa und ist mit umfangreichem Material im Internet präsent. Ihre Einnahmen erzielt die Organisation vorwiegend durch Medienverkäufe und vielfach als sehr hoch empfundene, in der Höhe festgelegte »Spenden« für Auditing, Ausbildung und andere »Dienste«. Unter den scientologischen Medien erreichen die »International S. News« eine Auflage von etwa 1,3 Millionen, »The Auditor« von 1 Million und das an Nicht-Scientologen kostenlos verteilte »Freedom Magazine« (deutscher Titel: »Freiheit«) von schätzungsweise 500 000 Exemplaren, davon 250 000 in deutscher Sprache.

Die »Church of S. International« und die von ihr gegründeten Organisationen (z. B. ↑WISE, ↑ABLE, Verlage) sind formell selbständig, ebenso viele der Suborganisationen (z. B. ↑Narconon) bis hin zu den untersten Einheiten wie »Missionen«, WISE-Charter-Komitees und Einrichtungen der Sozialarbeit. Alle diese Elemente der S.-Organisation jedoch werden durch übergreifende Strukturen mehrfach kontrolliert: durch die ↑Ethik(-Büros); durch ein beim RTC zusammenlaufendes, strikt hierarchisches »Kanalsystem« von Lizenzverträgen, das, vereinfacht, Inhalte nach unten und Gebühren nach oben transportiert; durch das mit Vertretern der größeren Organisationseinheiten besetzte »Flag Command Bureau« und entsprechende »Continental Liaison Offices«; durch ein in seinen Kompetenzen nicht genau definiertes »Watchdog Committee«, ein, so Kurt Weiland, Vizechef des ↑Office of Special Affairs«, »internationales Aufsichtsgremium innerhalb der Mutterkirche der Scientology-Religion, das sich aus Führungskräften mit langjähriger Erfahrung zusammensetzt« und »die Funktion hat, die Hauptbereiche kirchlicher und säkularer Tätigkeit zu beaufsichtigen.«

3. Konflikte: Hubbard und S. waren von Beginn an in Konflikte mit Kritikern verwickelt, in denen die Organisation stets aggressiv auftrat – durch u. a. konsequente Inanspruchnahme von Gerichten, verdeckte, auch das Privatleben betreffende Ermittlungen über Gegner, Belästigungen, meist unterhalb der Schwelle strafrechtlicher Relevanz, und Versuche, gegnerische Positionen, nach Darstellung von Kritikern auch durch technische Sabotage, aus dem Internet zu entfernen.

Die bis heute währende Auseinandersetzung mit der Psychiatrie begann, nach dem Erscheinen von »Dianetics«, in Fachzeitschriften. 1951 warf Hubbard in seinem Buch »Science of Survival« den US-Geheimdiensten (für die er selbst während des 2. Weltkriegs gearbeitet hatte) die Verwendung der »Schmerz-Drogen-Hypnose« als »eine der schlimmsten Formen der Verhaltensmanipulation« vor und legte sich so insbesondere mit der CIA an, die bis Anfang der 70er Jahre »mind control«-Experimente unter Verwendung z. B. von LSD betrieb. Mehrere Organe der US-Regierung wurden gegen S. aktiv.

Die »Food and Drug Administration« (FDA) plazierte, um den Einsatz des E-Meters gegen körperliche Beschwerden nachzuweisen, »agents provocateurs« in der S.-Organisation und beschlagnahmte 1963 bei mehreren Razzien in S.-Gebäuden zahlreiche E-Meter. 1969 jedoch entschied ein »Federal Appeals Court«, das E-Meter werde nicht rechtswidrig verwandt, und die S.-Organisation genieße bezüglich seiner Verwendung die Rechte einer religiösen Gemeinschaft.

Gegenüber vor allem der CIA lancierte Hubbard, als seine Schiffe in den späten 60er Jahren in mehreren Ländern nicht mehr landen durften, die »Operation Snowwhite«. Das Ziel: per Inanspruchnahme des »Freedom of Information Act« die US-Behörden zu zwingen, Dokumente über die Verbreitung von (möglicherweise falschen) Informationen über S. offenzulegen. Ungeachtet der Tatsache, daß 1978 Mitarbeiter des Guardian's Office wegen Einbruchs in Regierungsgebäude und »Verschwörung gegen die USA« zu Haftstrafen verurteilt wurden, setzte S. die Einsicht in viele Dokumente gerichtlich durch. Am 21. 1. 1985 stellte der »Supreme Court of Ontario« in einem Prozeß, in dem es um den Charakter der »Operation Snowwhite« ging, fest, daß es in diesem Zusammenhang zu keinerlei Straftaten gekommen war, und interpretierte eine Aussage des hohen CIA-Beamten Fletcher Proughty so, »that since 1950 there has been a definite campaign of harassment against this organization [Scientology] for nearly thirty years, primarily by means of the dissemination of false and derogatory information around the world to create a climate in which adverse action would be taken against the Church and its members.«

Auch mit dem US-Finanzamt »Internal Revenue Service« (IRS) lag S. seit Beginn der 50er Jahre im Streit. Der IRS verweigerte zum Teil die von der Organisation geforderte Steuerbefreiung, stellte sie zeitweise als politisch subversive Organisation dar, mußte jedoch ab den 70er Jahren Unterlagen offenlegen, die illegale IRS-Praktiken offenbarten – Ansatzpunkt für zahlreiche Prozesse der S.-Organisation gegen den IRS und etliche seiner Mitarbeiter. Nach einer mehrjährigen Prüfung (die entsprechenden Dokumente sind nach US-Recht öffentlich einsehbar) wurden die »Church of S. International« und zahlreiche Unterorganisationen nach Zahlung einer Abschlagssumme von mehreren Steuern befreit und zogen ihre Klagen zurück. Diese »Einigung« wird von Kritikern bis heute als »dubios« bewertet.

Etliche amerikanische Privatpersonen haben in den letzten Jahrzehnten Verfahren gegen die S.-Organisation angestrengt, im Rahmen deren sie geltend machten, von der Organisation physisch, psychisch und finanziell geschädigt worden zu sein. In vielen Fällen kam es zu Vergleichen; Lawrence Wollersheim erstritt 1989 2,5 Millionen Dollar Schadenersatz wegen insbesondere »emotionaler Schädigung« durch S.

Die Konflikte der S.-Organisation mit US-Behörden strahlten auf zahlreiche Länder aus: In Australien führte 1963 eine, so S., von der »World Federation for Mental Health« initiierte Untersuchung zum Verbot der Organisation im Staate Victoria. 1983 allerdings erklärte der Oberste Gerichtshof Australiens S. zu einer Religion, der entsprechend Steuerbefreiung zustehe. Großbritannien verweigerte ab 1968 Scientologen, die zur Ausbildung nach Saint Hill wollten, die Einreise, hob diese – nie wirklich durchgesetzte – Maßnahme allerdings 1980 wieder auf. Auch mit den Regierungen Südafrikas und des damaligen Rhodesien, wo zeitweise Schwerpunkte seiner Arbeit lagen, geriet Hubbard in der zweiten Hälfte der 60er Jahre in Streit, mußte ausreisen und kehrte in diese Länder nicht mehr zurück.

In Deutschland begann sich S. 1970 zu etablieren und geriet – wie überall – rasch in Auseinandersetzungen mit der Psychiatrie. Als bedeutsamer erwies sich die in den 70er Jahren hierzulande von protestantischen Pfarrern initiierte Diskussion über neue religiöse Gemeinschaften. Seit Anfang der 90er Jahre konzentriert sich diese Diskussion auf die S.-Organisation. Vor dem Hintergrund einzelner Straftaten von Scientologen und ansonsten gerichtlich bislang nicht eindeutig geklärter Vorwürfe gegen die S.-Organisation (»Pseudoreligiosität«, »finanzielle Übervorteilung der Klientel«, »kriminelle Tendenzen«, »Streben nach Weltherrschaft«, »Psychomanipulation«) haben staatliche und private Institutionen im Rahmen einer konzertierten Aktion zahlreiche Maßnahmen gegen S. und einzelne Scientologen getroffen: strafrechtliche Ermittlungsverfahren, vereins-, gewerbe- und heilpraktikerrechtliche Verfahren, Beobachtung durch den Verfassungsschutz, Einrichtung einer speziellen Meldestelle beim BKA und einer »Task force« beim Auswärtigen Amt, Ausschluß von der privaten Arbeitsvermittlung, offensive Warnarbeit durch Behörden, Kirchen, Wirtschafts- und Sportverbände, Kündigung von Bankkonten, ↑Schutzerklärungen in Behörden, Firmen, Verbänden, privaten Schulen etc. Diese Maßnahmen haben zu Austritten aus der S.-Organisation geführt; etliche Scientologen sind in die USA emi-

griert, eine Deutsche hat dort Asyl erhalten.
4. Eine Religion? Die auf 58 »Axiomen« über das Sein gründende S.-Lehre sieht im Menschen den in Wirkungen seiner Postulate (zu denen ↑Verstand und Körper zählen) verfangenen ↑Thetanen. Seine Rehabilitation im Sinne optimalen ↑Überlebens/völliger Freiheit kann der Thetan nur erreichen, indem er – mittels ↑Auditing sowie Ausbildung in ↑Ethik und Kommunikation (↑ARK-Dreieck) – die ↑Brücke zur Freiheit beschreitet und sich so sukzessive von allen ↑Aberrationen auf sämtlichen ↑Dynamiken befreit. Dies impliziert die »Befreiung« auch anderer Thetanen im Sinne des Konzepts »↑clear planet«. – Die Lehre wurde von Hubbard nicht systematisch dargestellt, sondern auf Tausenden Tonbändern von Ansprachen, in »Bulletins«, ↑policy letters, Aufsätzen etc., in denen prinzipielle Erörterungen vermischt mit aktuellen Bezügen auftreten, festgehalten. In seiner später meist nicht mehr redigierten Darstellung neigt Hubbard zu drastischer, bisweilen rüde und menschenverachtend wirkender Veranschaulichung seiner Positionen – was auch mit seiner konsequent rationalistischen und funktionalistischen Ausrichtung der scientologischen Ethik zusammenhängen dürfte. Kritiker bezeichnen Hubbards Lehre u. a. als mitleids- und gnadenlos sowie sozialdarwinistisch und verweisen auf zahlreiche Äußerungen, die als Ausdruck von Menschenverachtung, Rassismus, diktatorisch-»totalitärer« Gesinnung und (politischem) Machtstreben deutbar sind.
Ob die S.-Lehre und die sie verbreitende Organisation eine Religion(sgemeinschaft) konstituieren, wird kontrovers diskutiert:
Christliche Theologen in Deutschland sprechen S. die Religionseigenschaft in der Regel ab und bewerten S. eher als, so das »Handbuch Religiöse Gemeinschaften« der VELKD (Vereinigte Evangelisch-Lutherische Kirche Deutschlands), »späte modernistische Weltanschauung mit geringen religiösen Elementen«. In der dritten Auflage (Gütersloh 1985) des VELKD-Handbuchs trägt die scientologische Welterlösung »keinen politischen Charakter«; in der vierten Auflage (Gütersloh 1993) fehlt diese Feststellung – vielleicht angesichts der Tatsache, daß deutsche Kritiker inzwischen »politische Ziele« Scientologys betonen.
In der Religionswissenschaft gibt es für den Begriff der Religion keine verbindliche Definition, aber eine Tendenz, diesen in starkem Maße gesellschaftliche Veränderung widerspiegelnden Begriff eher weit zu fassen. Der amerikanische Religionswissenschaftler Frank Flinn (in: Alternatives to American Mainline Churches, hrsg. v. Joseph Fichter, New York 1983) etwa definiert als Religion »ein in Symbolen ausgedrücktes Glaubenssystem, das die Leben von Individuen und/oder Gruppen verbindet, sich in einer Reihe religiöser Praktiken (Rituale) ausdrückt und von einer organisierten Lebensweise unterstützt wird. Die Glaubensinhalte, Praktiken und die Lebensweise verbinden die Leben der Menschen so, daß sie ihrer Existenz einen letztendlichen Sinn geben.« Einige Religionswissenschaftler, wie der Kanadier Stephen Kent, sehen in S. keine Religion, überwiegend jedoch wird S., auch wenn man von der Organisation in Auftrag gegebene Gutachten unberücksichtigt läßt, unter den Religionsbegriff subsumiert, z. B. bei den britischen Religionswissenschaftlern Eileen Barker und Bryan Wilson. Als Begründung wird u. a. aufgeführt:
1. Die für S. zentralen Glaubenssätze über die Identität des Menschen als Thetan/Seele, sowie über Reinkarna-

tion und die Einbindung des einzelnen in ihn überschreitende (ein mögliches Höchstes Wesen einbeziehende), mit Überleben als Erlösung sinnerfüllte Dynamiken belege die für Religionen konstitutive transzendente Orientierung.

2. Die Entstehung der S. aus einer auf Heilung ausgerichteten Lehre, der ↑Dianetik, per Formulierung metaphysischer Grundlagen und Erhöhung des ursprünglich definierten Heilszustandes (↑Clear) auf den Zustand »erlöste Seele« (↑Operierender Thetan) sei für viele Religionen, einschließlich des Christentums, feststellbar.

3. Die Formulierung einer Ethik nach dem Kriterium des rationalen (auf den Zweck des Überlebens, der Erlösung, des Glücks gerichteten) Verhaltens sei konstitutiv auch für Religionen wie den Buddhismus. Entsprechend methodisches, »technologisches« Vorgehen sei sowohl z. B. im christlichen Methodismus als auch in der »Upaya« (»rechte Methode«) des Mahayana-Buddhismus zu finden. Ein karger Fundus an Ritualen und Zeremonien sei Ausdruck dieser rationalistischen Grundhaltung und lasse sich u. a. auch bei der »Christian Science«-Bewegung finden.

4. Den fehlenden Ausschließlichkeitsanspruch schließlich teile S. mit den meisten Zweigen von Buddhismus und Hinduismus; die Unterscheidung zwischen exoterischen und esoterischen Schriften kennten viele, die prinzipiell politische, letztlich auch »totalitäre« Mission, eine ideale Gesellschaft als Voraussetzung der Erlösung zu schaffen, fast alle Religionen. Konkrete, auf den Erwerb politischer Macht gerichtete Aktivitäten, mittels deren sich z. B. Islam und Christentum überhaupt erst etablierten, seien bei S. derzeit nicht erkennbar.

Im »Handbuch der Religionen« (hrsg. v. Michael Klöcker/Udo Tworuschka, Landsberg a. L. 1997) ergänzt Thomas Schweer, Chef des »Religionswissenschaftlichen Medien- und Informationsdienstes« (REMID) in Marburg: »Es lassen sich drei Hauptargumente auf seiten der Kritiker feststellen, die allesamt nichts zur Beantwortung dieser Frage beitragen: S. vertrete unsinnige Glaubenslehren, das Heilsangebot sei nur gegen Geld zu haben und die Mitglieder würden in Abhängigkeit gehalten. Religionswissenschaftlich gesehen spricht keines dieser Elemente gegen den Religionscharakter einer Gemeinschaft, sie sind sogar aus verschiedenen Gründen notwendiger Bestandteil jeder Religion. [...] Klärende Studien deutscher Forscher stehen weiterhin aus, nicht zuletzt deswegen, weil sie von staatlicher Seite weder in Auftrag gegeben noch überhaupt gewünscht werden.«

Juristisch wird die Frage, ob S. eine Religion ist, von Land zu Land unterschiedlich beurteilt. In den USA beinhaltet die im »Ersten Verfassungszusatz« garantierte Religionsfreiheit, daß der Staat nicht definiert, was eine Religion ist. An diese Regel halten sich – wissend, daß Regierungen dazu neigen, Definitionen zu Lasten des Bürgers auszulegen – auch internationale Organisationen, z. B. in Menschenrechtskonventionen. Ansonsten ist die Rechtsprechung sehr heterogen: Oberste Gerichte in z. B. Australien, Neuseeland und jüngst auch Italien ordnen S. den Status einer Religion mit entsprechenden (steuer-)rechtlichen Folgen zu; englische, spanische und griechische Gerichte verweigern dies. In Deutschland garantiert Art. 4 GG religiöse und weltanschauliche Freiheit, konkurrierend allerdings mit anderen Grundrechten und dem Prinzip der »wehrhaften Demokratie«. Bekommt eine Gemeinschaft gerichtlich die Religions- oder Weltanschauungseigenschaft abgesprochen, hat das schwerwiegende

Folgen: Der Organisation kann mangels ideeller Ziele die Rechtsfähigkeit als Verein abgesprochen werden; die rechtsförmlich organisierte Ausübung der »Religion« ist dann beinahe nur noch im Rahmen eines relativ leicht verbietbaren Gewerbes möglich; der Staat braucht sich der Gemeinschaft gegenüber weder neutral verhalten noch gesellschaftliche Toleranz ihr gegenüber fördern. Die die Definition von »Religion« betreffende deutsche (Verfassungs-)Rechtsprechung rekurriert stark auf das Erscheinungsbild betroffener Organisationen vor dem Hintergrund eines »christlich-abendländischen« Wertehorizonts und einer nach wie vor vom Staatskirchentum geprägten Rechtstradition. Der S.-Organisation hat, insbesondere wegen des eher an ein gewerbliches Unternehmen erinnernden Erscheinungsbildes, das Bundesarbeitsgericht in einem Urteil vom März 1995 die Religionseigenschaft abgesprochen. Andere Gerichtsentscheidungen, darunter das Urteil des Bundesverwaltungsgerichts vom 6.11.1997 (das zur Religionseigenschaft explizit nicht Stellung bezieht), dokumentieren eine Tendenz, wirtschaftliche Aktivitäten der S.-Organisation eher einem ideellen, also auf die Pflege einer Religion/Weltanschauung gerichteten Hauptzweck der fraglichen S.-Vereine zuzuordnen. Obwohl eine abschließende (verfassungs-)rechtliche Klärung aussteht, gehen fast alle Organe der deutschen Exekutive und Legislative bei ihren Maßnahmen gegenüber S. davon aus, daß S. keine Religion/Weltanschauung ist.

Sea Organization (SeaOrg): sc.: 1967 von Hubbard und langjährigen ↑Scientology-Mitarbeitern auf See gegründeter »religiöser Orden, dessen rund 5000 Mitglieder ein Versprechen des ewigen Dienstes an Scientology und ihren Zielen unterschreiben« (Vertrag über eine Milliarde Jahre). »Er ist eine Bruderschaft, keine Organisation oder Körperschaft; jedes seiner Mitglieder ist der jeweiligen kirchlichen Körperschaft verpflichtet, bei der es angestellt ist.« »Mitglieder der S. haben ihr Leben ihrer Religion gewidmet, arbeiten rund um die Uhr für wenig Geld und führen ein Leben in der Gruppe, wo ihnen Unterkunft, Mahlzeiten, Arbeitskleidung, medizinische und zahnärztliche Fürsorge von der Kirche zur Verfügung gestellt werden. Ausbildung und ↑Auditing beanspruchen einen Teil ihres Tages, aber sonst widmen sie sich ihrer Arbeit, die dem Vorantreiben der Ziele der Scientology dient.« »Neue Mitglieder der S. durchlaufen ein hartes Training, das ihre Fähigkeit, ihrer Umgebung ins Auge zu sehen, sowie ihre Kompetenz und ihr ↑Ethikniveau steigern soll.« S.-Mitglieder tragen an der Marine orientierte Uniformen und Dienstgrade und arbeiten überwiegend in zentralen Einrichtungen, z. B. im britischen Ausbildungszentrum Saint Hill, in der europäischen Zentrale Kopenhagen, bei der ↑Flag Landbase in Clearwater/Florida und der internationalen Verwaltung in Los Angeles. Kritiker sehen in S.-Angehörigen ausgebeutete, wie Roboter funktionierende Arbeitskräfte, die bei disziplinarischen Problemen in ↑RPF-Einrichtungen wieder auf Linie gebracht werden.

Sekte: (v. lat. sequi, folgen) ursprünglich wertungsfrei verwandter Begriff für kleine politische, philosophische und religiöse Gemeinschaften. Seit der Reformationszeit abwertend benutzt für Abspaltungen von und Sondergruppen in großen religiösen Gemeinschaften, in jüngerer Zeit auch für aus (süd-)ostasiatischen Traditionen gewachsene und neue religiös-weltanschauliche Gemeinschaften (↑Kulte); seit den 70er Jahren, wie schon im Dritten Reich, häufig als Kampfbegriff eingesetzt (während manche Gerichte bis in die Gegenwart einen wertungsfreien Gebrauch unterstellen), mit der Folge, daß eine stabile Mehrheit von 70 bis 80 % der Deutschen »alle S.n verbieten« will. Die ↑Enquete-Kommission »Sogenannte Sekten und Psychogruppen« des Deutschen Bundestags empfiehlt vor diesem Hintergrund, den Begriff S. nicht mehr zu benutzen.

Sektenbeauftragter: bis heute gebräuchliche Bezeichnung für Funktionäre der Amtskirchen und staatlicher Stellen, die zu unter dem Begriff ↑Sekte zusammengefaßten Gruppen Informationen erheben, Informationen in teilweise warnender Form verbreiten und um Hilfe ersuchende Personen beraten. Kritiker bemängeln einen ihrer Ansicht nach gelegentlich abwertenden Charakter der Äußerungen von S.n

Sektenfilter: ↑Schutzerklärung.

Squirrel: (v. engl. squirrel, Eichhörnchen, im US-Slang Verrückter, Psychiater) sc.: Begriff für Personen, die ↑Scientology-Praktiken verändern und eventuell außerhalb der Organisation, z. B. in der »Freien Zone«, anbieten. »Wer squirrelt, arbeitet heute an der Zerstörung eines funktionsfähigen Systems.« Die Scientology-Organisation bekämpft S. entschieden, mit u. a. rechtlichen Mitteln.

Statistik: von Hubbard ausführlich behandelter Indikator für ↑ethische Zustände. Alle nach scientologischen Prinzipien arbeitenden Organisationen messen Änderungen ihrer Leistung mit S.en und üben Druck aus, nach oben weisende S.en zu produzieren.

Thetan: (vom griech. Buchstaben Theta als Symbol für das Geistige) sc.: unsterbliches geistiges Wesen, die Seele. »Der T. ist die Person selbst, nicht ihr Körper, ihr Name oder das physikalische Universum oder sonst irgend etwas. Es ist das, was sich dessen bewußt ist, bewußt zu sein.« »In Scientology kann bewiesen werden, daß sich das, was die Person ist, die Persönlichkeit, vom Körper und vom ↑Verstand willentlich trennen läßt, ohne körperlichen Tod oder Geistesstörungen hervorzurufen.« Der T. »hat keine Masse, keine Wellenlänge, keine Energie und keine Zeit oder Position im Raum, außer er hat dies durch Betrachtung oder Postulat. Das geistige Wesen ist also kein Ding. Es ist der Schöpfer von Dingen.« Dem T. als Menschen ist allerdings das volle Bewußtsein, durch Postulate und Übereinstimmungen mit anderen T.en das ganze Universum erschaffen zu haben, verlorengegangen – durch Umstände, die in der veröffentlichten Scientology-Literatur nicht näher, in esoterischen Schriften aber, so Aussteiger, in an Science Fiction erinnernder Weise dargestellt werden. Der T. hat sich in Wirkungen des von ihm ursprünglich Verursachten verstrickt, glaubt zum Teil, sein Körper und sein Verstand seien er selbst, und schreibt »Mechaniken« des physikalischen Universums anderen Ursachen zu. Die Rehabilitation des T., als Selbsterkenntnis mit dem Endzustand seiner ursprünglichen totalen Freiheit, soll durch scientologische Ausbildung und ↑Auditing erreicht werden.

Tonskala: (von engl. tone, Stimmung) sc.: »Mit ›Ton‹ ist der momentane oder fortgesetzte emotionale Zustand einer Person gemeint.« Die T. »ist die Darstellung der Abwärtsspirale des Lebens, ausgehend von voller Lebenskraft und vollem Bewußtsein über halbe Lebenskraft und Halbbewußtsein bis hinunter zum Tod.« Die T. reicht von »heiterer Gelassenheit des Seins« (40,0) über »Tatkraft« (20,0), »helle Freude« (8,0), »starkes Interesse« (3,3), »Konservatismus« (3,0), »Langeweile« (2,5), »Antagonismus« (2,0), »Haß« (1,4), »Gram« (0,5), »Apathie« (0,05) bis zum Gefühl des körperlichen Todes (0,0). Darunter siedelt Hubbard »Zustände« an, in denen sich die Person als »Opfer« sieht: von »Sich schämen« (–0,2) über »Bereuen« (–1,3) und »Körper verehren« (–5,0) bis zu »totalem Versagen« (–40,0). Jeder hat eine relativ leicht veränderliche »akute« oder »soziale« Position auf der T.: »In dem Maße, wie Objekte, Tiere oder Menschen, die das ↑Überleben fördern, für die Person unzugänglich werden (bzw. welche, die das Überleben bedrohen, sich der Person nähern), wird sie die T. hinunter gedrückt.« Die »chronische« Position jeder Person auf der Tabelle »ist unveränderlich, außer man wendet ↑Scientology-Processing an«. Die T. benutzte Hubbard als Grundlage für seine »Tabelle der Einschätzung des Menschen«. Er ordnete jeder Stufe auf der T. bestimmte Verhaltensformen zu, sortiert nach 24 Kriterien, z. B. »sexuelles Verhalten«, ↑»Ethikniveau«, »Umgang mit der Wahrheit«, »Mutniveau«, »Beharrlichkeit auf einem gegebenen Weg«, »Wert als Freund«, »potentieller Erfolg«. »Setzt man diese Skala geschickt ein, kann man menschliches Verhalten in all seinen Manifestationen ebenso vorhersagen wie auch verstehen. [...] Sie können nur einen Fehler machen, nämlich anzunehmen, daß er [der andere, d. Aut.] irgendwo von seiner Ebene abweicht und in einem Bereich höher steht als in anderen. Das Merkmal, das Sie beanstanden, mag verdeckt sein, es ist aber dennoch da.« Die Theorie der T. ist zentraler Baustein in Hubbards Kommunikations- und PR-Lehre.

Überleben: sc.: von Hubbard axiomatisch als grundlegendes Ziel allen Lebens definiert. »Ü. ist nicht nur der Unterschied zwischen Leben und Tod. Es gibt verschiedene Stufen davon« – unterschieden grundsätzlich nach dem Maß an »Vergnügen« bzw. »Schmerz«. Aufgabe der ↑Ethik muß folglich sein, Handlungen nach ihrem Beitrag zu möglichst »gutem« Ü. für möglichst lange Zeit zu unterscheiden. »Gut« ist eine Handlung, die das Ü., auf möglichst vielen ↑Dynamiken, verbessert, schlecht eine, die Ü. mindert. Der ↑Thetan benutzt seinen analytischen ↑Verstand, um entsprechende Entscheidungen zu treffen.

unterdrückerische Person: ↑antisoziale Persönlichkeit.

Verstand: sc.: neben dem ↑Thetan, der eigentlichen Person, und dem Körper dritter Baustein des Menschen. »Der Verstand ist kein Gehirn. Er besteht aus den gesammelten Aufzeichnungen von Gedanken, Schlußfolgerungen, Entscheidungen, Beobachtungen und Wahrnehmungen einer Person während ihres ganzen Lebens.« Da diese »geistigen Eindrucksbilder« aus Energie bestehen, Masse haben, im Raum existieren und – einem Film vergleichbar – auf einer »Zeitspur« gespeichert sind, ist die Existenz des V. nur im physikalischen Universum denkbar. Es gibt zwei Teile des V.: Der bewußte, analytische V. wird zu Entscheidungen im Interesse des ↑Überlebens benutzt. Im »reaktiven« V. werden traumatische Erlebnisse, drogeninduzierte Erfahrungen und Wahrnehmungen im bewußtlosen Zustand aufgezeichnet, vor allem als ↑Engramme. Inhalte des »reaktiven« V. sind nicht dem bewußten Rückruf der Person zugänglich, sondern werden – außerhalb ihrer Kontrolle – durch an solche Inhalte »erinnernde« Reize reaktiviert und lösen so entsprechendes Empfinden und irrationales Handeln aus. Wichtigstes Ziel des ↑Auditing bis zur Stufe ↑Clear ist es, den »reaktiven« V. durch Bewußtmachen seiner Bestandteile aufzuheben.

Weltanschauungsbeauftragter: ↑Sektenbeauftragter.

WISE: »World Institute of Scientology Enterprises«, 1979 gegründete Mitgliederorganisation, geführt von »WISE International«, einer »religiösen gemeinnützigen Körperschaft« mit Sitz in Los Angeles. Sc.: »WISE, eine Organisation einer Glaubensgemeinschaft, besteht aus Geschäfts- und Fachleuten vieler Branchen, die die Gewißheit teilen, daß man nur mit der Verwaltungstechnologie Hubbards für die Dritte (Gruppen-)↑Dynamik dasselbe erreichen kann, was ↑Scientology für die Einzelperson tut: Verwirrungen auflösen, Not durch Glück ersetzen und allgemein besseres ↑Überleben.« Wendet die von Hubbard ursprünglich auf die Verwaltung der Scientology-Organisation bezogenen Richtlinien und ↑ethischen Prinzipien auf das Überleben jeder denkbaren Organisation an. Verschiedene Formen der Mitgliedschaft für Einzelpersonen und Firmen mit jährlichen Beiträgen von 500 bis über 30 000 US-Dollar berechtigen u. a. zur Verwendung urheberrechtlich geschützter Materialien in Kursen. Lizenzierte selbständige WISE-Berater vertreiben Kurse etc. in am Franchising orientierter Form auch an Nichtmitglieder. WISE fördert Kooperation unter den Mitgliedern, die per Vertrag gehalten sind, Rechtsstreitigkeiten untereinander über sog. Charter-Komitees zu schlichten. Die Organisation unterhält auch eigene Ausbildungsstätten (»Hubbard Colleges of Administration«). Kritiker sehen in WISE ein Instrument der Scientology-Organisation, Wirtschaftszweige zu »unterwandern«, in ihnen einen rücksichtslosen »Manchester-Kapitalismus« zu etablieren, dabei kollektiv gegen nicht der Organisation zugehörige Konkurrenz vorzugehen und so wirtschaftliche Macht zum Zwecke des Erwerbs politischer Macht anzusammeln.

Wissensbericht: sc.: »ein Bericht, der von jemandem geschrieben wird, der von irgendeiner unethischen, von den Richtlinien abweichenden oder destruktiven Handlung oder Unterlassung Kenntnis hat. W.e werden an die ↑Ethik geschickt, so daß von dorther eine Ermittlung oder ↑Handhabung stattfinden kann.« Laut Hubbard »besteht der einzige, wirklich bemerkenswerte Unterschied zwischen einer tüchtigen Gruppe, mit der zu leben und zu arbeiten leicht ist, und einer heruntergekommenen Gruppe, mit der zu leben und zu arbeiten schwer ist, darin, daß die einzelnen Gruppenmitglieder selbst auf der Einhaltung und Verstärkung der Aktionen und Sitten der Gruppe bestehen«. Hierzu »muß man etwas Kontrolle über Gleichgestellte ebenso wie Untergebene und (glauben Sie es oder nicht) Vorgesetzte« ausüben. W. e, von denen Beschuldigte Kopien erhalten, sollen in scientologischen Organisationen »ethisches« Verhalten fördern, für Transparenz sorgen sowie der Korruption durch Macht und der Verkrustung hierarchischer Strukturen vorbeugen. Wer im Wissen über »unethische« Handlungen keinen W. einreicht oder diesbezügliche Abläufe behindert, »wird dadurch in jedem später unternommenen Rechtsverfahren zum Mitschuldigen« und »erhält die gleiche Strafe wie die Person, die als eigentlicher Täter bestraft wird.« Nach Darstellung von Kritikern funktioniert das System der W.e gegenüber hochrangigen und erfolgreichen Scientologen nicht, soll Kadavergehorsam gegenüber der Scientology-Organisation sicherstellen und fördert die Denunziation. In deutschen Unternehmen sind W.e als Grundlage von »Ethik-Akten« nicht zulässig. Scientology und ↑WISE empfehlen deshalb, sie dort nicht einzusetzen.

World Institute of Scientology Enterprises: ↑WISE

Dokumente

In englischer Sprache vorliegende Dokumente wurden, um die Authentizität zu wahren, nicht übersetzt.

5. Empfehlung, Richtersensibilisierung zu beenden. Eine UN-Kritik von 1996
6. Klima latenter Intoleranz. Der UN-Sonderberichterstatter 1998
7. Lage in USA besorgniserregend. Ein Vermerk der Friedrich-Ebert-Stiftung
8. Politische Öffentlichkeitsarbeit nötig. Ein Vermerk des Auswärtigen Amts
9. Dosenöffner Scientology. Sechs Professoren zur Sektendiskussion

I. Scientology in eigenen Dokumenten

1. Glaubensbekenntnis der »Scientology-Kirche«

In: Was ist Scientology? Hrsg. von New Era Publications International ApS, Kopenhagen 1993, S. 579.

Wir von der Kirche glauben:
Daß alle Menschen, welcher Rasse, Hautfarbe oder welchen Bekenntnisses sie auch sein mögen, mit gleichen Rechten geschaffen wurden;
Daß alle Menschen unveräußerliche Rechte auf ihre eigenen religiösen Praktiken und deren Ausübung haben;
Daß alle Menschen unveräußerliche Rechte auf ihr eigenes Leben haben;
Daß alle Menschen unveräußerliche Rechte auf ihre geistige Gesundheit haben;
Daß alle Menschen unveräußerliche Rechte auf ihre eigene Verteidigung haben;
Daß alle Menschen unveräußerliche Rechte haben, ihre eigenen Organisationen, Kirchen und Regierungen zu ersinnen, zu wählen, zu fördern und zu unterstützen;
Daß alle Menschen unveräußerliche Rechte haben, frei zu denken, frei zu sprechen, ihre eigenen Meinungen frei zu schreiben und den Meinungen anderer zu entgegnen oder sich darüber zu äußern oder darüber zu schreiben;
Daß alle Menschen unveräußerliche Rechte haben, ihre eigene Art zu schaffen;
Daß die Seelen der Menschen die Rechte der Menschen haben;
Daß das Studium des Verstandes und die Heilung der geistig verursachten Krankheiten von Religion weder entfremdet noch in nichtreligiösen Gebieten geduldet werden sollten;
Und daß keine Instanz außer Gott die Macht hat, diese Rechte vorübergehend außer Kraft zu setzen oder aufzuheben, sei es öffentlich oder verborgen.
Und wir von der Kirche glauben:
Daß der Mensch im Grunde gut ist;
Daß er danach strebt zu überleben;
Daß sein Überleben von ihm selbst und von seinen Mitmenschen abhängt und davon, daß er ein brüderliches Verhältnis mit dem Universum erreicht.
Und wir von der Kirche glauben, daß die Gesetze Gottes dem Menschen verbieten:
Seine eigene Art zu zerstören;
Die geistige Gesundheit eines anderen zu zerstören;
Die Seele eines anderen zu zerstören oder zu versklaven;
Das Überleben seiner Kameraden oder seiner Gruppe zu zerstören oder zu mindern.
Und wir von der Kirche glauben, daß der Geist gerettet werden kann und daß nur der Geist den Körper retten oder heilen kann.

2. Der Weg zum Glücklichsein

Ein der »ethischen Vernunft« vorgelagerter Moral- und Verhaltenskodex (mit hier nicht wiedergegebenen Erläuterungen). Aus der gleichnamigen Broschüre hrsg. von New Era Publications International ApS, Kopenhagen 1989.

1. Achten Sie auf sich.
2. Seien Sie maßvoll.
3. Treiben Sie keine Promiskuität.
4. Geben Sie Kindern Liebe und Hilfe.
5. Ehren Sie Ihre Eltern und helfen Sie ihnen.

6. Geben Sie ein gutes Beispiel.
7. Seien Sie bestrebt, sich im Leben an die Wahrheit zu halten.
8. Morden Sie nicht.
9. Tun Sie nichts Illegales.
10. Unterstützen Sie eine Regierung, die für alle gedacht ist und im Interesse aller handelt.
11. Schaden Sie niemandem, der gute Absichten hat.
12. Schützen und verbessern Sie Ihre Umwelt.
13. Stehlen Sie nicht.
14. Seien Sie vertrauenswürdig.
15. Kommen Sie Ihren Verpflichtungen nach.
16. Seien Sie fleißig.
17. Seien Sie kompetent.
18. Respektieren Sie die religiösen Überzeugungen anderer.
19. Versuchen Sie, anderen nicht etwas anzutun, was Sie nicht selbst erfahren möchten.
20. Versuchen Sie, andere so zu behandeln, wie Sie von ihnen behandelt werden möchten.

3. Aus einem Einschreibformular der »Scientology-Kirche Deutschland«

Ich bestätige, daß:
1. gegen mich bisher keine Freiheitsstrafe von einem Gericht verhängt worden ist; ich nicht wegen eines Kapitalverbrechens aktenkundig geworden bin;
2. ich keine ausgedehnte psychiatrische Krankheitsgeschichte habe, d. h. weder eine Behandlung mit schweren Drogen/Medikamenten, keine Schock-»Therapien« gleich welcher Art, noch sogenannte psychiatrische Gehirnoperationen erhalten habe, noch war ich je in einer psychiatrischen Klinik/Anstalt untergebracht; ich weiß, daß ich grundsätzlich kein Auditing erhalten kann, wenn ich diese Frage nicht bejahen kann;
3. ich von keinem Psychiater für geisteskrank oder geistig behindert eingestuft worden bin, noch deswegen von einem Gericht oder einer Behörde entmündigt oder unter Pflegschaft gestellt wurde;
4. ich auch wegen keiner geistigen Behinderung eine Rente oder sonstige regelmäßige Unterhaltszahlungen oder irgendwelche anderen Unterstützungen erhalte und ich auch nicht an einer derartigen geistigen Behinderung leide;
5. ich nicht unheilbar krank bin;
6. ich mich nie an die Presse oder Öffentlichkeit gewandt habe, um Ungünstiges über die Scientology-Religion zu berichten; gleiches kann ich für meine Familienangehörigen bestätigen;
7. ich nie irgendwelche Versuche oder Drohungen geäußert, noch diese in die Tat umgesetzt habe, gerichtlich, behördlich, durch einen Anwalt oder über die Medien gegen L. Ron Hubbard, Scientology, eine Scientology®-Vereinigung, deren Vertreter oder Mitglieder vorzugehen oder Unwahrheiten über sie in der Öffentlichkeit zu berichten, noch haben dies Familienangehörige von mir getan;
8. mir bisher durch keine Einrichtung der Kirche aufgrund meiner früheren Verbindungen oder meiner momentanen Situation die Zulassung zum Auditing verwehrt wurde;
9. ich diese Erklärung aus freiem Willen, unbeeinflußt und ohne Zwang unterzeichne;
10. ich nicht die Scientology-Religion studiere, um Daten oder Beweise für eine andere Organisation zu erhalten; ich nicht versuche, Scientology als Vertreter der Medien, einer Behörde oder einer Organisation, Gruppe oder Person zu untersuchen;
11. ich mir durch den Beitritt zur Scientology-Kirche keine Besserung eventuell vorhandener körperlicher oder geistiger Gebrechen erhoffe. Ich weiß sehr wohl, daß es der Kirche nach ihrem Selbstverständnis um die geistig-seelische Erlösung geht;
12. ich in der Vergangenheit weder Selbstmord versucht noch jemals ernsthaft beabsichtigt habe;

13. ich nicht mit irgendeiner Person (wie durch eheliche oder familiäre Bande) in Verbindung stehe, die bekanntermaßen geistiger Verbesserung oder Scientology antagonistisch gegenübersteht;
14. ich nichts von dem Vorstehenden falsch dargestellt habe, um Auditing oder Ausbildung von dieser oder irgendeiner anderen Scientology-Kirche oder -Organisation zu erhalten.

4. Aus einem Vertrag über die WISE-Firmenmitgliedschaft

In der Übersetzung aus dem Englischen der »Arbeitsgruppe Scientology« der Hamburger Behörde für Inneres. (Für Firmen, die lizenziert sind, WISE-Kurse etc. zu verkaufen, existieren spezielle Franchiseverträge mit nach dem Umsatz bemessenen Gebühren.)

3. *Vergünstigungen und Dienstleistungen bei der Firmenmitgliedschaft*
h. Rabatte. Das Mitglied hat Anrecht auf einen Rabatt von zwanzig Prozent (20 %) auf Ausbildungskurse am Hubbard-Verwaltungskolleg.
i. Veröffentlichungserlaubnis. Das Mitglied hat das Recht, die Werke intern in seinem Unternehmen zu verwenden, weiterhin mit schriftlicher Genehmigung von WISE (»Veröffentlichungserlaubnis«) in Werbematerialien, die sich auf das Unternehmen des Mitglieds beziehen, wenn sie an die Öffentlichkeit verteilt (nicht aber verkauft) werden.
[…]
k. Kurse für Mitarbeiter. Das Mitglied kann für seine Mitarbeiter kostenlos alle Kurse in LRH[L.-Ron-Hubbard]-Verwaltungstechnik abhalten.
[…]

5. *Mitgliedsbeitrag*
Das Mitglied zahlt WISE einen jährlichen Mitgliedsbeitrag von sechstausend Dollar ($ 6000,00), der innerhalb der dem Beginn eines jeden neuen Jahres dieses Vertrages vorausgehenden dreißig Tagen fällig ist. […]

6. *Besondere Verpflichtungen der Mitglieder*
[…] a. Das Mitglied übt seine Tätigkeit als WISE-Mitglied jederzeit und in jeder Hinsicht in Übereinstimmung mit den hohen ethischen Normen aus, die in den schriftlichen Abhandlungen von Hubbard niedergelegt sind, u. a. in dem Buch *Einführung in die Ethik der Scientology*.
b. Das Mitglied bemüht sich nach besten Kräften und mit der gebührenden Sorgfalt darum, die Einführung der technischen und ethischen Normen, die in den schriftlichen Abhandlungen von Hubbard niedergelegt sind, u. a. in dem Buch *Einführung in die Ethik der Scientology*, in das weltliche Geschehen zu veranlassen und zu fördern.
[…]
g. Das Mitglied befaßt sich nicht mit Handlungen oder Tätigkeiten, die den Interessen der Scientology-Religion, den in deren Sinn gegründeten Organisationen (u. a. WISE) oder den ordnungsgemäß begründeten Autoritäten der Scientology-Kirche abträglich sind. Das Mitglied stellt jede derartige Handlung oder Tätigkeit, die WISE als solchen Interessen abträglich erachtet, unverzüglich ein und übt sie nicht weiter aus, nachdem es von WISE eine entsprechende Mitteilung erhalten hat.
h. Das Mitglied meldet dem Technikkontrollausschuß für das Gebiet des Mitglieds jede Erkenntnis über unethische Geschäftspraktiken. WISE sind Kopien dieser Meldungen zu übersenden.
i. Das Mitglied nutzt die Technikkontrollausschüsse von WISE in Übereinstimmung mit den LRH-Richtlinien zur Ethik und Justiz ausschließlich zur Lösung von geschäftlichen Streitfällen und Arbeitsstreitigkeiten, die das Mitglied mit WISE-Mitgliedern hat. Das Mitglied strengt in Verbindung mit einem derartigen geschäftlichen Streitfall kein Zivilverfahren gegen ein WISE-Mitglied an.

5. Gruppen entwickeln keine Wahrheit

Aus dem HCO Policy Letter vom 7. 2. 1965, wiederherausgegeben am 12. 10. 1985, Nr. 1 der Serie »Die Funktionsfähigkeit der Scientology erhalten«.

Ich war einmal der Auffassung, daß eine Gruppe Wahrheit entwickeln könnte. Ein Drittel eines Jahrhunderts hat mich gründlich eines Besseren belehrt. Bereitwillig wie ich war, Vorschläge und Informationen anzunehmen, hatten doch nur eine Handvoll Vorschläge (weniger als zwanzig) langfristigen Wert, und *keiner* war von größerer oder von grundlegender Bedeutung; und als ich größere oder grundlegende Vorschläge annahm und verwendete, kamen wir vom Weg ab, und ich bereute es und mußte schließlich klein beigeben.
Andererseits gab es Tausende und aber Tausende von Vorschlägen und Schreiben, die, wären sie angenommen und in die Tat umgesetzt worden, zu der totalen Zerstörung all unserer Arbeit und der geistigen Gesundheit der PCs [Preclears] geführt hätten. Ich weiß also, was eine Gruppe von Leuten tun wird und wie wahnsinnig sie bei der Annahme unbrauchbarer »Technologie« werden wird. Den tatsächlichen Unterlagen zufolge liegt die Wahrscheinlichkeit bei 100 000 zu 20, daß eine Gruppe von Menschen sich eine schlechte Technologie ausdenken wird, um gute Technologie zu vernichten. Da wir auch ohne Vorschläge vorwärts gekommen sind, tun wir also besser daran, uns zu rüsten, dies jetzt, da wir es geschafft haben, auch weiterhin zu tun. Dieser Punkt wird natürlich als »unpopulär«, »selbstgefällig« und »undemokratisch« angegriffen werden. Das mag durchaus stimmen. Aber es ist auch eine Überlebensfrage. Und ich sehe nicht, daß populäre Maßnahmen, Selbstverleugnung und Demokratie dem Menschen irgend etwas gebracht haben, außer ihn weiter in den Schlamm zu stoßen. [...]
Wenn sich jemand für einen Kurs einschreibt, dann betrachten Sie ihn als Mitglied für die Dauer dieses Universums – lassen Sie niemals eine »aufgeschlossene« Einstellung zu. Wenn jemand fortgehen will, lassen Sie ihn schnell fortgehen. [...] Wenn Frau Schmusekuchen zu uns kommt, um ausgebildet zu werden, verwandeln Sie jenen schweifenden Zweifel in ihren Augen in einen festen, entschlossenen Glanz, und sie wird gewinnen, und wir alle werden gewinnen. Passen Sie sich ihr an, und wir alle werden ein wenig sterben. Die richtige Ausbildungseinstellung ist: »Du bist hier, also bist du ein Scientologe. Jetzt werden wir dich zu einem fachmännischen Auditor machen, was auch immer geschieht. Wir haben dich lieber tot als unfähig.«

6. Roboter-Organisation oder Clear-Demokratie

Aus dem HCO Policy Letter vom 2.11.1970, »Die Theorie der Scientology-Organisationen« (Org-Serie Nr. 12).

Eine Organisation besteht aus mehreren Terminalen und Kommunikationslinien, die durch eine gemeinsame Zielsetzung vereint sind.
Die Tätigkeiten einer Org können alle als Bewegung und Veränderung von Partikeln bezeichnet werden. [...]
Eine Organisation zu organisieren erfordert viel mehr als bloße Theorie. Man muß Partikel untersuchen, eine Liste davon anfertigen und herausfinden, welchen Weg sie nehmen und welche gewünschten Veränderungen sie auf diesem Weg durchlaufen werden. Dann muß man dafür sorgen, daß Terminale und Kommunikationslinien existieren, um die jeweilige Partikel zu erhalten, zu verändern und weiterzugeben. [...]
In einer Scientology-Organisation gibt es keine Arbeiter. Wir sind alle Manager dieser Partikel.

Eine Route zur Handhabung ist kein Befehl, wie etwas gehandhabt werden soll, sondern eine Anleitung, nach der man handeln kann. Eine Route ist nicht notwendigerweise in allen Fällen richtig, sondern nur in den meisten. Roboter können Lebensführung nicht handhaben. Roboterorganisationen und -zivilisationen gehen in die Brüche. Es *sieht* nur so aus, als würden sie funktionieren – so wie die kommunistische Herrschaft zu funktionieren *scheint*, bis sie herausfinden, daß alle ihre Untertanen am Verhungern sind. Eine *perfekte* Organisation ist keine Maschine, sondern sie besteht aus einer Reihe von Übereinkünften. [...]

Das Weiterleiten, die Kommunikationslinien und der Aufbau der Organisation erledigen nicht die Arbeit. Die Arbeit wird von lebenden Wesen gemacht, die Vernunft und Können dazu gebrauchen. Der Aufbau der Organisation erleichtert ihnen lediglich die Arbeit und vermindert Verwirrung und Überlastung. Regierungen, Armeen und Forschungsinstitute reduzieren sich zu Routen und Titeln. Sie funktionieren nicht. Sie erledigen keine Arbeit. Sie berücksichtigen nicht die Komplexität der menschlichen Gemeinschaft. Deshalb werden Sklavengesellschaften (die nur aus Routen und denkunfähigen Terminalen bestehen) am Ende immer von freien Völkern besiegt. Routen und exakte Verfahren funktionieren nur bis zu einem bestimmten Grad. Es gibt einen Punkt, wo Routen und genaue Verfahren nicht mehr funktionieren – ebenso, wie es einen Punkt gibt, wo das Arbeiten als *einzelner*, ohne Zusammenarbeit mit anderen nicht mehr funktioniert, wenn man einer bestimmten Menge Arbeit gegenübersteht. Eine optimale Organisation neigt weder zu stark zum einen noch zum anderen. Völliger Individualismus und völlige Mechanisierung sind beide unmöglich. Und wenn Sie, Ihre Unterabteilung oder Organisation zu sehr zum einen oder anderen neigen, dann reden Sie nicht, sondern *schreien* Sie. Eine schlechte Organisation wird Sie feuern und Sie können etwas Nützlicheres machen. Eine gute Organisation wird zuhören. [...]

Eine völlig demokratische Organisation hat in Dianetik und Scientology einen schlechten Ruf, auch wenn ich vorhin von Übereinkunft gesprochen habe. Es stellte sich bei einem Experiment, das (1950 in Los Angeles) tatsächlich durchgeführt wurde, heraus, daß eine Gruppe, wenn sie aufgefordert wird, Kandidaten unter sich aufzustellen und aus diesen einen Führer zu wählen, laufend nur jene auswählt, die sie umbringen würden. Eine Gruppe wählt nur solche, die von großen Taten sprechen und ignoriert diejenigen, die wirklich etwas tun würden. Sie scheinen unfehlbar nur Leute mit durchschnittlichen Fähigkeiten zu wählen. Durchschnittliche Fähigkeiten reichen jedoch niemals für einen Führer aus. Die Leuten leiden unter seinem Mangel an Verstehen.

Wann auch immer Sie die Gelegenheit haben, für Ihre Gruppe eine Führungsperson auszuwählen: Seien sie nicht »demokratisch«. Beurteilen Sie Ihre Unterlagen nach folgenden Gesichtspunkten: Nehmen Sie die Person, die tatsächlich ein guter Auditor *ist*, und nicht nur sagt, daß sie es ist. Wählen Sie eine Person, die einen guten Intelligenzquotienten und eine gute Persönlichkeitskurve hat. Sie muß nicht unbedingt die besten haben. Nehmen Sie die Person, die anderen Beingness gewähren kann. Und achten Sie darauf, mit welch großer Ruhe und Wirksamkeit sie ihre Führungsposten im Vergleich zu anderen innehatte, wenn sie solche gehabt hatte. Und sogar dann gehen Sie noch ein Risiko ein. Wählen Sie die Personen daher immer nur vorläufig und behalten Sie sich das Recht auf Abberufung vor. Wenn die erste Handlung der Person ist, Leute zu feuern, setzen Sie sie sofort ab, und machen Sie einen anderen Führer ausfindig. Wenn die Organisation sofort nach der Einsetzung der Person blüht und gedeiht, lassen Sie sie als Führer und bestätigen Sie die Wahl durch eine zweite. Wenn der Überfluß der Organisation in ungefähr einem Monat schwindet, dann setzen Sie sie ab und finden Sie eine andere.

7. Gegen eine Demokratie von Affen

Aus dem HCO Policy Letter vom 13.2.1965, »Politics«.

Now and then you hear me speak derisively of governments and ideologies – including democracy. [...]
A political system seeking to function amongst ignorant, illiterate and barbaric people could have marvelous principles but could only succeed in being ignorant, illiterate and barbaric *unless* one addressed the people one by one and cured the ignorance, illiteracy and barbarism of each citizen.
The collective think of apes is apethink. A fascism led by and applied to idiots would be idiot-fascism.
So there is no reason to suppose *any* political system is any better than those who use it to govern or be governed.
The only difference in existing systems of politics is their relative values in giving the individual a chance to develop and receive a higher level of personal sanity and ability. [...]
So we can conclude on actual evidence that the first true democracy will emerge when we have freed each individual of the more vicious reactive impulses. Such beings can reason, can agree on decent and practical measures and be dependent upon to evolve beneficial measures.
Until we have done that we will continue to be critical of human »democracy« – and any other political philosophy advanced upon man as a cure for his ills.
A political philosophy can't audit. We can.
And don't be so sensitive to popular reaction. Just get on with making a saner world and it will all come out right.

8. Orgs müssen verkaufen

Aus dem HCO Policy Letter vom 31. 1. 1983, »Der Grund, aus dem es Organisationen gibt«.

Der *einzige* Grund, aus dem es Organisationen gibt, ist die Aufgabe, *Materialien und Dienste an ihr Publikum gegen einen Beitrag zu verbreiten und zu liefern und Personen aus der Öffentlichkeit hereinzuholen, an die man diese verkaufen und liefern kann. Die Zielsetzung ist vollkommen befreite Wesen.*
Sowohl die erste als auch alle nachfolgenden Organisationen der Kirche wurden *ausschließlich* zu diesem Zweck gegründet.

9. Make more money

Aus dem HCO Policy Letter vom 9. 3. 1972 (revidiert am 2. 2. 1991), »Principles of Money Management«.

The governing policy of finance in any organization is to:
A. *Make Money.*
B. Buy more money made with allocations for expense (bean theory).
C. Do not commit expense beyond future ability to pay.
D. Don't ever borrow.
E. Know different types of orgs and what they do.
F. Understand money flow lines not only in an org but org to org as students and pcs [Preclears] flow upward.
G. Understand *Exchange* of valuables or service for money [...].
H. Know the correct money pools for any given activity.
I. Police all lines constantly.
J. *Make Money.*
K. *Make more money.*
L. *Make other people produce so as to make money.*

A small sack of beans will produce a whole field of beans. Allocate only with that in mind and demand money be made.
A finance management which does not understand and *use* these principles will be like a driver who hasn't the tech to drive a car. He'll wreck it or not driving it at all will have no transport. [...]

10. Das schwächste Motiv ist Geld

Aus dem HCO Policy Letter vom 11.11.1969, »Promotion and Motivation«.

The weakest motivation is money. People and businesses that are motivated only by money are wobbly people.
A primary cause of Franchise failure is money motivation.
The scale of motivation from the highest to the lowest is

Duty – Highest
Personal Conviction
Personal Gain
Money – Lowest.

Money is important in the world. But it is the grease on the machinery, not the motors. In a society which has lost its patriotism and pride, money will be found as a primary motivation. True, one is in trouble without money and it is a crime in the eyes of the society to be without money. But one also needs dirt to grow things in and yet dirt cannot be said to be the primary motivation for living.
So money is a tool, a gas tank. It is a *means* of getting something done. It is no valid end in itself.

11. Die antisoziale Persönlichkeit

Aus L. Ron Hubbard: Einführung in die Ethik der Scientology. Kopenhagen 1983, S. 113ff.

Die antisoziale Persönlichkeit hat die folgenden Merkmale:
1. Er oder sie spricht nur in sehr groben Verallgemeinerungen. »Man sagt ...«, »Alle Leute denken ...«, »Jeder weiß ...« und solche Ausdrücke werden ständig benutzt, insbesondere bei der Verbreitung von Gerüchten. [...]
2. Eine solche Person verbreitet hauptsächlich schlechte Nachrichten, kritische oder feindselige Bemerkungen, Abwertungen und allgemeine Unterdrückung. [...]
4. Ein Merkmal der antisozialen Persönlichkeit – und einer der traurigen Umstände in diesem Zusammenhang – ist, daß sie nicht auf Behandlung, Besserungsversuche oder Psychotherapie anspricht.
5. In der Umgebung einer solchen Persönlichkeit finden wir eingeschüchterte oder kranke Angehörige oder Freunde, die, wenn sie nicht tatsächlich in den Wahnsinn getrieben werden, im Leben doch eine ziemliche Unfähigkeit an den Tag legen – scheiternd und erfolglos.
Solche Leute schaffen für andere Schwierigkeiten. [...]
Weitaus die meisten Geisteskranken sind wegen solcher Beziehungen zu antisozialen Personen geisteskrank und erholen sich aus demselben Grund nicht leicht. [...]
7. Die antisoziale Person kann keinen Aktionszyklus abschließen.
Um solche Leute herum häufen sich unabgeschlossene Projekte an.
8. Viele antisoziale Personen werden sich offen zu den erschreckendsten Verbrechen bekennen, wenn sie dazu gezwungen werden, aber sie werden keinen Schimmer von Verantwortungsgefühl dafür haben. [...]
10. Dieser Persönlichkeitstyp heißt nur destruktive Handlungen gut und kämpft gegen konstruktive oder hilfreiche Aktionen oder Unternehmungen. [...]
11. Tätigkeiten, bei denen anderen geholfen wird, lassen die antisoziale Persönlichkeit beinahe »Amok« laufen. Unternehmungen jedoch, die unter der Bezeichnung »Hilfe« zerstören, werden intensiv unterstützt.

12. Unterdrückerische Handlungen

Aus L. Ron Hubbard: Einführung in die Ethik der Scientology. Kopenhagen 1983, S. 209ff.

Unterdrückerische Handlungen sind definiert als Handlungen oder Unterlassungen, die unternommen werden, um Scientology oder Scientologen wissentlich zu unterdrücken, einzuschränken oder zu behindern.

Solche unterdrückerischen Handlungen umfassen [Auswahl]:

Die Zeichen der Dianetik und Scientology zu verwenden, ohne die ausdrückliche Genehmigung oder Lizenz vom Besitzer der Zeichen oder eines seiner autorisierten Lizenznehmer zu haben.

Das Verfälschen von Aufzeichnungen.

Das Organisieren einer Splittergruppe, um Scientology-Daten oder irgendeinen Teil davon zu verwenden, um Leute von der Standard-Scientology abzulenken.

Öffentliche Äußerungen gegen Scientology oder Scientologen; dies umfaßt jedoch nicht Äußerungen gegenüber Komitees der Beweisaufnahme, die ordnungsgemäß einberufen sind.

Gesetzgebung oder Verordnungen, Vorschriften oder Gesetze, welche auf die Unterdrückung der Scientology ausgerichtet sind, vorzuschlagen, zu empfehlen oder dafür zu stimmen.

Das Berichten von Scientology oder Scientologen an zivile Behörden oder die Androhung einer solchen Berichterstattung, in der Bemühung, Scientology oder Scientologen darin zu unterdrücken, standardgemäße Scientology zu praktizieren oder zu empfangen.

Einen Zivilprozeß gegen irgendeine Scientology-Organisation oder irgendeinen Scientologen einzuleiten, einschließlich wegen der Nichtzahlung von Rechnungen oder des Versäumnisses der Rückerstattung, wenn man nicht zuerst den International Justice Chief auf die Angelegenheit aufmerksam gemacht hat und eine Antwort erhalten hat.

Anti-Scientology-Briefe an die Presse zu schreiben oder Daten, die sich gegen Scientology oder Scientologen richten, an die Presse zu geben.

Offenkundige und vorsätzliche Verhinderung von Unternehmungen der Kirche oder vertraglichen und anderen Verpflichtungen der Kirche, so daß der Expansion oder den Aktivitäten der Kirche geschadet wird.

Jeder Mitarbeiter, der entweder mündlich oder durch seine Handlungen damit droht, seine Statistiken zusammenkrachen zu lassen, oder der seine Statistiken absichtlich zusammenkrachen läßt, um sich einer rechtmäßigen oder richtliniengemäßen Anordnung oder Ethik-Aktion zu entziehen, ist sofort zur unterdrückerischen Person zu erklären.

Es ist ein Schwerverbrechen, sich öffentlich von Scientology abzukehren.

Jede P[otential]T[rouble]S[ource] Person, die es versäumt, die unterdrückerische Person, die sie PTS macht, entweder zu handhaben oder die Verbindung mit ihr abzubrechen, ist dadurch einer unterdrückerischen Handlung schuldig.

13. ... werden zu unterdrückerischen Personen erklärt

»Flag Conditions Order« Nr. 12314 vom 6. 4. 1998, zwei deutsche Scientologen betreffend.

Suppressive Person Declare

[...] and [...], of Germany, are hereby declared *Suppressive Persons*.

[...] and [...], while pretending to be interested in helping others, have instead engaged in a destructive pattern of luring people away from standard technology as written by L. Ron Hubbard, the founder of Dianetics and Scientology.

Knowing well the harmful consequences of their acts for themselves and others, they nevertheless engaged in promoting a number of off-beat books with techniques that have never saved one life but destroyed many. It is not surprising then that they are now also active in a squirrel group whose German leader is a friend of a Hamburg official, whose sole intent is to »run Scientology out of Germany.« The movement itself was founded by a man who squirreled Standard Tech to a point where he destroyed his own life.

The truth is that the [...] and [...] have never really been Scientologists. They have been pretending »help« while covertly working to reduce or destroy the influence of Scientology.

Suppressive acts are defined as »clearly those covert or overt acts knowingly calculated to reduce or destroy the influence of activities of Scientology or prevent case gains of continued Scientology success and activity on the part of a Scientologist.« - LRH [L. Ron Hubbard]

The [...] and [...] have been spreading critical and false statements about the Church, in a failed attempt to hide their own fraud of holding themselves up as bona fide Scientologists, while in fact promoting technologies that provenly destroy people and make it impossible for others to avail themselves of standard technology.

Per HCO PL 23 December 1965RB, Rev. 8. Jan 1991, *Suppressive Acts, Suppression of Scientology and Scientologists*, a suppressive person is »one that actively seeks to suppress or damage Scientology or a Scientologist by suppressive acts.« – LRH

The [...] and [...] have demonstrated that they are utter squirrels and are truly suppressives, intent on blocking the road to spiritual freedom for themselves and others.

They are guilty of the following suppressive acts:

1. *Public disavowal of Scientology or Scientologists in good standing with Scientology organizations.*
2. *Violation or neglect of any of the ten points of keeping Scientology working.*
3. *Developing and/or using squirrel processes and checksheets.*
4. *Continued adherence to a person or group pronounced a suppressive person or group by HCO.*
5. *Intentional and unauthorized alteration of LRH technology, policy, issues or checksheets.*
6. *Engaging in malicious rumormongering to destroy the authority or repute of higher officers or the leading names of Scientology or to »safeguard« a position.*

Any certificate or awards given to [...] and [...] are hereby cancelled. Any membership agreements they signed are also hereby cancelled and they have no right to use the marks of Dianetics and Scientology in any way.

Should [...] or [...] come to their senses and recant, they are to do the steps A–E as given in HCO PL 23 Dec. 1965RB, *Suppressive Acts, Suppression of Scientology and Scientologists.*

Their only Scientology terminal is the International Justice Chief, via the Continental Justice Chief.

International Justice Chief
Authorized by AVC International
[...]

14. ... jeglichen Kontakt zu Euch abbreche

Brief eines jungen Scientologen an seine Eltern vom 14. 5. 1996.

Liebe Mama, lieber Papa,

in den letzten Tage habe ich über unsere Differenzen wegen Scientology nachgedacht.

Dabei habe ich mir angesehen, wie ich versucht habe, Euch die Wahrheit über Scientology zu vermitteln. Neben unseren zahlreichen Gesprächen habe ich Euch deutsche und ausländische Gerichtsurteile gezeigt, das Buch »Was ist Scientology« gegeben und mehrere Ausgaben der »Freiheit« zukommen lassen, so daß ihr die falschen Informationen über Scientology hättet erkennen können.

Damit wollte ich erreichen, daß ihr meine Religion akzeptiert, so wie ich Eure Religion akzeptiere.
Da wir wegen unserer religiösen Überzeugungen nicht einig werden konnten, bin ich zu dem Entschluß gekommen, jeglichen Kontakt zu Euch abzubrechen. [Unterschrift]

15. Eine Untersuchung von Betrug und Verbrechen

Ein Kaplansbericht der »Flag Service Organization« (FSO) nach einem Inspektionsbesuch bei Scientology München am 2. 7. 1995 an die Zentrale und RTC-Chef David Miscavige.

Dear K.,
2 days ago, V. met Mr. David Miscavige at the S. C. and mentioned to him some of the outpoints in the German field that had been mentioned in my debrief of the German Tour. She also mentioned the […] cycle and Mr. Miscavige was very interested and mentioned to her that all these outpoints will be eradicated.
We are now working for the last 5 days on interviewing and putting together the report I am sending through you to the LC FSO with the demand to forward it to Mr. Miscavige if he is still in Flag.
We also need it sent to RTC.

LRH COMM FSO to be forwarded to Mr. Miscavige.
Chaplain FSO on Tour in Munich
Suppressive Acts, Suppression of Scientology and Scientologists […] in the South German Area
On our Chaplain Tour in Munich, starting 20. June 1995, we found an enormous number of ARC broken Public in the field, public who were stopped on the Bridge because of financial difficulties.
Again and again the name of […], came up and we decided to look into the matter more closely.
The following summary is a condensation of 6 personal interviews and 85 documents given to us by public involved in business cycles with […].
These documents concentrate mainly on the goldmine »M.«, but other activities became apparent too, all of them falling under the ref. »Suppressive acts and suppression of Scientology and Scientologists«.
In 1992 there was a Board of Investigation held on: […]
see attached.
The findings about […] can be summarized as follows:
Different projects in Real Estate, ASI prints and money loans, investments, fulfill the fact of fraud and crime and in Scientology terms of:
- Obtaining loans or money under false pretenses
- Embezzlement.
- Placing Scientologists at risk.

On [...] similar offences were found with regards to the crime embezzlement. He also tried to loan money during the time of the B[oard] of I[nvestigation] to pay the patron to the IAS, though he knew that he could not pay back the money in the agreed upon time. […] is the initiator of the project »M.« (Goldmine in Mexico) which was used mainly to take the investor's monies to pay for his own debts. Additionally […] should have been given a Comm. Ev. [Komitee der Beweisaufnahme] at Flag for High Crimes as ED of Mission Nymphenburg a Comm. Ev. that never took place. Also the fact that several squirrels had been staff at the Nymphenburg Mission has never really been investigated so far. These acts fall under:
- Obtaining loans or money under false pretenses
- placing Scientologists at risks.

In the Recommendations of the B of I it is expected that all parties involved take joint responsibility and pay back within 4 weeks the total amount of the debt to the investors, including interest. There is a specific mention that non

compliance would be classified as High Crime. None of the recommendations were complied with.
Instead, during 1992/93, […] and some other Scientologists and Non-Scientologists were fully engaged in the goldmine project »M.«, which, from the beginning on was a huge fraud by the above to raise money for their own purposes. Officially the above sold this project to 19 Scientologists under the following headings:
- M. is founded in order to help Scientologists in a big way to get up the Bridge, get the necessary time for FSMing, Training and Auditing.
- Only upstat Scientologists were offered shares. An important criteria would be the willingness to donate a large part of the profit to Scientology.
- The expected profit would be enormous. Already in the first year, the larger part of the invested money would flow back, the stocks of the mine would increase 10 to 20 fold. […]

16. Auditing oder Quarantäne

Aus Kap. 27, »Methode im Umgang mit anderen«, in L. Ron Hubbard: Die Wissenschaft des Überlebens. Kopenhagen 1983, S. 170ff.

Der verhängnisvolle Aspekt des Verhaltens von Leuten auf den tieferen Stufen der Tonskala gegenüber anderen liegt darin, daß es unweigerlich ein Absinken von Familie, Bekannten, Freunden und der Gemeinschaft dieser Person auf der Tonskala zur Folge hat. […]
Plötzlich und unvermittelt alle Leute in den tieferen Bereichen der Tonskala aus der Gesellschaftsordnung zu entfernen würde zu einem beinahe sofortigen Anstieg in der kulturellen Tonstufe führen und die enger werdende Abwärtsspirale unterbrechen, in die eine Gesellschaft geraten sein mag. Man braucht keine Welt von Clears zu schaffen, um eine vernünftige und lohnende Gesellschaftsordnung zu haben; man muß lediglich diejenigen Leute daraus entfernen, die sich auf der Stufe 2,0 oder tiefer befinden, entweder indem man sie genug auditiert, um ihre Tonstufe über 2,0 anzuheben – was eigentlich keine allzu schwere Aufgabe ist, da die Menge an Auditing in vielen Fällen wohl unter 50 Stunden liegen würde, obschon sie in einigen Fällen mehr als 200 Stunden ausmachen kann –, oder indem man sie einfach abseits von der Gesellschaft in Quarantäne steckt. Einst beschloß ein Diktator in Venezuela die Lepra zu beseitigen. Er sah, daß die meisten Leprakranken in seinem Land gleichzeitig Bettler waren. Durch das einfache Mittel, alle Bettler in Venezuela zu versammeln und zu vernichten, wurde die Lepra in diesem Land ausgerottet.

17. Die Machtformel für die Dritte Dynamik

Aus L. Ron Hubbard: Einführung in die Ethik der Scientology. Kopenhagen 1983, S. 268ff.

Der Mensch ist zu aberriert, um im Hinblick auf Macht wenigstens sieben Dinge zu verstehen:
1. Das Leben wird von vielen Leuten gelebt. Und wenn Sie führen, müssen Sie sie entweder selbst damit zurechtkommen lassen oder sie darin aktiv führen.
2. Wenn das Spiel oder die Show vorüber ist, muß es ein neues Spiel oder eine neue Show geben. Und wenn dies nicht der Fall ist, dann wird ein anderer ein neues Spiel beginnen, verlassen Sie sich darauf; und wenn Sie dies niemanden tun lassen, dann wird »Sie zur Strecke zu bringen« das Spiel werden.
3. Wenn Sie Macht haben, nutzen Sie sie oder delegieren Sie sie, andernfalls können Sie sicher sein, daß Sie sie nicht lange haben werden.
4. Wenn Sie Leute haben, setzen Sie sie ein, oder sie werden bald höchst unglücklich werden, und Sie werden sie nicht länger haben.

5. Wenn Sie von einer Machtposition weggehen, begleichen Sie auf der Stelle all Ihre Verpflichtungen, geben Sie all Ihren Freunden all Ihre Macht, und entfernen Sie sich mit Ihren Taschen voll Artillerie – mit Erpressungsmöglichkeiten gegenüber einem jeden einstmaligen Rivalen, unbegrenzten Mitteln auf Ihrem Privatkonto und den Adressen erfahrener Killer –, ziehen Sie nach Bulgravien (erfundenes Wort für abgelegenes Land) und bestechen Sie die Polizei. Selbst dann werden Sie vielleicht nicht lange leben, wenn Sie auch nur einen Zipfel an Herrschaft zurückbehalten habe, den Sie jetzt nicht mehr unter Kontrolle haben, oder wenn Sie auch nur sagen: »Ich bin für den Politiker Hinz«. Das *völlige* Aufgeben von Macht ist in der Tat gefährlich. Aber wir können nicht alle Führer oder im Rampenlicht einherstolzierende Figuren sein; also gibt es noch mehr, was man darüber wissen muß:

6. Wenn Sie sich in der Nähe einer Machtperson befinden, sorgen Sie dafür, daß Ihnen ein Teil dieser Macht delegiert wird, und zwar genug, damit Sie Ihren Job erledigen und sich selbst sowie ihre Interessen schützen können; denn Sie können erschossen werden, Mann, erschossen, da die Position nahe bei Macht zwar köstlich, aber gefährlich ist – immer gefährlich, offen für die Schmähungen eines jeden Feindes der Machtperson, der es nicht wirklich wagen würde, die Machtperson zu attackieren, dafür aber Sie attackieren kann. Um also überhaupt im Schatten oder im Dienst einer Machtperson leben zu können, müssen Sie selbst genug Macht ansammeln und *einsetzen*, um Ihre eigene Position zu verteidigen – ohne einfach bei der Machtperson auf offenem oder mehr unterdrückerisch-verschleiertem Wege herumzumeckern, daß »Müller beseitigt werden muß«, da dies die Machtperson, auf der Ihre eigene Macht beruht, zugrunderichtet. Sie braucht nicht all die schlechten Nachrichten zu erfahren, und wenn sie wirklich eine Machtperson ist, wird sie nicht immerzu fragen: »Was sollen all die Leichen draußen vor der Tür?« Und wenn Sie klug sind, dann lassen Sie niemals den Gedanken aufkommen, daß er sie umgebracht hätte – das schwächt Sie und fügt auch der Quelle der Macht Schaden zu. [...]

7. Und als letztes und wichtigstes – denn wir stehen nicht alle auf der Bühne, und unsere Namen erscheinen nicht alle in Leuchtbuchstaben –, schieben Sie immer Macht in die Richtung eines jeden, von dessen Macht Sie abhängen, sei es in Form von mehr Geld für die Machtperson oder größeren Erleichterungen oder einer flammenden Verteidigung der Machtperson gegenüber einem Kritiker. Es kann sogar darin bestehen, daß einer seiner Feinde in der Dunkelheit dumpf aufs Straßenpflaster klatscht oder das ganze feindliche Lager als Geburtstagsüberraschung in riesigen Flammen aufgeht.

Wenn Sie so arbeiten und die Machtperson, in deren Nähe Sie sich befinden oder von der Sie abhängen, zumindest eine Ahnung davon hat, wie sie es anstellen soll, eine Machtperson zu sein, und wenn Sie andere dazu bringen, genauso zu arbeiten, dann dehnt sich der Machtfaktor aus und expandiert weiter und immer weiter, und auch Sie erwerben eine Machtsphäre, die größer ist als jene, die Sie hätten, wenn Sie alleine arbeiten würden.

18. Der Ruf nach totaler Freiheit als Waffe

Aus dem HCO Policy Letter vom 15. 2. 1966, »Attacks on Scientology«.

Having had some time to think this over and having studied the matter with great care, I have isolated the most successful response to meeting any and all attacks on Scientology, its organizations and Scientologists, and as of this date this becomes policy.

Advocate total freedom.

That is the policy – advocate total freedom.

There are technical reasons for this which an auditor will recognize. To discharge later incidents from a mind, one must get the first or basic incident of that kind. In this case the basic aberrated incident was the suppression of freedom of the being. Just before that there must have been freedom. Thus, advocating total freedom hits the true basic incident.

This is also easiest to do. It is easier than fighting parliaments or building up cases against people who attack us. [...]

So never advertise an attack. Just advocate more strongly »Total Freedom!« and show how Scientology can attain it for the individual.

19. Wirksame und weniger wirksame Waffen

Aus dem HCO Policy Letter vom 18.2.1966, »Attacks on Scientology (continued)«.

When you hold up an image of freedom, all those who oppress freedom tend to attack. Therefore, attacks, on whatever grounds, are inevitable. Holding up a freedom image is, however, the only successful forward action even though it gets attacked.

It remains, then, to take the handling of attacks off emergency, predict them and handle them by proper tactics and administrative machinery.

The first group of actions have *not* been effective in handling attacks (the G stands for group; the following are three different groups of actions):

G.1.1 Hiring expensive outside professional firms;

G.1.2 Writing Scientologists to write their representatives in government;

G.1.3 Advertising the attack to the Scientology »field«;

G.1.4 Being carefully legal in our utterances.

This second group of actions have been of some small use in deterring attacks:

G.2.1 Direct letters from the org to a congress or parliament (ruined the US Siberia Bill);

G.2.2 Circulating pamphlets about the attack (got rid of Wearne out of the Enquiry);

G.2.3 Suits against sources of libel and slander.

The third group of actions have been positive in stopping attacks:

G.3.1 Investigating noisily the attackers;

G.3.2 Not being guilty of anything;

G.3.3 Having our corporate status in excellent condition;

G.3.4 Having our tax returns and books accurate and punctual;

G.3.5 Getting waivers from all people we sign up;

G.3.6 Refunding money to dissatisfied people;

G.3.7 Having our own professionals firmly on staff (but not halfway on staff);

G.3.8 Going on advertising total freedom;

G.3.9 Surviving and remaining solvent by stepping up our own usual activities;

G.3.10 My catching the dropped balls goofed by others and hired professionals;

G.3.11 Being religious in nature and corporate status.

As you read over the above, you should be able to see where our funds should be placed. [...]

Investigation

[...] These people who attack have secrets. And hidden crimes. They are afraid. There is no doubt in their minds as to our validity or they wouldn't attack so hard at such cost. Society tolerates far worse than we are. So they really believe in us. This hampers their execution of orders – their henchmen really don't share the enthusiasm for the attack, for after a bit of investigation it becomes obvious to these henchmen that the attack smells. This impedes follow-through.

And when *we* investigate, all this recoils on the attacker. He withdraws too hurriedly to be orderly.
An attacker is like a housewife who tells city hall how terribly her neighbors keep house. But when you open *her* door, the dishpans and dirty diapers fall out on the porch.
All you have to do in lots of cases is just say you are going to rattle their door knob and they collapse.

20. Die Neudefinition von Wörtern als Waffe

Aus dem HCO Policy Letter vom 5. 10. 1971, »Propaganda by Redefinition of Words« (PR Series 12).

A long-term propaganda technique used by socialists (Communists and Nazis alike) is of interest to PR practitioners. I know of no place it is mentioned in PR literature. But the data had verbal circulation in intelligence circles and is in constant current use.
The trick is – *Words are redefined to mean something else to the advantage of the propagandist.* [...]
Many instances of this exist. They are not »natural« changes in language. They are propaganda changes, carefully planned and campaigned in order to obtain a public-opinion advantage for the group doing the propaganda.
Given enough repetition of the redefinition, public opinion can be altered by altering the meaning of a word.
The technique is good or bad depending on the ultimate objective of the propagandist.
»Psychiatry« and »psychiatrist« are easily redefined to mean »an antisocial enemy of the people.« This takes the kill-crazy psychiatrist off the preferred list of professions. This is a good use of the technique as for a century the psychiatrist has been setting an all-time record for inhumanity to Man.
The redefinition of words is done by associating different emotions and symbols with the word than were intended.
The American Medical Association and the National Association for Mental Health in England and South Africa and the »British Psychological Association« in Australia have been working very hard to redefine Scientology in the public mind.
Two things occur because of this – the Scientologists are redefining »doctor,« »psychiatry« and »psychology« to mean »undesirable antisocial elements« and are trying to stabilize the actual meaning of »Scientology.«
The AMA has even gotten US dictionaries to redefine »Dianetics« as a »pseudoscience from science fiction.« [...]
The way to redefine a word is to get the new *definition* repeated as often as possible.
Thus it is necessary to redefine medicine, psychiatry and psychology downward and define Dianetics and Scientology upwards.

II. Verbrecher, Extremisten, Psycho-Dealer oder Gläubige?

1. Keine kriminelle Vereinigung

Aus einem Beschluß der 64. Konferenz der Justizministerinnen und Justizminister vom 22. bis 24. 6. 1993 in Dresden.

Entgegen Vorstellungen, die gelegentlich von Kritikern der Organisation vorgetragen werden, kann nach dem der Justizministerkonferenz vorliegenden Bericht derzeit nicht davon ausgegangen werden, daß sich die Scientology-Organisation als kriminelle Vereinigung i. S. des § 129 StGB darstellt.
Trotz straffer hierarchischer Organisation und autoritärer, strikt auf Befehl und Gehorsam basierenden Entscheidungsstrukturen liegt keine Tätergemeinschaft mit der Zielsetzung einer organisierten Straftatbegehung im Sinne des § 129 StGB vor. Es spricht zwar manches dafür, daß von den Verantwortlichen Straftaten, zumindest solche geringeren Gewichts, bisweilen in

Kauf genommen oder gar als Mittel zur Erhaltung und Verteidigung der Organisation gebilligt werden. Es läßt sich jedoch derzeit nicht belegen, daß mitprägend für die innere Struktur und wesentliche Zielsetzung der Scientology-Organisation die planmäßige Begehung von Straftaten ist [...].

2. Totalitäre Organisation

Aus einem Gutachten Hans-Gerd Jaschkes für das Innenministerium des Landes Nordrhein-Westfalen: Auswirkungen der Anwendung scientologischen Gedankenguts auf eine pluralistische Gesellschaft oder Teile von ihr in einem freiheitlich demokratisch verfaßten Rechtsstaat. In: Innenministerium des Landes Nordrhein-Westfalen (Hrsg.): Scientology – eine Gefahr für die Demokratie. Eine Aufgabe für den Verfassungsschutz? Düsseldorf 1996, S. 5ff.

[S.14:] Sozial- und politikwissenschaftliche Analysen, die SC als politische Organisation analysieren, liegen praktisch nicht vor. Sowohl unter normativ-verfassungstheoretischen Aspekten im Hinblick auf die Verfassungskonformität als auch unter empirischen Gesichtspunkten im Hinblick etwa auf Mitgliedersoziologie und gruppeninterne Dynamiken erweist sich dies als ein empfindlicher Mangel.
[S. 22f.:] In den Bereichen Bauunternehmen, Computer, Werbeagenturen, Unternehmens- und Personalberatung und Immobilien hat – folgt man den vorliegenden detaillierten Schilderungen – SC zweifellos Fuß gefaßt. Schätzungen zufolge arbeiten in Deutschland 150 Unternehmen nach scientologischen Prinzipien, überwiegend in den Wirtschaftsräumen Hamburg, Stuttgart und München (Knaup, 1992, S. 84). [...] Einem Zeitungsbericht zufolge werden – nach Auskunft des Berliner Mietervereins – mittlerweile rund ein Drittel aller in Berlin angebotenen Eigentumswohnungen von SC-nahen Firmen zum Verkauf angeboten (Nordhausen, 1995).
[S. 27:] Betrachtet man den Gesamtzeitraum der Diskussionen seit Beginn der siebziger Jahre, so entwickelt sie sich von einer Kritik der Psychokulte und »neuen religiösen Bewegungen« in der Anfangsphase hin zu einer noch keineswegs abgeschlossenen konzeptionellen Kritik der SC als politischer Organisation. [...] Die vorliegenden empirischen Belege und Dokumente liefern kein vollständiges Bild über das Innenleben der SC-Organisation, aber sie sind ausreichend, um die These zu belegen.
Wichtigste Grundlage und empirischer Hintergrund für diese Entwicklung der Diskussion sind zahlreiche, seit Beginn der neunziger Jahre veröffentlichte Erfahrungsberichte von teils hochrangigen ehemaligen SC-Mitgliedern und -Funktionären. Sie belegen die expansiven Infiltrationsstrategien mit letztlich politischen Absichten. Sie zeigen aber auch Grundzüge der totalitären Struktur des Apparats mitsamt ihren Folgen für den Einzelnen, dessen »Karriere«-Verlauf innerhalb von SC sehr wohl den Karriere-Mustern von Mitgliedern extremistischer Organisationen vergleichbar ist, obwohl der soziale Status und die Reintegrationschancen in die Gesellschaft sehr verschiedenartig sind. Weiter beachtenswerte Grundlagen sind journalistische Recherchen, die Analysen der Hamburger »Arbeitsgruppe Scientology« sowie Gerichtsurteile und parlamentarische Berichte.
[S. 34f.:] Selbst wenn man die Inhalte der Dianetik außer acht läßt, verweisen die jeder wissenschaftlichen Rationalität Hohn sprechenden Heilsgewißheiten und Superlative auf eine Ausschließlichkeit und Absolutheit, die eindeutig totalitäre Züge aufweisen.
Ein wichtiges Kennzeichen totalitärer Organisationen ist ein in Gut und Böse unterteiltes, simples Menschenbild, das die eigene Gruppe radikal überhöht und die übrigen herabwürdigt. Ein solches Menschenbild wider-

spricht dem Gleichheitsideal demokratischer Verfassungen und es liefert die Grundlage einer Rechtfertigung von Gewalt [...]. Bei SC findet man ein Menschenbild, das in geradezu grotesker, herablassender und verachtender Weise eine gefährliche Trennung zwischen Gut und Böse vornimmt.

[S. 38ff.:] Zwanzig Prozent einer »Rasse« bzw. der Bevölkerung werden pauschal zu Feinden des Gemeinwesens erklärt – im Sprachgebrauch der Nationalsozialisten waren das »Volksschädlinge« –, sie sollen als »krank« gelten, die es zu isolieren und auszuschalten gilt. *Dies ist die Lobpreisung einer bedeutenden Herrschaftstechnik totalitärer Diktaturen, die mit demokratischen Grundsätzen unvereinbar ist.* Die Unterscheidung von »sozialer« und »antisozialer Persönlichkeit« folgt einer simplen, das gesamte Denken von Hubbard und SC prägenden Schwarz-Weiß-Sicht der Gesellschaft, in der es nur Gut und Böse, richtig und Falsch gibt, in der alle Grautöne in die vorgegebenen Schablonen gepreßt werden. [...]

Diese totalitäre, Militanz einschließende Struktur der SC umfaßt nahezu folgerichtig eine interne Gerichtsbarkeit und einen nach innen und nach außen wirkenden eigenen Geheimdienst.

[S. 45:] Zu den wichtigsten Merkmalen totalitärer Bewegungen gehört die sprachlich vermittelte, nach innen zusammenschweißende und nach außen Distanz herstellende und ausgrenzende totalitäre Doktrin. Eigene Begriffsschöpfungen, Umdeutungen vorhandener Begriffe und Sprachfiguren gewinnen eine große Bedeutung, weil sie suggestive Kräfte freisetzen und eine eigene, der Nachprüfung und der Erfahrung unzugängliche Lebenswelt entfalten [...].

Folgt man dem Tenor der Kritik an SC, so handelt es sich bei einer Vielzahl fachsprachlicher Begriffe um ideologische, weil sie in suggestiver Weise Zusammenhänge beschönigen oder verdrehen.

[S. 54f.:] Das gleichbleibende Ziel der Erschaffung einer neuen Zivilisation ist selbstredend ein hochpolitischer Anspruch. Ihre Beschaffenheit – ohne Geisteskrankheit, ohne Verbrecher und ohne Krieg – mutet utopisch an, entspricht jedoch durchaus den ethischen Grundwerten der Demokratie. Im Hinblick auf die Menschenrechte ist sie jedoch antidemokratisch, zumindest jedoch ambivalent: »Ehrliche Wesen« »können« »Rechte« haben. Hier bleibt unbestimmt, wer und was »ehrliche Wesen« sind und wer darüber befindet. Bereits die Einschränkung auf »ehrliche Wesen« ist antidemokratisch, denn hier wird ein essentieller demokratischer Grundsatz, die Unteilbarkeit der Grund- und Menschenrechte nicht akzeptiert. [...]

Die prinzipielle Ablehnung der real existierenden Demokratie basiert auf einer Gesellschaftstheorie der politischen Homogenität, die nur einen einheitlichen Willen vorsieht und den pluralistischen Interessenantagonismus nicht bereit ist zuzulassen.

[S. 57:] Das aus dem Menschen- und Gesellschaftsbild – etwa der Konstruktion der »antisozialen Persönlichkeit« – abzuleitende Gewaltpotential ist ein wichtiges Merkmal von SC. Besonders hervorzuheben ist die Tatsache, daß Gewaltanwendung ein integraler Bestandteil der SC-Ideologie ist. Die mittlerweile vielfach von ehemaligen Anhängern geschilderte Praxis der Einschüchterung und Verfolgung von Abtrünnigen und Gegnern ist als systematische und praktische Konsequenz dieser ideologischen Position zu betrachten. Sowohl die totalitäre Gesamtstruktur wie auch die Gewaltkomponenten verstoßen gegen wichtige Prinzipien der freiheitlich demokratischen Grundordnung.

3. In weiten Teilen ein Gewerbebetrieb

Aus einem Urteil des Hamburgischen Oberverwaltungsgerichts vom 6. 7. 1993 (Aktenzeichen: OVG Bf VI 12/91) zu einer Klage von Scientology Hamburg gegen eine Verpflichtung durch die Freie und Hansestadt Hamburg, für mehrere wirtschaftliche Aktivitäten ein Gewerbe anzumelden.

Es handelt sich bei den vom Kläger verkauften Büchern und Broschüren zumindest auch um Schriften, die nicht nur nach der Werbung des Klägers, sondern auch nach ihrer Aufmachung und ihrem Inhalt den Bezug zur Religion, den sie nach dem Selbstverständnis des Klägers haben, für den gewöhnlichen Teilnehmer am Rechtsverkehr nicht oder nur untergeordnet erkennbar machen. Dies gilt insbesondere für das Buch »Dianetik«.

[...]

Der Kläger wirbt für von ihm durchgeführte Kurse und Seminare in einer Art und Weise, die sich in nichts von einer kommerziellen Werbung unterscheidet und den religiösen Bezug, den die Kurse und Seminare nach dem Selbstverständnis des Klägers haben, für den gewöhnlichen Teilnehmer am Rechtsverkehr nicht oder nur untergeordnet erkennbar macht. Dies gilt jedenfalls für die Werbung für den Kommunikationskurs, das Dianetik-Seminar und den Dianetik-Heimkurs.

[...]

Was für den Verkauf von Büchern und Broschüren und die entgeltliche Durchführung von Kursen und Seminaren gilt, gilt schließlich auch für den Verkauf von sog. E-Metern.

[...]

Der Kläger bietet nicht nur Bücher, Broschüren, E-Meter, Kurse und Seminare in einer Weise an, die ihrem Erscheinungsbild nach gewerblich ist. Es ist auch davon auszugehen, daß der Kläger dabei in gewerberechtlicher Gewinnerzielungsabsicht handelt.

[...]

Übt eine Religionsgemeinschaft eine Tätigkeit aus, die – wie der Verkauf von Büchern, Broschüren und E-Metern sowie die entgeltliche Durchführung von Kursen und Seminaren – ihrer Natur nach gewerblich sein kann und mit der ein Überschuß über die Selbstkosten erzielt werden soll, kann die Gewinnerzielungsabsicht nicht mit der Begründung verneint werden, die Tätigkeit der Religionsgemeinschaft als solche sei insgesamt nicht auf Gewinnerzielung gerichtet und die mit der Überschußerzielungsabsicht betriebene Erwerbshandlung diene deshalb der Sicherung der finanziellen Grundlage der Religionsgemeinschaft.

[...]

Der Kläger entfaltet insoweit nicht nur eine umfangreiche Werbetätigkeit durch Postwurfsendungen und Faltblätter auch gegenüber Nichtmitgliedern. Er verkauft auch wesentlich mehr Bücher an Nichtmitglieder als nur das Taschenbuch »Dianetik«, das er in seiner Klagebegründung als das einzige Buch bezeichnet hat, das grundsätzlich entgeltlich auch an Nichtmitglieder abgegeben werde. [...]

Auf der Grundlage dieser Überlegungen ist der Kläger verpflichtet, entsprechend dem Begehren der Beklagten den Verkauf von Büchern, Broschüren und E-Metern sowie die entgeltliche Durchführung von Kursen und Seminaren nach § 14 Abs. 1 Satz 1 GewO als Gewerbe anzuzeigen, und zwar auch dann, wenn es sich bei dem Kläger – wovon das Gericht ohne nähere Prüfung zugunsten des Klägers ausgeht – um eine Religionsgemeinschaft im Sinne des Grundgesetzes handelt. [...]

Die im vorliegenden Fall zu entscheidende Frage würde sich in gleicher Weise stellen und wäre in gleicher Weise zu beantworten, wenn etwa eine der christlichen Amtskirchen in Deutschland in der gleichen Art und Weise wie der Kläger mit der Absicht der Gewinnerzielung auf Dauer den

Verkauf von Waren und Dienstleistungen betreiben würde.
Ebensowenig überzeugt es, wenn der Kläger darauf hinweist, daß er – im Gegensatz zu den christlichen Amtskirchen in Deutschland – keine Kirchensteuer erheben dürfe und deshalb auf solche Geldzahlungen angewiesen sei, wie er sie für seine Bücher, Broschüren und E-Meter sowie für die Teilnahme an Kursen und Seminaren verlange. Dem Kläger steht es frei, sich wie andere kleinere Religionsgemeinschaften auch durch freiwillige Spenden und Beiträge seiner Mitglieder zu finanzieren. Ebensowenig ist es ihm verwehrt, für Güter und Dienstleistungen Entgelte zu verlangen. Entscheidet er sich für letzteres und ist er dann – wie hier – in einer Art und Weise tätig, daß die Tätigkeiten nach ihrem Gesamtbild als gewerblich anzusehen sind, dann muß er, wie jeder andere auch bei vergleichbaren Tätigkeiten, seiner Gewerbeanmeldepflicht genügen, ohne sich auf Vorrechte für Religionsgemeinschaften oder ein vom staatlichen Recht abweichendes Selbstverständnis berufen zu können.

4. Eine Religionsgemeinschaft

Aus einem Beschluß des Landgerichts Hamburg vom 5.1.1998 (Geschäftsnummer: 330 0169/97; bestätigt vom Hanseatischen Oberlandesgericht am 30. 6. 1998, Aktenzeichen: 14 W 16/98) zu einer Klage auf Prozeßkostenhilfe in einem Zivilverfahren gegen einen Scientology-Verein wegen der Rückzahlung für diesen Verein erbrachter Spenden.

Der Antrag der Klägerin auf Gewährung von Prozeßkostenhilfe ist zurückzuweisen, da die beabsichtigte Rechtsverfolgung keine hinreichende Aussicht auf Erfolg bietet, § 114 ZOP.
[...]
Auch ist nicht hinreichend deutlich, daß von einem wucherisch überhöhten Preis für die Leistungen des Beklagten ausgegangen werden könnte. Der Beklagte ist als Religionsgemeinschaft anerkannt, seine Finanzierung über Spendenbeiträge begründet nach allgemeiner Ansicht (dazu zuletzt das Bundesverwaltungsgericht – Pressemitteilung vom 6. 11. 1997) keinen wirtschaftlichen Geschäftsbetrieb. Bei der Bewertung der den Mitgliedern angebotenen religiösen Leistungen muß – auch vor dem Hintergrund der in Art. 4 GG gewährten Religionsfreiheit – berücksichtigt werden, daß sich der Beklagte, anders als die Kirchengemeinschaften, die sich u. a. über Steueraufkommen finanzieren können, ausschließlich über Spenden der Mitglieder finanzieren muß. Die von dem Beklagten angebotenen Leistungen können mithin nicht in einem normalen Preis-Leistungsverhältnis gesehen werden.
[...]
Die Kammer verkennt nicht, daß die Aktivitäten des Beklagten im Hinblick auf die Größenordnungen an Spendenbeiträgen, die teilweise von den Mitgliedern eingenommen werden, durchaus bedenklich erscheinen – die Ministerpräsidenten der Länder haben sich denn auch zu einer öffentlichen Warnung vor den Praktiken der Scientology-Organisationen entschlossen (dazu Abel in NJW 1997, 426). – Dennoch ist angesichts der bestehenden Rechtslage und der dem Beklagten zugebilligten Eigenschaft einer Religionsgemeinschaft nur in Einzelfällen einer tatsächlichen psychischen Abhängigkeit an eine Rückforderung von geleisteten Spenden zu denken.

5. Unternehmerisch aktiv für ideale Ziele?

Pressemitteilung 41/1997 des Bundesverwaltungsgerichts zu einem Urteil vom 6. 11. 1997 (Aktenzeichen: BVerwG 1 C 18.95).

Entziehung der Rechtsfähigkeit des Vereins Scientology Neue Brücke e.V.: Bundesverwaltungsgericht verweist Rechts-

streit an den Verwaltungsgerichtshof Mannheim zurück

Das Regierungspräsidium Stuttgart entzog dem Verein Scientology Neue Brücke, Mission der Scientology Kirche e.V. in Stuttgart die Rechtsfähigkeit, weil er entgegen dem Wortlaut der Vereinssatzung nicht nur ideelle Zwecke verfolge, sondern einen wirtschaftlichen Geschäftsbetrieb unterhalte. Das Verwaltungsgericht Stuttgart wies die dagegen gerichtete Klage ab. Der Verwaltungsgerichtshof Mannheim hob den Bescheid des Regierungspräsidium im wesentlichen mit der Begründung auf, der klagende Verein verfolge zwar einen wirtschaftlichen Geschäftsbetrieb; die Entziehung der Rechtsfähigkeit scheide jedoch aus, wenn der Verein eine Religionsgemeinschaft darstelle; das Regierungspräsidium habe rechtsfehlerhaft unterlassen, dies zu prüfen. Das Bundesverwaltungsgericht hat auf die Revision des Landes Baden-Württemberg und des Vertreters des öffentlichen Interesses die Sache an den Verwaltungsgerichtshof zurückverwiesen.

Die Rechtsform des eingetragenen Vereins steht nach den Vorschriften des BGB nur solchen Vereinen offen, deren Zweck nicht auf einen wirtschaftlichen Geschäftsbetrieb gerichtet ist (Idealvereine). Wirtschaftlich tätige Vereine müssen sich der handelsrechtlichen Gesellschaftsformen (etwa GmbH, AG) bedienen oder können unter engen Voraussetzungen Rechtsfähigkeit durch staatliche Verleihung erlangen. Diese Regelungen verfolgen im Interesse des Rechts- und Geschäftsverkehrs, insbesondere aus Gründen des Gläubigerschutzes, das Ziel, daß sich Vereine, die sich unternehmerisch betätigen, nicht den handelsrechtlichen Vorschriften u.a. über die Mindestkapitalausstattung sowie über Bilanzierungs-, Buchprüfungs- und Offenlegungspflichten entziehen. Betätigt sich ein eingetragener Verein tatsächlich als Unternehmer, kann ihm die zuständige Verwaltungsbehörde gemäß § 43 Abs. 2 BGB die Rechtsfähigkeit entziehen.

Nach der Rechtsprechung des Bundesgerichtshofs sind Tätigkeiten eines Vereins als wirtschaftlicher Geschäftsbetrieb anzusehen, wenn es sich um planmäßige, auf Dauer angelegte und nach außen gerichtete, d.h. über den vereinsinternen Bereich hinausgehende, eigenunternehmerische Tätigkeiten handelt, die auf die Verschaffung vermögenswerter Vorteile zugunsten des Vereins oder seiner Mitglieder abzielen. Ein Idealverein wird nicht zum wirtschaftlichen Verein, wenn er zur Erreichung seiner idealen Ziele unternehmerische Tätigkeiten entfaltet, sofern diese dem nichtwirtschaftlichen Hauptzweck zu- und untergeordnet und Hilfsmittel zu dessen Erreichung sind (sog. Nebenzweckprivileg). Im vorliegenden Rechtsstreit war über die Anwendung dieser Grundsätze auf einen Verein zu befinden, der sich nach seiner Satzung als Religionsgemeinschaft versteht und seine Dienste grundsätzlich gegen Entgelt erbringt.

Das Bundesverwaltungsgericht hat entschieden, daß ein Verein keinen Wirtschaftsbetrieb unterhält, soweit er seinen Mitgliedern Leistungen anbietet, in denen sich die Vereinsmitgliedschaft verwirklicht und die unabhängig von den mitgliedschaftlichen Beziehungen nicht von anderen Anbietern erbracht werden können. Dann liegt nämlich keine unternehmerische Tätigkeit vor. Dies ist beim Kläger der Fall, wenn das nach seiner Satzung als »geistliche Beratung« zu verstehende sog. Auditing und die Seminare und Kurse »zur Erlangung einer höheren Daseinsstufe« von gemeinsamen Überzeugungen der Mitglieder getragen sind, von denen sie nicht gelöst werden können, ohne ihren Wert für den Empfänger zu verlieren. Die Überzeugungen, die die Mitglieder als Gemeinschaft zusammenführen und die dem Verein seine Eigenart vermitteln, müssen nicht notwendig als Religion im Rechtssinne anzusehen sein.

Liegen solche Umstände vor, spielt es keine Rolle, ob der Kläger mit anderen auf einem »weltanschaulichen Markt« konkurriert. Unerheblich ist auch, daß der Kläger sich nicht allein durch allgemeine Mitgliedsbeiträge, sondern vorwiegend durch Entgelte für Einzelleistungen finanziert. Gefahren, die einzelnen, wie der Beklagte vorgetragen hat, aufgrund ihrer Mitgliedschaft beim Kläger in persönlicher oder finanzieller Hinsicht drohen, rechtfertigen als solche nicht, ihm die Rechtsfähigkeit mit der Begründung zu entziehen, er verfolge den Zweck eines wirtschaftlichen Geschäftsbetriebs; ob den behaupteten Gefahren mit anderen hoheitlichen Mitteln begegnet werden kann, ist nicht Gegenstand des vorliegenden Rechtsstreits.

Ob die nach diesen Maßstäben erforderlichen Voraussetzungen für den angefochtenen Bescheid vorliegen, hat der Verwaltungsgerichtshof nicht festgestellt, weil er von einer abweichenden Rechtsauffassung ausgegangen ist. Der Verkauf von Schriften und das Angebot entgeltlicher Einführungskurse u.ä. an Nichtmitglieder können einen wirtschaftlichen Geschäftsbetrieb des Klägers begründen, wenn sie nicht unter das sog. Nebenzweckprivileg fallen. Allerdings fehlen auch insoweit bislang Feststellungen zum maßgebenden Sachverhalt, namentlich dazu, ob dem Kläger die Tätigkeiten seiner Mitglieder und anderer Organisationen der Scientology Kirche zugerechnet werden können.

Zur weiteren Aufklärung der entscheidungserheblichen Umstände hat das Bundesverwaltungsgericht die Sache an den Verwaltungsgerichtshof zurückverwiesen.

6. Religion

Aus der 1990 veröffentlichten »Stellungnahme zur gegenwärtigen Auseinandersetzung um die Scientology-Kirche« des Religionswissenschaftlichen Medien- und Informationsdienstes e. V. in Marburg.

10. Aus grundsätzlichen Erwägungen heraus ist auch die Scientology-Kirche Deutschland e. V. unter den Schutz des Grundgesetzes zu stellen. Sie erfüllt alle in der Religionswissenschaft gängigen Merkmale einer Religion: Ihre Lehre weist einen Transzendenzbezug auf und ist für die Mitglieder bei der Bewältigung des Alltagslebens und bei Krisensituationen handlungsrelevant; sie interpretiert Vorgänge und Erscheinungen der Umwelt; es gibt institutionalisierte Formen und Strukturen. Weitere, differenziertere Merkmale von Lehre und Praxis der Scientology-Kirche, die sie als Religion ausweisen, lassen sich religionswissenschaftlich aufzeigen.

15. Die Religionswissenschaft kann den Rationalitätsgehalt oder die innere Stimmigkeit einer religiösen Lehre nicht zum Beurteilungsmaßstab machen. Ebensowenig die in der religiösen Praxis verwendeten Gegenstände und Hilfsmittel. Sicherlich läßt sich der bei der Scientology verwendete E-Meter, mit dem Bewußtseinsströme gemessen werden sollen, hinsichtlich seiner Funktionsfähigkeit kritisieren. Aber auch bei einer nachgewiesenen Unwirksamkeit hätte er für die Anhänger einen völlig anderen Stellenwert (vgl. z. B. die christliche Hostie: Oblate oder Leib Christi?).

[…]

16. In einer pluralistischen Gesellschaft ist das Bekenntnis zu einer religiösen Überzeugung zuallererst eine Angelegenheit des jeweiligen Individuums. Dessen Entscheidung muß akzeptiert werden. Auch sollte man Andersgläubigen die Rationalität und Selbständigkeit zugestehen, die man für sich selbst in Anspruch nimmt.

7. Scientology ist keine Religion

Aus einem Beschluß des Bundesarbeitsgerichts vom 22. 3. 1995 (Aktenzeichen: 5 AZB 21/94), daß hauptamtliche außerordentliche Mitglieder von Scientology als normale Arbeitnehmer anzusehen und bei Rechtsstreitigkeiten daher die Arbeitsgerichte zuständig sind.

I. Der Beklagte ist keine Religions- oder Weltanschauungsgemeinschaft i. S. der Art 4, 140 GG, Art. 137 WRV.

1. Nach der Rechtsprechung des Bundesverfassungsgerichts können allein die Behauptung und das Selbstverständnis, eine Gemeinschaft bekenne sich zu einer Religion und sei eine Religionsgemeinschaft, für diese und ihre Mitglieder die Berufung auf die Freiheitsgewährleistung des Art. 4 Abs. 1 und 2 GG nicht rechtfertigen. Vielmehr muß es sich auch tatsächlich, nach geistigem Gehalt und äußerem Erscheinungsbild, um eine Religion und Religionsgemeinschaft handeln (BVerfG Beschluß vom 5. Februar 1991 – 2 BvR 263/86 – BVerfGE 83, 341). Das Bundesverfassungsgericht hat diese Grundsätze in seinem den im vorliegenden Rechtsstreit Beklagten betreffenden Beschluß vom 28. August 1992 (– 1 BvR 632/92 – NVwZ 1993, 3571 –) noch einmal bekräftigt.

2. Ob es sich um eine Religion und eine Religionsgemeinschaft handelt, haben die Gerichte zu entscheiden. Sie üben dabei allerdings keine freie Bestimmungsmacht aus, sondern haben den von der Verfassung gemeinten oder vorausgesetzten, dem Sinn und Zweck der grundrechtlichen Verbürgung entsprechenden Begriff der Religion zugrunde zu legen. Maßgebend dafür können sein die aktuelle Lebenswirklichkeit, Kulturtradition und allgemeines wie auch religionswissenschaftliches Verständnis (BVerfGE 83, 341, 353).

3. Unter Religion oder Weltanschauung versteht die Rechtsprechung eine mit der Person des Menschen verbundene Gewißheit über bestimmte Aussagen zum Weltganzen sowie zur Herkunft und zum Ziel des menschlichen Lebens. Die Religion legt eine den Menschen überschreitende und umgreifende (»transzendente«) Wirklichkeit zugrunde, während sich die Weltanschauung auf innerweltliche (»immanente«) Bezüge beschränkt (BVerfGE 32, 98, 107; BVerwGE 37, 344, 363; 61, 152, 156; 90, 112, 115). Eine Vereinigung ist dann als Religions- oder Weltanschauungsgemeinschaft i. S. des Grundgesetzes anzusehen, wenn ihre Mitglieder oder Anhänger auf der Grundlage gemeinsamer religiöser oder weltanschaulicher Überzeugungen eine unter ihnen bestehende Übereinstimmung über Sinn und Bewältigung des menschlichen Lebens bezeugen (Rainer Scholz, NVwZ 1992, 1152).

Nach ständiger Rechtsprechung des Bundesverwaltungsgerichts verliert eine Vereinigung ihre Eigenschaft als Religions- oder Weltanschauungsgemeinschaft i. S der Art. 4, 140 GG, 137 WRV nicht allein dadurch, daß sie überwiegend politisch oder erwerbswirtschaftlich tätig ist (BVerwGE 37, 345; 90, 112, 116). In welcher Weise eine Religions- oder Weltanschauungsgemeinschaft ihre Finanzverhältnisse gestaltet, hat sie kraft ihrer verfassungsrechtlich gewährleisteten Autonomie (Art. 140 GG, 137 WRV) grundsätzlich selbst zu entscheiden. Sie kann – je nach Rechtsform – Steuern oder Mitgliedsbeiträge erheben. Sie hat auch das Recht, für Güter oder Dienstleistungen mit einem unmittelbar religiösen oder weltanschaulichen Bezug, wie z. B. für die Unterrichtung in Lehren der Gemeinschaft, Entgelte zu verlangen. Dienen aber die religiösen oder weltanschaulichen Lehren nur als Vorwand für die Verfolgung wirtschaftlicher Ziele, kann von einer Religions- oder Weltanschauungsgemeinschaft i. S. der Art. 4, 140 GG, 137

WRV nicht mehr gesprochen werden (BVerwGE 90, 112, 116).
4. Um einen solchen Fall handelt es sich hier.
[...] Die geschäftlichen Aktivitäten machen nicht nur einen erheblichen Anteil an den gesamten Aktivitäten des Beklagten aus. Geschäftliche und andere Aktivitäten des Beklagten sind vielmehr untrennbar miteinander verknüpft. Der Beklagte ist eine Institution zur Vermarktung bestimmter Erzeugnisse. Die religiösen oder weltanschaulichen Lehren dienen als Vorwand für die Verfolgung wirtschaftlicher Ziele.
[...]
1. Der Beklagte betreibt ein Gewerbe im Sinne von § 14 GewO.
Der Bescheid der zuständigen Behörde vom 31. Oktober 1984, mit der der Beklagte aufgefordert wurde, den Beginn eines selbständigen Gewerbebetriebes im Sinne des § 14 GewO anzuzeigen, ist bestandskräftig. [...]
2. Die Mitgliedschaft und die »religiösen« Dienste sind kommerzialisiert.
Der Beklagte und seine Schwesterorganisationen lassen sich von ihren Mitgliedern erhebliche Geldbeträge zahlen. [...]
3. Der Beklagte und seine Schwesterorganisationen erschweren in finanzieller Hinsicht den Austritt aus Scientology-Organisationen.
[...]
4. Die Kommerzialisierung der Mitgliedschaft ergibt sich schließlich aus den Bedingungen für den Wiedereintritt in den Verein. Unter Nr. 10 der Anlage 2 zum Antrag des Klägers vom 19. Januar 1990 heißt es:
»Eine weitere Bedingung für die Wiedererlangung des guten Ansehens und für den Wiedereintritt in die religiöse Gemeinschaft für jemand, der zum »Freeloader« erklärt wurde, ist die Zahlung einer Summe an die Kirche, die den Beiträgen der Dienste entsprechen soll, die es während seiner Zeit als Mitglied der Gemeinschaft erhalten hat.«
5. Scientology betreibt eine intensive geschäftliche Werbung.
[...]
5.4 Schließlich ist in diesem Zusammenhang zu berücksichtigen, daß der Beklagte von seinen Mitarbeitern fordert, vor jeder Reise einen »Security-Check« durchzuführen und eine Abwesenheitsgenehmigung (»leave of Absent«) einzuholen. [...]
Mit dem Erfordernis der Abwesenheitsgenehmigung will der Beklagte verhindern, daß ihm »hauptamtlich aktiv tätige« Mitglieder, die er nur in ganz geringem Umfang finanziell unterstützt, verloren gehen. Er versucht dies mit Methoden, die mit der Menschenwürde (Art. 1 Abs. 1 GG) und dem Menschenbild des Grundgesetzes nicht vereinbar sind. Der Umstand, daß sich die Mitglieder dieser Befragung meist »freiwillig« unterziehen, ändert daran nichts.
6. Aus alledem ergibt sich, daß der Beklagte keine Religions- oder Weltanschauungsgemeinschaft im Sinne der Art. 4, 140 GG, Art. 137 WRV ist.

8. In Österreich Religionsgemeinschaft

Aus einem Berufungsbescheid des Unabhängigen Verwaltungssenats Wien vom 1. 8. 1995 (Geschäftszeichen: UVS-04/07/00495/94) bezüglich einer Straferkenntnis des Magistrats der Stadt Wien gegen eine Scientologin wegen unerlaubter Gewerbeausübung. (Scientology mit ausführlicher Begründung zur Religionsgemeinschaft erklärt haben u. a. auch das oberste italienische Gericht, der Corte Suprema di Cassazione, in seiner Entscheidung vom 8. 10. 1997, Sentenza n. 1329, Registro Gen. N. 16839/97, und der High Court of Australia in seinem Urteil vom 27. 10. 1983 in der Sache »The Curch of New Faith« vs. »The Commissioner for Payroll Tax«, unter Aufhebung eines Urteils des Supreme Court of Victoria.)

Gemäß § 66 Abs. 4 AVG wird der Berufung Folge gegeben, das angefochtene Straferkenntnis aufgehoben und das Verfahren gemäß § 45 Abs. 1 Z 1 VStG eingestellt.

[...]

Bei der Scientology-Kirche Österreich ist nun die Absicht der Gewinnerzielung (»Erzielung eines Ertrages oder sonstigen wirtschaftlichen Vorteiles«) trotz der hohen Beiträge, die z. B. für die Teilnahme an einem »Reinigungs-Rundown« oder an einem »Scientology-Processing« zu zahlen sind, nicht erweislich, und zwar aus folgenden Gründen:

Abgesehen davon, daß »Scientology« vor nicht einmal 2 Jahren auch in den USA, dem Land mit der wohl größten Verbreitung der Scientology-Kirche, von der dortigen Steuerbehörde nach jahrzehntelanger, genauer Prüfung den Status einer *gemeinnützigen*, »bona fide Religion« erhielt, konnte die Berufungswerberin im Hinblick auf die aktenkundigen Vereinsstatuten sowie die zahlreichen, von ihr beigebrachten, theologischen und rechtswissenschaftlichen Gutachten hinreichend glaubhaft machen, daß es sich bei der Scientology Kirche (Österreich) um eine Religion handelt, der in Österreich der Status einer gesetzlich nicht anerkannten Religionsgemeinschaft zukommt.

[...]

Das besondere Merkmal der Scientology-Kirche ist zweifellos die Einhebung hoher Beiträge für die Erbringung bestimmter Leistungen, für deren »Erfolg« keine Garantie gegeben werden kann. Glaubt man der Berichterstattung in Büchern und Zeitschriftenartikeln, die fast durchwegs kritisch bis ablehnend ist, so werden Interessenten oder Hilfesuchenden auf dem Weg, den ihnen »Scientology« anbietet, von Anfang an bzw. bis zur Erreichung fortgeschrittener Ebenen immer höhere Geldbeträge für die verschiedenen Kurse abverlangt, es ist daher leicht verständlich, daß sich Personen, deren Erwartungen nicht erfüllt werden, gleichsam um ihr Geld »betrogen« fühlen und gerne bereit sind, ihre Frustration im Rahmen der Berichterstattung in verschiedenen Medien darzustellen.

Auf der anderen Seite ist praktisch jede Form von ernsthafter Religionsübung mit Opfern verbunden, man denke etwa nur an das Schleiergebot oder das Alkoholverbot, die Fasten- und Gebetsvorschriften im Islam, die zahlreichen Gebote, die Gläubige der mosaischen Religion zu befolgen haben, wie beispielsweise die koshere Küche, die in der Haushaltsführung einen besonderen Aufwand erfordert, aber auch an die Einschränkungen, denen sich Gläubige freiwillig unterwerfen, die in der katholischen Kirche Priester werden oder in einen Frauen- oder Männerorden eintreten wollen. Auch die asiatischen Religionen wie Hinduismus oder Buddhismus verlangen von den Gläubigen, eine bestimmte Lebensweise einzuhalten, die mit dem Verzicht auf zahlreiche »weltliche Genüsse« einhergeht.

In diesem Zusammenhang stellt die Zahlung höherer Geldbeträge, die bei »Scientology« z.B. für ein »Dianetik-Processing« aufzuwenden ist, zwar zweifellos ein finanzielles Opfer dar, das aber wohl auch nicht schwerer wiegt als die vielfach gravierenden Einschränkungen, welche die Gläubigen in anderen Kirchen oder Religionsgemeinschaften auf sich nehmen müssen.

[...]

Insgesamt war jedenfalls die Beweislage dafür, daß die von der »Scientology Kirche Österreich« angebotenen Kurse (trotz ihres hohen Preises) als Ausübung einer gewerbsmäßigen Tätigkeit im Sinne des § 1 Abs. 2 GewO 1994 anzusehen sind, nicht ausreichend, zumal sich die Berufungswerberin gegen den Tatvorwurf mit einer eindrucksvollen Gegendarstellung zur Wehr setzte, während der Tatvorwurf

selbst nur unzulänglich untermauert war. [...]
Gegen diesen Bescheid ist ein ordentliches Rechtsmittel nicht zulässig.

9. Sozialpsychologische Forschungsergebnisse

Aus Herbert Berger, Peter C. Hexel: Ursachen und Wirkungen gesellschaftlicher Verweigerung junger Menschen unter besonderer Berücksichtigung der ›Jugendreligionen‹. Eine Grundlagenstudie aus der Sicht der betroffenen jugendlichen Mitglieder, deren Eltern und Freunde sowie ehemaliger Mitglieder, untersucht bei Ananda Marga, Divine Light Mission, Scientology, Vereinigungskirche, unter Mitarbeit von Waltraud Frotzler und Werner L. Laudenbach. Hauptbestandteil eines internationalen Forschungsprojekts, durchgeführt vom European Centre for Social Welfare and Research, Wien. Ermöglicht durch die Unterstützung des Bundesministeriums für Jugend, Familie und Gesundheit, Bonn, Bundesrepublik Deutschland. Wien 1981.

Zusammenfassung wichtiger Ergebnisse

6. Die Mitglieder der NRB [Neuen Religiösen Bewegungen] bezeichneten ihr Verhalten nicht als Flucht vor der gesellschaftlichen Wirklichkeit, sondern als den Versuch, eine neue religiös-gesellschaftliche Alternative aufzubauen, für die zu arbeiten und zu leben schwieriger sei, als sich dem Bestehenden anzupassen.
Auf Grund der Auswertung der Tiefeninterviews und der psychologischen Testverfahren konnte nicht festgestellt werden, daß die NRB pathologische Syndrome in der psychischen Struktur ihrer Mitglieder hervorbringen. Psychisch labile Personen erfahren häufig durch den Anschluß an eine NRB eine gewisse Stabilisierung. So konnten viele eine frühere Drogenabhängigkeit überwinden. Bei der Ablösung von einer NRB treten zweifellos unterschiedlich schwere psychische Belastungen auf, die bei solchen, die schon vor ihrem Beitritt zur NRB psychische Störungen aufwiesen, zu schweren Krisen führen können.
7. Die Mitglieder der NRB erfahren deutliche Veränderungen ihrer Persönlichkeit und ihrer Verhaltensweisen. Die Mitglieder beurteilten das ausschließlich als positiv, da sie ihrer Ansicht nach an Orientierung, Selbstsicherheit, Beziehungsfähigkeit, Ausgeglichenheit etc. gewonnen haben. Auch die Ehemaligen erwähnten diese Aspekte immer wieder und sahen in der Zeit ihrer Mitgliedschaft meist eine konstruktive Phase ihres Lebens, über die sie jetzt aber hinausgewachsen sind. Der frühere Absolutheitsanspruch wurde gegenüber einer relativen Sichtweise aufgegeben. Die Veränderungen wirken sich auch in einer Einschränkung der Interessensgebiete, des Sprachgebrauchs, der eigenen Entscheidungsfreiheit etc. aus, doch wird das als die Folge einer Grundsatzentscheidung gesehen, wie sie in mehr oder weniger radikaler Form jeder in seiner Adoleszenzphase einmal zu treffen hat.
In keinem Fall konnten wir Hinweise auf eine sogenannte Psychomutation finden. Auch Eltern haben immer wieder festgehalten, daß sich das Wesen ihres Kindes nicht grundlegend geändert habe.

III. Scientology und die deutschen Behörden

1. Keine Arbeitsvermittlung durch Scientologen

Schreiben des Präsidenten der Bundesanstalt für Arbeit vom 12. 9. 1994 (Aktenzeichen: Ia4 – 5194 A (1)/5180.42).

An die
Herren Präsidenten
der Landesarbeitsämter
– Vertraulich –
Nur für den Dienstgebrauch
Arbeitsvermittlung mit Erlaubnis der BA;

hier: Erteilung von Erlaubnissen an Mitglieder der Scientology Church (SC)
Das Bundesministerium für Arbeit und Sozialordnung hat mir gemäß § 24 c Abs. 2 AFG folgendes mitgeteilt:
»Eine Erlaubnis ist an Mitglieder der SC nicht zu erteilen, da diese nicht die gemäß § 23 Abs. 3 Satz 1 AFG erforderliche Zuverlässigkeit besitzen. Bereits erteilte Erlaubnisse sind wieder zu entziehen.
Nach einem Beschluß der Ständigen Konferenz der Innenminister und -senatoren der Länder vom 6.05.1994 stellt sich die Scientology-Organisation als eine Organisation dar, die unter dem Deckmantel einer Religionsgemeinschaft Elemente der Wirtschaftskriminalität und des Psychoterrors gegenüber ihren Mitgliedern mit wirtschaftlichen Betätigungen und sektiererischen Einschlägen vereint.
Es bestehen gefestigte Erkenntnisse darüber, daß sich die Mitglieder der SC dieser völlig unterwerfen und – auch unter Mißachtung der Rechtsordnung – deren Ziele vorrangig verfolgen.
Dies bedeutet auch, daß der Schutz der Daten der Bewerber gemäß § 23 c AFG nicht gewährleistet ist, weil die Daten für die Zwecke der SC mißbraucht werden.
Schließlich verwenden die Mitglieder der SC für Bewerber einen Persönlichkeitstest mit über 200 Fragen, die tief in die Persönlichkeit des Bewerbers eindringen, um entsprechend den Zielen der SC negative Aussagen über die getestete Person systematisch zu erzeugen und sie dadurch für die Lehren der SC verfügbar zu machen.
Unterlagen über diese Feststellungen werden Ihnen zur Verfügung gestellt.
Ich bitte vorläufig um monatliche Unterrichtung über Antragstellungen von Mitgliedern der SC und über getroffene Maßnahmen.«
Zu ihrer Information ist ein interner Vermerk des BMA beigefügt. [...]

2. Verbot der Arbeitsvermittlung illegal

Aus einem Beschluß des Landessozialgerichts Rheinland-Pfalz vom 20. 3. 1998 (Aktenzeichen: L 7 ER-Ar 5/98) zur Klage einer Scientologin gegen die Bundesanstalt für Arbeit.

1. Die Klägerin wird bis zum rechtskräftigen Abschluß des Hauptsacheverfahrens L 7 Ar 23/98 eine vorläufige Erlaubnis einschließlich der besonderen Erlaubnis zur Arbeitsvermittlung nach Maßgabe der mit Bescheid des Landesarbeitsamtes Rheinland-Pfalz-Saarland vom 27.12.1994 erteilten Erlaubnisscheine erteilt.
2. Die Beklagte trägt die notwendigen außergerichtlichen Kosten der Klägerin des einstweiligen Anordnungsverfahrens. [...]
Gründe
[...] Für die Frage der Zuverlässigkeit der Klägerin könnte die Tatsache ihrer Mitgliedschaft bei der SC allenfalls dann bedeutsam sein, wenn es sich bei der SC um eine kriminelle Vereinigung im Sinne von § 129 Strafgesetzbuch (StGB) oder einen nach § 3 Vereinsgesetz verbotenen Verein handelte, was jedoch nicht der Fall ist (vgl hierzu LSG Rheinland-Pfalz aaO, Seiten 15 bis 16). [...]
Bereits in dem oben genannten Beschluß vom 11.12.1995 hat das LSG Rheinland-Pfalz zutreffend darauf hingewiesen, daß eine solche Annahme, ein Antragsteller werde allein aufgrund seiner Zugehörigkeit zur SC automatisch missionieren, auch auf viele Mitglieder anderer eine Weltmissionierung anstrebenden Religionen zutreffen würde. [...]
Nach alledem ist der Anordnungsanspruch zum Erlaß einer einstweiligen Anordnung im Hinblick auf die überwiegende Erfolgsaussicht des Berufungs- sowie des Klageverfahrens gegeben. Denn die Aufhebung der der Klägerin erteilten Erlaubnisse zur Arbeitsvermittlung war rechtswidrig, weil ihre

Voraussetzungen – hier: Nichtvorliegen der Zuverlässigkeit der Klägerin – nicht vorliegen.

3. Kein Staatsgeld für Auftritte von Scientologen

Aus einer Stellungnahme des Ministeriums für Kultus und Sport Baden-Württembergs zu einem Antrag mehrerer CDU-Abgeordneter gegen staatliche Bezuschussung künstlerischer Veranstaltungen, an denen Scientologen teilnehmen (Landtagsdrucksache 11/2051 vom 9. 6. 1993).

Die finanzielle Förderung von kulturellen Veranstaltungen bzw. Künstlern ist in Baden-Württemberg unter anderem an dem sich aus dem grundgesetzlich normierten Gebot der Kunstfreiheit abgeleiteten Prinzip der Liberalität ausgerichtet. Nach diesem Prinzip wird auf die Kunstinhalte kein Einfluß ausgeübt. Die Verantwortung für die Kunstinhalte liegt ausschließlich bei den Künstlern und Kunstvermittlern.
Das Prinzip der Liberalität stößt aber dann an die Grenzen des Hinnehmbaren, wenn letztlich mit Mitteln des Landes geförderte Künstler ihren Auftritt nachweislich in der Absicht absolvieren, für die Interessen von Gruppierungen, Vereinigungen oder Ideen zu werben, die von der Landesregierung für bekämpfenswert erachtet werden.
Dem Ministerium für Familie, Frauen, Weiterbildung und Kunst war bisher die Verbundenheit von Chick Corea zu Scientology nicht bekannt. Zukünftig muß eine staatliche Förderung von Veranstaltungen in Frage gestellt werden, an der aktiv und offen bekennende Scientologen und Mitglieder ähnlicher Gruppierungen auftreten. Die Landesregierung hat daher im Rahmen einer Programmplanung des Baden-Württemberg-Clubs anläßlich der Leichtathletik-Weltmeisterschaft im August 1993 von einer ursprünglich von der beauftragten Agentur ins Auge gefaßten Mitwirkung von Chick Corea abgesehen.

4. Kein Schulbuch von Buchhändler, der Hubbard-Bücher führt

Brief des Stadtdirektors der Stadt Iserlohn an lokale Buchhändler vom 12. 5. 1997.

Auftrag zur Lieferung von Büchern im Rahmen der Lernmittelfreiheit
Sehr geehrter Herr [...]
In der letzten Sitzung haben die Mitglieder des Schulausschusses und des Rates bei der Vergabe für die Lieferung von Schulbüchern erhebliche Sorge darüber geäußert, daß Iserlohner Buchhandlungen Scientology-Schriftgut verkaufen. Nach dem Willen der Politiker soll die Auftragsvergabe von einer schriftlichen Erklärung abhängig gemacht werden, Scientology-Schriftgut nicht auszulegen. Aus diesem Grunde bitte ich um Abgabe einer solchen schriftlichen Verpflichtungserklärung bis spätestens zum 16. Mai 1997 (Eingang bei der Stadt Iserlohn, Fax reicht aus – Nr. 02371/217-2996).
Mit freundlichen Grüßen

5. Schutz des öffentlichen Dienstes

Bekanntmachung der Bayerischen Staatsregierung unter dem Titel »Hinweise zur Vereinbarkeit von Beziehungen zur Scientology-Organisation mit einer Tätigkeit im öffentlichen Dienst« vom 29. 10. 1996 (Nr. 476-1-160).

Die Scientology-Organisation in allen ihren Erscheinungsformen ist eine Vereinigung, die unter dem Deckmantel einer Religionsgemeinschaft wirtschaftliche Ziele verfolgt und den einzelnen mittels rücksichtslos eingesetzter psycho- und sozial-technologischer Methoden einer totalen inneren und äußeren Kontrolle unterwirft, um ihn für ihre Zwecke zu instrumentalisieren.
Der Absolutheitsanspruch sowie die totale Disziplinierung und Unterwerfung unter die Ziele der Organisation führen zu einem Konflikt mit den Dienstpflichten eines Beamten oder eines Arbeitnehmers im öffentlichen Dienst. Sie können Zweifel begründen, ob Personen, die in Beziehungen zu

dieser Organisation stehen, die Eignung für eine Tätigkeit im öffentlichen Dienst besitzen.
Aus einer Reihe von Festlegungen und dem Selbstverständnis der Organisation ergeben sich außerdem Anhaltspunkte für Bestrebungen der Organisation, die gegen die freiheitliche demokratische Grundordnung gerichtet sind und die ungesetzliche Beeinträchtigung der Amtsführung der verfassungsmäßigen Organe zum Ziel haben.
Um diesen Gefahren wirksam begegnen zu können, wird bestimmt:
1. Um dem Dienstherrn die Prüfung zu ermöglichen, ob von einem Bewerber erwartet werden kann, daß er bei einer Berufung in das Beamtenverhältnis seinen Dienstpflichten, insbesondere auch den in Art. 62 bis 64, 66 des Bayerischen Beamtengesetzes (BayBG) festgelegten Verpflichtungen, nachkommen wird und ob er die Gewähr der Verfassungstreue im Sinne von Art. 9 Abs. 1 Nr. 2 BayBG bietet, sollen Bewerber nach dem Muster in der Anlage befragt werden, ob sie in Beziehungen zur Scientology-Organisation stehen. Bejaht ein Bewerber derartige Beziehungen, so kann dies Zweifel an seiner Eignung für die Berufung in das Beamtenverhältnis (Art. 33 Abs. 2 des Grundgesetzes, Art. 12 BayBG) begründen. In einem Gespräch ist – unter Vorbehalt von Aussagen und Zielsetzungen der Scientology-Organisation – dem Bewerber Gelegenheit zu geben, diese Zweifel auszuräumen. Distanziert sich der Bewerber im Gespräch nicht hinreichend und glaubhaft von den die Zweifel begründenden Zielen und Aussagen, kann eine Einstellung in den öffentlichen Dienst nicht erfolgen.
Ist zur Erreichung eines Berufszieles eine Ausbildung im öffentlichen Dienst zwingend vorgeschrieben (Monopolausbildungsverhältnis), so ist ihre Ableistung außerhalb eines Beamtenverhältnisses zu ermöglichen.
Beziehungen zur Scientology-Organisation in diesem Sinne sind nicht abhängig von einer formellen Mitgliedschaft, sondern können z. B. auch durch die regelmäßige Teilnahme an Schulungen der Scientology-Organisation, die Arbeit nach den Methoden der Scientology-Organisation oder durch Unterstützung der Scientology-Organisation in anderer Weise zum Ausdruck kommen.
2. Wird bekannt, daß ein Beamter in Beziehungen zur Scientology-Organisation steht, ist zu prüfen, ob er in diesem Zusammenhang Dienstpflichten verletzt hat. Ist dies der Fall, so ist gegen ihn ein Disziplinarverfahren durchzuführen, das zur Entfernung aus dem Dienst führen kann.
3. Für Arbeiter und Angestellte im öffentlichen Dienst gelten die dargelegten Grundsätze entsprechend.
4. Den Gemeinden, Gemeindeverbänden und sonstigen der Aufsicht des Freistaates Bayern unterliegenden juristischen Personen des öffentlichen Rechts wird empfohlen, nach den vorstehenden Bestimmungen zu verfahren. Das gleiche gilt für die Empfänger einer institutionellen Förderung des Freistaates Bayern im weltanschaulichen Bereich.
5. Diese Bekanntmachung tritt am 1. November 1996 in Kraft.
Der Bayerische Ministerpräsident
Dr. Edmund Stoiber

Fragebogen zu Beziehungen zur Scientology-Organisation
Anläßlich meiner Bewerbung um Einstellung beantworte ich folgende Fragen:
1. Stehen Sie in geschäftlichen oder sonstigen Beziehungen (z. B. ehrenamtlicher oder angestellter Mitarbeiter, Vereinsmitglied, Inhaber eines vertraglichen Nutzungsrechts hinsichtlich der Technologie des Gründers der Scientology-Organisation, L. Ron Hubbard) zu einer Organisation, die nach Ihrer

Kenntnis die Technologie von L. Ron Hubbard verwendet oder verbreitet oder nach diesen Methoden arbeitet?
Unter den Begriff Organisationen fallen alle Organisationen, Gruppen und Einrichtungen der Scientology-Organisation, d.h. z.B. auch solche, die sich im sozialen und wirtschaftlichen Bereich oder im Bildungsbereich betätigen.

☐ Nein

☐ Ja, nämlich ______________
(Bezeichnung)

2. Unterliegen Sie den Weisungen einer Organisation, die Hubbards Technologie verwendet oder verbreitet?

☐ Nein

☐ Ja, nämlich ______________
(Bezeichnung)

3. Nahmen Sie in den letzten zwölf Monaten oder nehmen Sie an Veranstaltungen, Kursen, Schulungen, Seminaren o.ä. bei o.g. Gruppierungen teil, die die Technologie von L. Ron Hubbard verwenden oder verbreiten oder nach diesen Methoden arbeiten, oder haben Sie sich hierzu bereits angemeldet?

☐ Nein

☐ Ja, nämlich ______________
(Bezeichnung)

4. Unterstützen Sie o.g. Gruppierungen auf andere Weise ideell oder finanziell?

☐ Nein

☐ Ja, nämlich ______________
(Art und Weise der Unterstützung)

5. Arbeiten Sie nach Methoden von L. Ron Hubbard oder wurden Sie nach diesen Methoden geschult?

☐ Nein

☐ Ja

Ort, Datum Unterschrift

6. Staat darf Daten über Sektenmitglieder liefern

Gesetz zur Änderung des Landesdatenschutzgesetzes des Landes Schleswig-Holstein vom 4.11.1994.

Das Landesdatenschutzgesetz vom 30. Oktober 1991 (GVOBl. Schl.-H. S. 555) geändert durch Gesetz vom 1. Juli 1993 (GVOBl. Schl.-H. S. 256) wird wie folgt geändert:
Folgender § 29 a wird eingefügt:
»§ 29 a
Besondere Dokumentationsstelle
(1) Die Ministerpräsidentin oder der Ministerpräsident oder eine von ihr oder von ihm besonders beauftragte Stelle (Dokumentationsstelle) kann zum Zweck der Aufklärung oder Warnung die Betätigungen von Sekten oder sektenähnlichen Vereinigungen einschließlich der mit ihnen rechtlich, wirtschaftlich oder in ihrer religiösen oder weltanschaulichen Zielsetzung verbundenen Organisationen oder Vereinigungen in Schleswig-Holstein dokumentieren und über sie informieren, sofern tatsächliche Anhaltspunkte den Verdacht begründen, daß von deren Wirken Gefahren für die Menschenwürde, die freie Entfaltung der Persönlichkeit, das Leben, die Gesundheit oder das Eigentum ausgehen, insbesondere daß Personen in ihrer Willensfreiheit eingeschränkt werden.
(2) Soweit ein begründeter Verdacht im Sinne des Absatz 1 besteht, kann die Dokumentationsstelle über Personen, die in einer derartigen Sekte, Vereinigung oder Organisation aktiv mitwirken, bei anderen öffentlichen Stellen vorhandene oder öffentlich zugängliche personenbezogene Daten erheben und weiterverarbeiten. Hiervon ausgenommen sind die in § 9 Abs. 3 Nr. 3 bezeichneten Daten sowie Daten, für die besondere Verwendungsvorschriften in anderen Gesetzen bestehen.
(3) Die Speicherung der erhobenen personenbezogenen Daten ist spätestens nach zwei Jahren auf ihre Erforderlichkeit zu prüfen. Spätestens fünf Jahre nach der letzten Tätigkeit im Sinne von Absatz 2 sind die personenbezogenen Daten zu löschen.
(4) An Stellen außerhalb des öffentlichen Bereichs dürfen personenbezogene Daten übermittelt werden, wenn

1. a) es zur Erfüllung der Aufgabe nach Absatz 1 erforderlich ist oder
b) ein Dritter ein rechtliches Interesse daran hat
und
2. kein Grund zu der Annahme besteht, daß schutzwürdige Belange der oder des Betroffenen überwiegen.«
[...]

7. Alle rechtlichen Möglichkeiten nutzen

Beschluß der Ministerpräsidentenkonferenz vom 7. 3. 1996 über einen Katalog von Maßnahmen gegen Scientology, referiert in: Die Ministerpräsidentin des Landes Schleswig-Holstein, Bericht der Landesregierung: Tätigkeit von Sekten in Schleswig-Holstein. 1997, S. 37ff.

Auf gemeinsame Initiative von Schleswig-Holstein und Bayern erzielte die Ministerpräsidentenkonferenz am 7. März 1996 in Berlin Konsens über den folgenden Maßnahmenkatalog:
1. Die Regierungschefs der Länder halten es für erforderlich, daß Bund, Länder und Kommunen öffentlich vor den Praktiken der Scientology-Organisation warnen. Alle rechtlichen Möglichkeiten, dem Beherrschungsanspruch dieser weltweit operierenden Organisation entgegenzutreten, müssen konsequent genutzt werden.
2. Auf der Grundlage der Prüfberichte und Beschlüsse der
- Arbeitsgemeinschaft der obersten Landesjugendbehörden vom 6./7. April 1995,
- Finanzministerkonferenz vom 2. 2. 1995 und 25. 01. 1996,
- Innenministerkonferenz vom 19. 5. 1995 und 15. 12. 1995,
- Justizministerkonferenz vom 12.–14. 6. 1995 und
- der Gesundheitsministerkonferenz vom 23./24. 11. 1995

werden die Länder insbesondere folgende Maßnahmen durchführen:
- Initiative für gesetzliche Regelungen über Dienstleistungen auf dem Gebiet der gewerblichen Lebensbewältigungshilfe,
- Entzug der Rechtsfähigkeit der Vereine; Umsetzung der Forderung nach einer Gewerbeanmeldung mit Prüfung einer Gewerbeuntersagung; Überprüfung auf Erfüllung der steuerlichen, sozialversicherungsrechtlichen, arbeitsschutzrechtlichen und gesundheitsschutzrechtlichen Pflichten,
- Unterbindung unzulässiger Straßenwerbung,
- Ausschöpfung aller Möglichkeiten, die etwaige unerlaubte Ausübung der Heilkunde, insbesondere durch Ausübung der Auditings, strafrechtlich zu ahnden und sicherheitsrechtlich zu unterbinden,
- breiter Informationsaustausch, insbesondere Weitergabe von Erkenntnissen an Gewerbe- und Vereinsbehörden,
- Prüfung der Änderung des § 302 a StGB (Wucher),
- fortlaufende Prüfung, ob der Aufgabenbereich des Verfassungsschutzes eröffnet ist,
- Weiterverfolgung des Zieles, die Einleitung eines vereinsrechtlichen Ermittlungsverfahrens durch den Bundesinnenminister zu erreichen.

3. Die Regierungschefs der Länder beauftragen die zuständigen Fachminister, bis zur Ministerpräsidentenkonferenz am 13. Juni 1996 einen Zwischenbericht über das Ergebnis der in Ziffer 2 festgelegten Maßnahmen vorzulegen. (Protokollnotiz: Es besteht Einvernehmen, daß die Innenminister in diesem Zusammenhang auch berichten sollen, inwieweit sichergestellt werden kann, daß die öffentlichen Stellen als Bestandteil der Verträge mit externen Unternehmen, insbesondere Beratungs- und Schulungsfirmen, Erklärungen aufnehmen, in denen die Firma versichern muß, daß sie weder nach der »Technologie von L. Ron Hubbard« arbeitet noch ihre Mitglieder noch die Geschäftsleitung entsprechend schult oder schulen läßt).

4. Darüber hinaus wiederholen die Regierungschefs der Länder ihr an die Bundesregierung gerichtetes Ersuchen vom 7.12.1994, das Thema Scientology auch auf europäischen Fachministerkonferenzen aufzugreifen.
5. Die Regierungschefs der Länder stellen im Rahmen ihrer Zuständigkeiten sicher, daß scientologybetroffene Bürger eine Anlaufstelle haben.

8. Neue Gesetze nötig

Aus den Handlungsempfehlungen in: Neue religiöse und ideologische Gemeinschaften und Psychogruppen in der Bundesrepublik Deutschland. Endbericht der Enquete-Kommission »Sogenannte Sekten und Psychogruppen« des Deutschen Bundestags. Bonn 1998, S. 295ff.

6.2.2 Neu zu schaffende Rechtsvorschriften
6.2.2.2 Einführung einer gesetzlichen Regelung betreffend die staatliche Förderung privater Beratungs- und Informationsstellen
Die Kommission teilt nach den in Kapitel 5.5.5.2 dargestellten Ergebnissen der Anhörung der Verfassungsexperten nicht die Auffassung der Bundesregierung, daß eine gesetzliche Grundlage für die Förderung privater Informations- und Beratungsstellen grundsätzlich verfassungsrechtlich ausgeschlossen ist. Für den Staat kann sich unmittelbar aus Grundrechten eine Verpflichtung ergeben, ein geschütztes Rechtsgut, insbesondere Leben und körperliche Unversehrtheit, vor rechtswidrigen Verletzungen durch Dritte, auch Private, zu bewahren.
Die Kommission fordert daher den 14. Deutschen Bundestag auf, eine gesetzliche Regelung zu schaffen, die die Möglichkeit der direkten staatlichen Förderung von privaten Institutionen ausdrücklich eröffnet und zuläßt.
6.2.2.3 Gesetz zur Regelung der gewerblichen Lebensbewältigungshilfe
Die Enquete-Kommission empfiehlt dem Deutschen Bundestag, in der nächsten Legislaturperiode ein Gesetz über die Verträge auf dem Gebiet der gewerblichen Lebensbewältigungshilfe auf der Grundlage des vom Bundesrat eingebrachten Entwurfs (BT-Drs. 13/9717) zu beraten und als Bundesgesetz zu beschließen.
6.2.2.4 Einführung einer strafrechtlichen Verantwortlichkeit für juristische Personen und Personenvereinigungen
[...] Die Kommission empfiehlt daher dem 14. Deutschen Bundestag, die Einführung gesetzlicher Regelungen zu beraten, die die strafrechtliche Verantwortlichkeit juristischer Personen und Personenvereinigungen betreffen und die Verhängung von Strafen, Maßregeln oder anderen Sanktionen gegen kriminelle Unternehmen, Vereine oder sonstige Personenzusammenschlüsse ermöglichen.
6.2.3 Anwendung und/oder Erweiterung des bestehenden Rechts
6.2.3.1 Tätigkeit des Bundesverwaltungsamtes im Bereich »Neue religiöse und ideologische Gemeinschaften und Psychogruppen«
Die Enquete-Kommission empfiehlt der Bundesregierung, die Übertragung des folgenden Aufgabengebietes in Form einer eigenständigen Norm im Gesetz über die Errichtung des Bundsverwaltungsamtes (BVAG) entsprechend der bisherigen Systematik aufzunehmen:
Das Bundesverwaltungsamt ist Informations- und Dokumentationsstelle unter der Bezeichnung »neue religiöse und ideologische Gemeinschaften und Psychogruppen«. [...]
6.2.3.2 Vereins- und Steuerrecht
[...] Daher empfiehlt die Enquete-Kommission dem 14. Deutschen Bundestag, durch entsprechende Änderungen im Vereinsrecht sicherzustellen, daß das Wirken auch von Religionsgemeinschaften nicht gegen das Grundgesetz gerichtet sein darf. Hierbei wird zu prüfen sein, ob die Herausnahme von Religionsgemeinschaften aus dem

Anwendungsbereich des Vereinsgesetzes (§ 2 Abs. 2 Ziff. 3 VereinsG) zukünftig ganz entfallen kann. [...]

6.2.3.3 Heilpraktikergesetz

Die Enquete-Kommission empfiehlt dem 14. Deutschen Bundestag, eine klare Definition der Heilkunde im Heilpraktikergesetz mit der folgenden Formulierung vorzunehmen:

§ 1 (2) Heilpraktikergesetz: »Ausübung von Heilkunde im Sinne dieses Gesetzes ist jede berufs- oder gewerbsmäßig vorgenommene Tätigkeit zur Feststellung, Heilung oder Linderung von Krankheiten, Leiden oder Körperschäden bei Menschen, auch wenn sie im Dienste von anderen ausgeübt wird. Dabei reicht es aus, daß bei dem Behandelten der Eindruck erweckt wird, die Tätigkeit ziele darauf ab, eine Heilung oder zumindest eine Linderung der genannten Beschwerden zu erreichen.« [...]

6.2.4 Beobachtung der Scientology-Organisation durch den Verfassungsschutz

Bereits in ihrem Zwischenbericht hat die Enquete-Kommission deutlich gemacht, daß sie die Beobachtung der Scientology-Organisation durch das Bundesamt und die Landesämter für Verfassungsschutz begrüßt. Diese Maßnahmen sollten weiterhin fortgesetzt werden.

9. Regelung der Lebensbewältigungshilfe

Aus einem am 19.12.1997 (Drucksache 351/97) verabschiedeten Gesetzentwurf des Bundesrats. Der besseren Übersicht wegen wurde ein Auszug aus dem allgemeinen Teil der Begründung vorangestellt; weitere Elemente der Begründung wurden den Bestimmungen zugeordnet, auf die sie sich beziehen.

[Aus dem allgemeinen Teil der Begründung:]

Der Gesetzentwurf soll zum Verbraucherschutz im Bereich der gewerblich angebotenen Lebensbewältigungshilfe beitragen. Dieser Markt hat in den vergangenen Jahren stark an Bedeutung zugenommen und ist dadurch gekennzeichnet, daß sachlich rationale und wirtschaftliche Erwägungen der hilfesuchenden Person beim Vertragsschluß als Schutzmechanismen vor unangemessenen Vertragsbedingungen oft im Hintergrund stehen, weil sich das Angebot für die hilfesuchende Person als Mittel zur Bewältigung ihrer Probleme darstellt. In dieser besonderen Nachfragesituation ist typischerweise die Kritikbereitschaft und -fähigkeit eingeschränkt. Unter der Vielzahl von Angeboten, die auf diesen Markt drängen, sind auch solche, deren Dienstleistungen und Aktivitäten erheblichen Anstoß erregen. Ihnen wird vorgeworfen, durch Einsatz bewußtseinsverändernder Psychotechniken die hilfesuchenden Personen abhängig zu machen und sie wirtschaftlich auszubeuten. Dies macht es erforderlich, durch besondere Regelungen der hilfesuchenden Person die Bedingungen des abzuschließenden Vertrages vor Augen zu führen und transparent zu machen und sie vor voreiligen Vertragsabschlüssen zu schützen. [...]

Vom Anwendungsbereich des Gesetzes auszunehmen ist Lebensbewältigungshilfe, die in Ausübung der Heilkunde durch Angehörige des ärztlichen Berufes und des Heilpraktikerberufes geleistet wird sowie die nichtgewerbliche Lebensbewältigungshilfe, wie sie durch gemeinnützige Organisationen und insbesondere die Amtskirchen ausgeübt wird. Für diesen Bereich kann davon ausgegangen werden, daß eine Ausnutzung der besonderen Situation der hilfesuchenden Person nicht erfolgt.

§ 1 Anwendungsbereich

(1) Die Vorschriften dieses Gesetzes gelten für entgeltliche Verträge über die Leistung von Lebensbewältigungshilfe zwischen einer Person, die solche Verträge in Ausübung ihres Gewerbes (§ 1

der Gewerbeordnung) oder ihrer beruflichen Tätigkeit abschließt (anbietende Person) und einer natürlichen Person, die bei Vertragsabschluß außerhalb ihrer gewerblichen oder beruflichen Tätigkeit handelt (hilfesuchende Person). Dieses Gesetz gilt nicht, soweit die Lebensbewältigungshilfe durch Angehörige des ärztlichen Berufs oder des Heilpraktikerberufs in Ausübung der Heilkunde geleistet wird. [...]

[Aus der Begründung zu § 1:]

Die Kirchen werden die von ihnen als Teil des seelsorgerischen Auftrags angebotene Lebensbewältigungshilfe meist unentgeltlich erbringen. Soweit dennoch im Einzelfall ein Entgelt verlangt wird (evtl. einkommensabhängig) wird dieses lediglich der Kostendeckung dienen. Demgegenüber ist beispielsweise für die Scientology Kirche durch das Hamburgische Oberverwaltungsgericht (Urteil vom 06.07. 1993 - Bf VI 12/91) entschieden worden, daß deren Verkauf von Büchern, Kursen etc. als gewerblich einzustufen sei, da maßgeblich allein die Absicht nachhaltiger Gewinnerzielung sei, unabhängig davon, ob die zu erzielenden Gewinne ausschließlich ideellen Zwecken zugeführt werden sollen.

Ebenfalls mangels eines gewerblichen Angebots ausgeschlossen sind die öffentlich getragenen oder jedenfalls öffentlich finanzierten Volkshochschulen sowie andere gemeinnützige Einrichtungen, sofern dort Einnahmen lediglich zur Deckung eigener Unkosten erzielt werden.

§ 2 Form und Inhalt des Vertrages

(1) Verträge über Lebensbewältigungshilfe nach § 1 bedürfen der Schriftform.

(2) Die Vertragsurkunde muß Angaben enthalten

1. über die genaue Bezeichnung und Anschrift der anbietenden Person,
2. zur genauen Beschreibung der Leistung und des angestrebten Ziels einschließlich einer kurzen Beschreibung der angewandten Methode und der theoretischen Grundlagen,
3. über die berufliche Qualifikation der Helferin oder des Helfers,
4. über Art sowie die voraussichtliche Anzahl und Dauer der Veranstaltungen,
5. darüber, ob die Veranstaltungen in Gruppen oder einzeln durchgeführt werden sollen,
6. über den Gesamtpreis sowie den Einzelpreis je Veranstaltung,
7. darüber, ob Begleitmaterial erworben werden muß und welche Kosten hierdurch entstehen,
8. darüber, ob der Vertragsgegenstand Teil eines Gesamtkonzepts ist, und über den Preis der hierzu gehörenden Leistungen.

[Aus der Begründung zu § 2, Absatz 2, Nummer 4 bis 8:]

Diese Angaben dienen insbesondere dazu, den *Umfang* der angebotenen Leistung transparent zu machen und der hilfesuchenden Person so das Preis-Leistungsverhältnis vor Augen zu führen. So soll der Verschleierung überhöhter oder sogar wucherischer Preise vorgebeugt werden. Nummer 8 betrifft allerdings nicht den Inhalt des konkreten Vertrages, sondern bezieht sich vielmehr auf den Preis weiterer Leistungen, deren Inanspruchnahme der hilfesuchenden Person häufig als sinnvoll oder sogar notwendig empfohlen wird. Eine Aufklärung über den Preis derartiger Folgeangebote ist im Interesse der hilfesuchenden Person notwendig, um ihr den finanziellen Umfang der Gesamtmaßnahme vor Augen zu führen und um einer Aushebelung der Warnfunktion durch das Aufsplitten der Gesamtmaßnahme in zahlreiche, finanziell leicht verkraftbare Verträge zu begegnen.

§ 3 Widerrufsrecht

(1) Eine auf den Abschluß eines Vertrages im Sinne von § 1 gerichtete Willenserklärung, die gegenüber der anbietenden Person abgegeben wird, wird

erst wirksam, wenn sie nicht binnen einer Frist von zwei Wochen nach Abschluß des schriftlichen Vertrages der anbietenden Person gegenüber schriftlich widerrufen wird. [...]

(5) Der Wert der Überlassung des Gebrauchs oder der Benutzung der Sachen bis zum Zeitpunkt der Ausübung des Widerrufsrechts oder der Berufung auf die Nichtigkeit des Vertrages ist nicht zu vergüten; die anbietende Person kann einen der bis zu diesem Zeitpunkt geleisteten Lebensbewältigungshilfe entsprechenden Anteil ihrer Vergütung nicht verlangen.

[Aus der Begründung zu § 3:]

Die Widerrufsfrist von zwei Wochen erscheint im Hinblick auf die besonderen Gefahren gerechtfertigt, denen die hilfesuchende Person unter Umständen ausgesetzt ist. Insbesondere soll die Frist so ausreichend bemessen sein, daß der Effekt bereits angewandter, beeinflussender Psychotechniken abgebaut werden und fachkundiger Rat (möglicherweise von öffentlichen Aufklärungs- und Beratungsstellen) eingeholt werden kann. [...]

§ 5 Kündigung

(1) Der Vertrag kann von der hilfesuchenden Person in Abweichung von § 620 des Bürgerlichen Gesetzbuchs ohne Angabe von Gründen mit einer Frist von vier Wochen gekündigt werden. [...]

[Aus der Begründung zu § 5:]

Ein solches Kündigungsrecht ist nicht weniger wichtig als das Widerrufsrecht, weil mutmaßlich ein nicht ganz geringer Teil der Betroffenen trotz der in § 2 vorgeschriebenen Informationen während der Widerspruchsfrist noch nicht zu der für sie zutreffenden Bewertung des Leistungsinhalts kommen wird, sondern erst während der Durchführung des Vertrages. [...]

§ 6 Verbot der Aufrechnung

Die Aufrechnung der anbietenden Person mit ihrer Forderung auf Zahlung des Entgelts aus einem Vertrag gemäß § 1 gegen die Forderung einer bei ihr tätigen Person auf Zahlung der Vergütung für diese Tätigkeit ist unwirksam.

§ 10 Entsprechende Anwendung

(1) Wird der Vertrag über Lebensbewältigungshilfe mit der anbietenden Person von einer natürlichen Person in Ausübung ihrer gewerblichen oder beruflichen Tätigkeit oder von einer juristischen Person geschlossen, so sind §§ 2, 3 Abs. 4 und 5, §§ 4 bis 8 entsprechend anzuwenden. [...]

[Aus der Begründung zu § 10, Absatz 1:]

Im Bereich der gewerblichen Lebensbewältigungshilfe werden häufig Verträge auch von Unternehmen zum Zweck der Schulung ihrer Mitarbeiter abgeschlossen. Solche Schulungen sind dann Lebensbewältigungshilfe im Sinne des § 1 Abs. 2, wenn sie nicht nur auf eine Verbesserung intellektueller, sondern zumindest auch geistig-seelischer Fähigkeiten, wie z. B. Integrations- und Durchsetzungsfähigkeit, Kommunikationsfähigkeit etc. abzielen. Lebensbewältigungshilfe kann der Lösung von Problemen im beruflichen Bereich dienen.

Dabei ist die Durchführung von Schulungen für Unternehmen gelegentlich der Einstieg zur Beeinflussung und Anbindung der trainierten Angestellen an das Programm der anbietenden Person und letztlich zur Einflußnahme auf das Unternehmen selbst bis hin zur Unterwanderung. Die Unternehmen, an welche derartige Angebote gerichtet werden, können oft das, was sich wirklich hinter diesen Angeboten verbirgt, nicht zutreffend erkennen, da unseriöse Angebote unter undurchsichtigen Bezeichnungen abgegeben werden und nach der derzeitigen Rechtslage eine Aufklärung über den genauen Inhalt der angebotenen Leistung nicht geboten ist. Die gleiche Sachlage besteht im Verhältnis zu natürlichen Personen, die Verträge über Lebensbewältigungshilfe in Ausübung ihrer gewerblichen

oder selbständigen beruflichen Tätigkeit abschließen.
Deshalb ist ein gewisses Schutzbedürfnis auch solcher natürlicher Personen und juristischer Personen nicht von der Hand zu weisen.

10. Fettleibigkeit und veränderter Bartwuchs

Beschreibung typischer Scientologen im Artikel »Alles Clear? Informationen über Scientology« in der an Lehrer verteilten Zeitschrift »Schulreport« des Bayerischen Staatsministeriums für Unterricht, Kultus, Wissenschaft und Kunst, 1/1996, S. 8ff.

In manchen Fällen verändert sich das Verhalten einer Person in Folge der Bewußtseinskontrolle über einen Zeitraum von mehreren Monaten, typischerweise jedoch binnen weniger Tage oder Wochen. Interessanterweise entwickeln sich die Mitglieder auf eine Standardpersönlichkeit hin (gleichartige Persönlichkeitsstruktur der Sektenmitglieder). Als Folgen der Sektenzugehörigkeit werden in körperlicher Hinsicht eine Veränderung des Gewichts (Fettleibigkeit/Magersucht), Kräfteverfall, veränderter Bartwuchs, Erschöpfungssyndrom und psychosomatische Krankheiten genannt. Psychische Auswirkungen zeigen sich unter anderem in der Verengung und Schwächung des Denkprozesses (Wegfall von Sprachdifferenzierungen, Metaphern oder Ironie, statt dessen Verwendung sekteninterner Klischees), in der Veränderung der Gefühlswelt, in starken Gefühlsschwankungen und uncharakteristischem antisozialen Verhalten. Zudem kann das Auftreten von Halluzinationen beobachtet werden, da tägliches exzessives Auditing geistig und körperlich süchtig nach dieser Psychotechnik machen kann. Dies hat oftmals schädliche Nebenwirkungen zur Folge, wie Verminderung der kognitiven Fähigkeiten, z. B. Konzentrations- und Entscheidungsschwäche. Radikaler Persönlichkeitswandel ist das verräterischste Anzeichen, daß eine totalitäre Gruppe am Werk ist. Ein Abbruch der schulischen Laufbahn ist inzwischen nicht unbedingt ein Zeichen dafür, da in neuerer Zeit solche Praktiken bewußt vermieden werden, um den Argwohn zu zerstreuen.

11. Der Staat muß sachgemäß aufklären

Aus einem Beschluß des Hamburgischen Oberverwaltungsgerichts vom 24. 8. 1994 (Aktenzeichen: OVG Bs III 326/93) zu einer Klage der »Scientology Kirche Hamburg« gegen die »Arbeitsgruppe Scientology« der Hamburger Behörde für Inneres.

Im Wege der einstweiligen Anordnung wird es der Antragsgegnerin untersagt, den Sonderdruck für die Landeszentrale für politische Bildung und für die Innenbehörde der Freien und Hansestadt Hamburg der Broschüre »Scientology – Irrgarten der Illusionen« der Autoren Christoph Minhoff und Martina Müller zu verbreiten oder verbreiten zu lassen, solange er folgende Äußerungen enthält:
a) Scientology bedeutet: Hier ist es einem kranken Menschen gelungen, seinen eigenen Wahnsinn in Form von Kursen der Menschheit als erstrebenswertes Ziel für viel Geld zu verkaufen.
b) Bei einem Mitglied oder Aussteiger mit sozialen und psychischen Problemen stellt sich überdies die ernsthafte Frage: Wie therapiert man »Gehirngewaschene«?
c) Das Fatale dabei ist: Wahnsysteme (man sieht es bei Schizophrenen) zeichnen sich dadurch aus, daß sie so gut wie unerschütterlich sind.
d) Scientology betreibt eine eigene Form des Rassismus und die »Rassenhygiene« der Scientology setzt beim geistigen Wesen an.
Die Antragsgegnerin trägt die Kosten des Verfahrens. [...]
[...] mag es zwar berechtigt sein, dem Antragsteller und seinen Mitgliedern

die Verbreitung einer Religion im Sinne von Art. 4 Abs. 1 GG abzusprechen, nicht aber, dem Antragsteller ohne eine nachvollziehbare Darstellung auch den Charakter einer Weltanschauung im Sinne von Art. 4 Abs. 1 GG.

[...]

Es fehlt aber an zureichenden Gründen, die dem Gericht die Feststellung erlauben würden, der Antragsteller oder eine hinter ihm stehende Organisation verfolge unter dem Vorwand, eine weltanschauliche Lehre anzubieten, allein wirtschaftliche Ziele.

[...]

Auch wenn die Landesregierung und die von ihr mit der Wahrnehmung ihrer Aufgaben beauftragten Dienststellen durch öffentliche Warnungen im Hinblick auf das Wirken einer Religions- oder Weltanschauungsgemeinschaft, die sie als Gefahr für die Allgemeinheit oder für einzelne Bürger ansehen, in deren Grundrecht auf Religions- oder Weltanschauungsfreiheit eingreifen dürfen, steht es ihnen nicht frei, das nach eigenem Gutdünken und ohne gebotene Rücksicht auf die Interessen der Betroffenen zu tun. Der Staat hat bei negativen Äußerungen über Träger des Grundrechts aus Art. 4 GG stets den seine Eingriffsmacht mäßigenden und begrenzenden Grundsatz der Verhältnismäßigkeit zu wahren (BVerwG, Urt. v. 23.5.1989, BVerwGE Bd. 82 S. 76, 81; BVerfG., Beschl. v. 15.8.1989, NJW 1989 S. 3269, 3270) und sich strikt innerhalb der Grenzen der Erforderlichkeit und der Angemessenheit bzw. Zumutbarkeit zu halten.

Soweit der Antragsteller im vorliegenden Verfahren Äußerungen in der von der Antragsgegnerin verbreiteten Schrift »Scientology – Irrgarten der Illusionen« beanstandet, hat die Antragsgegnerin die von ihr strikt zu achtenden Grenzen überschritten. Insoweit verletzen die Äußerungen das von der Antragsgegnerin gegenüber dem Antragsteller zu beachtende Neutralitäts- und Toleranzgebot durch einseitig negative und zudem unsachliche Bewertungen der Lehre des Antragstellers. Dieses Vorgehen wird von der Aufgabenstellung der Antragsgegnerin nicht gedeckt. Ihr Eingriff in das Grundrecht des Antragstellers aus Art. 4 Abs. 1 und 2 GG ist in diesem Umfang rechtswidrig.

12. Vorwurf der »Gehirnwäsche« zulässig

Pressemitteilung des Oberverwaltungsgerichts für das Land Nordrhein-Westfalen zu seinem Beschluß vom 4.6.1996 (Aktenzeichen: 5 B 993/95), in dem es einen Antrag Scientologys, dem damaligen Bundesarbeitsminister Norbert Blüm bestimmte Äußerungen zu untersagen, ablehnt.

Der 5. Senat des Oberverwaltungsgerichts für das Land Nordrhein-Westfalen hat in einem Verfahren des einstweiligen Rechtsschutzes den Antrag von Scientology abgelehnt, dem Bundesminister für Arbeit und Sozialordnung Blüm kritische Äußerungen über Scientology zu untersagen.

Anlaß für das Verfahren war ein Artikel in der »Welt am Sonntag«, in dem verschiedene kritische Äußerungen von Minister Blüm über Scientology zitiert wurden; die Zitate stammten aus einem Interview im Zusammenhang mit der Weisung des Ministers an die Bundesanstalt für Arbeit, keine Arbeitsvermittlungserlaubnisse an Mitglieder von Scientology zu erteilen.

Zur Begründung seiner Entscheidung hat der Senat im wesentlichen ausgeführt: Es sei bei summarischer Prüfung nicht zu beanstanden, wenn Scientology als »menschenverachtendes Kartell der Unterdrückung« und als »Riesenkrake« bezeichnet werde. Auch soweit Minister Blüm davon gesprochen habe, die »Rädelsführer« von Scientology seien »Kriminelle«, die Mitglieder von Scientology würden einer »Gehirnwäsche« unterzogen und Scientology verbreite eine »verblendete Ideo-

logie«, sei dies vertretbar. Diese Wertungen und Behauptungen beruhten bei summarischer Prüfung auf hinreichenden tatsächlichen Anhaltspunkten und Belegen.
Scientology habe auch keinen Anspruch auf Unterlassung der Bezeichnung als »verbrecherische Geldwäsche-Organisation«. Minister Blüm habe Scientology nicht der »Geldwäsche« im Sinne des Straftatbestandes des § 261 StGB bezichtigen wollen. Vielmehr habe er in plakativer Umgangssprache dargestellt, daß Scientology seine erheblichen finanziellen Mittel auf verwerfliche Art und Weise erlange, daß diese Mittel zum Teil aus Straftaten herrührten, in Unternehmen investiert und diese Umstände verschleiert würden. Solange der Begriff »Geldwäsche« in diesem Sinne verwendet werde, sei dies mit Blick auf die im vorliegenden Verfahren gewonnenen tatsächlichen Erkenntnisse bis zu einer Entscheidung in der Hauptsache hinnehmbar.

13. Alle Sekten wollen Weltherrschaft

Aus der vom Kultusministerium des Landes Mecklenburg-Vorpommern hrsg. Informationsbroschüre über Sekten und Weltanschauungsgruppierungen, aktual., überarbeitete Neuauflage 1995.

[S. 8f.:] Sekten und Weltanschauungsgruppierungen geben vor, Sinn und Geborgenheit zu bieten. Schon der erste Kontakt soll eine völlig neue Weltsicht eröffnen: Das Weltbild der Gruppierung ist verblüffend einfach und scheint wirklich jedes Problem zu erklären.
Die eigene Lehre wird zur allgemeingültigen Realität erklärt. Alles andere (Gesellschaft, Kirchen, Staat, Familie, Schule) hat versagt. Die Welt treibt aus Sicht der Gruppierungen meist auf eine endgültige Katastrophe zu. Nur die Gruppierung weiß, wie die Rettung noch möglich ist. In ihr wird nach einem Schwarz-Weiß-Schema gedacht und gelebt nach der Devise: »Wir sind die Guten, alle anderen sind böse und darum verloren«. So wird die eigene Identität dadurch gewonnen, daß man sich ein Feindbild aufbaut. [...]
Bei neuen Mitgliedern entsteht der Eindruck, es sei ihr persönliches Glück, aufgenommen worden zu sein. Entsprechend angenehm gestaltet sich meist auch die erste Zeit für die neuen Mitglieder.
Bald jedoch kommt es zu Manipulationen. Furcht- und Schuldgefühle werden ihnen eingepflanzt. Für die »Neuen« verändert sich ihr gesamtes bisheriges Lebensumfeld. Der Tagesablauf wird nach neuen Schwerpunkten (Meditation, Gebet, Mission, Arbeit für die Gruppe) ausgerichtet. [...]
Eine Mitgliedschaft in Sekten und Weltanschauungsgruppierungen kann zu einschneidenden Persönlichkeitsveränderungen (sog. Psychomutationen) führen, die sich in einem Persönlichkeitsabbau und in einer Unterdrückung von Eigenschaften und Fähigkeiten, die vorher charakteristisch für eine Person waren, manifestieren. [...]
Durch den geschickten Einsatz von Psychotechniken und das Ausnutzen gruppendynamischer Prozesse gelingt es, Verstand und Gefühl des einzelnen zu kontrollieren und zu beherrschen, ohne daß der Betroffene sich dagegen wehren kann, ja daß er sogar in den »Tätern« Freunde und Gleichgesinnte sieht.
Psychotechniken dienen der Erzeugung ungewöhnlicher Bewußtseinszustände und Erfahrungen, z. B. durch Meditation, Atemtechnik und Hypnose, und können den einzelnen an einen Führer oder die Gemeinschaft binden – bis hin zur persönlichen Abhängigkeit. [...]
Das Zukunftsbild, das sich hier auftut, wirkt beängstigend. Jede dieser Gruppen strebt auf ihre Art nach Allmacht und Weltherrschaft. Die Menschheit erscheint dann als graue Masse,

Menschmaschinen, einem autoritären System unterlegen, aber gut funktionierend.
[S. 42:] »Sektenmitglieder« im Familien- und Freundeskreis
Immer öfter taucht ein neues Problem auf: Was soll ich tun bzw. auf keinen Fall tun, wenn ein Angehöriger oder Freund Mitglied in einer Sekte, Weltanschauungsgruppierung oder okkulten Gruppe geworden ist?
[S. 43:] Was sollte ich nicht tun?
Unter keinen Umständen sollte man dem Betreffenden eine finanzielle Unterstützung geben, Sie hilft ihm nicht, sondern immer nur der Gruppierung, der er sich angeschlossen hat. Oft verliert eine Organisation auch das Interesse an dem Betreffenden, wenn er für sie finanziell uninteressant geworden ist. […]
Gefährlich kann es werden, wenn die eigenen Möglichkeiten überschätzt werden. Allein Gespräche mit weiteren Mitgliedern einer Gruppierung zu führen oder ihre Räumlichkeiten zu besuchen, kann der erste Schritt zur eigenen Mitgliedschaft in der Gruppierung sein. Deshalb ist es ratsam, solches nie allein und ohne Wissen von Angehörigen (oder Beratungsstellen) zu tun.

14. Staatliche Warnung legal?

Aus einer Vorlage zur 33. Sitzung der Enquete-Kommission »Sogenannte Sekten und Psychogruppen« des Bundestags vom 27. 10. 1997.

Derzeit ist noch strittig, inwieweit der Staat in bezug auf »sog. Sekten und Psychogruppen« informieren und beraten darf. Das Grundgesetz verpflichtet den Staat in religiösen und weltanschaulichen Fragen zur Neutralität. In die Religions- und Weltanschauungsfreiheit kann von staatlicher Seite nur zum Schutz der Grundrechte Dritter eingegriffen werden. Hier stellt sich die Frage, welche staatliche Tätigkeit einen Grundrechtseingriff darstellt und ob hierzu bereits die Informations- und Aufklärungsarbeit von staatlicher Seite gehört.
Faktisch ist den Angaben der Länder zu entnehmen, daß die Informationstätigkeit in Richtung Bewertung und Warnung ausgedehnt wird. Ebenso weisen Informationsbroschüren zum Bereich »sog. Sekten und Psychogruppen« tendenziell Bewertungen auf. Das Bundesverfassungsgericht wird zur Frage der staatlichen Informationstätigkeit voraussichtlich im Frühjahr 1998 eine Aussage treffen.
Auch die staatliche finanzielle Förderung privater Organisationen, die sich mit »sog. Sekten und Psychogruppen« auseinandersetzen und bewertende Informationsarbeit leisten, wird in einigen Bundesländern praktiziert. (Vgl. beiliegende Synopse zur staatlichen Informationsarbeit der Länder [der zufolge sind dies Nordrhein-Westfalen, Rheinland-Pfalz und Sachsen-Anhalt, d. Aut.].) Probleme können sich hier aufgrund des Urteils des BVerwG (»Osho-Urteil«) vom 27. 3. 1992 ergeben. Die staatliche Förderung greift demnach jedenfalls dann in die Grundrechte von Religionsgemeinschaft ein, wenn von den privaten Beratungsstellen vor Gruppierungen gewarnt wird. Dementsprechend wäre hierfür eine gesetzliche Grundlage erforderlich.

IV. Die Reaktion der Gesellschaft

1. Kein Job für Scientologen

Undatiertes Rundschreiben einer norddeutschen Firma.

Liebe Mitarbeiterinnen,
Liebe Mitarbeiter,
täglich werden wir durch die Medien darauf hingewiesen, wie ruf- und geschäftsschädigend es für namenhafte Unternehmen und Personen ist, mit den Lehren von L. Ron Hubbard in Verbindung gebracht zu werden.
Diese Entwicklung hat uns sehr nachdenklich und besorgt gemacht.

Wie viele andere Großunternehmen auch, ließen wir uns von der Freien und Hansestadt Hamburg beraten. Besonders im Direktvertrieb ist ein unkontrollierter Einstieg möglich, so daß die Lehren von L. Ron Hubbard leicht verbreitet werden können. Vorsorglich haben wir deshalb die beiliegende Erklärung ausgearbeitet, die Sie spätestens bis zum 1. März 1997 an die Firmenzentrale in [...] zurücksenden.
Wir machen darauf aufmerksam, daß die unterschriebene Erklärung Basis der weiteren Zugehörigkeit zur [...] ist. Dies bedeutet, wer die Erklärung nicht bis zum 1. März 1997* unterschrieben zurückgesandt hat, muß leider als Mitarbeiter ausscheiden.
Mit freundlichen Grüßen
* 14. März 1997 – Nachfrist (für Urlauber oder Kranke)

2. Keine scientologischen Geschäftspartner

Rundschreiben einer süddeutschen Firma vom 27. 9. 1993.

Sehr geehrter Geschäftspartner,
die Scientology-Sekte versucht verstärkt, international agierende Unternehmen zu unterwandern. Die Aktivitäten dieser Sekte sind insbesondere auf den Marketing-Bereich ausgerichtet.
Diesem Schreiben ist eine eidesstattliche Erklärung beigefügt, die Ihre Bescheinigung dahingehend fordert, daß Sie bestätigen, weder Anhänger oder Sympathisant dieser Organisation zu sein, noch nach der Lehre von L. Ron Hubbard zu verfahren. Für weitere Informationen stehe ich Ihnen gerne zur Verfügung.
Bitte haben Sie Verständnis dafür, daß wir diese Vorbeugemaßnahme treffen.
Bitte senden Sie die eidesstattliche Erklärung bis zum 15. 10. 1993 zu meinen Händen zurück.
Im voraus besten Dank.
Mit freundlichem Gruß

3. Verbände schützen sich

Schutzerklärung des »Rings deutscher Makler« (RDM), Landesverband Hamburg e. V.

Ich, die/der Unterzeichnende erkläre,
1) daß ich bzw. meine Firma nicht nach der Technologie von L. Ron Hubbard arbeite,
2) daß weder ich noch meine Mitarbeiter nach der Technologie von L. Ron Hubbard geschult werden bzw. keine Kurse und/oder Seminare nach der Technologie von L. Ron Hubbard besuchen und
3) daß ich die Technologie von L. Ron Hubbard zur Führung eines Immobilienunternehmens ablehne.

4. Kein Hauskredit für Scientologen

Aus einem Schreiben einer Bank in Münster an einen Kunden vom 19.5.1995.

Finanzierungsantrag zum Neubauvorhaben
Sehr geehrter Herr [...],
das zur Bearbeitung des eingereichten Antrages erforderliche Wertgutachten unseres Bausachverständigen wurde zwischenzeitlich erstellt und liegt uns nunmehr vor. [...]
Zudem ist es erforderlich, daß Sie uns nachvollziehbar belegen können, daß zwischen Ihnen und der Scientology-Sekte keine Beziehungen sowohl geschäftlicher als auch persönlicher Natur mehr bestehen. [...]
Mit freundlichen Grüßen

5. Kein Konto für Scientologen?

Aus einem Urteil des Landgerichts Stuttgart vom 23. 8. 1996 (Aktenzeichen: 27 O 343/96) zu einer Klage der »Scientology Mission Ulm e. V.« gegen die Postbank AG.

Nach Ansicht der Kammer ist nicht auszuschließen, daß eine Giroverbindung bei einem anderen Kreditinstitut als der Verfügungsbeklagten für den Verfügungskläger eingerichtet werden kann.
Die vom Verfügungskläger vorgetra-

gene Ablehnung durch 17 Banken in Ulm betrifft nur einen geringen Teil der für die Einrichtung einer Giroverbindung in Frage kommenden Institute. Es kann daraus nicht zwingend geschlossen werden, daß alle übrigen Banken die Einrichtung eines Girokontos ebenfalls ablehnen würden.
[...]
Über eine Absprache aller Kreditinstitute dahingehend, dem Verfügungskläger oder der Scientology-Organisation die Unterhaltung eines Girokonto zu verweigern, ist dem Gericht nichts bekannt. Die diesbezügliche Presseberichterstattung betrifft lediglich einzelne Institute. Darüber hinaus ist auch zweifelhaft, ob sich ausländische, insbesondere US-amerikanische Banken aus dem Stammland der Scientology-Organisation, im Inland an einer solchen Absprache beteiligen würden. Immerhin stünden diese Institute dann der Begründung einer Geschäftsbeziehung aufgeschlossen gegenüber und könnte der Verfügungskläger dort ein Girokonto einrichten.

6. Eine Parteivereinigung fordert Maßnahmen

Aus einem 1998 im Internet verbreiteten Forderungskatalog der »Jungen Union Hessen«.

Wir fordern ...
- die Beobachtung von Scientology durch den Verfassungsschutz. Ein Vereinsverbot durch das Bundesinnenministerium soll vorbereitet und wenn möglich vollzogen werden;
- eine Ehrenerklärung von den Mitgliedern aller Parlamente und von allen Kommunalpolitikern, nichts mit der Lehre Scientologys zu tun zu haben und sie wegen ihrer verfassungswidrigen Elemente abzulehnen;
- die Überprüfung von Beamten auf Scientology-Mitgliedschaft im Rahmen der Regelanfrage. Anhänger von Scientology dürfen als potentielle Gegner unseres freiheitlich-demokratischen Wertesystems nicht zu einer Beamtenlaufbahn zugelassen werden;
- die Erweiterung des »Wucherparagraphen« § 302a StGB um einen weiteren Tatbestand der Ausbeutung von in psychische Abhängigkeit gebrachten Personen;
- ein umfassendes Werbeverbot für Scientology in allen öffentlichen Medien. In der Scientology-Werbung sehen wir eine potentielle Gefährdung Jugendlicher;
- daß die Verwendung psychowirksamer Methoden unter gesetzlicher Kontrolle z. B. des Heilpraktikergesetzes gestellt wird. Psychowirksame Methoden und Verfahren sollen nur von staatlich geprüften und anerkannten Fachkräften durchgeführt werden;
- eine aus Landesmitteln finanzierte Rechts- und Lebensberatung für Scientology-Opfer;
- die finanzielle Förderung der auf diesem Gebiet tätigen Selbsthilfegruppen und Betroffeneninitiativen durch das Land Hessen;

[...]

7. Scientologen dürfen nicht inserieren

Schreiben der Anzeigenabteilung einer süddeutschen Tageszeitung vom 12. 3. 1997.

Sehr geehrte Frau [...],
wir veröffentlichen für Sie seit dem Vorjahr jeweils in den Samstagsausgaben eine Anzeige.
Aus dem Leser- und Interessentenkreis erhalten wir nunmehr die Information, daß es sich hierbei um eine Insertion für Scientology handelt bzw. hinter der Veröffentlichung Frau [...] steht.
Wir teilen daher mit, daß die Veröffentlichung der Anzeige ab sofort, d. h. am Samstag, 15. 03. 1997 nicht mehr durchgeführt wird.
Anzeigen für die Organisation Scientology drucken wir nicht ab, ebenso Anzeigen von Personen oder Firmen, die Scientology nahestehen.
Mit freundlichen Grüßen

8. Steckbrief Scientologe

Aus »Bunte« 35/1996, S. 29–34. Zusammengestellt von Ursula Caberta, Leiterin der Arbeitsgruppe Scientology der Behörde für Inneres in Hamburg, und dem Referat für Sekten der Diözese Fulda.

Wie erkenne ich einen Scientologen?
13 Merkmale, die Ihnen helfen, sich vor dieser Sekte zu schützen
Rein äußerlich ist nichts zu sehen. Dennoch haben Scientologen unveränderliche Kennzeichen
1. Ein Scientologe prozessiert sofort
Keiner gibt zu, Scientologe zu sein, prozessiert, wenn's einer behauptet. Sie wollen unentdeckt bleiben, bis sie die Nervenzentren unserer Gesellschaft erobert haben. Oder kennen Sie einen der 300 000 deutschen Scientologen?
2. Geldmangel
Leere Konten, Notverkäufe und niemand weiß wofür
Sehr auffällig. Plötzlich hat jemand kein Geld mehr. Trennt sich von seinem Auto. Verkauft alles, was er entbehren kann. Zieht sich völlig zurück, weil er sich nichts mehr leisten kann. Schuld sind Kurse, Seminare, Bücher, die ein Scientologe bezahlen muß und die immer teurer werden, je tiefer ein Mitglied in den Sektensumpf gerät.
[…]
4. Oxford Analyse
Vorsicht, wenn einer mit so was kommt
Manager, die in der Sekte sind, versuchen oft, Mitarbeiter mit der »Oxford Capacity Analysis« zu testen. Das ist ein wissenschaftlich getarnter Sektenkatalog von 130 Fragen zu Privatleben und Job.
6. Keine Freunde
Plötzlich zieht sich ein Bekannter zurück
Auch ein deutliches Zeichen: Bekanntschaften werden von einem Tag auf den anderen gekappt, Freundschaften gelten nichts mehr, selbst Beziehungen zu Verwandten werden abgebrochen. Grund: Befehl der Sektenzentrale, man will das Opfer ungestört schlachten.
7. Augensprache
Scientologen sind seltsame In-die-Augen-Starrer
Scientologen werden durch gezielte Verfahren (Blicktechnik) darauf getrimmt, den Gesprächspartner durch starre Augenfixierung zu beherrschen. Das ist auffällig, man fühlt sich angestarrt und nach einiger Zeit unwohl. Genau das ist der Zweck der Übung – zu verunsichern, ratlos zu machen, gefügig für die Überzeugungskräfte der Scientologen.
8. Humorlos
Einer, der gern lachte, ist plötzlich aggressiv
Spaß, Ironie und Sinn für Humor wird Scientologen planmäßig ausgetrieben. Auf Frotzelei reagieren Sektenmitglieder unerklärlich aggressiv, fühlen sich ständig auf den Schlips getreten. Dies ist jedoch kein schlechtes Zeichen – solange sie so reagieren, haben sie ein schlechtes Gewissen, weil sie in die Fänge der Sekte gerieten.
[…]
10. Häufiger Kurzurlaub
… mit unbekanntem Ziel verreist
Dringender Verdacht, vor allem, wenn das öfters geschieht. Die Sekte hat ihn zu einem Seminar befohlen und ihn zum Schweigen verdonnert.
[…]
12. Kein Wort über Scientology
Mitglieder halten sich immer aus Diskussionen raus. Weder verteidigen sie die Sekte, noch greifen sie sie an. Sie schweigen. Ihr Unbeteiligtsein macht sie so verdächtig wie bürgerlich lebende Mafia-Killer.
13. Ich kenn' da einen
Der Einstellungs-Trick
Scientologen werden immer versuchen, frei werdende Stellen mit anderen Scientologen zu besetzen. Dies versuchen sie frappierend oft mit dem Satz: »Ich hab einen hochqualifizierten Bekannten …« Das Wort »hochqualifiziert« ist typisch für Scientologen.

9. Unterwanderung des Sports verhindern

Aus dem Faltblatt »Sportvereine und -verbände im Einfluß von sogenannten Sekten und Psychogruppen« vom Dezember 1997.

Sport und Sekten
Der Sport ist unbestritten eine wesentliche Kraft unserer Gesellschaft; er bietet den großflächigen Einstieg in ein gesellschaftliches System. Gerade diese Tatsache macht die Sportorganisationen für Sekten und Psychogruppen, insbesondere für Scientology so interessant. Über den Sport ist auch der Zugang zu anderen gesellschaftlichen Gruppen leicht möglich.
Der Sport bietet Angriffsflächen
Interessant für Scientology sind Positionen, die mit Macht, Verantwortung und Einflußmöglichkeiten verbunden sind, wie z. B. Kassierer/in, Jugendleiter/in, Trainer/in, Übungsleiter/in im Sport; je bedeutungsvoller ein Amt ist, um so attraktiver ist dieses für Scientology. [...]
Ansätze der Einflußnahme
Scientology versucht gezielt die Organisationen in der Form zu unterwandern, daß ihr Gedankengut in subtiler Weise verbreitet wird. Meist versuchen die »eingeschleusten« Personen erst einmal ein freundschaftliches bzw. vertrautes Klima aufzubauen, um kein Mißtrauen hervorzurufen. Erst wenn diese sich in Sicherheit wähnt, wird die Person aktiv. Dies kann z. B. das Empfehlen der Teilnahme an bestimmten Persönlichkeitskursen oder Managertrainings, die Einladung zu einem Persönlichkeitstest oder der Verkauf von scientologischer Literatur (Dianetik-Bücher) sein.
[...]
Präventiv empfehlen wir, die beiliegende Erklärung von Funktionsträgern in herausragender Position sowie von Personen, die im Ausbildungsbereich eingesetzt werden, unterschreiben zu lassen. [...]

10. Keine Turnstunde für Scientologen-Kinder

Kündigungsschreiben eines Hamburger Turnvereins an einen privaten Hamburger Kindergarten vom 15. 9. 1992.

Sehr geehrte Damen und Herren,
wir bedauern, Ihnen mitteilen zu müssen, daß die im Frühjahr 1992 begonnene Turnstunde für Ihre Gruppe nicht weiter fortgesetzt wird. Wir berufen uns auf die Vereinbarung, die beiden Seiten die Möglichkeit gibt, die Zusammenarbeit fristlos zu kündigen.
Somit ist mit Ende August die Mitgliedschaft der Kinder des Kindergartens [...] in der [...] beendet.
Wie uns aus gut unterrichteter Seite mitgeteilt wurde, steht die Kindergruppe in Zusammenhang mit der Vereinigung Scientology. Dies wurde in einem Gespräch mit der Leiterin des Kindergartens, Frau [...], bestritten, jedoch gab Frau [...] zu, selbst bei den Scientologen angestellt zu sein. Ferner sind die meisten Elternteile der Kinder Mitglied in der o. a. Vereinigung.
Für die Kinder tut es uns leid, aber unser Verein hat es sich von jeher, auch während der Zeit des 3. Reiches, zur Maxime gemacht, mit keiner wie immer gearteten politischen oder kirchlichen Vereinigung oder Organisation zusammenzuarbeiten. Deshalb setzen wir auch in Ihrem Fall die Tradition fort.
Mit freundlichen Grüßen

11. Scientologen-Kinder unerwünscht im Kindergarten

Schreiben eines evangelischen Kindergartens in Krefeld vom März 1994.

Sehr geehrte Frau [...],
Das Presbyterium hat in seiner Sitzung vom 15. 3. beschlossen, keine Kinder von Scientologen aufzunehmen.
Mit freundlichem Gruß

12. Privatschulen sorgen vor

Von beiden Ehepartnern zu unterschreibende Schutzerklärung der Stuttgarter »Merz-Schule gemeinnützige GmbH«, erbeten 1997.

Ich, Frau .... / Ich, Herr .... erkläre das Folgende:

1. Hiermit versichere ich, daß ich weder Sympathisant noch Anhänger des Gedankengutes von L. Ron Hubbard bin. Ich bin auch nicht Mitglied einer Organisation, die L. Ron Hubbards Gedankengut verwendet und/oder verbreitet und diesbezüglich auch nicht entsprechend weisungsgebunden.

2. Ich habe das Gedankengut und die Methode von L. Ron Hubbard bislang weder während noch außerhalb des Unterrichts gegenüber Schülerinnen und/oder Schülern der Merz-Schule/ Merz-Internate dargelegt und/oder verwendet. Insbesondere habe ich weder aktiv noch passiv an Befragungen, auch nicht von Schülerinnen und/oder Schülern teilgenommen, in deren Verlauf im weitesten Sinn Manipulations-Techniken eingesetzt wurden. Ich werde auch künftig solches nicht tun.

3. Sollte diese Erklärung nicht zutreffend sein und/oder dem Inhalt derselben nicht entsprochen werden, erkläre ich mich damit einverstanden, daß dies, unabhängig von einem grundsätzlich bestehenden Recht seitens der Merz-Schule/MerzInternate, einen wichtigen Grund darstellt, das Vertragsverhältnis außerordentlich zu kündigen. [...]

© Robin Direkt e.V., Postfach 44, 89282 Pfaffenhofen

13. Spielplätze schützen

Aus der Satzung eines 1995 gegründeten Abenteuerspielplatzes.

Satzung des Vereins »Abenteuerspielplatz Schwabhausen e. V.«

§ 2 Zweck des Vereins

(2) Ziel ist es, im Zusammenwirken mit öffentlichen und konfessionellen Institutionen sowie anderen bereits bestehenden Einrichtungen und Organisationen einen Spielplatz und andere Einrichtungen für Kinder und Jugendliche zu planen, einzurichten und zu erhalten und Minderjährige vor hubbardistischen Techniken zu schützen.

(4) Der Verein ist parteipolitisch und konfessionell unabhängig. Er wendet sich jedoch gegen politischen und religiösen Extremismus und gegen Techniken, Methoden und Anschauungen des L. Ron Hubbard.

V. Internationale/deutschland-kritische Positionen

1. Warum Scientology Steuerbefreiung erhielt

Schreiben des US-Finanzamts »Internal Revenue Service« (IRS) vom 4. 9. 1996 an den Scientologen Lord Duncan McNair, Mitglied des britischen »House of Lords«.

Re: Church of Scientology

Dear Lord McNair:

This responds to your request for assistance of August 17, 1996, for information regarding the tax-exempt status of various churches of Scientology and related charitable and educational constituent organizations. What follows is a discussion of the relevant legal analysis in these cases and our findings of fact.

As you are aware and have asked us to confirm, on October 1, 1993, the Service issued letters to the Church of Scientology International (CSI) and its related churches and related charitable and educational entities, recognizing them as exempt from United States federal income tax as exclusively religious or charitable organizations under section 501 (c) (3) of the Internal Revenue Code.

An organization is exempt from federal income taxation if it is described in section 501 (c) (3). In relevant part, section 501 (c) (3) describes entities organized and operated exclusively for religious, charitable, or educational purposes, no part of the net earnings of which inures to the benefit of any private shareholder or any individual. An organization is not described in section 501 (c) (3) if it has a substantial nonexempt purpose. Also, an organization is not described in section 501 (c) (3) if it has an illegal purpose and/or engages in substantial illegal activities.

Accordingly, we could not have recognized the Church entities as described in section 501 (c) (3) had we determined that: (i) the Church impermissibly served private interests; (ii) the Church had a substantial nonexempt purpose; or, (iii) the Church had engaged in illegal acts or violated fundamental public policy.

You have also asked us to confirm that the Service recognized CSI and certain of its constituent entities as churches under United States tax law. CSI and certain other Church of Scientology organizations are, in fact, recognized as church entities by their designation as organizations described in section 170 (b) (1) (A) (i) of the Internal Revenue Code.

Application of that section is limited to churches or a convention or association of churches. While the Internal Revenue Service does not presume to dictate what is and is not religion, recognition of a section 501 (c) (3) entity as having church status under the Internal Revenue Code generally presupposes a finding that the entity meets one or more of several criteria (including those mentioned in your letter). Church status will not be granted absent a finding of some religious aspects to the organization. Specifically, included within the criteria the Service reviews most closely is whether an entity has a recognized creed and form of worship, a regular congregation and/or regular religious services.

In the exemption application process, the Service identified and addressed the legal issues set forth above as areas of principal concern. The Service made comprehensive, detailed inquiries of the Church relating to its organization and financial structure as well as research and inquiries into several other areas relevant to our determination as discussed below.

The specific facts relied upon as the basis for these exemption letters, as in any other exemption case, may be found in the public inspection file of the applications for recognition of tax exemption related to the case. The Church supplied voluminous materials in support of its exemption application and the exemption rulings were issued after a detailed review of the financial and corporate structure of the Church of Scientology as well as other pertinent facts. The information upon which the rulings rely, among other things, relates to: (1) the corporate, ecclesiastical, and management structure of the Church hierarchy; (ii) the Church's command channels; (iii) past financial activities; (iv) planned future programs and financial needs; (v) the flow of funds within the Church; (vi) compensation arrangements and the amounts of compensation to the key and the highest-paid Church officials and their families; (vii) overall religious programs and activities; and (viii) involvement of prior key church officials in criminal cases, civil tort cases, and other litigation matters.

The public record also contains organizational and financial information submitted relating to various foreign organizations, including the Church of Scientology Religious Education College Inc. (CSREC). The Service found nothing in the submissions to indicate that either the existence or the operations of CSREC had an adverse impact on the tax-exempt status of CSI or its constituent entities requesting recognition of exemption.

As noted, the exemption application and supporting documents that form the basis of a favorable IRS exemption determination are available for public inspection. These documents, which take up approximately ten linear feet of shelf space, are in the IRS Public Information Reading Room in the National Office.

The IRS has not issued any press releases or other papers to the public about this case, apart from making available the exemption applications and supporting documents in the normal course of business. However, we are providing for your information a version of the Church's publication, »Description of the Scientology Religion« which is part of the application file and which we include in certain communications with third parties.

Please feel free to contact me with any questions of comments.

Sincerely, [...]

Special Assistant for Exempt Organisations Matters

Enclosure: Church Pamphlet

2. Die Staaten fördern Toleranz

Aus dem »Wiener Schlußdokument« der »Organisation für Sicherheit und Zusammenarbeit in Europa« (OSZE), verabschiedet 1989.

Fragen der Sicherheit in Europa

Prinzipien

(16) Um die Freiheit des einzelnen zu gewährleisten, sich zu seiner Religion oder Überzeugung zu bekennen und diese auszuüben, werden die Teilnehmerstaaten unter anderem

(16.1) – wirksame Maßnahmen ergreifen, um eine auf Religion oder Überzeugung gegründete Diskriminierung gegen Personen oder Gemeinschaften in Anerkennung, Ausübung und Genuß von Menschenrechten und Grundfreiheiten in allen Bereichen des zivilen, politischen, wirtschaftlichen, sozialen und kulturellen Lebens zu verhindern und zu beseitigen und die tatsächliche Gleichheit zwischen Gläubigen und Nichtgläubigen zu gewährleisten;

(16.2) – eine Atmosphäre gegenseitiger Toleranz und Achtung zwischen Gläubigen verschiedener Gemeinschaften ebenso wie zwischen Gläubigen und Nichtgläubigen schaffen;

[...]

(16.5) – Konsultationen mit Vertretern religiöser Bekenntnisse, Institutionen und Organisationen aufnehmen, um ein besseres Verständnis für die Erfordernisse der Religionsfreiheit zu erreichen; [...]

3. Verstöße gegen OSZE-Vertrag durch Deutschland, Österreich, Frankreich und Belgien

Stellungnahme der US-Delegierten Laila Al-Marayati beim »OSCE Implementation Review Meeting«, 27. Oktober 1998.

Laws That Hinder Religious Practices and Discriminate Among Religious Groups

[...] For example, in December 1997 the Austrian Parliament passed legislation on the »Legal Status of Religious Belief Communities« that established a two-tier system for receiving state funds and other privileges. In the first tier are 12 legally recognized communities, only a few of which could satisfy the pre-requisites to gain such recognition under the new law. For instance, the religious community must have existed for at least twenty years and have a minimum number of members, equal to 0.02 % of the population or about 16,000 members.

Organizations that place themselves under government observation for a period of time with the hope of becoming legally recognized comprise the second tier. During the observation period, legal status is denied and the religious organization is liquidated if the government ascertains that the beliefs of the group violate, among other criteria, democratic interests, public security, public order, health and morals, or the protection of the rights and liberties of others. The groups in this tier cannot sponsor foreign religionists for visas and do not have other privileges that the 12 legally recognized communities enjoy. The requirement that the status of a religious body must include a description of religious belief communities or churches is of concern to the U.S. Delegation because this establishes the government as the arbiter in theological disputes. [...]

Governmental Actions That Perpetuate Discrimination Against Minority Religious Groups
Several western European parliaments, most notably France, Belgium and Germany, have investigated and reported on the beliefs and activities of minority religious groups in the last few years. These parliamentary investigations have had a detrimental effect on religious liberty as many groups being investigated or labeled »dangerous« have experienced a public backlash. [...] A German Bundestag »Enquete Commission« on June 18, 1998, issued a report on its two-year investigation into »so-called sects« and »psychogroups«. While concluding, that such groups pose no danger to German society, the report did recommend continued investigation and surveillance of Scientology. A number of religious and belief groups, such as Jehova's Witnesses, the Church of Scientology, and independent Pentecostal Protestant churches have complained about harassment, discrimination, and biased media reports in Germany in connection with this Commission and its work.
Also of concern is the establishment of government information centers to alert the public about groups deemed by the government to be »dangerous«. The Austrian and French Governments have set up hotlines for the public and, through government-sponsored and funded advisory centers, distribute information on groups. The German Enquete Commission recommended that such a center be created there as well. The Belgian information is scheduled to open in early 1999. We note that the Government of France, only this month, created a new »Interministerial Mission to Battle against Sects« [...]. The very name of this mission suggests confrontation with religious minorities rather than tolerance.
The U.S. Delegation notes that characterizations of religious beliefs by government operated centers, particularly the publication of unproved or potentially libelous materials, create a climate of intolerance towards members of the groups. Government dissemination of information that may be construed as propaganda through these centers calls into question the commitments that Austria, France, Belgium, and Germany have made to »foster a climate of mutual tolerance and respect.« Furthermore, these activities excessively entangle the government in the public discussion on religious beliefs that foists the government into the role of religious arbitrator.

4. Deutschland diskriminiert

Ein Resolutionsentwurf von 53 Abgeordneten des amerikanischen Repräsentantenhauses, vorgelegt am 6. 8. 1998. Abstimmung ist vorgesehen für 1999. (Der Kongreß verabschiedete am 9. 10. 1998 außerdem den »International Religious Freedom Act« mit u. a. folgenden Bestimmungen:
1. erstellt künftig – zusätzlich zum Menschenrechtsbericht des State Department, der in den letzten Jahren stets Deutschland wegen angeblicher Verletzung der Religionsfreiheit kritisierte – eine neu geschaffene Abteilung im State Department einen jährlichen Bericht über Verletzungen der Religionsfreiheit im Ausland.
2. fertigt künftig eine von der Regierung unabhängige Kommission aus Vertretern gesellschaftlicher Gruppen jährlich einen weiteren Bericht zum Thema.
3. sind für Verletzungen der Religions-

freiheit in anderen Ländern Sanktionen – von der Einschränkung des kulturellen Austauschs über den Entzug von Entwicklungshilfe bis hin zu Export-, Handels- und Kreditbeschränkungen – vorgesehen.
4. wird die Regierung beauftragt, bindende Vereinbarungen mit betroffenen Staaten abzuschließen, in denen diese Staaten sich verpflichten, Verletzungen der Religionsfreiheit zu beenden.)

Concurrent Resolution

Expressing the sense of the Congress with respect to government discrimination in Germany based on religion or belief, particularly against United States citizens.

Whereas government discrimination in Germany based on religion or belief violates Germany's obligation as a signatory to the Helsinki Accords which provides that Germany respect ›human rights and fundamental freedoms, including the freedom of thought, conscience, religion, or belief‹, and violates Germany's obligation as a signatory to the Universal Declaration on Human Rights and the International Covenant on Civil and Political Rights, which guarantee that ›everyone shall have the right to freedom of thought, conscience, and religion‹;

Whereas the 1993, 1994, 1995, 1996, and 1997 State Department Country Reports on Human Rights Practices identified in Germany acts of federal, state, or local government discrimination against minority religions, including acts against American citizens;

Whereas the 1997 Report to the Human Rights Commission of the United Nations by the United Nations Special Rapporteur for Religious Intolerance concluded that the Government of Germany ›must implement a strategy to prevent intolerance in the field of religion and belief‹, and that ›sustained efforts are required to promote and develop a culture of tolerance and human rights‹;

Whereas the January 1998 interim report of the State Department's Advisory Committee on Religious Freedom Abroad warned that unless the German Government's Parliamentary Enquete (Inquiry) Commission on ›so-called sects and psycho groups‹, which has sought information on religious groups such as the Mormons, Jehovah's Witnesses, Charismatic Christians, and others, ›focuses [its] work on investigating illegal acts, [it] runs the risk of denying individuals the right to freedom of religion or belief‹;

Whereas the January 1998 interim report of the State Department's Advisory Committee on Religious Freedom Abroad specifically stated that, ›[i]n Germany, members of the Church of Scientology and of a Christian charismatic church have been subject to intense scrutiny by the Enquete Commission there, and several members have suffered harassment, discrimination, and threats of violence‹;

Whereas in February 1997, a United States Federal Immigration Judge granted a German woman asylum in the United States finding that she had a well-founded fear of persecution based on her religious beliefs if she returned to Germany;

Whereas the 1997 and 1996 State Department Country Reports stated that ›major political parties exclude Scientologists from membership‹, and that ›the State of Bavaria screens applicants for state civil service positions for Scientology membership‹;

Whereas the 1996 State Department Country Report stated that ›Business firms whose owners or executives are Scientologists may face boycotts and discrimination, sometimes with government approval‹, and, the 1997 Country Report stated that ›so-called ›sect-filters‹, statements by individuals that they are not affiliated with Scientology, are used by some business and other organizations to discriminate against Scientologists in business and social dealings‹;

Whereas the 1996, 1995, and 1994 State Department Country Reports stated that ›artists have been prevented from performing or displaying their works‹ because of their religious beliefs, including artists who are United States citizens;
Whereas the 1997 State Department Country Report stated that the Charismatic Christian Church of Cologne, led by an American pastor, had reported that it had been ›subjected over several years to vandalism, threats of violence and public harassment or scrutiny by sect commissioners‹, and that authorities in Cologne ruled that the Church ›did not contribute to the cultural, religious or spiritual values of German society‹;
Whereas the 1997 State Department Country Report noted a Berlin state government ruling that held the Jehovah's Witnesses' doctrine of political neutrality to be anti-Democratic; and
Whereas in 1997, the President of the Muslim's Women's League testified before the Commission on Security and Cooperation in Europe (Helsinki Commission) that the main problem facing Muslims in Europe, particularly a problem in Germany, is police brutality, which includes assault, harassment, and intimidation: Now, therefore, be it *Resolved by the House of Representatives (the Senate concurring),*
That the Congress –
(1) urges the Government of Germany to take necessary action to protect the right of freedom of religion or belief guaranteed to everyone in Germany by international human rights covenants to which Germany is a signatory;
(2) continues to hold the Government of Germany responsible for protecting the right of freedom of religion or belief of United States citizens, and for not barring such citizens from living, performing, doing business, or traveling in Germany because of their religious beliefs; and
(3) calls upon the President of the United States to assert the concern of the United States Government to the Government of Germany regarding government discrimination in Germany based on religion or belief.

5. Empfehlung, Richtersensibilisierung zu beenden

Aus: International Covenant on Civil and Political Rights, Human Rights Committee: Consideration of Reports submitted by States Parties under Article 40 of the Covenant, vom 8. 11. 1996.

16. The Committee is concerned that membership in certain religious sects as such may in some Länder of the State party disqualify individuals from obtaining employment in the public service, which may in certain circumstances, violate the rights guaranteed in articles 18 and 25 of the Covenant. The Committee thus recommends the State party to discontinue the holding of »sensitizing« sessions for judges against the practices of certain designated sects.

6. Klima latenter Intoleranz

Wiedergabe eines Berichts des Sonderberichterstatters zu Fragen der Religionsfreiheit der »Commission on Human Rights« des »Economic and Social Council« (ECOSOC) der Vereinten Nationen Abdelfattah Amor durch das »Department of Press Information« (DPI) vom 27. 3. 1998.

In another addendum (E/CN.4/1998/6/Add.1), Mr. Amor reports on his visit to Germany. He writes that as regards legislation, the provisions of the German Constitution fully guarantee freedom of religion and belief. Within this overall framework of freedom of religion and freedom of belief, people can and do express themselves. The Jewish community is able to flourish as a religious minority and enjoys very active political, institutional and financial support from the State. The situation of the Muslim minority is markedly less favourable, although on the whole it is not unsatisfactory. Concerning other groups and communities, there is no obstacle to the exercise of their activities, with the exception of the Church of Scientology. What that group faces can be described as a climate of suspicious, or latent intolerance. The Special Rapporteur concludes that the State, beyond day-to-day management, must implement a strategy to prevent intolerance in the field of religion and belief. He recommends a campaign to develop awareness among the media.

7. Lage in den USA besorgniserregend

Aus einem dem Autor von einem US-Anwalt übergebenen Vermerk von Dieter Dettke, Direktor der Friedrich-Ebert-Stiftung Washington D. C., vom 25. 11. 1997

Besorgniserregend ist, daß der Vorsitzende des Auswärtigen Ausschusses des Repräsentantenhauses, Benjamin Gilman, zu denjenigen gehört, die die [im Oktober 1997 abgelehnte] Resolution unterstützen. Offenbar ist die Versuchung vieler Abgeordneter doch größer als angenommen, auf den manipulativen Umgang der Church of Scientology mit der deutschen Geschichte und den tatsächlichen politischen und rechtlichen Verhältnissen in Deutschland zustimmend zu reagieren. Es ist absehbar, daß die Church of Scientology in der nächsten Runde der Auseinandersetzung ihre public relations Kampagne wieder zu verstärken versuchen wird. Ihr stehen dabei beachtliche Kräfte zur Verfügung: Schauspieler, Politiker, ein nach wie vor latent kritisches Deutschlandbild in großen Teilen der amerikanischen Medien, smarte Rechtsanwälte und public relations Spezialisten sowie Geld, und zwar sehr viel Geld. Ob und in welchem Maße dabei Geld der Church of Scientology in die Politik Eingang findet, ist schwer nachzuweisen. Möglicherweise lohnt es sich jedoch, dieser Spur nachzugehen. Erkenntnisse darüber könnten durchaus zur Aufklärung von bestimmten Stellungnahmen in Regierung (Weißes Haus, State Department) und im Kongreß beitragen.
Die Bundesrepublik muß aber auch systematischer als bisher Freunde bitten, sich öffentlich über die Manipulationen der Church of Scientology zu äußern. Allerdings wird ein Stellvertreterkrieg auf amerikanischem Boden nicht genügen, die amerikanische Öffentlichkeit – und um die geht es der Church of Scientology zunächst – davon zu überzeugen, daß die Behauptungen der Scientologen über die Unterdrückung und Verfolgung ihrer Mitglieder in Deutschland unzutreffend sind.
Leider ist in den USA doch etwas von der Kampagne der Church of Scientology gegen Deutschland hängen geblieben und der gesäte Zweifel an der Nicht-Diskriminierung der Church of Scientology in Deutschland wird sich nur dann beseitigen lassen, wenn hohe und maßgebliche Repräsentanten Deutschlands sich auf eine direkte Auseinandersetzung mit Kirchenrepräsentanten einlassen. In der hiesigen Medienlandschaft genügt es nicht, Hintergrundpapiere ohne Roß und Reiter zirkulieren zu lassen. Man muß auch den öffentlichen Schlagabtausch gewinnen und zwar – wie man hier sagen würde »by taking the moral high ground«.
Soweit erkennbar, kann man doch in allen konkreten Fällen der von der Church of Scientology unterstellten religiösen und anderweitigen Diskriminierung solide Tatsachen entgegenstellen, wie z. B. im Falle Chick Coreas. Mit dem Argument »öffentliche Subventionen sind kein Menschenrecht« kann man doch viele Amerikaner überzeugen. Es muß eine public relations Kampagne mit der Zurückweisung und Entlarvung der Scientology Argumente gestartet werden. Faltblätter mit Auf-

klärungsmaterial der Bundesregierung können ausgelegt werden.

Sorgfältige, stichhaltige Widerlegungen mit klarer Quellenangabe und Verantwortungsübernahme sind gegenüber den US-Medien hilfreich. Weil die Auseinandersetzung mit der Church of Scientology von Natur aus mehr eine public relations-Angelegenheit als ein Rechtsstreit ist, müssen die Aussagen über die Kirche auch entsprechend plastisch und wirksam sein.

Einwirkung auf die amerikanische Öffentlichkeit tut auch deshalb not, weil die Abgeordneten Wolf, Porter, Watts, Hall u. a. einen Gesetzentwurf mit dem Titel »Freedom from Religious Persecution Act of 1997« [s. Dokument V, 4] eingebracht haben, der die Einrichtung eines »Office of Religious Monitoring« fordert mit der breiten Befugnis, ein Verfahren einzuleiten, Sanktionen gegen Länder zu verhängen, die sich religiöse Verfolgung zuschulden kommen lassen (»sanctions against countries engaged in a pattern of religious persecution«). Hier liegt ein zusätzliches Einfallstor für die Church of Scientology.

Sicher kann man darauf vertrauen, daß die Kampagne der Church of Scientology gegen Deutschland auch Freunde Deutschlands mobilisiert (z. B. in der Congressional Study Group on Germany) und Mehrheiten im Kongreß für Gesetzesvorhaben wie die beiden oben genannten nicht zustandekommen, aber der Kampf der Scientologen wird an vielen Stellen zugleich geführt, im Kongreß, in der Regierung, in internationalen Gremien (OZSE, Europarat) und um die öffentliche Meinung Amerikas. Dabei ist durchaus von Bedeutung, ob auch 1998 die Eintragung über Deutschland im Menschenrechtsbericht des State Department unter dem Titel »Religionsfreiheit« zustandekommt oder nicht. Sicher hat sich das State Department im letzten Jahr relativ zurückhaltend geäußert, was das eigene Urteil betrifft. Für die Scientology war das jedoch bereits ein Sieg und die Möglichkeit, das Thema auf den Kongreß auszudehnen. Wichtig wäre, das Weiße Haus, das State Department und den Kongreß mit dem Ziel anzusprechen, das Thema Religionsfreiheit im jährlichen Menschenrechtsbericht des State Department nach objektiven Maßstäben auszurichten und nicht als Beschwerdeinstanz für einzelne religiöse Gruppen zu fungieren.

Der Deutsche Bundestag könnte seine Auffassung in der Sache dadurch zum Ausdruck bringen, daß er sich z. B. unter Bezugnahme auf die abgelehnte Kongreßresolution über die Church of Scientology ebenfalls zur Religionsfreiheit äußert. Eine Entschließung des Deutschen Bundestags zur Religionsfreiheit wäre auch, im Hinblick auf den Menschenrechtsbericht des State Department gut als Argumentationshilfe zu gebrauchen.

8. Politische Öffentlichkeitsarbeit nötig

Aus einem dem Autor von einem US-Anwalt übergebenen Vermerk des deutschen Auswärtigen Amtes vom 21. 11. 1997.

Betr.: Scientology-Organisation;
hier: Resortbesprechung auf Einladung D2 am 20. 11. 1997 zum Thema »Scientology im Rahmen der deutsch-amerikanischen Beziehungen«

[...]

D2 erklärte einleitend, daß die Ereignisse der letzten Zeit (Anhörung »Helsinki-Kommission« mit Senator D'Amato, Scientology-Resolution im Repräsentantenhaus, OSZE-Konferenz Warschau) zeigten, daß unsere PÖA [Politische Öffentlichkeitsarbeit] Anstrengungen in den USA verstärkt werden müssten. In Kabinettssitzung vom 18. 11. 1997 sei Auftrag erteilt worden, bei nächster Sitzung am 2. 12. 1997 diesbezüglich zu berichten. Ziel der Ressortbesprechung sei es daher, unsere Strategie zur Scientology-PÖA in den Vereinigten Staaten zu analysieren sowie zentrale Elemente einer Scientology-Aufklärungskampagne in den USA zu erarbeiten. Die grundsätzliche Federführung des BMFSFJ [Bundesministerium für Familie, Senioren, Frauen und Jugend] zu Scientology bleibe hiervon unberührt. Auch die Tätigkeit der »Ständigen interministeriellen Arbeitsgruppe« zur Scientology-Organisation solle nicht dupliziert werden.

D2 führte weiter aus, daß die unterschiedliche Bewertung des Phänomens Scientology in Deutschland und den Vereinigten Staaten vor dem Hintergrund unterschiedlicher Freiheitsbegriffe gesehen werden müsse: In den Vereinigten Staaten werde Freiheit absolut gesetzt, in Deutschland und Europa hingegen durch den Schutzanspruch der Bürger an den Staat relativiert. Operativ bedeute dies für unsere PÖA in den Vereinigten Staaten, daß in der gegenwärtigen öffentlichen Auseinandersetzung über Scientology mit und in den USA stärker als bisher darauf hingewiesen werden müsse, daß auch uns es um die Wahrung von Grundrechten – nämlich den Schutz des einzelnen vor den gefährlichen Aktivitäten der Scientology-Organisation – gehe. In diesem Zusammenhang sei es wichtig, Amerikanern unser Verfassungs- und Grundrechtsverständnis zu vermitteln. [...]

L IV BPA [Bundespresseamt] betonte gleichfalls Schutzpflicht des Staates und hob hervor, daß diese nicht von einem Wirtschaftsunternehmen, das sich als Kirche ausgibt, beschädigt werden dürfe. Davon ausgehend warf er die Frage auf, ob unsere bislang defensive Argumentationslinie auf Dauer durchzuhalten sei. Man könne, an die US-Regierung gerichtet, den Vorwurf auch umdrehen und fragen, weshalb dort der Staat für seine Bürger nicht dasselbe tue.

L 012 bezweifelte die Erfolgsaussichten eines derartigen Vorgehens. Eine »Gegenkampagne« oder eine über die Medien ausgetragene öffentliche Auseinandersetzung über Scientology wäre kontraproduktiv und müsse daher vermieden werden. Dies wäre der Beginn eines direkten Dialogs mit – und somit eine Aufwertung – der Scientology-Organisation. Wichtig sei es dagegen, die unterschiedlichen Adressatengruppen in den Vereinigten Staaten gezielt und differenziert anzusprechen. Die anwesenden Ressortvertreter teilten diese Einschätzung. [...]

Zur Rolle des GIC [German Information Center des Auswärtigen Amtes] führte BPA aus, daß bislang die Botschaft Washington in erster Linie die PÖA zu Scientology gestaltet habe. Dies sei aufgrund der politischen Dimension der Scientology-Frage auch sachgerecht. Dennoch. Ein stärkeres, auch finanzielles Engagement von GIC und BPA sei trotz Stellenkürzungen im GIC (nunmehr nur noch vier Mitarbeiter des Höheren Dienstes) möglich. Allerdings müsse bei der derzeitigen Finanzlage dafür aufgewendetes zusätzliches Geld anderen Projekten entzogen werden.

Als Ergebnis der Ressortbesprechung wurde festgehalten, daß

– AA und Botschaft Washington auch weiterhin kontinuierlich amerikanischen Entscheidungsträgern und Journalisten unsere Position zu Scientology vermitteln werden. GIC wird trotz angespannter Stellenlage dieses Thema zu einem Schwerpunkt seiner Arbeit machen.

– das Internet verstärkt zur Darstellung des deutschen Standpunktes genutzt werden wird.

– die Faktenbasis unserer Aufklärungsarbeit zu Scientology verbreitert wird, um schnell und überzeugend auf Vorwürfe reagieren zu können. Federführend hierfür ist weiter BMFSFJ, das konkrete Diskriminierungsvorwürfe der Scientologen sammeln und – soweit die oft vagen Angaben der Scien-

tologen dies erlauben – die wichtigsten Fälle aufklären wird. Mit Blick auf die Ausrichtung der Argumentation auf Adressaten in den USA wird AA (Ref. 221) einen Argumentationskatalog erarbeiten und den beteiligten Ressorts zur Ergänzung und Überprüfung zuleiten.
– BMJ [Bundesministerium der Justiz] und BMI [Bundesministerium des Innern] werden Papier zu den verfassungsrechtlichen Aspekten der Scientology-Problematik mit Blick auf ein amerikanisches Publikum erarbeiten.
– die politischen Stiftungen verstärkt in unsere PÖA einbezogen werden. Insbesondere Informationsveranstaltungen zu Scientology – wie bereits durch FES [Friedrich-Ebert-Stiftung] durchgeführt – sind dabei ein wichtiges Instrument.
– Abgeordnete, die nach Amerika reisen, Scientology gegenüber ihren Gesprächspartnern thematisieren sollten. Die Interministerielle Arbeitsgruppe zu Scientology wird diesbezügliche Informationen zusammen mit der Bundestagsverwaltung aufbereiten und Abgeordneten zur Verfügung stellen. Sie wird darüber hinaus Vorschläge entwickeln zu deutschen Persönlichkeiten, die als Gesprächspartner bzw. Vortragende im amerikanischen Kontext eingesetzt werden können.
– es Ziel ist, diese Maßnahmen bis Jahresende zu realisieren.
Vermerk wurde von D2 gebilligt.

9. Dosenöffner Scientology

Aus einer Presseerklärung vom 28. 5. 1998 der Professoren Hans Apel (Hamburg/Rostock), Gerhard Besier (Heidelberg/München), Niels Birbaumer (Tübingen, Padua), Martin Kriele (Köln), Hermann Lübbe (Zürich) und Erwin Scheuch (Köln).

Beteiligt sich der deutsche Staat an der Diffamierung und Diskriminierung von religiösen und weltanschaulichen Minderheiten?
Eine Offene Gesellschaft braucht keine Weltanschauungskontrolle

Der Staat ist in einer Offenen Gesellschaft kein Emanzipations-Nachhilfeinstitut. Er kann dem Bürger um seiner Freiheit willen nicht alle Lebensrisiken abnehmen wollen. Demgegenüber neigen Eiferer zu Regelungs-Exzessen und tendieren zu einer Welterklärung im Gut-Böse-Schema. Um nicht unterderhand Rufmordkampagnen, Gesinnungsschnüffelei und weltanschaulich-ethischer Repression Raum zu geben, ist im Blick auf die Beurteilung anderer ein hohes Maß an Toleranz, Sensibilität und Vorsicht, sowie die strikte Einhaltung von Rechtsgrundsätzen nötig.
Berufliche oder soziale Anforderungen veranlassen immer mehr Menschen, Fortbildungsangebote zur Erlangung von »Streßstabilität«, »Konfliktbewältigungskompetenz« und »Leistungsoptimierung« in Anspruch zu nehmen. Nach alternativem Lebenssinn Suchende schließen sich einer der neuen Religionsgemeinschaften an, weil sie deren Heilslehren für ihr Leben als hilfreicher und sinnerfüllender begreifen als das, was ihnen traditionelle Religionen bieten. Es ist unvermeidlich, daß auf beiden Feldern auch Scharlatane Chancen suchen und finden. Darum mag es sein, daß für die Sicherung von Konsumenten-Schutzansprüchen ein neues Gesetz erforderlich ist. Es ist wahr: Der Mensch kann sich durch zu hohe Leistungsansprüche oder durch religiöses Heilsverlangen selbst zugrunde richten. Schaden können ihm freilich auch Tendenzen zur Unterforderung, traditionelle Erziehungsziele und etablierte Religionen. Insofern befinden sich alle Anbieter von Lebenshilfen wie auch die Repräsentanten von Religionen in einer grundsätzlich ähnlichen Situation.
Im Frühjahr 1996 hat der Deutsche Bundestag eine Enquete-Kommission zu »Sog. Sekten und Psychogruppen« eingesetzt. [...]
7. Da sich der Auftrag der Enquete-

Kommission nicht auf rechtswidriges Handeln, sondern mit hoher Unbestimmtheit auf »neue religiöse und weltanschauliche Bewegungen« bezieht, sieht sich das Gremium ermächtigt, ihn immer weiter auszudehnen. Im Zwischenbericht heißt es: »Das Spektrum der Gruppierungen umfaßt heute sinnstiftende Angebote oder Heilslehren religiöser, weltanschaulicher, philosophischer, politischer, psychologischer und pädagogischer Art«. Selbst randkirchliche Sondergruppen »pfingstlerischer, charismatischer und endzeitlicher Prägung« sind von der Kommissionsarbeit betroffen.

Das problematische an solchen Gruppen ist für die Enquete-Kommission, ihrem Zwischenbericht zufolge, nicht, daß sie etwa Rechtswidrigkeiten begingen, sondern daß sie oder ihre Mitglieder mit ihrer Umwelt »in Konflikt« geraten können. Die Kommission meint: »Die Konfliktlagen ... zu beurteilen, ist eine zentrale Aufgabe der Enquete-Kommission«. Außer Betracht bleibt, wie die »Konflikte« oft genug entstehen. [...]

Mit »Scientology« haben wir uns ausdrücklich nicht befaßt, weil die einseitige Thematisierung dieser Gruppe offensichtlich die Funktion erfüllt, als eine Art »Dosenöffner« für den Gesamtbereich der »Sog. Sekten und Psychogruppen« zu dienen.

10. Wir bitten die deutsche Bevölkerung, sich weder von neuen geistigen Monopol- und Kontrollansprüchen beeindrucken, noch von der Ketzerhysterie der Sektenjäger anstecken zu lassen und sich nicht an der Verteufelung von Minderheiten zu beteiligen oder andere zu denunzieren, weil sie die Veranstaltungen dieser oder jener Gruppe besuchen. Die Sektenjagd lebt von der in der Öffentlichkeit erzeugten Vorstellung, sie schütze den Bürger vor unheimlichen Bedrohungen. In Wahrheit bedroht die inquisitorische Arbeit der Sektenjäger die Religions- und Gewissensfreiheit in einer offenen Gesellschaft. Diese Bedrohung ist nicht durch sprachkosmetische Maßnahmen wie die Eliminierung des Sektenbegriffs zu beseitigen. Vielmehr muß die multikulturelle, -konfessionelle und -weltanschauliche Entwicklung in unserer Gesellschaft akzeptiert werden. Die in Mode stehenden Sektenjagden bieten mehr Anlaß zu staatsbürgerlicher Sorge als die große Mehrzahl der »sog. Sekten und Psychogruppen«.

Literaturhinweise

Veröffentlichungen staatlicher Institutionen sind über die Pressestellen zu beziehen. Die Websites Scientologys, zahlreicher Kritiker (Links über »FACTNet«), staatlicher Stellen sowie der wissenschaftlichen Institute REMID und CESNUR sind leicht zu finden und erschließen weitere Quellen.

Scientologische Schriften

Zu beziehen, sofern bei Buchhandlungen nicht erhältlich, über: New Era Publications Deutschland GmbH, Hittfelder Kirchweg 5a, 21220 Seevetal-Maschen. Etliche Titel, etwa der »Organization Executive Course« (enthält die HCO policy letters), werden nur an Mitglieder abgegeben. Publikationen zu Menschenrechtsfragen bei: Scientology Kirche Deutschland e.V., Beichstraße 12, 80802 München.

HUBBARD, L. Ron: Dianetik – Die moderne Wissenschaft der geistigen Gesundheit. Kopenhagen 1986. *Grundlegendes Werk zur Technologie.*

Ders.: Scientology – Die Grundlagen des Denkens. Kopenhagen 1997.

Ders.: Die Wissenschaft des Überlebens – Vorhersage menschlichen Verhaltens. Kopenhagen 1983. *Erläutert die »Tonskala«.*

Ders.: Einführung in die Ethik der Scientology. Kopenhagen 1989.

Menschenrechtsbüro der Scientology-Kirche (Hg.): Religiöse Apartheid 1996. Unterdrückung v. Grundrechten rel. Minderheiten in Deutschland. Hamburg 1996. *Ersch. auch für 1997.*

New Era Publications ApS (Hg.): Was ist Scientology? Kopenhagen 1993. *Einführung in Geschichte, Lehre und Organisation.*

Dass. (Hg.): Scientology-Handbuch. Kopenhagen 1994. *Praxisorientiert.*

Literatur zu Scientology

ABEL, Ralf Bernd: Ist das Menschen- und Gesellschaftsbild der Scientology-Organisation vereinbar mit der Werte- u. Rechtsordnung des Grundgesetzes. Gutachten, hg. v. d. Informations- und Dokumentationsstelle »Sekten und sektenähnliche Vereinigungen« der Landesregierung Schleswig-Holsteins. Kiel 1996.

Bayerisches Staatsministerium des Innern (Hg.): Das System Scientology – Wie Scientology funktioniert. 25 Fragen mit Antworten. München 1998.

BILLERBECK, Liane von, u. Nordhausen, Frank: Der Sektenkonzern – Scientology auf dem Vormarsch. München 1994. *Engagiert journalistische Darstellung.*

HARTWIG, Renate: Scientology – Ich klage an. Augsburg 1994. *Darstellung, die zur Emotionalisierung der Debatte beitrug.*

HEMMINGER, Hansjörg: Scientology – Der Kult der Macht. Stuttgart 1997. *Sicht eines protestantischen Weltanschauungsbeauftragten.*

Innenministerium Nordrhein-Westfalen (Hg.): Abschlußbericht v. 6. 5. 1997 der Arbeitsgruppe SC der Verfassungsschutzbehörden zur Frage der Beobachtung der Scientology-Organisation. Düsseldorf 1998.

JASCHKE, Hans-Gerd: Auswirkungen der Anwendung scientol. Gedankenguts auf eine pluralist. Gesellschaft oder Teile von ihr in einem freiheitl. demokrat. verfaßten Rechtsstaat. In: Innenministerium NRW (Hg.): Scientology – eine Gefahr für die Demokratie. Eine Aufgabe für den Verfassungsschutz? Düsseldorf 1996. *Sieht »totalitäre Organisation«.*

KENT, Stephen A.: Scientology – is this

a Religion? Überarb. Mskr. eines Vortrags auf dem 27. Deutschen Evangelischen Kirchentag in Leipzig, 20.6.1997. *Hält Sc. nicht für Religion. Zu beziehen über: Deutscher Evangel. Kirchentag, Pressestelle, Magdeburger Str. 59, 36037 Fulda.*

THIEDE, Werner: Scientology – Religion oder Geistesmagie. Neukirchen-Vluyn [2]1995. *Die »Weltanschauung« Sc. aus Sicht eines protest. Pfarrers.*

VOLTZ, Tom: Scientology. Ein Insider packt aus. Freiburg 1997.

WILSON, Bryan R.: Scientology: A Secularized Religion? In: The Social Dimensions of Sectarianism, Sects and New Religious Movements in Contemporary Society. Oxford 1990, S. 267ff. *Der Religionssoziologe identifiziert Sc. als Religion.*

Ders.: Scientology – Vergleichende Analyse ihrer religiösen Lehre und Doktrin. Los Angeles 1995. *In Sc.-Verlag veröffentlichtes Gutachten.*

ZEISEL, Alfred: Scientology in der Wirtschaft. Gefahr erkannt – Gefahr gebannt. München 1997. *Ratgeber eines Aussteigers.*

Literatur zu neuen religiösen Gemeinschaften/Sekten

BARKER, Eileen: New Religious Movements. A Practical Introduction. London 1992.

BAUMANN, Martin: ›Merkwürdige Bundesgenossen‹ und ›naive Sympathisanten‹ – Die Ausgrenzung der Religionswissenschaft aus der bundesdt. Kontroverse um neue Religionen. In: Zs. f. Religionswiss. 95/2, S. 111ff.

Deutscher Bundestag, Ref. Öffentlichkeitsarbeit (Hrsg.): Zwischenbericht der Enquete-Kommission »Sogenannte Sekten und Psychogruppen«, Bonn 1997. *Dokumentiert unterschiedliche Einschätzungen.*

Dass. (Hrsg.): Neue religiöse und ideologische Gemeinschaften und Psychogruppen in der Bundesrepublik Deutschland. Endbericht der Enquete-Kommission »Sogenannte Sekten und Psychogruppen«. Bonn 1998. *Umfangreiche, Meinungsunterschiede z.T. verwischende Mischung aus Gutachtenexzerpten und Stellungnahmen.*

Handbuch der Religionen – Religionen und Glaubensgemeinschaften in Deutschland. Hg. v. Michael Klöcker u. Udo Tworuschka. Landsberg a.L. 1997. *Loseblattsammlung.*

Handbuch Religiöse Gemeinschaften. Für den VELKD-Arbeitskreis Rel. Gemeinschaften i. Auftr. des Luth. Kirchenamtes hg. v. Horst Reller, Manfred Kießig u. Helmut Tschoerner. Gütersloh [4]1993.

INTROVIGNE, Massimo: Schluß mit den Sekten – Die Kontroverse über »Sekten« und neue rel. Bewegungen. Hg. u. eingel. v. Hubert Seiwert. Marburg 1998. *Analyse des Direktors des »Center for the Studies of New Religions« (CESNUR) in Turin.*

MELTON, Gordon: The Modern Anti-Cult Movement in Historical Perspective. Santa Barbara 1995. *Religionswissenschaftliche Studie zu Auseinandersetzung in den USA.*

RICHARDSON, James T.: Legal Status of New Religions in the United States: Lessons for Germany. Vortragsmanuskript 1998. *Zu beziehen: REMID, Postfach 2009, 35008 Marburg.*

SCHWEER, Thomas: Die Heilsversprecher – Der Kampf der Sekten um die Seelen. München 1996. *Übersicht eines Religionswissenschaftlers.*

STAMM, Hugo: Sekten – Im Bann von Sucht und Macht. München [2]1997. *Der Journalist entwirft in warnender Absicht eine Theorie über »Sektenkarrieren«.*

USARSKI, Frank: Die Stigmatisierung Neuer Spiritueller Bewegungen in der Bundesrepublik Deutschland. Köln 1988. *Diss., arbeitet These der Etikettierung aus. Zu beziehen: REMID, Postfach 2009, 35008 Marburg.*